Chimie
fondamentale

Raymond Chang • Luc Papillon

PRINCIPES ET PROBLÈMES

2ᴱ ÉDITION

CONSULTANTS
Kader Boualia, Collège Ahuntsic
Alain Farhi, Collège de l'Outaouais

CHIMIE
DES SOLUTIONS

VOLUME 2

18 8A
2 He 4.003

13 3A	14 4A	15 5A	16 6A	17 7A	
5 B 10.81	6 C 12.01	7 N 14.01	8 O 16.00	9 F 19.00	10 Ne 20.18
13 Al 26.98	14 Si 28.09	15 P 30.97	16 S 32.07	17 Cl 35.45	18 Ar 39.95

21 Sc 44.96	22 Ti 47.88	23 V 50.94	24 Cr 52.00	25 Mn 54.94	26 Fe 55.85	27 Co 58.93	28 Ni 58.69	29 Cu 63.55	30 Zn 65.39	31 Ga 69.72	32 Ge 72.59	33 As 74.92	34 Se 78.96	35 Br 79.90	36 Kr 83.80
39 Y 88.91	40 Zr 91.22	41 Nb 92.91	42 Mo 95.94	43 Tc (98)	44 Ru 101.1	45 Rh 102.9	46 Pd	47 Ag	48 Cd	49 In	50 Sn	51 Sb	52 Te	53 I 126.9	54 Xe 131.3
57 La 138.9	72 Hf 178.5	73 Ta 180.9	74 W 183.9	75 Re 186.2	76 Os 190.2	77 Ir 192.2	Pt 195.1	Au 197.0	Hg 200.6	Tl 204.4	Pb 207.2	Bi 209.0	Po (210)	At (210)	86 Rn (222)
89 Ac (227)	104 Rf (257)	105 Db (260)	106 Sg (263)	107 Bh (262)	108 Hs (265)	109 Mt (266)	110	111	112						

58 Ce 140.1	59 Pr 140.9	60 Nd 144.2	61 Pm (147)	62 Sm 150.4	63 Eu 152.0	64 Gd 157.3	65 Tb 158.9	66 Dy 162.5	67 Ho 164.9	68 Er 167.3	69 Tm 168.9	70 Yb 173.0	71 Lu 175.0
90 Th 232.0	91 Pa (231)	92 U 238.0	93 Np (237)	94 Pu (242)	95 Am (243)	96 Cm (247)	97 Bk (247)	98 Cf (249)	99 Es (254)	100 Fm (253)	101 Md (256)	102 No (254)	103 Lr (257)

Chenelière/McGraw-Hill
MONTRÉAL • TORONTO

Chimie fondamentale, 2e édition
Principes et problèmes
Chimie générale, Volume 1

Traduction de : *Essential Chemistry : A Core Text for General
  Chemistry, Second Edition* de Raymond Chang
  © 2000, 1998, The McGraw-Hill Companies (0-07-290500-X)

© 2002 Les Éditions de la Chenelière inc.

Éditeur : Michel Poulin
Coordination : Lucie Robidas
Révision linguistique : Ginette Laliberté
Correction d'épreuves : Louise Hurtubise
Infographie : Pauline Lafontaine
Couverture : Norman Lavoie

Conception graphique : Stuart D. Paterson

Données de catalogage avant publication (Canada)

Chang, Raymond

  Chimie fondamentale : principes et problèmes
  2e édition
  Traduction de : Essential Chemistry
  Comprend un index.
  Sommaire : v. 1. Chimie générale – v. 2. Chimie des solutions
  Pour les étudiants du niveau collégial.
  ISBN 2-89461-757-7 (vol. 1)
  ISBN 2-89461-762-3 (vol. 2)

  1. Chimie. 2. Chimie physique et théorique. 3. Solutions
(Chimie). 4. Équilibre chimique. 5. Réactions chimiques.
6. Chimie — Problèmes et exercices. I. Papillon, Luc, 1943- .
II. Titre.

QD33.C39142002   540   C2002-940617-X

Chenelière/McGraw-Hill
7001, boul. Saint-Laurent
Montréal (Québec) Canada H2S 3E3
Téléphone : (514) 273-1066
Télécopieur : (514) 276-0324
chene@dlcmcgrawhill.ca

ISBN 2-89461-757-7

Dépôt légal : 2e trimestre 2002
Bibliothèque nationale du Québec
Bibliothèque nationale du Canada

Imprimé et relié au Canada

02 03 04 05 06 ITIB 10 09 08 07 06

Nous reconnaissons l'aide financière du gouvernement du
Canada par l'entremise du Programme d'aide au développement
de l'industrie de l'édition (PADIÉ) pour nos activités d'édition.

DANGER

LE PHOTOCOPILLAGE TUE LE LIVRE

AVANT-PROPOS

Lors de sa première parution, l'objectif initial de *Chimie fondamentale* était de présenter les notions de chimie essentielles aux étudiants qui entreprennent des études scientifiques. Toutefois, cette tâche exige de fixer des choix. Quels concepts doit-on présenter ? Jusqu'où doit-on les approfondir ? Il est difficile de résoudre tous les problèmes qui sont ainsi soulevés. Nous croyons cependant que chaque volume de cette deuxième édition de *Chimie fondamentale* est un outil qui saura mieux répondre aux besoins des étudiants. Il s'agit d'un ouvrage de synthèse, mais la matière ne peut être étudiée dans une seule session d'études.

Encore une fois, en rédigeant cette deuxième édition, nous avons tenté d'inclure tous les sujets fondamentaux qu'une formation de base en chimie doit comporter, sans renoncer pour autant à la clarté et à la compréhension de l'exposé. Afin d'atteindre cet objectif dans un nombre limité de pages, en abordant chaque chapitre, nous avons cherché à répondre aux questions suivantes : Qu'est-ce que les étudiants doivent absolument connaître dans ce domaine particulier de la chimie ? Que pouvons-nous ajouter ou améliorer afin de parfaire cet ouvrage ?

Dans ce second volume, les lecteurs trouveront des réponses à ces questions sous les formes suivantes :

- Le chapitre 1 sert d'introduction. Il donne un aperçu général des types de réactions en milieu aqueux qui seront étudiés dans ce volume tout en appliquant les principes de la stœchiométrie.

- Le chapitre 2 porte sur les propriétés physiques des solutions. Les sujets suivants sont ajoutés : la cristallisation fractionnée, des exemples d'application de la loi de Henry, les solutions non idéales (déviations à la loi de Raoult) et la distillation fractionnée. Une nouvelle section porte sur les colloïdes.

- La cinétique chimique, au chapitre 3, précède maintenant l'étude de l'équilibre, ce qui devrait permettre d'aborder l'équilibre sous de nouveaux aspects. Le concept de vitesse est présenté au moyen de nouveaux exemples expérimentaux, et les notions de vitesse moyenne et de vitesse instantanée sont approfondies. Le traitement des ordres de réaction est plus complet (ordres zéro, un et deux) et permet d'établir davantage de relations avec les mathématiques. Un nouveau tableau (3.3) résume les cinétiques et fait le lien entre les équations de vitesse différentielle et les équations de vitesse intégrée. Aussi, les sections portant sur les mécanismes réactionnels et la catalyse sont plus élaborées, et elles constituent une meilleure préparation à d'éventuels cours de chimie organique ou de biochimie. De nombreux exemples expérimentaux illustrent ces notions.

- Le concept d'équilibre chimique, au chapitre 4, est abordé à l'aide de nouvelles illustrations, et la loi d'action de masse est expliquée plus progressivement. On aborde assez tôt la loi des équilibres multiples, et la relation entre le quotient réactionnel et la constante d'équilibre est mise en évidence. Une nouvelle section (4.3) établit le lien entre l'équilibre et la cinétique. La méthodologie des calculs traditionnels des concentrations à l'équilibre est plus explicite. Dans la section décrivant l'influence des différents facteurs sur l'équilibre, on montre comment calculer la valeur d'une constante à une autre température (équation de van't Hoff). Celle-ci ressemble à l'équation de Clausius Clapeyron (chapitre 9 du volume 1) et à l'équation d'Arrhénius vue précédemment. Cet aspect plus quantitatif permet d'envisager le principe de Le Chatelier comme une généralisation qualitative d'un principe quantitatif. Enfin, soulignons que l'effet de la température sur l'équilibre est aussi abordé du point de vue de la cinétique.

- Le premier chapitre sur les acides et les bases, le chapitre 5, a été passablement restructuré. Les diacides et polyacides sont présentés plus loin, après avoir vu les monoacides faibles et les monobases faibles. La méthodologie des procédures de calculs a été reformulée. Ainsi, dans un exposé complet, on procède davantage par étapes avant de commencer à résoudre des exemples numériques. Les propriétés acido-basiques des sels sont étudiées de manière plus systématique et sont expliquées avec de nouveaux exemples.

- Le chapitre 6 portant sur l'équilibre acido-basique et l'équilibre de solubilité a été grandement remanié. La présentation dès le début du chapitre de l'effet d'ion commun devrait faciliter le traitement des solutions tampons. Dans tous les calculs, on a augmenté l'usage de l'équation d'Henderson-Hasselbalch, et la notion de zone tampon est plus élaborée tant par des exemples numériques que par des illustrations. Les différents types de titrage sont présentés de manière plus approfondie tant sur le plan des caractéristiques des courbes de titrage que sur le plan des calculs de pH au cours des titrages. Ici aussi, de nouveaux exemples de calculs sont ajoutés. En ce qui concerne les indicateurs acido-basiques, leur point de virage et les critères de choix sont expliqués de façon plus complète. Dans les sections concernant les équilibres de solubilité, les principes de séparation des ions par précipitation sélective sont traités plus spécifiquement et quantitativement. Une nouvelle section, intitulée « Le pH et la solubilité », permet de bien mettre en évidence la relation entre les propriétés acido-basiques de plusieurs espèces d'ions et la solubilité des sels. Les complexes sont abordés dans une section distincte avec de nouveaux exemples et des solutions plus détaillées.

- Le chapitre 7, Les réactions d'oxydo-réduction et l'électrochimie, contient une nouvelle section intitulée « La spontanéité des réactions en général », qui prépare à l'étude de la spontanéité des réactions d'oxydoréduction. Ainsi, les relations entre $\varepsilon°$, K et $\Delta G°$ pourront être mieux comprises. Par ailleurs, cette nouvelle section constitue une sorte d'intégration de la thermodynamique à cet important chapitre, mais elle complète aussi tous les chapitres qui ont en commun le thème de l'équilibre.

Pour faciliter l'apprentissage des étudiants, nous avons évidemment retenu les caractéristiques pédagogiques de la première édition tout en y apportant plusieurs innovations :

Les points essentiels — Chaque chapitre débute par une nouvelle section intitulée *Les points essentiels*. Il s'agit d'un bref exposé qui énonce les concepts importants du chapitre. La lecture de ce texte permettra aux étudiants de se faire une idée du contenu du chapitre et d'évaluer leur compréhension une fois la lecture terminée.

Introduction — Chaque chapitre commence par une courte introduction où, à l'aide d'un court texte, nous sensibilisons les lecteurs au contenu du chapitre. Ces introductions servent à montrer toute la richesse de l'histoire de cette discipline ou le rôle joué par la chimie dans tous les aspects de notre vie.

La résolution de problèmes — *Chimie fondamentale* fait une grande place à la résolution de problèmes. Dans tous les chapitres, un grand nombre d'exemples résolus ponctuent le texte pour montrer aux étudiants comment appliquer les notions présentées. Chacun de ces exemples est suivi d'un exercice semblable permettant de démontrer immédiatement les connaissances acquises.

Nouveau — Dans cette nouvelle édition, chaque exemple de problème résolu dans le texte mentionne au moins un autre exemple de problème semblable qui fait partie de la liste des problèmes en fin de chapitre. Voilà une autre occasion immédiate de renforcer l'apprentissage !

Nouveau — En rédigeant cette nouvelle édition de *Chimie fondamentale*, nous avons amélioré ses nombreuses illustrations et en avons ajouté de nombreuses autres. Par exemple, la nouvelle figure 4.1 illustre l'atteinte progressive d'un état d'équilibre.

Nouveau — Pour mieux visualiser les composés chimiques, à plusieurs endroits, les étudiants trouveront des **modèles moléculaires** décrivant les composés mentionnés dans le texte.

Nouveau — À plusieurs endroits, des *Notes* ont été ajoutées en marge du texte ou de certains exemples pour apporter des explications ou des conseils supplémentaires. Parfois, ces notes constituent plutôt un dialogue incitant les étudiants à s'interroger et à réfléchir davantage.

Nouveau — Dans chaque chapitre, les étudiants trouveront un ou deux encadrés intitulés *La chimie en action*, dont le but est de démontrer avec des exemples concrets le rôle que joue la chimie dans les autres sciences et dans la vie de tous les jours.

Nouveau — Dans cette édition, les résumés ont été réorganisés en une suite de courtes phrases numérotées permettant de faciliter la récapitulation.

Nouveau — **Équations clés** — À la suite du résumé, nous dressons la liste de toutes les équations fondamentales présentées dans un chapitre. Cette liste aidera les étudiants à résoudre les problèmes ou servira d'aide-mémoire en vue de la préparation d'examens.

Nouveaux problèmes — Chaque chapitre contient de nouveaux problèmes variés.

Nouveau — À la fin du manuel, nous présentons les réponses à tous les problèmes.

Nouveaux — **Problèmes spéciaux** — Chaque chapitre se termine par quelques problèmes spéciaux qui demandent aux étudiants de faire la preuve de leur compréhension en utilisant plusieurs thèmes et concepts.

Nous espérons que cette nouvelle édition facilitera votre travail et vous fera apprécier davantage la chimie, cette science fondamentale si importante au XXIe siècle.

Raymond Chang et Luc Papillon

À PROPOS DE L'AUTEUR

Né à Hong Kong, Raymond Chang a passé son enfance et sa jeunesse à Shanghai et à Hong Kong. Il a obtenu un diplôme de premier cycle en chimie à l'Université de Londres, puis un doctorat en chimie à l'université Yale. Après des recherches postdoctorales à l'Université de Washington et une année d'enseignement au Hunter College, il a été engagé au Département de chimie du Williams College, où il enseigne depuis 1968. Le professeur Chang a écrit des livres sur la spectroscopie, la chimie physique et la chimie industrielle.

ET DE L'ADAPTATEUR

Après avoir fait des études de pédagogie et de chimie à l'Université de Montréal, Luc Papillon a enseigné pendant une dizaine d'années au secondaire, années durant lesquelles il a écrit, avec René Lahaie et Pierre Valiquette, *Éléments de chimie expérimentale,* un ouvrage qui a marqué toute une génération d'élèves québécois. À partir de 1976, il a enseigné au département de chimie du Cégep de Sherbrooke jusqu'à sa retraite.

TABLE DES MATIÈRES

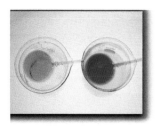

CHAPITRE 5   **LES ACIDES ET LES BASES**   166

5.1   Les acides et les bases de Brønsted   168
Les couples acide-base conjugués   168

5.2   Les propriétés acido-basiques de l'eau   169
Le produit ionique de l'eau   170

5.3   Le pH : une mesure du degré d'acidité   171

5.4   La force des acides et des bases   173

5.5   Les acides faibles et les constantes d'ionisation des acides   176
L'équation quadratique   179
La méthode des approximations successives   180
Le pourcentage d'ionisation   182

5.6   Les bases faibles et les constantes d'ionisation des bases   183

5.7   La relation entre les constantes d'ionisation des couples acide-base conjugués   185

5.8   Les diacides et les polyacides   186

5.9   Les propriétés acido-basiques des sels   190
Les sels qui produisent des solutions neutres   190
Les sels qui produisent des solutions basiques   191
Les sels qui produisent des solutions acides   192
L'hydrolyse de certains ions métalliques   193
Les sels dont le cation et l'anion s'hydrolysent   195

5.10   Les oxydes acides, basiques et amphotères   196

5.11   Les acides et les bases de Lewis   198
La chimie en action LES ANTIACIDES ET LA RÉGULATION DU pH DANS L'ESTOMAC   200

Résumé   201
Équations clés   202
Mots clés   202
Questions et problèmes   202

CHAPITRE 6   **L'ÉQUILIBRE ACIDO-BASIQUE ET L'ÉQUILIBRE DE SOLUBILITÉ**   208

6.1   L'équilibre des solutions en milieux homogène et hétérogène   210

6.2   L'effet d'ion commun   210

6.3   Les solutions tampons   213
La composition d'un tampon et le pouvoir tampon   213
La visualisation de la composition idéale d'un tampon   216
La préparation d'une solution tampon avec un pH déterminé   217
La chimie en action LE CONTRÔLE DU pH SANGUIN ET LES ÉCHANGES GAZEUX   219

6.4   Les titrages acido-basiques   221
Le titrage acide fort – base forte   221
Le titrage acide faible – base forte   223
Le titrage acide fort – base faible   226

6.5   Les indicateurs acido-basiques   228
Les propriétés des indicateurs acido-basiques   228
Le choix d'un indicateur   229

6.6   L'équilibre de solubilité   231
Le produit de solubilité   232
La solubilité molaire et la solubilité   233
La prédiction des réactions de précipitation   236

6.7   La séparation des ions par précipitation sélective   237

6.8   L'effet d'ion commun et la solubilité   239

6.9   Le pH et la solubilité   241
La chimie en action LE pH, LA SOLUBILITÉ ET LA CARIE DENTAIRE   244

6.10   L'équilibre des ions complexes et la solubilité   245

6.11   L'application du principe de l'équilibre de solubilité à l'analyse qualitative   250
Résumé   252
Équation clé   253
Mots clés   253
Questions et problèmes   253

CHAPITRE 1

Les réactions en milieu aqueux

Les points essentiels

Les réactions en milieu aqueux
Un grand nombre de réactions chimiques et presque toutes les réactions biochimiques se produisent en milieu aqueux.

Les substances (solutés) qui se dissolvent dans l'eau (solvant) peuvent être classées en deux grandes catégories, les électrolytes (conductrices) et les non-électrolytes (non conductrices), selon qu'elles donnent des solutions conductrices ou non conductrices d'électricité.

Les trois grandes catégories de réactions en milieu aqueux
Au cours d'une réaction de précipitation, il y a formation d'un produit peu soluble qui se sépare de la solution.

Au cours d'une réaction acido-basique, il y a transfert d'un proton (H^+) d'un acide vers une base.

Au cours d'une réaction d'oxydoréduction, il y a transfert d'électrons d'une substance réductrice vers une substance oxydante.

Ces trois sortes de réactions sont parmi les réactions les plus fréquentes en chimie et en biochimie.

La stœchiométrie appliquée à la chimie des solutions
Pour faire des études quantitatives des réactions en solution, il faut pouvoir déterminer les concentrations des espèces en solution. Ces concentrations sont habituellement exprimées par une unité de concentration appelée molarité (concentration molaire volumique). Il existe différentes méthodes d'analyse. Certaines études se font par des analyses gravimétriques (basées sur des mesures de masse) et d'autres par des analyses volumétriques (basées sur des mesures de volumes), par exemple comme dans le cas des titrages où la concentration d'une solution inconnue est déterminée par réaction avec une solution de concentration connue.

Après sa défaite à Waterloo en 1815, Napoléon fut déporté à l'île Sainte-Hélène, une petite île de l'Atlantique, où il passa les six dernières années de sa vie. L'analyse d'une mèche de ses cheveux, effectuée dans les années 1960, révéla une forte concentration d'arsenic. On émit alors l'hypothèse que Napoléon avait pu être empoisonné soit par le gouverneur de Sainte-Hélène, avec qui Napoléon ne s'entendait pas, soit par la famille royale française, qui voulait empêcher le retour de l'ex-empereur en France.

Une mèche de cheveux de Napoléon.

L'arsenic pur n'est pas très dangereux. Le poison auquel on fait référence quand on parle d'arsenic est en fait l'oxyde d'arsenic(III), As_2O_3. Ce composé blanc est soluble dans l'eau, ne goûte rien et est difficile à détecter s'il est administré sur une longue période. On en ajoutait jadis au vin du grand-père pour pouvoir toucher plus rapidement sa part d'héritage !

En 1832, le chimiste anglais James Marsh mit au point une méthode, qui porte maintenant son nom, permettant de détecter l'arsenic. Avec la méthode de Marsh, l'hydrogène, obtenu par la réaction du zinc avec l'acide sulfurique, est mis en présence d'un échantillon du présumé poison. Si ce dernier contient bel et bien de l'oxyde d'arsenic(III), il y a formation avec l'hydrogène d'un gaz toxique, l'arsine (AsH_3). Quand l'arsine est chauffée, elle se décompose en arsenic, qui se distingue par son lustre métallique. Cette méthode de dépistage est suffisante pour dissuader qui que ce soit voulant

recourir au As_2O_3 dans le but de tuer quelqu'un... Toutefois, elle fut inventée trop tard en ce qui concerne Napoléon — si on suppose, bien sûr, qu'il a effectivement été victime d'un empoisonnement.

On a émis des doutes au sujet de cette hypothèse de l'empoisonnement au début des années 1990 quand on a trouvé des traces d'arsénite de cuivre, un pigment vert utilisé couramment à l'époque de Napoléon, dans un échantillon provenant du papier peint de son salon. On pense que le climat humide aurait favorisé le développement de moisissures sur le papier peint. Les moisissures auraient métabolisé l'arsenic sous forme d'un composé volatil, le triméthylarsine, $(CH_3)_3As$. Une exposition prolongée à la vapeur de ce composé volatil et très toxique aurait pu ruiner la santé de Napoléon et pourrait expliquer la présence d'arsenic dans son organisme, sans que cela ait été la principale cause de sa mort. Cette théorie intéressante est étayée par le fait que les invités réguliers de Napoléon souffraient de dérèglements gastro-intestinaux et présentaient d'autres symptômes reliés à l'empoisonnement à l'arsenic, et que leur santé s'améliorait quand ils passaient de longues heures à travailler dans le jardin, leur principal passe-temps sur l'île.

Nous ne saurons sans doute jamais si Napoléon a été victime d'un empoisonnement à l'arsenic, intentionnel ou accidentel, mais ce type d'enquête historique est un exemple fascinant de l'utilisation de l'analyse chimique. Celle-ci joue un rôle essentiel dans bon nombre de domaines, autant en recherche fondamentale que dans des applications pratiques comme le contrôle de la qualité des biens de consommation, les diagnostics médicaux et la médecine légale.

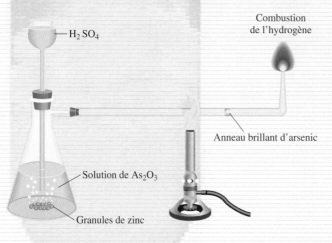

H_2SO_4

Combustion de l'hydrogène

Anneau brillant d'arsenic

Solution de As_2O_3

Granules de zinc

Un montage pour effectuer le test de Marsh. De l'acide sulfurique est versé sur du zinc métallique dans une solution contenant de l'oxyde d'arsenic(III). L'hydrogène produit réagit avec As_2O_3 pour donner de l'arsine, AsH_3. Par chauffage, l'arsine se décompose en arsenic de couleur gris acier et en hydrogène.

1.1 LES PROPRIÉTÉS GÉNÉRALES DES SOLUTIONS AQUEUSES

Beaucoup de réactions chimiques et presque tous les processus biologiques ont lieu en milieu aqueux. C'est pourquoi il est important de comprendre les propriétés de différentes substances en solution dans l'eau. D'abord, qu'est-ce qu'une solution ? Une **solution** est un *mélange homogène de deux substances ou plus.* La *substance présente en moins grande quantité* s'appelle **soluté,** tandis que la *substance présente en plus grande quantité* est le **solvant.** Une solution peut être gazeuse (comme l'air), solide (comme un alliage) ou liquide (comme l'eau de mer). Cette section n'abordera que les **solutions aqueuses,** c'est-à-dire celles dans lesquelles le *soluté est, au départ, un liquide ou un solide, et le solvant est l'eau.*

Les électrolytes et les non-électrolytes

Tous les solutés dissous dans l'eau entrent dans deux catégories : les électrolytes et les non-électrolytes. Un **électrolyte** est une *substance qui, une fois dissoute dans l'eau, forme une solution conductrice d'électricité* ; un **non-électrolyte,** par contre, *forme dans l'eau une solution qui n'est pas conductrice d'électricité.* La figure 1.1 montre une méthode simple et directe pour distinguer les électrolytes des non-électrolytes. Deux électrodes de platine sont plongées dans un bécher rempli d'eau. Pour que l'ampoule s'allume, il faut que le courant électrique passe d'une électrode à l'autre, complétant ainsi le circuit. L'eau pure, qui ne contient que très peu d'ions, est un très mauvais conducteur ; cependant, si l'on y ajoute une petite quantité de chlorure de sodium (NaCl), l'ampoule brille aussitôt que le sel est dissous. Le NaCl solide, un composé ionique, se brise en ions Na^+ et Cl^- en se dissolvant dans l'eau. Les ions Na^+ sont alors attirés par l'électrode négative, et les ions Cl^- par l'électrode positive. Ce mouvement, équivalent au déplacement des électrons dans un fil métallique, crée un courant électrique. À cause de la conductibilité de la solution de NaCl, on dit que NaCl est un électrolyte.

Figure 1.1 *Comment distinguer un électrolyte d'un non-électrolyte. a) Une solution de non-électrolyte ne contient pas d'ions ; l'ampoule ne s'allume pas. b) Une solution d'électrolyte faible contient peu d'ions ; l'ampoule éclaire faiblement. c) Une solution d'électrolyte fort contient beaucoup d'ions ; l'ampoule éclaire fortement.*

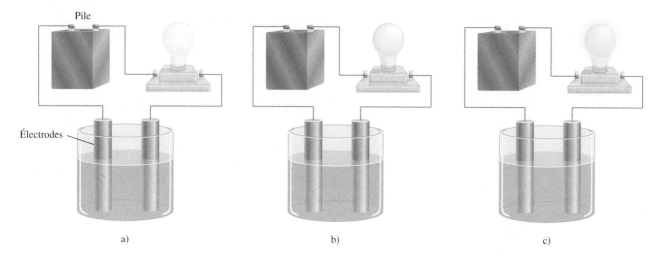

Pile

Électrodes

a)   b)   c)

TABLEAU 1.1   CLASSIFICATION DES SOLUTÉS EN SOLUTION AQUEUSE

Électrolyte fort	Électrolyte faible	Non-électrolyte
HCl	CH_3COOH	$(NH_2)_2CO$ (urée)
HNO_3	HF	CH_3OH (méthanol)
$HClO_4$	HNO_2	C_2H_5OH (éthanol)
H_2SO_4*	NH_3	$C_6H_{12}O_6$ (glucose)
NaOH	H_2O†	$C_{12}H_{22}O_{11}$ (saccharose)
$Ba(OH)_2$		
Composés ioniques		

* H_2SO_4 a deux H ionisables.

† L'eau pure est un électrolyte très faible.

Les ions Na^+ sont alors attirés par l'électrode négative, et les ions Cl^- par l'électrode positive. Ce mouvement, équivalent au déplacement des électrons dans un fil métallique, crée un courant électrique. À cause de la conductibilité de la solution de NaCl, on dit que NaCl est un électrolyte.

La *même quantité molaire* de différentes substances permet à l'ampoule d'émettre une lumière dont l'intensité varie (*figure 1.1*): on peut ainsi différencier les électrolytes forts et les électrolytes faibles. Les électrolytes forts, une fois dissous dans l'eau, se dissocient en ions à 100 %. (Par *dissocier,* on veut dire que le composé se brise en cations et en anions.) Ainsi, on peut représenter la dissolution du chlorure de sodium dans l'eau de la façon suivante:

$$NaCl(s) \xrightarrow{\text{H}_2\text{O}} Na^+(aq) + Cl^-(aq)$$

Ce que l'équation dit, c'est que le chlorure de sodium qui entre dans la solution se dissocie entièrement en ions Na^+ et Cl^-.

Le tableau 1.1 donne des exemples d'électrolytes forts, d'électrolytes faibles et de non-électrolytes. Les composés ioniques, comme le chlorure de sodium, l'iodure de potassium (KI) et le nitrate de calcium [$Ca(NO_3)_2$], sont des électrolytes forts. Il est intéressant de noter que les liquides corporels humains contiennent beaucoup d'électrolytes forts et faibles.

L'eau est un solvant très efficace pour les composés ioniques. Bien que la molécule d'eau soit électriquement neutre, elle comporte une région de charge partielle négative δ^- (pôle négatif) du côté de l'atome d'oxygène, et une autre région de charge partielle positive δ^+ (pôle positif) du côté des deux atomes d'hydrogène. L'eau est donc une molécule polaire (*section 8.2, volume 1*), d'où son appellation de *solvant polaire*. Quand un composé ionique comme le chlorure de sodium se dissout dans l'eau, l'arrangement tridimensionnel des ions (réseau cristallin) du solide est détruit: les ions Na^+ et Cl^- sont séparés les uns des autres. Chaque ion Na^+ est alors entouré de nombreuses molécules d'eau orientant leur pôle négatif vers le cation. De même, chaque ion Cl^- est entouré de molécules d'eau qui orientent leur pôle positif vers l'anion (*figure 1.2*). On appelle **hydratation** le *processus par lequel des molécules d'eau sont disposées d'une manière particulière autour des ions*. L'hydratation permet la stabilisation des ions dans la solution et prévient la combinaison entre cations et anions.

H_2O

NOTE

L'eau est globalement neutre électriquement. La charge partielle δ^- du côté de l'oxygène est égale au total des deux charges partielles portées de l'autre côté par chacun des hydrogènes, total symbolisé ici par δ^+.

Figure 1.2 *Hydratation des ions Na^+ et Cl^-.*

Les acides et les bases sont également des électrolytes. Certains acides, dont l'acide chlorhydrique (HCl) et l'acide nitrique (HNO₃), sont des électrolytes forts. Ces acides s'ionisent complètement dans l'eau ; par exemple, quand le chlorure d'hydrogène gazeux se dissout dans l'eau, il forme des ions H⁺ et Cl⁻ hydratés :

$$HCl(g) \xrightarrow{H_2O} H^+(aq) + Cl^-(aq)$$

En d'autres termes, dans la solution, *toutes* les molécules HCl se sont ionisées en ions H⁺ et Cl⁻ hydratés. Ainsi, quand on écrit HCl (*aq*), cela signifie que, dans la solution, il n'y a que des ions H⁺(*aq*) et Cl⁻(*aq*) et qu'il n'y a aucune molécule HCl hydratée. Par ailleurs, certains acides, dont l'acide acétique (CH₃COOH), que l'on trouve dans le vinaigre, s'ionisent beaucoup moins. L'ionisation de l'acide acétique est représentée de la façon suivante :

$$CH_3COOH(aq) \rightleftharpoons CH_3COO^-(aq) + H^+(aq)$$

où CH₃COO⁻ est appelé ion acétate. En écrivant la formule de l'acide acétique de la façon suivante : CH₃COOH, on indique que l'hydrogène ionisable est dans le groupe −COOH.

Dans une équation, la double flèche $\rightleftharpoons$ indique que la *réaction* est *réversible,* c'est-à-dire qu'*elle peut s'effectuer dans les deux sens.* Au début, un certain nombre de molécules CH₃COOH s'ionisent pour former des ions CH₃COO⁻ et H⁺. Avec le temps, certains des ions CH₃COO⁻ et H⁺ se recombinent pour reformer des molécules CH₃COOH. Finalement, la réaction atteint un stade où les molécules d'acide s'ionisent à la même vitesse que celle à laquelle se recombinent les ions. On appelle *équilibre chimique* l'*état d'un système dans lequel aucune transformation nette n'est observée, mais où, au niveau moléculaire, il y a une activité continue.* Ainsi, l'acide acétique est un électrolyte faible parce que son ionisation dans l'eau est incomplète. Par contre, l'acide chlorhydrique forme en solution des ions H⁺ et Cl⁻ qui n'ont pas tendance à se recombiner pour former des molécules HCl : une ionisation complète est représentée par une équation dont la flèche est simple.

1.2   LES RÉACTIONS DE PRÉCIPITATION

Après avoir vu les propriétés générales des solutions aqueuses, nous pouvons maintenant voir quelques réactions courantes et importantes qui ont lieu en milieu aqueux. Dans cette section, nous aborderons les **réactions de précipitation,** *caractérisées par la formation d'un produit insoluble, appelé précipité.* On appelle **précipité** un *solide insoluble qui se sépare de la solution.* Habituellement, les réactions de précipitation mettent en jeu des composés ioniques. Par exemple, quand une solution aqueuse de nitrate de plomb [Pb(NO₃)₂] est ajoutée à une solution d'iodure de sodium (NaI), il se forme un précipité jaune d'iodure de plomb (PbI₂) (*figure 1.3*) :

$$Pb(NO_3)_2(aq) + 2NaI(aq) \longrightarrow PbI_2(s) + 2NaNO_3(aq)$$

La solubilité

Comment peut-on prévoir la formation d'un précipité quand deux solutions sont mélangées ou quand un composé est ajouté à une solution ? Pour ce faire, il faut connaître la **solubilité** du soluté, c'est-à-dire la *quantité maximale du soluté qui se dissout dans une certaine quantité de solvant à une température donnée.* Tous les composés ioniques sont des électrolytes forts, mais ils ne sont pas solubles au même degré. On les divise en trois catégories : les composés solubles, légèrement solubles et insolubles. Le tableau 1.2 donne des règles qui permettent de déterminer comment un composé donné se comportera dans un milieu aqueux. La figure 1.4 montre quelques substances insolubles.

Figure 1.3 *Formation d'un précipité jaune de PbI₂ à l'ajout d'une solution de Pb(NO₃)₂ à une solution de NaI.*

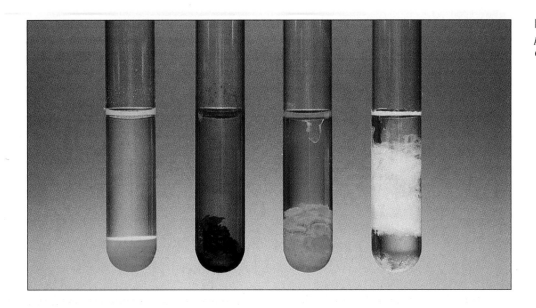

Figure 1.4 *Quelques précipités. De gauche à droite: CdS, PbS, Ni(OH)₂, Al(OH)₃.*

TABLEAU 1.2	CARACTÉRISTIQUES DE LA SOLUBILITÉ DES COMPOSÉS IONIQUES DANS L'EAU À 25 °C

1. Tous les composés de métaux alcalins (groupe 1A) sont solubles.
2. Tous les composés d'ammonium (NH_4^+) sont solubles.
3. Tous les nitrates (NO_3^-), les bicarbonates HCO_3^-, les chlorates (ClO_3^-) et les perchlorates (ClO_4^-) sont solubles.
4. La plupart des hydroxydes (OH^-) sont insolubles, sauf les hydroxydes de métaux alcalins et l'hydroxyde de baryum [$Ba(OH)_2$]. L'hydroxyde de calcium est légèrement soluble.
5. La plupart des chlorures (Cl^-), des bromures (Br^-) ou des iodures (I^-) sont solubles, sauf ceux qui sont formés d'ions Ag^+, Hg_2^{2+} ou Pb^{2+}.
6. Tous les carbonates (CO_3^{2-}), les phosphates (PO_4^{3-}) et les sulfures (S^{2-}) sont insolubles, sauf ceux des métaux alcalins et de l'ion ammonium.
7. La plupart des sulfates (SO_4^{2-}) sont solubles. Le sulfate de calcium ($CaSO_4$) et le sulfate d'argent (Ag_2SO_4) sont légèrement solubles. Le sulfate de baryum ($BaSO_4$), le sulfate de mercure(II) ($HgSO_4$) et le sulfate de plomb ($PbSO_4$) sont insolubles.

EXEMPLE 1.1   La solubilité

À l'aide du tableau 1.2, classez les composés suivants: sont-ils solubles, légèrement solubles ou insolubles? a) sulfate d'argent (Ag_2SO_4), b) carbonate de calcium ($CaCO_3$), c) phosphate de sodium (Na_3PO_4).

Réponse: a) Selon la règle 7 du tableau 1.2, Ag_2SO_4 est légèrement soluble. b) Selon la règle 6, $CaCO_3$ est insoluble. c) Le sodium est un métal alcalin (groupe 1A); selon la règle 1, Na_3PO_4 est soluble.

Problèmes semblables:
1.13 et 1.14

EXERCICE

Dites si ces composés ioniques sont solubles, légèrement solubles ou insolubles: a) CuS, b) $Ca(OH)_2$, c) $Zn(NO_3)_2$.

Les équations moléculaires et les équations ioniques

L'équation qui décrit la précipitation de l'iodure de plomb à la page précédente est une *équation moléculaire* parce que les *formules des composés en jeu représentent toutes les espèces présentes sous forme de molécules ou d'unités complètes*. Ce type d'équation, qui indique la nature des réactifs (ici le nitrate de plomb et l'iodure de sodium), est nécessaire quand on veut effectuer la réaction. Cependant, une telle équation ne décrit pas ce qui se passe réellement au niveau des particules. Comme nous l'avons déjà dit, quand les composés ioniques se dissolvent dans l'eau, ils se dissocient complètement en anions et en cations. Pour être plus près de la réalité, les équations devraient donc représenter ici les ions produits lors de la dissolution. Ainsi, si nous reprenons la réaction entre l'iodure de sodium et le nitrate de plomb, nous devrions écrire

$$Pb^{2+}(aq) + 2NO_3^-(aq) + 2Na^+(aq) + 2I^-(aq) \longrightarrow PbI_2(s) + 2Na^+(aq) + 2NO_3^-(aq)$$

Une telle équation, qui *représente les composés ioniques sous forme d'ions libres,* est appelée ***équation ionique.*** Les *ions qui ne participent pas à la réaction,* comme les ions Na^+ et NO_3^-, sont appelés ***ions spectateurs.*** Étant donné que ces ions apparaissent des deux côtés de l'équation et y demeurent inchangés, on peut dire qu'ils s'éliminent. Pour porter notre attention sur les modifications qui ont réellement lieu, il est préférable d'écrire l'***équation ionique nette,*** qui est l'*équation qui n'indique que les espèces participant directement à la réaction*:

$$Pb^{2+}(aq) + 2I^-(aq) \longrightarrow PbI_2(s)$$

De même, quand une solution aqueuse de chlorure de baryum ($BaCl_2$) est ajoutée à une solution aqueuse de sulfate de sodium (Na_2SO_4), il se forme un précipité blanc de sulfate de baryum ($BaSO_4$) (*figure 1.5*):

$$BaCl_2(aq) + Na_2SO_4(aq) \longrightarrow BaSO_4(s) + 2NaCl(aq)$$

L'équation ionique de cette réaction est

$$Ba^{2+}(aq) + 2Cl^-(aq) + 2Na^+(aq) + SO_4^{2-}(aq) \longrightarrow BaSO_4(s) + 2Na^+(aq) + 2Cl^-(aq)$$

L'élimination des ions spectateurs présents des deux côtés de l'équation donne l'équation ionique nette suivante:

$$Ba^{2+}(aq) + SO_4^{2-}(aq) \longrightarrow BaSO_4(s)$$

Figure 1.5 *Formation d'un précipité de BaSO₄.*

Voici les étapes à suivre pour obtenir les équations ioniques et les équations ioniques nettes.

- Écrire l'équation moléculaire équilibrée de la réaction.
- Réécrire l'équation pour qu'elle indique quelles substances sont présentes sous forme ionique dans la solution. Se souvenir que tous les électrolytes forts dissous sont complètement dissociés en cations et en anions. Cette étape donne l'équation ionique.
- Repérer et annuler les ions spectateurs présents des deux côtés de l'équation, ce qui donne l'équation ionique nette.

EXEMPLE 1.2   La solubilité et la prévision des produits de réactions en milieu aqueux

Dites quels seront les produits de la réaction suivante et donnez l'équation ionique nette de cette réaction :

$$K_3PO_4(aq) + Ca(NO_3)_2(aq) \longrightarrow \ ?$$

Réponse : Les deux réactifs sont des sels solubles, mais, selon la règle 6, les ions calcium (Ca^{2+}) et les ions phosphate (PO_4^{3+}) peuvent former un composé insoluble, le phosphate de calcium [$Ca_3(PO_4)_2$]. Il s'agit donc d'une réaction de précipitation. L'autre produit, le nitrate de potassium (KNO_3), est soluble et reste en solution. L'équation moléculaire est

$$2K_3PO_4(aq) + 3Ca(NO_3)_2(aq) \longrightarrow 6KNO_3(aq) + Ca_3(PO_4)_2(s)$$

et l'équation ionique est

$$6K^+(aq) + 2PO_4^{3-}(aq) + 3Ca^{2+}(aq) + 6NO_3^-(aq) \longrightarrow$$
$$6K^+(aq) + 6NO_3^-(aq) + Ca_3(PO_4)_2(s)$$

Après avoir éliminé les ions K^+ et NO_3^-, on obtient l'équation ionique nette suivante :

$$3Ca^{2+}(aq) + 2PO_4^{3-}(aq) \longrightarrow Ca_3(PO_4)_2(s)$$

Notez que, parce que nous avons d'abord équilibré l'équation moléculaire, l'équation ionique est, elle aussi, équilibrée : le nombre d'atomes est égal de chaque côté et la somme des charges positives et négatives du côté gauche est égale à celle du côté droit.

EXERCICE

Dites quel précipité se formera au cours de la réaction suivante et donnez l'équation ionique nette de cette réaction :

$$Al(NO_3)_3(aq) + 3NaOH(aq) \longrightarrow \ ?$$

Formation d'un précipité de $Ca_3(PO_4)_2$.

Problèmes semblables :
1.15 et 1.16

1.3 LES RÉACTIONS ACIDO-BASIQUES

Il existe des acides et des bases que l'on utilise couramment — par exemple l'aspirine et le lait de magnésie (ou magnésie hydratée) —, mais dont on ignore le nom chimique : l'aspirine est de l'acide acétylsalicylique, et le lait de magnésie de l'hydroxyde de magnésium. En plus de constituer les substances de base de nombreux produits médicinaux et domestiques, les acides et les bases jouent un rôle important dans certains procédés industriels et sont essentiels au bon fonctionnement des organismes vivants.

Les propriétés générales des acides et des bases

Au cours de l'étude de la nomenclature dans le volume 1, nous avons défini un acide comme une substance qui s'ionise dans l'eau pour donner des ions H^+, et une base comme une substance qui s'ionise dans l'eau pour donner des ions OH^-. C'est le chimiste suédois Svante Arrhenius qui, à la fin du XIXe siècle, formula ces définitions dans le but de classer des substances dont les propriétés en solution aqueuse étaient bien connues.

LA CHIMIE EN ACTION

UNE RÉACTION DE PRÉCIPITATION INDÉSIRABLE...

Le calcaire ($CaCO_3$) et la dolomite ($CaCO_3 \bullet MgCO_3$), des subtances très répandues à la surface de la terre, se retrouvent souvent dans les eaux d'approvisionnement. Selon le tableau 1.2, le carbonate de calcium est insoluble dans l'eau. Cependant, en présence de dioxyde de carbone dissous (provenant de l'atmosphère), la réaction suivante a lieu :

$$CaCO_3(s) + CO_2(aq) + H_2O(l) \longrightarrow Ca^{2+}(aq) + 2HCO_3^-(aq) \text{ où } HCO_3^- \text{ est l'ion bicarbonate.}$$

On appelle eau dure une eau qui contient des ions Ca^{2+} et/ou Mg^{2+}, et eau douce une eau qui n'en contient presque pas. La présence de ces ions dans l'eau la rend impropre à certaines applications domestiques et industrielles.

Quand l'eau qui contient des ions Ca^{2+} et HCO_3^- est chauffée ou bouillie, la réaction en solution est inversée et il y a production d'un précipité de $CaCO_3$:

$$Ca^{2+}(aq) + 2HCO_3^-(aq) \longrightarrow CaCO_3(s) + CO_2(aq) + H_2O(l)$$

et le dioxyde de carbone s'échappe de la solution : $CO_2(aq) \longrightarrow CO_2(g)$

Le carbonate de calcium solide formé de cette manière est le principal composé qui s'accumule dans les chaudières, les chauffe-eau, les tuyaux et les bouilloires. Ces dépôts épais réduisent le transfert de chaleur, diminuant ainsi l'efficacité et la durabilité notamment des chaudières et des tuyaux. Dans les tuyaux d'eau chaude des maisons, ils peuvent restreindre et même empêcher la circulation de l'eau. Pour enlever ces dépôts des tuyaux, les plombiers utilisent un procédé simple qui consiste à y introduire de petites quantités d'acide chlorhydrique :

$$CaCO_3(s) + 2HCl(aq) \longrightarrow CaCl_2(aq) + H_2O(l) + CO_2(g)$$

De cette manière, $CaCO_3$ est converti en $CaCl_2$, un composé soluble dans l'eau.

Dépôts calcaires obstruant un tuyau d'eau chaude. Ces dépôts sont surtout constitués de $CaCO_3$ avec un peu de $MgCO_3$.

Les acides

- Les acides ont un goût aigre, piquant ; par exemple, le vinaigre doit son goût à l'acide acétique, et les citrons et les autres agrumes le doivent à l'acide citrique.

- Les acides provoquent des modifications de couleur des colorants végétaux ; par exemple, ils font passer le tournesol du bleu au rouge.

- Les acides réagissent avec certains métaux, dont le zinc, le magnésium et le fer, pour produire de l'hydrogène gazeux. La réaction entre l'acide chlorhydrique et le magnésium en est un exemple :

$$2HCl(aq) + Mg(s) \longrightarrow MgCl_2(aq) + H_2(g)$$

- Les acides réagissent avec les carbonates et les bicarbonates, comme Na_2CO_3, $CaCO_3$ et $NaHCO_3$, pour produire du dioxyde de carbone gazeux (*figure 1.6*). Par exemple,

$$2HCl(aq) + CaCO_3(s) \longrightarrow CaCl_2(aq) + H_2O(l) + CO_2(g)$$

$$HCl(aq) + NaHCO_3(s) \longrightarrow NaCl(aq) + H_2O(l) + CO_2(g)$$

- Les solutions aqueuses acides conduisent l'électricité.

Les bases

- Les bases ont un goût amer.

- Les bases sont visqueuses au toucher ; par exemple, les savons, qui contiennent des bases, ont cette caractéristique.

- Les bases provoquent des modifications de couleur des colorants végétaux ; par exemple, elles font passer le tournesol du rouge au bleu.

- Les solutions aqueuses basiques conduisent l'électricité.

Les acides et les bases de Brønsted

Les définitions des acides et des bases élaborées par Arrhenius ne s'appliquent qu'aux solutions aqueuses. En 1932, Johannes Brønsted, un chimiste danois, proposa des définitions élargies qui décrivaient un acide comme *donneur de protons* et une base comme *accepteur de protons*. On appelle maintenant les substances qui réagissent de cette façon des **acides de Brønsted** et des **bases de Brønsted.** Remarquons cependant que le chimiste anglais T. M. Lowry avait proposé les mêmes définitions la même année, d'où les noms également acceptés d'acide et de base de Brønsted-Lowry. Notons aussi que ces définitions ne nécessitent pas que les acides ou les bases soient en solution aqueuse.

Les acides de Brønsted

L'acide chlorhydrique est un acide de Brønsted parce qu'il donne un proton dans l'eau :

$$HCl(aq) \longrightarrow H^+(aq) + Cl^-(aq)$$

Il faut noter que l'ion H^+ est un atome d'hydrogène qui a perdu son électron ; c'est donc seulement un proton à nu. La dimension d'un proton est d'environ 10^{-15} m comparativement à 10^{-10} m pour un atome ou un ion moyen. Une si petite particule chargée ne peut exister comme telle dans l'eau, à cause de sa forte attraction pour le pôle négatif (l'atome O) de H_2O. C'est pourquoi le proton existe à l'état hydraté, comme l'indique la figure 1.7. Pour l'ionisation de l'acide chlorhydrique, on devrait donc écrire

$$HCl(aq) + H_2O(l) \longrightarrow H_3O^+(aq) + Cl^-(aq)$$

NOTE

La plupart des acides (hydracides et oxacides) sont solubles dans l'eau.

Figure 1.6 *Un morceau de craie de tableau, formée principalement de $CaCO_3$, réagit avec de l'acide chlorhydrique.*

Johannes Nicolaus Brønsted (1879-1947)

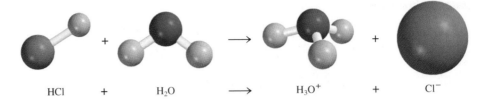

$$HCl \quad + \quad H_2O \quad \longrightarrow \quad H_3O^+ \quad + \quad Cl^-$$

Le *proton hydraté*, H_3O^+, est appelé ***ion hydronium.*** Cette équation représente une réaction au cours de laquelle un acide de Brønsted donne un proton à une base de Brønsted (H_2O).

Des études expérimentales ont démontré que l'ion hydronium peut s'hydrater davantage en s'associant à plusieurs molécules d'eau. Toutefois, comme les propriétés acides du proton ne sont pas touchées par le degré d'hydratation, on utilisera dans ce manuel surtout la notation $H^+(aq)$ pour représenter le proton hydraté, même si la notation H_3O^+ est plus proche de la réalité. Retenez bien que les deux notations représentent la même espèce en solution aqueuse.

Parmi les acides couramment utilisés en laboratoire, il y a l'acide chlorhydrique (HCl), l'acide nitrique (HNO_3), l'acide acétique (CH_3COOH), l'acide sulfurique (H_2SO_4) et l'acide phosphorique (H_3PO_4). Les trois premiers sont des ***monoacides*** ; c'est-à-dire *qu'un seul ion hydrogène est libéré par unité d'acide* :

$$HCl(aq) \longrightarrow H^+(aq) + Cl^-(aq)$$

$$HNO_3(aq) \longrightarrow H^+(aq) + NO_3^-(aq)$$

$$CH_3COOH(aq) \rightleftharpoons CH_3COO^-(aq) + H^+(aq)$$

Comme nous l'avons déjà mentionné, l'ionisation de l'acide acétique en milieu aqueux est incomplète (remarquez la flèche double) : il s'agit donc d'un électrolyte faible (*tableau 1.1*). Par conséquent, on l'appelle aussi acide faible. Par contre, HCl et HNO_3 sont des acides forts parce qu'ils sont des électrolytes forts : en solution, ils s'ionisent complètement (remarquez les flèches simples).

L'acide sulfurique (H_2SO_4) est un ***diacide*** parce que *deux ions H^+ par unité d'acide sont cédés* en deux étapes distinctes :

$$H_2SO_4(aq) \longrightarrow H^+(aq) + HSO_4^-(aq)$$

$$HSO_4^-(aq) \rightleftharpoons H^+(aq) + SO_4^{2-}(aq)$$

H_2SO_4 est un électrolyte fort et un acide fort (la première étape de l'ionisation est complète), mais HSO_4^- est un acide faible, d'où la flèche double qui indique que l'ionisation est incomplète.

Les ***triacides,*** qui *libèrent trois ions H^+ par unité*, sont relativement peu nombreux. Le plus connu est l'acide phosphorique, lequel s'ionise ainsi :

$$H_3PO_4(aq) \rightleftharpoons H^+(aq) + H_2PO_4^-(aq)$$

$$H_2PO_4^-(aq) \rightleftharpoons H^+(aq) + HPO_4^{2-}(aq)$$

$$HPO_4^{2-}(aq) \rightleftharpoons H^+(aq) + PO_4^{3-}(aq)$$

Notez que ces trois espèces (H_3PO_4, $H_2PO_4^-$ et HPO_4^{2-}) sont des acides faibles, d'où l'utilisation d'une flèche double pour chaque étape d'ionisation. Les anions tels $H_2PO_4^-$ et HPO_4^{2-} peuvent aussi être générés quand des composés ioniques tels NaH_2PO_4 et Na_2HPO_4 se dissolvent dans l'eau.

Une bouteille d'acide phosphorique (H_3PO_4).

Les bases de Brønsted

Les données du tableau 1.1 montrent que l'hydroxyde de sodium (NaOH) et l'hydroxyde de baryum [Ba(OH)$_2$] sont des électrolytes forts. C'est dire qu'ils sont complètement ionisés en solution :

$$NaOH(s) \xrightarrow{H_2O} Na^+(aq) + OH^-(aq)$$

$$Ba(OH)_2(s) \xrightarrow{H_2O} Ba^{2+}(aq) + 2OH^-(aq)$$

L'ion OH$^-$ peut accepter un proton comme le montre l'équation qui suit :

$$H^+(aq) + OH^-(aq) \longrightarrow H_2O(l)$$

Donc OH$^-$ est une base de Brønsted.

L'ammoniac (NH$_3$) est classé parmi les bases de Brønsted parce qu'il peut accepter un ion H$^+$, comme le montrent la figure 1.8 et l'équation suivante :

$$NH_3(aq) + H_2O(l) \rightleftharpoons NH_4^+(aq) + OH^-(aq)$$

L'ammoniac est un électrolyte faible (c'est donc une base faible) parce que seule une fraction des molécules NH$_3$ dissoutes réagissent avec l'eau pour former des ions NH$_4^+$ et OH$^-$.

La base forte la plus couramment utilisée en laboratoire est l'hydroxyde de sodium, à cause de son faible coût et de sa grande solubilité. (En fait, tous les hydroxydes de métaux alcalins sont solubles.) Quant à la base faible la plus utilisée, c'est une solution aqueuse d'ammoniac, quelquefois appelée à tort hydroxyde d'ammonium (il n'y a pas de preuve que le composé NH$_4$OH existe réellement). Tous les éléments du groupe 2A forment des hydroxydes de type M(OH)$_2$, où M est un métal alcalino-terreux. De ces hydroxydes, seul Ba(OH)$_2$ est soluble. Les hydroxydes de magnésium et de calcium, eux, sont utilisés en médecine et dans l'industrie. Les hydroxydes des autres métaux, comme Al(OH)$_3$ et Zn(OH)$_2$, sont insolubles et utilisés moins couramment.

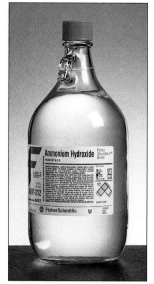

Une bouteille de NH$_4$OH.

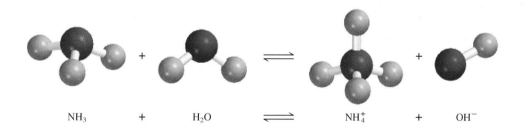

NH$_3$ + H$_2$O $\rightleftharpoons$ NH$_4^+$ + OH$^-$

Figure 1.8 *L'ionisation de l'ammoniac dans l'eau pour former l'ion ammonium et l'ion hydroxyde.*

EXEMPLE 1.3   La classification des acides et des bases de Brønsted

Dites si les espèces suivantes sont des bases ou des acides de Brønsted : a) HBr, b) NO$_2^-$, c) HCO$_3^-$.

Réponse : a) HBr se dissout dans l'eau pour former des ions H$^+$ et Br$^-$:

$$HBr(aq) \longrightarrow H^+(aq) + Br^-(aq)$$

HBr est donc un acide de Brønsted.

b) En solution, l'ion nitrite peut accepter un proton pour former l'acide nitreux :

$$NO_2^-(aq) + H^+(aq) \longrightarrow HNO_2(aq)$$

Cette propriété fait de NO$_2^-$ une base de Brønsted.

Problèmes semblables :
1.25 et 1.26.

c) L'ion bicarbonate est un acide de Brønsted parce que, en solution, il s'ionise de la façon suivante :

$$HCO_3^-(aq) \rightleftharpoons H^+(aq) + CO_3^{2-}(aq)$$

C'est aussi une base de Brønsted parce qu'il peut accepter un proton :

$$HCO_3^-(aq) + H^+(aq) \rightleftharpoons H_2CO_3(aq)$$

EXERCICE

Dites si les espèces suivantes sont des acides ou des bases de Brønsted : a) SO_4^{2-}, b) HI.

Les réactions de neutralisation

Une réaction acido-basique, aussi appelée ***réaction de neutralisation,*** est une *réaction entre un acide et une base.* Les réactions acido-basiques aqueuses sont généralement caractérisées par l'équation suivante :

$$acide + base \longrightarrow sel + eau$$

NOTE

La plupart des réactions acido-basiques sont des réactions complètes.

Un ***sel*** est un *composé ionique formé d'un cation autre que H^+ et d'un anion autre que OH^- ou O^{2-}.* Tous les sels sont des électrolytes forts. La substance connue sous le nom de sel de table (NaCl) en est un exemple familier. Elle est un produit de la réaction acido-basique suivante :

$$HCl(aq) + NaOH(aq) \longrightarrow NaCl(aq) + H_2O(l)$$

Dans ce cas, comme l'acide et la base sont des électrolytes forts, ils sont complètement ionisés en solution, et l'équation ionique est

$$H^+(aq) + Cl^-(aq) + Na^+(aq) + OH^-(aq) \longrightarrow Na^+(aq) + Cl^-(aq) + H_2O(l)$$

La réaction peut ainsi être représentée par l'équation ionique nette suivante :

$$H^+(aq) + OH^-(aq) \longrightarrow H_2O(l)$$

NOTE

Pour qu'une réaction soit totale, il faut que tous les réactifs soient totalement consommés. Ces réactifs doivent nécessairement avoir réagi dans les proportions stœchiométriques indiquées par l'équation équilibrée de la réaction.

Les ions Na^+ et Cl^- sont des ions spectateurs.

Si cette réaction était effectuée avec des quantités molaires égales d'acide et de base, cette réaction serait *totale,* c'est-à-dire qu'il n'y aurait, à la fin de la réaction, que du sel, et aucune trace d'acide ou de base. C'est une caractéristique des réactions de neutralisation.

Les équations moléculaires suivantes représentent d'autres exemples de réactions de neutralisation :

$$HF(aq) + KOH(aq) \longrightarrow KF(aq) + H_2O(l)$$

$$H_2SO_4(aq) + 2NaOH(aq) \longrightarrow Na_2SO_4(aq) + 2H_2O(l)$$

$$HNO_3(aq) + NH_3(aq) \longrightarrow NH_4NO_3(aq)$$

Si, dans la dernière équation, on avait écrit $NH_4^+(aq)$ et $OH^-(aq)$ au lieu de $NH_3(aq)$, les produits auraient été un sel (NH_4NO_3) et H_2O.

1.4 LES RÉACTIONS D'OXYDORÉDUCTION

Tandis que les réactions acido-basiques mettent en jeu des transferts de protons, les *réactions d'oxydoréduction* comportent *des transferts d'électrons*. Les réactions d'oxydoréduction ont une grande importance dans notre vie quotidienne. Elles vont de la combustion des combustibles fossiles à l'action de l'eau de Javel. Ce sont aussi des réactions d'oxydoréduction qui sont à la base des procédés d'extraction de la plupart des éléments, métalliques ou non, à partir de leur minerai. Souvent on parle dans ce cas de réactions d'oxydation ou de réactions de réduction, parce qu'on met l'accent sur l'élément à extraire ; cependant, il ne faut pas oublier que ni l'oxydation ni la réduction ne peuvent avoir lieu sans la présence d'un oxydant *et* d'un réducteur.

Prenons la formation de l'oxyde de calcium (CaO) à partir du calcium et de l'oxygène :

$$2Ca(s) + O_2(g) \longrightarrow 2CaO(s)$$

L'oxyde de calcium (CaO) est un composé ionique formé des ions Ca^{2+} et O^{2-}. Dans cette réaction, deux atomes Ca donnent ou transfèrent en tout quatre électrons à deux atomes O (sous forme O_2). Bien que l'échange d'électrons ait lieu en une seule étape, il est utile de scinder ce phénomène comme s'il se produisait en deux étapes. La première consiste en la perte de quatre électrons par les deux atomes Ca, et la seconde est l'acquisition de ces quatre électrons par une molécule O_2 :

$$2Ca \longrightarrow 2Ca^{2+} + 4e^-$$

$$O_2 + 4e^- \longrightarrow 2O^{2-}$$

Chacune de ces étapes est appelée **demi-réaction** ; elle *indique explicitement les électrons en jeu*. La somme des demi-réactions donne la réaction globale :

$$2Ca + O_2 + 4e^- \longrightarrow 2Ca^{2+} + 2O^{2-} + 4e^-$$

Si nous simplifions l'équation en éliminant les électrons qui apparaissent des deux côtés de la flèche, nous obtenons :

$$2Ca + O_2 \longrightarrow 2Ca^{2+} + 2O^{2-}$$

Finalement, les ions Ca^{2+} et O^{2-} se combinent pour former CaO :

$$2Ca^{2+} + 2O^{2-} \longrightarrow 2CaO$$

Par convention, on n'écrit pas les charges dans la formule d'un composé ionique, d'où la formule CaO plutôt que $Ca^{2+}O^{2-}$.

La *demi-réaction qui traduit la perte d'électrons* est appelée **réaction d'oxydation.** À l'origine, le terme «oxydation» était utilisé par les chimistes pour indiquer la combinaison d'un élément avec l'oxygène ; maintenant, il a une signification élargie et inclut des réactions dans lesquelles il n'y a pas d'oxygène. La *demi-réaction qui traduit le gain d'électrons* est dite **réaction de réduction.** Dans la formation de l'oxyde de calcium, le calcium est oxydé. C'est donc un **réducteur,** car il *donne des électrons* à l'oxygène et le réduit. De son côté, l'oxygène réduit agit comme un **oxydant,** car il *capte les électrons* du calcium, oxydant ainsi ce dernier. Notez que, dans une réaction d'oxydoréduction, comme il s'agit simplement d'un transfert d'électrons, le nombre d'électrons perdus par le réducteur doit être égal au nombre d'électrons captés par l'oxydant.

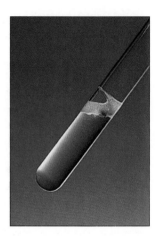

L'attaque de métaux par les acides est un phénomène d'oxydoréduction typique :

$$\text{métal} + \text{acide} \longrightarrow \text{sel} + \text{hydrogène moléculaire}$$

En voici quelques exemples (*figure 1.9*) :

$$Fe(s) + 2HCl(aq) \longrightarrow FeCl_2(aq) + H_2(g)$$

$$Zn(s) + 2HCl(aq) \longrightarrow ZnCl_2(aq) + H_2(g)$$

$$Mg(s) + 2HCl(aq) \longrightarrow MgCl_2(aq) + H_2(g)$$

Dans ces réactions, le métal agit comme réducteur parce qu'il donne deux électrons aux ions H^+ fournis par HCl. Dans le cas du fer, les demi-réactions sont

$$Fe \longrightarrow Fe^{2+} + 2e^-$$

$$2H^+ + 2e^- \longrightarrow H_2$$

On peut représenter le bilan de la réaction par l'équation ionique nette suivante :

$$Fe + 2H^+ \longrightarrow Fe^{2+} + H_2$$

Les nombres d'oxydation

Les définitions que nous avons données des termes « oxydation » et « réduction », c'est-à-dire respectivement perte et gain d'électrons, s'appliquent fort bien à la formation des composés ioniques tel CaO, mais moins bien à la formation du chlorure d'hydrogène (HCl) et du dioxyde de soufre (SO_2), par exemple :

$$H_2(g) + Cl_2(g) \longrightarrow 2HCl(g)$$

$$S(s) + O_2(g) \longrightarrow SO_2(g)$$

La combustion du soufre dans l'air produit du dioxyde de soufre.

Puisque HCl et SO_2 ne sont pas des composés ioniques, mais des composés covalents, il n'y a pas de transfert réel d'électrons durant leur formation, contrairement au cas de CaO. Néanmoins, les chimistes trouvent commode de les considérer comme des réactions d'oxydoréduction, car on a montré expérimentalement qu'il y a transfert *partiel* d'électrons (de H à Cl dans HCl et de S à O dans SO_2).

Afin de tenir compte de ces transferts plus ou moins complets d'électrons, il nous faut donc élargir les définitions déjà données des termes « oxydation » et « réduction ». Pour ce faire, nous avons besoin de la notion de nombre d'oxydation associé aux réactifs et aux produits. Le **nombre d'oxydation** (ou **degré d'oxydation** ou **état d'oxydation**) représente le *nombre de charges qu'aurait un atome dans une molécule (ou dans un composé ionique) si les électrons étaient complètement transférés.* Par exemple, on pourrait réécrire les équations données plus haut de la manière suivante :

$$\overset{0}{H_2}(g) + \overset{0}{Cl_2}(g) \longrightarrow 2\overset{+1\ -1}{HCl}(g)$$

$$\overset{0}{S}(s) + \overset{0}{O_2}(g) \longrightarrow 2\overset{+4\ -2}{SO_2}(g)$$

Les chiffres apparaissant au-dessus des éléments sont les nombres d'oxydation. Contrairement à la charge réelle qui s'écrit par exemple 2+ on écrit le signe devant le nombre, soit +2. Dans ces deux réactions, les atomes des réactifs n'ont pas de charges, leur nombre d'oxydation est donc zéro. Pour ce qui est des produits, on suppose que le transfert des électrons s'est fait de manière complète et que les atomes ont gagné ou perdu des électrons. On peut donc maintenant définir, d'une manière plus générale, une oxydation comme étant une augmentation du nombre d'oxydation d'un élément, et une réduction comme une diminution du nombre d'oxydation d'un élément. Une réaction d'oxydoréduction est donc une réaction au cours de laquelle il y a *variations des nombres d'oxydation*.

Si on examine à nouveau l'équation précédente, on observe que les éléments dont le nombre d'oxydation augmente, l'hydrogène et le soufre, sont oxydés ; les éléments dont le nombre d'oxydation diminue, comme le chlore et l'oxygène, sont réduits. Notez que la somme des nombres d'oxydation de H et de Cl dans HCl (+1 et −1) est zéro. De même, dans SO_2 [S (+4) et deux atomes O (2 × −2)], la somme est zéro : HCl et SO_2 sont des composés neutres, leurs charges doivent donc s'annuler. Les variations des nombres d'oxydation nous permettent donc de comptabiliser les transferts d'électrons.

Les règles suivantes permettent de déterminer les nombres d'oxydation :

1. Pour les éléments libres (c'est-à-dire non combinés), chaque atome a un nombre d'oxydation égal à zéro. Ainsi, tous les atomes dans H_2, Br_2, Na, Be, K, O_2 et P_4 ont le même nombre d'oxydation : zéro.

2. Pour les ions monoatomiques, le nombre d'oxydation est égal à la charge de l'ion. Ainsi, Li^+ a un nombre d'oxydation de +1 ; Ba^{2+}, de +2 ; Fe^{3+}, de +3 ; I^-, de −1 ; O^{2-}, de −2, etc. Tous les métaux alcalins ont un nombre d'oxydation de +1 et tous les métaux alcalino-terreux ont un nombre d'oxydation de +2, quel que soit le composé. L'aluminium a un nombre d'oxydation de +3 dans tous ses composés.

3. Le nombre d'oxydation de l'oxygène dans la plupart des composés (par exemple, MgO et H_2O) est −2 ; cependant, dans le peroxyde d'hydrogène (H_2O_2) et l'ion peroxyde (O_2^{2-}), son nombre d'oxydation est −1.

4. Le nombre d'oxydation de l'hydrogène est +1, sauf quand il est lié à un métal dans un composé binaire. Dans ce cas (par exemple, LiH, NaH et CaH_2), son nombre d'oxydation est −1.

5. Le fluor a un nombre d'oxydation de −1 dans *tous* ses composés. Les autres halogènes (Cl, Br et I) ont des nombres d'oxydation négatifs lorsqu'ils apparaissent comme ions halogénure dans leurs composés. Par contre, quand ils se combinent avec l'oxygène (dans les oxacides et les oxanions, par exemple), ils ont des nombres d'oxydation positifs.

6. Dans une molécule neutre, la somme des nombres d'oxydation de tous les atomes doit être zéro. Dans un ion polyatomique, la somme des nombres d'oxydation de tous les éléments de l'ion doit être égale à la charge nette de l'ion. Par exemple, dans l'ion ammonium, NH_4^+, le nombre d'oxydation de N est −3 et celui de H est +1 : la somme des nombres d'oxydation est −3 + 4(+1) = +1, ce qui correspond à la charge nette de l'ion.

7. Les nombres d'oxydation ne sont pas obligatoirement des nombres entiers. Par exemple, dans l'ion superoxyde O_2^-, l'oxygène a une valeur de $-\frac{1}{2}$.

Remarque : les termes « nombre d'oxydation », « degré d'oxydation » et « état d'oxydation » sont tous des termes acceptables et équivalents. Dans ce livre, nous utiliserons surtout le terme « nombre d'oxydation ».

EXEMPLE 1.4   La détermination des nombres d'oxydation

Déterminez les nombres d'oxydation de tous les éléments des composés et des ions suivants : a) Li_2O, b) HNO_3, c) $Cr_2O_7^{2-}$.

Réponse : a) D'après la règle 2, nous savons que le lithium a un nombre d'oxydation de $+1$ (Li^+), et l'oxygène un nombre d'oxydation de -2 (O^{2-}).

b) C'est la formule de l'acide nitrique, lequel libère un ion H^+ et un ion NO_3^- en solution. D'après la règle 4, nous savons que H a un nombre d'oxydation de $+1$; l'autre groupe (l'ion nitrate) doit donc avoir une charge nette de -1. Puisque le nombre d'oxydation de l'oxygène est -2, celui de l'azote (soit x) est donné par

$$-1 = x + 3(-2)$$

ou

$$x = +5$$

c) D'après la règle 6, nous savons que la somme des nombres d'oxydation dans $Cr_2O_7^{2-}$ doit être -2. Nous savons aussi que le nombre d'oxydation de O est -2. Il ne nous reste qu'à déterminer le nombre d'oxydation de Cr, que nous appellerons y. La somme des nombres d'oxydation de l'ion est

$$-2 = 2(y) + 7(-2)$$

ou

$$y = +6$$

EXERCICE

Déterminez les nombres d'oxydation de tous les éléments dans le composé et l'ion suivants : a) PF_3, b) MnO_4^-.

Problèmes semblables :
1.37 et 1.38

La figure 1.10 montre les nombres d'oxydation connus des éléments les plus familiers, disposés selon leurs positions dans le tableau périodique. Cette disposition met en évidence les caractéristiques suivantes des nombres d'oxydation :

- Les éléments métalliques ont seulement des nombres d'oxydation positifs, tandis que les éléments non métalliques peuvent avoir des nombres d'oxydation négatifs ou positifs.

- Les éléments représentatifs (c'est-à-dire des groupes 1A à 6A) ne peuvent avoir un nombre d'oxydation supérieur au numéro de leur groupe dans le tableau périodique. Par exemple, les halogènes font partie du groupe 7A, donc le nombre d'oxydation le plus élevé qu'ils peuvent atteindre est $+7$.

- Les métaux de transition (groupes 1B, 3B–8B) ont habituellement plusieurs nombres d'oxydation possibles (*figure 1.11*).

La série d'activité

Les réactions entre les métaux et l'acide chlorhydrique décrites à la section précédente sont des exemples de ***réactions de déplacement,*** appelées ainsi parce que, *durant la réaction, un ion ou un atome est remplacé (ou déplacé) par un autre ion (ou atome) d'un autre élément.* Dans la réaction métal-HCl, par exemple, l'ion H^+ est remplacé par un ion métallique (*page 16*).

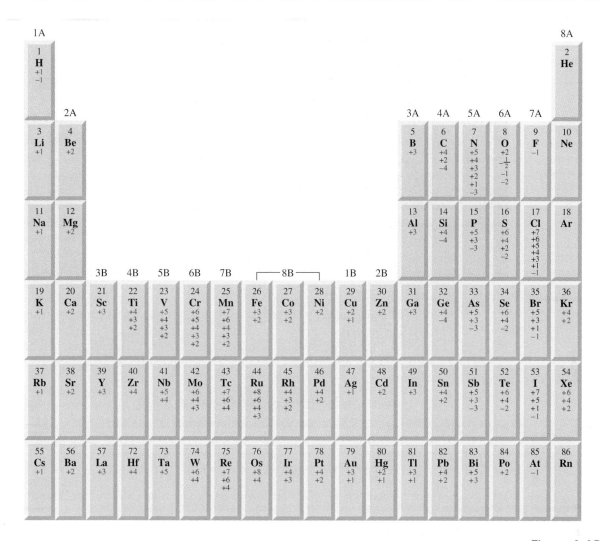

Figure 1.10 *Les nombres d'oxydation possibles des éléments dans leurs composés. Les nombres d'oxydation les plus courants sont en rouge.*

Figure 1.11 *De gauche à droite : couleurs des solutions aqueuses de composés contenant du vanadium dans quatre états d'oxydation différents (+5, +6, +3 et +2).*

Figure 1.12 *De gauche à droite : quand un morceau de zinc est plongé dans une solution aqueuse de $CuSO_4$, les atomes Zn se dissolvent sous forme d'ions Zn^{2+}, et les ions Cu^{2+} sont convertis en Cu solide (premier bécher). Avec le temps, le bleu de la solution de $CuSO_4$ disparaît (deuxième bécher). Quand un fil de cuivre est plongé dans une solution aqueuse de $AgNO_3$, les atomes Cu se dissolvent sous forme d'ions Cu^{2+}, et les ions Ag^+ sont convertis en Ag solide (troisième bécher). Graduellement, la solution tourne au bleu caractéristique des ions Cu^{2+} hydratés (quatrième bécher).*

Ces réactions de déplacement, sorte de réactions de substitution, sont parmi les réactions d'oxydoréduction les plus courantes. Un métal dans un composé peut aussi être remplacé par un autre métal libre. Par exemple, quand du zinc est plongé dans une solution de sulfate de cuivre ($CuSO_4$), il remplace les ions Cu^{2+} de la solution (*figure 1.12*):

$$\overset{0}{Zn}(s) + \overset{+2}{Cu}\overset{}{SO_4}(aq) \longrightarrow \overset{+2}{Zn}\overset{}{SO_4}(aq) + \overset{0}{Cu}(s)$$

ou

$$\overset{0}{Zn}(s) + \overset{+2}{Cu^{2+}}(aq) \longrightarrow \overset{+2}{Zn^{2+}}(aq) + \overset{0}{Cu}(s)$$

De même, le cuivre métallique remplace les ions argent d'une solution de nitrate d'argent ($AgNO_3$) (*figure 1.12*):

$$\overset{0}{Cu}(s) + 2\overset{+1}{Ag}NO_3(aq) \longrightarrow \overset{+2}{Cu}(NO_3)_2(aq) + 2\overset{0}{Ag}(s)$$

ou

$$\overset{0}{Cu}(s) + 2\overset{+1}{Ag^+}(aq) \longrightarrow \overset{+2}{Cu^{2+}}(aq) + 2\overset{0}{Ag}(s)$$

Le renversement des rôles des métaux ne provoquerait aucune réaction. En d'autres termes, le cuivre ne remplacerait pas les ions zinc du sulfate de zinc, et l'argent ne remplacerait pas les ions cuivre du nitrate de cuivre.

Une façon facile de prédire si une réaction de substitution comportant un métal ou de l'hydrogène se produira est de consulter une **série d'activité,** comme celle de la figure 1.13. Une série d'activité est une *liste ordonnée facile à consulter qui permet de prévoir ce qui se produira durant des réactions de substitution* semblables à celles que nous venons de voir. Selon cette série, tout métal situé au-dessus de l'hydrogène remplacera l'hydrogène de l'eau ou d'un acide, mais les métaux situés sous l'hydrogène ne réagiront ni avec l'eau ni avec un acide. En fait toute espèce figurant dans cette série réagira avec tout composé formé d'un élément situé sous lui. Par exemple, le zinc est au-dessus du cuivre; alors le zinc remplacera les ions cuivre du sulfate de cuivre.

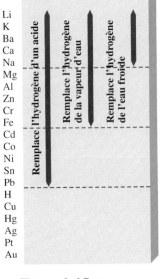

Figure 1.13 *Série d'activité des métaux. Les métaux sont disposés selon leur pouvoir de remplacer l'hydrogène d'un acide ou de l'eau. Le lithium (Li) est le métal le plus réactif; l'or (Au) est le moins réactif.*

À l'aide de cette liste d'activité, il est possible de prédire les réactions de tous les métaux alcalins (groupe 1A) et de tous les métaux alcalino-terreux (groupe 2A) avec l'eau à la température de la pièce. Par exemple, le sodium (groupe 1A) et le calcium (groupe 2A) réagissent avec l'eau de la manière suivante (*figure 1.14*) :

$$\overset{0}{2Na(s)} + \overset{+1}{2H_2O(l)} \longrightarrow \overset{+1\ +1}{2NaOH(aq)} + \overset{0}{H_2(g)}$$

$$\overset{0}{Ca(s)} + \overset{+1}{2H_2O(l)} \longrightarrow \overset{+2\ +1}{Ca(OH)_2(s)} + \overset{0}{H_2(g)}$$

Figure **1.14** *Réaction du sodium (Na), à gauche, et du calcium (Ca), à droite, avec de l'eau froide. Notez que la réaction est plus vigoureuse dans le cas de Na que dans le cas de Ca.*

1.5 LA CONCENTRATION DES SOLUTIONS ET LA DILUTION

Avant d'étudier la stœchiométrie des réactions en milieu aqueux à la section 1.6, nous devons d'abord savoir comment exprimer la composition des solutions par des unités de concentration et aussi savoir comment préparer les quantités nécessaires de réactifs.

La concentration des solutions

La **concentration d'une solution** est une grandeur indiquant la *quantité de soluté présente dans une quantité de solution donnée.* (Ici, nous tiendrons pour acquis que le soluté est un liquide ou un solide et que le solvant est un liquide.) L'une des unités les plus utilisées pour exprimer la concentration en chimie est la **concentration molaire volumique (C),** aussi appelée **molarité.** La concentration molaire volumique est le *nombre de moles de soluté contenu par unité de volume de solution en litres ;* elle est déterminée par l'équation suivante :

$$\text{Concentration molaire volumique} = \text{molarité} = \frac{\text{moles de soluté}}{\text{volume de solution (L)}} \qquad (1.1)$$

NOTE

C est le symbole de la grandeur et M le symbole de l'unité.

Bien sûr, cette définition ne nous oblige pas à travailler avec exactement un litre de solution (puisqu'il s'agit d'un rapport). Il s'agit de ne pas oublier de convertir en litres le volume de la solution s'il est exprimé dans une autre unité (le plus souvent : en millilitres). Ainsi, une solution de 500 mL contenant 0,730 mole de $C_6H_{12}O_6$ a une concentration de 1,46 M :

$$C = \text{molarité} = \frac{0,730\ \text{mol}}{0,500\ \text{L}} = 1,46\ \text{mol/L} = 1,46\ M$$

NOTE

D'autres manières d'exprimer
la composition d'une solution
seront expliquées au chapitre 2.

L'unité de la concentration molaire est la mole par litre (mol/L) : un volume de 500 mL de solution contenant 0,730 mole de $C_6H_{12}O_6$ équivaut donc à 1,46 mol/L ou 1,46 M. Notez que la concentration, comme la masse volumique, est une grandeur intensive, c'est-à-dire que sa valeur ne dépend pas de la quantité de solution présente.

La préparation d'une solution

Maintenant, voyons comment on prépare une solution d'une concentration molaire donnée. D'abord il faut peser de façon exacte le soluté et le transférer dans un ballon volumétrique, à l'aide d'un entonnoir (*figure 1.15*). Puis, il faut verser de l'eau dans le ballon et agiter soigneusement pour dissoudre le solide. Après dissolution *complète* du solide, il faut ajouter lentement de l'eau pour amener le volume au trait de jauge. Connaissant le volume de la solution (qui est le volume du ballon) et la quantité (en moles) de composé dissous, on peut calculer la concentration molaire de la solution à l'aide de l'équation (1.1). Notez que, dans cette méthode de préparation d'une solution, il n'est pas nécessaire de connaître le volume exact d'eau qu'il a fallu ajouter vu que le volume final de la solution est connu : c'est le volume indiqué sur le ballon volumétrique.

Figure 1.15 *Méthode de préparation d'une solution de concentration molaire donnée. a) On place une quantité connue d'un soluté solide dans un ballon volumétrique, puis on y ajoute de l'eau à l'aide d'un entonnoir. b) On agite lentement le ballon pour dissoudre le solide. c) Après dissolution complète du solide, on ajoute de l'eau jusqu'au trait de jauge. Connaissant le volume de la solution et la quantité de soluté dissoute, on peut calculer la concentration molaire de la solution.*

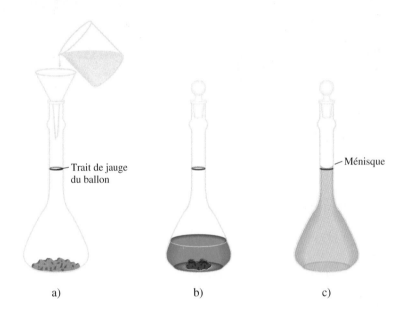

Trait de jauge du ballon

Ménisque

a)   b)   c)

Une solution de $K_2Cr_2O_7$.

EXEMPLE 1.5   La préparation d'une solution de concentration molaire donnée

Combien de grammes de dichromate de potassium ($K_2Cr_2O_7$) sont nécessaires pour préparer une solution de 250 mL à 2,16 M ?

Réponse : La première étape consiste à déterminer le nombre de moles de $K_2Cr_2O_7$ qu'il y aura dans 250 mL de solution :

$$\text{moles de } K_2Cr_2O_7 = 250 \text{ mL solution} \times \frac{2,16 \text{ mol } K_2Cr_2O_7}{1000 \text{ mL solution}} = 0,540 \text{ mol } K_2Cr_2O_7$$

La masse molaire de $K_2Cr_2O_7$ est de 294,2 g, alors

$$\text{grammes de } K_2Cr_2O_7 \text{ nécessaires} = 0,540 \text{ mol } K_2Cr_2O_7 \times \frac{294,2 \text{ g } K_2Cr_2O_7}{1 \text{ mol } K_2Cr_2O_7}$$

$$= 159 \text{ g } K_2Cr_2O_7$$

EXERCICE

Quelle est la concentration molaire d'une solution aqueuse contenant 1,77 g d'éthanol (C_2H_5OH) dans un volume de 85,0 mL ?

Problèmes semblables :
1.50 et 1.51

La dilution des solutions

Pour des raisons de commodité de transport et d'entreposage, les solutions sont habituellement disponibles sous forme très concentrée. Bien souvent il faudra les diluer avant de les utiliser en laboratoire. Le *procédé consistant à diminuer la concentration d'une solution* s'appelle **dilution**.

Supposons que l'on doive préparer exactement 1 L de solution de $KMnO_4$ 0,400 *M* à partir d'une solution de $KMnO_4$ 1,00 *M*. Pour ce faire, on a besoin de 0,400 mole de $KMnO_4$. Puisqu'il y a 1,00 mole de $KMnO_4$ dans 1 L (ou 1000 mL) de solution 1,00 *M*, il y aura 0,400 mole de $KMnO_4$ dans 0,400 × 1000 mL, ou 400 mL de la même solution :

$$\frac{1,00 \text{ mol}}{1000 \text{ mL solution}} = \frac{0,400 \text{ mol}}{400 \text{ mL solution}}$$

Ainsi, on peut prélever 400 mL de la solution $KMnO_4$ 1,00 *M* et la diluer à 1000 mL en y ajoutant de l'eau (dans un ballon volumétrique de 1 litre). Cette méthode nous donne donc 1 L de la solution voulue de $KMnO_4$ 0,400 *M*.

En effectuant une dilution, il faut se rappeler que l'ajout de solvant à une quantité donnée de la solution concentrée (appelée aussi solution mère ou solution stock) en diminue la concentration sans modifier le nombre de moles de soluté (*figure 1.16*); c'est dire que

moles de soluté avant dilution = moles de soluté après dilution

Puisque la concentration molaire est définie par le nombre de moles de soluté dans un litre de solution, on peut dire que le nombre de moles de soluté est donné par :

$$\underbrace{\frac{\text{moles de soluté}}{\text{volume de solution (L)}}}_{C} \times \underbrace{\text{volume de solution (L)}}_{V} = \text{moles de soluté}$$

ou

$$CV = \text{moles de soluté}$$

Deux solutions de $KMnO_4$ de concentrations différentes.

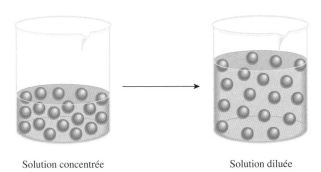

Solution concentrée   Solution diluée

Figure 1.16 *La dilution d'une solution ne change pas le nombre total de moles de soluté présentes.*

Parce que tout le soluté vient de la solution initiale, on peut dire que :

$$\underbrace{C_{\text{initiale}}V_{\text{initial}}}_{\substack{\text{moles de soluté} \\ \text{avant dilution}}} = \underbrace{C_{\text{finale}}V_{\text{final}}}_{\substack{\text{moles de soluté} \\ \text{après dilution}}} \qquad (1.2)$$

où C_{initiale} et C_{finale} sont les concentrations molaires initiale et finale de la solution et V_{initial} et V_{final} sont les volumes initial et final de la solution, respectivement. Bien sûr, les unités de V_{initial} et V_{final} doivent être les mêmes (millilitres ou litres). Afin de vérifier si les résultats sont plausibles, on doit s'assurer que $C_{\text{initiale}} > C_{\text{finale}}$ et que $V_{\text{final}} > V_{\text{initial}}$.

EXEMPLE 1.6   La dilution d'une solution

Décrivez la préparation de $5,00 \times 10^2$ mL d'une solution de H_2SO_4 à 1,75 mol/L à partir d'une solution de H_2SO_4 à 8,61 mol/L.

Réponse : Puisque la concentration de la solution finale est inférieure à celle de la solution de départ, il s'agit d'une dilution. Un tableau des données nous aidera à faire nos calculs :

$C_{\text{initiale}} = 8,61$ mol/L	$C_{\text{finale}} = 1,75$ mol/L
$V_{\text{initial}} = ?$	$V_{\text{final}} = 5,00 \times 10^2$ mL

En utilisant l'équation (1.2), nous avons :

$$(8,61 \text{ mol/L})(V_{\text{initial}}) = (1,75 \text{ mol/L})(5,00 \times 10^2 \text{ mL})$$

$$V_{\text{initial}} = \frac{(1,75 \text{ mol/L})(5,00 \times 10^2 \text{ mL})}{8,61 \text{ mol/L}}$$

$$V_{\text{initial}} = 102 \text{ mL}$$

Ainsi, nous devons diluer 102 mL de la solution de H_2SO_4 à 8,61 mol/L dans de l'eau jusqu'au trait de jauge dans un ballon de 500 mL pour avoir la concentration voulue.

EXERCICE

Décrivez la préparation de $2,00 \times 10^2$ mL d'une solution de NaOH à 0,866 mol/L, à partir d'une solution à 5,07 mol/L.

Problèmes semblables :
1.59 et 1.60

1.6 LA STŒCHIOMÉTRIE EN CHIMIE DES SOLUTIONS

Dans le volume 1, nous avons vu les calculs stœchiométriques que l'on fait à l'aide de la méthode des moles, qui considère les coefficients d'une équation équilibrée comme des relations entre moles de réactifs et moles de produits. Pour travailler avec des solutions de concentration molaire connue, on utilisera la relation $CV =$ moles de soluté. Étudions maintenant deux applications courantes de la stœchiométrie en chimie des solutions : l'analyse gravimétrique et le titrage.

L'analyse gravimétrique

L'**analyse gravimétrique** est une *méthode analytique basée sur des mesures de masses*. La formation d'un précipité, sa séparation puis sa pesée une fois qu'il a été purifié et séché constitue un bon exemple de ce type d'analyse. Généralement, on applique cette méthode aux composés ioniques. Ainsi, un échantillon d'une substance inconnue est dissous dans de l'eau où il réagit avec une autre substance pour former un précipité. Ce dernier est filtré, séché et pesé. Si l'on connaît la masse et la formule chimique du précipité formé, il est possible de calculer la masse d'un constituant chimique particulier (l'anion ou le cation) de l'échantillon initial; ensuite, en ayant la masse du constituant (que l'on a calculée) et la masse initiale de l'échantillon (que l'on a mesurée), on peut déterminer le pourcentage massique du constituant dans le composé original.

Voici un exemple de réaction souvent utilisée en gravimétrie :

$$AgNO_3(aq) + NaCl(aq) \longrightarrow NaNO_3(aq) + AgCl(s)$$

ou, exprimée sous forme d'équation ionique nette :

$$Ag^+ + (aq) + Cl^-(aq) \longrightarrow AgCl(s)$$

Le précipité est le chlorure d'argent (*voir* la règle de solubilité 5 dans le tableau 1.2). Par exemple, voyons comment on détermine *expérimentalement* le pourcentage massique de Cl dans NaCl. D'abord, il faut peser de façon exacte un échantillon de NaCl et le dissoudre dans de l'eau. Ensuite, on ajoute assez de solution de $AgNO_3$ dans la solution de NaCl pour provoquer la précipitation, sous forme de AgCl, de tous les ions Cl^- présents dans la solution. Dans cette expérience, NaCl est le réactif limitant, et $AgNO_3$ le réactif en excès. Le précipité de AgCl est alors séparé de la solution par filtration, séché, puis pesé. D'après la masse obtenue, on peut calculer la masse de Cl (en utilisant le pourcentage massique de Cl dans AgCl). Puisque la quantité de Cl dans l'échantillon original de NaCl était la même que dans le précipité, il nous est possible de calculer le pourcentage massique de Cl dans NaCl. La figure 1.17 illustre le déroulement de cette analyse.

Vu que la masse d'un échantillon peut se mesurer de façon précise, l'analyse gravimétrique est une technique très précise. Cependant, cette technique ne peut s'appliquer qu'aux réactions complètes, ou aux réactions dont le pourcentage de rendement avoisine les 100 %. C'est dire que, si AgCl avait été légèrement soluble plutôt qu'insoluble, il n'aurait pas été possible d'extraire tous les ions Cl^- de la solution de NaCl. Le résultat du calcul que l'on a fait aurait donc été erroné.

Figure 1.17 *Étapes de base de l'analyse gravimétrique. a) Solution contenant une quantité connue de NaCl dans un bécher. b) Précipitation de AgCl causée par l'ajout d'une solution de $AgNO_3$ venant d'un cylindre gradué. c) La solution contenant le précipité de AgCl est filtrée à travers un creuset fritté pré-pesé, qui permet le passage du liquide, mais qui retient le précipité. Le creuset est ensuite retiré, séché dans un four et pesé de nouveau. La différence entre la masse obtenue et la masse du creuset vide correspond à la masse du précipité de AgCl.*

a)

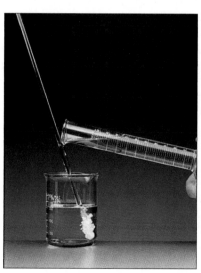

b)

c)

EXEMPLE 1.7   La détermination du pourcentage massique par analyse gravimétrique

Un échantillon de 0,5662 g d'un composé ionique formé d'ions chlorure et d'un métal inconnu est dissous dans de l'eau et mis en présence de $AgNO_3$ en excès. Si la masse du précipité de AgCl formée est de 1,0882 g, quel était le pourcentage massique de Cl dans le composé initial?

Réponse: La masse de Cl dans le précipité de AgCl est donnée par

$$\text{masse de Cl} = 1,0882 \text{ g AgCl} \times \frac{1 \text{ mol AgCl}}{143,4 \text{ g AgCl}} \times \frac{1 \text{ mol Cl}}{1 \text{ mol AgCl}} \times \frac{35,45 \text{ g Cl}}{1 \text{ mol Cl}}$$

$$= 0,2690 \text{ g Cl}$$

L'équation pour calculer le pourcentage massique de Cl dans l'échantillon inconnu est

$$\text{pourcentage massique de Cl} = \frac{\text{masse de Cl}}{\text{masse de l'échantillon}} \times 100\%$$

$$= \frac{0,2690 \text{ g}}{0,5662 \text{ g}} \times 100\%$$

$$= 47,51\%$$

EXERCICE

Un échantillon de 0,3220 g d'un composé ionique contenant des ions bromure (Br^-) est dissous dans de l'eau et mis en présence de $AgNO_3$ en excès. Si la masse du précipité de AgBr formée est de 0,6964 g, quel est le pourcentage massique de Br dans le composé initial?

Problèmes semblables: 1.7

Les titrages acido-basiques

C'est par *titrage* que les études quantitatives des réactions de neutralisation acido-basique sont le plus facilement effectuées. Dans cette opération, une *solution d'une concentration précise,* appelée **solution de titrage** (*ou* **solution standard**), *est graduellement ajoutée à une solution de concentration inconnue, jusqu'à ce que la réaction chimique entre les deux solutions soit complétée.* Si l'on connaît les volumes utilisés de la solution de titrage et de la solution inconnue, ainsi que la concentration de la solution de titrage, on peut calculer la concentration de la solution inconnue. Il s'agit donc d'une sorte d'analyse ou de dosage appelée ici titrage acido-basique.

L'hydroxyde de sodium est une base couramment utilisée en laboratoire. Cependant, on ne peut se fier à son degré de pureté, ce qui implique qu'il faut d'abord la titrer avant de s'en servir comme solution de titrage. Il faut d'abord doser la solution basique d'hydroxyde de sodium à l'aide d'un acide d'une grande pureté appelé standard primaire. Pour faire ce titrage préalable (étalonnage) on choisit souvent d'utiliser, comme standard primaire, un monoacide appelé hydrogénophtalate de potassium (abrégé en KHP), dont la formule moléculaire est $KHC_8H_4O_4$. Il s'agit d'un solide blanc soluble vendu à l'état très pur. La réaction entre le KHP et l'hydroxyde de sodium est

$$KHC_8H_4O_4(aq) + NaOH(aq) \longrightarrow KNaC_8H_4O_4(aq) + H_2O(l)$$

L'équation ionique nette est

$$HC_8H_4O_4^-(aq) + OH^-(aq) \longrightarrow C_8H_4O_4^{2-}(aq) + H_2O(l)$$

Hydrogénophtalate de potassium.

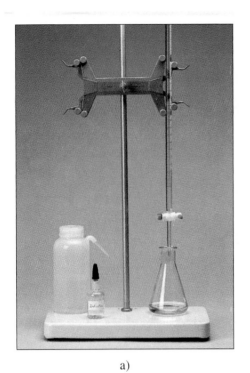

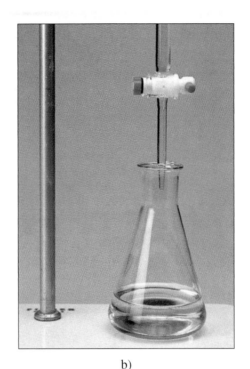

a)   b)

La figure 1.18 illustre le montage que nécessite un titrage. D'abord, une quantité connue de KHP est transférée dans un erlenmeyer et de l'eau distillée y est ajoutée pour former une solution. Puis, une solution de NaOH y est soigneusement ajoutée à l'aide d'une burette jusqu'au **point d'équivalence,** *c'est-à-dire le moment où l'acide a complètement réagi avec la base ou, autrement dit, le moment où il a été complètement neutralisé.* Ce point est habituellement signalé par un changement soudain de couleur de l'indicateur préalablement ajouté à la solution acide. Dans un titrage acido-basique, l'***indicateur*** est une *substance qui présente des couleurs différentes dans un milieu acide et dans un milieu basique.* Un des indicateurs couramment utilisés est la phénolphtaléine, incolore en milieux acide ou neutre et rose rouge en milieu basique. Au point d'équivalence, tout le KHP est neutralisé par le NaOH et la solution reste incolore. Cependant, l'ajout d'une autre goutte de la solution de NaOH contenue dans la burette ferait immédiatement tourner la solution au rose parce que cette dernière serait devenue basique. À l'aide de la masse (ainsi que du nombre de moles) de KHP qui a réagi, il est possible de calculer la concentration de la solution de NaOH.

La réaction de neutralisation entre le NaOH et le KHP est l'une des neutralisations les plus simples qui soient connues. Supposons que, au lieu du KHP, on ait choisi un diacide comme H_2SO_4. La réaction aurait été la suivante :

$$2NaOH(aq) + H_2SO_4(aq) \longrightarrow Na_2SO_4(aq) + 2H_2O(l)$$

Puisque 2 mol NaOH ⇌ 1 mol H_2SO_4, la quantité de solution de NaOH nécessaire pour réagir complètement avec la solution de H_2SO_4 est deux fois plus élevée que la quantité de solution de KHP à la *même* concentration.

EXEMPLE 1.8   Le titrage acido-basique

Combien de millilitres (mL) d'une solution de NaOH à 0,610 mol/L sont nécessaires pour neutraliser complètement 20,0 mL d'une solution de H_2SO_4 à 0,245 mol/L?

Réponse: L'équation de la réaction de neutralisation est donnée à la page précédente. D'abord, il faut calculer le nombre de moles contenues dans 20,0 mL de la solution de H_2SO_4:

$$\text{moles de } H_2SO_4 = \frac{0,245 \text{ mol } H_2SO_4}{1 \text{ L solution}} \times \frac{1 \text{ L solution}}{1\,000 \text{ mL solution}} \times 20,0 \text{ mL solution}$$

$$= 4,90 \times 10^{-3} \text{ mol } H_2SO_4$$

D'après les valeurs des coefficients stœchiométriques, nous savons que 1 mol H_2SO_4 ⇌ 2 mol NaOH. Ainsi, le nombre de moles ayant réagi doit être $2(4,90 \times 10^{-3})$ mol, ou $9,80 \times 10^{-3}$ mol. D'après la définition de la concentration molaire [*équation (1.1)*], nous avons:

$$\text{litres de solution} = \frac{\text{moles de soluté}}{\text{concentration molaire}}$$

ou

$$\text{volume de NaOH} = \frac{9,80 \times 10^{-3} \text{ mol NaOH}}{0,610 \text{ mol/L solution}}$$

$$= 0,0161 \text{ L ou } 16,1 \text{ mL}$$

EXERCICE

Combien de millilitres d'une solution de H_2SO_4 à 1,28 mol/L sont nécessaires pour neutraliser 60,2 mL d'une solution de KOH à 0,427 mol/L?

Problèmes semblables:
1.71 et 1.72

Résumé

1. Une solution aqueuse est conductrice d'électricité si le soluté est un électrolyte. Si le soluté est un non-électrolyte, la solution n'est pas conductrice.

2. Il existe trois grandes catégories de réactions chimiques en milieu aqueux: les réactions de précipitation, les réactions acido-basiques et les réactions d'oxydoréduction.

3. À l'aide des règles générales concernant la solubilité des composés ioniques, il est possible de prévoir la formation d'un précipité dans une réaction.

4. Selon les définitions d'Arrhenius, les acides s'ionisent dans l'eau pour libérer des ions H^+, et les bases s'ionisent dans l'eau pour libérer des ions OH^-. Par contre, selon Brønsted, les acides libèrent des protons et les bases les acceptent.

5. La réaction entre un acide et une base est appelée neutralisation.

6. Dans les réactions d'oxydoréduction, l'oxydation et la réduction se produisent toujours simultanément. L'oxydation est la perte d'électrons, tandis que la réduction est le gain d'électrons.

7. Les nombres d'oxydation permettent de suivre la distribution des charges et sont donnés à tous les atomes d'un composé ou d'un ion selon certaines règles. On peut définir l'oxydation comme une augmentation du nombre d'oxydation, et la réduction comme une diminution du nombre d'oxydation.

La figure 1.19 résume la relation entre les termes utilisés pour décrire une réaction d'oxydoréduction.

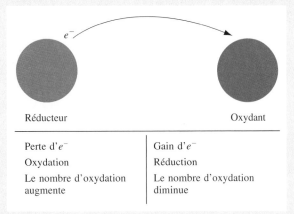

Figure 1.19 *Un résumé montrant les relations entre les termes employés pour décrire les réactions d'oxydoréduction.*

8. La série d'activité permet de prédire certaines réactions de déplacement du type oxydoréduction.

9. La concentration d'une solution est la quantité de soluté présente dans une certaine quantité de solution. La concentration molaire volumique exprime la concentration en nombre de moles de soluté contenues dans 1 L de solution.

10. L'ajout d'un solvant à une solution, un procédé appelé dilution, diminue la concentration de la solution sans changer le nombre total de moles de soluté présent dans la solution.

11. L'analyse gravimétrique est une technique d'analyse basée sur des mesures de masses qui permet de déterminer la nature d'un composé et/ou la concentration d'une solution. Les analyses gravimétriques se font souvent à l'aide de réactions de précipitation.

12. Dans un titrage acido-basique, une solution de concentration connue (une base, par exemple) est graduellement ajoutée à une solution de concentration inconnue (un acide) pour en déterminer la concentration. Dans un titrage, le point d'équivalence correspond au moment où la réaction est terminée, c'est-à-dire le moment où l'acide et la base ont complètement réagi.

Équations clés

- molarité (C) = $\dfrac{\text{moles de soluté}}{\text{litres de solution}}$ Pour calculer la molarité   (1.1)

- $C_i V_i = C_f V_f$ Pour les calculs de dilution   (1.2)

Mots clés

Questions et problèmes

LES SOLUTIONS AQUEUSES

Questions de révision

1.1 Définissez les termes suivants : soluté, solvant, solution, électrolyte, non-électrolyte, hydratation, réaction réversible, équilibre chimique.

1.2 Quelle est la différence entre les symboles suivants utilisés dans des équations chimiques : $\longrightarrow$ et $\rightleftharpoons$?

1.3 L'eau, on le sait, est un électrolyte extrêmement faible ; elle ne peut donc conduire l'électricité. Cependant, on nous dit souvent de ne pas manipuler des appareils électriques avec les mains mouillées : pourquoi ?

1.4 LiF est un électrolyte fort. Quand on écrit LiF(aq), quelles sont les espèces réellement présentes dans la solution ?

Problèmes

1.5 Dites si chacune des substances suivantes est un électrolyte fort, un électrolyte faible ou un non-électrolyte : a) H_2O, b) KCl, c) HNO_3, d) CH_3COOH, e) $C_{12}H_{22}O_{11}$.

1.6 Dites si chacune des substances suivantes est un électrolyte fort, un électrolyte faible ou un non-électrolyte : a) $Ba(NO_3)_2$, b) Ne, c) NH_3, d) NaOH.

1.7 Le passage de l'électricité dans une solution d'électrolyte est-il causé par le mouvement a) des électrons seulement, b) des cations seulement, c) des anions seulement, ou d) des cations et des anions ?

1.8 Dites lesquels des systèmes suivants sont conducteurs d'électricité et expliquez pourquoi : a) NaCl solide, b) NaCl fondu, c) solution aqueuse de NaCl.

1.9 On vous donne un composé X hydrosoluble. Dites comment vous feriez pour déterminer s'il s'agit ou non d'un électrolyte. S'il s'agit bien d'un électrolyte, comment détermineriez-vous s'il est fort ou faible ?

1.10 Expliquez pourquoi une solution de HCl dans du benzène ne conduit-elle pas l'électricité alors qu'une solution aqueuse de HCl est conductrice.

LES RÉACTIONS DE PRÉCIPITATION

Questions de révision

1.11 Quelle est la différence entre une équation ionique et une équation moléculaire ?

1.12 Quel est l'avantage d'écrire des équations ioniques nettes pour représenter les réactions de précipitation ?

Problèmes

1.13 Dites si les composés suivants sont solubles ou insolubles dans l'eau : a) $Ca_3(PO_4)_2$, b) $Mn(OH)_2$, c) $AgClO_3$, d) K_2S.

1.14 Dites si les composés suivants sont solubles ou insolubles dans l'eau : a) $CaCO_3$, b) $ZnSO_4$, c) $Hg(NO_3)_2$, d) $HgSO_4$, e) NH_4ClO_4.

1.15 Donnez les équations ioniques et ioniques nettes des réactions suivantes :

a) $2AgNO_3(aq) + Na_2SO_4(aq) \longrightarrow$

b) $BaCl_2(aq) + ZnSO_4(aq) \longrightarrow$

c) $(NH_4)_2CO_3(aq) + CaCl_2(aq) \longrightarrow$

1.16 Donnez les équations ioniques et ioniques nettes des réactions suivantes :

a) $Na_2S(aq) + ZnCl_2(aq) \longrightarrow$

b) $2K_3PO_4(aq) + 3Sr(NO_3)_2(aq) \longrightarrow$

c) $Mg(NO_3)_2(aq) + 2NaOH(aq) \longrightarrow$

1.17 Dites dans lequel des cas suivants il y a formation d'un précipité : a) une solution de $NaNO_3$ dans une solution de $CuSO_4$, b) une solution de $BaCl_2$ dans une solution de K_2SO_4. Donnez l'équation ionique nette de cette réaction.

1.18 D'après les règles de solubilité données dans ce chapitre, suggérez une méthode qui permettrait de séparer : a) K^+ de Ag^+, b) Ag^+ de Pb^{2+}, c) NH_4^+ de Ca^{2+}, d) Ba^{2+} de Cu^{2+}. Tous les cations sont en solution aqueuse et l'anion commun est l'ion nitrate.

LES RÉACTIONS ACIDO-BASIQUES
Questions de révision

1.19 Énumérez les propriétés générales des acides et des bases.

1.20 Donnez les définitions des acides et des bases selon Arrhenius et selon Brønsted.

1.21 Donnez un exemple de monoacide, de diacide et de triacide.

1.22 Qu'est-ce qui caractérise une réaction de neutralisation acido-basique ?

1.23 Donnez quatre exemples de sels.

1.24 Dites si les substances suivantes sont des acides ou des bases ; précisez si la base ou l'acide sont forts ou faibles : a) NH_3, b) H_3PO_4, c) $LiOH$, d) $HCOOH$ (acide formique), e) H_2SO_4, f) HF, g) $Ba(OH)_2$.

Problèmes

1.25 Dites si chacune des espèces suivantes est une base ou un acide de Brønsted ou les deux : a) HI, b) CH_3COO^-, c) $H_2PO_4^-$.

1.26 Dites si chacune des espèces suivantes est une base ou un acide de Brønsted ou les deux : a) PO_4^{3-}, b) ClO_2^-, c) NH_4^+, d) HCO_3^-.

1.27 Complétez et équilibrez les équations suivantes et donnez les équations ioniques et ioniques nettes correspondantes (s'il y a lieu) :

a) $HBr(aq) + NH_3(aq) \longrightarrow$ (HBr est un acide fort)

b) $Ba(OH)_2(aq) + H_3PO_4(aq) \longrightarrow$

c) $HClO_4(aq) + Mg(OH)_2(s) \longrightarrow$

1.28 Complétez et équilibrez les équations suivantes et donnez les équations ioniques et ioniques nettes correspondantes (s'il y a lieu) :

a) $CH_3COOH(aq) + KOH(aq) \longrightarrow$

b) $H_2CO_3(aq) + NaOH(aq) \longrightarrow$

c) $HNO_3(aq) + Ba(OH)_2(aq) \longrightarrow$

LES RÉACTIONS D'OXYDORÉDUCTION
Questions de révision

1.29 Définissez les termes suivants : demi-réaction, réaction d'oxydation, réaction de réduction, réducteur, oxydant, réaction d'oxydoréduction.

1.30 Une réaction d'oxydation peut-elle avoir lieu sans qu'il y ait de réduction ? Expliquez.

Problèmes

1.31 Décomposez chacune des réactions d'oxydoréduction complètes suivantes en demi-réactions, puis déterminez l'oxydant et le réducteur.

a) $2Sr + O_2 \longrightarrow 2SrO$

b) $2Li + H_2 \longrightarrow 2LiH$

c) $2Cs + Br_2 \longrightarrow 2CsBr$

d) $3Mg + N_2 \longrightarrow Mg_3N_2$

1.32 Décomposez chacune des réactions d'oxydoréduction complètes suivantes en demi-réactions, puis déterminez l'oxydant et le réducteur.

a) $4Fe + 3O_2 \longrightarrow 2Fe_2O_3$

b) $Cl_2 + 2NaBr \longrightarrow 2NaCl + Br_2$

c) $Si + 2F_2 \longrightarrow SiF_4$

d) $H_2 + Cl_2 \longrightarrow 2HCl$

LES NOMBRES D'OXYDATION
Questions de révision

1.33 Définissez l'expression « nombre d'oxydation ». Expliquez pourquoi un nombre d'oxydation n'a de signification physique que pour les composés ioniques.

1.34 a) Sans regarder la figure 1.10, donnez les nombres d'oxydation des métaux alcalins et alcalino-terreux dans leurs composés. b) Donnez les nombres d'oxydation les plus élevés que peuvent avoir les éléments des groupes 3A à 7A.

Problèmes

1.35 Classez les espèces suivantes par ordre croissant du nombre d'oxydation du soufre : a) H_2S, b) S_8, c) H_2SO_4, d) S^{2-}, e) HS^-, f) SO_2, g) SO_3.

1.36 Donnez le nombre d'oxydation du phosphore dans chacun des composés suivants : a) HPO_3, b) H_3PO_2, c) H_3PO_3, d) H_3PO_4, e) $H_4P_2O_7$, f) $H_5P_3O_{10}$.

1.37 Donnez, dans chaque cas, le nombre d'oxydation de l'atome souligné : a) $\underline{Cl}F$, b) $\underline{I}F_7$, c) $\underline{C}H_4$, d) $\underline{C}_2H_2$, e) $\underline{C}_2H_4$, f) $K_2\underline{Cr}O_4$, g) $K_2\underline{Cr}_2O_7$, h) $K\underline{Mn}O_4$, i) $NaH\underline{C}O_3$, j) $\underline{Li}_2$, k) $Na\underline{I}O_3$, l) $\underline{K}O_2$, m) $\underline{P}F_6^-$, n) $K\underline{Au}Cl_4$.

1.38 Donnez, dans les molécules ou ions suivants, le nombre d'oxydation de l'atome souligné : a) $\underline{Cs}_2O$, b) $Ca\underline{I}_2$, c) $\underline{Al}_2O_3$, d) $H_3\underline{As}O_3$, e) $\underline{Ti}O_2$, f) $\underline{Mo}O_4^{2-}$, g) $\underline{Pt}Cl_4^{2-}$, h) $\underline{Pt}Cl_6^{2-}$, i) $\underline{Sn}F_2$, j) $\underline{Cl}F_3$, k) $\underline{Sb}F_6^-$.

1.39 Donnez le nombre d'oxydation de chacune des substances suivantes : H_2, Se_8, P_4, O, U, As_4, B_{12}.

1.40 Donnez, dans chaque cas, le nombre d'oxydation de l'atome souligné : a) $Mg_3\underline{N}_2$, b) $Cs\underline{O}_2$, c) $Ca\underline{C}_2$, d) $\underline{C}O_3^{2-}$, e) $\underline{C}_2O_4^{2-}$, f) $Zn\underline{O}_2^{2-}$, g) $Na\underline{B}H_4$, h) $\underline{W}O_4^{2-}$.

1.41 L'acide nitrique est un oxydant fort. Dites laquelle des espèces suivantes est la moins susceptible d'être produite quand l'acide nitrique réagit avec un réducteur fort tel le zinc : N_2O, NO, NO_2, N_2O_4, N_2O_5, NH_4^+. Expliquez votre choix.

1.42 D'après le concept de nombre d'oxydation, l'un des oxydes suivants ne réagirait pas avec l'oxygène moléculaire : NO, N_2O, SO_2, SO_3, P_4O_6. Lequel ? Pourquoi ?

1.43 À l'aide de la série d'activité, prédisez le résultat des réactions représentées par les équations suivantes, puis équilibrez les équations :

a) $Cu(s) + HCl(aq) \longrightarrow$

b) $I_2(s) + NaBr(aq) \longrightarrow$

c) $Mg(s) + CuSO_4(aq) \longrightarrow$

d) $Cl_2(g) + KBr(aq) \longrightarrow$

1.44 Lesquels des métaux suivants peuvent réagir avec l'eau ? a) Au, b) Li, c) Hg, d) Ca, e) Pt.

LA CONCENTRATION DES SOLUTIONS
Questions de révision

1.45 Définissez l'expression « concentration molaire ».

1.46 Décrivez les étapes de la préparation d'une solution de concentration molaire donnée dans un ballon volumétrique.

Problèmes

1.47 Calculez la masse en grammes de NaOH requise pour préparer $5,00 \times 10^{-2}$ mL d'une solution à une concentration de 2,80 mol/L.

1.48 On dissout 5,25 g de NaOH dans suffisamment d'eau pour former exactement 1 L de solution. Quelle est la concentration molaire de cette solution ?

1.49 Combien de moles de $MgCl_2$ sont contenues dans 60,0 mL d'une solution de $MgCl_2$ à 0,100 mol/L ?

1.50 Combien de grammes de KOH contiennent 35,0 mL d'une solution à 5,50 mol/L ?

1.51 Calculez la concentration molaire de chacune des solutions aqueuses suivantes : a) 29,0 g d'éthanol (C_2H_5OH) dans 545 mL de solution ; b) 15,4 g de saccharose ($C_{12}H_2 2O_{11}$) dans 74,0 mL de solution ; c) 9,00 g de chlorure de sodium (NaCl) dans 86,4 mL de solution.

1.52 Calculez la concentration molaire de chacune des solutions suivantes : a) 6,57 g de méthanol (CH_3OH) dans $1,50 \times 10^2$ mL de solution aqueuse ; b) 10,4 g de chlorure de calcium ($CaCl_2$) dans $2,20 \times 10^2$ mL de solution aqueuse ; c) 7,82 g de naphtalène ($C_{10}H_8$) dans 85,2 mL de solution de benzène.

1.53 Dans chacun des cas suivants, calculez le volume (en mL) qu'il faut prélever pour obtenir la masse de soluté indiquée : a) 2,14 g de chlorure de sodium dans une solution à 0,270 mol/L ; b) 4,30 g d'éthanol dans une solution à 1,50 mol/L ; c) 0,85 g d'acide acétique (CH_3COOH) dans une solution à 0,30 mol/L.

1.54 Calculez, pour chacun des solutés suivants, le nombre de grammes nécessaire pour former $2,50 \times 10^2$ mL d'une solution à 0,100 mol/L : a) iodure de césium (CsI) ; b) acide sulfurique (H_2SO_4) ; c) carbonate de sodium (Na_2CO_3) ; d) dichromate de potassium ($K_2Cr_2O_7$) ; e) permanganate de potassium ($KMnO_4$).

LA DILUTION DES SOLUTIONS
Questions de révision

1.55 Donnez les étapes de base de la dilution d'une solution de concentration connue.

1.56 Donnez l'équation qui permet de calculer la concentration d'une solution diluée.

Problèmes

1.57 Décrivez la préparation de 1,00 L d'une solution de HCl à 0,646 mol/L à partir d'une solution de HCl à 2,00 mol/L.

1.58 On verse 25,0 mL d'une solution de KNO_3 à 0,866 mol/L dans un ballon volumétrique de 500 mL puis on y ajoute suffisamment d'eau pour que le volume soit de 500 mL exactement. Quelle est la concentration de la solution finale ?

1.59 Comment prépareriez-vous 60,0 mL d'une solution de HNO_3 à 0,200 mol/L à partir d'une solution de HNO_3 à 4,00 mol/L ?

1.60 Vous avez 505 mL d'une solution de HCl à 0,125 mol/L et vous voulez la diluer à exactement 0,100 mol/L. Quelle quantité d'eau devrez-vous ajouter ?

1.61 On mélange 35,2 mL d'une solution de $KMnO_4$ à 1,66 mol/L avec 16,7 mL d'une solution de $KMnO_4$ à 0,892 mol/L. Calculez la concentration de la solution finale.

1.62 On mélange 46,2 mL d'une solution de nitrate de calcium [$Ca(NO_3)_2$] à 0,568 mol/L avec 80,5 mL d'une solution de nitrate de calcium à 1,396 mol/L. Calculez la concentration de la solution finale.

L'ANALYSE GRAVIMÉTRIQUE
Questions de révision

1.63 Définissez l'expression « analyse gravimétrique ». Décrivez les étapes de base d'une analyse gravimétrique. Comment une telle méthode aide-t-elle à déterminer la nature d'un composé ou la pureté d'un composé dont la formule est connue ?

1.64 Pourquoi doit-on utiliser de l'eau distillée pour l'analyse gravimétrique des chlorures ?

Problèmes

1.65 On ajoute 30,0 mL d'une solution de $CaCl_2$ à 0,150 mol/L à 15,0 mL d'une solution de $AgNO_3$ à 0,100 mol/L. Quelle est la masse en grammes du précipité de $AgCl$ formé ?

1.66 Un échantillon de 0,6760 g d'un composé inconnu contenant des ions baryum (Ba^{2+}) est dissous dans de l'eau ; on ajoute ensuite du Na_2SO_4 en excès. Si la masse du précipité de $BaSO_4$ formé est de 0,4105 g, quel est le pourcentage massique de Ba dans le composé inconnu ?

1.67 Combien de grammes de $NaCl$ sont nécessaires pour précipiter tous les ions Ag^+ contenus dans $2,50 \times 10^2$ mL d'une solution de $AgNO_3$ à 0,0113 mol/L ? Donnez l'équation ionique nette de cette réaction.

1.68 La concentration des ions Cu^{2+} dans l'eau (qui contient aussi des ions sulfate) rejetée par une usine est déterminée par l'ajout d'une solution en excès de sulfure de sodium (Na_2S) à 0,800 L de cette eau. L'équation moléculaire est

$$Na_2S(aq) + CuSO_4(aq) \longrightarrow Na_2SO_4(aq) + CuS(s)$$

Donnez l'équation ionique nette et calculez la concentration molaire de Cu^{2+} dans l'échantillon d'eau si 0,0177 g de CuS solide est formé.

LES TITRAGES ACIDO-BASIQUES
Questions de révision

1.69 Définissez les termes suivants : titrage acido-basique, solution standard et point d'équivalence.

1.70 Décrivez les principales étapes d'un titrage acido-basique. Pourquoi cette technique a-t-elle une grande valeur pratique ? Comment fonctionne un indicateur acido-basique ?

Problèmes

1.71 Calculez le volume en millilitres d'une solution de $NaOH$ à 1,420 mol/L nécessaire pour le titrage de chacune des solutions suivantes :

a) 25,00 mL d'une solution de HCl à 2,430 mol/L

b) 25,00 mL d'une solution de H_2SO_4 à 4,500 mol/L

c) 25,00 mL d'une solution de H_3PO_4 à 1,500 mol/L

1.72 Quel volume de solution de KOH à 0,50 mol/L est nécessaire pour neutraliser complètement chacune des solutions suivantes ?

a) 10,0 mL d'une solution de HCl à 0,30 mol/L

b) 10,0 mL d'une solution de H_2SO_4 à 0,20 mol/L

c) 15,0 mL d'une solution de H_3PO_4 à 0,25 mol/L

Problèmes variés

1.73 Classez les réactions suivantes selon les types de réactions abordés dans ce chapitre :

a) $Cl_2 + 2OH^- \longrightarrow Cl^- + ClO^- + H_2O$

b) $Ca^{2+} + CO_3^{2-} \longrightarrow CaCO_3$

c) $NH_3 + H^+ \longrightarrow NH_4^+$

d) $2CCl_4 + CrO_4^{2-} \longrightarrow 2COCl_2 + CrO_2Cl_2 + 2Cl^-$

e) $Ca + F_2 \longrightarrow CaF_2$

f) $2Li + H_2 \longrightarrow 2LiH$

g) $Ba(NO_3)_2 + Na_2SO_4 \longrightarrow 2NaNO_3 + BaSO_4$

h) $CuO + H_2 \longrightarrow Cu + H_2O$

i) $Zn + 2HCl \longrightarrow ZnCl_2 + H_2$

j) $2FeCl_2 + Cl_2 \longrightarrow 2FeCl_3$

1.74 En utilisant le dispositif illustré à la figure 1.1, un élève remarque que l'ampoule brille vivement quand les électrodes sont plongées dans une solution d'acide sulfurique. Cependant, après l'ajout d'une certaine quantité d'une solution d'hydroxyde de baryum [$Ba(OH)_2$], l'intensité de la lumière diminue graduellement ; pourtant $Ba(OH)_2$ est un électrolyte fort. Expliquez ce phénomène.

1.75 Quelqu'un vous donne un liquide incolore. Décrivez trois analyses chimiques qui vous permettraient de déterminer que ce liquide est de l'eau.

1.76 On vous donne deux solutions incolores, une qui contient du $NaCl$ et l'autre du saccharose ($C_{12}H_{22}O_{11}$). Proposez un test chimique et un test physique qui permettraient de distinguer ces deux solutions.

1.77 Le chlore (Cl_2) est utilisé pour rendre l'eau potable. Cependant, en trop grande quantité, il est dangereux pour les humains. L'excès de chlore est alors souvent éliminé par traitement au dioxyde de soufre (SO_2). Équilibrez l'équation suivante qui représente cette réaction :

$$Cl_2 + SO_2 + H_2O \longrightarrow Cl^- + SO_4^{2-} + H^+$$

1.78 Avant que l'aluminium soit obtenu par réduction électrolytique de son minerai (Al_2O_3), on l'obtenait par réduction chimique. Quel métal utiliseriez-vous pour réduire Al^{3+} en Al?

1.79 L'oxygène (O_2) et le dioxyde de carbone (CO_2) sont des gaz incolores et inodores. Décrivez brièvement deux tests qui vous permettraient de distinguer ces deux gaz.

1.80 En vous servant des nombres d'oxydation, expliquez pourquoi le monoxyde de carbone (CO) est inflammable, alors que le dioxyde de carbone (CO_2) ne l'est pas.

1.81 Laquelle des solutions aqueuses suivantes serait, selon vous, la meilleure conductrice d'électricité à 25 °C? Expliquez votre réponse.

a) $NaCl$ à 0,20 mol/L

b) CH_3COOH à 0,60 mol/L

c) HCl à 0,25 mol/L

d) $Mg(NO_3)_2$ à 0,20 mol/L

1.82 On ajoute à 4,47 g de magnésium un échantillon de $5,00 \times 10^2$ mL d'une solution de HCl à 2,00 mol/L. Calculez la concentration de la solution acide après que tout le métal a réagi. Supposez que le volume est resté le même.

1.83 Quel volume (en litres) d'une solution de $CuSO_4$ à 0,156 mol/L faudrait-il ajouter pour faire réagir 7,89 g de zinc?

1.84 Le carbonate de sodium (Na_2CO_3), qui peut être obtenu à l'état très pur, peut être utilisé comme standard primaire pour titrer des solutions acides. Quelle serait la concentration molaire d'une solution aqueuse de HCl s'il faut 28,3 mL de cette solution pour réagir complètement avec 0,256 g de Na_2CO_3?

1.85 On a dissous un échantillon de 3,664 g d'un monoacide dans de l'eau. Il a fallu 20,27 mL d'une solution de $NaOH$ à 0,1578 mol/L pour neutraliser cette solution. Calculez la masse molaire de l'acide.

1.86 L'acide acétique (CH_3COOH) est un important ingrédient du vinaigre. Un échantillon de 50,0 mL d'un vinaigre commercial est titré à l'aide d'une solution de $NaOH$ à 1,00 mol/L. Quelle est la concentration (en mol/L) de l'acide acétique dans le vinaigre si 5,75 mL de $NaOH$ ont été nécessaires pour le titrage?

1.87 Calculez la masse de précipité formée quand 2,27 L d'une solution de $Ba(OH)_2$ à 0,0820 mol/L sont mélangés avec 3,06 L d'une solution de Na_2SO_4 à 0,0664 mol/L.

1.88 La magnésie hydratée (aussi appelée lait de magnésie) est une suspension aqueuse d'hydroxyde de magnésium [$Mg(OH)_2$] utilisée contre l'acidité gastrique. Calculez le volume d'une solution de HCl à 0,035 mol/L (la concentration moyenne d'acide chez un sujet souffrant de malaises gastriques) nécessaire pour réagir avec deux cuillerées de magnésie hydratée [approximativement 10,0 mL à 0,080 g $Mg(OH)_2$/mL].

1.89 Un échantillon de 1,00 g d'un métal X (on sait qu'il forme des ions X^{2+}) a été ajouté à 0,100 L de H_2SO_4, 0,500 *M*. Une fois que le métal a complètement réagi, l'acide versé en excès nécessite 0,0334 L de $NaOH$, 0,500 *M* pour être neutralisé. Calculez la masse molaire du métal et déterminez cet élément.

1.90 On mélange 60,0 mL d'une solution de glucose ($C_6H_{12}O_6$) 0,513 *M* à 120,0 mL d'une autre solution de glucose 2,33 *M*. Quelle est la concentration finale de la nouvelle solution? (On suppose que les volumes sont additifs, c'est-à-dire que durant la formation de la nouvelle solution il n'y a ni contraction ni expansion de volume.)

1.91 Les substances suivantes sont des produits couramment utilisés à la maison: sel de table ($NaCl$), sucre de table (sucrose), vinaigre (contient de l'acide acétique), soda à pâte ($NaHCO_3$), soda à laver ($Na_2CO_3 \cdot 10H_2O$), acide borique (H_3BO_3, utilisé comme rince-œil), sel d'Epsom ($MgSO_4 \cdot 7\,H_2O$), hydroxyde de sodium (pour déboucher les drains), ammoniac, lait de magnésie [$Mg(OH)_2$] et le carbonate de calcium. En vous basant sur les connaissances acquises au cours de l'étude de ce chapitre, décrivez des tests appropriés permettant d'identifier chacun de ces composés.

1.92 L'acide phosphorique, H_3PO_4, est un important produit industriel utilisé dans les fertilisants, les détersifs et dans l'industrie alimentaire. Il est produit selon deux méthodes différentes. Dans la méthode dite du *four électrique*, le phosphore élémentaire, P_4, est brûlé dans l'air pour former P_4O_{10}, lequel réagit avec de l'eau pour donner H_3PO_4. Dans le procédé dit *humide*, la roche minérale de phosphate, $Ca_5(PO_4)_3F$, réagit avec l'acide sulfurique pour donner H_3PO_4 (ainsi que HF et $CaSO_4$). Écrivez les équations décrivant ces deux procédés. Indiquez pour chacune s'il s'agit d'une réaction de précipitation, d'une réaction acido-basique ou d'une réaction d'oxydoréduction.

1.93 Donnez une explication pour chacun des phénomènes chimiques suivants : a) Lorsque du calcium métallique est ajouté à une solution d'acide sulfurique, il y a dégagement d'hydrogène. Après quelques minutes la réaction ralentit continuellement jusqu'à s'arrêter, même si aucun des réactifs est épuisé. b) L'aluminium est placé au-dessus de l'hydrogène dans la série d'activité et, pourtant, ce métal ne réagit pas ni dans la vapeur d'eau ni au contact de l'acide chlorhydrique. c) Le sodium et le potassium sont placés au-dessus du cuivre dans la série d'activité. Expliquez pourquoi les ions Cu^{+2}, au contact d'une solution de $CuSO_4$, ne sont pas convertis en cuivre métallique lors de l'addition de ces métaux. d) Un métal M réagit lentement au contact de la vapeur d'eau. Il n'y a pas de changement visible s'il est mis en présence d'une solution de sulfate de fer(II) vert pâle. Où faudrait-il placer M dans la série d'activité ?

1.94 Les métaux jouent souvent un rôle important dans de nombreuses réactions d'oxydoréduction se déroulant dans les organismes vivants. Au cours de ces réactions il y a variation de l'état d'oxydation de ces métaux. Parmi la liste des métaux suivants, lesquels sont les plus susceptibles de prendre part à de telles réactions : Na, K, Mg, Ca, Mn, Fe, Co, Cu, Zn ? Expliquez.

Problème spécial

1.95 Le magnésium, un métal de grande valeur, est utilisé dans les structures métalliques légères, les alliages, les piles et les synthèses chimiques. Bien qu'il soit présent en grande quantité dans l'écorce terrestre, il est plus économique de l'extraire de l'eau de mer. Le magnésium est, après le sodium, le cation le plus abondant dans la mer : environ 1,3 g de magnésium par kilogramme d'eau de mer. Le procédé d'extraction du magnésium de l'eau de mer fait appel aux trois types de réactions décrites dans ce chapitre, à savoir les réactions de précipitation, les réactions acido-basiques et les réactions d'oxydoréduction.

La première étape de l'extraction du magnésium consiste à chauffer à haute température du calcaire ($CaCO_3$) pour produire de la chaux vive ou oxyde de calcium (CaO) :

$$CaCO_3(s) \longrightarrow CaO(s) + CO_2(g)$$

Quand l'oxyde de calcium est mis en présence d'eau de mer, il y a production d'hydroxyde de calcium [$Ca(OH)_2$], qui est légèrement soluble et qui s'ionise pour donner des ions Ca^{2+} et OH^- :

$$CaO(s) + H_2O(l) \longrightarrow Ca^{2+}(aq) + 2OH^-(aq)$$

Les ions hydroxyde en excès provoquent la précipitation d'hydroxyde de magnésium, une substance moins soluble :

$$Mg^{2+}(aq) + 2OH^-(aq) \longrightarrow Mg(OH)_2(s)$$

L'hydroxyde de magnésium solide est filtré, puis on le fait réagir avec de l'acide chlorhydrique pour former du chlorure de magnésium ($MgCl_2$) :

$$Mg(OH)_2(s) + 2HCl(aq) \longrightarrow MgCl_2(aq) + 2H_2O(l)$$

Après évaporation de l'eau, le chlorure de magnésium solide est fondu dans des bacs en acier. Le chlorure de magnésium fondu contient des ions mobiles Mg^{2+} et Cl^-. On utilise alors un procédé appelé électrolyse : un courant électrique passe dans le bac pour réduire les ions Mg^{2+} et oxyder les ions Cl^-. Les demi-réactions représentant cette électrolyse de sel fondu sont

$$Mg^{2+} + 2e^- \longrightarrow Mg \text{ et } 2Cl^- \longrightarrow Cl_2 + 2e^-$$

La réaction globale est $MgCl_2(l) \longrightarrow Mg(s) + Cl_2(g)$.

Voilà comment on obtient le magnésium. Le chlore gazeux obtenu peut être converti en acide chlorhydrique et recyclé dans le procédé.

a) Déterminez les différents types de réactions (précipitation, acido-basique ou oxydoréduction) utilisées dans ce procédé.

b) Pourquoi, à la place de l'oxyde de calcium, on n'ajoute pas simplement de l'hydroxyde de sodium pour faire précipiter l'hydroxyde de magnésium ?

c) On utilise parfois de la dolomite (un mélange de $CaCO_3$ et de $MgCO_3$) à la place de la pierre à chaux ($CaCO_3$) pour provoquer la précipitation de l'hydroxyde de magnésium. Quel est l'avantage d'utiliser la dolomite ?

d) Quels sont les avantages de l'extraction du magnésium dans l'eau de mer par rapport à son extraction dans une mine (croûte terrestre) ?

Réponses aux exercices : 1.1 a) insoluble, b) légèrement soluble, c) soluble ; **1.2** $Al^{3+}(aq) + 3OH^-(aq) \rightarrow Al(OH)_3(s)$; **1.3** a) base de Brønsted, b) acide de Brønsted ; **1.4** a) P : +3, F : −1 ; b) Mn : +7, O : −2 ; **1.5** 0,452 mol/L ; **1.6** En diluant 34,2 mL de la solution mère jusqu'à 200 mL ; **1.7** 92,02 % ; **1.8** 10,0 mL.

CHAPITRE 2

Les propriétés physiques des solutions

Les points essentiels

Les solutions

Il existe plusieurs sortes de solutions dont la plus commune est celle des solutions liquides. Dans ce type de solution, le solvant est le liquide et le soluté est soit un liquide, soit un solide. Les molécules qui ont des types de forces intermoléculaires semblables se mélangent facilement entre elles. La solubilité est une mesure de la quantité de soluté dissoute dans un solvant.

Les unités de concentration et les conversions

Les quatre unités usuelles de concentration utilisées pour décrire la composition des solutions sont le pourcentage massique, la fraction molaire, la molarité et la molalité. Chacune a ses avantages et ses inconvénients.

Il est important de savoir comment convertir ces unités les unes dans les autres.

Les effets de la température et de la pression sur la solubilité

En général, la température a un effet marquant sur la solubilité d'une substance.

La cristallisation fractionnée est une technique qui met à profit les différences de solubilités à chaud et à froid entre des solutés afin de les purifier.

La pression influe sur la solubilité des gaz dans un liquide, mais elle a peu d'effet si le soluté est un solide ou un liquide.

Les propriétés colligatives

Les propriétés colligatives des solutions sont des propriétés physiques qui ne dépendent que du nombre de particules en solution et non de la nature du soluté.

La présence d'un soluté cause des changements de la pression de vapeur, des points d'ébullition et de congélation du solvant.

La distillation fractionnée met à profit les différences de pression de vapeur des constituants volatils de solutions afin de les séparer.

L'osmose est le passage d'un solvant à travers une membrane semi-perméable vers une solution plus concentrée. La pression osmotique dépend elle aussi de la présence de soluté; c'est la plus importante des propriétés colligatives.

Des équations permettent de relier directement toutes ces variations de propriétés à la concentration de la solution. Dans le cas de solutions d'électrolytes, il faut tenir compte de la quantité d'ions et de leurs interactions.

Les colloïdes

Des suspensions de fines particules dispersées dans différents milieux constituent des colloïdes. Lorsque le milieu dispersant est l'eau, les colloïdes peuvent manifester des propriétés hydrophiles ou hydrophobes.

Quand Svante August Arrhenius (1859-1927) déposa sa thèse de doctorat à l'Université d'Uppsala (en Suède) en mai 1884, on lui attribua la plus basse note possible. Il n'eut donc pas droit à un poste d'enseignant, ce qui le déçut amèrement.

Dans sa thèse, Arrhenius proposait une théorie ionique pour expliquer les propriétés des solutions d'électrolytes. Ses expériences démontraient que la conductibilité électrique de certaines solutions salines augmentait avec la dilution. Il suggéra que ces solutions contenaient des parties « actives » (électrolytes) et « inactives » (non électrolytes), et que le nombre de parties actives augmentait avec la dilution. Autrement dit, la dissociation électrolytique augmentait avec la dilution. Incidemment, cette théorie démontrait aussi que ce sont les ions qui transportent l'électricité dans une solution.

Arrhenius fut un enfant précoce ; il apprit à lire par lui-même.

Les chimistes et les physiciens plus âgés trouvèrent ridicule l'idée de charges électriques séparées dans les solutions, mais les jeunes acceptèrent tout de suite cette notion. Le concept de dissociation électrolytique s'accordait facilement avec la découverte, faite au début du XXe siècle, des électrons et de leur rôle dans la liaison chimique. Ces travaux valurent à Arrhenius le prix Nobel de chimie en 1903.

En plus de sa théorie sur les électrolytes, Arrhenius apporta une contribution importante à la chimie. L'un des apports les plus connus est l'équation qui décrit l'effet de la température sur la vitesse des réactions (*chapitre 3*).

Vers la fin de sa vie, Arrhenius se fit vulgarisateur et écrivit sur les applications de la chimie en astronomie, en biologie et en géologie. Il avança l'idée de la *panspermie*, une théorie selon laquelle la vie n'aurait pas commencé sur Terre mais serait venue d'autres planètes.

2.1 LES TYPES DE SOLUTIONS

La plupart des réactions ont lieu, non pas entre des solides, des liquides ou des gaz purs, mais en solution, c'est-à-dire entre des molécules et des ions dissous dans l'eau ou dans un autre solvant. À la section 1.1, nous avons vu qu'une solution est un mélange homogène de deux substances ou plus. Comme cette définition ne pose aucune restriction sur la nature des substances en jeu, on distingue six types de solutions, caractérisés par les états originaux (solide, liquide ou gazeux) des substances qui les composent. Le tableau 2.1 donne des exemples de chacun de ces types.

Nous étudierons ici surtout les solutions qui mettent en jeu au moins un liquide : les solutions gaz-liquide, liquide-liquide ou solide-liquide. Peut-être vous en doutez-vous, l'eau sera le liquide le plus utilisé comme solvant.

Les chimistes classent aussi les solutions selon leur capacité de dissoudre une quantité plus ou moins grande de soluté. Une *solution qui contient la quantité maximale de soluté dans une quantité donnée d'un solvant à une température donnée* est appelée **solution saturée**. Avant que le point de saturation soit atteint, on parle de **solution insaturée,** c'est-à-dire qui *contient moins de soluté qu'elle pourrait en dissoudre.* Finalement, une **solution sursaturée** contient plus de soluté qu'une solution saturée. Ce dernier type de solution est instable. En effet, avec le temps, une *certaine quantité de soluté s'en sépare pour former des cristaux.* Ce processus s'appelle **cristallisation.** Notez que la précipitation et la cristallisation décrivent toutes deux la séparation d'une substance solide d'une solution sursaturée, à la différence toutefois que les solides n'ont pas la même apparence. Normalement, un précipité est formé de petites particules, tandis qu'un cristal peut être gros et de forme définie (*figure 2.1*).

2.2 LE PROCESSUS DE DISSOLUTION AU NIVEAU MOLÉCULAIRE

Dans les liquides et les solides, les molécules sont maintenues ensemble par les attractions intermoléculaires. Ces forces jouent également un rôle primordial dans la formation des solutions. Quand une substance (le soluté) se dissout dans une autre substance (le solvant), ses particules se dispersent et occupent des positions qui sont normalement occupées par les molécules du solvant. La facilité avec laquelle ce phénomène se produit dépend de l'importance relative de trois types d'interactions, à savoir :

- l'interaction solvant-solvant,
- l'interaction soluté-soluté,
- l'interaction solvant-soluté.

TABLEAU 2.1   TYPES DE SOLUTIONS

Constituant 1	Constituant 2	État de la solution	Exemples
Gaz	Gaz	Gaz	Air
Gaz	Liquide	Liquide	Soda(CO_2 dansl'eau)
Gaz	Solide	Solide	H_2 gazeux dans du palladium
Liquide	Liquide	Liquide	Éthanol dans l'eau
Solide	Liquide	Liquide	NaCl dans l'eau
Solide	Solide	Solide	Laiton (Cu/Zn), soudure (Sn/Pb)

Figure 2.1 *Dans une solution d'acétate de sodium sursaturée (à gauche), il se forme rapidement des cristaux d'acétate de sodium après l'addition d'un petit cristal.*

Pour simplifier, on peut imaginer que le processus de dissolution se déroule en trois étapes distinctes (*figure 2.2*). La première étape est la séparation (éloignement les unes des autres) des molécules du solvant ; la deuxième, la séparation des molécules du soluté. Ces étapes nécessitent un apport d'énergie, car il faut rompre les forces attractives intermoléculaires ; elles sont donc endothermiques. À la troisième étape, les molécules du solvant et du soluté se mélangent. Ce processus peut être endothermique ou exothermique. L'enthalpie de dissolution est donnée par

$$\Delta H_{dis} = \Delta H_1 + \Delta H_2 + \Delta H_3$$

Si l'attraction soluté-solvant est plus grande que la somme des attractions solvant-solvant et soluté-soluté, c'est un facteur favorable pour la dissolution et le processus est exothermique ($\Delta H_{dis} < 0$). Par contre, si l'attraction soluté-solvant est plus faible que la somme des attractions solvant-solvant et soluté-soluté, le processus de dissolution est endothermique ($\Delta H_{dis} > 0$).

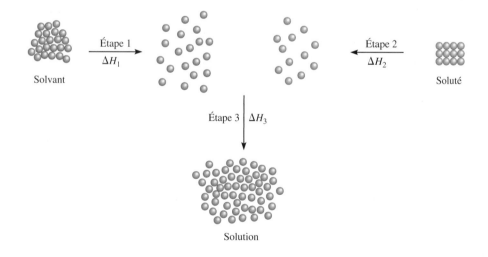

Solvant

Étape 1 ΔH_1

Étape 2 ΔH_2

Soluté

Étape 3 ΔH_3

Solution

Figure 2.2 *Illustration du processus de dissolution au niveau moléculaire. D'abord, les molécules du solvant et du soluté se séparent (étapes 1 et 2). Puis les molécules du solvant et du soluté se mélangent (étape 3).*

On peut alors se demander comment un soluté peut se dissoudre dans un solvant si les forces attractives qui s'exercent entre les molécules de ce soluté sont plus importantes que celles qui unissent les molécules du soluté à celles du solvant. Le processus de dissolution, comme tout processus physique ou chimique, dépend de deux facteurs. Le premier est l'énergie, qui détermine si le processus est exothermique ou endothermique ; le second est la tendance à l'accroissement du désordre, inhérente à tout phénomène naturel. Comme le brassage des cartes à jouer augmente le désordre parmi les cartes, la formation d'une solution augmente le désordre parmi les molécules du soluté et du solvant. À leur état pur, le solvant et le soluté ont un caractère ordonné assez marqué, qui dépend de la disposition tridimensionnelle plus ou moins ordonnée de leurs atomes, de leurs molécules ou de leurs ions. Cet ordre est détruit en grande partie quand le soluté se dissout dans le solvant (*figure 2.2*). C'est pourquoi le processus de dissolution est *toujours* accompagné d'une augmentation de désordre. C'est cette augmentation du désordre qui favorise la solubilité d'une substance, même si le processus de dissolution est endothermique.

Les facteurs qui influent sur la solubilité

CH_3OH

C_2H_5OH

$CH_2(OH)CH_2(OH)$

Au chapitre 1, on a déjà défini la solubilité comme la quantité maximale d'un soluté que l'on peut dissoudre dans une certaine quantité de solvant à une température donnée. Le proverbe « Qui se ressemble s'assemble » peut nous aider à prédire la solubilité d'une substance dans un solvant. Deux substances qui ont des forces intermoléculaires de type et de grandeur similaires sont susceptibles d'être solubles l'une dans l'autre. Par exemple, le tétrachlorure de carbone (CCl_4) et le benzène (C_6H_6) sont tous deux des liquides non polaires. Les seules attractions intermoléculaires qui y sont présentes sont donc des forces de dispersion (*chapitre 9, volume 1*). Quand on mélange ces deux liquides, ils se dissolvent facilement l'un dans l'autre, parce que la force de l'attraction qui s'exerce entre les molécules CCl_4 et C_6H_6 est du même ordre de grandeur que celle qui existe entre les molécules CCl_4 et entre les molécules C_6H_6. *Deux liquides qui sont complètement solubles l'un dans l'autre dans toutes les proportions* sont dits **miscibles**. Les alcools — le méthanol, l'éthanol et l'éthane-1,2-diol, par exemple — et l'eau sont miscibles à cause de leur capacité à former des liaisons hydrogène avec l'eau :

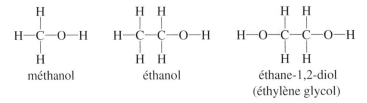

méthanol   éthanol   éthane-1,2-diol
                                   (éthylène glycol)

Les règles données au tableau 1.2 (*section 1.2*) permettent de prédire la solubilité d'un composé ionique dans l'eau. Quand le chlorure de sodium, par exemple, se dissout dans l'eau, ses ions sont stabilisés dans la solution par hydratation, un phénomène exothermique qui met en jeu des interactions ion-dipôle. En général, on peut prédire que les composés ioniques devraient être plus solubles dans des solvants polaires (comme l'eau, l'ammoniac liquide et le fluorure d'hydrogène liquide) que dans des solvants non polaires (comme le benzène et le tétrachlorure de carbone). Ces derniers ne peuvent solvater efficacement les ions Na^+ et Cl^- parce qu'ils n'ont pas de moment dipolaire. La **solvatation** est le *processus par lequel un ion ou une molécule en solution est entouré de molécules de solvant, disposées d'une manière spécifique*. Quand le solvant est l'eau, ce processus s'appelle **hydratation.** C'est l'interaction ion-dipôle induit, beaucoup plus faible que l'interaction ion-dipôle, qui prédomine dans les interactions entre les ions et les composés non polaires. Par conséquent, les composés ioniques sont habituellement très peu solubles dans les solvants non polaires.

EXEMPLE 2.1   **La prédiction de la solubilité basée sur les forces intermoléculaires dans le solvant et dans le soluté**

Prédisez les solubilités relatives dans les cas suivants : a) Br_2 dans le benzène (C_6H_6) ($\mu = 0$ D) et dans l'eau ($\mu = 1,87$ D), b) KCl dans le tétrachlorure de carbone ($\mu = 0$ D) et dans l'ammoniac liquide ($\mu = 1,46$ D), c) l'urée, $(NH_2)_2CO$, dans le disulfure de carbone ($\mu = 0$) et dans l'eau.

Réponse : a) La molécule Br_2 est non polaire ; elle devrait alors être plus soluble dans C_6H_6, qui est aussi non polaire, que dans l'eau. Les seules forces qui s'exercent entre les molécules Br_2 et C_6H_6 sont les forces de dispersion.

b) Le composé KCl est ionique. Pour qu'il se dissolve, ses ions K^+ et Cl^- doivent être stabilisés par des interactions ion-dipôle. Puisque le tétrachlorure de carbone n'a pas de moment dipolaire, le chlorure de potassium devrait être plus soluble dans l'ammoniac liquide, dont les molécules ont un moment dipolaire élevé.

c) D'après sa structure, l'urée est une molécule polaire. Puisque le disulfure de carbone est non polaire, les forces entre les molécules d'urée et celles du disulfure de carbone sont des forces de dipôle-induit dipôle et des forces de dispersion. Par contre, du fait que l'urée peut former des liaisons hydrogène avec l'eau elle devrait être plus soluble dans ce solvant.

EXERCICE

L'iode (I_2) est-il plus soluble dans l'eau ou dans le disulfure de carbone (CS_2) ?

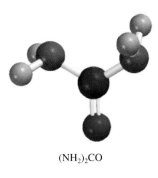

$(NH_2)_2CO$

Problème semblable : 2.9

2.3 LES UNITÉS DE CONCENTRATION

L'étude quantitative d'une solution demande qu'on connaisse sa *concentration*, c'est-à-dire la quantité de soluté dissout dans une quantité donnée de solution. Les chimistes utilisent différentes unités pour exprimer la concentration ; chacune d'elles a ses avantages et ses inconvénients. Examinons les quatre unités de concentration les plus courantes : le pourcentage massique, la fraction molaire, la molarité (ou concentration molaire volumique) et la molalité. Il est important de bien comprendre que toutes ces manières d'exprimer la concentration sont des rapports (quotient de deux grandeurs).

Les types d'unités de concentration

Le pourcentage massique

Le *pourcentage massique* est défini comme suit :

$$\text{pourcentage massique de soluté} = \frac{\text{masse de soluté}}{\text{masse de soluté + masse de solvant}} \times 100\%$$

$$= \frac{\text{masse de soluté}}{\text{masse de solution}} \times 100\% \qquad (2.1)$$

Aucune unité n'accompagne le pourcentage massique puisque c'est un rapport entre deux quantités ayant les mêmes unités.

Problème semblable : 2.13

EXEMPLE 2.2   Le calcul du pourcentage massique d'une solution

On dissout 0,892 g de chlorure de potassium (KCl) dans 54,6 g d'eau. Quel est le pourcentage massique de KCl dans cette solution ?

Réponse :

$$\text{pourcentage massique de KCl} = \frac{\text{masse de soluté}}{\text{masse de solution}} \times 100\,\%$$

$$= \frac{0,892 \text{ g}}{0,892 \text{ g} + 54,6 \text{ g}} \times 100\,\%$$

$$= 1,61\,\%$$

EXERCICE

On dissout 6,44 g de naphtalène ($C_{10}H_8$) dans 80,1 g de benzène (C_6H_6). Calculez le pourcentage massique du naphtalène dans cette solution.

La fraction molaire (X)

La ***fraction molaire*** a déjà été définie dans le volume 1 (*section 4.6*) comme une *grandeur sans dimension qui exprime le rapport entre le nombre de moles d'un constituant donné d'un mélange et le nombre total de moles présentes dans ce mélange.* Elle est toujours inférieure à 1, sauf quand il y a un seul constituant. La fraction molaire d'un constituant d'une solution, par exemple le constituant A, s'écrit X_A et se définit ainsi :

$$\text{fraction molaire de A} = X_A = \frac{\text{nombre de moles de A}}{\text{somme des moles de tous les constituants}}$$

La fraction molaire n'a pas d'unités, car il s'agit d'un rapport entre deux quantités similaires.

La molarité (C)

À la section 1.5, nous avons vu que la concentration molaire volumique ou molarité désigne le nombre de moles de soluté par unité de volume de solution en litres :

$$\text{molarité} = \frac{\text{moles de soluté}}{\text{volume de solution (L)}}$$

Ainsi, la concentration molaire s'exprime en moles par litre (mol/L). On écrit aussi M pour (mol/L).

La molalité (m)

La ***molalité*** (ou concentration molaire massique) est le *nombre de moles de soluté dissous par unité de masse de solvant en kilogrammes* :

$$\text{molalité} = \frac{\text{moles de soluté}}{\text{masse de solvant (kg)}} \tag{2.2}$$

Par exemple, pour préparer une solution aqueuse de sulfate de sodium (Na_2SO_4) 1 molale, il faut dissoudre 1 mole (142,0 g) de cette substance dans 1000 g (1 kg) d'eau. Selon la nature de l'interaction soluté-solvant, le volume final de la solution sera soit supérieur, soit inférieur à 1000 mL. Il est également possible, bien que peu probable, que le volume de la solution finale soit de 1000 mL.

EXEMPLE 2.3 **Le calcul de la molalité d'une solution**

Calculez la molalité d'une solution formée de 24,4 g d'acide sulfurique dans 198 g d'eau. La masse molaire de l'acide sulfurique est de 98,08 g/mol.

Réponse: À partir de la masse molaire de l'acide sulfurique, nous pouvons calculer la molalité en deux étapes. D'abord, il faut trouver la quantité en grammes d'acide sulfurique dissous dans 1000 g (1 kg) d'eau. Puis, il faut convertir le nombre de grammes en nombre de moles. En combinant ces deux étapes, on a

$$\text{molalité} = \frac{\text{moles de soluté}}{\text{masse de solvant (kg)}}$$

$$\text{molalité} = \frac{24,4 \text{ g } H_2SO_4}{198 \text{ g } H_2O} \times \frac{1000 \text{ g } H_2O}{1 \text{ kg } H_2O} \times \frac{1 \text{ mol } H_2SO_4}{98,08 \text{ g } H_2SO_4}$$

$$= 1,26 \text{ mol } H_2SO_4/\text{kg } H_2O$$

$$= 1,26 \text{ mol/kg}$$

EXERCICE

Quelle est la molalité d'une solution formée de 7,78 g d'urée [$(NH_2)_2CO$] dans 203 g d'eau?

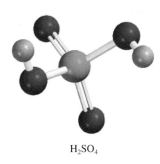

H_2SO_4

Problème semblable: 2.15

La comparaison entre les unités de concentration et les conversions

Le choix d'une unité de concentration dépend de ce que l'on veut mesurer. L'avantage de la molarité est qu'il est généralement plus facile de mesurer le volume d'une solution, à l'aide de ballons volumétriques précis, que de peser le solvant, comme nous l'avons vu à la section 1.5. C'est pourquoi on préfère souvent la molarité à la molalité. Par ailleurs, contrairement à la molarité (qui dépend du volume d'une solution, lequel augmente généralement avec la température), la molalité n'est pas influencée par la température, puisqu'elle est exprimée en nombre de moles de soluté par unité de masse de solvant et que la masse ne varie pas selon la température. Par exemple, une solution peut voir sa concentration de 1,0 *M* à 25 °C passer à 0,97 *M* à 45 °C à cause de l'augmentation du volume. Cet effet peut influencer de manière importante la précision des résultats d'une expérience.

Tout comme la molalité, le pourcentage massique est indépendant de la température. De plus, puisqu'il s'agit d'un rapport de masses, on n'a pas besoin de connaître la masse molaire du soluté pour calculer le pourcentage massique.

On désire parfois convertir une valeur de concentration indiquée pour une solution dans des unités données sous forme d'autres unités. Par exemple, une même solution peut servir dans diverses expériences qui nécessitent des unités différentes de concentrations pour effectuer des calculs. Rappelons-nous qu'il s'agit toujours ici de convertir un rapport en un autre tout en respectant les définitions déjà données des différentes unités de concentration. Les trois exemples qui suivent expliquent comment procéder pour faire ces conversions.

EXEMPLE 2.4   La conversion de la molalité en molarité

Calculez la molarité d'une solution de glucose ($C_6H_{12}O_6$) à 0,396 mol/kg. La masse molaire du glucose est de 180,2 g/mol, et la masse volumique de la solution est de 1,16 g/mL.

Réponse: Dans un problème comme celui-ci, il faut convertir la masse de la solution en volume. On utilise la masse volumique de la solution comme facteur de conversion. Puisqu'une solution de glucose à 0,396 mol/kg contient 0,396 mole de glucose dans 1 kg d'eau, la masse totale de la solution pour 1 kg d'eau est

$$\left(0{,}396 \text{ mol } C_6H_{12}O_6 \times \frac{180{,}2 \text{ g}}{1 \text{ mol } C_6H_{12}O_6}\right) + 1000 \text{ g } H_2O = 1071 \text{ g de solution}$$

À partir de la masse volumique connue de la solution (1,16 g/mL), nous pouvons calculer sa concentration molaire de la manière suivante:

$$\text{molarité} = \frac{0{,}396 \text{ mol } C_6H_{12}O_6}{1071 \text{ g solution}} \times \frac{1{,}16 \text{ g solution}}{1 \text{ mL solution}} \times \frac{1000 \text{ mL solution}}{1 \text{ L solution}}$$

$$= \frac{0{,}429 \text{ mol } C_6H_{12}O_6}{1 \text{ L solution}}$$

$$= 0{,}429 \; M$$

EXERCICE

Calculez la molarité d'une solution de saccharose ($C_{12}H_{22}O_{11}$) à 1,74 mol/kg, dont la masse volumique est de 1,12 g/mL.

CH₃OH

Problèmes semblables:
2.16 et 2.17

EXEMPLE 2.5   La conversion de la molarité en molalité

La masse volumique d'une solution aqueuse de méthanol (CH_3OH) à 2,45 M est de 0,976 g/mL. Quelle est la molalité de la solution? La masse molaire du méthanol est de 32,04 g/mol.

Réponse: La masse totale de 1 L d'une solution de méthanol à 2,45 M est

$$1 \text{ L solution} \times \frac{1000 \text{ mL solution}}{1 \text{ L solution}} \times \frac{0{,}976 \text{ g solution}}{1 \text{ mL solution}} = 976 \text{ g solution}$$

Puisque 1 L de la solution contient 2,45 moles de méthanol, la quantité d'eau par litre de solution est de

$$976 \text{ g solution} - \left(2{,}45 \text{ mol } CH_3OH \times \frac{32{,}04 \text{ g } CH_3OH}{1 \text{ mol } CH_3OH}\right) = 898 \text{ g } H_2O$$

Maintenant, nous pouvons calculer la molalité de la solution:

$$\text{molalité} = \frac{2{,}45 \text{ mol } CH_3OH}{898 \text{ g } H_2O} \times \frac{1000 \text{ g } H_2O}{1 \text{ kg } H_2O}$$

$$= \frac{2{,}73 \text{ mol } CH_3OH}{1 \text{ kg } H_2O}$$

$$= 2{,}73 \text{ mol/kg}$$

EXERCICE

Calculez la molalité d'une solution d'éthanol (C_2H_5OH) 5,86 M, dont la masse volumique est de 0,927 g/mL.

EXEMPLE 2.6   La conversion du pourcentage massique en molalité

Calculez la molalité d'une solution aqueuse d'acide phosphorique (H_3PO_4) à 35,4 % (pourcentage massique). La masse molaire de l'acide phosphorique est de 98,00 g/mol.

Réponse: Pour résoudre ce type de problème, il est pratique de supposer au départ un échantillon de 100,0 g de solution. La masse d'acide phosphorique équivaut à 35,4 % de celle de la solution, elle est donc de 35,4 g ; alors, la masse de l'eau dans 100,0 g de solution est 100,0 g − 35,4 g = 64,6 g. À partir de la masse molaire connue de l'acide phosphorique, on peut calculer la molalité en deux étapes. D'abord, il faut trouver le nombre de grammes d'acide phosphorique dissous dans 1000 g (1 kg) d'eau. Puis, il faut convertir le nombre de grammes en nombre de moles. En combinant ces deux étapes, nous obtenons:

$$\text{molalité} = \frac{35,4 \text{ g } H_3PO_4}{64,6 \text{ g } H_2O} \times \frac{1000 \text{ g } H_2O}{1 \text{ kg } H_2O} \times \frac{1 \text{ mol } H_3PO_4}{98,00 \text{ g } H_3PO_4}$$

$$= 5,59 \text{ mol } H_3PO_4/\text{kg } H_2O$$

$$= 5,59 \text{ mol/kg}$$

EXERCICE

Calculez la molalité d'une solution aqueuse de chlorure de sodium à 44,6 %.

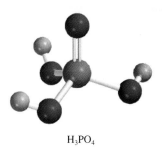

H_3PO_4

Problème semblable : 2.22

2.4   L'EFFET DE LA TEMPÉRATURE SUR LA SOLUBILITÉ

Rappelez-vous que la solubilité est la quantité maximale de soluté pouvant être dissous dans une quantité donnée de solvant à *une température donnée*. La température influence la solubilité de la plupart des substances. Dans cette section, nous étudierons cette influence sur les solides et les gaz.

La solubilité des solides et la température

La figure 2.3 montre la variation de la solubilité de certains composés ioniques dans l'eau en fonction de la température. Dans la plupart des cas, la solubilité d'une substance solide

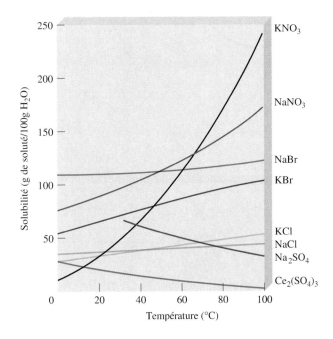

Figure 2.3 *Variation de la solubilité de quelques composés ioniques dans l'eau en fonction de la température.*

augmente avec la température. Cependant, il n'y a pas de corrélation claire entre le signe de ΔH_{dis} et cette variation. Par exemple, le processus de dissolution de $CaCl_2$ est exothermique, tandis que celui de NH_4NO_3 est endothermique. Cependant, la solubilité de ces deux composés augmente avec la température. C'est pourquoi il vaut mieux déterminer expérimentalement l'effet de la température sur la solubilité.

La cristallisation fractionnée

Comme nous le montre la figure 2.4, les variations de la solubilité avec la température peuvent être considérables. La solubilité de KNO_3, par exemple, s'accroît rapidement avec la température, alors que celle de NaCl varie très peu. Ces grandes différences de solubilité sont mises à profit pour obtenir des substances pures à partir de mélanges. La ***cristallisation fractionnée*** est *une technique de séparation basée sur les différences de solubilité qui permet de séparer les constituants d'un mélange en des substances pures.*

Supposons que nous avons un échantillon impur de KNO_3 pesant 90 g et contaminé avec 10 g de NaCl. Afin de le purifier, on dissout le mélange dans 100 mL d'eau à 60 °C et on le refroidit lentement à 0 °C. À cette température, les solubilités respectives de KNO_3 et de NaCl sont de 12,1 g/100 mL d'eau et de 34,2 g/100 mL d'eau. Donc, (90 − 12) g ou 78 g de KNO_3 vont s'extraire de la solution en cristallisant, mais tout le NaCl restera dissout (*figure 2.4*). De cette manière, nous pouvons obtenir à l'état pur environ 90 % de la quantité de KNO_3 initialement présente dans le mélange. Les cristaux de KNO_3 peuvent ensuite être séparés de la solution par filtration.

La plupart des produits chimiques (solides organiques et inorganiques) utilisés dans les laboratoires ont été purifiés par cristallisation fractionnée. En général, cette technique fonctionne bien à deux conditions. Premièrement, le composé à purifier doit avoir une courbe de solubilité prononcée (pente abrupte), c'est-à-dire qu'il doit être beaucoup plus soluble à chaud qu'à froid, sinon une trop grande quantité de solide reste en solution au cours du refroidissement. Deuxièmement, la quantité d'impureté doit être relativement minime, sinon une partie de cette impureté cristallisera elle aussi et contaminera le composé désiré. Néanmoins, il est toujours possible d'augmenter le degré de pureté en procédant à plusieurs cristallisations fractionnées successives.

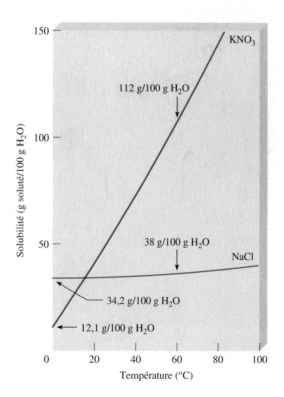

Figure 2.4 *Les solubilités de KNO₃ et de NaCl à 0 °C et à 60 °C. La grande différence d'écart de solubilité avec la température pour ces deux composés permet de les séparer facilement à partir d'une solution par cristallisation fractionnée.*

La solubilité des gaz et la température

Habituellement, la solubilité des gaz dans l'eau diminue quand la température augmente (*figure 2.5*). Quand on chauffe de l'eau dans un bécher, on peut voir des bulles d'air se former sur les parois en verre avant que l'eau bout. À mesure que la température augmente, les molécules d'air dissoutes commencent à s'échapper de la solution bien avant que l'eau bout.

La solubilité réduite de l'oxygène moléculaire dans l'eau chaude est directement liée à un phénomène appelé **pollution thermique,** qui est le *réchauffement de l'environnement* (en particulier des cours d'eau) *à des températures trop élevées qui sont nuisibles pour les êtres qui y habitent.* On estime que, chaque année, aux États-Unis, il y a plus de 378 000 milliards de litres d'eau qui sont utilisés comme réfrigérant industriel, la plus grande partie pour produire de l'électricité dans des centrales thermiques (combustion) et nucléaires. Cette eau réchauffée est retournée dans les rivières et les lacs d'où elle provient. Cela entraîne une pollution thermique dont les effets sur la vie aquatique inquiètent de plus en plus les écologistes. Les poissons, comme tous les autres animaux à sang froid, ont beaucoup plus de difficulté que les humains à s'adapter aux fluctuations rapides de température. Une augmentation de température accélère leur métabolisme, dont la vitesse double à chaque hausse de 10 °C. Cette accélération augmente le besoin en oxygène des poissons alors que l'apport d'oxygène diminue à cause de la diminution de sa solubilité dans l'eau chaude. On cherche donc actuellement des façons efficaces et inoffensives pour l'environnement de refroidir les centrales électriques thermiques et nucléaires.

Par ailleurs, la connaissance de la solubilité des gaz en fonction de la température peut améliorer la performance des amateurs de pêche. Durant les chaudes journées d'été, les pêcheurs d'expérience choisissent habituellement un endroit profond dans une rivière ou un lac pour jeter leur ligne. C'est là que se trouvent les poissons parce que, ces endroits étant plus froids, il y a plus d'oxygène.

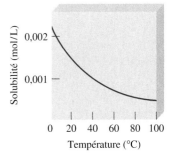

Figure 2.5 *Variation de la solubilité de O_2 gazeux dans l'eau en fonction de la température. Notez que la solubilité diminue à mesure que la température augmente. La pression exercée par le gaz au-dessus de la solution est de 1 atm.*

2.5 L'EFFET DE LA PRESSION SUR LA SOLUBILITÉ DES GAZ

En pratique, la pression extérieure n'influence pas la solubilité des liquides ni celle des solides, mais elle influence grandement celle des gaz. Le rapport quantitatif entre la solubilité des gaz et la pression s'exprime par la **loi de Henry** : *la solubilité d'un gaz dans un liquide est directement proportionnelle à la pression qu'exerce le gaz sur la solution :*

$$C \propto P$$
$$C = kP \tag{2.3}$$

NOTE

Chaque gaz a une valeur de k caractéristique à une température donnée.

Ici, la solubilité C est la concentration molaire (en moles par litre) du gaz dissous ; $P,$ la pression (en atmosphères) du gaz au-dessus de la solution ; et k est une constante spécifique du gaz et indépendante de la température (k est exprimé en mol/L • atm). On peut constater que, lorsque la pression du gaz est de 1 atm, C est *numériquement* égal à k.

La théorie cinétique fournit une explication qualitative à la loi de Henry. La quantité de gaz qui se dissoudra dans un solvant dépend de la fréquence des collisions entre les molécules du gaz et la surface du liquide, collisions qui permettent au liquide de piéger les molécules gazeuses. Supposons qu'un gaz et une solution sont en équilibre dynamique [*figure 2.6 a)*]. À chaque instant, le nombre de molécules gazeuses qui entrent dans la solution est égal au nombre de molécules dissoutes qui en sortent. Si on augmente la pression partielle du gaz, il y a plus de molécules qui se dissolvent dans le liquide parce qu'il y en a plus qui heurtent sa surface. Ce processus continue jusqu'à ce que les vitesses de sortie et de dissolution des molécules redeviennent égales [*figure 2.6 b)*]. Toutefois, à cause de l'augmentation de la concentration des molécules dans le gaz et la solution, le nombre de molécules est plus élevé en b) qu'en a), où la pression partielle est plus basse.

Figure 2.6 *Interprétation de la loi de Henry au niveau moléculaire. Quand la pression partielle du gaz au-dessus de la solution augmente de a) à b), la concentration du gaz dissous augmente également selon l'équation (2.3).*

a)   b)

EXEMPLE 2.7   L'application de la loi de Henry

La solubilité de l'azote gazeux pur à 25 °C et à 1 atm est de $6,8 \times 10^{-4}$ mol/L. Quelle est la concentration molaire d'azote dissous dans l'eau dans les conditions atmosphériques ? La pression partielle de l'azote dans l'atmosphère est de 0,78 atm.

Réponse : D'abord, il faut déterminer la constante k de l'équation (2.3) :

$$C = kP$$

$$6,8 \times 10^{-4} \text{ mol/L} = k \, (1 \text{ atm})$$

$$k = 6,8 \times 10^{-4} \text{ mol/L} \cdot \text{atm}$$

Ainsi, la concentration de l'azote gazeux dans l'eau est

$$C = (6,8 \times 10^{-4} \text{ mol/L} \cdot \text{atm})(0,78 \text{ atm})$$

$$= 5,3 \times 10^{-4} \, M$$

La diminution de la solubilité dépend de la diminution de la pression de 1 atm à 0,78 atm.

EXERCICE

Calculez la concentration molaire d'oxygène dans l'eau à 25 °C pour une pression partielle de 0,22 atm. La constante de Henry pour l'oxygène est de $3,5 \times 10^{-4}$ mol/L $\cdot$ atm.

Problème semblable : 2.35

La plupart des gaz obéissent à la loi de Henry, mais il y a des exceptions importantes. Par exemple, si le gaz dissous *réagit* avec l'eau, sa solubilité peut être plus élevée. La solubilité de l'ammoniac dépasse les prévisions à cause de la réaction suivante (*figure 2.7*) :

$$NH_3 + H_2O \rightleftharpoons NH_4^+ + OH^-$$

Le dioxyde de carbone réagit également avec l'eau :

$$CO_2 + H_2O \rightleftharpoons H_2CO_3$$

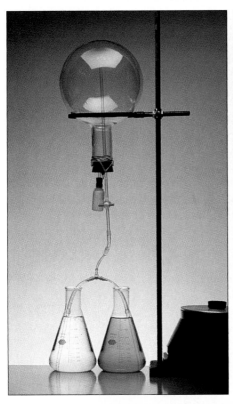
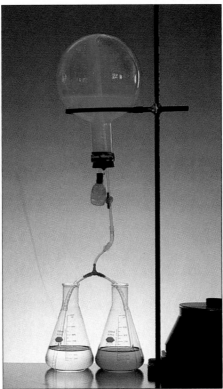

Figure 2.7
*La fontaine d'ammoniac.
(À gauche) Le ballon renversé
est rempli d'ammoniac gazeux.
(À droite) Quand on y
introduit une petite quantité
d'eau en pressant la petite
bouteille en polyéthylène, la
majeure partie de l'ammoniac
se dissout dans l'eau, créant
ainsi un vide partiel.
La pression atmosphérique
pousse alors dans le ballon
les liquides contenus dans les
deux erlenmeyers. Le mélange
de ces deux liquides provoque
une réaction chimique
accompagnée d'une émission
de lumière bleue.*

Un autre exemple intéressant est la dissolution de l'oxygène moléculaire dans le sang. En général, l'oxygène gazeux est assez peu soluble dans l'eau (*voir* la réponse de l'exercice qui suit l'exemple 2.7), mais sa solubilité dans le sang s'accroît considérablement grâce à la présence d'une forte concentration de molécules d'hémoglobine (Hb). Chaque molécule d'hémoglobine peut fixer jusqu'à quatre molécules d'oxygène, lesquelles peuvent ensuite être transportées vers les tissus pour servir au métabolisme :

$$Hb + 4O_2 \rightleftharpoons Hb(O_2)_4$$

C'est ce qui explique la grande solubilité de l'oxygène dans le sang.

La section La chimie en action (*p. 50*) nous montre comment la Loi de Henry s'applique dans la nature et comment elle peut nous aider à comprendre certaines catastrophes naturelles.

LE LAC MEURTRIER

Le lac Nyos, situé au Cameroun sur la côte ouest-africaine, occupe le cratère d'un ancien volcan. Le 21 août 1986, une catastrophe s'est produite sans aucun avertissement. Le lac a subitement éjecté dans l'atmosphère une gigantesque bulle de dioxyde de carbone, CO_2. La masse volumique de ce gaz étant bien plus grande que celle de l'air ambiant, il prend la place de l'air et devient par le fait même asphyxiant. Sitôt relâché, le gaz s'est engouffré dans la vallée de la rivière avoisinante, asphyxiant sur son passage 1246 personnes durant leur sommeil.

Comment expliquer cette tragédie? Dans un lac profond comme le lac Nyos, l'eau est stratifiée en plusieurs couches qui ne se mélangent pas en temps normal. Une zone frontière sépare les eaux douces de surface de celles plus creuses et plus denses qui constituent une solution de minéraux et de gaz dissous dont le CO_2. Ce gaz émane en permanence du magma sous-jacent à plus de 80 km de profondeur et s'infiltre à travers le sol fracturé vers le fond du lac. Étant donné la forte pression au fond du lac, pression qui dépend de la hauteur de la colonne d'eau, le CO_2 peut s'y accumuler (en accord avec la loi de Henry, la pression du gaz au fond peut augmenter tant qu'elle ne devient pas égale à la pression exercée par la colonne d'eau).

Le lac Nyos. Dix jours après le désastre, l'eau est encore très brunâtre.

La véritable cause de ce dégazage subit n'est pas vraiment connue. Plusieurs études et analyses des eaux en profondeur ont permis d'écarter les hypothèses d'une éruption volcanique, d'un tremblement de terre ou d'un glissement de terrain. En fait, il est probable que la pression partielle de CO_2 (P_{CO_2}) des eaux profondes du lac était presque à saturation et que tout facteur physique habituel qui pouvait perturber un lac en faisant remonter de l'eau verticalement a suffi pour causer une sursaturation locale (par exemple, durant la mousson, de forts vents accompagnés de refroidissements auraient pu contribuer à perturber davantage l'équilibre fragile qui régnait dans le lac) et amorcer le dégazage. Lorsque les eaux du fond sont remontées à une certaine hauteur, la pression de la colonne d'eau (qui servait en quelque sorte de bouchon) est devenue insuffisante pour empêcher la formation de bulles de gaz à partir de la solution de gaz carbonique. Il s'en est suivi une série d'événements, telle une réaction en chaîne, qui ont fait remonter encore plus d'eau saturée en gaz vers le haut. Ce phénomène ressemble au pétillement subit observé lorsqu'on débouche une bouteille de boisson gazeuse. Ensuite, parce que le CO_2 est un gaz plus dense que l'air, le nuage de CO_2 s'est déplacé en restant à proximité du sol et a littéralement fait suffoquer un village entier situé plus bas à une distance supérieure à 9 km du lac. Le niveau du lac a baissé de 1 m durant ce dégazage partiel.

Actuellement, après plus de 15 ans, la concentration de CO_2 au fond du lac s'accumule toujours et constitue encore une grave menace. Le danger est augmenté par le fait que le col du volcan qui agit comme un barrage est affaibli et pourrait céder, ce qui provoquerait non seulement une redoutable inondation, mais un autre bouillonnement subit de gaz carbonique. En effet, encore selon la loi de Henry, la diminution du niveau d'eau du lac ferait diminuer la pression au fond et provoquerait le dégazage.

Peut-on prévenir ou empêcher une telle catastrophe ? En 1995, des essais de dégazage à petite échelle ont été tentés par pompage des eaux en profondeur pour essayer de faire sortir le CO_2 dissout. Au début, cette approche a suscité une controverse, à savoir que si jamais les couches d'eaux profondes étaient perturbées par ce pompage, ce dernier pourrait être lui-même la cause d'une nouvelle catastrophe. Toutefois, les mesures et les modèles prouvent que ce n'est pas le cas car, avec le débit du pompage, il y a une dilution d'un facteur d'environ 50 fois. En outre, comme un surplus d'eau s'écoule toujours à cause de l'accumulation des pluies, les mesures tendent à démontrer qu'en moins de deux ans toute la colonne d'eau du lac jusqu'à 45 m de profondeur est complètement renouvelée. Non seulement l'eau pompée ne peut pas caler au point de perturber les couches profondes, mais mieux encore, elle finit par s'écouler complètement en dehors du lac. L'installation permanente de quelques tuyaux de pompage pourrait donc parvenir à contrôler la concentration du gaz carbonique dans le fond du lac et contribuer ainsi à sa stabilité. Un tel tuyau a été installé en février 2001 (*voir* photo), et on pourrait en installer trois autres d'ici peu. Aussi, beaucoup d'efforts sont faits actuellement pour protéger la population en installant des systèmes d'analyse et de télésurveillance qui peuvent déclencher différents niveaux d'alarme. Ces équipements pourront détecter tout changement de la température et de la salinité des eaux ainsi que de la concentration en gaz carbonique des eaux de surface. La stabilité de la stratification des couches d'eau sera également surveillée. Il y aura aussi des analyses chimiques périodiques d'un grand nombre de substances afin de pouvoir détecter tout changement durant le dégazage. Enfin, des détecteurs aériens de gaz carbonique analyseront l'air ambiant continuellement et pourront déclencher des alarmes dans le but de prévenir à temps les populations qui vivent plus bas dans les vallées. Entre-temps, on peut dire que ce lac est une véritable bombe à retardement naturelle !

Nouvelle fontaine sur le lac Nyos. Le dégazage se fait par pompage dans une couche d'eau profonde saturée en gaz carbonique.

2.6 LES PROPRIÉTÉS COLLIGATIVES DES SOLUTIONS DE NON-ÉLECTROLYTES

Plusieurs propriétés importantes des solutions dépendent du nombre de particules de soluté présentes, et non de leur nature (c'est-à-dire de leur composition chimique); ces propriétés sont appelées **propriétés colligatives** parce qu'elles dépendent toutes du nombre de particules de soluté présentes, que celles-ci soient des atomes, des ions ou des molécules. Ces propriétés sont la diminution de la pression de vapeur, l'élévation du point d'ébullition, l'abaissement du point de congélation et la pression osmotique. Pour les besoins de notre exposé sur les propriétés colligatives des solutions de non-électrolytes, il est important de se rappeler que l'on parle de solutions relativement diluées, c'est-à-dire de solutions dont les concentrations sont ≤ 0,2 M.

La diminution de la pression de vapeur

Si un soluté est **non volatil** (c'est-à-dire *s'il n'a pas de pression de vapeur mesurable*), la pression de vapeur de sa solution est toujours inférieure à celle du solvant pur. Ainsi la relation entre la pression de vapeur de la solution et celle du solvant dépend de la concentration de soluté dans la solution. Cette relation est donnée par la **loi de Raoult** (nommée ainsi en l'honneur du chimiste français François Raoult), qui dit que *la pression de vapeur partielle exercée par la vapeur du solvant au-dessus d'une solution, P_1, est donnée par la pression de vapeur du solvant pur, P_1°, multipliée par la fraction molaire du solvant dans la solution, X_1*:

NOTE
Pour réviser la notion d'équilibre de pression de vapeur dans le cas de liquides purs, consultez la section 9.6 du volume 1.

Dans ce volume, lorsque le texte est en italique, les variables sont en caractères romains.

$$P_1 = X_1 P_1^\circ \qquad (2.4)$$

Dans une solution ne contenant qu'un seul soluté, $X_1 = 1 - X_2$, où X_2 est la fraction molaire du soluté. On peut alors réécrire l'équation (2.4) de la manière suivante:

$$P_1 = (1 - X_2)P_1^\circ$$

$$P_1^\circ - P_1 = \Delta P = X_2 P_1^\circ \qquad (2.5)$$

On peut voir que la *diminution* de la pression de vapeur, ΔP: est directement proportionnelle à la concentration (exprimée en fraction molaire) du soluté présent.

EXEMPLE 2.8   Le calcul de la molalité à partir de la diminution de la pression de vapeur

À 25 °C, la pression de vapeur de l'eau pure est de 23,76 mm Hg, et celle d'une solution aqueuse d'urée de 22,98 mm Hg. Évaluez la molalité de la solution.

Réponse: À partir de l'équation (2.5) nous écrivons

$$\Delta P = (23,76 - 22,98) \text{ mm Hg} = X_2(23,76 \text{ mm Hg})$$

$$X_2 = 0,033$$

Par définition $\qquad X_2 = \dfrac{n_2}{n_1 + n_2}$

où n_1 et n_2 sont respectivement les nombres de moles de solvant et de soluté. Puisque la solution est diluée, nous pouvons supposer que n_1 est beaucoup plus élevé que n_2; nous pouvons donc écrire

$$X_2 = \frac{n_2}{n_1 + n_2} \simeq \frac{n_2}{n_1} \qquad (n_1 \gg n_2)$$

$$n_2 = n_1 X_2$$

Si on cherche à convertir en molalité (c'est-à-dire en un quotient ou rapport entre les moles de soluté et la masse du solvant en kilogrammes), on peut faire cette conversion ainsi : on suppose 1 kg de solvant et on calcule ensuite le nombre de moles de soluté correspondant. Remarquez qu'on pourrait aussi supposer 0,033 mol de soluté pour calculer ensuite la masse correspondante de solvant en kilogrammes. Ces deux manières s'équivalent et mènent à la même réponse. Supposons ici 1 kg d'eau.

Le nombre de moles d'eau dans 1 kg d'eau est de

$$1000 \text{ g H}_2\text{O} \times \frac{1 \text{ mol H}_2\text{O}}{18{,}02 \text{ g H}_2\text{O}} = 55{,}49 \text{ mol H}_2\text{O}$$

Problèmes semblables : 2.49 et 2.50

et le nombre de moles d'urée présentes dans 1 kg d'eau est

$$n_2 = n_1 X_2 = (55{,}49 \text{ mol})(0{,}033)$$

$$= 1{,}8 \text{ mol}$$

Ainsi, la concentration de la solution d'urée est de 1,8 mol/kg.

EXERCICE

La pression de vapeur d'une solution de glucose ($C_6H_{12}O_6$) à 20 °C est de 17,01 mm Hg ; celle de l'eau pure à la même température est de 17,25 mm Hg. Calculez la molalité de cette solution.

Pourquoi la pression de vapeur d'une solution constituée d'un soluté non volatil est-elle inférieure à celle de son solvant pur ? Nous avons vu à la section 2.2 que l'une des grandes tendances qui favorisent les processus physiques et chimiques est l'augmentation du désordre : plus le désordre créé est grand, plus le processus est favorisé. L'évaporation augmente le désordre d'un système parce que les molécules en phase vapeur ne sont pas aussi proches et ont une plus grande liberté de mouvement : il y a donc moins d'ordre qu'en phase liquide. Alors, puisqu'il y a plus de désordre dans une solution que dans un solvant pur, la différence de désordre entre une solution et sa vapeur est moins grande que celle qui existe entre un solvant pur et sa vapeur. C'est pourquoi les molécules de solvant ont moins tendance à s'échapper de la solution qu'à s'échapper du solvant pur pour entrer en phase vapeur ; la pression de vapeur d'une solution est donc inférieure à celle de son solvant.

Si les deux composantes de la solution sont **volatiles** (c'est-à-dire si *elles ont une pression de vapeur mesurable*), la pression de vapeur de la solution est la somme des pressions partielles de chacune. La loi de Raoult s'applique également dans ce cas :

$$P_A = X_A P_A^{\circ}$$

$$P_B = X_B P_B^{\circ}$$

où P_A et P_B sont les pressions partielles des composantes A et B de la solution ; P_A° et P_B°, les pressions de vapeur des substances pures ; et X_A et X_B, leurs fractions molaires. La pression totale est donnée par la loi des pressions partielles de Dalton [équation *(4.11) p. 113, volume 1*] :

$$P_T = P_A + P_B$$

Appliquons ces notions au cas de solutions de deux composés volatils, soit des mélanges de benzène et de toluène. Ces deux composés ont des structures similaires et, ainsi, des forces intermoléculaires similaires :

benzène   toluène

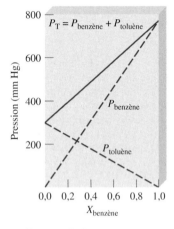

Figure 2.8 *Variation des pressions partielles du benzène et du toluène en fonction de leur fraction molaire dans une solution benzène-toluène* ($X_{toluène} = 1 - X_{benzène}$) *à 80 °C. Cette solution est dite idéale parce que les pressions de vapeur obéissent à la loi de Raoult.*

Figure 2.9 *Des solutions non idéales. a) Si la pression totale* P_T *est plus grande que celle que prédit la loi de Raoult (ligne noire), on dit qu'il y a une déviation positive. b) Si* P_T *est plus petite que la pression totale prédite par la loi de Raoult (ligne noire), dans ce cas on dit qu'il y a une déviation négative.*

Dans une solution de benzène et de toluène, la pression de vapeur de chaque composante obéit à la loi de Raoult. La figure 2.8 montre comment la pression de vapeur totale (P_T) d'une solution benzène-toluène dépend de la composition de la solution. Notez que la composition de la solution n'a besoin d'être exprimée qu'en fonction de l'une des composantes. Pour toute valeur de $X_{benzène}$, la fraction molaire du toluène, $X_{toluène}$, est donnée par $1 - X_{benzène}$. La solution benzène-toluène est l'un des rares exemples de **solution idéale,** soit une *solution qui obéit à la loi de Raoult.* L'une des caractéristiques d'une solution idéale est que son enthalpie de dissolution, ΔH_{dis}, est toujours égale à zéro.

La plupart des solutions dévient plus ou moins de ce comportement idéal. Supposons deux substances volatiles A et B et examinons les deux cas suivants :

Cas 1 Si les forces intermoléculaires entre les molécules de A et de B sont plus faibles que celles entre les molécules de A et que celles entre les molécules de B, ces molécules auront une plus grande tendance à quitter la solution que dans le cas d'une solution idéale. Par conséquent, la pression de vapeur de la solution sera plus grande que la somme des pressions de vapeur, comme le prédit la loi de Raoult pour la même concentration. Ce comportement correspond à une *déviation positive* [*figure 2.9 a)*]. Dans ce cas la chaleur de dissolution a une valeur positive, c'est-à-dire que la formation du mélange est un phénomène endothermique.

Cas 2 Si l'attirance entre les molécules de A et de B est plus grande que celle existant entre elles quand elles sont toutes de la même sorte, la pression de vapeur sera inférieure à la somme des pressions de vapeur, comme le prédit la loi de Raoult. Il s'agit cette fois d'une *déviation négative* [*figure 2.9 b)*]. Dans ce cas, la chaleur de dissolution a une valeur négative, c'est-à-dire que la formation du mélange est un phénomène exothermique.

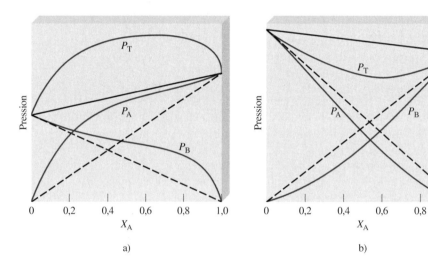

a)   b)

La distillation fractionnée

La pression de vapeur des solutions est à la base de la **distillation fractionnée,** une *technique de séparation des constituants liquides d'une solution, technique fondée sur les différences de point d'ébullition.* Il s'agit en fait d'une méthode semblable à la cristallisation fractionnée. Supposons que nous voulons séparer les constituants d'un *système binaire* (un système à deux constituants), par exemple une solution benzène-toluène. Le benzène et le toluène sont tous deux assez volatils, mais leurs points d'ébullition sont bien différents (respectivement de 80,1 °C et de 110,6 °C). Au point d'ébullition d'une telle solution, la vapeur formée est enrichie du constituant le plus volatil, le benzène. Si cette vapeur est condensée dans un contenant séparé, puis porté de nouveau à ébullition, on obtient une concentration encore plus forte de benzène dans la phase vapeur. En répétant plusieurs fois ce procédé, il est possible de séparer complètement le benzène du toluène.

En pratique, toutefois, on utilise un montage comme celui de la figure 2.10 pour séparer des liquides volatils. Le ballon contenant la solution benzène-toluène est surmonté d'une longue colonne remplie de petites billes de verre. Lorsque la solution bout, la vapeur a tendance à se condenser sur les billes dans la partie inférieure de la colonne et le liquide reflue vers le ballon de distillation. Au fur et à mesure que le temps s'écoule, les billes s'échauffent, ce qui permet à la vapeur de monter lentement plus haut. En fait, c'est le matériel de remplissage de la colonne qui fait maintenant subir un grand nombre d'étapes de vaporisation-condensation. À chacune de ces étapes, la vapeur contient une plus grande concentration du constituant le plus volatil, celui qui a le plus bas point d'ébullition (dans ce cas-ci, le benzène). La vapeur qui atteint le haut de la colonne est du benzène presque pur, lequel peut être condensé et recueilli dans une fiole conique.

La distillation fractionnée est une technique très utilisée dans l'industrie et les laboratoires. Les différents produits du pétrole, notamment, sont obtenus à partir du pétrole brut par distillation fractionnée à grande échelle.

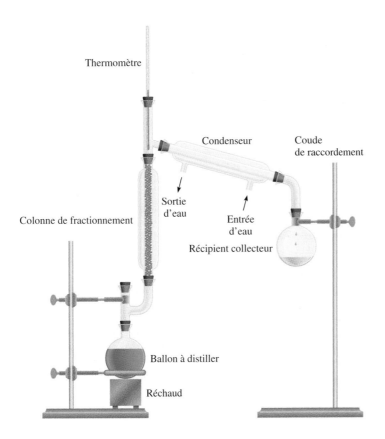

Figure 2.10 *Un appareil à distillation fractionnée fonctionnant sur une petite échelle. La colonne de fractionnement est remplie de petites billes de verre. Plus la colonne est longue, meilleure est la séparation des liquides volatils.*

L'élévation du point d'ébullition

Puisque la présence d'un soluté *non volatil* abaisse la pression de vapeur d'une solution, elle peut aussi influencer son point d'ébullition. Rappelez-vous que le point d'ébullition d'une solution est la température à laquelle sa pression de vapeur est égale à la pression atmosphérique (*section 9.6, volume 1*). La figure 2.11 montre la différence, dans un diagramme de phases, entre la courbe de l'eau et celle d'une solution aqueuse. Puisque, à toute température, la pression de vapeur de la solution est toujours inférieure à celle du solvant pur, la courbe de la pression de vapeur de la solution se situe sous celle du solvant. Par conséquent, la courbe de la solution (en pointillé) croise la ligne horizontale qui indique $P = 1$ atm à une température *supérieure* au point d'ébullition normal du solvant pur. Cette analyse graphique révèle que le point d'ébullition de la solution est supérieur à celui de l'eau. L'***élévation du point d'ébullition, $\Delta T_{\text{éb}}$,*** est donnée par

$$\Delta T_{\text{éb}} = T_{\text{éb}} - T_{\text{éb}}^{\circ}$$

Figure 2.11 *Diagramme de phases illustrant l'éléva-tion du point d'ébullition et l'abaissement du point de congélation des solutions aqueuses. La courbe pointil-lée correspond à la solution, et la courbe pleine, au solvant pur. Comme on peut le voir, le point d'ébullition de la solution est plus élevé que celui de l'eau, et le point de congélation de la solution, plus bas que celui de l'eau.*

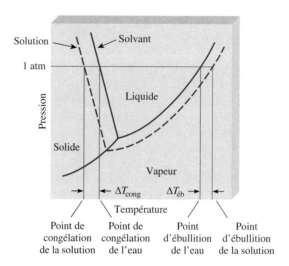

où $T_{\text{éb}}$ est le point d'ébullition de la solution, et $T_{\text{éb}}^{\circ}$, le point d'ébullition du solvant pur. Puisque $\Delta T_{\text{éb}}$ est directement proportionnelle à la diminution de la pression de vapeur, elle est aussi directement proportionnelle à la concentration (molalité) de la solution. Autrement dit :

$$\Delta T_{\text{éb}} \propto m$$

$$\Delta T_{\text{éb}} = K_{\text{éb}}m \qquad (2.6)$$

où m est la molalité de la solution, et $K_{\text{éb}}$, la *constante ébullioscopique molale*. $K_{\text{éb}}$ est ex-primée en °C • kg/mol.

Il est important de comprendre le choix de l'unité de concentration ici. On est en présence d'un système (la solution) dont la température n'est pas constante, on ne peut donc pas utiliser la concentration molaire (molarité), car celle-ci change avec la tem-pérature.

Le tableau 2.2 donne la valeur de $K_{\text{éb}}$ pour plusieurs solvants courants. En utilisant cette constante pour l'eau et l'équation (2.6), on constate que, si la molalité d'une solution aqueuse est de 1,00 mol/kg, son point d'ébullition sera de 100,52 °C.

L'abaissement du point de congélation

Un profane peut fort bien ne jamais être conscient du phénomène d'élévation du point d'ébullition, mais un bon observateur vivant dans un climat froid connaît l'abaissement du point de congélation. La glace sur les routes et les trottoirs fond lorsqu'on y répand du sel comme NaCl ou $CaCl_2$. On réussit à la faire fondre, car la présence de sel abaisse le point de congélation de l'eau.

La figure 2.11 montre que l'abaissement de la pression de vapeur de la solution déplace la courbe solide-liquide vers la gauche. Par conséquent, cette ligne croise la ligne horizontale qui indique $P = 1$ atm à une température *inférieure* à celle du point de con-gélation de l'eau. L'***abaissement du point de congélation, ΔT_{cong}***, est donné par

$$\Delta T_{\text{cong}} = T_{\text{cong}}^{\circ} - T_{\text{cong}}$$

NOTE

Au cours de la congélation, le soluté est exclu et le solvant se solidifie à l'état pur.

TABLEAU 2.2   LES CONSTANTES ÉBULLIOSCOPIQUES ET CRYOSCOPIQUES MOLALES DE QUELQUES LIQUIDES COURANTS

Solvant	Point de congélation normal (°C)*	K_{cong} (°C • kg/mol)	Point d'ébullition normal (°C)*	$K_{\text{éb}}$ (°C • kg/mol)
Eau	0	1,86	100	0,52
Benzène	5,5	5,12	80,1	2,53
Éthanol	−117,3	1,99	78,4	1,22
Acide acétique	16,6	3,90	117,9	2,93
Cyclohexane	6,6	20,0	80,7	2,79

* À 1 atm.

où T^o_{cong} est le point de congélation du solvant pur, et T_{cong}, celui de la solution. ΔT_{cong} est directement proportionnelle à la concentration de la solution :

$$\Delta T_{\text{cong}} \propto m$$

$$\Delta T_{\text{cong}} = K_{\text{cong}} m \tag{2.7}$$

où m est la concentration molale du soluté, et K_{cong} est la *constante d'abaissement du point de congélation appelée aussi constante cryoscopique molale* (*tableau 2.2*). Comme $K_{\text{éb}}$, K_{cong} est exprimée en °C • kg/mol.

     Notez que, pour pouvoir observer une élévation du point d'ébullition, le soluté doit être non volatil ; ce qui n'est pas nécessaire dans le cas de l'abaissement du point de fusion. Par exemple, on a parfois utilisé le méthanol (CH$_3$OH), un liquide nettement volatil qui bout à 65 °C, comme antigel dans les radiateurs d'automobiles.

On utilise, pour le dégivrage des avions, un procédé qui fait appel à l'abaissement du point de congélation des solutions.

EXEMPLE 2.9   **Le calcul de l'abaissement du point de congélation**

On utilise couramment l'éthylène glycol, CH$_2$(OH)CH$_2$(OH), comme antigel dans les automobiles. C'est un composé hydrosoluble relativement non volatil (point d'ébullition : 197 °C). Calculez le point de congélation d'une solution contenant 651 g de cette substance dans 2505 g d'eau. Garderiez-vous cette substance dans le radiateur de votre auto en été ? La masse molaire de l'éthylène glycol est de 62,01 g/mol.

Réponse : Le nombre de moles d'éthylène glycol dans 1000 g, ou 1 kg, d'eau est

$$651 \text{ g d'éthylène glycol} \times \frac{1 \text{ mol d'éthylène glycol}}{62,01 \text{ g d'éthylène glycol}} \times \frac{1 \text{ kg}}{2,505 \text{ kg}}$$

$$= 4,19 \text{ mol d'éthylène glycol}$$

Ainsi, la molalité de la solution est de 4,19 mol/kg. D'après l'équation (2.7) et le tableau 2.2, nous avons

$$\Delta T_{\text{cong}} = (1,86 \text{ °C • kg/mol})(4,19 \text{ mol/kg})$$

$$= 7,79 \text{ °C}$$

Puisque l'eau pure gèle à 0 °C, la solution gèlera à −7,79 °C.
Nous pouvons calculer l'élévation du point d'ébullition de la manière suivante :

$$\Delta T_{\text{éb}} = (0,52 \text{ °C • kg/mol})(4,19 \text{ mol/kg})$$

$$= 2,2 \text{ °C}$$

Puisque la solution bouillira à 102,2 °C, il serait préférable de laisser cet antigel dans le radiateur de l'auto pour prévenir l'ébullition de la solution.

En hiver, dans les pays froids, on doit mettre de l'antigel dans les radiateurs d'automobiles.

Problèmes semblables :
2.56 et 2.59

EXERCICE

Calculez les points d'ébullition et de congélation d'une solution formée de 478 g d'éthylène glycol dans 3202 g d'eau.

La pression osmotique

Nombre de réactions chimiques et biologiques dépendent du passage sélectif, à travers une membrane poreuse, des molécules du solvant d'une solution diluée vers une solution plus concentrée. La figure 2.12 illustre ce phénomène. Dans le compartiment de gauche, il y a du solvant pur et dans celui de droite, une solution. Ces deux compartiments sont séparés par une **membrane semi-perméable,** qui *permet le passage des molécules du solvant mais qui stoppe les molécules du soluté.* Au début, les niveaux de liquide dans les deux tubes sont égaux [*figure 2.12a)*]. Après un certain temps, les variations de volume dans chaque compartiment se traduisent par une variation du niveau dans les deux tubes ; le liquide baisse à gauche et monte à droite jusqu'à ce que l'équilibre soit atteint. On appelle **osmose** *le mouvement net des molécules d'un solvant pur ou d'une solution diluée, à travers une membrane semi-perméable, vers une solution plus concentrée.* La **pression osmotique (π)** d'une solution est la *pression nécessaire pour arrêter l'osmose.* Comme le montre la figure 2.12b), cette pression est égale à la différence de niveau entre les deux compartiments.

Qu'est-ce qui pousse l'eau à se déplacer spontanément de gauche à droite dans ce cas-ci ? Comparez la pression de vapeur de l'eau pure à celle de l'eau d'une solution (*figure 2.13*). Il y a un transfert net d'eau du bécher de gauche vers celui de droite parce que la pression de vapeur de l'eau pure est supérieure à celle de la solution. Avec le temps, le transfert se fait complètement. C'est une force semblable qui pousse l'eau vers la solution concentrée durant l'osmose.

Même si l'osmose est un phénomène courant et bien connu, on en sait relativement peu sur la manière dont la membrane semi-perméable stoppe certaines molécules pour en laisser passer d'autres. Dans certains cas, ce n'est qu'une question de taille : les pores de la membrane peuvent être assez petits pour ne laisser passer que les molécules du solvant. Dans d'autres cas, c'est un autre mécanisme qui expliquerait cette sélectivité : par exemple, la plus grande « solubilité » du solvant dans la membrane.

Figure 2.12

La pression osmotique a) Au début, les niveaux du solvant pur (à gauche) et de la solution (à droite) sont égaux. b) Durant l'osmose, le niveau de la solution monte à cause du mouvement net du solvant de gauche à droite. À l'équilibre, la pression osmotique est égale à la pression hydrostatique exercée par la colonne de liquide contenue dans le tube de droite.

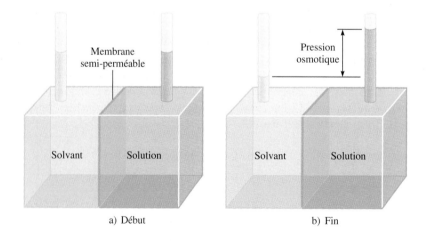

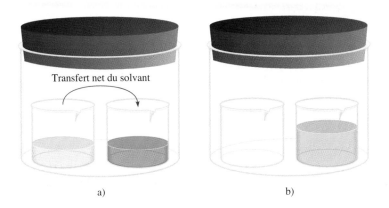

a)   b)

Figure 2.13 *a) Des pressions de vapeur inégales dans le contenant provoquent un transfert net de l'eau du bécher de gauche (qui contient de l'eau pure) au bécher de droite (qui contient une solution). b) À l'équilibre, toute l'eau du bécher de gauche a été transférée dans le bécher de droite. Ce phénomène est analogue à celui de l'osmose illustrée à la figure 2.12.*

La pression osmotique d'une solution est donnée par

$$\pi = CRT \qquad (2.8)$$

où C est la molarité, R, la constante des gaz (0,0821 L • atm/K • mol), et T, la température en degrés absolus. On exprime cette pression en atmosphères. Étant donné que la mesure de la pression osmotique est prise à température constante, les unités de concentration utilisées sont celles de la molarité, qui sont plus commodes que celles de la molalité.

NOTE

Cette relation peut s'écrire $\pi V = nRT$ et prendre ainsi la forme de la loi des gaz parfaits (où $\pi = P$ et $C = n/V$).

Comme l'élévation du point d'ébullition et l'abaissement du point de fusion, la pression osmotique est directement proportionnelle à la concentration d'une solution. On devait s'y attendre, étant donné que toutes les propriétés colligatives ne dépendent que du nombre de particules de soluté présentes dans la solution. Si deux solutions ont la même concentration et, ainsi, la même pression osmotique, elles sont dites *isotoniques*. Par contre, si leurs pressions osmotiques sont inégales, la solution dont la concentration est plus élevée est dite *hypertonique* tandis que la plus diluée est dite *hypotonique* (*figure 2.14*).

Le phénomène de pression osmotique intervient dans de nombreuses applications intéressantes. Par exemple, pour étudier le contenu des globules rouges, séparé de son milieu ambiant par une membrane semi-perméable, les biochimistes utilisent une technique appelée hémolyse. Ils placent les cellules dans une solution hypotonique. Puisque les solutés sont moins concentrés à l'extérieur qu'à l'intérieur du globule, l'eau entre dans celui-ci (*figure 2.14 b*). Les cellules gonflent et finalement éclatent, libérant ainsi l'hémoglobine et d'autres molécules.

La conservation des confitures et des gelées met aussi en jeu la pression osmotique. Il faut vraiment une grande quantité de sucre dans le processus de conservation, car le sucre aide à éliminer les bactéries qui peuvent causer le botulisme. Comme le montre la figure 2.14 c), quand une cellule bactérienne se trouve dans une solution hypertonique (à concentration élevée) de sucre, l'eau qui est à l'intérieur de la cellule a tendance à en sortir par osmose pour rejoindre la solution concentrée. Ce phénomène donne des cellules dites *crénelées*, des cellules déshydratées qui, finalement, meurent. L'acidité naturelle des fruits contribue également à l'inhibition de la croissance bactérienne.

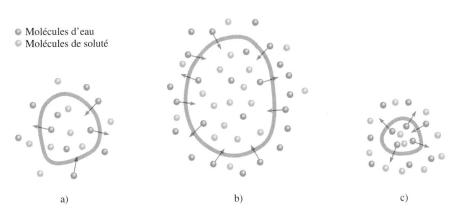

○ Molécules d'eau
○ Molécules de soluté

a)   b)   c)

Figure 2.14 *Une cellule : a) dans une solution isotonique, b) dans une solution hypotonique, et c) dans une solution hypertonique. La cellule ne change pas en a); elle gonfle en b); et elle rétrécit en c).*

Séquoias de Californie.

La pression osmotique constitue également le principal mécanisme de transport de l'eau dans les plantes. Puisque les feuilles perdent constamment de l'eau dans l'air par un processus appelé *transpiration,* la concentration de soluté dans leur liquide augmente. L'eau est alors poussée par pression osmotique à travers le tronc et les branches jusque dans les feuilles. Pour faire monter l'eau à la cime des séquoias, qui atteignent 120 m de hauteur, la pression doit être de 10 à 15 atm. (La capillarité, abordée à la section 9.3, volume 1, n'est responsable de la montée de l'eau que sur une hauteur de quelques centimètres.)

**EXEMPLE 2.10   La détermination de la concentration d'une solution
à partir de la mesure de la pression osmotique**

La pression osmotique moyenne de l'eau de mer, mesurée à l'aide d'un appareil semblable à celui de la figure 2.12, est de 30,0 atm à 25 °C. Calculez la concentration molaire volumique d'une solution aqueuse d'urée, $(NH_2)_2CO$, qui est isotonique avec l'eau de mer.

Réponse: Une solution d'urée isotonique avec l'eau de mer doit avoir la même pression osmotique, soit 30,0 atm. D'après l'équation (2.8),

$$\pi = CRT$$

$$C = \frac{\pi}{RT} = \frac{30,0 \text{ atm}}{(0,0821 \text{ L} \cdot \text{atm/K} \cdot \text{mol})(298 \text{ K})}$$

$$= 1,23 \text{ mol/L}$$

$$= 1,23 \, M$$

EXERCICE

Quelle est la pression osmotique (en atmosphères) d'une solution de saccharose (ou sucrose) 0,884 M à 16 °C ?

Problème semblable: 2.63

L'utilisation des propriétés colligatives pour déterminer la masse molaire

Pour déterminer la masse molaire d'un soluté, on peut, en théorie, utiliser l'une ou l'autre des propriétés colligatives des solutions de non-électrolytes. En pratique, cependant, seuls l'abaissement du point de congélation et la pression osmotique sont utilisés, car ce sont les propriétés les plus sensibles, c'est-à-dire qui présentent les plus grandes variations, d'où une plus grande précision.

On procède de la manière suivante: à partir de la mesure d'abaissement du point de congélation ou de la mesure de la pression osmotique, on peut calculer la molalité ou la molarité de la solution. Connaissant la masse du soluté, on peut déterminer sa masse molaire (*voir* les deux exemples suivants).

EXEMPLE 2.11 La détermination de la masse molaire à partir de l'abaissement du point de congélation

On dissout 7,85 g d'un composé, dont la formule empirique est C_5H_4, dans 301 g de benzène. Le point de congélation de la solution est de 1,05 °C inférieur à celui du benzène pur. Déterminez la masse molaire et la formule moléculaire de ce composé.

Réponse: Selon l'équation (2.7) et le tableau 2.2, nous avons

$$\text{molalité} = \frac{\Delta T_{\text{cong}}}{K_{\text{cong}}} = \frac{1,05 \text{ °C}}{5,12 \text{ °C} \cdot \text{kg/mol}} = 0,205 \text{ mol/kg}$$

Le nombre de moles de soluté dans 301 g, ou 0,301 kg, de solvant est donné par

$$\frac{0,205 \text{ mol}}{1 \text{ kg solvant}} \times 0,301 \text{ kg solvant} = 0,0617 \text{ mol}$$

Finalement, nous calculons la masse molaire du soluté de la manière suivante:

$$\frac{7,85 \text{ g}}{0,0617 \text{ mol}} = 127 \text{ g/mol}$$

Puisque la masse molaire correspondant à la formule empirique C_5H_4 est de 64 g/mol et que la masse molaire moléculaire est de 127 g/mol, la formule moléculaire du composé est $C_{10}H_8$ (le naphtalène).

EXERCICE

Le point de congélation d'une solution formée de 0,85 g d'un composé organique nommé mésitol, dans 100,0 g de benzène, est 5,16 °C. Déterminez la molalité de la solution et la masse molaire du mésitol.

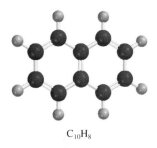

$C_{10}H_8$

Problème semblable: 2.57

EXEMPLE 2.12 La détermination de la masse molaire à partir de la pression osmotique

On dissout 35,0 g d'hémoglobine (Hb) dans assez d'eau pour obtenir 1 L de solution. Si la pression osmotique de la solution est de l0,0 mm Hg à 25 °C, calculez la masse molaire de l'hémoplobine.

Réponse: D'abord, il faut calculer la concentration de la solution:

$$\pi = CRT$$

$$C = \frac{\pi}{RT}$$

$$= \frac{10,0 \text{ mm Hg} \times \dfrac{1 \text{ atm}}{760 \text{ mm Hg}}}{(0,0821 \text{ L} \cdot \text{atm/K} \cdot \text{mol})(298 \text{ K})}$$

$$= 5,38 \times 10^{-4} \, M$$

Comme la solution a un volume de 1 L, elle doit donc contenir $5,38 \times 10^{-4}$ mole de Hb. On utilise cette quantité pour calculer la masse molaire:

$$\text{moles de Hb} = \frac{\text{masse de Hb}}{\text{masse molaire de Hb}}$$

$$\text{masse molaire de Hb} = \frac{\text{masse de Hb}}{\text{moles de Hb}}$$

$$= \frac{35,0 \text{ g}}{5,38 \times 10^{-4} \text{ mol}}$$

$$= 6,51 \times 10^{4} \text{ g/mol}$$

Problèmes semblables:
2.64 et 2.66

EXERCICE

À 21 °C, une solution de benzène contenant 2,47 g d'un polymère organique dans un volume final de 202 mL a une pression osmotique de 8,63 mm Hg. Calculez la masse molaire du polymère.

NOTE

La masse volumique du mercure étant de 13,6 g/mL, 10 mm Hg correspondent donc à une colonne d'eau d'une hauteur de 13,6 cm.

Une pression de 10,0 mm Hg, comme dans l'exemple 2.12, peut se mesurer facilement et précisément. C'est pourquoi les données de pression osmotique sont très utiles dans le calcul de la masse molaire de grosses molécules, comme les protéines. Pour illustrer en quoi la technique de détermination de la masse molaire par pression osmotique est plus sensible que celle par l'abaissement du point de congélation, estimons la variation du point de congélation de la même solution d'hémoglobine. Si une solution est bien diluée, nous pouvons considérer que sa molarité est presque égale à sa molalité. (La molarité serait égale à la molalité si la masse volumique de la solution était de 1 g/mL.) Alors, selon l'équation (2.7), nous avons:

$$\Delta T_{\text{cong}} = (1,86 \text{ °C} \cdot \text{kg/mol})(5,38 \times 10^{-4} \text{ mol/kg})$$

$$= 1,00 \times 10^{-3} \text{ °C}$$

Une diminution du point de congélation de un millième de degré est une variation de température trop petite pour être mesurée avec précision. C'est pourquoi la mesure de l'abaissement du point de congélation n'est utilisée que pour déterminer la masse molaire de molécules petites et très solubles, c'est-à-dire les composés dont la masse molaire est d'au plus 500 g/mol, car l'abaissement de leur point de congélation est, dans ce cas, beaucoup plus grand, donc plus facilement mesurable avec précision.

2.7 LES PROPRIÉTÉS COLLIGATIVES DES SOLUTIONS D'ÉLECTROLYTES

Les propriétés colligatives des solutions d'électrolytes demandent une approche légèrement différente de celle utilisée jusqu'ici pour les solutions de non-électrolytes. La raison en est que les électrolytes se dissocient en ions dans les solutions; une unité d'un composé qui est un électrolyte donne donc deux particules ou plus une fois dissoute. (Rappelez-vous que c'est le nombre de particules de soluté qui détermine les propriétés colligatives d'une solution.) Par exemple, chaque unité de NaCl se dissocie en deux ions: Na^+ et Cl^-. Ainsi, les propriétés colligatives d'une solution de NaCl à 0,1 mol/kg devraient être deux fois plus marquées que celles d'une solution contenant un non-électrolyte, comme le saccharose, à 0,1 mol/kg. De même, on s'attend à ce qu'une solution de $CaCl_2$ à 0,1 mol/kg abaisse le point de congélation trois fois plus qu'une solution de saccharose de même molalité. Pour tenir compte de cet effet, définissons une quantité appelée *facteur de van't Hoff* ou facteur effectif, donné par

$$i = \frac{\text{nombre réel de particules en solution après la dissociation}}{\text{nombre d'unités initialement dissoutes}} \qquad (2.9)$$

Ainsi, i devrait être égal à 1 pour tous les non-électrolytes. Pour les électrolytes forts comme NaCl et KNO_3, i devrait être égal à 2 ; pour les électrolytes forts comme Na_2SO_4 et $CaCl_2$, i devrait être égal à 3. Par conséquent, on doit modifier ainsi les équations décrivant les propriétés colligatives :

$$\Delta T_{\text{éb}} = iK_{\text{éb}}m \qquad (2.10)$$

$$\Delta T_{\text{cong}} = iK_{\text{cong}}m \qquad (2.11)$$

$$\pi = iCRT \qquad (2.12)$$

En réalité, les propriétés colligatives des solutions d'électrolytes sont habituellement moins marquées que celles que l'on a prédites parce que, à des concentrations élevées, des forces électrostatiques entrent en jeu, attirant les cations et les anions les uns vers les autres. *Un cation et un anion maintenus ensemble par des forces électrostatiques* forment ce qu'on appelle une *paire d'ions.* La formation des paires d'ions réduit la concentration effective des particules en solution, d'où un effet moindre sur les propriétés colligatives (*figure 2.15*). Le tableau 2.3 compare les valeurs de i mesurées expérimentalement et celles calculées en supposant une dissociation complète. Comme on peut le voir, elles sont proches les unes des autres mais pas égales, ce qui indique l'importance de la formation de paires d'ions dans ces solutions.

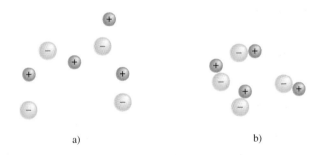

a)   b)

Figure 2.15

a) Ions libres et b) paires d'ions en solution. Une telle paire d'ions n'a pas de charge nette ; elle ne peut donc conduire l'électricité dans la solution.

TABLEAU 2.3	VALEUR DU FACTEUR DE VAN'T HOFF POUR DES SOLUTIONS D'ÉLECTROLYTES 0,0500 M À 25 °C	
Électrolyte	*i* **(mesuré)**	*i* **(calculé)**
Saccharose*	1,0	1,0
HCl	1,9	2,0
NaCl	1,9	2,0
$MgSO_4$	1,3	2,0
$MgCl_2$	2,7	3,0
$FeCl_3$	3,4	4,0

* Le saccharose n'est pas un électrolyte. Il n'est présent que pour faciliter la comparaison.

EXEMPLE 2.13 La détermination du facteur de van't Hoff à partir de mesures de propriétés colligatives

La pression osmotique d'une solution d'iodure de potassium (KI) à 0,010 *M* est de 0,465 atm à 25 °C. Calculez le facteur de van't Hoff pour KI à cette concentration.

Réponse: Si on suppose que KI s'est complètement dissocié en ions libres, la pression osmotique prédite est 2(0,010 *M*)(0,0821 L • atm/ K • mol)(298 K) ou 0,489 atm. Puisque la pression osmotique observée est seulement de 0,465 atm, une certaine proportion des ions doit avoir formé des paires d'ions. Selon l'équation (2.12),

$$i = \frac{\pi}{CRT}$$

$$= \frac{0,465 \text{ atm}}{(0,010 \; M)(0,0821 \text{ L} \cdot \text{atm/K} \cdot \text{mol})(298 \text{ K})}$$

$$= 1,90$$

Problème semblable: 2.79

EXERCICE

La diminution du point de congélation d'une solution de MgSO$_4$ 0,100 mol/kg est de 0,225 °C. Calculez le facteur de van't Hoff pour MgSO$_4$ à cette concentration.

2.8 LES COLLOÏDES

Jusqu'à maintenant, nous avons toujours discuté les véritables mélanges homogènes appelés aussi solutions vraies. Voyons maintenant ce qui arrive si nous ajoutons de fines particules de sable dans un bécher contenant de l'eau et que nous agitons le tout durant quelques instants. Les particules sont d'abord en suspension dans l'eau, puis elles finissent par se déposer au fond. C'est un exemple d'un mélange hétérogène. Entre ces deux extrêmes, il existe un état intermédiaire appelé suspension colloïdale ou simplement un colloïde. Un *colloïde* est *une dispersion des particules d'une substance (phase dispersée) dans un milieu de dispersion (phase dispersante) constitué d'une autre substance.* Les particules colloïdales sont beaucoup plus grosses que les particules (molécules ou ions) de soluté normal; leur taille varie de 1×10^3 pm à 1×10^6 pm. De plus, une solution colloïdale n'a pas l'homogénéité d'une solution ordinaire. La phase dispersée et le milieu de dispersion peuvent être des gaz, des liquides, des solides ou des combinaisons de différentes phases, comme nous le montre le tableau 2.4.

Figure 2.16
Trois faisceaux de lumière blanche passant à travers un colloïde constitué de particules de soufre en suspension dans l'eau deviennent orange, rose et vert bleuâtre. Les couleurs obtenues dépendent de la taille des particules et de la position de l'observateur. Plus les particules dispersées sont petites, plus courtes (et déplacées vers le bleu) sont les longueurs d'onde.

TABLEAU 2.4	LES TYPES DE COLLOÏDES		
Milieu de dispersion	**Phase dispersée**	**Nom**	**Exemples**
Gaz	Liquide	Aérosol	Brouillard, bombe aérosol
Gaz	Solide	Aérosol	Fumée
Liquide	Gaz	Mousse	Crème fouettée
Liquide	Liquide	Émulsion	Mayonnaise, lait
Liquide	Solide	Sol	Lait de magnésie
Solide	Gaz	Mousse	Mousse de polystyrène
Solide	Liquide	Gel	Gelée, beurre
Solide	Solide	Sol solide	Certains alliages (acier), pierres précieuses (verre contenant du métal dispersé)

Certains colloïdes nous sont familiers. Un *aérosol* est constitué de gouttelettes ou de fines particules d'un solide qui sont dispersées dans un gaz. Le brouillard et la fumée en sont des exemples. On fait de la mayonnaise en fragmentant de l'huile en petites gouttelettes dans de l'eau, c'est un exemple d'*émulsion,* laquelle est constituée de gouttelettes liquides dispersées dans un autre liquide. Le lait de magnésie est un exemple d'un *sol,* une suspension de particules solides dans un liquide.

On peut distinguer une solution d'un colloïde grâce à l'*effet Tyndall.* Lorsqu'un faisceau de lumière passe à travers un colloïde, la lumière est diffusée par les particules de la phase dispersée (*figure 2.16*). Cette diffusion n'a pas lieu avec les solutions parce que les particules de soluté sont trop petites pour interagir avec la lumière visible. Une autre démonstration de l'effet Tyndall est la diffusion (ou dispersion) des rayons solaires par la poussière ou la fumée dans l'air (*figure 2.17*).

Figure 2.17 *La lumière solaire devient diffuse lorsqu'il y a présence de particules de poussière dans l'air.*

Les colloïdes hydrophiles et les colloïdes hydrophobes

Les colloïdes les plus importants sont sans doute ceux dont l'eau est le milieu de dispersion. Les colloïdes aqueux se divisent en deux catégories : les colloïdes **hydrophiles** (qui *aiment l'eau*) et les **hydrophobes** (qui *craignent l'eau*). Les colloïdes hydrophiles sont des solutions contenant de très grosses molécules comme des protéines. En phase aqueuse, une protéine comme l'hémoglobine se replie de manière à ce que les portions hydrophiles, celles qui interagissent favorablement avec les molécules d'eau par des forces ion-dipôle ou par formation de liaison hydrogène, se présentent du côté de la surface externe (*figure 2.18*).

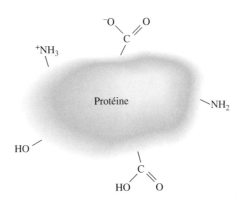

Figure 2.18
Les groupements hydrophiles à la surface des grosses molécules, telle une protéine, contribuent à les stabiliser dans l'eau. Remarquons que tous ces groupements peuvent former des liaisons hydrogène avec l'eau.

Normalement, un colloïde hydrophobe n'est pas stable dans l'eau, et les particules vont s'agglutiner comme le font des gouttelettes d'huile pour ensuite émerger et former une couche d'huile à la surface de l'eau. Il est toutefois possible de les stabiliser par *adsorption* d'ions à leur surface (*figure 2.19*). (L'adsorption a trait à l'adhérence à la surface. Elle diffère de l'absorption qui, elle, suppose une pénétration vers l'intérieur comme dans une éponge.) Ces ions adsorbés peuvent interagir avec l'eau, stabilisant ainsi le colloïde. En même temps, la répulsion électrostatique entre les particules les empêche de s'agglutiner. Le limon des fleuves et des rivières est constitué de fines particules de sol stabilisées de cette manière. Cependant, une fois déversées dans l'eau salée de la mer, les particules sont neutralisées par ce milieu salin très concentré en ions, ce qui provoque la floculation des particules et leur dépôt à l'embouchure des cours d'eau. Ces dépôts finissent par constituer des obstacles qui divisent l'embouchure de certains fleuves en plusieurs bras ramifiés appelés deltas.

Figure 2.19 *Schéma montrant la stabilisation d'un colloïde hydrophobe. Il y a adsorption d'ions négatifs à la surface, et la répulsion entre les charges semblables empêche l'agglutination des particules.*

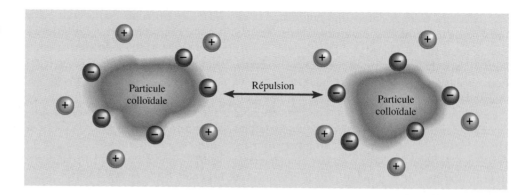

Une autre façon de stabiliser les colloïdes hydrophobes est de les mettre en présence d'autres groupements hydrophiles à leur surface. Examinons le cas du stéarate de sodium, une molécule de savon dont la structure se résume en deux parties : une tête polaire et un corps en forme de longue queue non polaire (*figure 2.20*). L'action nettoyante du savon résulte de cette double nature de la queue hydrophobe et de la tête hydrophile. La queue hydrocarbonée se dissout facilement dans les corps huileux, lesquels sont non polaires, alors que le groupement ionique —COO⁻ de la tête reste en dehors de la surface huileuse. Lorsqu'un assez grand nombre de molécules de savon entourent une gouttelette d'huile (*figure 2.21*), celle-ci est entraînée dans l'eau. Le système devient alors complètement stable parce que la portion extérieure est maintenant fortement hydrophile. C'est ce qui explique l'action nettoyante du savon.

Figure 2.20 *a) Une molécule de stéarate de sodium. b) Représentation simplifiée d'une molécule ayant une tête hydrophile et une queue hydrophobe.*

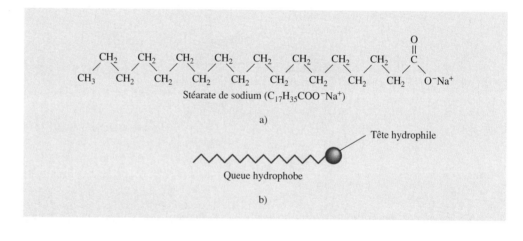

Figure 2.21 *L'action nettoyante d'un savon. a) La graisse (une substance huileuse) n'est pas soluble dans l'eau. b) Lorsque du savon est ajouté à l'eau, les molécules de savon plongent leur queue non polaire dans la graisse en y laissant pendre leur tête polaire à la surface. c) Finalement, la graisse est éliminée et devient soluble dans l'eau par la formation d'une émulsion, car les têtes polaires font des liaisons hydrogène avec l'eau. Chaque gouttelette est maintenant revêtue de plusieurs têtes polaires formant un revêtement hydrophile.*

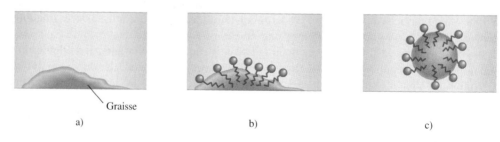

Résumé

1. Les solutions sont des mélanges homogènes de deux substances ou plus, solides, liquides ou gazeuses.

2. La facilité avec laquelle un soluté se dissout dans un solvant dépend des forces intermoléculaires. Le processus de dissolution est provoqué par l'énergie et l'augmentation du désordre qui apparaît quand un soluté et un solvant se mélangent.

3. On peut exprimer la concentration d'une solution à l'aide de différentes unités : pourcentage massique, fraction molaire, molarité et molalité. Les circonstances dictent la détermination des unités les plus appropriées.

4. Habituellement, une augmentation de la température augmente la solubilité des solides et des liquides, mais elle diminue celle des gaz.

5. Selon la loi de Henry, la solubilité d'un gaz dans un liquide est directement proportionnelle à la pression partielle qu'exerce ce gaz au-dessus de la solution.

6. La loi de Raoult précise que la pression partielle qu'exerce une substance A au-dessus d'une solution est reliée à la fraction molaire (X_A) de A et à la pression de vapeur (P_A^o) de A pure : $P_A = X_A P_A^o$. Une solution idéale obéit à la loi de Raoult à toutes les concentrations. En pratique, cependant, peu de solutions présentent un comportement idéal.

7. La diminution de la pression de vapeur, l'élévation du point d'ébullition, l'abaissement du point de congélation et la pression osmotique sont les propriétés colligatives des solutions. Ces propriétés ne dépendent que du nombre de particules de soluté présentes et non de leur nature.

8. Dans les solutions d'électrolytes, l'interaction entre les ions mène à la formation de paires d'ions. Le facteur de van't Hoff est une mesure du degré de dissociation des électrolytes en solution.

9. Un colloïde est une dispersion de particules (taille située entre 1×10^3 pm et 1×10^6 pm) d'une substance dans une autre substance. Un colloïde se distingue facilement d'une solution vraie par l'effet Tyndall, lequel correspond à une dispersion de la lumière par les particules colloïdales. Les colloïdes aqueux sont classés en deux catégories : les colloïdes hydrophiles et les colloïdes hydrophobes.

Équations clés

- Molalité $(m) = \dfrac{\text{moles de soluté}}{\text{masse de solvant (kg)}}$ Pour calculer la molalité d'une solution (2.2)

- $C = kP$ Loi de Henry, pour calculer la solubilité des gaz (2.3)

- $P_1 = X_1 P_1^o$ Loi de Raoult, relie la pression de vapeur d'un liquide à sa pression de vapeur dans une solution (2.4)

- $\Delta P = X_2 P_1^o$ Abaissement de la pression de vapeur en fonction de la concentration (en fraction molaire) du soluté (2.5)

- $\Delta T_{éb} = K_{éb}\, m$ Pour l'élévation du point d'ébullition (2.6)

- $\Delta T_{cong} = K_{cong}\, m$ Pour la diminution du point de congélation (2.7)

- $\pi = CRT$ Pour évaluer la pression osmotique d'une solution (2.8)

- $i = \dfrac{\text{nombre réel de particules après la dissociation}}{\text{nombre d'unités initialement dissoutes}}$ Pour calculer le facteur de van't Hoff dans le cas d'une solution d'un électrolyte (2.9)

Mots clés

Abaissement du point
de congélation, ΔT_{cong}, p. 56
Colloïde, p. 64
Cristallisation, p. 38
Cristallisation fractionnée, p. 46
Distillation fractionnée, p. 54
Élévation du point d'ébullition,
$\Delta T_{éb}$, p. 55
Facteur de van't Hoff (*i*), p. 63
Fraction molaire, p. 42
Hydratation, p. 40

Hydrophile, p. 65
Hydrophobe, p. 65
Loi de Henry, p. 47
Loi de Raoult, p. 52
Membrane semi-perméable,
p. 58
Miscible, p. 40
Molalité, p. 42
Non volatil, p. 52
Osmose, p. 58
Paire d'ions, p. 63

Pollution thermique, p. 47
Pourcentage massique, p. 41
Pression osmotique (π), p. 58
Propriétés colligatives, p. 52
Solution idéale, p. 54
Solution insaturée, p. 38
Solution saturée, p. 38
Solution sursaturée, p. 38
Solvatation, p. 40
Volatil, p. 53

Questions et problèmes

LE PROCESSUS DE DISSOLUTION
Questions de révision

2.1 Décrivez brièvement le processus de dissolution au niveau moléculaire. Prenez la dissolution d'un solide dans un liquide comme exemple.

2.2 En utilisant le concept de forces intermoléculaires, dites ce que l'expression « Qui se ressemble s'assemble » signifie.

2.3 Qu'est-ce que la solvatation ? Quels sont les facteurs qui influencent le phénomène de solvatation ? Donnez deux exemples de solvatation, dont l'un met en jeu l'interaction ion-dipôle, et l'autre, les forces de dispersion.

2.4 Comme vous le savez, certains processus de dissolution sont endothermiques et d'autres, exothermiques. Expliquez cette différence au niveau moléculaire.

2.5 Dites pourquoi le processus de dissolution mène invariablement à une augmentation du désordre.

2.6 Décrivez les facteurs qui influencent la solubilité d'un solide dans un liquide. Que signifie l'affirmation « deux liquides sont miscibles » ?

Problèmes

2.7 Pourquoi $C_{10}H_3$ (naphtalène) est-il plus soluble que CsF dans le benzène ?

2.8 Dites pourquoi l'éthanol (C_2H_5OH) n'est pas soluble dans le cyclohexane (C_6H_{12}).

2.9 Classez les substances suivantes par ordre croissant de leur solubilité dans l'eau : O_2, LiCl, Br_2, méthanol (CH_3OH).

2.10 Expliquez la variation de la solubilité des alcools suivants dans l'eau :

Composé	Solubilité dans l'eau g/100 g, 20 °C
CH_3OH	∞
CH_3CH_2OH	∞
$CH_3CH_2CH_2OH$	∞
$CH_3CH_2CH_2CH_2OH$	9
$CH_3CH_2CH_2CH_2CH_2OH$	2,7

Note : le symbole ∞ signifie que l'eau et l'alcool sont miscibles.

LES UNITÉS DE CONCENTRATION
Questions de révision

2.11 Définissez les types de concentration suivants et donnez les unités qui leur sont associées : pourcentage massique, concentration molaire, molalité. Donnez leurs avantages et leurs inconvénients.

2.12 Décrivez les étapes qui permettent de convertir chacun de ces types de concentration en un autre.

Problèmes

2.13 Calculez le pourcentage massique du soluté dans chacune des solutions suivantes : a) 5,50 g de NaBr dans 78,2 g de solution ; b) 31,0 g de KCl dans 152 g d'eau ; c) 4,5 g de toluène dans 29 g de benzène.

2.14 Calculez la quantité d'eau (en grammes) qu'il faut ajouter a) à 5,00 g d'urée [$(NH_2)_2CO$] pour préparer une solution dont le pourcentage massique est 16,2 % et b) à 26,2 g de $MgCl_2$ pour préparer une solution dont le pourcentage massique est 1,5 %.

2.15 Calculez la molalité de chacune des solutions suivantes : a) 14,3 g de saccharose ($C_{12}H_{22}O_{11}$) dans 676 g d'eau ; b) 7,20 moles d'éthylène glycol ($C_2H_6O_2$) dans 3546 g d'eau.

2.16 Calculez la molalité de chacune des solutions aqueuses suivantes : a) une solution de NaCl à 2,50 *M* (masse volumique de la solution : 1,08 g/mL) ; b) une solution de KBr dont le pourcentage massique est 48,2 %.

2.17 Calculez la molalité de chacune des solutions aqueuses suivantes : a) une solution de saccharose ($C_{12}H_{22}O_{11}$) 1,22 *M* (masse volumique de la solution : 1,12 g/mL) ; b) une solution de NaOH à 0,87 *M* (masse volumique de la solution : 1,04 g/mL) ; c) une solution de $NaHCO_3$ à 5,24 *M* (masse volumique de la solution : 1,19 g/mL).

2.18 Dans les solutions diluées où la masse volumique de la solution est pratiquement égale à celle du solvant pur, la molarité de la solution est égale à sa molalité. Démontrez que cette affirmation est vraie à l'aide d'une solution aqueuse d'urée [$(NH_2)_2CO$] à 0,010 *M*.

2.19 La teneur en alcool d'un spiritueux est habituellement exprimée en degrés, ce qui correspond au double du pourcentage par volume (pourcentage volumique) d'éthanol (C_2H_5OH) présent. Calculez la quantité en grammes d'alcool présent dans 1,00 L de gin dont la teneur en alcool est de 75 degrés. La masse volumique de l'éthanol est de 0,798 g/mL.

2.20 L'acide sulfurique (H_2SO_4) concentré que l'on utilise en laboratoire a un pourcentage massique de 98,0 %. Calculez la molalité et la molarité de la solution acide. La masse volumique de la solution est de 1,83 g/mL.

2.21 Calculez la molarité et la molalité d'une solution de 30,0 g de NH_3 dans 70,0 g d'eau. La masse volumique de la solution est de 0,982 g/mL.

2.22 La masse volumique d'une solution aqueuse d'éthanol (C_2H_5OH) est de 0,984 g/mL ; son pourcentage massique est de 10,0 %. a) Calculez la molalité de cette solution. b) Calculez sa molarité c) Quel volume de cette solution contiendrait 0,125 mole d'éthanol ?

L'EFFET DE LA TEMPÉRATURE ET DE LA PRESSION SUR LA SOLUBILITÉ
Questions de révision

2.23 Comment la température influence-t-elle la solubilité dans l'eau de la plupart des composés ioniques ?

2.24 Quel est l'effet de la pression sur la solubilité d'un liquide dans un liquide et sur celle d'un solide dans un liquide ?

Problèmes

2.25 Un échantillon de 3,20 g d'un sel se dissout dans 9,10 g d'eau pour former une solution saturée à 25 °C. Quelle est la solubilité (en g de sel/100 g de H_2O) de ce sel ?

2.26 À 75 °C, la solubilité de KNO_3 est de 155 g par 100 g d'eau ; à 25 °C, elle est de 38,0 g. Quelle masse (en grammes) de KNO_3 cristallisera si exactement 100 g de solution saturée à 75 °C sont refroidis à 25 °C ?

LA SOLUBILITÉ DES GAZ
Questions de révision

2.27 Donnez les facteurs qui influencent la solubilité d'un gaz dans un liquide. Dites pourquoi la solubilité d'un gaz diminue habituellement quand la température augmente.

2.28 Qu'est-ce que la pollution thermique ? Pourquoi est-elle nuisible à la vie aquatique ?

2.29 Qu'est-ce que la loi de Henry ? Définissez chacun des termes de l'équation et donnez les unités qui leur sont associées. Expliquez cette loi à l'aide de la théorie cinétique des gaz.

2.30 Donnez deux exceptions à la loi de Henry.

2.31 Un étudiant observe deux béchers d'eau ; l'un est chauffé à 30 °C, l'autre à 100 °C. Dans les deux cas, il y a formation de bulles dans l'eau. Ces bulles ont-elles la même origine ? Expliquez.

2.32 Une personne achète un poisson rouge dans une boutique d'animaux. De retour à la maison, elle place le poisson dans un bocal rempli d'eau qu'elle a rapidement refroidie après l'avoir fait bouillir. Quelques minutes plus tard, le poisson meurt. Expliquez pourquoi le poisson est mort.

Problèmes

2.33 L'eau contenue dans un bécher est d'abord saturée d'air dissous. Expliquez ce qui arrive quand on y fait barboter assez longtemps de l'hélium à 1 atm.

2.34 Un mineur qui travaille à 260 m sous le niveau de la mer ouvre une bouteille de boisson gazeuse pendant son repas. À sa grande surprise, la boisson n'est pas pétillante du tout. Peu après, l'homme monte à la surface en ascenseur. Durant la montée, il ne peut s'arrêter de faire des rots. Pourquoi ?

2.35 La solubilité de CO_2 dans l'eau à 25 °C et à 1 atm est de 0,034 mol/L. Quelle est sa solubilité dans les conditions atmosphériques ? (La pression partielle de CO_2 dans l'air est de 0,0003 atm.) Supposez que CO_2 obéit à la loi de Henry.

2.36 La solubilité de N_2 dans le sang à 37 °C et à une pression partielle de 0,80 atm est de $5,6 \times 10^{-4}$ mol/L. Un plongeur sous-marin respire de l'air comprimé dans lequel la pression partielle de N_2 est de 4,0 atm. En considérant que le volume total de sang dans le corps humain est de 5,0 L, calculez la quantité de N_2 gazeux libéré (en litres) quand le plongeur remonte à la surface, où la pression partielle de N_2 est de 0,80 atm.

LES PROPRIÉTÉS COLLIGATIVES DES SOLUTIONS DE NON-ÉLECTROLYTES

Questions de révision

2.37 Nommez les propriétés colligatives. Quelle est la signification du mot « colligative » dans ce contexte ?

2.38 Donnez deux exemples de liquides volatils et deux exemples de liquides non volatils.

2.39 Énoncez la loi de Raoult. Définissez chaque terme de l'équation qui la représente et donnez les unités qui leur sont associées. Qu'est-ce qu'une solution idéale ?

2.40 Définissez les expressions « élévation du point d'ébullition » et « abaissement du point de congélation ». Écrivez les équations qui les décrivent en fonction de la concentration de la solution. Définissez tous les termes et donnez les unités qui les accompagnent.

2.41 En quoi la diminution de la pression de vapeur est-elle reliée à une élévation du point d'ébullition d'une solution ?

2.42 Utilisez un diagramme de phases pour démontrer la différence des points de congélation et d'ébullition entre une solution aqueuse d'urée et l'eau pure.

2.43 Qu'est-ce que l'osmose ? Qu'est-ce qu'une membrane semi-perméable ?

2.44 Écrivez l'équation qui met en rapport la pression osmotique et la concentration d'une solution. Définissez tous les termes et donnez les unités.

2.45 Que veut-on dire quand on dit que la pression osmotique de l'eau de mer est de 25 atm à une certaine température ?

2.46 Dites pourquoi on utilise la molalité pour calculer l'élévation du point d'ébullition et l'abaissement du point de congélation, et la molarité pour calculer la pression osmotique.

2.47 Dites comment vous utiliseriez la mesure de l'abaissement du point de congélation et celle de la pression osmotique pour déterminer la masse molaire d'un composé. Pourquoi n'utilise-t-on généralement pas la mesure de l'élévation du point d'ébullition dans ce contexte ?

2.48 Dites pourquoi il est essentiel que les solutions utilisées dans les injections intraveineuses soient isotoniques, c'est-à-dire qu'elles doivent avoir approximativement la même pression osmotique que le sang.

Problèmes

2.49 On prépare une solution en dissolvant 396 g de saccharose ($C_{12}H_{22}O_{11}$) dans 624 g d'eau. Quelle est la pression de vapeur de cette solution à 30 °C ? (La pression de vapeur de l'eau est de 31,8 mm Hg à 30 °C.)

2.50 Combien de grammes de saccharose ($C_{12}H_{22}O_{11}$) doit-on ajouter à 552 g d'eau pour obtenir une solution dont la pression de vapeur est de 2,0 mm Hg inférieure à celle de l'eau pure à 20 °C ? (La pression de vapeur de l'eau à 20 °C est de 17,5 mm Hg.)

2.51 La pression de vapeur du benzène à 26,1 °C est de 100,0 mm Hg. Calculez la pression de vapeur d'une solution contenant 24,6 g de camphre ($C_{10}H_{16}O$) dissous dans 98,5 g de benzène. (Le camphre est un solide peu volatil.)

2.52 Les pressions de vapeur de l'éthanol (C_2H_5OH) et du propan-1-ol (C_3H_7OH) à 35 °C sont respectivement de 100 mm Hg et de 37,6 mm Hg. En supposant un comportement idéal, calculez les pressions partielles qu'exercent l'éthanol et le propan-1-ol à 35 °C au-dessus d'une solution d'éthanol dans du propan-1-ol, dans laquelle la fraction molaire de l'éthanol est 0,300.

2.53 La pression de vapeur de l'éthanol (C_2H_5OH) à 20 °C est de 44 mm Hg ; celle du méthanol (CH_3OH) à la même température est de 94 mm Hg. On mélange 30,0 g de méthanol à 45 g d'éthanol (on suppose que la solution est idéale). a) Calculez la pression de vapeur du méthanol et de l'éthanol au-dessus de cette solution à 20 °C. b) Calculez les fractions molaires du méthanol et de l'éthanol dans la vapeur au-dessus de cette solution à 20 °C.

2.54 Combien de grammes d'urée [$(NH_2)_2CO$] doit-on ajouter à 450 g d'eau pour obtenir une solution dont la pression de vapeur est de 2,50 mm Hg inférieure à celle de l'eau pure à 30 °C ? (La pression de vapeur de l'eau à 30 °C est de 31,8 mm Hg.)

2.55 Quels sont les points d'ébullition et de congélation d'une solution de naphtalène 2,47 mol/kg dans du benzène ? (Les points d'ébullition et de congélation du benzène sont respectivement 80,1 °C et 5,5 °C.)

2.56 Une solution aqueuse contient de la glycine, (NH_2CH_2COOH), un acide aminé. En supposant qu'il n'y a aucune ionisation de l'acide, calculez la molalité de la solution si elle gèle à −1,1 °C.

2.57 Les phéromones sont des composés sécrétés par les femelles de nombreuses espèces d'insectes pour attirer les mâles. L'un de ces composés est formé de 80,78 % de C, de 13,56 % de H et de 5,66 % de O. Une solution de 1,00 g de cette phéromone dans 8,50 g de benzène gèle à 3,37 °C. Donnez la formule moléculaire et la masse molaire du composé. (Le point de congélation normal du benzène pur est 5,50 °C.)

2.58 L'analyse élémentaire d'un solide organique extrait de la gomme arabique révèle qu'il contient 40,0 % de C, 6,7 % de H et 53,3 % de O. La dissolution de 0,650 g de ce solide dans 27,8 g de diphényle, un solvant, cause un abaissement du point de congélation de 1,56 °C. Calculez la masse molaire et déterminez la formule moléculaire du solide. (Pour le diphényle, K_{cong} est de 8,00 °C • kg/mol.)

2.59 Calculez combien de litres d'éthylène glycol [$CH_2(OH)CH_2(OH)$] vous ajouteriez au radiateur de votre auto qui contient 6,50 L d'eau si la température descend jusqu'à −20 °C en hiver ? Calculez aussi le point d'ébullition de ce mélange. La masse volumique de l'éthylène glycol est de 1,11 g/mL.

2.60 On prépare une solution en condensant 4,00 L d'un gaz, mesuré à 27 °C et à une pression de 748 mm Hg, dans 58,0 g de benzène. Calculez le point de congélation de cette solution.

2.61 On sait que la masse molaire de l'acide benzoïque (C_6H_5COOH) déterminée par la mesure de l'abaissement du point de congélation du benzène est équivalente à deux fois celle prédite d'après la formule moléculaire $C_7H_6O_2$. Expliquez cette apparente anomalie.

2.62 On observe qu'une solution formée de 2,50 g d'un composé, dont la formule empirique est C_6H_5P, dans 25,0 g de benzène gèle à 4,3 °C. Calculez la masse molaire du soluté et déterminez sa formule moléculaire.

2.63 Quelle est la pression osmotique (en atmosphères) d'une solution aqueuse d'urée à 1,36 M à 22,0 °C ?

2.64 Un volume de 170,0 mL d'une solution aqueuse contenant 0,8330 g d'une protéine de structure inconnue a une pression osmotique de 5,20 mm Hg à 25 °C. Déterminez la masse molaire de cette protéine.

2.65 On dissout 7,480 g d'un composé organique dans assez d'eau pour obtenir 300,0 mL de solution. La pression osmotique de cette solution est de 1,43 atm à 27 °C. L'analyse du composé révèle qu'il contient 41,8 % de C, 4,7 % de H, 37,3 % de O et 16,3 % de N. Déterminez la formule moléculaire de ce composé organique.

2.66 Une solution formée de 6,85 g d'un glucide dans 100,0 g d'eau a une masse volumique de 1,024 g/mL et une pression osmotique de 4,61 atm à 20,0 °C. Calculez la masse molaire de ce glucide.

LES PROPRIÉTÉS COLLIGATIVES DES SOLUTIONS D'ÉLECTROLYTES
Questions de révision

2.67 Pourquoi les propriétés colligatives sont-elles plus complexes dans le cas des solutions d'électrolytes que dans le cas des solutions de non-électrolytes ?

2.68 Définissez l'expression « paire d'ions ». Quel effet a la formation de paires d'ions sur les propriétés colligatives d'une solution ? Quelle est l'influence qu'ont sur la formation de paires d'ions : a) la charge des ions, b) la taille des ions, c) la nature du solvant (polaire ou non polaire), et d) la concentration ?

2.69 Dans chacune des paires suivantes, indiquez lequel des composés est le plus susceptible de former des paires d'ions dans l'eau : a) NaCl et Na_2SO_4 ; b) $MgCl_2$ et $MgSO_4$; c) LiBr et KBr.

2.70 Dites ce qu'est le facteur de van't Hoff. Quel renseignement donne cette grandeur ?

Problèmes

2.71 Soit une solution de $CaCl_2$ à 0,35 mol/kg et une solution d'urée à 0,90 mol/kg. Laquelle de ces deux solutions aqueuses a : a) le point d'ébullition le plus élevé, b) le point de congélation le plus élevé, et c) la pression de vapeur la plus basse. Justifiez votre choix.

2.72 Soit deux solutions aqueuses, l'une de saccharose ($C_{12}H_{22}O_{11}$) et l'autre d'acide nitrique (HNO_3) ; toutes deux gèlent à −1,5 °C. Quelles autres propriétés ces solutions ont-elles en commun ?

2.73 Classez les solutions suivantes par ordre décroissant de leur point de congélation : Na_3PO_4 à 0,10 mol/kg ; NaCl à 0,35 mol/kg ; $MgCl_2$ à 0,20 mol/kg ; $C_6H_{12}O_6$ à 0,15 mol/kg ; CH_3COOH à 0,15 mol/kg.

2.74 Classez les solutions aqueuses suivantes par ordre décroissant de leur point de congélation et justifiez votre réponse : HCl à 0,50 mol/kg ; glucose à 0,50 mol/kg ; acide acétique à 0,50 mol/kg.

2.75 Quels sont les points de congélation et d'ébullition normaux des solutions suivantes ? a) 21,2 g de NaCl dans 135 mL d'eau ; b) 15,4 g d'urée dans 66,7 mL d'eau.

2.76 À 25 °C, la pression de vapeur de l'eau pure est de 23,76 mm Hg, et celle de l'eau de mer est de 22,98 mm Hg. En supposant que l'eau de mer ne contient que du NaCl, évaluez sa molalité.

2.77 En hiver, on utilise du NaCl et du $CaCl_2$ pour faire fondre la glace sur les routes. Quels avantages ont ces substances par rapport au saccharose ou à l'urée pour abaisser le point de congélation de l'eau ?

2.78 Une solution de NaCl dont le pourcentage massique est 0,86 % est appelé sérum physiologique parce que sa pression osmotique est égale à celle de la solution contenue dans les cellules sanguines. Calculez la pression osmotique de cette solution à la température normale du corps (37 °C). La masse volumique de la solution saline est de 1,005 g/mL.

2.79 À 25 °C, les pressions osmotiques de solutions de $CaCl_2$ et d'urée, toutes deux à 0,010 M, sont respectivement de 0,605 atm et de 0,245 atm. Calculez le facteur de van't Hoff pour la solution de $CaCl_2$.

2.80 Calculez la pression osmotique d'une solution de $MgSO_4$ à 0,0500 M à 22 °C. (*Indice*: *voir* tableau 2.3.)

Problèmes variés

2.81 Le lysozyme est une enzyme qui détruit la paroi (membrane semi-perméable) des bactéries. Un échantillon de lysozyme extrait du blanc d'œuf de poule a une masse molaire de 13 930 g/mol. On dissout 0,100 g de cette enzyme dans 150 g d'eau à 25 °C. Calculez la diminution de la pression de vapeur, l'abaissement du point de congélation, l'élévation du point d'ébullition et la pression osmotique de cette solution. (La pression de vapeur de l'eau à 25 °C est de 23,76 mm Hg.)

2.82 À une certaine température, les pressions osmotiques de deux solutions, A et B, sont respectivement de 2,4 atm et 4,6 atm. Quelle est la pression osmotique d'une solution formée du mélange de volumes égaux de A et B à cette même température ?

2.83 Pourquoi un concombre placé dans la saumure (eau salée) se ratatine-t-il ?

2.84 À 25 °C, les pressions de vapeur de deux liquides, A et B, sont respectivement de 76 mm Hg et de 132 mm Hg. Quelle est la pression de vapeur totale de la solution idéale formée : a) de 1,00 mole de A et de 1,00 mole de B ; et b) de 2,00 moles de A et 5,00 moles de B ?

2.85 Calculez le facteur de van't Hoff pour Na_3PO_4 dans une solution aqueuse à 0,40 mol/kg dont le point d'ébullition est de 100,78 °C.

2.86 À 35 °C, 262 mL d'une solution contenant 1,22 g d'un sucre a une pression osmotique de 30,3 mm Hg. Quelle est la masse molaire de ce sucre ?

2.87 Examinez les trois manomètres au mercure suivants. Dans l'un d'entre eux, on a placé 1 mL d'eau sur la colonne de mercure ; dans un autre, 1 mL d'une solution d'urée à 1 mol/kg ; finalement, dans le dernier, 1 mL d'une solution de NaCl à 1 mol/kg. Associez ces solutions aux lettres X, Y et Z de l'illustration ci-dessous.

2.88 On demande à une chimiste de la police judiciaire d'analyser une poudre blanche. Elle dissout 0,50 g de la substance dans 8,0 g de benzène. La solution gèle à 3,9 °C. La chimiste peut-elle conclure que le composé est de la cocaïne ($C_{17}H_{21}NO_4$) ? Quelle supposition fait-on dans cette analyse ?

2.89 Les médicaments dits à « action prolongée » ont l'avantage de se libérer dans l'organisme à une vitesse constante. Leur concentration à tout moment n'est donc pas trop élevée pour causer des effets indésirables ni trop basse pour être inefficace. Un comprimé de ce type de médicament est illustré ci-dessous. Expliquez son fonctionnement.

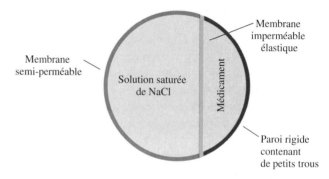

2.90 L'acide chlorhydrique concentré commercial a un pourcentage massique de 37,7 %. Quelle est sa concentration en molarité ? (La masse volumique de la solution est de 1,19 g/mL.)

2.91 Une protéine a été isolée sous forme d'un sel de formule $Na_{20}P$ (ce qui signifie qu'il y a 20 ions Na^+ associés à chaque molécule de protéine P^{20-}). La pression osmotique de 10,00 mL d'une solution contenant 0,225 g de cette protéine est de 0,257 atm à 25,0 °C. Calculez la masse molaire de la protéine.

2.92 On prépare deux solutions différentes avec un composé organique non volatil Z. La solution A contient 5,00 g de Z dissous dans 100 g d'eau, et la solution B contient 2,31 g de Z dissous dans 100 g de benzène. La solution A a une pression de vapeur de 754,5 mm Hg au point d'ébullition normal de l'eau, et la solution B a la même pression de vapeur au point d'ébullition normal du benzène. Calculez la masse molaire de Z à partir des données dans le cas des deux solutions A et B. Expliquez les différences obtenues.

2.93 Deux béchers, l'un contenant 50 mL d'une solution aqueuse 1,0 M en glucose et l'autre 50 mL d'une solution aqueuse 2,0 M en glucose, sont placés sous une cloche de verre hermétique à la température de la pièce. Quels seront les volumes de solution dans chacun des béchers une fois l'équilibre atteint ?

2.94 Calculez la molarité, la molalité et la fraction molaire de NH_3 pour une solution contenant 30,0 g de NH_3 dans 70,0 g d'eau. La masse volumique de la solution est de 0,982 g/mL.

2.95 On dissout un échantillon pesant 1,32 g constitué d'un mélange de cyclohexane (C_6H_{12}) et de naphtalène ($C_{10}H_8$) dans 18,9 g de benzène (C_6H_6). La solution gèle à 2,2 °C. Calculez les proportions du mélange en pourcentage massique. (*Voir* le tableau 2.2 pour les constantes.)

2.96 Un mélange d'éthanol et de propanol-1 a un comportement idéal à 36 °C et il est à l'équilibre avec sa vapeur. Sachant que la fraction molaire de l'éthanol dans la solution est de 0,62, calculez sa fraction molaire dans la phase vapeur à cette température. (La pression de vapeur de l'éthanol pur et du propanol-1 pur à 36 °C sont respectivement de 108 mm Hg et de 40,0 mm Hg.)

2.97 Dans le cas des solutions idéales, les volumes sont additifs. Cela signifie que si on prépare une solution avec 5 mL de A et 5 mL de B, le volume de la solution obtenue est de 10 mL. Donnez une explication au niveau moléculaire de l'observation suivante : lorsque 500 mL d'éthanol, C_2H_5OH, sont mélangés à 500 mL d'eau, le volume final est inférieur à 1000 mL.

2.98 L'acide acétique est un acide faible qui s'ionise en solution selon l'équation suivante :

$$CH_3COOH(aq) \rightleftharpoons CH_3COO^-(aq) + H^+(aq)$$

Une solution 0,106 mol/kg de CH_3COOH gèle à −0,203 °C. Quel est le pourcentage d'ionisation de cet acide, c'est-à-dire le pourcentage des molécules qui se sont ionisées ?

2.99 L'acide acétique est une molécule polaire qui peut former des liaisons hydrogène avec des molécules d'eau. Elle est donc très soluble dans l'eau. Elle est aussi soluble dans le benzène, C_6H_6, un solvant non polaire qui n'a pas la possibilité de faire des ponts hydrogène. Une solution contenant 3,8 g de CH_3COOH dans 80,0 g de C_6H_6 a un point de congélation de 3,5 °C. Calculez la masse molaire du soluté, puis émettez une hypothèse quant à sa structure. (*Indice* : les molécules d'acide acétique peuvent former des ponts hydrogène entre elles.)

2.100 Une solution contient deux liquides volatils A et B. Remplissez le tableau suivant dans lequel le symbole $\longleftrightarrow$ indique des forces d'attraction intermoléculaire.

Forces d'attraction	Déviation à la loi de Raoult	$\Delta H_{\text{dissolution}}$
A $\longleftrightarrow$ A, B $\longleftrightarrow$ B > A $\longleftrightarrow$ B		
	Négative	
		Zéro

Problèmes spéciaux

2.101 Le dessalement est tout procédé permettant de retirer les sels de l'eau de mer. Il existe trois procédés principaux : la distillation, la congélation et l'osmose inverse. La méthode par congélation repose sur le fait que lorsqu'une solution gèle, le solide qui se sépare de la solution est presque de l'eau pure. Quant à l'osmose inverse, elle utilise le passage de l'eau d'une solution plus concentrée vers une solution moins concentrée à travers une membrane semi-perméable. a) En vous inspirant de la figure 2.12, dessinez un schéma montrant comment produire l'osmose inverse. b) Quels sont les avantages et les inconvénients de l'osmose inverse si on compare ce procédé à ceux de la congélation et de la distillation ? c) Quelle est la pression minimale (en atmosphères) qui devrait être appliquée à l'eau de mer à 25 °C pour pouvoir amorcer un dessalement par osmose inverse ? (Considérez que l'eau de mer est une solution de 0,70 *M* en NaCl.)

2.102 Dans l'océan Antarctique, des poissons survivent en nageant dans de l'eau à environ −2 °C. a) Pour empêcher leur sang de geler, quelle doit être la concentration des solutés (en molalité) dans le sang ? Cette concentration est-elle plausible du point de vue physiologique ? b) Récemment, des scientifiques ont trouvé une sorte de protéine spéciale dans le sang de ces poissons qui, même présente en faible concentration ($\leq$ 0,001 mol/kg), a la propriété d'empêcher le sang de geler. Donnez une explication de cet effet protecteur.

Réponses aux exercices : 2.1 Dans le disulfure de carbone ; **2.2** 7,44 % ; **2.3** 0,638 mol/kg ; **2.4** 1,22 *M* ; **2.5** 8,92 mol/kg ; **2.6** 13,8 mol/kg **2.7** 7,7 × 10^{-5} *M* ; **2.8** 0,78 mol/kg ; **2.9** 101,3 °C et −4,48 °C ; **2.10** 21,0 atm, **2.11** 0,066 mol/kg et 1,3 × 10^2 g/mol ; **2.12** 2,60 × 10^4 g/mol, **2.13** 1,21

CHAPITRE 3

La cinétique chimique

Les points essentiels

La vitesse de réaction

La vitesse de réaction mesure la rapidité de consommation d'un réactif ou de formation d'un produit. En général, elle consiste en un rapport entre un changement de concentration et un intervalle de temps.

La loi de vitesse

Les mesures expérimentales de vitesse ont permis d'énoncer la loi de vitesse, laquelle s'exprime à l'aide d'une constante de vitesse et des concentrations des réactifs. Cette dépendance des concentrations sur la vitesse permet d'établir l'ordre de la réaction. Une réaction est d'ordre zéro si sa vitesse est indépendante de la concentration, d'ordre un si sa vitesse dépend de la concentration d'un réactif élevé à la puissance un, et d'ordre deux si la somme des exposants des concentrations apparaissant dans la relation de vitesse donne deux.

L'influence de la température sur la constante de vitesse

Pour réagir, les molécules doivent posséder une énergie égale ou supérieure à l'énergie d'activation. Habituellement, la constante de vitesse s'accroît avec l'augmentation de la température. L'équation d'Arrhenius relie la constante de vitesse à l'énergie d'activation et à la température.

Les mécanismes réactionnels

Le déroulement d'une réaction peut être scindé en une série d'étapes élémentaires au niveau moléculaire; cet ensemble d'étapes constitue le mécanisme réactionnel. Les étapes (ou réactions) élémentaires peuvent être unimoléculaires, impliquant une molécule, bimoléculaire, impliquant une réaction entre deux molécules ou, dans de rares cas, trimoléculaire, ce qui suppose la collision simultanée entre trois molécules. La vitesse des réactions qui se déroulent en deux étapes ou plus dépend de la vitesse de l'étape la plus lente appelée étape limitante ou déterminante.

La catalyse

Un catalyseur est une substance qui fait augmenter la vitesse d'une réaction sans qu'il ne soit lui-même consommé. Au cours d'une catalyse hétérogène, les réactifs et le catalyseur sont dans des phases différentes. Dans le cas d'une catalyse homogène, les réactifs et le catalyseur sont mélangés dans une seule phase. Les enzymes, sorte de catalyseur très efficace, contrôlent presque toutes les réactions biochimiques chez les êtres vivants.

epuis quelques années, des appareils électroniques et des lasers de plus en plus sophistiqués ont permis aux chimistes d'étudier des réactions extrêmement rapides, de l'ordre des picosecondes (10^{-12} s), et même des femtosecondes (10^{-15} s). La première étape de la vision est l'un des nombreux processus chimiques et biologiques qui se produisent à une telle vitesse.

Au fond de l'œil se trouvent plusieurs couches de cellules photosensibles, soit les bâtonnets et les cônes rétiniens. Ces cellules contiennent une substance appelée *rétinal,* associée à des protéines appelées *opsines.* Les complexes rétinal-opsine sont appelés la rhodopsine (responsable de la perception en noir et blanc) et l'iodopsine (responsable de la perception des couleurs).

En 1938, le scientifique allemand Selig Hecht découvrit qu'un *seul* photon suffisait pour exciter un bâtonnet. Vingt ans plus tard, le biochimiste américain George Wald démontra que la première étape de l'excitation optique est un processus d'isomérisation.

Le rétinal est un composé complexe ayant un certain nombre d'isomères géométriques, mais seuls ses isomères tout-*trans* et 11-*cis* participent à la vision. Dans la rhodopsine, l'absorption d'un photon convertit (isomérise) le rétinal de configuration 11-*cis* en configuration tout-*trans* en quelques picosecondes. Ce changement géométrique déclenche le processus de vision, par lequel une impulsion électrique est transmise au nerf optique et finalement au cerveau. C'est cette étape finale qui nous permet de « voir ».

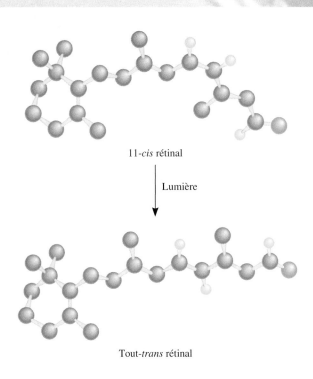

11-*cis* rétinal

Lumière

Tout-*trans* rétinal

*Sous l'effet de la lumière visible, le 11-cis-rétinal est converti en son isomère tout-*trans. *Les sphères noires représentent les atomes C, les sphères jaunes les atomes H et les sphères rouges les atomes O. Certains atomes H ont été omis pour plus de clarté. Le rétinal est lié à l'opsine par l'atome O.*

3.1 LA VITESSE DE RÉACTION

La branche de la chimie qui s'intéresse à la vitesse à laquelle s'effectuent les réactions chimiques s'appelle **cinétique chimique.** Le terme « cinétique » signifie mouvement ou changement ; au chapitre 4 du volume 1, nous avons défini l'énergie cinétique comme l'énergie associée au mouvement d'un objet. Cependant, ici, le terme « cinétique » a plutôt le sens de **vitesse de réaction,** c'est-à-dire la *variation de la concentration d'un réactif ou d'un produit dans le temps* (mol/L•s ou *M*/s).

Plusieurs bonnes raisons nous incitent à étudier les vitesses de réaction. D'abord on peut simplement vouloir satisfaire sa curiosité en cherchant à savoir pourquoi les réactions ont des vitesses si différentes. Certains phénomènes comme les premières étapes de la vision et de la photosynthèse se déroulent très rapidement, en l'espace de 10^{-6} à 10^{-12} s. Par contre, d'autres phénomènes comme le durcissement du ciment et la conversion du graphite en diamant peuvent nécessiter des années et même des millions d'années pour se produire. Aussi, du point de vue pratique, l'étude des vitesses de réaction s'avère très utile dans plusieurs domaines : la conception et la synthèse de médicaments, le contrôle de la pollution et la préparation des aliments. Pour les chimistes qui travaillent en milieu industriel, il est souvent beaucoup plus avantageux de parvenir à faire augmenter la vitesse d'une réaction plutôt que de chercher à en maximiser le rendement.

On sait que toute réaction peut être représentée par l'équation générale suivante :

$$\text{réactifs} \longrightarrow \text{produits}$$

Cette équation indique que, au cours de la réaction, des molécules de réactifs sont utilisées et que des molécules de produits sont formées. On peut donc suivre le déroulement d'une réaction en mesurant soit la diminution de la concentration des réactifs soit l'augmentation de la concentration des produits.

La figure 3.1 illustre le déroulement d'une réaction simple durant laquelle des molécules A sont transformées en molécules B :

$$A \longrightarrow B$$

NOTE

$\Delta[A]$ signifie toujours une différence de concentration entre celle à un moment donné, $[A]_{\text{initiale}}$, et une autre concentration à un moment plus tard, $[A]_{\text{finale}}$: $\Delta[A] = [A]_f - [A]_i$.

La diminution du nombre de molécules A et l'augmentation du nombre de molécules B par unité de temps sont illustrées à la figure 3.2. En général, il est plus commode d'exprimer cette vitesse en fonction de la variation de la concentration par unité de temps. On peut alors exprimer la vitesse de la réaction donnée ci-dessus de la façon suivante :

$$\text{vitesse} = -\frac{\Delta[A]}{\Delta t} \quad \text{ou} \quad \text{vitesse} = \frac{\Delta[B]}{\Delta t}$$

Figure 3.1 *Le déroulement de la réaction A $\longrightarrow$ B observé toutes les 10 s, sur une période de 60 s. Au départ, seules les molécules A (points noirs) sont présentes. Avec le temps, il y a formation de molécules B (points colorés).*

où $\Delta[A]$ et $\Delta[B]$ sont les variations des concentrations (en mol/L) dans un laps de temps donné (Δt). Puisque la concentration de A *diminue* avec le temps, la valeur de $\Delta[A]$ est négative. Comme la vitesse d'une réaction est une grandeur positive, il faut donc attribuer un signe négatif à l'expression pour que la vitesse soit positive. Par contre, pour la vitesse de formation des produits, l'expression ne nécessite pas de signe négatif, car la valeur de

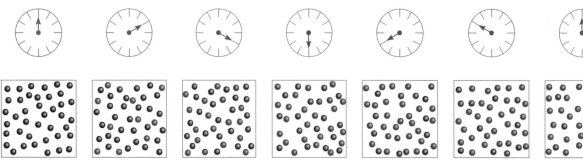

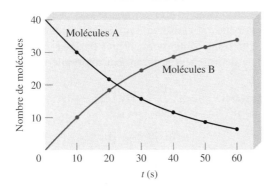

Δ[B] est positive (la concentration de B *augmente* avec le temps). Ces vitesses sont des **vitesses moyennes** parce qu'elles sont des *moyennes obtenues à partir de données prises durant un certain intervalle de temps Δt.*

Voyons maintenant comment on s'y prend expérimentalement pour déterminer une vitesse de réaction. Par définition, on sait qu'il faudra mesurer la concentration d'un réactif (ou d'un produit) en fonction du temps. Dans le cas de réactions en solution, la concentration d'une espèce peut facilement se mesurer à l'aide de méthodes spectroscopiques. Aussi, s'il y a variation de la concentration d'ions, les variations de concentration peuvent être mesurées dans une cellule à conductance permettant d'évaluer la concentration d'un électrolyte par des mesures de courant. Quant aux réactions mettant en jeu des gaz, il est facile de les suivre par des mesures de pression. Étudions maintenant deux réactions spécifiques, chacune utilisant une méthode différente de mesure de vitesse.

La réaction entre le brome moléculaire et l'acide formique

En solution aqueuse, le brome moléculaire réagit ainsi avec l'acide formique, HCOOH :

$$Br_2(g) + HCOOH(aq) \longrightarrow 2Br^-(aq) + 2H^+(aq) + CO_2(g)$$

Le brome moléculaire est brun rouge ; toutes les autres espèces participant à la réaction sont incolores. À mesure que la réaction se déroule, la concentration de Br_2 diminue régulièrement, tout comme la couleur (*figure 3.3*). Donc, la variation de la concentration (observable à la variation de l'intensité de la couleur) dans le temps peut être suivie avec un spectrophotomètre, lequel enregistre la quantité de lumière visible absorbée par le brome (*figure 3.4*).

Figure 3.3 *La diminution de la concentration du brome en fonction du temps s'observe par une perte progressive de la couleur (de gauche à droite).*

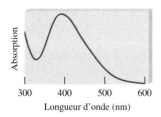

Figure 3.4 *Courbe d'absorption du brome en fonction des longueurs d'onde. L'absorption maximale de la lumière visible par le brome a lieu à 393 nm. En cours de réaction, l'absorption, qui est proportionnelle à [Br₂], décroît avec le temps, ce qui indique sa diminution.*

On peut mesurer le changement (diminution) de la concentration de brome en mesurant la concentration à un moment initial donné, puis effectuer une autre mesure de concentration, appelée concentration finale, à un moment plus tard. Ces mesures permettent de déterminer la vitesse moyenne de la réaction durant cet intervalle de temps :

$$\text{vitesse moyenne} = -\frac{\Delta[\text{Br}_2]}{\Delta t}$$

$$= -\frac{[\text{Br}_2]_{\text{finale}} - [\text{Br}_2]_{\text{initiale}}}{t_{\text{final}} - t_{\text{initial}}}$$

Les données du tableau 3.1 permettent de calculer la vitesse moyenne durant les 50 premières secondes ainsi :

$$\text{vitesse moyenne} = -\frac{(0,0101 - 0,0120)M}{50,0\,\text{s}} = 3,80 \times 10^{-5}\ M/s$$

Si nous choisissons les 100 premières secondes comme intervalle de temps, la vitesse moyenne est

$$\text{vitesse moyenne} = -\frac{(0,008\,46 - 0,0120)M}{100,0\,\text{s}} = 3,54 \times 10^{-5}\ M/s$$

Ces calculs démontrent que la vitesse moyenne de la réaction dépend de l'intervalle de temps choisi.

En calculant la vitesse moyenne sur des périodes de temps de plus en plus courtes, on peut obtenir la *vitesse à un moment donné*; c'est ce qu'on appelle la **vitesse instantanée** de la réaction. La figure 3.5 montre la variation de [Br₂] en fonction du temps, d'après les données du tableau 3.1. Graphiquement, la vitesse instantanée, disons à 100 s après le début de la réaction, est donnée par la pente de la tangente à la courbe à cet instant. La vitesse instantanée à tout autre moment se détermine de manière semblable. Remarquez que la vitesse instantanée déterminée de cette manière aura toujours la même valeur pour une même concentration de réactifs, en autant que la température soit maintenue constante. Dans ce cas-ci, on n'a pas besoin de se préoccuper du choix d'un intervalle de temps. À moins d'avis contraire, vous devez dorénavant comprendre que, lorsqu'il est question de vitesse, il s'agit de vitesse instantanée.

La vitesse de la réaction entre le brome et l'acide formique dépend aussi de la concentration de l'acide formique. Cependant, en ajoutant un grand excès d'acide formique au

Figure 3.5 *Les vitesses instantanées de la réaction entre le brome moléculaire et l'acide formique à t = 100 s, 200 s et 300 s sont données par les pentes des tangentes (les droites qui touchent la courbe) à ces temps.*

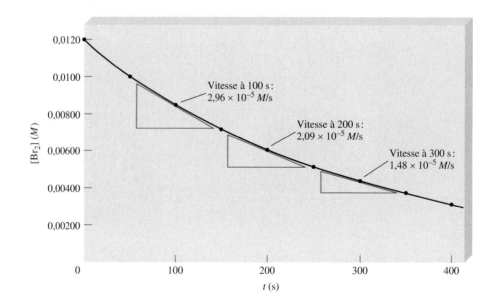

TABLEAU 3.1	VITESSES DE RÉACTION ENTRE LE BROME MOLÉCULAIRE ET L'ACIDE FORMIQUE À 25 °C		
Temps (s)	[Br$_2$]	Vitesse (M/s)	$k = \dfrac{\text{vitesse}}{[\text{Br}_2]}$ (s^{-1})
0,0	0,0120	$4{,}20 \times 10^{-5}$	$3{,}50 \times 10^{-3}$
50,0	0,0101	$3{,}52 \times 10^{-5}$	$3{,}49 \times 10^{-3}$
100,0	0,008 46	$2{,}96 \times 10^{-5}$	$3{,}50 \times 10^{-3}$
150,0	0,007 10	$2{,}49 \times 10^{-5}$	$3{,}51 \times 10^{-3}$
200,0	0,005 96	$2{,}09 \times 10^{-5}$	$3{,}51 \times 10^{-3}$
250,0	0,005 00	$1{,}75 \times 10^{-5}$	$3{,}50 \times 10^{-3}$
300,0	0,004 20	$1{,}48 \times 10^{-5}$	$3{,}52 \times 10^{-3}$
350,0	0,003 53	$1{,}23 \times 10^{-5}$	$3{,}48 \times 10^{-3}$
400,0	0,002 96	$1{,}04 \times 10^{-5}$	$3{,}51 \times 10^{-3}$

mélange réactionnel, on peut être certain que la concentration de l'acide fornique demeurera presque constante tout au long de la réaction. Dans ces conditions, un changement de la quantité d'acide formique n'aura pas d'effet sur la vitesse mesurée. La figure 3.6 montre la variation de la vitesse en fonction de la concentration de Br$_2$. Le fait que ce graphe est une droite indique que la vitesse est directement proportionnelle à la concentration. Plus la concentration est élevée, plus la vitesse est grande.

$$\text{vitesse} \propto [\text{Br}_2]$$

$$\text{vitesse} = k\,[\text{Br}_2]$$

Le terme k s'appelle **constante de vitesse,** *une constante de proportionnalité entre la vitesse de réaction et les concentrations des réactifs.* Il correspond à la pente du graphique de la figure 3.6. En réarrangeant l'équation.

$$k = \frac{\text{vitesse}}{[\text{Br}_2]}$$

Puisque la vitesse de réaction comporte des unités *M*/s et que [Br$_2$] est en *M*, les dimensions de k sont de 1/s ou s^{-1} dans ce cas-ci. Il est important de noter que k *ne* subit *pas* l'influence de la concentration de Br$_2$. Certes, la vitesse est plus grande à forte concentration et plus petite à faible concentration, mais le *rapport* vitesse/ [Br$_2$] est constant pourvu que la température ne change pas.

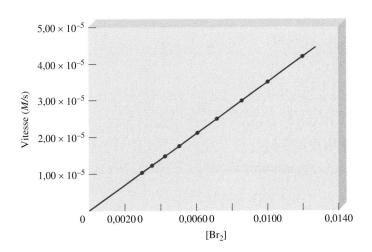

Figure 3.6 *Graphe de la vitesse en fonction de la concentration du brome moléculaire pour la réaction entre le brome et l'acide formique. La relation linéaire obtenue nous indique une proportionnalité directe entre la vitesse et la concentration du brome moléculaire. La pente de la droite est égale à* k.

Nous pouvons calculer la constante de vitesse pour cette réaction à l'aide des données du tableau 3.1. En prenant les données pour $t = 50$ s, nous pouvons écrire

$$k = \frac{\text{vitesse}}{[\text{Br}_2]}$$

$$= \frac{3{,}52 \times 10^{-5} \, M/s}{0{,}0101 M} = 3{,}49 \times 10^{-3} \, \text{s}^{-1}$$

Ici les données peuvent être utilisées à tout moment pour le calcul de k. Les petites variations de k qui apparaissent dans le tableau 3.1 sont dues aux incertitudes des valeurs expérimentales. La valeur la plus juste serait celle de la pente moyenne qui est obtenue à l'aide de calculs statistiques.

La décomposition du peroxyde d'hydrogène

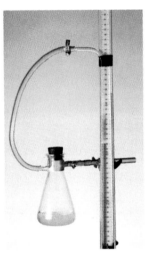

Figure 3.7 *La vitesse de décomposition du peroxyde d'hydrogène peut se mesurer à l'aide d'un manomètre, qui indique l'augmentation de la pression de l'oxygène dans le temps.*

Si l'un des réactifs ou des produits est un gaz, on peut utiliser un manomètre pour déterminer la vitesse de la réaction. Pour illustrer cette méthode, prenons comme exemple la décomposition du peroxyde d'hydrogène :

$$2H_2O_2(l) \longrightarrow 2H_2O(l) + O_2(g)$$

Dans ce cas, on peut facilement déterminer la vitesse de la décomposition en mesurant la vitesse de formation de l'oxygène à l'aide d'un manomètre (*figure* 3.7). On peut alors facilement convertir la pression de l'oxygène en concentration grâce à l'équation des gaz parfaits [*équation (4.7), volume 1*] :

$$PV = nRT$$

ou

$$P = \frac{n}{V}RT = [O_2]RT$$

où n/V représente la concentration molaire (molarité, M) de l'oxygène gazeux. En reformulant l'équation, on obtient :

$$[O_2] = \frac{1}{RT}P$$

La vitesse de la réaction, donnée par la vitesse de formation de l'oxygène, peut maintenant s'exprimer ainsi :

$$\text{vitesse} = \frac{\Delta[O_2]}{\Delta t} = \frac{1}{RT}\frac{\Delta P}{\Delta t}$$

La figure 3.8 montre l'accroissement de la pression d'oxygène avec le temps ainsi que la détermination de la vitesse instantanée à 400 min. Afin d'exprimer la vitesse dans les unités habituelles de M/s, il faut convertir les mm de Hg/min en atm/s, puis multiplier la pente de la tangente ($\Delta P/\Delta t$) par $1/RT$ comme indiqué dans l'équation précédente.

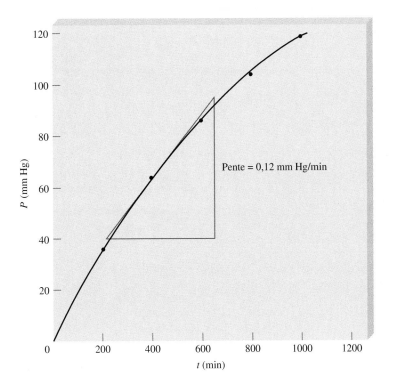

Pente = 0,12 mm Hg/min

Figure 3.8 *La vitesse instantanée pour la décomposition du peroxyde d'hydrogène à 400 min est donnée par la pente de la tangente à cet instant multipliée par 1/RT.*

Les vitesses de réaction et la stœchiométrie

Nous avons déjà vu que pour des réactions avec des stœchiométries simples du type A $\longrightarrow$ B, la vitesse peut s'exprimer soit en termes de la diminution de la concentration du réactif dans le temps, $-\Delta[A]/\Delta t$, soit par l'accroissement de la concentration du produit dans le temps, $\Delta[B]/\Delta t$. Dans le cas de réactions plus complexes, il faut faire attention en écrivant les équations de vitesse. Soit, par exemple, la réaction suivante :

$$2A \longrightarrow B$$

Deux moles de A disparaissent pour chaque mole de B formée ; c'est dire que A disparaît deux fois plus vite que B apparaît. On exprime donc la vitesse de l'une des deux façons suivantes :

$$\text{vitesse} = -\frac{1}{2}\frac{\Delta[A]}{\Delta t} \qquad \text{ou} \qquad \text{vitesse} = \frac{\Delta[B]}{\Delta t}$$

En général, pour la réaction

$$aA + bB \longrightarrow cC + dD$$

la vitesse est donnée par

$$\text{vitesse} = -\frac{1}{a}\frac{\Delta[A]}{\Delta t} = -\frac{1}{b}\frac{\Delta[B]}{\Delta t} = \frac{1}{c}\frac{\Delta[C]}{\Delta t} = \frac{1}{d}\frac{\Delta[D]}{\Delta t}$$

EXEMPLE 3.1 **L'écriture des expressions de la vitesse**

Écrivez les expressions de la vitesse des réactions suivantes en fonction de la disparition des réactifs et de l'apparition des produits :

a) $I^-(aq) + OCl^-(aq) \longrightarrow Cl^-(aq) + OI^-(aq)$

b) $4NH_3(g) + 5O_2(g) \longrightarrow 4NO(g) + 6H_2O(g)$

Réponse : a) Puisque chaque coefficient stœchiométrique est égal à 1

$$\text{vitesse} = -\frac{\Delta[I^-]}{\Delta t} = -\frac{\Delta[OCl^-]}{\Delta t} = \frac{\Delta[Cl^-]}{\Delta t} = \frac{\Delta[OI^-]}{\Delta t}$$

b) Pour cette réaction

$$\text{vitesse} = -\frac{1}{4}\frac{\Delta[NH_3]}{\Delta t} = -\frac{1}{5}\frac{\Delta[O_2]}{\Delta t} = \frac{1}{4}\frac{\Delta[NO]}{\Delta t} = \frac{1}{6}\frac{\Delta[H_2O]}{\Delta t}$$

EXERCICE

Écrivez l'expression de la vitesse de la réaction suivante :

$$CH_4(g) + 2O_2(g) \longrightarrow CO_2(g) + 2H_2O(g)$$

Problèmes semblables :
3.5 et 3.6

3.2 LES LOIS DE VITESSE

Au cours de l'étude de méthodes expérimentales de détermination de vitesses de réaction, nous avons vu que la vitesse d'une réaction est proportionnelle à la concentration des réactifs et que la constante de proportionnalité k s'appelle la constante de vitesse. La ***loi de vitesse*** est l'*expression qui relie la vitesse d'une réaction à la constante de vitesse et aux concentrations des réactifs.* Pour la réaction générale suivante :

$$aA + bB \longrightarrow cC + dD$$

la loi de vitesse prend la forme

$$v = k[A]^x[B]^y \tag{3.1}$$

Si on connaît les valeurs de k, de x et de y, ainsi que les concentrations de A et de B, on peut utiliser la loi de vitesse pour calculer la vitesse de la réaction. Comme celle de k, les valeurs de x et de y doivent être déterminées expérimentalement. Notez qu'en général les valeurs de x et de y ne sont pas égales aux valeurs des coefficients stœchiométriques a et b.

Les exposants x et y indiquent respectivement les relations entre les concentrations des réactifs A et B et la vitesse de réaction. Additionnés ensemble, ils donnent l'***ordre global (ou total) de réaction,*** défini comme *la somme des exposants qui affectent toutes les concentrations en jeu dans l'expression de la loi de vitesse.* Dans le cas de l'équation (3.1), l'ordre global de la réaction est donné par $x + y$. On peut dire également que cette réaction est du x-ième ordre par rapport à A, du y-ième ordre par rapport à B et du $(x + y)$-ième ordre global. L'***ordre de réaction*** est alors *l'exposant qui affecte la concentration de l'un des réactifs dans la loi de vitesse.*

Pour apprendre comment déterminer la loi de vitesse d'une réaction, voyons l'exemple de la réaction entre le fluor et le dioxyde de chlore :

$$F_2(g) + 2\,ClO_2(g) \longrightarrow 2FClO_2(g)$$

Une façon d'étudier l'effet de la concentration des réactifs sur la vitesse d'une réaction est de déterminer comment la vitesse initiale dépend des concentrations initiales. En général,

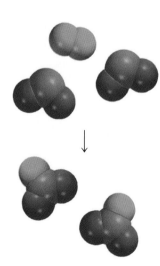

il est préférable de mesurer la vitesse initiale parce que, à mesure que la réaction se déroule, les concentrations des réactifs diminuent : il devient alors difficile de mesurer les variations de manière précise. De plus, il est possible que la réaction inverse

$$(\text{produits} \longrightarrow \text{réactifs})$$

se produise, ce qui peut fausser la mesure de la vitesse. Ces deux complications n'existent pratiquement pas au début de la réaction.

Le tableau 3.2 montre trois mesures de vitesses initiales dans le cas de la réaction :

$$F_2(g) + 2ClO_2(g) \longrightarrow 2FClO_2(g)$$

TABLEAU 3.2	QUELQUES MESURES DE VITESSES DE LA RÉACTION ENTRE F_2 ET ClO_2		
	[F_2]	**[ClO_2]**	**Vitesse initiale (M/s)**
1.	0,10	0,010	$1,2 \times 10^{-3}$
2.	0,10	0,040	$4,8 \times 10^{-3}$
3.	0,20	0,010	$2,4 \times 10^{-3}$

En comparant les données 1 et 3, on constate que, si on double [F_2] pendant que [ClO_2] reste constante, la vitesse double. La vitesse est donc directement proportionnelle à [F_2]. En comparant les données 1 et 2, on voit que, si l'on quadruple [ClO_2] en gardant [F_2] constante, la vitesse quadruple également. Donc, la vitesse est aussi directement proportionnelle à [ClO_2]. On peut résumer ces observations en écrivant :

$$\text{vitesse} \propto [F_2][ClO_2]$$

ou

$$v = k[F_2][ClO_2]$$

Parce que [F_2] et [ClO_2] sont toutes deux élevées à la puissance un, la réaction est d'ordre un par rapport à F_2, d'ordre un par rapport à ClO_2 et d'ordre global deux. Notez que [ClO_2] est élevé à la puissance un alors que son coefficient stœchiométrique dans l'équation globale est égal à deux. L'égalité de l'ordre de réaction (un) et du coefficient de l'équation globale (un) dans le cas de F_2 est une simple coïncidence dans ce cas.

Les concentrations des réactifs et la vitesse initiale permettent aussi de calculer la constante de vitesse. En utilisant les premières données du tableau 3.2, nous pouvons écrire

$$k = \frac{\text{vitesse}}{[F_2][ClO_2]}$$

$$= \frac{1,2 \times 10^{-3}\,M/\text{s}}{(0,10\,M)(0,010\,M)}$$

$$= 1,2/M \cdot \text{s}$$

L'ordre de la réaction nous permet de comprendre comment la réaction dépend des concentrations des réactifs. Supposons, par exemple, que pour la réaction générale $aA + bB \longrightarrow cC + dD$ on a $x = 1$ et $y = 2$. La loi de vitesse pour cette réaction (équation 3.1) est

$$\text{vitesse} = k[A][B]^2$$

La réaction est d'ordre un en A, d'ordre deux en B et d'ordre global (1 + 2) ou 3. Supposons maintenant qu'initialement [A] = 1,0 M et [B] = 1,0 M. La loi de vitesse dit que si l'on double la concentration de A (de 1,0 M à 2,0 M) et que [B] reste constante, on double également la vitesse de la réaction :

$$\text{pour } [A] = 1,0\ M \qquad v_1 = k(1,0\ M)(1,0\ M)^2$$
$$= k(1,0\ M^3)$$

$$\text{pour } [A] = 2,0\ M \qquad v_2 = k(2,0\ M)(1,0\ M)^2$$
$$= k(2,0\ M^3)$$

Donc

$$v_2 = 2v_1$$

Par ailleurs, si l'on double la concentration de B (de 1 M à 2 M) et que [A] reste constante, la vitesse augmentera d'un facteur 4 à cause de l'exposant 2 :

$$\text{pour } [B] = 1,0\ M \qquad v_1 = k(1,0\ M)(1,0\ M)^2$$
$$= k(1,0\ M^3)$$

$$\text{pour } [B] = 2,0\ M \qquad v_2 = k(1,0\ M)(2,0\ M)^2$$
$$= k(4,0\ M^3)$$

Donc

$$v_2 = 4v_1$$

Si, pour une réaction donnée, $x = 0$ et $y = 1$, la loi de vitesse devient

$$v = k[A]^0[B]$$
$$= k[B]$$

La réaction est d'ordre zéro en A, d'ordre un en B et d'ordre global un. Donc, la vitesse de cette réaction est *indépendante* de la concentration de A. Notez qu'il est possible aussi d'obtenir un ordre fractionnaire.

La détermination expérimentale des lois de vitesse

Si une réaction ne met en jeu qu'un seul réactif, on peut facilement déduire la loi de vitesse en mesurant la vitesse initiale de la réaction en fonction de la concentration du réactif. Par exemple, si la vitesse double quand la concentration du réactif double, la réaction est d'ordre un par rapport au réactif ; si la vitesse quadruple quand la concentration double, la réaction est d'ordre deux par rapport au réactif.

Dans le cas d'une réaction qui met en jeu plus d'un réactif, on peut trouver la loi de vitesse en déterminant l'effet sur la vitesse de la concentration de chaque réactif. On garde constantes les concentrations de tous les réactifs sauf un ; on observe alors la vitesse de la réaction en fonction de la variation de la concentration du réactif isolé. Tout changement de vitesse ne peut être causé que par des changements dus à cette substance, et cela nous permet d'établir l'ordre de la réaction par rapport à ce réactif particulier. On fait de même avec le réactif suivant, et ainsi de suite. Cette méthode est appelée *méthode d'isolation*.

EXEMPLE 3.2   La détermination de la loi de vitesse d'une réaction

On a mesuré la vitesse de la réaction $A + 2B \rightarrow C$, à 25 °C. D'après les données suivantes, déterminez la loi de vitesse et la constante de vitesse de cette réaction.

Expérience	[A] initiale	[B] initiale	Vitesse initiale (M/s)
1	0,100	0,100	$5,50 \times 10^{-6}$
2	0,200	0,100	$2,20 \times 10^{-5}$
3	0,400	0,100	$8,80 \times 10^{-5}$
4	0,100	0,300	$1,65 \times 10^{-5}$
5	0,100	0,600	$3,30 \times 10^{-5}$

Réponse : Soit l'équation de la loi de vitesse suivante :

$$v = k[A]^x[B]^y$$

Les expériences 1 et 2 indiquent que, si l'on double la concentration de A et que [B] reste constante, la vitesse quadruple. Donc, la réaction est d'ordre deux en A. Les expériences 4 et 5 indiquent que, si l'on double [B] et que [A] reste constante, la vitesse double ; la réaction est donc d'ordre un en B.

Nous pouvons tirer la même conclusion en prenant les rapports des vitesses. En utilisant les données des expériences 1 et 2, écrivons le rapport des vitesses de la manière suivante :

$$\frac{v_1}{v_2} = \frac{5,50 \times 10^{-6} \; M/s}{2,20 \times 10^{-5} \; M/s} = \frac{1}{4}$$

Nous pouvons également exprimer le rapport des vitesses en utilisant la loi de vitesse :

$$\frac{v_1}{v_2} = \frac{1}{4} = \frac{k(0,100 \; M)^x (0,100 \; M)^y}{k(0,200 \; M)^x (0,100 \; M)^y}$$

$$= \left(\frac{0,100 \; M}{0,200 \; M}\right)^x = \left(\frac{1}{2}\right)^x$$

Donc $x = 2$: la réaction est d'ordre 2 en A.

De même, en utilisant les données des expériences 4 et 5 :

$$\frac{v_4}{v_5} = \frac{1,65 \times 10^{-5} \; M/s}{3,30 \times 10^{-5} \; M/s} = \frac{1}{2}$$

D'après la loi de vitesse, nous écrivons

$$\frac{v_4}{v_5} = \frac{1}{2} = \frac{k(0,100 \; M)^x (0,300 \; M)^y}{k(0,100 \; M)^x (0,600 \; M)^y}$$

$$= \left(\frac{0,300 \; M}{0,600 \; M}\right)^y = \left(\frac{1}{2}\right)^y$$

Donc $y = 1$: la réaction est d'ordre un en B. L'ordre global est $(2 + 1) = 3$, ce qui donne la loi de vitesse

$$v = k[A]^2[B]$$

Nous pouvons calculer la constante de vitesse (k) à partir des données de n'importe laquelle des expériences.

Problème semblable : 3.17

Puisque

$$k = \frac{v}{[A]^2[B]}$$

selon les données de l'expérience 1

$$k = \frac{5,50 \times 10^{-6} \ M/\text{s}}{(0,100 \ M)^2(0,100 \ M)}$$

$$= 5,50 \times 10^{-3}/M^2 \cdot \text{s}$$

EXERCICE

La réaction de l'ion peroxydisulfate ($S_2O_8^{2-}$) avec l'ion iodure (I^-) est

$$S_2O_8^{2-}(aq) + 3I^-(aq) \longrightarrow 2SO_4^{2-}(aq) + I_3^-(aq)$$

À partir des données suivantes, recueillies à une température donnée, déterminez la loi de vitesse et calculez la constante de vitesse :

Expérience	[$S_2O_8^{2-}$]	[I^-]	Vitesse initiale ($M/$s)
1	0,080	0,034	$2,2 \times 10^{-4}$
2	0,080	0,017	$1,1 \times 10^{-4}$
3	0,16	0,017	$2,2 \times 10^{-4}$

L'exemple 3.2 illustre bien un fait important à propos des lois de vitesse : il n'y a pas de relation entre les exposants *x, y* de la loi de vitesse d'une réaction et les coefficients stœchiométriques de son équation équilibrée. Comme autre exemple, prenons la décomposition thermique de N_2O_5 :

$$2N_2O_5(g) \longrightarrow 4NO_2(g) + O_2(g)$$

La loi de vitesse est

$$v = k[N_2O_5]$$

et non pas $v = k[N_2O_5]^2$, comme on aurait pu le penser à l'examen de l'équation équilibrée. *En général, l'ordre d'une réaction se détermine expérimentalement ; on ne peut le déduire à partir de l'équation globale équilibrée.*

3.3 LA RELATION ENTRE LES CONCENTRATIONS DES RÉACTIFS ET LE TEMPS

Les lois de vitesse permettent de calculer la vitesse d'une réaction à partir de la constante de vitesse et des concentrations des réactifs. Elles peuvent également se convertir en équations qui permettent de déterminer les concentrations des réactifs à n'importe quel moment de la réaction. Illustrons-le en examinant deux lois de vitesse parmi les plus simples, soit celles qui s'appliquent aux réactions d'ordre global un et deux.

Les réactions d'ordre un

Une ***réaction d'ordre un*** est une *réaction dont la vitesse dépend de la concentration du réactif élevée à la puissance 1.* Dans une réaction d'ordre un du type

$$A \longrightarrow \text{produit}$$

la vitesse est

$$v = -\frac{\Delta[A]}{\Delta t}$$

D'après la loi de vitesse, on sait également que

$$v = k[A]$$

Donc

$$-\frac{\Delta[A]}{\Delta t} = k[A] \tag{3.2}$$

On peut, en isolant k, déterminer les unités de la constante de vitesse (k) d'ordre un :

$$k = -\frac{\Delta[A]}{[A]}\frac{1}{\Delta t}$$

Puisque les unités de $\Delta[A]$ et de $[A]$ sont M et que celle de Δt est s, les unités de k sont

$$\frac{M}{Ms} = \frac{1}{s} = s^{-1}$$

(On ne tient pas compte du signe négatif quand on détermine les unités.)

À l'aide du calcul intégral, on peut démontrer, à partir de l'équation (3.2), que

$$\ln\frac{[A]_0}{[A]} = kt \tag{3.3}$$

où ln est le logarithme naturel ; et $[A]_0$ et $[A]$, les concentrations de A respectivement aux temps $t = 0$ et $t = t$. Notons que $t = 0$ ne correspond pas nécessairement au début de l'expérience ; il peut correspondre à tout temps de départ choisi pour mesurer la variation de la concentration de A. Cette équation (3.3) est la ***loi de vitesse intégrée*** pour une réaction d'ordre un.

L'équation (3.3) peut être reformulée ainsi :

$$\ln [A]_0 - \ln [A] = kt$$

ou

$$\ln [A] = -kt + \ln [A]_0 \tag{3.4}$$

L'équation (3.4) a la forme de l'équation $y = mx + b$, où m est la pente de la droite qui représente l'équation :

$$\ln[A] = (-k)(t) + \ln[A]_0$$
$$\begin{array}{cccc}\updownarrow & \updownarrow & \updownarrow & \updownarrow \\ y & = \ m\ & x\ + & b\end{array}$$

NOTE

Un tableau synthèse montrant le lien entre le calcul intégral et les équations de vitesse intégrée sera présenté plus loin.

NOTE

Remarquez que la vitesse v n'apparaît pas dans la relation de la loi de vitesse intégrée.

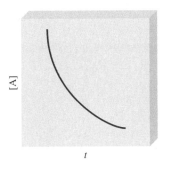

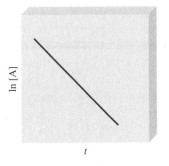

Figure 3.9

Caractéristiques d'une réaction d'ordre un : a) diminution de la concentration du réactif en fonction du temps ; b) tracé de la droite permettant d'obtenir la constante de vitesse. La pente de la droite est égale à −k.

Donc, une courbe de ln [A] en fonction de t (ou de y en fonction de x) donne une ligne droite de pente $-k$ (ou m). Cela permet de calculer la constante de vitesse (k). La figure 3.9 illustre les caractéristiques d'une réaction d'ordre un.

La désintégration nucléaire, la décomposition de l'éthane en groupements méthyles hautement réactifs ($C_2H_6 \longrightarrow 2CH_3$), et la décomposition de N_2O_5 — que nous avons déjà vue — sont quelques-uns des nombreux cas de réactions d'ordre un.

N_2O_5 se décompose pour former NO_2.

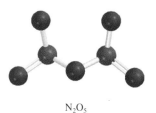

N_2O_5

Problèmes semblables : 3.27 et 3.28

EXEMPLE 3.3   L'analyse d'une réaction d'ordre un

La décomposition du pentoxyde de diazote est une réaction d'ordre un dont la constante de vitesse est de $5,1 \times 10^{-4}$ s^{-1} à 45 °C :

$$2N_2O_5(g) \longrightarrow 4NO_2(g) + O_2(g)$$

a) Si la concentration initiale de N_2O_5 est 0,25 M, quelle est-elle après 3,2 min ? b) Combien de temps faudra-t-il pour que la concentration de N_2O_5 diminue de 0,25 M à 0,15 M ? c) Combien de temps faudra-t-il pour transformer 62 % de la substance de départ ?

Réponse : a) D'après l'équation de la loi de vitesse intégrée (3.3) :

$$\ln \frac{[A]_0}{[A]} = kt$$

$$\ln \frac{0,25\ M}{[A]} = (5,1 \times 10^{-4}\ \text{s}^{-1}) \left(3,2\ \text{min} \times \frac{60\ \text{s}}{1\ \text{min}}\right)$$

La solution de l'équation donne

$$\ln \frac{0,25\ M}{[A]} = 0,098$$

$$\frac{0,25\ M}{[A]} = e^{0,098} = 1,1$$

$$[A] = 0,23\ M$$

b) D'après l'équation (3.3) :

$$\ln \frac{0,25\ M}{0,15\ M} = (5,1 \times 10^{-4}\ \text{s}^{-1})t$$

$$t = 1,0 \times 10^3\ \text{s}$$

$$= 17\ \text{min}$$

c) Dans un calcul de ce type, il n'est pas nécessaire de connaître la concentration réelle de la substance de départ. Si 62 % de la substance de départ a réagi, la quantité résiduelle après t est de (100 % − 62 %) ou 38 %. Donc, $[A]/[A]_0 = 38\%/100\%$, ou 0,38. Selon l'équation (3.3), nous écrivons

$$t = \frac{1}{k} \ln \frac{[A]_0}{[A]}$$

$$= \frac{1}{5,1 \times 10^{-4}\ \text{s}^{-1}} \ln \frac{1,0}{0,38}$$

$$= 1,9 \times 10^3\ \text{s}$$

$$= 32\ \text{min}$$

EXERCICE

La réaction 2A → B est d'ordre un en A, et sa constante de vitesse est de $2,8 \times 10^{-2}$ s^{-1} à 80 °C. Combien de temps (en secondes) faudra-t-il pour que [A] diminue de 0,88 M à 0,14 M ?

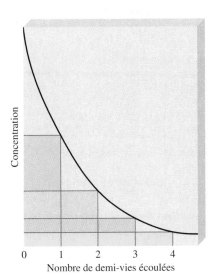

La **demi-vie** d'une réaction ($t_{\frac{1}{2}}$) est le *temps requis pour que la concentration d'un réactif diminue de moitié*. L'expression de $t_{\frac{1}{2}}$ pour une réaction d'ordre un s'obtient de la manière suivante. Selon l'équation 3.3, on écrit

$$t = \frac{1}{k} \ln \frac{[A]_0}{[A]}$$

Selon la définition de la demi-vie, quand $t = t_{\frac{1}{2}}$, $[A] = [A]_0/2$, donc

$$t_{\frac{1}{2}} = \frac{1}{k} \ln \frac{[A]_0}{[A]_0/2}$$

ou

$$t_{\frac{1}{2}} = \frac{1}{k} \ln 2 = \frac{0,693}{k} \tag{3.5}$$

L'équation (3.5) indique que la demi-vie d'une réaction d'ordre un est *indépendante* de la concentration initiale du réactif. Ainsi, il faut le même temps à la concentration du réactif pour passer de 1,0 *M* à 0,50 *M* qu'il lui en faut pour passer de 0,10 *M* à 0,050 *M* (*figure 3.10*). Donc, pour déterminer la constante de vitesse d'une réaction d'ordre un, on peut recourir à la mesure de sa demi-vie.

EXEMPLE 3.4   La détermination de la demi-vie d'une réaction d'ordre un

La conversion du cyclopropane en propène en phase gazeuse

$$\underset{\text{Cyclopropane}}{\overset{\displaystyle CH_2}{CH_2-CH_2}} \longrightarrow \underset{\text{Propène}}{CH_3-CH=CH_2}$$

est une réaction d'ordre 1 dont la constante de vitesse est de $6,7 \times 10^{-4}$ s^{-1} à 500 °C. Calculez la demi-vie de la réaction.

Réponse : En utilisant l'équation (3.5), nous obtenons

$$t_{\frac{1}{2}} = \frac{0,693}{k}$$

$$= \frac{0,693}{6,7 \times 10^{-4} \text{ s}^{-1}}$$

$$= 1,0 \times 10^3 \text{ s}$$

Problème semblable : 3.86

Donc, il faudra $1,0 \times 10^3$ s, soit environ 17 min, pour que *toute* concentration de cyclo-propane à un moment donné diminue de moitié.

EXERCICE

La demi-vie d'une réaction d'ordre un est de 84,1 min. Calculez la constante de vitesse de la réaction.

Les équations (3.3) et (3.4) permettent d'évaluer la constante de vitesse d'une réaction d'ordre un. À partir de données expérimentales sur la concentration en fonction du temps, on peut déterminer graphiquement la valeur de k (*figure 3.9*) ou on peut utiliser la méthode de la demi-vie, comme nous le verrons à l'exemple 3.5.

Dans le cas des réactions en phase gazeuse, on peut remplacer les concentrations dans l'équation (3.3) par les pressions du réactif gazeux. Soit la réaction d'ordre un suivante :

$$A(g) \longrightarrow \text{produits}$$

En utilisant l'équation des gaz parfaits, on écrit

$$PV = n_A RT$$

ou

$$\frac{n_A}{V} = [A] = \frac{P}{RT}$$

Si, dans l'équation (3.3), on remplace [A] par sa valeur (P/RT), on obtient

$$\ln \frac{[A]_0}{[A]} = \ln \frac{P_0/RT}{P/RT} = \ln \frac{P_0}{P} = kt$$

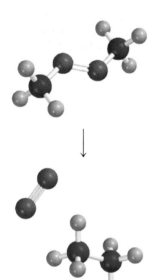

EXEMPLE 3.5   La détermination d'une cinétique d'ordre un

On détermine la vitesse de décomposition de l'azométhane en mesurant la pression partielle du réactif en fonction du temps :

$$CH_3 - N = N - CH_3(g) \longrightarrow N_2(g) + C_2H_6(g)$$

Voici les données recueillies à 300 °C :

Temps (s)	Pression partielle de l'azométhane (mm Hg)
0	284
100	220
150	193
200	170
250	150
300	132

Ces valeurs correspondent-elles à une cinétique d'ordre un ? Si oui, déterminez la constante de vitesse : a) en traçant une courbe à partir des données, comme à la figure 3.9, et b) en utilisant la méthode de la demi-vie.

Réponse : À tout moment, la pression partielle de l'azométhane est directement proportionnelle à sa concentration (en moles par litre). Donc, nous pouvons écrire l'équation (3.4) en fonction des pressions partielles :

$$\ln P = -kt + \ln P_0$$

où P_0 et P sont les pressions partielles de l'azométhane aux temps $t = 0$ et $t = t$. Cette équation a la forme linéaire $y = mx + b$. La figure 3.11 a), basée sur les données fournies ci-dessous, indique que la variation de ln P en fonction de t donne une droite, donc que la réaction est d'ordre un.

t (s)	ln P
0	5,649
100	5,394
150	5,263
200	5,136
250	5,011
300	4,883

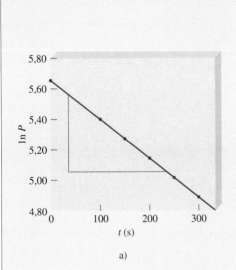

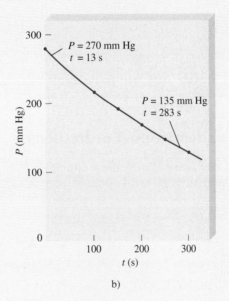

a)

b)

Figure 3.11 *a) Tracé de ln* P *en fonction du temps. On calcule la pente de la droite en prenant deux paires de coordonnées :*

$$pente = \frac{5,05 - 5,56}{(233 - 33)s}$$
$$= -2,55 \times 10^{-3} \; s^{-1}$$

Selon l'équation (3.4), la pente est égale à −k. *b) La demi-vie peut servir à déterminer la constante de vitesse d'une réaction d'ordre un. Le temps nécessaire à la pression pour passer de 270 mm Hg (un choix arbitraire) à 135 mm Hg correspond à la demi-vie de la réaction. Ici,* t$_{\frac{1}{2}}$ = 283 s −13 s = 270 s.

a) D'après l'équation (3.4), nous savons que la pente de la droite qui représente une réaction d'ordre un est égale à $-k$. À la figure 3.11 a), la pente est de $-2,55 \times 10^{-3}$ s^{-1}. Donc

$$-k = \text{pente}$$
$$-k = -2,55 \times 10^{-3} \text{ s}^{-1}$$
$$k = 2,55 \times 10^{-3} \text{ s}^{-1}$$

b) Pour calculer la constante de vitesse à l'aide de la méthode de la demi-vie, il faut tracer la courbe de la pression partielle en fonction du temps, comme à la figure 3.11 b), parce que les données fournies ne spécifient pas le temps qu'il faut à la pression partielle pour diminuer de moitié. La courbe permet d'établir que $t_{\frac{1}{2}} = 270$ s ; on peut alors calculer la constante de vitesse grâce à l'équation (3.5) :

$$t_{\frac{1}{2}} = \frac{0,693}{k}$$
$$k = \frac{0,693}{270 \text{ s}}$$
$$= 2,57 \times 10^{-3} \text{ s}^{-1}$$

Problèmes semblables :
3.24 et 3.26

La petite différence entre les résultats obtenus en a) et en b) pour la même réaction ne doit pas nous surprendre, car nous les avons obtenus par des méthodes différentes.

EXERCICE

À une certaine température, l'azométhane ($C_2H_6N_2$) en phase gazeuse se décompose comme suit :

$$C_2H_6N_2(g) \longrightarrow C_2H_6(g) + N_2(g)$$

D'après les données suivantes, déterminez l'ordre de la réaction et la constante de vitesse :

Temps (min)	[$C_2H_6N_2$]
0	0,36
15	0,30
30	0,25
48	0,19
75	0,13

Les réactions d'ordre deux

Une *réaction d'ordre deux* est une *réaction dont la vitesse dépend soit de la concentration d'un réactif élevé à la puissance deux, soit des concentrations de deux réactifs différents, chacune étant élevée à la puissance un.* Le type de réaction le plus simple implique une seule espèce de réactif :

$$A \longrightarrow \text{produit}$$

où

$$\text{vitesse} = -\frac{\Delta[A]}{\Delta t}$$

D'après la loi de vitesse,

$$\text{vitesse} = k[A]^2$$

Comme précédemment, nous pouvons déterminer les unités de k ainsi :

$$k = \frac{\text{vitesse}}{[A]^2} = \frac{M/s}{M^2} = 1/M \cdot s$$

Voici un autre type de réaction d'ordre deux :

$$A + B \longrightarrow \text{produit}$$

Dans ce cas, la loi de vitesse est

$$\text{vitesse} = k[A][B]$$

La réaction est d'ordre un pour A et aussi d'ordre un pour B, donc d'ordre global deux.

En faisant encore appel au calcul intégral, on obtient la loi de vitesse intégrée suivante dans le cas des réactions d'ordre deux du type « A $\longrightarrow$ produit » :

$$\frac{1}{[A]} = kt + \frac{1}{[A]_0} \tag{3.6}$$

(L'équation de vitesse intégrée pour une réaction d'ordre deux du type « A + B $\longrightarrow$ produit » est plus complexe et ne sera pas abordée dans ce cours.)

On peut déduire l'équation pour la demi-vie d'une réaction d'ordre deux en donnant à [A] la valeur [A] = [A$_0$]/2 dans l'équation (3.6).

$$\frac{1}{[A]_0/2} = kt_{\frac{1}{2}} + \frac{1}{[A]_0}$$

En résolvant pour déterminer $t_{\frac{1}{2}}$, nous obtenons

$$t_{\frac{1}{2}} = \frac{1}{k[A]_0} \tag{3.7}$$

Remarquez que la demi-vie d'une réaction d'ordre deux est inversement proportionnelle à la concentration du réactif. Ce résultat a du sens puisque la demi-vie devrait être plus courte au début de la réaction lorsqu'il y a un plus grand nombre de molécules du réactif pouvant entrer en collision. La mesure des demi-vies à des concentrations initiales variées permet de déterminer si une réaction est d'ordre un ou deux.

EXEMPLE 3.6   Analyse d'une réaction dont la cinétique est d'ordre deux

Les atomes d'iode se combinent pour former de l'iode moléculaire en phase gazeuse selon la réaction

$$I(g) + I(g) \longrightarrow I_2(g)$$

Cette réaction a une cinétique d'ordre deux, et sa constante de vitesse à 23 °C vaut $7,0 \times 10^9 /M \cdot s$, ce qui est une grande valeur de k.

a) En supposant que la concentration initiale de I est de 0,086 M, calculez la concentration après 2,0 min. b) Calculez la demi-vie de la réaction si la concentration initiale de I est de 0,60 M et si elle est de 0,42 M.

Réponses : a) Pour calculer la concentration d'une espèce à un moment donné pour une réaction d'ordre deux, on doit connaître la concentration initiale et la constante de vitesse. D'après l'équation (3.6),

$$\frac{1}{[A]} = \frac{1}{[A]_0} + kt$$

$$\frac{1}{[A]} = \frac{1}{0,086\ M} + (7,0 \times 10^9 /M \cdot s)\left(2,0\ min \times \frac{60\ s}{1\ min}\right)$$

où [A] est la concentration à $t = 2,0$ min. En résolvant l'équation, on obtient

$$[A] = 1,2 \times 10^{-12}\ M$$

Cette concentration est tellement petite qu'elle n'est presque pas détectable. La valeur très élevée de la constante de vitesse fait en sorte que quasiment tous les atomes I se sont combinés après seulement 2 min de réaction.

b) Nous utilisons l'équation (3.7) dans ce cas.

Pour [I]$_0$ = 0,60 M

$$t_{\frac{1}{2}} = \frac{1}{k[A]_0}$$

$$= \frac{1}{(7,0 \times 10^9 /M \cdot s)(0,60\ M)}$$

$$= 2,4 \times 10^{-10}\ s$$

Problèmes semblables:
3.29 et 3.30

Pour $[I]_0 = 0,42\ M$

$$t_{\frac{1}{2}} = \frac{1}{(7,0 \times 10^9/M \cdot s)(0,42\ M)}$$

$$= 3,4 \times 10^{-10}\ s$$

Note: ces résultats confirment le fait que la demi-vie d'une réaction d'ordre deux n'est pas une constante, mais qu'elle dépend plutôt de la concentration initiale des réactifs.

EXERCICE

La réaction $2A \longrightarrow B$ est une réaction d'ordre deux avec une constante de vitesse de $51/M \cdot min$ à 24 °C. a) En débutant avec $[A] = 0,0092\ M$, combien de temps faudra-t-il pour avoir $[A] = 3,7 \times 10^{-3} M$? b) Calculez la demi-vie de cette réaction.

Les réactions d'ordre zéro

Les réactions d'ordre un et deux sont les plus courantes, et les réactions d'ordre zéro sont rares. Pour une réaction d'ordre zéro

$$A \longrightarrow produit$$

la loi de vitesse est

$$vitesse = k[A]^0$$

$$= k$$

Une **réaction d'ordre zéro** est donc *une réaction dont la vitesse est constante*, c'est-à-dire *indépendante de la concentration du réactif*. L'expression de sa loi de vitesse intégrée est

$$[A] = kt + [A]_0 \tag{3.8}$$

et si on remplace $[A]$ par $[A]_0/2$ dans la relation précédente, on obtient le temps de demi-vie

$$t_{\frac{1}{2}} = \frac{[A]_0}{2k} \tag{3.9}$$

Les réactions d'ordre trois et celles d'un ordre encore plus grand sont plutôt complexes et ne seront pas étudiées en détail dans ce manuel. Quant aux réactions faisant intervenir plus d'un réactif, nous ne voyons pas leur expression de vitesse intégrée. Cependant rappelons qu'il est possible d'en trouver les lois de vitesse (donc l'ordre et k) à l'aide de méthodes expérimentales déjà décrites à la section 3.1

Le tableau 3.3 résume les cinétiques d'ordres zéro, un et deux pour une réaction du type $A \longrightarrow$ produit, tout en faisant le lien avec le calcul différentiel et le calcul intégral.

TABLEAU 3.3   RÉSUMÉ DES CINÉTIQUES DES RÉACTIONS D'ORDRES ZÉRO, UN ET DEUX POUR UNE RÉACTION DU TYPE A ⟶ PRODUITS

	Ordre		
	0	**1**	**2**
Loi de vitesse différentielle	$\dfrac{-d[A]}{dt} = k$	$\dfrac{-d[A]}{dt} = k[A]$	$\dfrac{-d[A]}{dt} = k[A]^2$
Séparation des variables	$-d[A] = kdt$	$\dfrac{-d[A]}{[A]} = kdt$	$\dfrac{-d[A]}{[A]^2} = kdt$
Intégration	$\displaystyle\int_{[A]_0}^{[A]} -d[A] = k\int_{t_0}^{t} dt$ $-[A] + [A]_0 = kt$	$\displaystyle\int_{[A]_0}^{[A]} \dfrac{-d[A]}{[A]} = k\int_{t_0}^{t} dt$ $-\ln[A] + \ln[A]_0 = kt$	$\displaystyle\int_{[A]_0}^{[A]} \dfrac{-d[A]}{[A]^2} = k\int_{t_0}^{t} dt$ $\dfrac{1}{[A]} - \dfrac{1}{[A]_0} = kt$
Loi de vitesse intégrée sous la forme linéaire $y = mx + b$	$[A] = -kt + [A]_0$	$\ln[A] = -kt + \ln[A]_0$ ou $\log[A] = \dfrac{-kt}{2,3} + \log[A]_0$	$\dfrac{1}{[A]} = kt + \dfrac{1}{[A]_0}$
Sous forme de graphe	$[A] \propto t$	$\ln[A] \propto t$ ou $\log[A] \propto t$	$\dfrac{1}{[A]} \propto t$
Droite obtenue			
Constante de vitesse k	pente $= -k$	pente $= -k$ ou $-k/2,3$	pente $= k$
Concentration initiale	ordonnée à l'origine $= [A]_0$	ordonnée à l'origine $= \ln[A]_0$ ou $\log[A]_0$	ordonnée à l'origine $= 1/[A]_0$
Temps de demi-vie, $t_{\frac{1}{2}}$	$\dfrac{[A]_0}{2k}$	$\dfrac{0,693}{k}$	$\dfrac{1}{k[A]_0}$
Unités de k	mol/(L • s)	s^{-1}	L/(mol • s)

Constante de vitesse

Température

Figure 3.12 *Variation de la constante de vitesse en fonction de la température. Les constantes de vitesse de la plupart des réactions augmentent avec la température.*

3.4 L'ÉNERGIE D'ACTIVATION ET L'EFFET DE LA TEMPÉRATURE SUR LA CONSTANTE DE VITESSE

Aux sections 3.2 et 3.3, nous avons surtout discuté l'influence de la concentration sur la vitesse de réaction. Dans cette section, nous utiliserons un modèle appelé «théorie des collisions», basé en grande partie sur la théorie cinétique déjà étudiée au chapitre 4 du volume 1. Ce modèle permettra d'expliquer à la fois l'influence de la concentration sur la vitesse et l'influence d'un autre facteur très important passé sous silence jusqu'ici, à savoir l'influence de la température. En fait, une température minimale fait toute la différence dans le démarrage d'une réaction ($v \neq 0$).

À quelques exceptions près, les vitesses de réactions augmentent avec la température. Par exemple, il faut beaucoup moins de temps pour cuire un œuf dur dans de l'eau bouillante à 100 °C (environ 10 min) que dans de l'eau à 80 °C (environ 30 min). Inversement, la congélation des aliments est un moyen efficace de conservation de la nourriture, puisqu'elle permet de ralentir la dégradation bactérienne. La figure 3,12 illustre un exemple type de relation entre la constante de vitesse d'une réaction et la température. Pour expliquer cette variation, il faut d'abord se demander comment les réactions s'amorcent.

La théorie des collisions en cinétique chimique

La théorie cinétique des gaz (*volume 1, chapitre 4*) dit que les molécules gazeuses se heurtent fréquemment entre elles. Il est donc logique de concevoir (et c'est généralement vrai) que les réactions chimiques sont le résultat des collisions entre les molécules. D'après la *théorie des collisions* en cinétique chimique, on s'attend donc à ce que la vitesse d'une réaction soit directement proportionnelle au nombre de collisions intermoléculaires par seconde ou, autrement dit, à la fréquence des collisions intermoléculaires :

$$v \propto \frac{\text{nombre de collisions}}{\text{s}}$$

Cette relation simple explique pourquoi la vitesse de réaction dépend de la concentration.

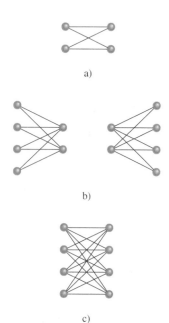

a)

b)

c)

Figure 3.13 *La relation entre le nombre de collisions et la concentration. On ne considère ici que les collisions A-B, qui peuvent mener à la formation de produits. a) Il y a quatre collisions possibles si on a deux molécules A et deux molécules B. b) Si l'on double le nombre d'une des molécules, on augmente à huit le nombre de collisions possibles. c) Si l'on double le nombre des molécules A et B, on augmente à 16 le nombre de collisions possibles.*

Imaginons une réaction entre des molécules A et des molécules B formant un produit donné. Supposons que chaque molécule du produit est formée par la combinaison directe d'une molécule A et d'une molécule B. Si l'on double la concentration de A, le nombre de collisions A-B doublera également, car dans un volume donné, il y aura deux fois plus de molécules A susceptibles de heurter les molécules B (*figure 3.13*). Par conséquent, la vitesse de réaction doublera. De même, si l'on double la concentration de B, la vitesse doublera. On peut donc exprimer la loi de vitesse ainsi :

$$v = k[A][B]$$

La réaction est d'ordre un en A et en B, donc d'un ordre global deux, et on dit qu'elle obéit à une cinétique d'ordre deux.

Présentée de cette façon, la théorie des collisions est attrayante, mais la relation entre la vitesse et les collisions moléculaires est plus compliquée qu'elle n'y paraît. La théorie des collisions implique qu'une réaction se produit toujours quand les molécules A et B entrent en collision. Cependant toutes les collisions ne sont pas efficaces. Les calculs basés sur la théorie cinétique moléculaire indiquent que, à pression et à température habituelles (par exemple 1 atm et 298 K), il y a environ 1×10^{27} collisions binaires (entre deux molécules) par seconde dans un volume de 1 mL, en phase gazeuse. Dans les liquides, les collisions sont encore plus fréquentes. Si à chacune de ces collisions il y avait formation de produit, la plupart des réactions se produiraient de façon presque instantanée. Or, en pratique, on constate que les vitesses des réactions varient grandement. Cela signifie donc que, dans de nombreux cas, le nombre total de collisions ne garantit pas à lui seul la réalisation d'une réaction.

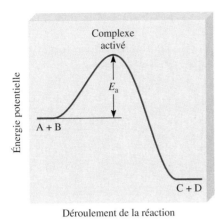

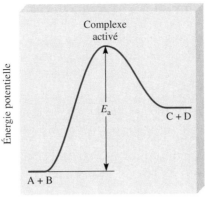

a)

b)

Figure 3.14 *Courbes du profil énergétique d'une réaction a) exothermique et b) endothermique. Ces courbes montrent les variations de l'énergie potentielle à mesure que les réactifs A et B sont convertis en produits C et D. Le complexe activé est une espèce très instable dont l'énergie potentielle est élevée. L'énergie d'activation est indiquée pour la réaction directe des profils. Notez que les produits C et D sont plus stables que les réactifs en a) et qu'ils sont moins stables qu'eux en b).*

Toute molécule en mouvement possède une énergie cinétique ; plus elle se déplace rapidement, plus son énergie cinétique est élevée. Quand les molécules se heurtent, une partie de leur énergie cinétique est convertie en énergie *vibratoire,* une sorte d'énergie potentielle. Si leurs énergies cinétiques initiales sont élevées, les chocs seront *efficaces,* c'est-à-dire que les molécules en collision vibreront si fort que certaines de leurs liaisons chimiques seront rompues. Cette rupture est la première étape vers la formation du produit. Si, par contre, leurs énergies cinétiques initiales sont faibles, les molécules « rebondiront » probablement l'une sur l'autre et resteront intactes. Il faut donc une énergie de collision minimale pour qu'une réaction se produise. Ce n'est donc pas tant le nombre de collisions qui compte, mais plutôt le nombre de collisions efficaces.

On pose comme principe que, pour qu'il y ait réaction, l'énergie cinétique totale des molécules en collision doit être égale ou supérieure à l'***énergie d'activation** (E_a),* qui est l'*énergie minimale requise pour déclencher une réaction chimique.* Sans cette énergie, les molécules restent intactes, la collision est inefficace. L'*espèce instable temporairement formée à la suite de la collision des molécules des réactifs, juste avant que se forme le produit,* est appelée ***complexe activé.***

À la figure 3.14, on voit deux courbes différentes du profil énergétique (variation de l'énergie potentielle en fonction du déroulement de la réaction) pour la réaction

$$A + B \longrightarrow C + D$$

Si les produits sont plus stables que les réactifs, la réaction sera accompagnée d'une libération de chaleur ; elle est *exothermique* [*figure 3.14 a*)]. Par contre, si les produits sont moins stables que les réactifs, il y aura absorption de chaleur : c'est une réaction endothermique [*figure 3.14 b*)]. Qualitativement, ces courbes montrent les variations de l'énergie potentielle à mesure que les réactifs sont convertis en produits.

On peut imaginer l'énergie d'activation comme une barrière qui empêche les molécules ayant une plus faible énergie cinétique de réagir. À cause du nombre très élevé de molécules dans un mélange réactionnel ordinaire, les vitesses, ainsi que les énergies cinétiques des molécules, varient largement. Normalement, seule une petite fraction des molécules en collision (les plus rapides) ont une énergie cinétique assez élevée — plus élevée que l'énergie d'activation — pour participer à la réaction. Cela explique l'augmentation de la vitesse de réaction (ou de la constante de vitesse) avec la température : les vitesses des molécules obéissent à la relation de Maxwell, illustrée à la figure 3.15, figure déjà vue au chapitre 4 du volume 1. Comparez la distribution des vitesses à deux températures différentes. Puisque, à des températures élevées, les molécules ayant une énergie élevée sont plus nombreuses, la proportion des chocs efficaces est plus grande et la formation du produit est alors plus rapide.

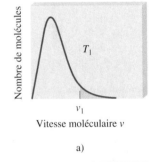

a)

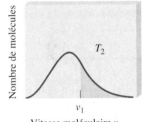

b)

Figure 3.15 *Courbe de Maxwell de distribution des vitesses des particules d'un gaz : à a) température T_1 et à b) une température plus élevée, T_2. Les surfaces ombrées représentent le nombre de molécules qui se déplacent à des vitesses égales ou supérieures à une certaine vitesse v_1. Cette vitesse v_1 est en fait un seuil ou une barrière qui correspond à la barrière de l'énergie d'activation sur l'axe des y de la figure 3.14.*

L'équation d'Arrhenius

On peut *exprimer comment la constante de vitesse dépend de la température* à l'aide de l'équation suivante, appelée ***équation d'Arrhenius*** :

$$k = Ae^{-E_a/RT} \tag{3.10}$$

où E_a est l'énergie d'activation de la réaction (en kilojoules par mole) ; R, la constante des gaz parfaits (8,314 J/K • mol) ; T, la température absolue ; et e, la base du logarithme naturel (*voir* annexe 2). La grandeur A, appelée *facteur de fréquence,* représente la fréquence des collisions. On peut la considérer comme constante dans un système réactionnel donné pour un grand écart de températures. L'équation (3.10) indique que la constante de vitesse est directement proportionnelle à A et par conséquent à la fréquence des collisions. De plus, à cause du signe négatif associé à l'exposant E_a/RT, la constante de vitesse diminue à mesure que l'énergie d'activation augmente et elle augmente quand la température augmente. On peut exprimer cette équation sous une forme plus pratique en prenant le logarithme naturel de chaque membre :

$$\ln k = \ln Ae^{-E_a/RT}$$

$$= \ln A - \frac{E_a}{RT} \tag{3.11}$$

L'équation (3.11) a la forme d'une équation linéaire :

$$\ln k = \left(-\frac{E_a}{R} \right)\left(\frac{1}{T} \right) + \ln A \tag{3.12}$$

$$\underset{y}{\updownarrow} = \underset{m}{\updownarrow} \quad \underset{x}{\updownarrow} + \underset{b}{\updownarrow}$$

Donc, la mise en graphe de ln k en fonction de $1/T$ donne une droite dont la pente (m) est égale à $-E_a/R$ et dont l'ordonnée à l'origine, b, est ln A.

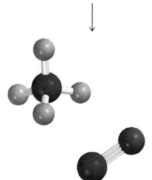

EXEMPLE 3.7   **L'application de l'équation d'Arrhenius pour calculer une énergie d'activation**

Les constantes de vitesse de la décomposition de l'acétaldéhyde

$$CH_3CHO(g) \longrightarrow CH_4(g) + CO(g)$$

ont été mesurées à cinq températures différentes. Elles sont données ci-dessous. Faites la mise en graphe de ln k en fonction de $1/T$ et déterminez l'énergie d'activation (en kilojoules par mole) de cette réaction. Notez que la réaction est d'ordre « $\frac{3}{2}$ » en CH_3CHO, donc les unités de k sont $1/M^{\frac{1}{2}} \cdot s$

$k\ (1/M^{\frac{1}{2}} \cdot s)$	T (K)
0,011	700
0,035	730
0,105	760
0,343	790
0,789	810

Réponse: Il faut tracer le graphique de ln k en fonction de $1/T$. Selon les données fournies, nous obtenons

ln k	$1/T$ (K^{-1})
−4,51	$1,43 \times 10^{-3}$
−3,35	$1,37 \times 10^{-3}$
−2,254	$1,32 \times 10^{-3}$
−1,070	$1,27 \times 10^{-3}$
−0,237	$1,23 \times 10^{-3}$

Le graphique obtenu est celui de la figure 3.16. La pente de la droite est de $-2,09 \times 10^4$ K. À partir de l'équation (3.12):

$$\text{pente} = -\frac{E_a}{R} = -2,09 \times 10^4 \text{ K}$$

$$E_a = (8,314 \text{ J/K} \cdot \text{mol})(2,09 \times 10^4 \text{ K})$$

$$= 1,74 \times 10^5 \text{ J/mol}$$

$$= 1,74 \times 10^2 \text{ kJ/mol}$$

Il est important de noter que, même si les unités de la constante de vitesse sont $1/M^{\frac{1}{2}} \cdot$ s, ln k n'a pas d'unité (on ne peut prendre le logarithme d'une unité).

NOTE

Les unités de R et de E_a doivent être compatibles.

Problème semblable: 3.37

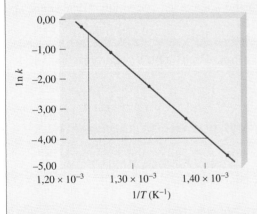

Figure 3.16 *Tracé de ln k en fonction de 1/T. On calcule la pente de la droite en prenant deux paires de coordonnées:*
$$\text{pente} = \frac{-4,00 - (-0,45)}{(1,41 - 1,24) \times 10^{-3} \text{ K}^{-1}}$$
$$= -2,09 \times 10^4 \text{ K}$$

La pente est égale à $-E_a/R$.

EXERCICE

On a déterminé la constante de vitesse d'ordre deux de la décomposition de l'oxyde de diazote (N$_2$O) en molécules d'azote et en atomes d'oxygène à différentes températures.

k (1/$M \cdot$ s)	t (°C)
$1,87 \times 10^{-3}$	600
0,0113	650
0,0569	700
0,244	750

Déterminez à l'aide d'un graphique l'énergie d'activation de la réaction.

On peut utiliser une équation reliant les constantes de vitesse k_1 et k_2 aux températures T_1 et T_2 pour calculer l'énergie d'activation ou, si l'on connaît celle-ci, pour déterminer la constante de vitesse à une autre température. Afin d'obtenir une telle équation, on prend d'abord l'équation (3.11):

$$\ln k_1 = \ln A - \frac{E_a}{RT_1}$$

$$\ln k_2 = \ln A - \frac{E_a}{RT_2}$$

On soustrait $\ln k_2$ de $\ln k_1$:

NOTE

Comme les concentrations ne varient pas ici, le rapport des vitesses est le même que celui des constantes de vitesse:
$\ln k_1/k_2 = \ln v_1/v_2$.

$$\ln k_1 - \ln k_2 = \frac{E_a}{R}\left(\frac{1}{T_2} - \frac{1}{T_1}\right)$$

$$\ln \frac{k_1}{k_2} = \frac{E_a}{R}\left(\frac{1}{T_2} - \frac{1}{T_1}\right)$$

$$= \frac{E_a}{R}\left(\frac{T_1 - T_2}{T_1 T_2}\right) \tag{3.13}$$

EXEMPLE 3.8   L'application de la forme linéaire de l'équation d'Arrhenius selon l'équation (3.13)

La constante de vitesse d'une réaction d'ordre un est $3,46 \times 10^{-2}$ s^{-1} à 298 K. Quelle est la constante de vitesse à 350 K si l'énergie d'activation de cette réaction est de 50,2 kJ/mol?

Réponse: Les données sont

$$k_1 = 3,46 \times 10^{-2} \text{ s}^{-1} \qquad k_2 = ?$$

$$T_1 = 298 \text{ K} \qquad\qquad T_2 = 350 \text{ K}$$

Problème semblable: 3.40

Si nous les appliquons à l'équation (3.13), nous obtenons

$$\ln \frac{3,46 \times 10^{-2}}{k_2} = \frac{50,2 \times 10^3 \text{ J/mol}}{8,314 \text{ J/K} \cdot \text{mol}}\left[\frac{298 \text{ K} - 350 \text{ K}}{(298 \text{ K})(350 \text{ K})}\right]$$

$$\ln \frac{3,46 \times 10^{-2}}{k_2} = -3,01$$

$$\frac{3,46 \times 10^{-2}}{k_2} = e^{-3,01}$$

$$= 0,0493$$

$$k_2 = 0,702 \text{ s}^{-1}$$

La constante de vitesse devrait être plus élevée à une température supérieure. La réponse est donc plausible.

EXERCICE

La constante de vitesse de la réaction (d'ordre 1) du chlorure de méthyle (CH_3Cl) avec l'eau pour former du méthanol (CH_3OH) et de l'acide chlorhydrique (HCl) est de $3,32 \times 10^{-10}$ s^{-1} à 25 °C. Calculez la constante de vitesse à 40 °C si l'énergie d'activation est de 116 kJ/mol.

Dans le cas des réactions simples (par exemple, les réactions entre atomes), on peut considérer comme équivalents le facteur de fréquence (A) de l'équation d'Arrhenius et la fréquence des collisions entre les espèces en réaction. Cependant, dans le cas des réactions complexes, il faut également tenir compte du « facteur d'orientation », c'est-à-dire de l'orientation relative des molécules entre elles (angles de collisions). La réaction entre l'atome de potassium (K) et l'iodure de méthyle (CH_3I) qui a pour produits l'iodure de potassium (KI) et un radical méthyle (CH_3) illustre bien ce facteur :

$$K + CH_3I \longrightarrow KI + CH_3$$

Cette réaction est possible seulement quand l'atome K heurte de front l'atome I de CH_3I (*figure 3.17*). Autrement, il n'y a formation que de peu ou pas de produit. Seul un exposé plus approfondi des notions de cinétique chimique permettrait de mieux comprendre la nature du facteur d'orientation.

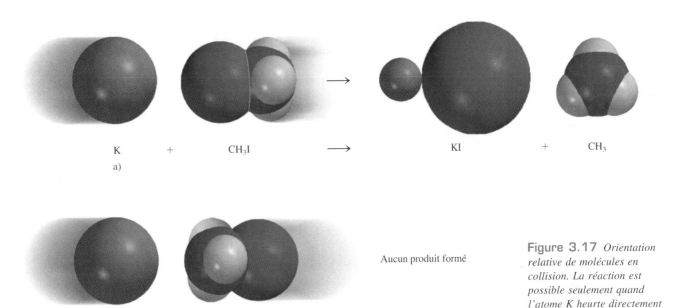

K   + CH_3I $\longrightarrow$ KI   + CH_3

a)

b)   Aucun produit formé

Figure 3.17 *Orientation relative de molécules en collision. La réaction est possible seulement quand l'atome K heurte directement l'atome I.*

3.5 LES MÉCANISMES RÉACTIONNELS ET LES LOIS DE VITESSE

Comme nous l'avons déjà mentionné, une équation globale équilibrée n'en dit pas beaucoup sur la manière dont une réaction se produit vraiment. Dans de nombreux cas, elle représente plutôt la somme d'une *série de réactions simples,* souvent appelées ***réactions (ou étapes) élémentaires,*** car celles-ci *représentent le déroulement de la réaction globale au niveau moléculaire. La séquence des réactions élémentaires qui conduit à la formation des produits à partir des réactifs* est appelée ***mécanisme réactionnel.*** Prenons comme exemple de mécanisme réactionnel la réaction entre l'oxyde d'azote et l'oxygène :

$$2NO(g) + O_2(g) \longrightarrow 2NO_2(g)$$

On sait que le produit ne résulte pas directement de la collision entre une molécule NO et une molécule O_2 parce que l'on détecte la présence de N_2O_2 pendant la réaction. Supposons que la réaction se produit plutôt en deux étapes comportant chacune une réaction élémentaire :

$$2NO(g) \longrightarrow N_2O_2(g)$$

$$N_2O_2(g) + O_2(g) \longrightarrow 2NO_2(g)$$

Dans la première réaction, deux molécules NO se heurtent pour former une molécule N_2O_2. Ce phénomène est suivi de la réaction de N_2O_2 avec O_2 qui forme deux molécules NO_2. L'équation chimique nette, qui représente la réaction globale, est donnée par la somme des réactions élémentaires:

$$\text{Réaction élémentaire:} \qquad NO + NO \longrightarrow N_2O_2$$

$$\text{Réaction élémentaire:} \qquad N_2O_2 + O_2 \longrightarrow 2NO_2$$

$$\text{Réaction globale:} \qquad 2NO + \cancel{N_2O_2} + O_2 \longrightarrow \cancel{N_2O_2} + 2NO_2$$

Les *espèces* comme N_2O_2 sont appelées **intermédiaires,** car elles *apparaissent dans le mécanisme réactionnel (dans les réactions élémentaires), mais non dans la réaction globale équilibrée.* Il faut se rappeler qu'un intermédiaire est toujours formé dans l'une des premières réactions élémentaires et utilisé dans une réaction élémentaire ultérieure.

Le *nombre de molécules de réactifs réagissant dans une réaction élémentaire* correspond à la **molécularité** de celle-ci. Chacune des réactions élémentaires illustrées ci-dessus s'appelle **réaction bimoléculaire,** car elle *met en jeu deux molécules.* Il existe aussi des **réactions unimoléculaires,** *qui mettent en jeu une seule molécule* dans le mécanisme; la conversion du cyclopropane en propène, dont nous avons parlé à l'exemple 3.4, en est un bon exemple. On connaît toutefois très peu de **réactions trimoléculaires,** *qui mettent en jeu trois molécules au cours d'une même étape élémentaire.* C'est parce que, dans une réaction trimoléculaire, le produit est le résultat de la rencontre simultanée de trois molécules, un phénomène beaucoup moins probable qu'une collision bimoléculaire.

Les lois de vitesse et les étapes élémentaires

La connaissance des réactions élémentaires permet de déduire la loi de vitesse d'une réaction globale. Soit la réaction unimoléculaire suivante:

$$A \longrightarrow \text{produits}$$

Puisque c'est directement de cette manière que cette réaction se produit au niveau moléculaire (cette seule étape correspond à la réaction globale), plus le nombre de molécules A est élevé, plus la vitesse de formation des produits est élevée. On obtient donc la loi de vitesse directement à partir de la réaction élémentaire:

$$v = k[A]$$

Dans le cas d'une réaction bimoléculaire mettant en jeu les molécules A et B:

$$A + B \longrightarrow \text{produits}$$

la vitesse de formation du produit dépend de la fréquence des collisions entre A et B, qui à son tour dépend des concentrations de A et de B. Dans ce cas, on peut écrire la loi de vitesse de la façon suivante:

$$v = k[A][B]$$

De même, dans le cas d'une réaction bimoléculaire du type

$$A + A \longrightarrow \text{produits}$$

ou

$$2A \longrightarrow \text{produits}$$

l'équation de vitesse devient

$$v = k[A]^2$$

Les exemples donnés précédemment montrent que l'ordre d'une réaction par rapport à chaque réactif en jeu dans une réaction élémentaire est égal au coefficient stœchiométrique du réactif. Cependant, si l'on a seulement l'équation globale, on ne peut pas déterminer si la réaction se produit telle qu'indiquée ou par une série de réactions élémentaires ; cette information est obtenue en laboratoire.

Si une réaction a plus d'une étape élémentaire, la loi de vitesse de la réaction globale correspond à la loi de vitesse de l'***étape limitante*** *(ou **étape déterminante**)*, c'est-à-dire l'*étape qui est la plus lente parmi toutes les étapes menant à la formation des produits.*

On peut faire une analogie entre une étape limitante et le trafic sur une route étroite. Comme tout dépassement est impossible, la vitesse de l'ensemble des voitures est limitée (déterminée) par celle de la voiture la plus lente.

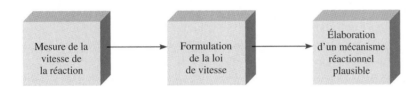

Figure 3.18 *Les étapes de l'étude d'un mécanisme réactionnel.*

L'étude expérimentale d'un mécanisme réactionnel commence par la cueillette de données (mesures des vitesses). Ensuite, l'analyse des données permet de déterminer la constante de vitesse et l'ordre de la réaction, ce qui permet d'écrire la loi de vitesse. Finalement, on suggère un mécanisme réactionnel plausible comportant des réactions élémentaires (*figure 3.18*). Les réactions élémentaires doivent obéir à deux règles :

- La somme des équations des réactions élémentaires doit correspondre à l'équation équilibrée de la réaction globale.
- La loi de vitesse de l'étape limitante devrait être la même que celle qui a été trouvée expérimentalement.

Il ne faut pas oublier que, pour chaque schéma de réaction proposé, il faut pouvoir détecter la présence de tout intermédiaire formé dans une ou plusieurs réactions élémentaires.

Pour comprendre la façon d'élucider un mécanisme réactionnel à partir d'expériences, prenons comme exemples la décomposition du peroxyde d'hydrogène et la formation d'iodure d'hydrogène à partir de l'hydrogène et de l'iode moléculaire.

La décomposition du peroxyde d'hydrogène

La décomposition du peroxyde d'hydrogène est facilitée par la présence d'ions iodures (*figure 3.19*). La réaction globale est la suivante :

$$2H_2O_2(aq) \longrightarrow 2H_2O(l) + O_2(g)$$

Expérimentalement, on trouve la loi de vitesse suivante :

$$v = k[H_2O_2][I^-]$$

La réaction est donc d'ordre un en H_2O_2 et en I^-. On constate que cette décomposition ne se produit pas en une seule réaction élémentaire qui correspondrait à l'équation globale équilibrée. Si cela était le cas, la réaction serait d'ordre deux en H_2O_2 (notez le coefficient 2 dans l'équation). De plus, l'ion I^-, qui n'est même pas dans l'équation globale, est présent dans l'expression de la loi de vitesse. Comment peut-on l'expliquer ?

Figure 3.19
La décomposition du peroxyde d'hydrogène est catalysée par l'ion iodure. On a ajouté quelques gouttes de savon liquide pour mieux mettre en évidence la formation de l'oxygène. Certains des ions iodure sont oxydés en molécules d'iode, qui réagissent ensuite avec les ions iodure pour former les ions triiodure (I_3^-) de couleur brune.

On peut expliquer la loi de vitesse observée en considérant que la réaction se produit en deux réactions élémentaires distinctes, chacune d'elles étant bimoléculaire :

Réaction 1 :
$$H_2O_2 + I^- \xrightarrow{k_1} H_2O + IO^-$$

Réaction 2 :
$$H_2O_2 + IO^- \xrightarrow{k_2} H_2O + O_2 + I^-$$

Si l'on suppose par la suite que la réaction 1 est cinétiquement limitante, c'est donc cette étape qui déterminera la vitesse de la réaction :

$$v = k_1[H_2O_2][I^-]$$

Cette relation correspond bien à la loi de vitesse déjà trouvée expérimentalement.

Notez que l'ion IO^- est un intermédiaire, car il n'apparaît pas dans l'équation globale équilibrée. Bien que l'ion I^- n'apparaisse pas non plus dans cette dernière, il est différent de IO^-, car il est présent au début et à la fin de la réaction. Il sert à accélérer la réaction ; c'est donc un catalyseur. Nous aborderons les catalyseurs dans la prochaine section. Finalement, notez que la somme des réactions 1 et 2 donne bien l'équation globale équilibrée indiquée à la page précédente, ce qui satisfait à la deuxième règle.

La réaction de la formation d'iodure d'hydrogène

Un grand nombre de réactions ont un mécanisme commun constitué de deux étapes (réactions) élémentaires, la première étant beaucoup plus rapide que la deuxième autant dans le sens direct que dans le sens inverse. Parmi ces réactions, étudions l'exemple de la réaction entre l'hydrogène moléculaire et l'iode moléculaire pour former de l'iodure d'hydrogène :

$$H_2(g) + I_2(g) \longrightarrow 2HI(g)$$

La loi de vitesse trouvée expérimentalement est

$$\text{vitesse} = k[H_2][I_2]$$

Durant plusieurs années, on a pensé que cette réaction se produisait exactement comme le décrit l'équation que nous venons de mentionner. On la considérait donc comme une réaction bimoléculaire impliquant une molécule d'hydrogène et une molécule d'iode. Cependant, dans les années 1960, des chimistes ont prouvé que le véritable mécanisme n'est pas aussi simple. Ils ont proposé le mécanisme en deux étapes suivant :

Réaction 1 :
$$I_2 \underset{k_{-1}}{\overset{k_1}{\rightleftharpoons}} 2I \qquad \text{étape rapide}$$

Réaction 2 : $H_2 + 2I \xrightarrow{k_2} 2HI \qquad$ étape lente

où k_1, k_{-1} et k_2 sont les constantes de vitesse pour les étapes des réactions. Les atomes I servent d'intermédiaire dans cette réaction.

Au début, quand la réaction commence, il y a très peu d'atomes I présents. Mais à mesure que I_2 se dissocie, la concentration de I_2 diminue alors que celle de I s'accroît. Par conséquent, la vitesse directe de la première étape diminue et celle de la réaction inverse s'accroît. Il arrive un moment où les deux vitesses deviennent égales ; c'est l'atteinte d'un état d'équilibre chimique.

Étant donné que les réactions de la première étape sont beaucoup plus rapides que celle de la deuxième étape, l'équilibre est atteint bien avant qu'il n'y ait eu réaction significative avec l'hydrogène, et cette situation persiste durant toute la durée de la réaction.

Dans les conditions à l'équilibre de la première étape, la vitesse directe est égale à la vitesse inverse, ce qui s'écrit

$$k_1[I_2] = k_{-1}[I]^2$$

NOTE

L'équilibre chimique fera l'objet du chapitre 4.

ou

$$[I]^2 = \frac{k_1}{k_{-1}} [I_2]$$

La vitesse de réaction est donnée par l'étape la plus lente, l'étape déterminante, soit la deuxième étape dans ce cas-ci :

$$\text{vitesse} = k_2[H_2][I]^2$$

En substituant l'expression de $[I]^2$ dans cette loi de vitesse, on obtient

$$\text{vitesse} = \frac{k_1 k_2}{k_{-1}} [H_2][I_2]$$

$$= k[H_2][I_2]$$

où $k = k_1 k_2 / k_{-1}$. Comme vous pouvez le constater, ce mécanisme en deux étapes donne aussi la bonne loi de vitesse pour cette réaction. Cette concordance ajoutée au fait que les atomes I jouant le rôle d'intermédiaire ont pu être détectés, nous incitent à croire avec encore plus de conviction qu'il s'agit bien du véritable mécanisme réactionnel.

Remarquons enfin que toutes les réactions ont toujours au moins une étape qui est lente. Il existe aussi des réactions avec deux étapes lentes ou plus, toutes presque aussi lentes les unes que les autres. L'analyse cinétique de telles réactions est plus complexe et ne sera pas abordée ici.

L'exemple suivant traite de l'étude d'un mécanisme réactionnel peu complexe.

EXEMPLE 3.9   **L'étude des mécanismes réactionnels**

On croit que la décomposition en phase gazeuse de l'oxyde de diazote (N_2O) se produit suivant deux réactions élémentaires :

Réaction 1 : $N_2O \xrightarrow{k_1} N_2 + O$

Réaction 2 : $N_2O + O \xrightarrow{k_2} N_2 + O_2$

Expérimentalement, on trouve la loi de vitesse suivante : $v = k[N_2O]$.
a) Écrivez l'équation de la réaction globale. b) Quelles sont les espèces intermédiaires ?
c) Que peut-on dire à propos des vitesses relatives des réactions 1 et 2 ?

Réponse : a) L'addition des réactions 1 et 2 donne la réaction globale suivante :

$$2N_2O \longrightarrow 2N_2 + O_2$$

b) Puisque l'atome O est produit dans la première réaction élémentaire et qu'il n'apparaît pas dans l'équation globale équilibrée, il s'agit d'un intermédiaire.

c) En supposant que la réaction 1 est cinétiquement limitante (c'est-à-dire si $k_2 \gg k_1$), la vitesse de la réaction globale est

$$v = k_1 [N_2O]$$

et $k = k_1$.

Problème semblable : 3.51

EXERCICE

On croit que la formation de NO et de CO_2 à partir de NO_2 et de CO se produit en deux étapes :

Réaction 1 : $NO_2 + NO_2 \longrightarrow NO + NO_3$

Réaction 2 : $NO_3 + CO \longrightarrow NO_2 + CO_2$

La loi de vitesse déterminée expérimentalement est la suivante : $v = k[NO_2]^2$. a) Écrivez l'équation de la réaction globale. b) Indiquez l'intermédiaire. c) Que peut-on dire à propos des vitesses relatives des réactions 1 et 2 ?

Les preuves expérimentales des mécanismes réactionnels

Comment pouvons-nous être certains qu'un mécanisme proposé est bien le bon mécanisme ? Dans le cas de la décomposition du peroxyde d'hydrogène on peut essayer de détecter la présence des ions IO^- à l'aide de preuves basées sur des méthodes spectroscopiques. La détection de ces ions supporte le mécanisme proposé. De même, pour la réaction de la formation de l'iodure d'hydrogène, la détection d'iode à l'état d'atomes I confirmera l'hypothèse d'un mécanisme en deux étapes. Par exemple, I_2 se dissocie en atomes lorsqu'il est exposé à la lumière du domaine visible. On peut alors prédire que la vitesse de formation de HI à partir de H_2 et de I_2 sera augmentée si l'on intensifie la lumière, car une plus grande exposition à la lumière accroît la concentration des atomes I. C'est justement ce qui est observé.

Supposons qu'un chimiste désire savoir laquelle des liaisons C—O est brisée au cours de la réaction entre l'acétate de méthyl et l'eau pour pouvoir mieux comprendre le mécanisme de la réaction suivante :

$$CH_3-\overset{\overset{O}{\|}}{C}-O-CH_3 + H_2O \longrightarrow CH_3-\overset{\overset{O}{\|}}{C}-OH + CH_3OH$$

Acétate de méthyl   Acide acétique   Méthanol

Il y a deux possibilités :

$$CH_3-\overset{\overset{O}{\|}}{C}\dashv O-CH_3 \qquad CH_3-\overset{\overset{O}{\|}}{C}-O\dashv CH_3$$

a)   b)

Afin de pouvoir choisir entre les scénarios a) et b), les chimistes utilisent de l'eau constituée de l'isotope oxygène 18 au lieu de l'eau ordinaire (celle-ci contenant de l'oxygène 16). En présence de cette eau à oxygène 18, seulement l'acide acétique contient l'oxygène 18 :

$$CH_3-\overset{\overset{O}{\|}}{C}-{}^{18}O-H$$

Par conséquent, la réaction a dû se produire selon le scénario a), parce que le produit formé selon le scénario b) aurait conservé ses deux atomes d'oxygène.

Étudions comme dernier exemple le cas de la photosynthèse, le processus au cours duquel les plantes vertes produisent du glucose à partir du dioxyde de carbone et de l'eau :

$$6CO_2 + 6H_2O \longrightarrow C_6H_{12}O_6 + 6O_2$$

Une question que les chercheurs ont tôt fait de se poser en étudiant cette réaction a été la suivante. Est-ce que l'oxygène moléculaire produit provient de l'eau, du dioxyde de carbone ou de ces deux substances ? En utilisant de l'eau constituée d'oxygène 18, il a été démontré que l'oxygène gazeux dégagé provient de l'eau et non pas du bioxyde de carbone, car l'oxygène produit ne contient que des atomes d'oxygène 18. Cette observation est en accord avec le mécanisme proposé selon lequel les molécules d'eau sont fragmentées par la lumière :

$$2H_2O + h\nu \longrightarrow O_2 + 4H^+ + 4e^-$$

où $h\nu$ représente l'énergie d'un photon. Les protons et les électrons sont ensuite utilisés comme source d'énergie pour rendre possibles certaines réactions nécessaires à la croissance et à la santé des plantes. Sans cet apport extérieur, toutes ces réactions de biosynthèse ne sont pas favorables sur le plan énergétique.

Ces exemples vous ont montré comment il faut être inventif pour pouvoir élucider un mécanisme réactionnel. Cependant, dans le cas de réactions complexes, il peut s'avérer presque impossible de prouver l'unicité d'un mécanisme, c'est-à-dire qu'une telle réaction procède seulement d'une certaine manière, ce qui supposerait une preuve expérimentale qui éliminerait toutes les autres possibilités.

LA FEMTOCHIMIE

Les chimistes se sont toujours fixé comme objectif de pouvoir observer un jour le déroulement des réactions chimiques au niveau moléculaire. Une fois ce but atteint, il serait possible de savoir à quel instant se produit une certaine réaction et comment celle-ci dépend de la température et d'autres facteurs. Sur le plan pratique, ces informations vont aider les chimistes à contrôler les vitesses de réaction et à en accroître les rendements. Une compréhension complète d'un mécanisme réactionnel suppose une connaissance détaillée du complexe activé (appelé aussi «état de transition»). Cependant, le complexe activé est une espèce très énergétique qui ne peut pas être isolée, car elle a une durée de vie très courte.

Cette situation a changé dans les années 1980 lorsque les chimistes du California Institute of Technology (CIT) ont commencé à utiliser des lasers à très courtes impulsions pour sonder les réactions chimiques. Vu que les états de transition ont une durée de vie de seulement 10 à 1000 femtosecondes, les pulsations laser utilisées pour les sonder doivent être de très courte durée. (1 femtoseconde ou 1 fs équivaut à 1×10^{-15}s ; afin de mieux saisir à quel point il s'agit d'un court laps de temps, sachez qu'il y a autant de femtosecondes dans 1 s qu'il y a de secondes dans 32 millions d'années!) L'une des réactions étudiées a été celle de la décomposition du cyclobutane, C_4H_8, en éthylène, C_2H_4. Deux mécanismes sont plausibles. Selon le premier, la décomposition aurait lieu en une seule étape au cours de laquelle deux liaisons carbone-carbone se brisent simultanément pour former le produit.

$$\begin{matrix} CH_2-CH_2 \\ | \quad\quad | \\ CH_2-CH_2 \end{matrix} \longrightarrow 2CH_2{=}CH_2$$

Selon le second mécanisme proposé, la réaction aurait lieu en deux étapes, avec formation d'un intermédiaire dont les points représentent des électrons non appariés résultant du bris d'une première liaison. C'est ici qu'intervient la femtochimie pour trouver quel est le mécanisme exact de cette réaction.

$$\begin{matrix} CH_2-CH_2 \\ | \quad\quad | \\ CH_2-CH_2 \end{matrix} \longrightarrow \begin{matrix} \dot{C}H_2 \quad \dot{C}H_2 \\ | \quad\quad\quad | \\ CH_2-CH_2 \end{matrix} \longrightarrow 2CH_2{=}CH_2$$

Les chimistes du CIT ont fait démarrer la réaction avec une première impulsion laser de forte énergie, ce qui a activé le réactif. Cette impulsion est ensuite suivie de plusieurs

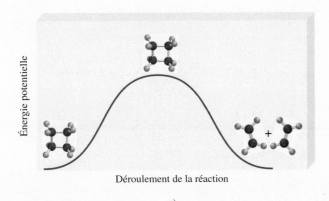

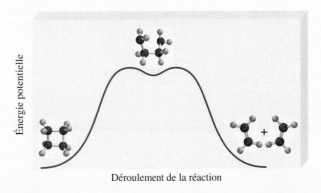

a)

b)

La décomposition du cyclobutane pour former deux molécules d'éthylène peut se produire de deux façons: a) la réaction procède en une seule étape impliquant la rupture simultanée de deux liaisons C-C; b) la réaction a lieu en deux étapes avec la formation d'un intermédiaire de courte durée par la rupture d'une seule liaison. Il n'y a qu'une petite barrière d'énergie à franchir pour que cet intermédiaire se transforme en produit final. La femtochimie a démontré que c'est le deuxième mécanisme qui est valable.

milliers d'autres impulsions de plus faible énergie qui servent à l'observation. Ces pulsations sondes sont espacées d'à peine 10 fs, chacune donnant lieu à un spectre d'absorption. Ce sont justement les changements produits dans le spectre qui révèlent le mouvement de la molécule et l'état de ses liaisons chimiques. Ce processus est comparable à un appareil photo qui prendrait un très grand nombre de cliché en très peu de temps pour pouvoir capter image par image le déroulement de la réaction. Les résultats ont prouvé que la réaction se déroule selon le deuxième mécanisme proposé. La durée de vie de l'intermédiaire est d'environ 700 fs.

Cette technique du laser femtoseconde a permis de confirmer les modèles macroscopiques étudiés dans ce chapitre, par exemple l'équation d'Arrhenius supposant une barrière énergétique à franchir : l'énergie d'activation. Depuis, cette technique du laser femtoseconde a été appliquée pour révéler les mécanismes réactionnels de plusieurs réactions chimiques et biochimiques telles que la photosynthèse et la vision. Elle a permis de créer un nouveau domaine de la cinétique chimique, domaine dorénavant appelé « femtochimie ».

Montage de lasers utilisés dans le laboratoire de recherche de A. H. Zewail, détenteur d'un doctorat, au CIT. Ce chercheur a obtenu le prix Nobel 1999 de chimie pour ses travaux de pionnier dans le domaine de la femtochimie.

3.6 LA CATALYSE

Nous avons vu, dans la décomposition du peroxyde d'hydrogène, que la vitesse de réaction dépend de la concentration des ions iodure, même si ceux-ci n'apparaissent pas dans l'équation globale. L'ion I⁻ agit donc comme un catalyseur dans cette réaction. Un **catalyseur** est une *substance qui augmente la vitesse d'une réaction chimique sans y être consommée*. Le catalyseur peut réagir pour former un intermédiaire, mais on le retrouve toujours intact à la fin de la réaction.

Pour préparer de l'oxygène moléculaire en laboratoire, on chauffe du chlorate de potassium ; la réaction est la suivante :

$$2KClO_3(s) \longrightarrow 2KCl(s) + 3O_2(g)$$

Cependant, sans catalyseur, cette décomposition thermique est très lente. On peut en augmenter considérablement la vitesse en y ajoutant une petite quantité de dioxyde de manganèse (MnO_2), une poudre noire qui agit comme catalyseur. On peut recouvrer tout le MnO_2 à la fin de la réaction, tout comme les ions I⁻ après la décomposition de H_2O_2.

Un catalyseur accélère une réaction en la faisant procéder par un chemin (mécanisme) différent, c'est-à-dire par un ensemble de réactions élémentaires dont les cinétiques sont plus favorables que celles qui existent en son absence. D'après l'équation (3.11), on sait que la constante de vitesse (k) — et par conséquent la vitesse — d'une réaction dépend du facteur de fréquence (A) et de l'énergie d'activation (E_a) ; plus A est élevé ou plus E_a est basse, plus la vitesse est élevée. Dans de nombreux cas, c'est en abaissant l'énergie d'activation de la réaction qu'un catalyseur augmente la vitesse.

Supposons que la réaction suivante a une certaine constante de vitesse (k) et une certaine énergie d'activation (E_a).

$$A + B \xrightarrow{k} C + D$$

En présence d'un catalyseur, la constante de vitesse est k_c (appelée constante de vitesse catalytique) :

$$A + B \xrightarrow{k_c} C + D$$

Selon la définition d'un catalyseur :

$$\text{vitesse}_{\text{catalysée}} > \text{vitesse}_{\text{non catalysée}}$$

La figure 3.20 montre les courbes d'énergie potentielle des deux réactions. Notez que les énergies totales des réactifs (A et B) et des produits (C et D) ne sont pas influencées par le catalyseur ; la seule différence entre les deux réactions réside dans l'abaissement de l'énergie d'activation, de E_a à E'_a. Puisqu'il abaisse du même coup l'énergie d'activation de la réaction inverse, le catalyseur augmente donc également la vitesse de la réaction inverse.

On distingue trois principaux types de catalyses, selon la nature du catalyseur : la catalyse hétérogène, la catalyse homogène et la catalyse enzymatique.

La catalyse hétérogène

Dans la *catalyse hétérogène*, les réactifs et le catalyseur sont dans des phases différentes. Habituellement, le catalyseur est un solide et les réactifs sont des gaz ou des liquides. La catalyse hétérogène est de loin le type de catalyse le plus important en chimie industrielle, notamment dans la synthèse de nombreuses substances clés. Voyons deux exemples de catalyse hétérogène.

Le MnO_2 catalyse la décomposition thermique de $KClO_3$. L'oxygène gazeux produit permet la combustion de l'éclisse de bois.

NOTE

Pour poursuivre l'analogie avec le trafic sur une route, on peut comparer la présence du catalyseur au creusage d'un tunnel à travers une montagne pour raccorder deux villages qui étaient autrefois reliés seulement par une route montagneuse peu praticable.

NOTE

Les catalyseurs sont très souvent des métaux de transition ou des composés de ces éléments.

Figure 3.20 *Comparaison des énergies d'activation d'une réaction non catalysée et de la même réaction catalysée. Le catalyseur abaisse l'énergie d'activation sans modifier les énergies des réactifs et des produits. Bien que les réactifs et les produits soient les mêmes dans les deux cas, les mécanismes réactionnels et les lois de vitesse sont différents en a) et en b), d'où l'utilisation de deux profils énergétiques distincts pour illustrer le déroulement de la réaction.*

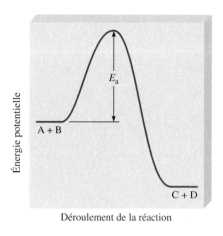

a)

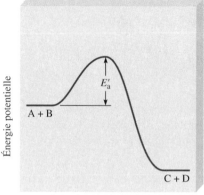

b)

La synthèse de l'ammoniac selon le procédé Haber

L'ammoniac a une importance économique et industrielle très grande. Elle est surtout utilisée pour la production d'engrais et la fabrication d'explosifs, tout en ayant de multiples autres usages. Au début du XXe siècle, plusieurs chimistes ont tenté de synthétiser l'ammoniac à partir de l'azote et de l'hydrogène. Les réserves d'azote de l'air sont presque inépuisables, et l'hydrogène gazeux peut être produit facilement par le passage de vapeur d'eau sur du charbon chaud :

$$H_2O(g) + C(s) \longrightarrow CO(g) + H_2(g)$$

L'hydrogène est aussi un sous-produit de l'industrie pétrolière (raffinage).

La formation de NH_3 à partir de N_2 et de H_2 est exothermique :

$$N_2(g) + 3H_2(g) \longrightarrow 2NH_3(g) \qquad \Delta H^0 = -92,6 \text{ kJ}$$

Mais la vitesse de réaction est très lente à la température de la pièce. Pour être utile à l'échelle industrielle, une réaction doit avoir *à la fois* une assez grande vitesse et un bon rendement. Une élévation de la température augmente la vitesse de la production de NH_3, mais elle favorise en même temps la décomposition des molécules de NH_3 en N_2 et en H_2, ce qui diminue le rendement.

En 1905, après avoir fait des essais avec des centaines de composés à différentes températures et pressions, Fritz Haber a découvert qu'un mélange de fer contenant un faible pourcentage d'oxydes de potassium et d'aluminium pouvait servir de catalyseur pour la réaction entre l'hydrogène et l'azote afin de produire de l'ammoniac à une température autour de 500 °C. Cette méthode se nomme aujourd'hui le *procédé Haber*.

Au cours d'une catalyse hétérogène, la réaction a lieu habituellement à la surface du solide catalytique. Durant la première étape du procédé Haber, il y a dissociation de N_2 et de H_2 au contact de la surface métallique (*figure 3.21*). Même si les espèces dissociées ne sont pas de véritables atomes à l'état libre parce qu'elles sont liées à la surface, elles sont cependant très réactives. Les deux espèces de réactifs se comportent de manière fort différente sur la surface du catalyseur. Des recherches ont démontré que H_2 se dissocie en hydrogène atomique à des températures aussi basses que -196 °C (ce qui correspond au point d'ébullition de l'azote liquide). Par contre, les molécules d'azote se dissocient à environ 500 °C. Les atomes très réactifs de N et de H se combinent rapidement à haute température pour produire les molécules d'ammoniac désirées :

$$N + 3H \longrightarrow NH_3$$

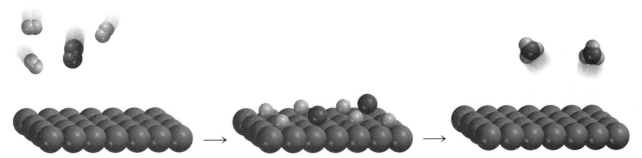

Figure 3.21 *L'action catalytique au cours de la synthèse de l'ammoniac. D'abord les molécules de H$_2$ et de N$_2$ adhèrent à la surface. Cette interaction affaiblit les liens covalents et cause la dissociation des molécules. Les atomes très réactifs migrent sur la surface et peuvent ainsi se combiner éventuellement en formant des molécules de NH$_3$, lesquelles quittent ensuite la surface.*

La production industrielle d'acide nitrique

L'acide nitrique est l'un des plus importants acides inorganiques. On l'utilise dans la production d'engrais, de colorants, de médicaments et d'explosifs. Pour produire de l'acide nitrique, l'industrie recourt surtout au *procédé Ostwald*. Ce procédé consiste à chauffer, à environ 800 °C, les substances de départ, de l'ammoniac et de l'oxygène moléculaire, en présence d'un catalyseur, du platine-rhodium (Pt/Rh) (*figure 3.22*) :

$$4NH_3(g) + 5O_2(g) \xrightarrow{Pt/Rh} 4NO(g) + 6H_2O(g)$$

L'oxyde d'azote formé s'oxyde facilement (sans catalyse) en dioxyde d'azote :

$$2NO(g) + O_2(g) \longrightarrow 2NO_2(g)$$

Dissous dans l'eau, NO$_2$ forme de l'acide nitreux et de l'acide nitrique :

$$2NO_2(g) + H_2O(l) \longrightarrow HNO_2(aq) + HNO_3(aq)$$

Sous l'effet de la chaleur, l'acide nitreux est converti en acide nitrique :

$$3HNO_2(aq) \longrightarrow HNO_3(aq) + H_2O(l) + 2NO(g)$$

On peut récupérer le NO formé et le réutiliser pour produire du NO$_2$ dans la deuxième étape.

Figure 3.22 *Le catalyseur platine-rhodium utilisé dans le procédé Ostwald.*

Les convertisseurs catalytiques

À haute température, dans un moteur d'automobile en marche, l'azote et l'oxygène gazeux réagissent pour former de l'oxyde d'azote :

$$N_2(g) + O_2(g) \rightleftharpoons 2NO(g)$$

Libéré dans l'atmosphère, NO se combine rapidement à O_2 pour former NO_2. Le dioxyde d'azote et d'autres gaz émis par les automobiles, comme l'oxyde de carbone (CO) et les différents hydrocarbures non consumés, font que les gaz d'échappement sont une source importante de pollution atmosphérique.

C'est pourquoi la plupart des nouvelles voitures sont équipées d'un convertisseur catalytique (*figure 3.23*), qui a deux fonctions : il oxyde le CO et les hydrocarbures non consumés en CO_2 et en H_2O ; il réduit NO et NO_2 en N_2 et en O_2. Pour ce faire, les gaz d'échappement chauds, dans lesquels de l'air a été injecté, passent dans la première chambre du convertisseur où la combustion complète des hydrocarbures est accélérée et l'émission de CO est diminuée. (La *figure 3.24* montre une section longitudinale d'un convertisseur catalytique, contenant du Pt ou du Pd ou un oxyde d'un métal de transition, comme CuO ou Cr_2O_3). Cependant, puisque les températures élevées augmentent la production de NO, il faut une seconde chambre contenant un catalyseur différent (un métal de transition ou un oxyde de métal de transition comme CuO ou Cr_2O_3) et fonctionnant à des températures plus basses pour dissocier NO en N_2 et en O_2 avant que ces substances soient libérées dans l'environnement.

Figure 3.23 *Convertisseur catalytique à deux étapes utilisé dans les automobiles.*

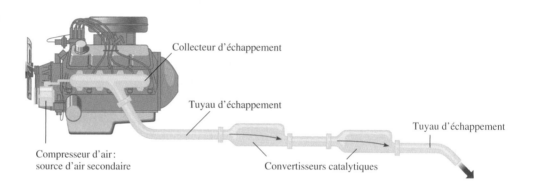

Collecteur d'échappement

Tuyau d'échappement

Tuyau d'échappement

Compresseur d'air : source d'air secondaire

Convertisseurs catalytiques

Figure 3.24 *Écorché d'un convertisseur catalytique. Les granules contiennent du platine, du palladium et du rhodium, qui catalysent la combustion du CO et des hydrocarbures.*

La catalyse homogène

Dans la *catalyse homogène*, les réactifs et le catalyseur sont dans la même phase, habituellement liquide. En solution liquide, les acides et les bases représentent les plus importants types de catalyseurs. Par exemple, la réaction de l'acétate d'éthyle avec l'eau qui forme de l'acide acétique et de l'éthanol se produit normalement trop lentement pour qu'on puisse en mesurer la vitesse.

$$CH_3-\overset{\overset{\textstyle O}{\|}}{C}-O-C_2H_5 + H_2O \longrightarrow CH_3-\overset{\overset{\textstyle O}{\|}}{C}-OH + C_2H_5OH$$

        Acétate d'éthyle   Acide acétique   Éthanol

En l'absence d'un catalyseur, la loi de vitesse est donnée par

$$v = k[CH_3COOC_2H_5]$$

Cependant, cette réaction peut être catalysée par un acide. En présence d'acide chlorhydrique, la loi de vitesse est

$$v = k_c \, [CH_3COOC_2H_5][H^+]$$

Remarquons que parce que $k_c > k$, la vitesse est déterminée seulement par l'étape catalysée de la réaction.

     La catalyse homogène peut aussi avoir lieu dans la phase gazeuse. Un exemple bien connu de réaction catalysée en phase gazeuse est la production d'acide sulfurique par le *procédé des chambres de plomb*, qui a été durant plusieurs années la plus importante méthode de préparation industrielle de l'acide sulfurique. En débutant avec le soufre, on s'attendrait à ce que la production d'acide sulfurique se fasse selon les étapes suivantes :

$$S(s) + O_2(g) \longrightarrow SO_2(g)$$
$$2SO_2(g) + O_2(g) \longrightarrow 2SO_3(g)$$
$$H_2O(l) + SO_3(g) \longrightarrow H_2SO_4(aq)$$

NOTE

L'appellation *chambres de plomb* vient du fait que l'acide sulfurique est produit dans des tours recouvertes de plomb métallique qui ont tôt fait de réagir en surface avec l'acide sulfurique, formant ainsi un revêtement protecteur de sulfate de plomb.

     En réalité, le dioxyde de soufre n'est pas converti directement en trioxyde de soufre, mais il est converti plus efficacement en présence de dioxyde d'azote agissant ici comme catalyseur :

$$2SO_2(g) + 2NO_2(g) \longrightarrow 2SO_3(g) + 2NO(g)$$
$$\underline{2NO(g) + O_2(g) \longrightarrow 2NO_2(g)}$$

Réaction globale : $2SO_2(g) + O_2(g) \longrightarrow 2SO_3(g)$

     Remarquez qu'il n'y a aucune perte nette de NO_2 au cours de cette réaction globale, le NO_2 agissant comme un catalyseur.

     Ces dernières années, les chimistes ont fait beaucoup d'efforts dans le but de créer une classe de composés métalliques pouvant servir de catalyseurs en milieu homogène. Ces composés sont solubles dans une grande variété de solvants organiques et peuvent donc être utilisés dans le même solvant que celui qui est requis pour dissoudre les réactifs. Plusieurs réactions catalysées par ces composés métalliques sont des réactions organiques. Par exemple, le composé rouge violacé de rhodium, $[(C_6H_5)_3P]_3RhCl$, catalyse la conversion des liaisons doubles carbone-carbone en liaison simple carbone-carbone ainsi :

$$\underset{|\quad\quad|}{\overset{|\quad\quad|}{C=C}} + H_2 \longrightarrow \underset{|\quad\quad|}{-\underset{H}{\overset{|}{C}}-\underset{H}{\overset{|}{C}}-}$$

La catalyse homogène comporte plusieurs avantages par rapport à la catalyse hétérogène. D'une part, les réactions peuvent souvent avoir lieu dans les conditions atmosphériques, ce qui réduit les coûts de production et diminue la décomposition des produits à température élevée. D'autre part, les catalyseurs homogènes peuvent être conçus spécifiquement pour tel type de réactions tout en coûtant moins cher que les métaux précieux (comme l'or et le platine par exemple) utilisés en catalyse hétérogène.

NOTE

Cette réaction est importante dans l'industrie alimentaire. Elle permet de convertir des « graisses insaturées » (des composés contenant plusieurs liaisons $C=C$) en « graisses saturées » (des composés contenant peu ou pas de liaisons $C=C$).

La catalyse enzymatique

De tous les processus complexes en jeu dans les systèmes vivants, aucun n'est plus frappant ni plus essentiel que la catalyse enzymatique. Il s'agit d'une catalyse effectuée par des **enzymes,** des *catalyseurs biologiques.* Ce qui est remarquable dans ce cas, c'est que non seulement les enzymes accélèrent les réactions biochimiques de facteurs de l'ordre de 10^6 à 10^{12}, mais elles sont également très *spécifiques.* En effet, une enzyme n'agit que sur certaines molécules, appelées *substrats* (c'est-à-dire réactifs), tout en laissant le reste du système intact. On estime qu'une cellule vivante moyenne contient environ 3000 enzymes différentes, et que chacune catalyse une réaction spécifique qui convertit un substrat en produits appropriés. La catalyse enzymatique est homogène, car les substrats, les enzymes et les produits sont tous en solution aqueuse.

Une enzyme est une grosse protéine qui contient un ou plusieurs *sites actifs* où ont lieu les interactions avec les substrats. Ces sites sont compatibles, du point de vue structural, avec des molécules spécifiques, à la manière d'une serrure et de sa clé (*figure 3.25*). Cependant, une molécule d'enzyme (ou au moins son site actif) a une structure relativement flexible et peut modifier sa forme pour réagir avec plus d'un substrat. La figure 3.26 montre un modèle moléculaire d'une enzyme en action.

Figure 3.25 *Analogie entre la spécificité d'une serrure pour une clé et celle d'une enzyme pour son substrat.*

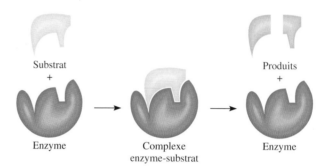

Substrat
+

Enzyme

Complexe
enzyme-substrat

Produits
+

Enzyme

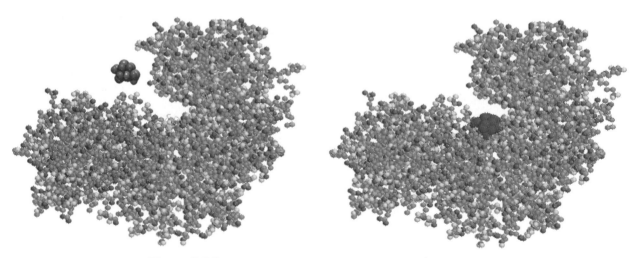

Figure 3.26 *La fixation d'un substrat sur une enzyme. (À gauche) Le substrat, une molécule de glucose, s'approche de l'enzyme hexokinase. (À droite) La molécule de glucose est liée au site actif et va subir une modification chimique pour donner un produit.*

Le traitement mathématique de la cinétique enzymatique est très complexe, même quand on connaît les principales étapes d'une telle réaction. En voici un schéma simplifié :

$$E + S \underset{k_{-1}}{\overset{k_1}{\rightleftharpoons}} ES$$

$$ES \xrightarrow{k_2} E + P$$

où E, S et P représentent l'enzyme, le substrat et le produit ; ES est l'intermédiaire enzyme-substrat. La figure 3.27 montre les courbes d'énergie potentielle de la réaction. On suppose souvent que la formation de ES et sa dissociation en enzyme et en substrat se produisent rapidement et que la réaction cinétiquement limitante est celle de la formation du produit. En général, la vitesse d'une telle réaction est donnée par l'équation suivante :

$$v = \frac{\Delta[P]}{\Delta t}$$

$$v = k[ES]$$

La concentration de l'intermédiaire ES est elle-même proportionnelle à la quantité de substrat présent ; la mise en graphe de la vitesse en fonction de la concentration de substrat donne habituellement une courbe comme celle de la figure 3.28. Au début, la vitesse augmente rapidement avec la concentration du substrat. Cependant, au-delà d'une certaine concentration, tous les sites actifs sont occupés et la réaction devient d'ordre zéro par rapport au substrat. Autrement dit, la vitesse reste la même malgré l'augmentation de la concentration du substrat. À ce point et au-delà, la vitesse de formation du produit ne dépend plus que de la vitesse de rupture de l'intermédiaire ES, et non du nombre de molécules de substrat présentes.

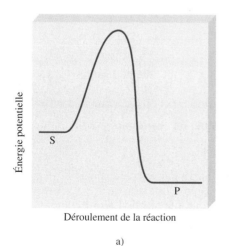

a)

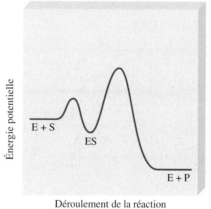

b)

Figure 3.27 *Comparaison entre a) une réaction non catalysée et b) la même réaction catalysée par une enzyme. D'après la courbe en b), la réaction catalysée se produirait en deux étapes, et c'est la seconde (ES⟶ E + P) qui serait cinétiquement limitante.*

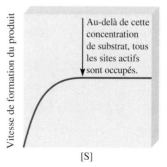

Figure 3.28 *Variation de la vitesse de formation du produit en fonction de la concentration de substrat dans une réaction catalysée par une enzyme.*

Résumé

1. La vitesse d'une réaction chimique s'exprime par la variation de la concentration des réactifs ou des produits en fonction du temps. En général, cette vitesse n'est pas constante, elle varie continuellement avec la concentration.

2. La loi de vitesse est une expression reliant la vitesse d'une réaction à sa constante de vitesse et aux concentrations des réactifs élevées aux puissances appropriées. La constante de vitesse k d'une réaction donnée ne varie qu'avec la température.

3. L'ordre global de la réaction est la somme des exposants auxquels les concentrations des réactifs sont élevées dans la loi de vitesse. On ne peut déterminer la loi de vitesse ni l'ordre de la réaction à partir de la stœchiométrie d'une réaction globale ; il faut le faire expérimentalement. Pour une réaction d'ordre zéro, la vitesse de réaction est égale à la constante de vitesse.

4. La demi-vie d'une réaction (le temps requis à la concentration d'un réactif pour diminuer de moitié) peut servir à déterminer la constante de vitesse d'une réaction d'ordre un.

5. Selon la théorie des collisions, une réaction se produit quand les molécules se heurtent avec suffisamment d'énergie (énergie d'activation) pour rompre les liaisons et faire démarrer la réaction. L'équation d'Arrhenius met en relation la constante de vitesse, l'énergie d'activation et la température.

6. L'équation globale équilibrée d'une réaction peut être la somme d'une série de réactions simples, dites « élémentaires » et constituant chacune une étape. La série complète des réactions élémentaires conduisant à la formation des produits en autant d'étapes constitue le mécanisme réactionnel.

7. La réaction (ou étape) la plus lente d'un mécanisme se nomme « étape limitante » ou « étape déterminante ».

8. Habituellement, un catalyseur accélère une réaction en abaissant la valeur de E_a ; il est inchangé à la fin d'une réaction.

9. Dans la catalyse hétérogène, importante en industrie, le catalyseur est un solide et les réactifs sont des gaz ou des liquides. Dans la catalyse homogène, le catalyseur et les réactifs sont dans la même phase. Dans les systèmes vivants, ce sont les enzymes qui jouent le rôle de catalyseurs.

Équations clés

• vitesse $= k[A]^x [B]^y$	Loi de vitesse. La somme $(x + y)$ donne l'ordre global de la réaction	(3.1)
• $\ln \dfrac{[A]_0}{[A]} = kt$	Relation entre la concentration et le temps pour une réaction d'ordre un	(3.3)
• $\ln[A] = -kt + \ln[A]_0$	Équation linéaire pour déterminer graphiquement la valeur de k d'une réaction d'ordre un Loi de vitesse intégrée pour une réaction d'ordre un	(3.4)
• $t_{\frac{1}{2}} = \dfrac{0,693}{k}$	Permet de calculer la demi-vie d'une réaction d'ordre un	(3.5)
• $\dfrac{1}{[A]} = kt + \dfrac{1}{[A]_0}$	Relation entre le temps et la concentration pour une réaction d'ordre deux Loi de vitesse intégrée pour une réaction d'ordre deux	(3.6)
• $t_{\frac{1}{2}} = \dfrac{1}{k[A]_0}$	Permet de calculer la demi-vie d'une réaction d'ordre deux	(3.7)

- $[A] = kt + [A]_0$

  Relation entre le temps et la concentration pour une réaction d'ordre zéro

  Loi de vitesse intégrée pour une réaction d'ordre zéro   (3.8)

- $t_{\frac{1}{2}} = \dfrac{[A]_0}{2k}$

  Permet de calculer la demi-vie d'une réaction d'ordre zéro   (3.9)

- $k = Ae^{-E_a/RT}$

  L'équation d'Arrhenius exprimant la relation entre l'énergie d'activation, la température et la constante de vitesse   (3.10)

- $\ln k = -\dfrac{E_a}{RT} + \ln A$

  Équation d'Arrhenius sous sa forme linéaire

  Permet de déterminer graphiquement l'énergie d'activation d'une réaction   (3.12)

- $\ln \dfrac{k_1}{k_2} = \dfrac{E_a}{R}\left(\dfrac{T_1 - T_2}{T_1 T_2}\right)$

  Relation entre les constantes de vitesse à deux températures différentes

  Forme linéaire de l'équation d'Arrhenius appliquée à deux points (deux valeurs correspondantes de k et de T)   (3.13)

Note : Vous pouvez aussi utiliser le tableau 3.3 à la page 95 pour avoir une meilleure vue d'ensemble des ordres de réaction.

Mots clés

Catalyseur, p. 109
Cinétique chimique, p. 76
Complexe activé, p. 97
Constante de vitesse, p. 79
Demi-vie, p. 89
Énergie d'activation (E_a), p. 97
Enzyme, p. 114
Équation d'Arrhenius, p. 98
Étape limitante (ou déterminante), p. 103

Intermédiaire, p. 102
Loi de vitesse, p. 82
Loi de vitesse intégrée, p. 87
Mécanisme réactionnel, p. 101
Molécularité, p. 102
Ordre de réaction, p.82
Ordre global (ou total) de réaction, p. 82
Réaction bimoléculaire, p. 102
Réaction d'ordre deux, p. 92

Réaction d'ordre un, p. 86
Réaction d'ordre zéro, p. 94
Réaction (ou étape) élémentaire, p. 101
Réaction trimoléculaire, p. 102
Réaction unimoléculaire, p. 102
Vitesse de réaction, p. 76
Vitesse instantanée, p. 78
Vitesse moyenne, p. 77

Questions et problèmes

LA VITESSE DE RÉACTION
Questions de révision

3.1   Qu'entend-on par vitesse d'une réaction chimique ?

3.2   Quelles sont les unités utilisées pour exprimer la vitesse de réaction ?

3.3   Quels sont les avantages de mesurer la vitesse au début d'une réaction ?

3.4   Pouvez-vous nommer deux réactions très lentes (dont le déroulement prend des jours ou davantage) et deux réactions très rapides (dont le déroulement prend seulement quelques minutes ou quelques secondes) ?

Problèmes

3.5   Écrivez les expressions des vitesses des réactions suivantes en fonction de la disparition des réactifs et de la formation des produits :

a) $H_2(g) + I_2(g) \longrightarrow 2HI(g)$

b) $2H_2(g) + O_2(g) \longrightarrow 2H_2O(g)$

c) $5Br^-(aq) + BrO_3^-(aq) + 6H^+(aq) \longrightarrow$
$\qquad\qquad\qquad\qquad 3Br_2(aq) + 3H_2O(l)$

3.6 Soit la réaction suivante :

$$N_2(g) + 3H_2(g) \longrightarrow 2NH_3(g)$$

Supposons qu'à un moment précis de la réaction l'hydrogène moléculaire réagit à la vitesse de 0,074 M/s. a) À quelle vitesse se forme l'ammoniac ? b) À quelle vitesse réagit l'azote moléculaire ?

LES LOIS DE VITESSE
Questions de révision

3.7 Qu'entend-on par loi de vitesse d'une réaction ?

3.8 Expliquez ce qu'est l'ordre d'une réaction ?

3.9 Quelles sont les unités associées aux constantes de vitesse des réactions d'ordre un et d'ordre deux ?

3.10 Écrivez une équation qui relie la concentration d'un réactif A à $t = 0$ et celle à $t = t$ pour une réaction d'ordre un. Définissez tous les termes et donnez-en les unités.

3.11 Soit la réaction d'ordre zéro suivante : A $\longrightarrow$ produit. a) Écrivez la loi de vitesse de la réaction. b) Quelles sont les unités qui accompagnent la constante de vitesse ? c) Faites un graphique de la vitesse de réaction en fonction de [A].

3.12 La constante de vitesse d'une réaction d'ordre un est de 66 s^{-1}. Quelle est la constante de vitesse en unités comportant des minutes ?

3.13 De laquelle des grandeurs suivantes la constante de vitesse d'une réaction dépend-elle : a) les concentrations des réactifs, b) la nature des réactifs, ou c) la température ?

3.14 Pour chacune des paires de réactions suivantes, dites quelle réaction forme le plus rapidement de l'hydrogène gazeux : a) le sodium ou le potassium avec l'eau, b) le magnésium ou le fer avec une solution de HCl 1,0 M, c) une tige de magnésium ou de la poudre de magnésium avec une solution de HCl 1,0 M, d) du magnésium avec une solution de HCl 0,10 M ou avec une solution de HCl 1,0 M.

Problèmes

3.15 La loi de vitesse de la réaction suivante :

$$NH_4^+(aq) + NO_2^-(aq) \longrightarrow N_2(g) + 2H_2O(l)$$

est $v = k[NH_4^+][NO_2^-]$. À 25 °C, la constante de vitesse est de $3,0 \times 10^{-4}/M \cdot s$. Calculez la vitesse de la réaction à cette température si [NH_4^+] = 0,26 M et [NO_2^-] = 0,080 M.

3.16 À partir des données du tableau 3.2 : a) déduisez la loi de vitesse de la réaction, b) calculez la constante de vitesse, et c) calculez la vitesse de la réaction au moment où [F_2] = 0,010 M et [ClO_2] = 0,020 M.

3.17 Soit la réaction suivante :

$$A + B \longrightarrow \text{produits}$$

D'après les données suivantes obtenues à une certaine température, déterminez l'ordre de la réaction et calculez la constante de vitesse :

[A]	[B]	Vitesse (M/s)
1,50	1,50	$3,20 \times 10^{-1}$
1,50	2,50	$3,20 \times 10^{-1}$
3,00	1,50	$6,40 \times 10^{-1}$

3.18 Soit la réaction suivante :

$$X + Y \longrightarrow Z$$

Les données suivantes sont obtenues à 360 K :

Vitesse initiale de disparition de X (M/s)	[X]	[Y]
0,147	0,10	0,50
0,127	0,20	0,30
4,064	0,40	0,60
1,016	0,20	0,60
0,508	0,40	0,30

a) Déterminez l'ordre de la réaction. b) Déterminez la vitesse initiale de disparition de X quand sa concentration est de 0,30 M, et celle de Y de 0,40 M.

3.19 Déterminez l'ordre global des réactions qui répondent aux lois de vitesse suivantes : a) $v = k[NO_2]^2$ b) $v = k$, c) $v = k[H_2][Br_2]^{\frac{1}{2}}$, d) $v = k[NO]^2[O_2]$.

3.20 Soit la réaction suivante :

$$A \longrightarrow B$$

La vitesse de la réaction est de $1,6 \times 10^{-2}$ M/s quand la concentration de A est 0,35 M. Calculez la constante de vitesse si la réaction est : a) d'ordre un en A, b) d'ordre deux en A.

3.21 Le cyclobutane se décompose en éthylène selon l'équation

$$C_4H_8(g) \longrightarrow 2C_2H_4(g)$$

Déterminez l'ordre de la réaction et la constante de vitesse d'après les mesures de pression suivantes à 430 °C et à volume constant.

Temps (s)	$P_{C_4H_8}$ (mm Hg)
0	400
2 000	316
4 000	248
6 000	196
8 000	155
10 000	122

3.22 On a étudié la réaction suivante en phase gazeuse à 290 °C en observant les changements de pression en fonction du temps à volume constant:

$$ClCO_2CCl_3(g) \longrightarrow 2COCl_2(g)$$

Déterminez l'ordre de cette réaction et sa constante de vitesse à l'aide des données suivantes:

Temps (s)	P (mm Hg)
0	15,76
181	18,88
513	22,79
1164	27,08

LA DEMI-VIE D'UNE RÉACTION
Questions de révision

3.23 Écrivez une équation reliant la concentration d'un réactif A au temps $t = 0$ à la concentration au temps $t = t$ pour une réaction du premier ordre. Définissez tous les termes et mentionnez les unités. Faites la même chose pour une réaction d'ordre deux.

3.24 Définissez la demi-vie d'une réaction. Écrivez l'équation qui relie la demi-vie d'une réaction d'ordre un à la constante de vitesse.

3.25 Écrivez les équations reliant la demi-vie d'une réaction d'ordre deux à la constante de vitesse. Quelle différence y a-t-il avec l'équation de la demi-vie pour une réaction d'ordre un?

3.26 Soit une réaction d'ordre un; combien de temps faudra-t-il pour que la concentration du réactif soit au huitième de sa valeur initiale? Exprimez votre réponse en termes de la demi-vie $(t_{\frac{1}{2}})$ et en termes de la constante de vitesse (k).

Problèmes

3.27 Quelle est la demi-vie d'un composé si 75 % d'un échantillon de ce composé se décompose en 60 minutes? Supposez qu'il s'agit d'une cinétique d'ordre un.

3.28 La décomposition thermique de la phosphine (PH_3) en phosphore et en hydrogène moléculaire est une réaction d'ordre un:

$$4PH_3(g) \longrightarrow P_4(g) + 6H_2(g)$$

La demi-vie de la réaction est de 35,0 s à 680 °C. Calculez a) la constante de vitesse de la réaction et b) le temps nécessaire pour que 95 % de la phosphine se décompose.

3.29 La constante de vitesse pour la réaction d'ordre deux suivante vaut 0,08/ $M \cdot$ s à 10 °C.

$$2NOBr(g) \longrightarrow 2NO(g) + Br_2(g)$$

a) Si la concentration initiale de NOBr est de 0,086 M, quelle sera la concentration de ce réactif après 22 s? b) Calculez les demi-vies lorsque $[NOBr]_0 = 0,072\ M$ et $[NOBr]_0 = 0,054\ M$.

3.30 La constante de vitesse pour la réaction suivante d'ordre deux vaut 0,54/$M \cdot$ s à 300 °C.

$$2NO_2(g) \longrightarrow 2NO(g) + O_2(g)$$

Combien faudra-t-il de temps (en secondes) pour que la concentration de NO_2 change de 0,62 M à 0,28 M?

L'ÉNERGIE D'ACTIVATION
Questions de révision

3.31 Définissez l'expression «énergie d'activation». Quel rôle joue l'énergie d'activation en cinétique chimique?

3.32 Écrivez l'équation d'Arrhenius et définissez tous ses termes.

3.33 Utilisez l'équation d'Arrhenius pour démontrer que la constante de vitesse d'une réaction a) diminue quand l'énergie d'activation augmente et b) augmente quand la température augmente.

3.34 Comme on le sait, le méthane brûle facilement dans de l'oxygène; cette réaction est très exothermique. Cependant, on peut garder un mélange de méthane et d'oxygène gazeux indéfiniment sans changement apparent. Comment est-ce possible?

3.35 Faites un graphique de l'énergie potentielle en fonction du déroulement de la réaction pour chacune des réactions suivantes:

a) $S(s) + O_2(g) \longrightarrow SO_2(g)$ $\Delta H° = -296,06$ kJ

b) $Cl_2(g) \longrightarrow Cl(g) + Cl(g)$ $\Delta H° = 242,7$ kJ

3.36 Durant de nombreuses années, on a étudié la réaction suivante: $H + H_2 \longrightarrow H_2 + H$. Faites un profil énergétique de cette réaction (variation de l'énergie potentielle en fonction du déroulement).

Problèmes

3.37 Le tableau ci-dessous donne la variation de la constante de vitesse en fonction de la température pour la réaction d'ordre 1 suivante:

$$2N_2O_5(g) \longrightarrow 2N_2O_4(g) + O_2(g)$$

Déterminez à l'aide d'un graphique l'énergie d'activation de cette réaction.

T (K)	k (s^{-1})
273	$7,87 \times 10^3$
298	$3,46 \times 10^5$
318	$4,98 \times 10^6$
338	$4,87 \times 10^7$

3.38 Soit la réaction suivante :

$$CO(g) + Cl_2(g) \longrightarrow COCl_2(g)$$

Pour les mêmes concentrations, elle est $1,50 \times 10^3$ fois plus rapide à 250 °C qu'à 150 °C. Calculez son énergie d'activation. Considérez que le facteur de fréquence de collisions (A) est constant.

3.39 Soit la réaction suivante :

$$NO(g) + O_3(g) \longrightarrow NO_2(g) + O_2(g)$$

Si le facteur de fréquence (A) vaut $8,7 \times 10^{12}$ s^{-1} et que l'énergie d'activation vaut 63 kJ/mol, quelle est la constante de vitesse de cette réaction à 75 °C ?

3.40 La constante de vitesse d'une réaction d'ordre un est de $4,60 \times 10^{-4}$ s^{-1} à 350 °C. Si l'énergie d'activation est de 104 kJ/mol, calculez la température à laquelle sa constante de vitesse est de $8,80 \times 10^{-4}$ s^{-1}.

3.41 Les constantes de vitesse de certaines réactions doublent chaque fois que la température augmente de 10 degrés. a) Si une réaction est observée à 295 K puis à 305 K, quelle doit être son énergie d'activation pour que sa constante de vitesse double entre les deux observations ? b) Est-ce que la vitesse doublera aussi pour la même augmentation de température ?

3.42 À 27 °C, trois criquets stridulent $2,0 \times 10^2$ fois par minute ; à 5 °C, seulement 39,6 fois par minute. Selon ces données, calculez « l'énergie d'activation » de ce processus. (*Indice* : le rapport des vitesses est égal aux rapports des constantes de vitesse.)

LES MÉCANISMES RÉACTIONNELS
Questions de révision

3.43 Qu'entend-on par mécanisme réactionnel ?

3.44 Qu'est-ce qu'une réaction élémentaire ?

3.45 Dites ce qu'est la molécularité d'une réaction ?

3.46 Les réactions peuvent être dites unimoléculaires, bimoléculaires, etc. Pourquoi n'y a-t-il pas de réaction zéromoléculaire ?

3.47 Pourquoi les réactions trimoléculaires sont-elles rares ?

3.48 Qu'est-ce qu'une réaction cinétiquement limitante ? Donnez un exemple tiré de la vie quotidienne pour illustrer cette définition.

3.49 L'équation de la combustion de l'éthane (C_2H_6) est la suivante :

$$2C_2H_6 + 7O_2 \longrightarrow 4CO_2 + 6H_2O$$

Dites pourquoi il est à peu près impossible que cette équation représente aussi la réaction élémentaire.

3.50 Lesquelles des espèces suivantes ne peuvent être isolées durant une réaction : le complexe activé, le produit, l'intermédiaire ?

Problèmes

3.51 Soit la réaction suivante :

$$2NO(g) + Cl_2(g) \longrightarrow 2NOCl(g)$$

La loi de vitesse de cette réaction est $v = k[NO][Cl_2]$. a) Quel est l'ordre de cette réaction ? b) Pour cette réaction, on a proposé un mécanisme mettant en jeu les réactions élémentaires suivantes :

$$NO(g) + Cl_2(g) \longrightarrow NOCl_2(g)$$

$$NOCl_2(g) + NO(g) \longrightarrow 2NOCl(g)$$

Si ce mécanisme est adéquat, qu'est-ce que cela implique à propos des vitesses relatives de ces deux réactions élémentaires ? Quelle est l'étape limitante ?

3.52 Dans le cas de la réaction $X_2 + Y + Z \longrightarrow XY + XZ$, on constate ce qui suit : si l'on double la concentration de X_2, la vitesse de la réaction double ; si l'on triple la concentration de Y, la vitesse triple ; si l'on double la concentration de Z, il n'y a aucun changement de vitesse. a) Quelle est la loi de vitesse de cette réaction ? b) Pourquoi une modification de la concentration de Z n'a-t-elle aucun effet sur la vitesse ? c) Suggérez un mécanisme pour cette réaction qui soit en accord avec la loi de vitesse.

3.53 La loi de vitesse pour la décomposition de l'ozone en oxygène moléculaire selon l'équation

$$2O_3(g) \longrightarrow 3O_2(g)$$

est

$$\text{vitesse} = k \frac{[O_3]^2}{[O_2]}$$

Voici le mécanisme proposé pour cette réaction :

$$O_3 \underset{k_{-1}}{\overset{k_1}{\rightleftharpoons}} O + O_2$$

$$O + O_3 \overset{k_2}{\longrightarrow} 2O_2$$

Déduisez la loi de vitesse à partir de ces étapes élémentaires. Expliquez clairement sur quelles suppositions vous vous basez pour proposer cette loi de vitesse. Expliquez pourquoi la vitesse de cette réaction diminue lorsque la concentration d'oxygène augmente.

3.54 La loi de vitesse pour la réaction

$$2H_2(g) + 2NO(g) \longrightarrow N_2(g) + 2H_2O(g)$$

est : $\text{vitesse} = k[H_2][NO]^2$

Lequel des mécanismes réactionnels suivants faut-il éliminer en se basant sur l'expression de la relation de vitesse observée?

Mécanisme I

$$H_2 + NO \longrightarrow H_2O + N \qquad \text{(lente)}$$
$$N + NO \longrightarrow N_2 + O \qquad \text{(rapide)}$$
$$O + H_2 \longrightarrow H_2O \qquad \text{(rapide)}$$

Mécanisme II

$$H_2 + 2NO \longrightarrow N_2O + H_2O \qquad \text{(lente)}$$
$$N_2O + H_2 \longrightarrow N_2 + H_2O \qquad \text{(rapide)}$$

Mécanisme III

$$2NO \rightleftharpoons N_2O_2 \qquad \text{(équilibre rapide)}$$
$$N_2O_2 + H_2 \longrightarrow N_2O + H_2O \qquad \text{(lente)}$$
$$N_2O + H_2 \longrightarrow N_2 + H_2O \qquad \text{(rapide)}$$

LA CATALYSE
Questions de révision

3.55 Comment un catalyseur augmente-t-il la vitesse d'une réaction?

3.56 Quelles sont les caractéristiques d'un catalyseur?

3.57 Une certaine réaction se produit lentement à la température ambiante. Est-il possible que cette réaction se produise plus vite sans changement de température?

3.58 Faites la distinction entre catalyse homogène et catalyse hétérogène. Décrivez quelques procédés industriels importants qui utilisent la catalyse hétérogène.

3.59 Les réactions catalysées par des enzymes sont-elles des exemples de catalyse homogène ou hétérogène?

3.60 Les concentrations des enzymes dans les cellules sont habituellement assez faibles. Quelle est l'importance biologique de ce fait?

Problèmes

3.61 La plupart des réactions, dont les réactions catalysées par des enzymes, se produisent plus rapidement à des températures élevées. Cependant, pour une enzyme donnée, la vitesse de réaction tombe rapidement à une certaine température. Expliquez ce phénomène.

3.62 Soit le mécanisme suivant pour cette réaction enzymatique:

$$E + S \underset{k_{-1}}{\overset{k_1}{\rightleftharpoons}} ES \qquad \text{(équilibre rapidement atteint)}$$

$$ES \xrightarrow{k_2} E + P \qquad \text{(lente)}$$

Écrivez l'expression de la loi de vitesse pour cette réaction en fonction des concentrations de E et de S. (*Indice*: pour calculer [ES], tenez compte du fait que, à l'équilibre, la vitesse de la réaction directe est égale à celle de la réaction inverse.)

Problèmes variés

3.63 Suggérez des moyens expérimentaux permettant d'observer la vitesse des réactions suivantes:

a) $CaCO_3(s) \longrightarrow CaO(s) + CO_2(g)$

b) $Cl_2(g) + 2Br^-(aq) \longrightarrow Br_2(aq) + 2Cl^-(aq)$

c) $C_2H_6(g) \longrightarrow C_2H_4(g) + H_2(g)$

3.64 Nommez quatre facteurs qui influencent la vitesse d'une réaction.

3.65 «La constante de vitesse de la réaction suivante:

$$NO_2(g) + CO(g) \longrightarrow NO(g) + CO_2(g)$$

est de $1,64 \times 10^{-6}/M \cdot s$». Que manque-t-il à cette affirmation?

3.66 Dans un procédé industriel utilisant la catalyse hétérogène, le volume du catalyseur (une sphère) est de $10,0$ cm^3. Calculez la surface de ce catalyseur. Si la sphère se sépare en huit sphères de $1,25$ cm^3 chacune, quelle est la surface totale des sphères? Sous laquelle de ces deux formes (la sphère ou les petites sphères) le catalyseur est-il le plus efficace? Pourquoi? (La surface d'une sphère est donnée par $4\pi r^2$, où r est le rayon de la sphère.)

3.67 Quand le phosphate de méthyle est chauffé en solution acide, il réagit avec l'eau:

$$CH_3OPO_3H_2 + H_2O \longrightarrow CH_3OH + H_3PO_4$$

Si cette réaction se produit dans de l'eau enrichie de ^{18}O, on retrouve l'isotope ^{18}O dans l'acide phosphorique mais non dans le méthanol. Qu'est-ce que cela indique sur le mécanisme de la réaction?

3.68 La vitesse de la réaction suivante:

$$CH_3COOC_2H_5(aq) + H_2O(l)$$
$$\longrightarrow CH_3COOH(aq) + C_2H_5OH(aq)$$

présente des caractéristiques d'ordre un (c'est-à-dire que $v = k[CH_3COOC_2H_5]$) même si c'est une réaction d'ordre deux (ordre un en $CH_3COOC_2H_5$ et ordre un en H_2O). Dites pourquoi.

3.69 Pourquoi la plupart des métaux utilisés comme catalyseurs sont-ils des métaux de transition?

3.70 La bromation de l'acétone est catalysée par un acide:

$$CH_3COCH_3 + Br_2 \xrightarrow[\text{catalyseur}]{H^+}$$
$$CH_3COCH_2Br + H^+ + Br^-$$

On a mesuré la vitesse de disparition du brome à différentes concentrations d'acétone, de brome et d'ions H^+, à une certaine température:

	$[CH_3COCH_3]$	$[Br_2]$	$[H^+]$	Vitesse de disparition de Br_2 (M/s)
a)	0,30	0,050	0,050	$5,7 \times 10^{-5}$
b)	0,30	0,10	0,050	$5,7 \times 10^{-5}$
c)	0,30	0,050	0,10	$1,2 \times 10^{-4}$
d)	0,40	0,050	0,20	$3,1 \times 10^{-4}$
e)	0,40	0,050	0,050	$7,6 \times 10^{-5}$

a) Quelle est la loi de vitesse de cette réaction ?
b) Déterminez la constante de vitesse.

3.71 La réaction $2A + 3B \longrightarrow C$ est d'ordre un en A et en B. Si les concentrations initiales sont [A] = $1,6 \times 10^{-2}$ M et [B] = $2,4 \times 10^{-3}$ M, la vitesse est de $4,1 \times 10^{-4}$ M/s. Calculez la constante de vitesse de cette réaction.

3.72 La décomposition de N_2O en N_2 et en O_2 est une réaction d'ordre un. À 730 °C, la demi-vie de cette réaction et de $3,58 \times 10^3$ minutes. Si la pression initiale de N_2O est de 2,10 atm à 730 °C, calculez la pression gazeuse totale après une demi-vie. Supposez que le volume reste constant.

3.73 La réaction suivante :

$$S_2O_8^{2-} + 2I^- \longrightarrow 2SO_4^{2-} + I_2$$

se produit lentement en solution aqueuse, mais très rapidement en présence d'un catalyseur, les ions Fe^{3+}. Sachant que l'ion Fe^{3+} peut oxyder I^- et que l'ion Fe^{2+} peut réduire $S_2O_8^{2-}$, écrivez un mécanisme plausible en deux étapes (deux réactions élémentaires) pour cette réaction. Dites pourquoi la réaction non catalysée est lente.

3.74 Quelles sont les unités associées à la constante de vitesse dans le cas d'une réaction d'ordre trois ?

3.75 Soit la réaction d'ordre zéro suivante : $A \longrightarrow B$. Tracez les graphiques suivants : a) la vitesse de réaction en fonction de [A] et b) [A] en fonction de t.

3.76 Un flacon contient un mélange des substances A et B. Ces deux substances se décomposent selon une cinétique d'ordre un. Les demi-vies sont de 50,0 minutes pour A et de 18,0 minutes pour B. Si, au départ, les concentrations de A et de B sont égales, combien de temps faudra-t-il pour que la concentration de A soit quatre fois supérieure à celle de B ?

3.77 En vous référant à l'exemple 3.5, dites comment vous mesureriez de façon expérimentale la pression partielle de l'azométhane en fonction du temps.

3.78 Soit la réaction suivante : $2NO_2(g) \longrightarrow N_2O_4(g)$. La loi de vitesse de cette réaction est $v = k[NO_2]^2$. Lesquelles des conditions suivantes changeront la valeur de k ? a) La pression de NO_2 double. b) La réaction se produit dans un solvant organique. c) Le volume du contenant double. d) La température diminue. e) Un catalyseur est ajouté dans le contenant.

3.79 La réaction de G_2 avec E_2 pour former 2EG est exothermique ; la réaction de G_2 avec X_2 pour former 2XG est endothermique. L'énergie d'activation de la réaction exothermique est supérieure à celle de la réaction endothermique. Tracez les profils énergétiques (courbes des variations des énergies potentielles en fonction du déroulement) de ces deux réactions sur le même graphique.

3.80 Les travailleurs de l'industrie nucléaire disent habituellement que la radioactivité d'un échantillon est relativement peu dangereuse après dix demi-vies. Calculez la fraction résiduelle d'un échantillon radioactif après cette période. (*Indice* : la désintégration radioactive obéit à une cinétique d'ordre un.)

3.81 Décrivez brièvement l'effet d'un catalyseur sur les facteurs suivants : a) l'énergie d'activation, b) le mécanisme de réaction, c) l'enthalpie d'une réaction, d) la vitesse de la réaction directe, e) la vitesse de la réaction inverse.

3.82 On ajoute 6 g de Zn granuleux à une solution de HCl à 2 M dans un bécher à la température ambiante. Il y a production d'hydrogène gazeux. Pour chacune des modifications suivantes (le volume d'acide reste constant), dites si la vitesse de formation de l'hydrogène gazeux augmente, diminue ou reste inchangée : a) on utilise 6 g de Zn poudreux ; b) on utilise 4 g de Zn granuleux ; c) on utilise de l'acide acétique 2 M au lieu de HCl 2 M ; d) la température augmente à 40 °C.

3.83 Les données suivantes ont été recueillies au cours d'une réaction entre l'hydrogène et l'oxyde d'azote, à 700 °C :

$$2H_2(g) + 2NO(g) \longrightarrow 2H_2O(g) + N_2(g)$$

Expérience	$[H_2]$	[NO]	Vitesse initiale (M/s)
1	0,010	0,025	$2,4 \times 10^{-6}$
2	0,0050	0,025	$1,2 \times 10^{-6}$
3	0,010	0,0125	$0,60 \times 10^{-6}$

a) Déterminez l'ordre de la réaction. b) Calculez la constante de vitesse. c) Suggérez un mécanisme plausible en accord avec la loi de vitesse. (*Indice* : supposez que l'atome d'oxygène est l'intermédiaire.)

3.84 Une réaction donnée d'ordre un est réalisée à 35,5 % en 4,90 minutes à 25 °C. Quelle est sa constante de vitesse ?

3.85 On a observé la décomposition du pentoxyde de diazote dans du tétrachlorure de carbone (CCl_4) à une certaine température :

$$2N_2O_5 \longrightarrow 4NO_2 + O_2$$

[N_2O_5]	Vitesse initiale (M/s)
0,92	$0,95 \times 10^{-5}$
1,23	$1,20 \times 10^{-5}$
1,79	$1,93 \times 10^{-5}$
2,00	$2,10 \times 10^{-5}$
2,21	$2,26 \times 10^{-5}$

Déterminez à l'aide d'un graphique la loi de vitesse de cette réaction et calculez sa constante de vitesse.

3.86 La décomposition thermique de N_2O_5 est d'ordre un. À 45 °C, une mise en graphe de $\ln[N_2O_5]$ en fonction de t donne une droite de pente $-6,18 \times 10^{-4}\,\text{min}^{-1}$. Quelle est la demi-vie de cette réaction ?

3.87 Quand un mélange de méthane et de brome est exposé à la lumière, la réaction suivante se produit lentement :

$$CH_4(g) + Br_2(g) \longrightarrow CH_3Br(g) + HBr(g)$$

Suggérez un mécanisme possible pour cette réaction. (*Indice* : la vapeur de brome est rouge foncé ; le méthane est incolore.)

3.88 Soit la réaction élémentaire suivante :

$$X + 2Y \longrightarrow XY_2$$

a) Écrivez la loi de vitesse de cette réaction. b) Si la vitesse initiale de formation de XY_2 est de $3,8 \times 10^{-3}$ M/s, et les concentrations initiales de X et de Y, de 0,26 M et 0,88 M, respectivement, quelle est la constante de vitesse de cette réaction ?

3.89 Soit la réaction suivante :

$$C_2H_5I(aq) + H_2O(l) \longrightarrow$$
$$C_2H_5OH(aq) + H^+(aq) + I^-(aq)$$

Comment expliquer que l'on puisse suivre le déroulement de la réaction en mesurant la conductivité de la solution ?

3.90 Un composé X subit deux réactions d'ordre un *simultanées* : $X \longrightarrow Y$ (constante de vitesse : k_1) et $X \longrightarrow Z$ (constante de vitesse : k_2). Le rapport k_1/k_2 est de 8,0 à 40 °C. Quel est ce rapport à 300 °C ? Supposez que le facteur de fréquence des deux réactions est le même.

3.91 Depuis quelques années, la couche d'ozone se détériore à une vitesse alarmante à cause des chlorofluorocarbures (CFC). Une molécule de CFC, comme $CFCl_3$, est d'abord décomposée par les rayons UV :

$$CFCl_3 \longrightarrow CFCl_2 + Cl$$

Le radical chlore réagit ensuite avec l'ozone :

$$Cl + O_3 \longrightarrow ClO + O_2$$
$$ClO + O \longrightarrow Cl + O_2$$

a) Écrivez l'équation globale de ces deux dernières réactions. b) Quels sont les rôles de Cl et de ClO ? c) Pourquoi le radical fluoré n'est-il pas important dans ce mécanisme ? d) Une suggestion pour réduire la concentration de radicaux chlore est d'ajouter des hydrocarbures, comme l'éthane (C_2H_6), à la stratosphère. Expliquez le bien-fondé de cette suggestion.

3.92 Si une automobile est munie d'un convertisseur catalytique, c'est durant les dix premières minutes après le démarrage qu'elle est le plus polluante. Pourquoi ?

3.93 La réaction $2A + 3B \longrightarrow C$ est une réaction du premier ordre au regard de A et de B. Lorsque les concentrations initiales sont

[A] $= 1,6 \times 10^{-2}$ M et [B] $= 2,4 \times 10^{-3}$, la vitesse est de $4,1 \times 10^{-4}$ M/s. Calculez la constante de vitesse de cette réaction.

3.94 Le mécanisme suivant a été proposé pour la réaction décrite au problème 3.70 :

$$CH_3-\overset{\overset{\displaystyle O}{\|}}{C}-CH_3 + H_3O^+ \rightleftharpoons CH_3-\overset{\overset{\displaystyle +OH}{\|}}{C}-CH_3 + H_2O$$
(équilibre rapide)

$$CH_3-\overset{\overset{\displaystyle +OH}{\|}}{C}-CH_3 + H_2O \longrightarrow CH_3-\overset{\overset{\displaystyle OH}{|}}{C}=CH_2 + H_3O^+$$
(lente)

$$CH_3-\overset{\overset{\displaystyle OH}{|}}{C}=CH_2 + Br_2 \longrightarrow CH_3-\overset{\overset{\displaystyle O}{\|}}{C}-CH_2Br + HBr$$
(rapide)

Démontrez que la loi déduite à partir de ce mécanisme est cohérente avec la loi trouvée en a) du problème 3.70.

3.95 a) Que pouvez-vous conclure quant à l'énergie d'activation d'une réaction dont la constante de vitesse change énormément pour de petites variations de la température ?

b) Si une réaction bimoléculaire se produit chaque fois que A et B entrent en collision, que devez-vous conclure quant au facteur orientation et quant à l'énergie d'activation de cette réaction ?

3.96 La loi de vitesse pour la réaction suivante est $v = k[NO_2]^2$.

$$CO(g) + NO_2(g) \longrightarrow CO_2(g) + NO(g)$$

Suggérez un mécanisme plausible pour cette réaction, sachant que l'espèce instable NO_3 est un intermédiaire.

3.97 Le plutonium 239 est radioactif ($t_{\frac{1}{2}} = 2,44 \times 10^5$ ans). On l'utilise dans la fabrication des réacteurs nucléaires et des bombes atomiques. S'il y a $5,0 \times 10^2$ g de cet isotope dans une petite bombe atomique, combien de temps faudra-t-il pour que le plutonium diminue par désintégration jusqu'à ce qu'il en reste $1,0 \times 10^2$ g, une quantité trop petite pour pouvoir exploser? (*Indice*: les désintégrations radioactives se font selon une cinétique d'ordre un.)

3.98 Plusieurs réactions qui se font par catalyses hétérogènes sont d'ordre zéro (vitesse $= k$). La décomposition de la phosphine (PH_3) sur du tungstène (W) en est un exemple:

$$4\ PH_3(g) \longrightarrow P_4(g) + 6H_2(g)$$

On observe que cette réaction est indépendante de $[PH_3]$ en autant que la pression de la phosphine soit suffisamment élevée (≥ 1 atm). Expliquez votre réponse.

3.99 Le thallium(I) est oxydé par le cérium(IV) selon

$$Tl + 2Ce^{4+} \longrightarrow Tl^{3+} + 2Ce^{3+}$$

Les étapes élémentaires, en présence de Mn(II), sont les suivantes:

$$Ce^{4+} + Mn^{2+} \longrightarrow Ce^{3+} + Mn^{3+}$$

$$Ce^{4+} + Mn^{3+} \longrightarrow Ce^{3+} + Mn^{4+}$$

$$Tl^+ + Mn^{4+} \longrightarrow Tl^{3+} + Mn^{2+}$$

a) Identifiez le catalyseur, les intermédiaires et l'étape déterminante à partir de la loi de vitesse $v = k[Ce^{+4}][Mn^{+2}]$. b) Expliquez pourquoi la réaction est lente en l'absence du catalyseur. c) Quel est le type de catalyse dans ce cas (homogène ou hétérogène)?

Problèmes spéciaux

3.100 Le polyéthylène sert à la fabrication de tuyaux, de bouteilles, d'isolants électriques, de jouets et d'enveloppes pour le courrier. Il s'agit d'un *polymère*, une molécule de masse molaire très grande qui est synthétisée en joignant ensemble des molécules d'éthylène (l'unité de base se nomme «monomère»). La première étape se nomme «initiation».

$$R_2 \xrightarrow{k_i} 2R \bullet \quad \text{initiation}$$

L'espèce R • (appelée «radical») réagit avec une molécule d'éthylène (M) pour donner un autre radical

$$R \bullet + M \longrightarrow M_1 \bullet$$

La réaction de M_1 • avec un autre monomère mène à la croissance ou à la propagation de la chaîne polymérique

$$M_1 \bullet + M \xrightarrow{k_p} M_2 \bullet \quad \text{propagation}$$

Cette étape peut être répétée avec des centaines d'unités monomériques. La propagation se termine lorsque deux radicaux se combinent

$$M' \bullet + M'' \bullet \xrightarrow{k_t} M' \!-\! M'' \quad \text{terminaison}$$

L'initiateur utilisé dans la première étape pour la polymérisation de l'éthylène est le peroxyde de benzoyl $[(C_6H_5COO)_2]$:

$$(C_6H_5COO)_2 \longrightarrow 2C_6H_5COO \bullet$$

Il s'agit d'une réaction d'ordre un. La demi-vie du peroxyde de benzoyl à 100 °C est de 19,8 min. a) Calculez la constante de vitesse (en min^{-1}) de cette réaction. b) Si la demi-vie du peroxyde de benzoyl est de 7,30 h ou 438 min à 70 °C, quelle est l'énergie d'activation (en kJ/mol) pour la décomposition du peroxyde de benzoyl? c) Écrivez les lois de vitesse pour toutes les étapes élémentaires déjà mentionnées de la polymérisation et identifiez le réactif, le ou les produit(s) et les intermédiaires. d) Quelles conditions favoriseraient la croissance de longues molécules de polyéthylène à masses molaires élevées?

3.101 L'éthanol est une substance toxique qui peut, lorsqu'il est consommé à forte dose, causer des troubles respiratoires et cardiaques par interférence avec les neurotransmetteurs du système nerveux. Dans le corps humain, l'éthanol est métabolisé en acétaldéhyde par l'enzyme de la déshydrogénase de l'alcool. L'actaldéhyde donne des maux de tête. a) Expliquez, en vous basant sur vos connaissances concernant la cinétique enzymatique, pourquoi une très forte consommation d'alcool prise trop rapidement peut s'avérer fatale. b) Le méthanol est un alcool encore plus toxique que l'éthanol. Il est aussi métabolisé par la déshydrogénase de l'alcool, et le produit de la réaction est cette fois la formaldéhyde pouvant causer la cécité et la mort. L'antidote utilisé contre l'empoisonnement au méthanol est l'éthanol. Expliquez comment fonctionne ce traitement.

Réponses aux exercices:

3.1 $v = -\dfrac{\Delta[CH_4]}{\Delta t} = -\dfrac{1}{2}\dfrac{\Delta[O_2]}{\Delta t} = \dfrac{\Delta[CO_2]}{\Delta t} = \dfrac{1}{2}\dfrac{\Delta[H_2O]}{\Delta t}$; **3.2** $v = k[S_2O_8^{2-}][I^-]$; $k = 8,1 \times 10^{-2}/M \cdot s$; **3.3** 66 s; **3.4** $8,24 \times 10^{-3}\ min^{-1}$; **3.5** $v = k[C_2H_6N_2]$; $k = 0,014\ min^{-1}$; **3.6** a) 3,2 min; b) 2,1 min; **3.7** 240 kJ/mol; **3.8** $3,13 \times 10^{-9}\ s^{-1}$; **3.9** a) $NO_2 + CO \longrightarrow NO + CO_2$; b) NO_3; c) la première réaction est cinétiquement limitante.

					18 8A
	13 3A	14 4A	15 5A	16 6A	17 7A	2 He 4.003

13 3A	14 4A	15 5A	16 6A	17 7A
5 B 10,81	6 C 12,01	7 N 14,01	8 O 16,00	9 F 19,00	10 Ne 20,18
13 Al 26,98	14 Si 28,09	15 P 30,97	16 S 32,07	17 Cl 35,45	18 Ar 39,95

21 Sc 44,96	22 Ti 47,88	23 V 50,94	24 Cr 52,00	25 Mn 54,94	26 Fe 55,85	27 Co 58,93	28 Ni 58,69	29 Cu 63,55	30 Zn 65,39	31 Ga 69,72	32 Ge 72,59	33 As 74,92	34 Se 78,96	35 Br 79,90	36 Kr 83,80
39 Y 88,91	40 Zr 91,22	41 Nb 92,91	42 Mo 95,94	43 Tc (98)	44 Ru 101,1	45 Rh 102,9	46 Pd 106,4	47 Ag 107,9	48 Cd 112,4	49 In 114,8	50 Sn 118,7	51 Sb 121,8	52 Te 127,6	53 I 126,9	54 Xe 131,3
57 La 138,9	72 Hf 178,5	73 Ta 180,9	74 W 183,9	75 Re 186,2	76 Os 190,2	77 Ir 192,2	78 Pt 195,1	79 Au 197,0	80 Hg 200,6	81 Tl 204,4	82 Pb 207,2	83 Bi 209,0	84 Po (210)	85 At (210)	86 Rn (222)
89 Ac (227)	104 Rf (257)	105 Db (260)	106 Sg (263)	107 Bh (262)	108 Hs (265)	109 Mt (266)	110	111	112						

58 Ce 140,1	59 Pr 140,9	60 Nd 144,2	61 Pm (147)	62 Sm 150,4	63 Eu 152,0	64 Gd 157,3	65 Tb 158,9	66 Dy 162,5	67 Ho 164,9	68 Er 167,3	69 Tm 168,9	70 Yb 173,0	71 Lu 175,0
90 Th 232,0	91 Pa (231)	92 U 238,0	93 Np (237)	94 Pu (242)	95 Am (243)	96 Cm (247)	97 Bk (247)	98 Cf (249)	99 Es (254)	100 Fm (253)	101 Md (256)	102 No (254)	103 Lr (257)

CHAPITRE 4

L'équilibre chimique

Les points essentiels

L'équilibre chimique
L'équilibre chimique correspond à l'état d'un système pour lequel les vitesses de réaction directe et inverse sont égales, et où les concentrations des réactifs et des produits demeurent inchangées dans le temps. Cet état d'équilibre dynamique se caractérise par une constante d'équilibre. Selon la nature des espèces réagissantes, la constante d'équilibre peut s'exprimer à l'aide des molarités (surtout pour les solutions) ou des pressions partielles (pour les gaz). La valeur d'une constante d'équilibre nous renseigne sur le sens que pourrait prendre une réaction réversible, et elle nous permet de prédire les concentrations finales de toutes les substances du mélange une fois l'équilibre rétabli. Il faut bien comprendre les différentes situations de calcul et pouvoir les appliquer.

Les facteurs qui influencent l'équilibre chimique
Les changements de concentration peuvent influer sur la position d'un état d'équilibre, c'est-à-dire modifier les quantités relatives des réactifs et des produits. Des changements de pression et de volume peuvent avoir le même effet sur des systèmes gazeux à l'équilibre. Seul un changement de la température peut modifier la valeur de la constante d'équilibre. Un catalyseur permet d'atteindre plus rapidement l'état d'équilibre en augmentant la vitesse des réactions directe et inverse, mais sans modifier la position d'équilibre ni la valeur de la constante.

Haber était une autorité reconnue en matière de relations entre la recherche scientifique et l'industrie.

Au début du XXᵉ siècle, certains pays connurent une pénurie de composés azotés utilisés comme engrais et comme explosifs. Les chimistes de l'époque cherchèrent donc à convertir de l'azote atmosphérique en composés utilisables (un procédé appelé fixation de l'azote), comme l'ammoniac. En 1912, le chimiste allemand Fritz Haber développa un procédé qui porte maintenant son nom pour synthétiser l'ammoniac directement à partir de l'azote et de l'hydrogène :

$$N_2(g) + 3H_2(g) \rightleftharpoons 2NH_3(g)$$

On appelle parfois ce procédé le « procédé HaberBosch » pour souligner le fait que c'est Karl Bosch, un ingénieur, qui conçut l'équipement permettant de produire industriellement de l'ammoniac à une température de 500 °C et à une pression de 500 atm. Le succès d'Haber reposait sur sa connaissance des facteurs qui influent sur les systèmes gazeux à l'équilibre et le choix de catalyseurs appropriés. On croit que son travail prolongea la Première Guerre mondiale de quelques années parce qu'il permit à l'Allemagne de continuer à fabriquer des explosifs, même si le blocus naval des Alliés avait interrompu son approvisionnement en nitrate de sodium en provenance du Chili. En 1999, les États-Unis ont produit environ 16 millions de kilogrammes d'ammoniac grâce au procédé Haber; la majeure partie est utilisée comme engrais.

Fritz Haber est né en Prusse, en 1868. Sa contribution à la science ne se limite pas à la synthèse de l'ammoniac. Il réalisa aussi d'importants travaux en électrochimie et en chimie de la combustion; il fut également directeur du prestigieux Kaiser Wilhelm Institute. Sa tentative d'extraire de l'or des océans est par ailleurs son échec scientifique le plus connu : il avait surestimé de 1000 fois la concentration de l'or dans l'eau de mer ! Sa contribution au développement de l'utilisation d'un gaz toxique, le chlore, sur les champs de bataille a grandement terni sa réputation. La décision de lui attribuer le prix Nobel de chimie en 1918 souleva la controverse et fut vertement critiquée, événement rare en sciences physiques.

En 1933, quand les nazis prirent le pouvoir, Haber fut expulsé d'Allemagne parce qu'il était juif. Il mourut en Suisse d'une crise cardiaque l'année suivante.

On ajoute de l'ammoniac liquide à la terre avant de semer.

4.1 LE CONCEPT D'ÉQUILIBRE

Il y a peu de réactions chimiques qui se produisent dans un seul sens. La plupart sont, jusqu'à un certain point, *réversibles* (*section 1.1*). Au début d'une réaction réversible, il y a formation de produits; cependant, aussitôt que des molécules des produits apparaissent, la réaction inverse (c'est-à-dire la formation de molécules de réactifs à partir des molécules de produits) s'amorce. *Quand les vitesses des réactions directe et inverse sont égales et que les concentrations des réactifs et des produits ne changent plus dans le temps, l'équilibre chimique est atteint.*

L'équilibre chimique est un processus *dynamique*. On peut le comparer au va-et-vient des skieurs dans une station de ski achalandée, si le nombre de skieurs qui remontent la pente est égal au nombre de ceux qui la descendent. Ainsi, malgré ce transfert continuel et constant de skieurs, le nombre de personnes au sommet et celui en bas de la pente ne changent pas.

Quand on parle d'équilibre chimique, on parle d'au moins deux substances différentes : un réactif et un produit; l'*équilibre physique,* de son côté, n'implique qu'une seule substance, dans deux phases différentes : le *changement produit est physique.* L'évaporation de l'eau dans un contenant fermé à une température donnée est un exemple d'équilibre physique. Dans ce cas, le nombre de molécules H_2O qui quittent la phase liquide est égal au nombre de molécules qui y retournent :

$$H_2O(l) \rightleftharpoons H_2O(g)$$

(Au chapitre 1, nous avons vu que la double flèche indique une réaction réversible.) Même si l'équilibre physique fournit des renseignements utiles, dont la pression de vapeur à l'équilibre (*section 9.6, volume 1*), c'est l'équilibre chimique, par exemple dans le cas de la réaction réversible entre le dioxyde d'azote (NO_2) et le tétraoxyde de diazote (N_2O_4), qui intéresse le plus les chimistes. On peut facilement suivre le déroulement de la réaction :

$$N_2O_4(g) \rightleftharpoons 2NO_2(g)$$

De l'eau liquide en équilibre avec sa vapeur à la température ambiante.

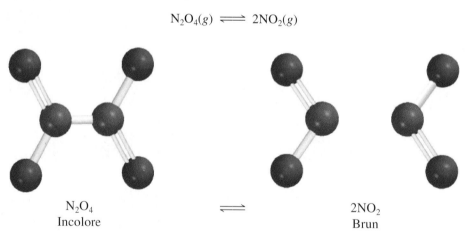

N_2O_4	$\rightleftharpoons$	$2NO_2$
Incolore		Brun

parce que N_2O_4 est un gaz incolore, tandis que NO_2 est un gaz brun foncé (que l'on peut voir, à l'occasion, quand l'air est pollué). Si l'on injectait une quantité précise de N_2O_4 dans un ballon dans lequel on a fait le vide, une couleur brune apparaîtrait immédiatement, indiquant la formation de molécules NO_2. La couleur deviendrait plus foncée à mesure que les molécules N_2O_4 se dissocieraient. Une fois l'équilibre atteint, la couleur ne changerait plus (*figure 4.1*). On sait, par expérience, que l'on peut aussi atteindre l'équilibre en utilisant du NO_2 pur ou un mélange de NO_2 et de N_2O_4. Dans chacun des cas, on observe un changement initial de couleur, causé soit par la formation de NO_2 (la couleur s'accentue) soit par la disparition de NO_2 (la couleur pâlit); à l'état final, la couleur ne change plus. Selon la température et les quantités initiales de NO_2 et de N_2O_4 utilisées, les concentrations de NO_2 et de N_2O_4 à l'équilibre diffèrent d'un système à l'autre (*figure 4.2*).

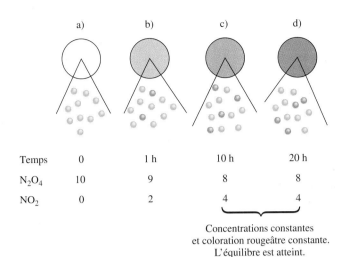

Temps	0	1 h	10 h	20 h
N_2O_4	10	9	8	8
NO_2	0	2	4	4

Concentrations constantes
et coloration rougeâtre constante.
L'équilibre est atteint.

Figure 4.1 *Évolution d'une réaction en milieu gazeux dans un ballon. Les petits cercles blancs et bruns représentent respectivement des molécules incolores de N_2O_4 et des molécules brunes de NO_2 examinées dans une portion de volume du ballon. La coloration du mélange gazeux dépend de la concentration de NO_2. a) Au début, $t = 0$, il y a seulement du N_2O_4 et absence de coloration. b) Après 1 heure, il y a eu formation d'une certaine quantité de NO_2 et on observe une faible coloration. c) et d) Les concentrations ne varient plus et la coloration est constante; l'équilibre était certainement atteint au moins après 10 heures.*

Le tableau 4.1 montre quelques données expérimentales concernant cette réaction à 25 °C. Les concentrations des gaz, exprimées en molarité, sont calculées à partir du nombre de moles de gaz présentes au début de la réaction et à l'équilibre, et du volume du ballon en litres. Remarquons ici l'utilisation de crochets pour exprimer la molarité (concentration molaire volumique) d'une substance; ainsi, par exemple, la molarité de A = [A] = A mol/L. L'analyse des données à l'équilibre révèle que, même si le rapport $[NO_2]/[N_2O_4]$ donne des valeurs disparates, le rapport $[NO_2]^2/[N_2O_4]$, lui, donne une valeur presque constante dont la moyenne est $4,63 \times 10^{-3}$. Cette valeur moyenne est appelée *constante d'équilibre* (K) pour cette réaction à 25 °C. L'expression mathématique de la constante d'équilibre pour le système $NO_2 - N_2O_4$ est

$$K = \frac{[NO_2]^2}{[N_2O_4]} = 4,63 \times 10^{-3} \qquad (4.1)$$

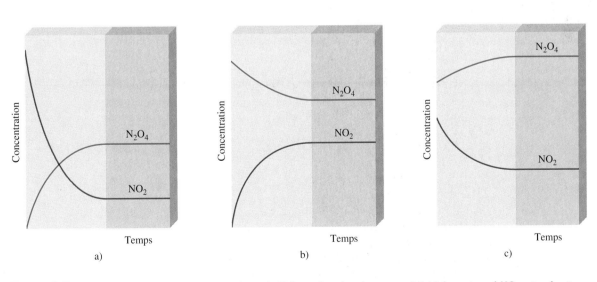

Figure 4.2 *Variations des concentrations de NO_2 et de N_2O_4 en fonction du temps. a) Initialement, seul NO_2 est présent. b) Initialement, seul N_2O_4 est présent. c) Initialement, on a un mélange de NO_2 et de N_2O_4.*

TABLEAU 4.1   LE SYSTÈME $NO_2-N_2O_4$ À 25 °C

Concentrations initiales (*M*)		Concentrations à l'équilibre (*M*)		Rapport des concentrations à l'équilibre	
[NO$_2$]	[N$_2$O$_4$]	[NO$_2$]	[N$_2$O$_4$]	$\dfrac{[NO_2]}{[N_2O_4]}$	$\dfrac{[NO_2]^2}{[N_2O_4]}$
0,000	0,670	0,0547	0,643	0,0851	$4{,}65 \times 10^{-3}$
0,0500	0,446	0,0457	0,448	0,102	$4{,}66 \times 10^{-3}$
0,0300	0,500	0,0475	0,491	0,0967	$4{,}60 \times 10^{-3}$
0,0400	0,600	0,0523	0,594	0,0880	$4{,}60 \times 10^{-3}$
0,200	0,000	0,0204	0,0898	0,227	$4{,}63 \times 10^{-3}$

Notez que l'exposant 2 de [NO$_2$] dans cette équation est égal au coefficient stœchiométrique de NO$_2$ dans l'équation de la réaction réversible.

On peut généraliser ce concept en considérant la réaction réversible suivante:

$$a\text{A} + b\text{B} \rightleftharpoons c\text{C} + d\text{D}$$

où *a*, *b*, *c* et *d* sont les coefficients stœchiométriques des espèces A, B, C et D. La constante d'équilibre pour la réaction à une température donnée est

$$K = \frac{[\text{C}]^c[\text{D}]^d}{[\text{A}]^a[\text{B}]^b} \tag{4.2}$$

L'équation (4.2) est l'expression mathématique de la ***loi d'action de masse.*** Elle *décrit la concentration des réactifs et des produits à l'équilibre* selon une grandeur appelée ***constante d'équilibre.*** Cette dernière est un quotient; le numérateur est obtenu par la multiplication des concentrations à l'équilibre des *produits,* chacune des concentrations étant élevée à une puissance égale au coefficient stœchiométrique du produit dans l'équation équilibrée; le dénominateur est obtenu de la même manière, mais avec les valeurs des *réactifs.* Les termes «réactifs» et «produits» qui ont déjà été définis à la section 3.7 du volume 1, peuvent porter à confusion dans le présent contexte d'une réaction réversible, car toute substance utilisée comme réactif pour la réaction directe est également un produit pour la réaction inverse. Pour éviter toute confusion, convenons tout simplement d'appeler ici les substances inscrites à droite de la double flèche les «produits» et celles à gauche «les réactifs». Cette loi est le fruit d'observations empiriques faites au cours d'études de réactions semblables à $NO_2-N_2O_4$. Cependant, la constante d'équilibre peut être déduite théoriquement à partir de la thermodynamique, un sujet que nous aborderons brièvement au chapitre 7.

Finalement, notons que, si la constante d'équilibre est beaucoup plus grande que 1 ($K \gg 1$), soit tout nombre > 10 dans ce contexte, l'équilibre se déplacera vers la droite de l'équation chimique et favorisera les produits. Inversement, si la constante d'équilibre est beaucoup plus petite que 1 ($K \ll 1$), tout nombre < 0,1 dans ce contexte, l'équilibre se déplacera vers la gauche et favorisera les réactifs.

4.2   LES DIFFÉRENTES MANIÈRES D'EXPRIMER LES CONSTANTES D'ÉQUILIBRE

Pour qu'elles soient pratiques, on doit exprimer les constantes d'équilibre en utilisant les concentrations des réactifs et des produits avec, comme point de repère, la loi d'action de masse [équation (4.2)]. Cependant, puisqu'il existe différents types d'unités pour exprimer la concentration et que les espèces en jeu ne sont pas toujours dans la même phase, il peut y avoir plus d'une façon d'exprimer la constante d'équilibre pour une *même* réaction. Commençons par examiner les réactions dont les produits et les réactifs sont tous dans la même phase.

L'équilibre homogène

L'expression « *équilibre homogène* » s'applique aux réactions dans lesquelles *toutes les espèces en jeu sont dans la même phase*. Un exemple d'équilibre homogène en phase gazeuse est la dissociation de N_2O_4. La constante d'équilibre, selon l'équation (4.1) est

$$K_c = \frac{[NO_2]^2}{[N_2O_4]}$$

L'indice « C », dans K_c, indique que la concentration des espèces en jeu est exprimée en moles par litre. Les concentrations dans les réactions en phase gazeuse peuvent également être exprimées à l'aide des pressions partielles. D'après l'équation $P = (n/V)RT$ (*section 4.7, volume 1*), on sait que, à température constante, la pression P d'un gaz est directement proportionnelle à sa concentration en moles par litre, car $(n/V) = M$. Ainsi, dans le cas de l'équilibre

$$N_2O_4(g) \rightleftharpoons 2NO_2(g)$$

on peut écrire

$$K_p = \frac{P^2_{NO_2}}{P_{N_2O_4}} \tag{4.3}$$

où P_{NO_2} et $P_{N_2O_4}$ sont respectivement les pressions partielles à l'équilibre (en atmosphères) de NO_2 et de N_2O_4. L'indice « P », dans K_P, indique que les concentrations à l'équilibre sont exprimées en fonction de la pression.

En général, K_c n'est pas égale à K_P, car la pression partielle des réactifs et des produits n'est pas égale à leurs concentrations molaires. On peut toutefois déduire une relation simple entre K_P et K_c. Voyons l'équilibre suivant en phase gazeuse :

$$aA(g) \rightleftharpoons bB(g)$$

où a et b sont des coefficients stœchiométriques. La constante d'équilibre K_c est

$$K_c = \frac{[B]^b}{[A]^a}$$

et l'expression de K_p est

$$K_p = \frac{(P_B)^b}{(P_A)^a}$$

où P_A et P_B sont les pressions partielles de A et de B. En supposant que les gaz se comportent de façon idéale :

$$P_A V = n_A RT$$

$$P_A = \frac{n_A RT}{V}$$

où V est le volume du contenant en litres. Il en est de même pour le gaz B :

$$P_B V = n_B RT$$

$$P_B = \frac{n_B RT}{V}$$

Si l'on remplace ces relations dans l'expression de K_p, on obtient

$$K_p = \frac{\left(\dfrac{n_B RT}{V}\right)^b}{\left(\dfrac{n_A RT}{V}\right)^a} = \frac{\left(\dfrac{n_B}{V}\right)^b}{\left(\dfrac{n_A}{V}\right)^a}(RT)^{b-a}$$

Ensuite, comme les unités de n_A/V et de n_B/V sont les moles par litre, on peut les remplacer par [A] et [B], de sorte que

$$K_p = \frac{[B]^b}{[A]^a}(RT)^{\Delta n}$$

$$= K_c(RT)^{\Delta n} \tag{4.4}$$

où

$$\Delta n = b - a$$

$$= \text{moles de produits gazeux} - \text{moles de réactifs gazeux}$$

Puisque la pression est habituellement donnée en atmosphères, la constante des gaz (R) est donnée par 0,0821 L • atm/K • mol ; on peut alors exprimer la relation entre K_p et K_c de la manière suivante :

$$K_p = K_c(0,0821\ T)^{\Delta n} \tag{4.5}$$

NOTE

Les pressions utilisées dans K_p doivent être exprimées en atmosphères.

En général, K_p n'est pas égale à K_c, sauf dans le cas spécial où $\Delta n = 0$. Dans ce cas, on peut écrire l'équation (4.5) de la manière suivante :

$$K_p = K_c(0,0821\ T)^0$$

$$= K_c$$

Prenons, comme autre exemple d'équilibre homogène, l'ionisation de l'acide acétique (CH_3COOH) dans l'eau :

$$CH_3COOH(aq) + H_2O(l) \rightleftharpoons CH_3COO^-(aq) + H_3O^+(aq)$$

La constante d'équilibre est

$$K'_c = \frac{[CH_3COO^-][H_3O^+]}{[CH_3COOH][H_2O]}$$

[Ici on utilise K'_c (« K_c prime ») pour la distinguer de la forme finale de la constante d'équilibre donnée ci-après.] Cependant, dans 1 L, ou 1000 g, d'eau, il y a 55,5 moles d'eau [1000 g/(18,02 g/mol)]. Ainsi, la concentration de l'eau, ou [H_2O], est de 55,5 mol/L. C'est une très forte concentration si on la compare à celles des autres espèces en solution (habituellement de 1 mol/L ou moins) ; on peut donc considérer qu'elle ne change pas de manière appréciable durant une réaction. On peut alors considérer [H_2O] comme une constante et réécrire la constante d'équilibre de la manière suivante :

$$K_c = \frac{[CH_3COO^-][H_3O^+]}{[CH_3COOH]}$$

où

$$K_c = K'_c[H_2O]$$

Notez qu'en général on n'indique pas les unités de la constante d'équilibre. K n'a pas d'unités, car toute concentration (en moles par litre) ou pression (en atmosphères) est, en réalité, dans la véritable expression thermodynamique de K, un rapport à une valeur standard, qui est de 1 mol/L ou de 1 atm. De cette façon, les unités s'éliminent, mais les valeurs numériques de la concentration ou de la pression demeurent, c'est pourquoi il faut les exprimer dans les bonnes unités. Cette pratique sera également utilisée dans le cas des équilibres acidobasiques et des équilibres de solubilité que nous étudierons aux chapitres 5 et 6.

EXEMPLE 4.1   L'expression de K_c et de K_p

Écrivez l'expression de K_c et de K_p, le cas échéant, pour les réactions réversibles suivantes à l'équilibre :

a) $2NO(g) + O_2(g) \rightleftharpoons 2NO_2(g)$

b) $CH_3COOH(aq) + C_2H_5OH(aq) \rightleftharpoons CH_3COOC_2H_5(aq) + H_2O(l)$

Réponse :

a)

$$K_c = \frac{[NO_2]^2}{[NO]^2[O_2]} \qquad K_p = \frac{(P_{NO_2})^2}{(P_{NO})^2 P_{O_2}}$$

b) La constante d'équilibre K'_c est donnée par

$$K'_c = \frac{[CH_3COOC_2H_5][H_2O]}{[CH_3COOH][C_2H_5OH]}$$

Puisque la quantité d'eau produite dans la réaction est négligeable par rapport à la quantité d'eau utilisée comme solvant, on considère la concentration de l'eau comme inchangée. La nouvelle constante d'équilibre peut donc s'exprimer ainsi :

$$K_c = \frac{[CH_3COOC_2H_5]}{[CH_3COOH][C_2H_5OH]}$$

EXERCICE

Exprimez K_c et K_p pour la réaction suivante :

$$2N_2O_5(g) \rightleftharpoons 4NO_2(g) + O_2(g)$$

NOTE

K_p s'applique seulement dans le cas des gaz, alors que K_c s'applique à la fois dans le cas des gaz et des solutions.

Problème semblable : 4.14

EXEMPLE 4.2   Le calcul de la pression partielle à l'équilibre

La constante d'équilibre K_p pour la réaction

$$PCl_5(g) \rightleftharpoons PCl_3(g) + Cl_2(g)$$

est 1,05 à 250 °C. Si les pressions partielles à l'équilibre de PCl_5 et de PCl_3 sont respectivement de 0,875 atm et de 0,463 atm, quelle est la pression partielle à l'équilibre de Cl_2 à 250 °C ?

Réponse : D'abord, il faut exprimer K_p à l'aide des pressions partielles des espèces en jeu.

$$K_p = \frac{P_{PCl_3} P_{Cl_2}}{P_{PCl_5}}$$

Connaissant les pressions partielles, nous écrivons

$$1,05 = \frac{(0,463)(P_{Cl_2})}{(0,875)}$$

ou

$$P_{Cl_2} = \frac{(1,05)(0,875)}{(0,463)} = 1,98 \text{ atm}$$

Notez que P_{Cl}^2 comporte l'unité « atm ».

Problème semblable : 4.17

EXERCICE

La constante d'équilibre K_p pour la réaction

$$2NO_2(g) \rightleftharpoons 2NO(g) + O_2(g)$$

vaut 158 à 1000 K. Calculez P_{O_2} si $P_{NO_2} = 0,400$ atm et $P_{NO} = 0,270$ atm.

EXEMPLE 4.3   La conversion de K_p en K_c

Pour la réaction

$$N_2(g) + 3H_2(g) \rightleftharpoons 2NH_3(g)$$

la valeur de K_p est $4,3 \times 10^{-4}$ à 375 °C. Calculez K_c pour cette réaction.

Réponse: Selon l'équation (4.5), nous écrivons

$$K_c = \frac{K_p}{(0,0821\ T)^{\Delta n}}$$

Puisque $T = 648$ K et $\Delta n = 2 - 4 = -2$, nous avons

$$K_c = \frac{4,3 \times 10^{-4}}{(0,0821 \times 648)^{-2}} = 1,2$$

EXERCICE

La constante d'équilibre (K_c) pour la réaction

$$N_2O_4(g) \rightleftharpoons 2NO_2(g)$$

vaut $4,63 \times 10^{-3}$ à 25 °C. Quelle est la valeur de K_p à cette température?

Problèmes semblables:
4.15 et 4.19

L'équilibre hétérogène

La calcite est constituée de carbonate de calcium, comme le sont la craie et le marbre.

Une réaction réversible qui met en jeu des réactifs et des produits qui sont dans des phases différentes conduit à un ***équilibre hétérogène.*** Par exemple, quand on chauffe du carbonate de calcium dans un contenant fermé, le système atteint l'équilibre suivant:

$$CaCO_3(s) \rightleftharpoons CaO(s) + CO_2(g)$$

Les deux solides et le gaz constituent trois phases distinctes. À l'équilibre, la constante d'équilibre pourrait s'exprimer de la manière suivante:

$$K'_c = \frac{[CaO][CO_2]}{[CaCO_3]} \tag{4.6}$$

Cependant, la « concentration » d'un solide, tout comme sa masse volumique, est une propriété intensive; elle ne dépend donc pas de la quantité de substance présente. [Notez qu'il est possible de convertir les unités de concentration (moles par litre) en unités de masse volumique (grammes par centimètre cube), et vice versa.] C'est pourquoi $[CaCO_3]$ et $[CaO]$ sont des constantes et peuvent faire partie intégrante de la constante d'équilibre. On peut alors simplifier l'expression de la constante d'équilibre donnée plus haut de la manière suivante:

$$\frac{[CaCO_3]}{[CaO]} K'_c = K_c = [CO_2] \tag{4.7}$$

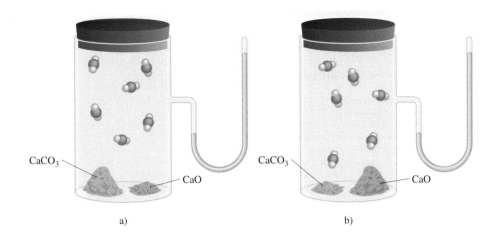

Figure 4.3 *Peu importe les quantités de CaCO₃ et de CaO présentes, à une température donnée, la pression de CO₂ à l'équilibre est la même en a) et en b).*

où K_c, la « nouvelle » constante d'équilibre, est exprimée de manière plus commode en fonction d'une seule concentration, celle de CO_2. N'oubliez pas que la valeur de K_c ne dépend pas des quantités de $CaCO_3$ ou de CaO présentes, pourvu que ces deux substances soient présentes (*figure 4.3*).

Par ailleurs, d'après la définition de K_p déjà donnée au tout début de cette section, on peut aussi représenter la constante d'équilibre de cette réaction de la manière suivante :

$$K_p = P_{CO_2} \qquad (4.8)$$

Dans ce cas, la constante d'équilibre est numériquement égale à la pression de CO_2 gazeux, une grandeur facilement mesurable.

Ce qui a été dit des solides s'applique également aux liquides. Si, parmi les réactifs ou les produits, il y a un liquide, on peut considérer sa concentration comme une constante et l'omettre dans l'expression de la constante d'équilibre. On considère qu'elle fait déjà partie de la constante.

EXEMPLE 4.4   Le calcul de K_p et de K_c dans le cas d'un équilibre hétérogène

Soit l'équilibre hétérogène suivant :

$$CaCO_3(s) \rightleftharpoons CaO(s) + CO_2(g)$$

À 800 °C, la pression de CO_2 est de 0,236 atm. Calculez : a) K_p et b) K_c pour la réaction à cette température.

Réponse : a) Selon l'équation (4.8), nous écrivons

$$K_p = P_{CO_2}$$
$$= 0,236$$

b) Selon l'équation (4.5), nous savons que

$$K_p = K_c(0,0821\ T)^{\Delta n}$$

$T = 800 + 273 = 1073$ K et $\Delta n = 1$; nous substituons donc ces valeurs dans l'équation et nous obtenons

$$0,236 = K_c(0,0821 \times 1073)$$
$$K_c = 2,68 \times 10^{-3}$$

Comme $K_c = [CO_2]$, on peut aussi déduire que $[CO_2] = 2,68 \times 10^{-3}\ M$

NOTE

Les solides purs ainsi que les liquides purs n'apparaissent pas dans l'expression de la constante d'équilibre.

Problème semblable : 4.20

EXERCICE

Soit l'équilibre suivant à 295 K :

$$NH_4HS(s) \rightleftharpoons NH_3(g) + H_2S(g)$$

Les gaz ont la même pression partielle : 0,265 atm. Calculez K_p et K_c pour cette réaction.

Les équilibres multiples

Les réactions envisagées jusqu'ici sont toutes assez simples. Dans des cas plus complexes, les molécules qui sont des produits dans un premier système d'une réaction réversible font partie d'un deuxième système d'une autre réaction réversible :

$$A + B \rightleftharpoons C + D$$

$$C + D \rightleftharpoons E + F$$

Les produits formés dans la première étape, C et D, sont aussi des réactifs dans une deuxième étape. À l'équilibre, on peut décrire le système à l'aide de deux constantes d'équilibre qui s'appliquent simultanément. Considérant que chacune des étapes est à l'équilibre, on peut aussi décrire le système au moyen d'une réaction globale à l'équilibre en faisant la somme des deux réactions :

$$A + B \rightleftharpoons C + D \quad K'_c$$

$$\underline{C + D \rightleftharpoons E + F \quad K''_c}$$

Réaction globale : $\quad A + B \rightleftharpoons E + F \quad K_c$

La constante d'équilibre K_c pour la réaction globale est

$$K_c = \frac{[E][F]}{[A][B]}$$

On obtient la même expression si on fait le produit des expressions pour K'_c et K''_c. On appelle cette relation la loi des équilibres multiples.

$$K'_c K''_c = \frac{[C][D]}{[A][B]} \times \frac{[E][F]}{[C][D]} = \frac{[E][F]}{[A][B]}$$

Par conséquent,

$$K_c = K'_c K''_c \tag{4.9}$$

On peut maintenant tirer une conclusion importante concernant la **loi des équilibres multiples** : *si une réaction peut être exprimée comme étant la somme de plusieurs réactions, la constante d'équilibre de la réaction globale est égale au produit des constantes d'équilibre de chacune des réactions individuelles.*

Parmi les nombreux exemples d'équilibres multiples, on peut citer l'ionisation des acides diprotiques en solution aqueuse. Les constantes d'équilibre suivantes ont été déterminées pour l'acide carbonique, H_2CO_3, à 25 °C :

$$H_2CO_3(aq) \rightleftharpoons H^+(aq) + HCO_3^-(aq) \qquad K'_c = \frac{[H^+][HCO_3^-]}{[H_2CO_3]} = 4,2 \times 10^{-7}$$

$$HCO_3^-(aq) \rightleftharpoons H^+(aq) + CO_3^{2-}(aq) \qquad K''_c = \frac{[H^+][CO_3^{2-}]}{[HCO_3^-]} = 4,8 \times 10^{-11}$$

La réaction globale est la somme de ces deux réactions :

$$H_2CO_3(aq) \rightleftharpoons 2\,H^+(aq) + CO_3^{2-}(aq)$$

et la constante d'équilibre correspondante s'écrit ainsi :

$$K_c = \frac{[H^+]^2[CO_3^{2-}]}{[H_2CO_3]}$$

D'après l'équation (4.9), on obtient

$$\begin{aligned}
K_c &= K'_c K''_c \\
&= (4{,}2 \times 10^{-7})(4{,}8 \times 10^{-11}) \\
&= 2{,}0 \times 10^{-17}
\end{aligned}$$

L'expression de K et l'équation décrivant l'équilibre

Avant de terminer cette section, il faut prendre en note les deux règles importantes suivantes concernant l'écriture des constantes d'équilibre :

- Si on change le sens de l'équation d'une réaction réversible, la constante d'équilibre est alors la *réciproque* de la constante d'équilibre originale. Par exemple, si l'on écrit l'équilibre de $NO_2-N_2O_4$ à 25 °C de la manière suivante :

NOTE

La réciproque de x est $1/x$.

$$N_2O_4(g) \rightleftharpoons 2NO_2(g)$$

la constante d'équilibre est celle de la réaction envisagée comme évoluant de la gauche vers la droite et s'exprime ainsi :

$$K_c = \frac{[NO_2]^2}{[N_2O_4]} = 4{,}63 \times 10^{-3}$$

Cependant, on peut également considérer la réaction inverse et écrire

$$2NO_2(g) \rightleftharpoons N_2O_4(g)$$

et la constante d'équilibre est alors

$$K'_c = \frac{[N_2O_4]}{[NO_2]^2} = \frac{1}{K_c} = \frac{1}{4{,}63 \times 10^{-3}} = 216$$

On peut donc constater que $K_c = 1/K'_c$ autrement dit, $K_c K'_c = 1{,}00$. K_c et K'_c sont deux constantes d'équilibre valables ; cependant, dire que la constante d'équilibre pour le système $NO_2-N_2O_4$ est $4{,}63 \times 10^{-3}$ ou 216 n'a aucun sens, si l'on ne spécifie pas en même temps l'équation de la réaction qui lui est associée.

- La valeur de K dépend également de la manière dont l'équation est équilibrée. Voici deux manières différentes de décrire un même équilibre :

$$\tfrac{1}{2}N_2O_4(g) \rightleftharpoons NO_2(g) \qquad K'_c = \frac{[NO_2]}{[N_2O_4]^{1/2}}$$

$$N_2O_4(g) \rightleftharpoons 2NO_2(g) \qquad K_c = \frac{[NO_2]^2}{[N_2O_4]}$$

À l'examen des exposants, on s'aperçoit que $K'_c = \sqrt{K_c}$. Selon le tableau 4.1, $K_c = 4{,}63 \times 10^{-3}$; alors, $K'_c = 0{,}0680$.

Donc, si on multiplie les coefficients stœchiométriques par deux, la constante d'équilibre correspondante est le carré de la valeur originale ; si on les multiplie par trois, la constante d'équilibre est le cube de la valeur originale, et ainsi de suite. L'exemple $NO_2-N_2O_4$

illustre une fois de plus la nécessité d'écrire l'équation chimique qui est associée explicitement à la valeur d'une constante d'équilibre.

Résumé des règles d'écriture des constantes d'équilibre

- Les concentrations des espèces réagissantes qui sont en phase condensée sont exprimées en moles par litre ; en phase gazeuse, les concentrations peuvent s'exprimer en moles par litre ou en atmosphères. K_c et K_p sont reliées par une équation simple [équation (4.5)].
- Les concentrations des solides purs, des liquides purs (dans un équilibre hétérogène) et des solvants (dans un équilibre homogène) n'apparaissent pas dans l'expression de la constante d'équilibre.
- La constante d'équilibre (K_c ou K_p) ne comporte pas d'unité.
- Quand on donne la valeur d'une constante d'équilibre, il faut l'accompagner de l'équation équilibrée qui correspond à cette valeur et il faut mentionner la température.

4.3   LA RELATION ENTRE LA CINÉTIQUE CHIMIQUE ET L'ÉQUILIBRE CHIMIQUE

Nous savons que K, déjà définie par l'équation (4.2), est une constante à une température donnée, peu importe les variations des concentrations à l'équilibre des espèces chimiques individuelles (*tableau 4.1*). Nous pouvons trouver pourquoi il en est ainsi et augmenter notre compréhension du phénomène de l'équilibre en considérant le point de vue de la cinétique des réactions.

NOTE

Pour réviser les mécanismes réactionnels, *voir* la section 3.5.

Supposons une réaction réversible qui se produit en une seule étape selon un mécanisme décrit par une seule et même *réaction élémentaire*, autant pour la réaction directe que pour la réaction inverse.

$$A + 2B \xrightleftharpoons[k_i]{k_d} AB_2$$

La vitesse de la réaction directe est donnée par

$$\text{vitesse}_d = k_d\,[A][B]^2$$

et la vitesse de la réaction inverse par

$$\text{vitesse}_i = k_i\,[AB_2]$$

où k_d est la constante de vitesse pour la réaction directe (envisagée vers la droite), et k_i la constante de vitesse pour la réaction inverse (si on procède à l'inverse). À l'équilibre, lorsqu'il n'y a plus de changement, les deux vitesses doivent être égales :

$$\text{vitesse}_d = \text{vitesse}_i$$

ou

$$k_d\,[A][B]^2 = k_i\,[AB_2]$$
$$\frac{k_d}{k_i} = K_c = \frac{[AB_2]}{[A][B]^2}$$

On trouve donc la forme de la constante d'équilibre telle qu'on l'a déjà vue selon la loi de l'action de masse. On constate que K_c est toujours une constante, peu importe les concentrations des espèces. En effet, elle est toujours égale à k_d/k_i, le quotient de deux quantités qui sont elles-mêmes des constantes à une température donnée. Du fait que les constantes de vitesse dépendent de la température [*voir* l'équation (3.10)], il s'ensuit que la constante d'équilibre doit changer elle aussi avec la température.

Supposons maintenant que cette même réaction se déroule en deux étapes selon le mécanisme suivant :

Étape 1 :
$$2B \underset{k'_i}{\overset{k'_d}{\rightleftharpoons}} B_2$$

Étape 2 :
$$A + B_2 \underset{k''_i}{\overset{k''_d}{\rightleftharpoons}} AB_2$$

Réaction globale :
$$A + 2B \rightleftharpoons AB_2$$

Il s'agit d'un exemple d'équilibres multiples, comme on l'a déjà vu à la section 4.2. Écrivons les expressions pour les constantes d'équilibre :

$$K' = \frac{k'_d}{k'_i} = \frac{[B_2]}{[B]^2} \tag{4.10}$$

$$K'' = \frac{k''_d}{k''_i} = \frac{[AB_2]}{[A][B_2]} \tag{4.11}$$

En multipliant l'équation (4.10) par l'équation (4.11), nous obtenons

$$K'K'' = \frac{[B_2][AB_2]}{[B]^2[A][B_2]} = \frac{[AB_2]}{[A][B]^2}$$

Pour la réaction globale, on peut écrire

$$K_c = \frac{[AB_2]}{[A][B]^2} = K'K''$$

Du fait que K' et K'' sont toutes les deux des constantes, K_c est aussi une constante. On peut donc conclure que pour la réaction générale,

$$aA + bB \rightleftharpoons cC + dD$$

peu importe que la réaction se déroule en une ou plusieurs étapes, l'expression de la constante d'équilibre s'écrit selon la loi d'action de masse déjà vue [équation (4.2)] :

$$K = \frac{[C]^c[D]^d}{[A]^a[B]^b}$$

En résumé, nous venons de voir que, du point de vue de la cinétique, la constante d'équilibre d'une réaction peut s'exprimer comme un rapport entre les constantes de vitesse des réactions directe et inverse. Ainsi, on a expliqué pourquoi la constante d'équilibre est une constante et pourquoi sa valeur change avec la température.

4.4 LA SIGNIFICATION DE LA CONSTANTE D'ÉQUILIBRE

NOTE

L'expression de la constante d'équilibre d'une réaction se déduit directement de l'équation globale, alors que la loi de la vitesse globale (*chapitre 3*) ne peut pas être déduite de l'équation globale.

Nous avons vu que la constante d'équilibre pour une réaction donnée peut être calculée à partir des concentrations à l'équilibre. Quand on connaît la valeur de la constante d'équilibre, on peut utiliser l'équation (4.2) pour calculer les concentrations inconnues à l'équilibre (sans oublier, bien sûr, que la valeur de la constante d'équilibre ne change pas à la condition que la température soit constante). En général, la constante d'équilibre permet de prédire dans quel sens aura lieu une réaction pour atteindre l'équilibre et elle permet aussi de calculer la concentration des réactifs et des produits, une fois l'équilibre atteint. Ce sont ces aspects de la constante d'équilibre que cette section aborde.

La prévision du sens de l'évolution (ou de l'absence d'évolution) d'une réaction

La constante d'équilibre K_c pour la réaction

$$H_2(g) + I_2(g) \rightleftharpoons 2HI(g)$$

vaut 54,3 à 430 °C. Supposons que l'on place 0,243 mole de H_2, 0,146 mole de I_2 et 1,98 mole de HI dans un contenant de 1 L, à 430 °C. Comment évoluera le système ? La réaction qui aura lieu formera-t-elle plus de H_2 et de I_2 ou plus de HI ? En substituant les concentrations initiales par leurs valeurs dans l'expression de la constante d'équilibre, on obtient

$$\frac{[HI]_0^2}{[H_2]_0[I_2]_0} = \frac{(1{,}98)^2}{(0{,}243)(0{,}146)} = 111$$

où l'indice 0 indique qu'il s'agit des concentrations initiales. Puisque le quotient $[HI]_0^2/[H_2]_0[I_2]_0$ est supérieur à K_c, ce système n'est pas en équilibre. Par conséquent, une certaine quantité de HI se transformera en H_2 et en I_2 (diminuant ainsi la valeur du quotient). Alors, la réaction nette se produira vers la gauche pour atteindre l'équilibre. Remarquons que cette prévision ne permet pas de savoir vraiment si ce changement sera observé, car la vitesse de cette réaction pourrait être très lente. Il ne s'agit donc que d'une prévision de tendance.

On appelle *quotient réactionnel* ($\mathbf{Q_c}$) *la grandeur obtenue quand on utilise les concentrations initiales dans l'expression de la constante d'équilibre*. Pour déterminer le sens de l'évolution de la réaction nette, il faut comparer les valeurs de Q_c et de K_c (figure 4.4). Il y a trois cas possibles:

- $Q_c > K_c$ Le rapport entre les concentrations initiales des produits et des réactifs est trop grand. Pour atteindre l'équilibre, une certaine quantité de produits doit se convertir en réactifs. La réaction évoluera vers la gauche (transformation de produits servant à la formation de réactifs).

- $Q_c = K_c$ Les concentrations initiales sont des concentrations à l'équilibre. Le système n'évolue pas, car il est déjà en équilibre.

- $Q_c < K_c$ Le rapport entre les concentrations initiales des produits et des réactifs est trop petit. Pour atteindre l'équilibre, une certaine quantité de réactifs doit se convertir en produits. Le système évoluera donc vers la droite (transformation de réactifs servant à la formation de produits).

Note: dans le cas où la constante utilisée est K_p, on fait ce test avec Q_p. Donc d'une manière générale, on compare Q à K.

Figure 4.4 *Dans le cas d'une réaction réversible, la comparaison des valeurs de Q_c et de K_c permet de connaître le sens de l'évolution du mélange réactionnel vers l'atteinte d'un état d'équilibre.*

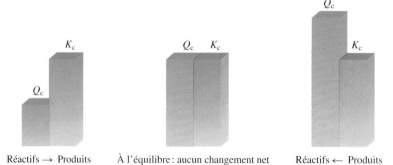

Réactifs → Produits   À l'équilibre : aucun changement net   Réactifs ← Produits

EXEMPLE 4.5   **L'utilisation de Q_c pour prédire le sens de l'évolution d'une réaction**

Au début d'une réaction donnée, il y a 0,249 mole de N_2, $3,21 \times 10^{-2}$ mole de H_2 et $6,42 \times 10^{-4}$ mole de NH_3 dans un contenant de 3,50 L, à 375 °C. Si la constante d'équilibre K_c pour la réaction

$$N_2(g) + 3H_2(g) \rightleftharpoons 2NH_3(g)$$

vaut 1,2 à cette température, dites si ce système est en équilibre. Sinon, dites dans quel sens la réaction aura tendance à évoluer.

Réponse : Les concentrations initiales des espèces en jeu sont

$$[N_2]_0 = \frac{0,249 \text{ mol}}{3,50 \text{ L}} = 0,0711 \, M$$

$$[H_2]_0 = \frac{3,21 \times 10^{-2} \text{ mol}}{3,50 \text{ L}} = 9,17 \times 10^{-3} \, M$$

$$[NH_3]_0 = \frac{6,42 \times 10^{-4} \text{ mol}}{3,50 \text{ L}} = 1,83 \times 10^{-4} \, M$$

Nous écrivons

$$\frac{[NH_3]_0^2}{[N_2]_0[H_2]_0^3} = \frac{(1,83 \times 10^{-4})^2}{(0,0711)(9,17 \times 10^{-3})^3} = 0,611 = Q_c$$

Puisque Q_c est inférieur à K_c (1,2), le système n'est pas en équilibre, ce qui se traduira par une augmentation de la concentration de NH_3 et une diminution des concentrations de N_2 et de H_2. Autrement dit, la réaction nette évoluera vers la droite jusqu'à ce que l'équilibre soit atteint.

Problèmes semblables :
4.37 et 4.38

EXERCICE

La constante d'équilibre (K_c) pour la réaction

$$2NO(g) + Cl_2(g) \rightleftharpoons 2NOCl(g)$$

vaut $6,5 \times 10^4$ à 35 °C. Supposons que l'on mélange $2,0 \times 10^{-2}$ mole de NO, $8,3 \times 10^{-3}$ mole de Cl_2 et 6,8 moles de NOCl dans un ballon de 2,0 L. Dans quel sens évoluera la réaction pour atteindre l'équilibre ?

Le calcul des concentrations à l'équilibre

Si l'on connaît la constante d'équilibre pour une réaction donnée, on peut calculer les concentrations dans le mélange à l'équilibre à partir des concentrations initiales. Selon les données initiales, ce calcul peut nécessiter une ou plusieurs étapes. Le plus souvent, seules les concentrations initiales des réactifs sont connues. Voyons, par exemple, un système qui comprend une paire d'isomères géométriques dans un solvant organique (*figure 4.5*), dont la constante d'équilibre (K_c) vaut 24,0 à 200 °C :

$$\text{cis-stilbène} \rightleftharpoons \text{trans-stilbène}$$

Supposons qu'au début seul le *cis*-stilbène est présent et que sa concentration est de 0,850 mol/L. Comment calculer les concentrations de *cis*-stilbène et de *trans*-stilbène à l'équilibre ? Selon la stœchiométrie de la réaction, on constate que, pour chaque mole de *cis*-stilbène convertie, il y a une mole de *trans*-stilbène formée. Soit x la concentration à l'équilibre du *trans*-stilbène en moles par litre ; la concentration à l'équilibre de *cis*-stilbène est alors de $(0,850 - x)$ mol/L. La compilation de toutes ces données sous forme de tableau est fort utile pour aider à résoudre ce genre de problèmes :

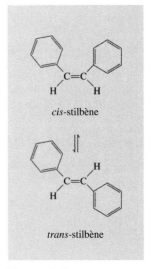

Figure 4.5 *Les structures du* cis-*stilbène et du* trans-*stilbène.*

NOTE

Dans tous les problèmes
d'équilibre, il est très important
de bien faire les distinctions
entre les concentrations initiales
et les concentrations
à l'équilibre.

$$cis\text{-stilbène} \rightleftharpoons trans\text{-stilbène}$$

Concentration initiale (M):	0,850	0
Variation (M):	$-x$	$+x$
Concentration à l'équilibre (M):	$(0,850 - x)$	x

Une variation positive $(+)$ représente une augmentation, et une variation négative $(-)$ représente une diminution de concentration. Il faut ensuite écrire l'expression de la constante d'équilibre en fonction des concentrations à l'équilibre:

$$K_c = \frac{[trans\text{-stilbène}]}{[cis\text{-stilbène}]}$$

$$24,0 = \frac{x}{0,850 - x}$$

$$x = 0,816 \ M$$

Ayant résolu cette équation du premier degré, on peut calculer les concentrations à l'équilibre (troisième ligne du tableau) du *cis*-stilbène et du *trans*-stilbène de la manière suivante:

$$[cis\text{-stilbène}] = (0,850 - 0,816) \ M = 0,034 \ M$$

$$[trans\text{-stilbène}] = 0,816 \ M$$

NOTE

Avant d'effectuer ces trois
étapes, il faut d'abord écrire
l'équation équilibrée de la
réaction et prédire correctement
le sens de la réaction, ce qui
nécessite parfois un calcul à
l'aide du quotient réactionnel.

On peut résumer cette méthode de résolution de problèmes concernant les calculs des concentrations à l'équilibre de la façon suivante:

1. Exprimer les concentrations à l'équilibre de toutes les espèces à l'aide des concentrations initiales et d'une seule inconnue (x), qui représente une modification de la concentration de l'une des espèces.

2. Exprimer la constante d'équilibre en fonction des concentrations à l'équilibre. La valeur de la constante d'équilibre étant connue, résoudre l'équation pour x.

3. Après avoir déterminé la valeur de x, calculer les concentrations à l'équilibre de toutes les espèces.

NOTE

Du fait que, initialement, il y a
absence de HI, on peut conclure
que la réaction devra évoluer
vers la droite pour atteindre
l'équilibre.

EXEMPLE 4.6   Le calcul des concentrations à l'équilibre

On place un mélange de 0,500 mole de H_2 et de 0,500 mole de I_2 dans un ballon en acier inoxydable de 1,00 L, à 430 °C. Calculez les concentrations de H_2, de I_2 et de HI à l'équilibre. La constante d'équilibre K_c pour la réaction $H_2(g) + I_2(g) \rightleftharpoons 2HI \ (g)$ vaut 54,3 à cette température.

Réponse:

Étape 1: selon la stœchiométrie de la réaction, une mole de H_2 réagit avec une mole de I_2 pour former deux moles de HI. Soit x la diminution de la concentration (en moles par litre) de H_2 ou de I_2 nécessaire pour atteindre l'équilibre; la concentration de HI à l'équilibre doit donc être de $2x$. Les variations des concentrations peuvent être résumées de la manière suivante:

	H_2	$+$	I_2	$\rightleftharpoons$	2HI
Concentration initiale (M):	0,500		0,500		0,000
Variation (M):	$-x$		$-x$		$+2x$
Concentration à l'équilibre (M):	$(0,500 - x)$		$(0,500 - x)$		$2x$

Étape 2: la constante d'équilibre est donnée par

$$K_c = \frac{[HI]^2}{[H_2][I_2]}$$

Par substitution, en utilisant les données de la troisième ligne du tableau, nous obtenons

$$54,3 = \frac{(2x)^2}{(0,500 - x)(0,500 - x)}$$

Dans ce cas-ci l'équation est en x^2 (ou du second degré), mais elle se résout facilement car il s'agit d'un carré parfait. En extrayant la racine carrée des deux membres de l'équation, nous avons

$$7,37 = \frac{2x}{0,500 - x}$$

$$x = 0,393 \ M$$

Étape 3: les concentrations à l'équilibre sont

Problème semblable : 4.46

$$[H_2] = (0,500 - 0,393) \ M = 0,107 \ M$$

$$[I_2] = (0,500 - 0,393) \ M = 0,107 \ M$$

$$[HI] = 2 \times 0,393 \ M = 0,786 \ M$$

On peut vérifier ces réponses en calculant K_c à partir des valeurs trouvées.

EXERCICE

Soit la réaction de l'exemple 4.6. Si, initialement, on a seulement du HI à 0,040 M, quelles sont les concentrations de HI, de H_2 et de I_2 à l'équilibre ?

EXEMPLE 4.7   Le calcul des concentrations à l'équilibre

Soit la même réaction et la même température qu'à l'exemple 4.6. En supposant que les concentrations initiales de H_2, de I_2 et de HI sont respectivement de 0,00623 M, de 0,00414 M et de 0,0224 M, calculez les concentrations de ces espèces à l'équilibre.

Réponse:
Calculons d'abord le quotient réactionnel donné par

$$Q_c = \frac{(0,0224)^2}{(0,006\,23)(0,004\,14)} = 19,5$$

Du fait que $Q_c < K_c$, la réaction nette évoluera de la gauche vers la droite jusqu'à ce que $Q_c = K_c$. Après cela, on suit les étapes de la méthode déjà expliquée.

Étape 1: soit x la diminution de la concentration (en moles par litre) de H_2 et de I_2 à l'équilibre. Selon la stœchiométrie de la réaction, l'augmentation de la concentration de HI doit être de $2x$. Nous écrivons alors

	H_2	$+$	I_2	$\rightleftharpoons$	2HI
Concentration initiale (*M*):	0,006 23		0,004 14		0,0224
Variation (*M*):	$-x$		$-x$		$+2x$
Concentration à l'équilibre (*M*):	$(0,006\,23 - x)$		$(0,004\,14 - x)$		$(0,0224 + 2x)$

Étape 2: la constante d'équilibre est

$$K_c = \frac{[HI]^2}{[H_2][I_2]}$$

Par substitution, nous obtenons

$$54,3 = \frac{(0,0224 + 2x)^2}{(0,00623 - x)(0,00414 - x)}$$

Nous ne pouvons ici résoudre cette équation du second degré simplement en extrayant les racines carrées, comme nous l'avons fait précédemment, car cette fois les concentrations de départ de $[H_2]$ et de $[I_2]$ sont inégales. Il faut plutôt procéder par multiplications (produit croisé):

$$54,3(2,58 \times 10^{-5} - 0,0104x + x^2) = 5,02 \times 10^{-4} + 0,0896x + 4x^2$$

En réarrangeant les termes, nous obtenons

$$50,3x^2 - 0,654x + 8,98 \times 10^{-4} = 0$$

C'est une équation quadratique (ou du second degré) de la forme $ax^2 + bx + c = 0$. La solution d'une telle équation (*voir* annexe 2) est

$$x = \frac{-b \pm \sqrt{b^2 - 4ac}}{2a}$$

Ici, $a = 50,3$; $b = -0,654$; et $c = 8,98 \times 10^{-4}$. Alors,

$$x = \frac{0,654 \pm \sqrt{(-0,654)^2 - 4(50,3)(8,98 \times 10^{-4})}}{2 \times 50,3}$$

$$x = 0,0114 \; M \qquad \text{ou} \qquad x = 0,00156 \; M$$

La première solution est physiquement impossible, car les quantités de H_2 et de I_2 qui auraient réagi seraient supérieures aux quantités initiales. C'est donc la seconde solution qui est la bonne. Notez que, lorsque l'on résout une équation quadratique de ce genre, il y a toujours une seule des deux solutions mathématiques qui est physiquement une bonne réponse. Ce choix est facile à faire si on prouve logiquement laquelle des deux solutions a du sens, c'est-à-dire laquelle est compatible avec les données du problème.

Problème semblable : 4.86

Étape 3: les concentrations à l'équilibre sont

$$[H_2] = (0,00623 - 0,00156) \; M = 0,00467 \; M$$

$$[I_2] = (0,00414 - 0,00156) \; M = 0,00258 \; M$$

$$[HI] = (0,0224) + (2 \times 0,00156) \; M = 0,0255 \; M$$

(On peut vérifier ces réponses en les utilisant dans l'expression de la constante d'équilibre et calculer K_c. Si nous arrivons à la même valeur ou presque, cela signifie que nos calculs sont corrects. Ici on obtient 54,0 alors que la valeur utilisée était de 54,3. Nos réponses étaient donc correctes. En effet, la valeur de K_c calculée, soit 54,0, n'a que le dernier chiffre significatif (incertain) qui diffère de 54,3.)

EXERCICE

À 1280 °C, la constante d'équilibre (K_c) pour la réaction

$$Br_2(g) \rightleftharpoons 2Br(g)$$

vaut $1,1 \times 10^{-3}$. Si les concentrations initiales sont $[Br_2] = 6,3 \times 10^{-2} \; M$ et $[Br] = 1,2 \times 10^{-2} \; M$, calculez les concentrations de ces espèces à l'équilibre.

4.5 LES FACTEURS QUI INFLUENCENT L'ÉQUILIBRE CHIMIQUE

L'équilibre chimique est un équilibre entre une réaction directe et la réaction inverse correspondante. Dans la plupart des cas, cet équilibre est assez précaire. Toute modification des conditions dans lesquelles une expérience a lieu peut influencer l'équilibre et déplacer la position d'équilibre de sorte qu'il y aura formation d'une plus ou moins grande quantité d'un produit désiré. Quand on dit que la position d'équilibre se déplace vers la droite, par exemple, on veut dire que la réaction nette se produit de la gauche vers la droite de l'équation qui la représente. Les différentes conditions expérimentales pouvant influencer l'équilibre sont : la concentration, la pression, le volume et la température. Dans cette section, nous verrons comment chacune de ces variables influence un système en équilibre, et quel est l'effet d'un catalyseur sur l'équilibre.

Henry Le Chatelier (1850-1936), chimiste et industriel français.

Le principe de Le Chatelier

Il existe une règle générale qui permet de prédire dans quel sens un système en équilibre aura tendance à évoluer quand une modification de la concentration, de la pression, du volume ou de la température se produit. Cette règle, appelée **principe de Le Chatelier,** dit que *si une contrainte (un facteur extérieur) agit sur un système en équilibre, le système réagit de manière à s'opposer partiellement à cette contrainte*. Le terme « contrainte » signifie ici une modification de la concentration, de la pression, du volume ou de la température, qui perturbe l'état d'équilibre du système. Nous utiliserons ce principe pour déterminer les effets de telles modifications.

Les modifications de la concentration

Voyons, grâce à l'exemple suivant, comment des changements de concentration peuvent influer sur la position d'équilibre d'un système.

Le thiocyanate de fer(III) [$Fe(SCN)_3$] se dissout facilement dans l'eau pour donner une solution rouge. La couleur rouge est due à la présence d'ions $FeSCN^{2+}$ hydratés. L'équilibre entre les ions non dissociés $FeSCN^{2+}$ et les ions Fe^{3+} et SCN^- est représenté par

$$FeSCN^{2+}(aq) \rightleftharpoons Fe^{3+}(aq) + SCN^-(aq)$$
$$\text{Rouge} \qquad \text{Jaune pâle} \quad \text{Incolore}$$

Qu'arrive-t-il si l'on ajoute du thiocyanate de sodium (NaSCN) à cette solution ? Dans ce cas, la contrainte qui vient agir sur le système en équilibre est une augmentation de la concentration de SCN^- (provenant de la dissociation de NaSCN). Pour s'opposer à cette contrainte, des ions Fe^{3+} réagissent avec des ions SCN^- ajoutés ; le système évolue de droite à gauche pour atteindre un nouvel équilibre :

$$FeSCN^{2+}(aq) \longleftarrow Fe^{3+}(aq) + SCN^-(aq)$$

Par conséquent, la coloration rouge de la solution s'intensifie (*figure 4.6*).

De même, si l'on ajoute du nitrate de fer(III) [$Fe(NO_3)_3$] à la solution originale, la coloration rouge s'intensifie également, car les ions Fe^{3+} [de $Fe(NO_3)_3$] ajoutés déplacent l'équilibre vers la gauche. Les ions Na^+ et NO_3^- sont des ions spectateurs incolores.

Maintenant, si l'on ajoute de l'acide oxalique ($H_2C_2O_4$) à la solution originale, l'acide oxalique s'ionise dans l'eau pour former des ions oxalate ($C_2O_4^{2-}$), qui se lient fortement aux ions Fe^{3+}. La formation de l'ion jaune stable $Fe(C_2O_4)_3^{3-}$ réduit le nombre d'ions Fe^{3+} de la solution. Par conséquent, il y a dissociation d'ions $FeSCN^{2+}$; l'équilibre se déplace donc vers la droite :

$$FeSCN^{2+}(aq) \longrightarrow Fe^{3+}(aq) + SCN^-(aq)$$

NOTE

Le thiocyanate sert ici de source d'ions SCN^- selon $NaSCN(s) \rightarrow Na^+(aq) + SCN^-(aq)$, l'ion $Na^+(aq)$ étant un ion spectateur (*section 1.2*).

NOTE

Dans ce cas-ci, le $Fe(NO_3)_3$ est une source de Fe^{3+} et NO_3^- est un ion spectateur.

Figure **4.6** *Effet de la concentration sur la position d'équilibre. a) Une solution aqueuse de Fe(SCN)₃: la couleur de la solution est due à la présence du FeSCN²⁺ rouge et du Fe³⁺ jaune. b) Après addition de NaSCN à la solution a), l'équilibre se déplace vers la gauche. c) Après addition de Fe(NO₃)₃ à la solution a), l'équilibre se déplace vers la gauche. d) Après addition de H₂C₂O₄ à la solution a), l'équilibre se déplace vers la droite. La couleur jaune est due à la présence des ions Fe(C₂O₄)₃³⁻.*

a)   b)   c)   d)

La solution rouge devient alors jaune à cause de la formation d'ions $Fe(C_2O_4)_3^{3-}$.

Cette expérience démontre que, à l'équilibre, tous les réactifs et tous les produits sont présents dans le système. De plus, une augmentation des concentrations des produits (Fe^{3+} ou SCN^-) déplace l'équilibre vers la gauche, alors qu'une diminution de la concentration du produit Fe^{3+} déplace l'équilibre vers la droite. Ces résultats sont en accord avec le principe de Le Chatelier et s'expliquent facilement à l'aide des notions de cinétique (*chapitre 3*). En effet, lors de l'augmentation de la concentration d'un réactif, par exemple, les vitesses des réactions directe et inverse ne sont plus égales comme c'était le cas à l'équilibre. La vitesse de la réaction directe est plus grande, ce qui permet une plus grande formation de produits. Toutefois, cet effet correspond aussi à une augmentation progressive de la concentration des produits qui, à son tour, fait augmenter la vitesse de la réaction inverse. Il arrive un moment où les vitesses redeviennent égales, ce qui correspond à l'atteinte d'un nouvel état d'équilibre qui est finalement plus positionné en faveur des produits.

EXEMPLE 4.8   **L'effet d'une modification de la concentration sur la position d'équilibre**

À 720 °C, la constante d'équilibre K_c pour la réaction

$$N_2(g) + 3H_2(g) \rightleftharpoons 2NH_3(g)$$

vaut $2,37 \times 10^{-3}$. Dans une expérience donnée, les concentrations à l'équilibre sont $[N_2] = 0,683\ M$, $[H_2] = 8,80\ M$ et $[NH_3] = 1,05\ M$. On ajoute une certaine quantité de NH_3 au mélange pour que sa concentration augmente à $3,65\ M$. a) À l'aide du principe de Le Chatelier, prédisez dans quel sens la réaction nette évoluera pour atteindre un nouvel équilibre. b) Confirmez votre prédiction en calculant le quotient réactionnel Q_c et en le comparant avec K_c.

Réponse: a) La contrainte externe qui vient agir sur le système est l'addition de NH_3. Pour minimiser cette contrainte, des molécules NH_3 réagissent pour produire des molécules N_2 et H_2 jusqu'à ce qu'un nouvel équilibre soit atteint. La réaction nette se produit alors de droite à gauche:

$$N_2(g) + 3H_2(g) \longleftarrow 2NH_3(g)$$

b) Dès que l'on y ajoute du NH_3, le système n'est plus en équilibre. Le quotient réactionnel est donné par

$$Q_c = \frac{[NH_3]_0^2}{[N_2]_0[H_2]_0^3}$$

$$= \frac{(3,65)^2}{(0,683)(8,80)^3}$$

$$= 2,86 \times 10^{-2}$$

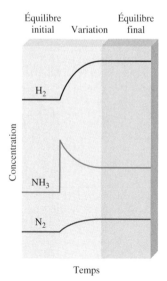

Équilibre initial   Variation   Équilibre final

Concentration

H_2

NH_3

N_2

Temps

Figure **4.7** *Variations des concentrations de H₂, de N₂ et de NH₃ après addition de NH₃ au système en équilibre.*

Puisque cette valeur est supérieure à $2,37 \times 10^{-3}$, la réaction nette se produit de droite à gauche, jusqu'à ce que Q_c soit égal à K_c.

La figure 4.7 illustre qualitativement les modifications de concentrations des espèces en jeu.

Problème semblable : 4.44

EXERCICE

À 430 °C, la constante d'équilibre K_p de la réaction

$$2NO(g) + O_2(g) \rightleftharpoons 2NO_2(g)$$

vaut $1,5 \times 10^5$. Dans une expérience donnée, les pressions initiales de NO, de O_2 et de NO_2 sont respectivement de $2,1 \times 10^{-3}$ atm, de $1,1 \times 10^{-2}$ atm et de 0,14 atm. Calculez Q_p et prédisez dans quel sens aura lieu la réaction nette pour atteindre l'équilibre à la même température.

Les modifications de la pression et du volume

Les modifications de la pression n'influencent ordinairement pas la concentration des espèces en phases condensées (en solution aqueuse, par exemple), car les liquides et les solides sont pratiquement incompressibles. Par contre, elles influencent grandement la concentration des gaz. Examinons encore l'équation (4.7) du volume 1 :

$$PV = nRT$$

$$P = \left(\frac{n}{V}\right)RT$$

P et V sont inversement proportionnels : plus la pression est grande, plus le volume est petit, et vice versa. Notez également que le terme (n/V) équivaut à la concentration du gaz en moles par litre et qu'il est directement proportionnel à la pression.

Soit le système suivant en équilibre

$$N_2O_4(g) \rightleftharpoons 2NO_2(g)$$

dans un cylindre muni d'un piston mobile. Qu'arrive-t-il si, à température constante, on augmente la pression des gaz en appuyant sur le piston ? Puisque le volume diminue, les concentrations (n/V) de NO_2 et de N_2O_4 augmentent. Puisque dans l'expression de la constante d'équilibre la concentration de NO_2 est au carré, la valeur du numérateur augmentera plus rapidement que celle du dénominateur. Le système n'est alors plus en équilibre, et on écrit

$$Q_c = \frac{[NO_2]_0^2}{[N_2O_4]_0}$$

Ainsi $Q_c > K_c$, et la réaction nette se produira vers la gauche jusqu'à ce que $Q_c = K_c$. Inversement, une diminution de pression (donc une augmentation de volume) se soldera par $Q_c < K_c$; la réaction nette se produira alors vers la droite, jusqu'à ce que $Q_c = K_c$.

En général, une augmentation de pression (donc une diminution de volume) favorise le déplacement de l'équilibre dans le sens de la réaction nette qui contribue à faire diminuer le nombre total de moles de gaz (dans le cas présent, la réaction inverse) ; une diminution de pression (donc une augmentation de volume) favorise le déplacement dans le sens de la réaction nette qui contribue à faire augmenter le nombre total de moles de gaz (ici, la réaction directe). Pour ce qui est des réactions où il n'y a aucun changement dans le nombre de moles de gaz en procédant dans un sens ou dans l'autre, une modification de la pression (ou du volume) n'a aucun effet sur la position d'équilibre.

Il est possible de changer la pression d'un système sans en changer le volume. Par exemple, soit le système $NO_2-N_2O_4$ placé dans un contenant en acier inoxydable fermé dont le volume est constant. On peut augmenter la pression totale en y ajoutant un gaz rare (de l'hélium, par exemple). L'ajout d'hélium au mélange en équilibre, dans un *volume constant,* augmente la pression totale des gaz et diminue les fractions molaires de NO_2 et de N_2O_4; cependant, la pression partielle de chaque gaz, qui est le produit de la fraction molaire par la pression totale (*section 2.3*), ne change pas, Q_p est encore égal à K_p. Par contre, l'ajout d'un gaz non réactif dans un système à *pression constante* peut avoir un effet, car il modifie les pressions partielles. Donc, Q n'est plus égal à K. Il pourrait y avoir modification de l'état d'équilibre si le total du nombre de moles des produits gazeux n'est pas le même que celui des réactifs (si Δn est différent de zéro). L'équilibre se déplacera alors de manière à favoriser la production d'un plus grand nombre de molécules. En fait, ce dernier cas revient à dire que le gaz inerte n'a pas d'effet chimique comme tel, mais que son effet revient au même que celui d'un changement de volume. Cela correspond ici à un changement des concentrations, comme on l'a vu au paragraphe précédent.

EXEMPLE 4.9   **Les effets de la modification de la pression et du volume sur la position d'équilibre**

Soit les systèmes suivants en équilibre:

a) $2PbS(s) + 3O_2(g) \rightleftharpoons 2PbO(s) + 2SO_2(g)$
b) $PCl_5(g) \rightleftharpoons PCl_3(g) + Cl_2(g)$
c) $H_2(g) + CO_2(g) \rightleftharpoons H_2O(g) + CO(g)$

Dans chaque cas, prédisez le sens de la réaction nette qui suivrait une augmentation de la pression (une diminution du volume) du système à température constante.

Réponse: a) On ne tient compte que des molécules de gaz. Dans l'équation équilibrée, il y a trois moles de réactifs gazeux pour deux moles de produits gazeux. Alors, une augmentation de pression provoquera une réaction nette vers les produits (vers la droite).

b) Il y a deux moles de produits pour une mole de réactifs; alors, la réaction nette se produira vers les réactifs (vers la gauche).

c) Le nombre de moles des produits est égal à celui des réactifs; une modification de la pression n'a donc aucun effet sur l'équilibre.

EXERCICE

Soit la réaction

$$2NOCl(g) \rightleftharpoons 2NO(g) + Cl_2(g)$$

Prédisez dans quel sens aura lieu la réaction nette causée par une diminution de la pression (une augmentation de volume) du système à température constante.

Les modifications de la température

Bien qu'une modification de la concentration, de la pression ou du volume puisse faire changer la position d'équilibre, elle n'influence pas la valeur de la constante d'équilibre. Seule une modification de la température peut la faire varier.

La formation de NO_2 à partir de N_2O_4 est une réaction endothermique:

$$N_2O_4(g) \longrightarrow 2NO_2(g) \qquad \Delta H° = 58,0 \text{ kJ}$$

et la réaction inverse est exothermique :

$$2NO_2(g) \longrightarrow N_2O_4(g) \qquad \Delta H° = -58,0 \text{ kJ}$$

À l'équilibre, le bilan d'échange de chaleur est nul puisqu'il n'y a pas de réaction nette. Qu'arrive-t-il si le système en équilibre

$$N_2O_4(g) \rightleftharpoons 2NO_2(g)$$

est chauffé à volume constant ? Puisque c'est la réaction endothermique (opposition à la contrainte) qui absorbe la chaleur de l'extérieur, le réchauffement (contrainte) favorise la dissociation des molécules N_2O_4 en NO_2. Par conséquent, la constante d'équilibre, donnée par

$$K_c = \frac{[NO_2]^2}{[N_2O_4]}$$

augmente avec la température (*figure 4.8*).

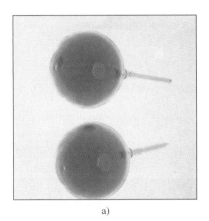
a)

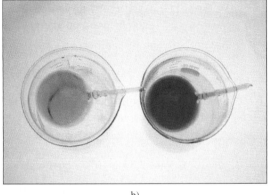
b)

Figure **4.8** *a) Deux ballons contenant un mélange de NO₂ et de N₂O₄ gazeux en équilibre. b) Quand on immerge un ballon dans l'eau glacée (à gauche), la couleur devient plus pâle, indiquant la formation de N₂O₄ gazeux incolore. Quand on immerge l'autre ballon dans l'eau chaude, la couleur s'intensifie, indiquant la formation de NO₂.*

Prenons, comme autre exemple, l'équilibre entre les ions suivants :

$$CoCl_4^{2-} + 6H_2O \rightleftharpoons Co(H_2O)_6^{2+} + 4Cl^-$$
Bleu   Rose

La formation de $CoCl_4^{2-}$ est endothermique. Sous l'effet de la chaleur, l'équilibre se déplace vers la gauche et la solution devient bleue. Un refroidissement favorise une réaction exothermique [la formation de $Co(H_2O)_6^{2+}$] ; la solution devient alors rose (*figure 4.9*).

On peut résumer ces observations par l'affirmation suivante : *une augmentation de température favorise une réaction endothermique, et une diminution de température favorise une réaction exothermique.* Cette affirmation est en accord avec le principe de Le Chatelier.

Figure **4.9**
(À gauche) Le chauffage favorise la formation d'ions CoCl₄²⁻, d'où la couleur bleue. (À droite) Le refroidissement favorise la formation d'ions Co(H₂O)₆²⁺, d'où la couleur rouge.

Le principe de Le Chatelier est lui-même une interprétation qualitative d'une relation quantitative entre le ΔH°, T et K. Cette relation est d'une forme à la fois analogue à l'équation de Clausius Clapeyron (*chapitre 9, volume 1*) et à l'équation d'Arrhenius (*section 3.4*) et se nomme l'équation ou la **loi de van't Hoff,** laquelle s'écrit ainsi :

$$\ln \frac{K_2}{K_1} = \frac{-\Delta H^\circ}{R} \left(\frac{1}{T_2} - \frac{1}{T_1} \right)$$ (4.12)

Cette relation permet de calculer, avec une précision de l'ordre de 1 %, la valeur d'une constante d'équilibre à une température donnée à partir de sa valeur à une autre température. Ainsi, selon la valeur et le signe du ΔH° et selon que la nouvelle température est plus grande ou plus petite que celle de départ, le rapport des constantes donnera une valeur supérieure ou inférieure à 1. On retrouve ainsi le principe de Le Chatelier car, par exemple, lorsque la nouvelle valeur de K est plus grande que celle de départ, on doit conclure que le nouvel état d'équilibre favorise les produits.

EXEMPLE 4.10   Les effets de la modification de la température sur la position d'équilibre

Soit le système suivant à l'équilibre :

$$N_2(g) + 3H_2(g) \rightleftharpoons 2NH_3(g) \qquad \Delta H^\circ = -92{,}6 \text{ kJ}$$

a) À l'aide de l'équation (4.12), démontrez quel devrait être l'effet d'une diminution de la température sur ce système initialement à l'équilibre.

b) Confirmez votre réponse obtenue en a) à l'aide du principe de Le Chatelier.

c) Si K_c à 720 °C vaut $2{,}37 \times 10^{-3}$, quelle sera sa nouvelle valeur à 700 °C ?

Réponse: a) Soit T_1 la température initiale et K_1 la constante d'équilibre initiale. Comme la température diminue, on a $T_2 < T_1$, et dans l'équation (4.12) le terme $\frac{1}{T_2} - \frac{1}{T_1}$ > 0 ainsi que $-\Delta H^\circ/R = +92{,}6 \text{ kJ}/R > 0$. La multiplication de ces deux termes plus grands que zéro donne donc une valeur plus grande que zéro qui est égale au logarithme du rapport des constantes. Donc, $\ln K_2/K_1 > 0$, ce qui veut aussi nécessairement dire que $K_2/K_1 > 1$. La valeur de la nouvelle constante est plus grande que celle de départ, ce qui nous permet de conclure que le nouvel équilibre favorisera les produits.

b) Puisque la réaction directe est exothermique, on peut considérer la chaleur produite comme un produit de la réaction et réécrire l'équation ainsi :

$$N_2(g) + 3H_2(g) \rightleftharpoons 2NH_3(g) + 92{,}6 \text{ kJ}$$

La diminution de la température correspond au fait d'enlever de la chaleur produite par le système et, d'après le principe de Le Chatelier, le système s'opposera à cette contrainte en favorisant le sens de la réaction qui s'oppose à cette contrainte. Le contraire de perdre de la chaleur est d'en produire, ce qui correspond à faire évoluer la réaction vers la droite.

c) Écrivons d'abord toutes les valeurs connues dans la relation

$$\ln \frac{K_2}{K_1} = \frac{-\Delta H^\circ}{R} \left(\frac{1}{T_2} - \frac{1}{T_1} \right)$$

$$\ln \frac{K_2}{K_1} = \frac{-(-92\ 600 \text{ J/mol})}{8{,}314 \text{ J/K} \cdot \text{mol}} \left(\frac{1}{973} - \frac{1}{993} \right) = 2{,}31 \times 10^{-1}$$

NOTE

Il ne faut pas oublier que pour avoir des unités compatibles, il faut convertir les kilojoules (kJ) en joules (J) et les degrés celsius (°C) en kelvins (K).

$$\frac{K_2}{K_1} = e^{2,31 \times 10^{-1}} = 1,3 \text{ et } K_2 = 1,3 \times K_1 = 1,3 \times 2,37 \times 10^{-3} = 3,08 \times 10^{-3}$$

EXERCICE

On observe que la constante d'équilibre d'une certaine réaction double si on augmente la température de 25 °C à 35 °C. Quelle est la valeur du $\Delta H°$ de cette réaction?

Une explication de l'effet de la température du point de vue de la cinétique

À la section 3.4, on a vu que les constantes de vitesse augmentent avec la température. Dans un système à l'équilibre, une augmentation de la température fera varier les vitesses directe et inverse (qui étaient égales), mais pas de la même valeur. Les deux valeurs de k dépendent de la fraction des molécules qui ont l'énergie nécessaire pour franchir la barrière d'activation, et comme cette barrière est toujours plus haute du côté qui correspond au sens de la réaction endothermique, c'est là que l'élévation de la température a l'effet le plus marqué sur la vitesse (*figure 4.10*). Donc, si on chauffe un système à l'équilibre, la réaction dans le sens endothermique va connaître temporairement une plus grande augmentation de la vitesse que celle dans le sens contraire, qui est exothermique. Il y aura augmentation progressive de produits et diminution de réactifs dans le sens favorisé par l'augmentation de la température, ce qui aura pour effet, à la longue, de rétablir l'égalité des vitesses, donc d'atteindre un nouvel état d'équilibre.

Le rôle d'un catalyseur

Un catalyseur augmente la vitesse d'une réaction (*chapitre 3*). Dans une réaction réversible, un catalyseur influence de la même manière la vitesse des réactions directe et inverse. *Ainsi, la présence d'un catalyseur ne change pas la constante d'équilibre, pas plus qu'elle ne modifie la position d'équilibre d'un système.* L'ajout d'un catalyseur à un mélange réactionnel qui n'est pas en équilibre augmente la vitesse des réactions directe et inverse de sorte que l'équilibre est atteint plus rapidement. Autrement dit, cet équilibre serait atteint sans catalyseur, mais ça prendrait beaucoup plus de temps.

Résumé des effets des facteurs d'influence

Nous avons vu quatre facteurs susceptibles d'influencer l'équilibre d'un système. Il est important de se rappeler qu'un seul de ces facteurs, la température, peut faire changer la valeur de la constante d'équilibre. Les modifications de la concentration, de la pression et du volume peuvent faire changer les concentrations des espèces en jeu à l'équilibre, mais elles ne peuvent faire changer la constante d'équilibre tant que la température demeure la même.

Un catalyseur peut aider à atteindre plus rapidement l'état d'équilibre, mais il n'a aucun effet sur la constante d'équilibre ni sur les concentrations à l'équilibre des espèces en jeu.

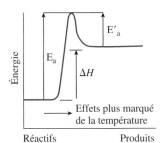

Figure 4.10 *Dans le cas de cette réaction endothermique, l'effet d'une augmentation de la température sera plus marqué dans le sens direct que dans le sens inverse, vu que la barrière de l'énergie d'activation est beaucoup plus élevée lorsqu'elle évolue dans le sens direct.*

EXEMPLE 4.11 **Les effets des facteurs qui peuvent influencer la position d'équilibre ou la constante d'équilibre**

Soit la réaction à l'équilibre suivante :

$$N_2F_4(g) \rightleftharpoons 2NF_2(g) \qquad \Delta H° = 38,5 \text{ kJ}$$

Prédisez les effets des changements suivants sur l'équilibre : a) le mélange réactionnel est chauffé à volume constant ; b) du NF_2 gazeux est retiré du mélange à température et à volume constants ; c) la pression appliquée sur le mélange est abaissée à température constante ; et d) un gaz rare, comme l'hélium, est ajouté au mélange à température et à volume constants.

Réponse : a) Puisque la réaction directe est endothermique, une augmentation de température favorise la formation de NF_2. La constante d'équilibre

$$K_c = \frac{[NF_2]^2}{[N_2F_4]}$$

augmentera donc avec la température.

b) Le facteur en jeu ici est le retrait de NF_2 gazeux. Pour s'y opposer, le N_2F_4 se décomposera pour former du NF_2. La constante d'équilibre K_c reste la même.

c) Une diminution de la pression (accompagnée d'une augmentation du volume des gaz) favorise la formation d'un plus grand nombre de molécules de gaz, ce qui correspond à la réaction directe. Il y aura alors formation de NF_2 gazeux. La constante d'équilibre reste la même.

d) L'ajout, à volume constant, d'hélium dans un mélange ne modifie pas son équilibre.

EXERCICE

Soit l'équilibre

$$3O_2(g) \rightleftharpoons 2O_3(g) \qquad \Delta H° = 284 \text{ kJ}$$

Quel effet sur le système aurait : a) une augmentation de la pression par diminution du volume ; b) une augmentation de la pression par addition de O_2 ; c) une diminution de la température ; et d) l'ajout d'un catalyseur ?

Problèmes semblables : 4.55 et 4.56

LA CHIMIE EN ACTION

LA VIE EN ALTITUDE ET LA PRODUCTION D'HÉMOGLOBINE

Notre physiologie subit l'influence des conditions environnementales. Ce fait peut être illustré par les effets d'un changement rapide d'altitude. Par exemple, aller de San Francisco (au niveau de la mer) jusqu'à Mexico (à 2300 m d'altitude) ou encore escalader une montagne de 3000 m en deux jours peuvent occasionner le mal de l'altitude. Cela signifie avoir des maux de tête, des nausées, ressentir une fatigue inhabituelle et d'autres symptômes incommodants. Ce sont tous des symptômes d'hypoxie, qui est une distribution insuffisante d'oxygène à l'intérieur des tissus. Dans les cas les plus graves, la victime peut tomber dans le coma et mourir si elle n'est pas soignée rapidement. Toutefois, une personne qui vit en altitude durant des semaines et des mois voit ces symptômes disparaître graduellement et s'acclimate à la faible teneur en oxygène de l'atmosphère ; elle peut alors fonctionner normalement.

La combinaison de l'oxygène et de la molécule d'hémoglobine (Hb), qui transporte l'oxygène dans le sang, est une réaction complexe. Cependant, pour nos besoins, nous pouvons la représenter à l'aide d'une équation simplifiée :

$$Hb(aq) + O_2(g) \rightleftharpoons HbO_2(aq)$$

où HbO_2 est l'oxyhémoglobine, le complexe hémoglobine-oxygène qui transporte l'oxygène vers les tissus. La constante d'équilibre est

$$K_c = \frac{[HbO_2]}{[Hb][O_2]}$$

À 3000 m d'altitude, la pression partielle de l'oxygène n'est que de 0,14 atm ; au niveau de la mer, elle est de 0,2 atm. Selon le principe de Le Chatelier, une diminution de la concentration d'oxygène force la réaction à évoluer vers la gauche. Ce déplacement diminue la quantité d'oxyhémoglobine, d'où l'hypoxie. Avec le temps, l'organisme peut pallier cette carence en fabriquant plus de molécules d'hémoglobine. L'équilibre se déplacera alors vers la droite, favorisant la formation d'oxyhémoglobine. L'augmentation de production d'hémoglobine est lente à se manifester ; elle peut prendre de deux à trois semaines. La compensation complète peut exiger plusieurs années. Des études ont révélé que le taux d'hémoglobine sanguin des gens qui vivent en altitude depuis longtemps peut être de 50 % supérieur à celui des gens qui vivent au niveau de la mer.

Les alpinistes doivent s'entraîner pendant des semaines, voire des mois, avant de tenter l'ascension de sommets comme celui du mont Éverest.

LA CHIMIE EN ACTION

LE PROCÉDÉ HABER

Connaissant les facteurs qui influent sur l'équilibre chimique, nous pouvons maintenant appliquer ces connaissances à une réaction d'une grande importance pratique : la synthèse de l'ammoniac. On se rappelle que le procédé Haber est une réaction qui nécessite un catalyseur. Ici nous nous concentrerons plutôt sur d'autres facteurs que la vitesse de réaction.

Imaginez que vous êtes un chimiste reconnu, au début du XXe siècle, et qu'on vous demande de concevoir un procédé efficace qui permettra de synthétiser de l'ammoniac à partir de l'hydrogène et de l'azote. Votre objectif principal est d'obtenir un rendement élevé du produit à un coût moindre. Vous commencez d'abord par examiner soigneusement l'équation équilibrée de la production d'ammoniac :

$$N_2(g) + 3H_2(g) \rightleftharpoons 2\ NH_3(g) \qquad \Delta H = -92{,}6\ kJ$$

Deux idées vous viennent alors en tête. Premièrement, puisque 1 mol de N_2 réagit avec 3 mol de H_2 pour produire 2 mol de NH_3, on peut obtenir un rendement supérieur de NH_3 à l'équilibre si la réaction est effectuée à des pressions élevées. C'est en effet le cas, comme le montre le graphique de la variation du pourcentage de moles de NH_3 en fonction de la pression totale du système (*figure 4.11*).

Figure 4.11 La variation du pourcentage de moles de NH₃ en fonction de la pression totale des gaz à 425 °C.

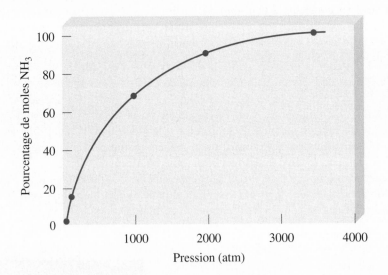

Deuxièmement, la nature exothermique de la réaction directe indique que la constante d'équilibre diminuera à mesure que la température augmentera (*voir* tableau ci-dessous).

t (°C)	K_c
25	$6{,}0 \times 10^5$
200	0,65
300	0,011
400	$6{,}2 \times 10^{-4}$
500	$7{,}4 \times 10^{-5}$

Alors, pour obtenir un rendement maximal de NH_3, on doit effectuer cette réaction à la température la plus basse possible. Le graphique de la figure 4.12 montre que le rendement de l'ammoniac augmente quand la température diminue. Une basse température

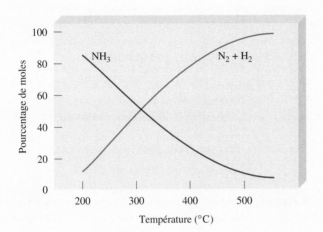

Figure 4.12 *Variation de la composition (en pourcentage de moles) de $H_2 + N_2$ et de NH_3 à l'équilibre (pour un mélange de départ donné) en fonction de la température.*

(disons, 220 K, soit −53 °C) est également souhaitable pour une autre raison : comme son point d'ébullition est de −33,5 °C, l'ammoniac se condensera à mesure qu'il se formera, devenant ainsi plus facile à extraire du système (H_2 et N_2 étant toujours gazeux à cette température). Par conséquent, la réaction évoluera de gauche à droite, comme on le désire.

Telles sont vos conclusions, du moins sur papier. Comparons vos recommandations aux conditions industrielles. Habituellement, la pression employée se situe entre 500 atm et 1000 atm ; il était donc justifié de recommander une forte pression. De plus, en industrie, la réaction n'atteint jamais l'équilibre, car le NH_3 est continuellement retiré du mélange. Ce concept est aussi en accord avec ce que vous aviez pensé. La seule différence est que l'opération se fait en général à environ 500 °C : à cette température, l'opération est pourtant coûteuse et le rendement de NH_3 est bas. Ce qui justifie ce choix est le fait que la vitesse de production de NH_3 augmente avec la température. Du point de vue commercial, une production rapide de NH_3 est préférable, même si cela signifie un rendement plus bas et des coûts d'exploitation plus élevés. Cependant, comme on le sait, augmenter uniquement la température ne suffit pas, il faut utiliser le bon catalyseur pour accélérer le processus. La figure 4.13 illustre le procédé industriel de synthèse de NH_3 à partir de N_2 et de H_2, appelé procédé Haber.

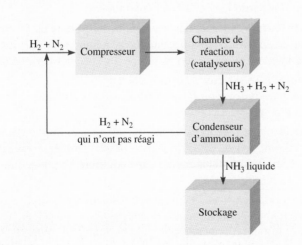

Figure 4.13 *Schéma du procédé Haber de la synthèse de l'ammoniac. La chaleur produite par la réaction est utilisée pour chauffer les gaz d'entrée.*

Résumé

1. Les chimistes s'intéressent aux équilibres dynamiques portant sur une substance sous plusieurs phases (équilibres physiques) ou des substances en réaction (équilibres chimiques). L'équilibre est un phénomène dynamique. Un système à l'équilibre a des propriétés macroscopiques constantes et répond rapidement aux changements qui influent sur lui, car les réactions directe et inverse sont réversibles.

2. Pour la réaction chimique générale suivante :

$$aA + bB \rightleftharpoons cC + dD$$

la relation entre les concentrations des réactifs et des produits à l'équilibre (en moles par litre) est exprimée par la constante d'équilibre

$$K = \frac{[C]^c [D]^d}{[A]^a [B]^b}$$

3. La constante d'équilibre peut également être exprimée en fonction des pressions partielles à l'équilibre (en atmosphères) des gaz, soit K_p, et il est possible de les convertir l'une dans l'autre [équation (4.4)].

4. Lorsque tous les réactifs et les produits d'un système en équilibre sont dans la même phase, l'équilibre est homogène. Si, par contre, les réactifs et les produits ne sont pas tous dans la même phase, l'équilibre est hétérogène. Les concentrations des solides purs, des liquides purs et des solvants sont constantes et n'apparaissent pas dans l'expression de la constante d'équilibre pour une réaction.

5. Si une réaction peut être considérée comme la somme de plusieurs réactions, la constante d'équilibre de la réaction globale est égale au produit des constantes de chacune des réactions individuelles.

6. La valeur de K pour une réaction donnée est associée à l'écriture de l'équation équilibrée qu'elle représente ; la constante d'équilibre de la réaction inverse est la réciproque de celle de la réaction directe correspondante.

7. La constante d'équilibre est le rapport de la constante de vitesse de la réaction directe à celle de la réaction inverse.

8. Le quotient réactionnel Q a la même forme que l'expression de la constante d'équilibre, mais il s'applique à une réaction qui pourrait ne pas être en équilibre. Si $Q > K$, la réaction se fera en faveur des réactifs pour atteindre l'équilibre ; si $Q < K$, la réaction favorisera la formation des produits.

9. Pour effectuer les calculs des concentrations à l'équilibre, il faut bien distinguer les concentrations initiales des concentrations à l'équilibre. Ensuite, il faut établir quel sera le sens des variations des concentrations ou des pressions tout en tenant compte de l'équation équilibrée, puis exprimer K en fonction des concentrations à l'équilibre, ce qui permet de trouver x qui, à son tour, permet de trouver les concentrations à l'équilibre.

10. Le principe de Le Chatelier précise que, si une contrainte (un facteur extérieur) agit sur un système à l'équilibre, celui-ci réagira de manière à s'opposer partiellement à cette contrainte.

11. Une augmentation de la concentration des réactifs cause un déplacement de l'équilibre en faveur des produits, et une augmentation de la concentration des produits provoque un déplacement en faveur des réactifs. Cela s'explique bien grâce à la loi de vitesse déjà vue en cinétique.

12. Les variations de pression influent surtout sur les systèmes gazeux. Une augmentation de la pression favorise le déplacement de l'équilibre dans le sens de la réaction qui contribue à faire diminuer le nombre total de moles de gaz. Une diminution de pression aura l'effet contraire.

13. Une augmentation de la température favorise une réaction endothermique, et une diminution de la température favorise une réaction exothermique. La loi de van't Hoff [équation (4.12)] permet de calculer la nouvelle valeur de K' à la nouvelle température. L'effet de la température sur l'équilibre s'explique lui aussi grâce à l'approche cinétique.

14. Seule une modification de la température fait changer la valeur de la constante d'équilibre pour une réaction donnée. En ce qui concerne les autres facteurs déjà mentionnés, la constante est inchangée. C'est seulement la position de l'équilibre qui est modifiée. L'ajout d'un catalyseur permet d'atteindre plus rapidement l'équilibre, mais il n'influe pas sur les concentrations à l'équilibre des réactifs et des produits, la barrière de l'énergie d'activation étant changée de la même valeur dans les deux sens de la réaction.

Équations clés

- $K = \dfrac{[C]^c[D]^d}{[A]^a[B]^b}$ Loi d'action de masse ; expression générale de la   (4.2)
constante d'équilibre

- $K_p = K_c \, (0,0821 \, T)^{\Delta n}$ Relation entre K_p et K_c (4.5)

- $K_c = K'_c \, K''_c$ Loi des équilibres multiples ; pour calculer la constante   (4.9)
d'équilibre d'une réaction complexe (en plusieurs étapes)

- $\ln \dfrac{K_2}{K_1} = \dfrac{-\Delta H^o}{R}\left(\dfrac{1}{T_2} - \dfrac{1}{T_1}\right)$ Loi de van't Hoff ; pour calculer la valeur d'une   (4.12)
constante d'équilibre à une autre température

Mots clés

Constante d'équilibre, p. 130   Équilibre physique, p. 128   Principe de Le Chatelier, p. 145
Équilibre chimique, p. 128   Loi d'action de masse p. 130   Quotient réactionnel (Q_c), p. 140
Équilibre hétérogène, p. 134   Loi de van't Hoff, p. 150
Équilibre homogène, p. 131   Loi des équilibres multiples, p. 136

Questions et problèmes

LE CONCEPT D'ÉQUILIBRE
Questions de révision

4.1 Définissez le terme « équilibre ». Donnez deux exemples d'un équilibre dynamique.

4.2 Quelle est la différence entre un équilibre physique et un équilibre chimique ? Donnez deux exemples de chacun.

4.3 Expliquez brièvement l'importance de l'équilibre dans l'étude des réactions chimiques.

4.4 Soit le système en équilibre $3A \rightleftharpoons B$. Dites comment les concentrations de A et de B se modifieront avec le temps dans les situations suivantes : a) initialement, seul A est présent ; b) initialement, seul B est présent ; c) initialement, A et B sont présents (la concentration de A est supérieure). Dans chacun de ces cas, considérez qu'à l'équilibre la concentration de B est supérieure à celle de A.

L'EXPRESSION DES CONSTANTES D'ÉQUILIBRE
Questions de révision

4.5 Définissez les expressions « équilibre homogène » et « équilibre hétérogène ». Donnez deux exemples de chacun.

4.6 Que représentent les symboles K_c et K_p ?

Problèmes

4.7 Écrivez l'expression de la constante d'équilibre K_p pour les décompositions thermiques suivantes :

a) $2NaHCO_3(s) \rightleftharpoons Na_2CO_3(s) + CO_2(g) + H_2O(g)$

b) $2CaSO_4(s) \rightleftharpoons 2CaO(s) + 2SO_2(g) + O_2(g)$

4.8 Exprimez les constantes d'équilibre K_c, et K_p (si elle s'applique), pour les réactions suivantes :

a) $2CO_2(g) \rightleftharpoons 2CO(g) + O_2(g)$

b) $3O_2(g) \rightleftharpoons 2O_3(g)$

c) $CO(g) + Cl_2(g) \rightleftharpoons COCl_2(g)$

d) $H_2O(g) + C(s) \rightleftharpoons CO(g) + H_2(g)$

e) $HCOOH(aq) \rightleftharpoons H^+(aq) + HCOO^-(aq)$

f) $2HgO(s) \rightleftharpoons 2Hg(l) + O_2(g)$

4.9 Exprimez les constantes d'équilibre K_c, et K_p (si elle s'applique) pour les réactions suivantes :

a) $2NO_2(g) + 7H_2(g) \rightleftharpoons 2NH_3(g) + 4H_2O(l)$

b) $2ZnS(s) + 3O_2(g) \rightleftharpoons 2ZnO(s) + 2SO_2(g)$

c) $C(s) + CO_2(g) \rightleftharpoons 2CO(g)$

d) $C_6H_5COOH(aq) \rightleftharpoons C_6H_5COO^-(aq) + H^+(aq)$

LE CALCUL DES CONSTANTES D'ÉQUILIBRE
Questions de révision

4.10 Écrivez l'équation reliant K_c et K_p et définissez tous les termes.

4.11 Quelle est la règle pour écrire la constante d'équilibre d'une réaction globale obtenue à partir de plusieurs réactions ?

4.12 Donnez un exemple de réaction avec des équilibres multiples.

Problèmes

4.13 La constante d'équilibre K_c pour la réaction

$$2HCl(g) \rightleftharpoons H_2(g) + Cl_2(g)$$

vaut $4,17 \times 10^{-34}$ à 25 °C. Quelle est la constante d'équilibre pour la réaction

$$H_2(g) + Cl_2(g) \rightleftharpoons 2HCl(g)$$

à la même température ?

4.14 Soit le système suivant en équilibre à 700 °C :

$$2H_2(g) + S_2(g) \rightleftharpoons 2H_2S(g)$$

Les analyses révèlent qu'il y a 2,50 moles de H_2, $1,35 \times 10^{-5}$ mole de S_2 et 8,70 moles de H_2S présentes dans un ballon de 12,0 L. Calculez la constante d'équilibre K_c pour la réaction.

4.15 Quelle est la valeur de K_p à 1273 °C pour la réaction

$$2CO(g) + O_2(g) \rightleftharpoons 2CO_2(g)$$

si $K_c = 2,24 \times 10^{22}$ à la même température ?

4.16 La constante d'équilibre K_p pour la réaction

$$2SO_3(g) \rightleftharpoons 2SO_2(g) + O_2(g)$$

vaut $5,0 \times 10^{-4}$ à 302 °C. Quelle est la valeur de K_c pour cette réaction ?

4.17 Soit la réaction suivante :

$$N_2(g) + O_2(g) \rightleftharpoons 2NO(g)$$

Si les pressions partielles à l'équilibre de N_2, de O_2 et de NO sont respectivement de 0,15 atm, de 0,33 atm et de 0,050 atm, à 2200 °C, quelle est la valeur de K_p ?

4.18 Un récipient contient des molécules NH_3, N_2 et H_2 à une certaine température ; le système est en équilibre. Les concentrations à l'équilibre sont $[NH_3] = 0,25\ M$, $[N_2] = 0,11\ M$ et $[H_2] = 1,91\ M$. Calculez la constante d'équilibre K_c pour la synthèse de l'ammoniac selon que la réaction est décrite en a) ou en b) :

a) $N_2(g) + 3H_2(g) \rightleftharpoons 2NH_3(g)$

b) $\frac{1}{2}N_2(g) + \frac{3}{2}H_2(g) \rightleftharpoons NH_3(g)$

4.19 La constante d'équilibre K_c pour la réaction

$$I_2(g) \rightleftharpoons 2I(g)$$

vaut $3,8 \times 10^{-5}$ à 727 °C. Calculez K_c et K_p pour l'équilibre

$$2I(g) \rightleftharpoons I_2(g)$$

à la même température.

4.20 La pression du système en équilibre :

$$CaCO_3(s) \rightleftharpoons CaO(s) + CO_2(g)$$

est de 0,105 atm à 350 °C. Calculez K_p et K_c pour cette réaction.

4.21 La constante d'équilibre K_p pour la réaction

$$PCl_5(g) \rightleftharpoons PCl_3(g) + Cl_2(g)$$

vaut 1,05 à 250 °C. Initialement, le mélange est composé de PCl_5, de PCl_3 et de Cl_2 à des pressions respectives de 0,177 atm, de 0,233 atm et de 0,111 atm, à 250 °C. Une fois l'équilibre atteint, quelles sont les pressions qui auront diminué et celles qui auront augmenté ? Dites pourquoi.

4.22 Le carbamate d'ammonium ($NH_4CO_2NH_2$) se décompose de la manière suivante :

$$NH_4CO_2NH_2(s) \rightleftharpoons 2NH_3(g) + CO_2(g)$$

Au début, il n'y avait que le solide ; à l'équilibre, la pression totale des gaz (NH_3 et CO_2) est de 0,363 atm à 40 °C. Calculez la constante d'équilibre K_p.

4.23 On réalise la réaction suivante à 1600 °C :

$$Br_2(g) \rightleftharpoons 2Br(g)$$

Quand on place 1,05 mole de Br_2 dans un ballon de 0,980 L, il y a dissociation de 1,20 % des molécules Br_2. Calculez la constante d'équilibre K_c pour cette réaction.

4.24 On place $3,00 \times 10^{-2}$ mole de phosgène gazeux pur ($COCl_2$) dans un contenant de 1,50 L, puis on le chauffe à 800 K. À l'équilibre, la pression de CO est alors de 0,497 atm. Calculez la constante d'équilibre K_p pour la réaction

$$CO(g) + Cl_2(g) \rightleftharpoons COCl_2(g)$$

4.25 Soit l'équilibre

$$2NOBr(g) \rightleftharpoons 2NO(g) + Br_2(g)$$

Si le bromure de nitrosyle (NOBr) se dissocie à 34 % à 25 °C et que la pression totale est de 0,25 atm, calculez K_p et K_c pour la dissociation à cette température.

4.26 On place 2,50 moles de NOCl dans une chambre de réaction de 1,50 L, à 400 °C. Une fois l'équilibre atteint, une analyse révèle que 28,0 % de NOCl s'est dissocié selon l'équation suivante :

$$2NOCl(g) \rightleftharpoons 2NO(g) + Cl_2(g)$$

Calculez la constante d'équilibre K_c pour cette réaction.

4.27 Les constantes d'équilibre suivantes ont été déterminées pour l'acide sulfhydrique à 25 °C :

$$H_2S(aq) \rightleftharpoons H^+(aq) + HS^-(aq) \quad K'_c = 9,5 \times 10^{-8}$$
$$HS^-(aq) \rightleftharpoons H^+(aq) + S^{2-}(aq) \quad K''_c = 1,0 \times 10^{-19}$$

Calculez la constante d'équilibre pour la réaction suivante à la même température :

$$H_2S(aq) \rightleftharpoons 2H^+(aq) + S^{2-}(aq)$$

4.28 Les constantes d'équilibre suivantes ont été déterminées pour l'acide oxalique à 25 °C :

$$C_2H_2O_4(aq) \rightleftharpoons H^+(aq) + C_2HO_4^-(aq)$$
$$K'_c = 6,5 \times 10^{-2}$$

$$C_2HO_4^-(aq) \rightleftharpoons H^+(aq) + C_2O_4^{2-}(aq)$$
$$K''_c = 6,1 \times 10^{-5}$$

Calculez la constante d'équilibre pour la réaction suivante à la même température :

$$C_2H_2O_4(aq) \rightleftharpoons 2H^+(aq) + C_2O_4^{2-}(aq)$$

4.29 Les constantes d'équilibre suivantes ont été déterminées à 1123 K :

$$C(s) + CO_2(g) \rightleftharpoons 2CO(g) \quad K'_p = 1,3 \times 10^{14}$$
$$CO(g) + Cl_2(g) \rightleftharpoons COCl_2(g) \quad K''_p = 6,0 \times 10^{-3}$$

Écrivez l'expression de la constante d'équilibre K_p et calculez la constante d'équilibre à 1123 K pour

$$C(s) + CO_2(g) + 2Cl_2(g) \rightleftharpoons 2COCl_2(g)$$

4.30 À une certaine température, les réactions ci-après ont les constantes suivantes :

$$S(s) + O_2(g) \rightleftharpoons SO_2(g) \quad K'_c = 4,2 \times 10^{52}$$
$$2S(s) + 3O_2(g) \rightleftharpoons 2SO_3(g) \quad K''_c = 9,8 \times 10^{128}$$

Calculez la constante d'équilibre K_c pour la réaction suivante à la même température :

$$2SO_2(g) + O_2(g) \rightleftharpoons 2SO_3(g)$$

LA RELATION ENTRE LA CINÉTIQUE CHIMIQUE ET L'ÉQUILIBRE CHIMIQUE

Questions de révision

4.31 À l'aide des notions de constantes de vitesse, expliquez pourquoi les constantes d'équilibre dépendent de la température.

4.32 Expliquez pourquoi certaines réactions dont les constantes d'équilibre sont pourtant très grandes sont très lentes, comme dans le cas de la formation de la rouille (Fe_2O_3) par exemple.

Problèmes

4.33 L'eau est un électrolyte très faible qui s'ionise ainsi (auto-ionisation) :

$$H_2O(l) \underset{k_{-1}}{\overset{k_1}{\rightleftharpoons}} H^+(aq) + OH^-(aq)$$

a) Si $k_1 = 2,4 \times 10^{-5}$ s^{-1} et $k_{-1} = 1,3 \times 10^{11}/M \cdot s$, calculez la constante d'équilibre K, où $K = [H^+][OH^-]/[H_2O]$.

b) Calculez le produit $[H^+][OH^-]$ et $[H^+]$ et $[OH^-]$.

4.34 Soit la réaction suivante qui se déroule en une seule étape élémentaire :

$$2A + B \underset{k_{-1}}{\overset{k_1}{\rightleftharpoons}} A_2B$$

Si la constante d'équilibre K_c vaut 12,6 à une certaine température et si $k_{-1} = 5,1 \times 10^{-2}$ s^{-1}, calculez la valeur de k_1.

LE CALCUL DES CONCENTRATIONS À L'ÉQUILIBRE

Questions de révision

4.35 Dites ce qu'est le quotient réactionnel. En quoi est-il différent de la constante d'équilibre ?

4.36 Donnez les grandes étapes du calcul des concentrations à l'équilibre des espèces en jeu dans une réaction.

Problèmes

4.37 La constante d'équilibre K_p pour la réaction

$$2SO_2(g) + O_2(g) \rightleftharpoons 2SO_3(g)$$

vaut $5,60 \times 10^4$ à 350 °C. Initialement, on mélange SO_2 et O_2 à des pressions respectives de 0,350 atm et de 0,762 atm, à 350 °C. Une fois l'équilibre atteint, la pression totale est-elle supérieure ou inférieure à la somme des pressions initiales, soit 1,112 atm ?

4.38 La constante d'équilibre K_c pour la réaction de synthèse de l'ammoniac

$$N_2(g) + 3H_2(g) \rightleftharpoons 2NH_3(g)$$

vaut 0,65 à 375 °C. Les concentrations initiales sont $[H_2]_0 = 0,76\ M$, $[N_2]_0 = 0,60\ M$ et $[NH_3]_0 = 0,48\ M$; une fois l'équilibre atteint, dites pour chacun des gaz si la concentration a augmenté ou diminué.

4.39 Soit la réaction

$$H_2(g) + CO_2(g) \rightleftharpoons H_2O(g) + CO(g)$$

À 700 °C, $K_c = 0,534$. Calculez le nombre de moles de H_2 formées à l'équilibre si un mélange de 0,300 mole de CO et de 0,300 mole de H_2O est chauffé à 700 °C dans un contenant de 10,0 L.

4.40 Un échantillon de NO_2 gazeux pur chauffé à 1000 K se décompose selon l'équation suivante :

$$2NO_2(g) \rightleftharpoons 2NO(g) + O_2(g)$$

La constante d'équilibre K_p vaut 158. Une analyse révèle que la pression partielle de O_2 à l'équilibre est de 0,25 atm. Calculez les pressions de NO et de NO_2 dans le mélange.

4.41 La constante d'équilibre K_c pour la réaction

$$H_2(g) + Br_2(g) \rightleftharpoons 2HBr(g)$$

vaut $2,18 \times 10^6$ à 730 °C. Si, initialement, il y a 3,20 moles de HBr dans un contenant de 12,0 L, calculez les concentrations de H_2, de Br_2 et de HBr à l'équilibre.

4.42 La dissociation de l'iode moléculaire en iode atomique est représentée ainsi :

$$I_2(g) \rightleftharpoons 2I(g)$$

À 1000 K, la constante d'équilibre K_c pour cette réaction vaut $3,80 \times 10^{-5}$. Si, au départ, il y a 0,0456 mole de I_2 dans un ballon de 2,30 L, à 1000 K, quelles seront les concentrations des gaz une fois l'équilibre atteint ?

4.43 La constante d'équilibre K_c pour la décomposition du phosgène ($COCl_2$) vaut $4,63 \times 10^{-3}$ à 527 °C :

$$COCl_2(g) \rightleftharpoons CO(g) + Cl_2(g)$$

Calculez la pression partielle à l'équilibre de chaque composante si, au départ, il y avait seulement du phosgène à une pression de 0,760 atm.

4.44 Soit le système suivant en équilibre à 686 °C :

$$CO_2(g) + H_2(g) \rightleftharpoons CO(g) + H_2O(g)$$

Les concentrations à l'équilibre des espèces en jeu sont $[CO] = 0,050\ M$, $[H_2] = 0,045\ M$, $[CO_2] = 0,086\ M$, et $[H_2O] = 0,040\ M$. a) Calculez K_c pour la réaction à 686 °C. b) Si l'on ajoutait du CO_2 pour en augmenter la concentration à 0,50 M, quelle serait la concentration de chaque gaz une fois le nouvel équilibre atteint ?

4.45 Soit l'équilibre hétérogène suivant :

$$C(s) + CO_2(g) \rightleftharpoons 2CO(g)$$

À 700 °C, la pression totale du système est de 4,50 atm. Si la constante d'équilibre K_p vaut 1,52, calculez les pressions partielles de CO_2 et de CO à l'équilibre.

4.46 La constante d'équilibre K_c pour la réaction

$$H_2(g) + CO_2(g) \rightleftharpoons H_2O(g) + CO(g)$$

vaut 4,2 à 1650 °C. On place 0,80 mole de H_2 et 0,80 mole de CO_2 dans un ballon de 5,0 L. Calculez la concentration de chaque espèce à l'équilibre.

LE PRINCIPE DE LE CHATELIER
Questions de révision

4.47 Énoncez le principe de Le Chatelier. Comment ce principe peut-il être mis à profit pour obtenir le maximum de rendement d'une réaction ?

4.48 À l'aide du principe de Le Chatelier, dites pourquoi la pression de vapeur à l'équilibre d'un liquide augmente avec la température.

4.49 Nommez quatre facteurs pouvant affecter la position d'équilibre. Lequel d'entre eux peut faire changer la valeur de la constante d'équilibre ?

4.50 Que signifie l'expression « position d'équilibre » ? La position d'équilibre est-elle influencée par l'ajout d'un catalyseur ?

Problèmes

4.51 Soit le système suivant en équilibre :

$$SO_2(g) + Cl_2(g) \rightleftharpoons SO_2Cl_2(g)$$

Prédisez comment changera la position d'équilibre (à température constante) : a) si on ajoute du Cl_2 gazeux au système, b) si on retire du SO_2Cl_2 du système, c) si on retire du SO_2 du système.

4.52 Sous l'effet de la chaleur, la dissociation du bicarbonate de sodium dans un contenant fermé atteint l'équilibre suivant :

$$2NaHCO_3(s) \rightleftharpoons Na_2CO_3(s) + H_2O(g) + CO_2(g)$$

Qu'arriverait-il à la position d'équilibre (à température constante) : a) si une quantité de CO_2 était retirée du système, b) si une quantité de Na_2CO_3 solide était ajoutée au système, c) si une quantité de $NaHCO_3$ était retirée du système ?

4.53 Soit les systèmes suivants en équilibre :

a) $A \rightleftharpoons 2B \qquad \Delta H° = 20,0$ kJ

b) $A + B \rightleftharpoons C \qquad \Delta H° = -5,4$ kJ

c) $A \rightleftharpoons B \qquad \Delta H° = 0,0$ kJ

Prédisez, pour chacune de ces réactions, le changement de la constante d'équilibre K_c que produirait une augmentation de la température du système.

4.54 Quel effet a une augmentation de pression sur chacun des systèmes suivants en équilibre? (La température est constante. Dans chaque cas, le mélange est contenu dans un cylindre muni d'un piston mobile.)

a) $A(s) \rightleftharpoons 2B(s)$

b) $2A(l) \rightleftharpoons B(l)$

c) $A(s) \rightleftharpoons B(g)$

d) $A(g) \rightleftharpoons B(g)$

e) $A(g) \rightleftharpoons 2B(g)$

4.55 Soit l'équilibre suivant:

$$2I(g) \rightleftharpoons I_2(g)$$

Quel serait l'effet, sur la position d'équilibre: a) d'une augmentation de la pression totale du système par diminution du volume, b) d'une addition de I_2, c) d'une diminution de la température?

4.56 Soit le système suivant en équilibre:

$$PCl_5(g) \rightleftharpoons PCl_3(g) + Cl_2(g) \qquad \Delta H° = 92,5 \text{ kJ}$$

Prédisez dans quel sens se déplacera l'équilibre: a) si la température augmente, b) si l'on ajoute du chlore gazeux au mélange réactionnel, c) si l'on retire du PCl_3 du mélange, d) si l'on augmente la pression des gaz, e) si l'on ajoute un catalyseur au mélange réactionnel.

4.57 Soit le système suivant en équilibre:

$$2SO_2(g) + O_2(g) \rightleftharpoons 2SO_3(g) \qquad \Delta H° = -198,2 \text{ kJ}$$

Dites, pour chacune des espèces, dans quel sens (augmentation ou diminution) variera la concentration si: a) on augmentait la température, b) on augmentait la pression, c) on augmentait la quantité de SO_2, d) on ajoutait un catalyseur, e) on ajoutait de l'hélium à volume constant?

4.58 Soit la réaction non catalysée suivante:

$$N_2O_4(g) \rightleftharpoons 2NO_2(g)$$

À 100 °C, les pressions des gaz à l'équilibre sont $P_{N_2O_4} = 0,377$ atm et $P_{NO_2} = 1,56$ atm. Qu'arriverait-il à ces pressions en présence d'un catalyseur?

4.59 Soit le système en phase gazeuse en équilibre:

$$2CO(g) + O_2(g) \rightleftharpoons 2CO_2(g)$$

Prédisez le déplacement de la position d'équilibre que produirait un ajout d'hélium au mélange: a) à pression constante et b) à volume constant.

4.60 Soit le système suivant en équilibre et dans un contenant fermé:

$$CaCO_3(s) \rightleftharpoons CaO(s) + CO_2(g)$$

Qu'arriverait-il: a) si l'on augmentait le volume, b) si l'on ajoutait du CaO au mélange, c) si l'on retirait du $CaCO_3$, d) si l'on ajoutait du CO_2, e) si l'on ajoutait quelques gouttes d'une solution de NaOH, f) si l'on ajoutait quelques gouttes d'une solution de HCl au mélange (ne tenez pas compte de la réaction entre le CO_2 et l'eau), g) si l'on augmentait la température?

Problèmes variés

4.61 Soit l'affirmation suivante: la constante d'équilibre d'un mélange réactionnel constitué de NH_4Cl solide, de NH_3 gazeux et de HCl gazeux vaut 0,316. Donnez trois renseignements importants qui manquent à cette affirmation pour que l'information qu'elle donne soit utilisable.

4.62 On a chauffé du NOCl gazeux pur à 240 °C dans un contenant de 1,00 L. À l'équilibre, la pression totale était de 1,00 atm, et la pression partielle de NOCl de 0,64 atm.

$$2NOCl(g) \rightleftharpoons 2NO(g) + Cl_2(g)$$

a) Calculez les pressions partielles de NO et de Cl_2 dans le système. b) Calculez la constante d'équilibre K_p.

4.63 Soit la réaction suivante:

$$N_2(g) + O_2(g) \rightleftharpoons 2NO(g)$$

La constante d'équilibre K_p pour la réaction vaut $1,0 \times 10^{-15}$ à 25 °C, et 0,050 à 2200 °C. La formation de l'oxyde d'azote est-elle endothermique ou exothermique? Justifiez votre réponse.

4.64 Le bicarbonate de sodium subit une décomposition thermique représentée par l'équation suivante:

$$2NaHCO_3(s) \rightleftharpoons Na_2CO_3(s) + CO_2(g) + H_2O(g)$$

Obtiendrait-on plus de CO_2 et de H_2O en ajoutant du bicarbonate de sodium au mélange réactionnel: a) si la réaction avait lieu dans un contenant fermé, b) si elle avait lieu dans un contenant ouvert?

4.65 Soit le système en équilibre

$$A(g) \rightleftharpoons 2B(g)$$

Selon les données suivantes, calculez les constantes d'équilibre (K_p et K_c) à chaque température. La réaction est-elle endothermique ou exothermique?

Température (°C)	[A]	[B]
200	0,0125	0,843
300	0,171	0,764
400	0,250	0,724

4.66 La constante d'équilibre K_p pour la réaction:

$$2H_2O(g) \rightleftharpoons 2H_2(g) + O_2(g)$$

vaut 2×10^{-42} à 25 °C. a) Quelle est la valeur de K_c pour cette réaction à la même température? b) La très basse valeur de K_p (et de K_c) indique que la réaction favorise grandement la formation de molécules d'eau. Dites pourquoi, malgré ce fait, on peut garder un mélange d'hydrogène et d'oxygène gazeux à température ambiante sans qu'il y ait réaction.

4.67 Soit le système suivant:

$$2NO(g) + Cl_2(g) \rightleftharpoons 2NOCl(g)$$

Dans quelles conditions de température et de pression le rendement de NOCl serait-il maximal? [*Indice*: $\Delta H°$(NOCl) = 51,7 kJ/mol. Vous aurez aussi besoin de consulter l'annexe 3.]

4.68 À une température donnée et à une pression totale de 1,2 atm, les pressions partielles d'un mélange en équilibre du type

$$2A(g) \rightleftharpoons B(g)$$

sont P_A = 0,60 atm et P_B = 0,60 atm. a) Calculez la valeur de K_p pour la réaction à cette température. b) Si l'on élevait la pression totale à 1,5 atm, quelles seraient les pressions partielles de A et de B à l'équilibre?

4.69 La décomposition de l'hydrogénosulfure d'ammonium:

$$NH_4HS(s) \rightleftharpoons NH_3(g) + H_2S(g)$$

est une réaction endothermique. On place 6,1589 g de ce solide dans un contenant (dans lequel on a fait le vide) de 4,000 L à exactement 24 °C. Une fois l'équilibre atteint, la pression totale est de 0,709 atm dans le contenant. Il y reste un peu de NH₄HS solide. a) Quelle est la valeur de K_p pour la réaction? b) Quel pourcentage de solide s'est décomposé? c) Si l'on doublait le volume du contenant à température constante, qu'arriverait-il à la quantité de solide dans le contenant?

4.70 Soit la réaction

$$2NO(g) + O_2(g) \rightleftharpoons 2NO_2(g)$$

À 430 °C, le système en équilibre est constitué de 0,020 mole de O₂, de 0,040 mole de NO et de 0,96 mole de NO₂. Calculez la valeur de K_p pour la réaction, sachant que la pression totale est de 0,20 atm.

4.71 Sous l'effet de la chaleur, le carbamate d'ammonium se décompose selon l'équation suivante:

$$NH_4CO_2NH_2(s) \rightleftharpoons 2NH_3(g) + CO_2(g)$$

À une certaine température, la pression du système en équilibre est de 0,318 atm. Calculez K_p pour la réaction.

4.72 On chauffe à 2800 °C un mélange de 0,47 mole de H₂ et de 3,59 moles de HCl. Calculez les pressions partielles à l'équilibre de H₂, de Cl₂ et de HCl si la pression totale est de 2,00 atm. La valeur de K_p pour la réaction H₂(g) + Cl₂(g) $\rightleftharpoons$ 2HCl(g) est 193 à 2800 °C.

4.73 Soit la réaction suivante dans un contenant fermé:

$$N_2O_4(g) \rightleftharpoons 2NO_2(g)$$

Initialement, il y avait 1,000 mole de N₂O₄. À l'équilibre, une certaine quantité de N₂O₄, α mole, s'est dissociée pour former du NO₂. a) Exprimez K_p en fonction de α et de P_T (pression totale). b) Comment l'expression de K_p trouvée en a) permet-elle de prédire le déplacement de l'équilibre causé par une augmentation de P? Votre prédiction est-elle en accord avec le principe de Le Chatelier?

4.74 On place une mole de N₂ et trois moles de H₂ dans un récipient fermé à 397 °C. Calculez la pression totale du système à l'équilibre si la fraction molaire de NH₃ est 0,21. La valeur de K_p pour la réaction est $4,31 \times 10^{-4}$.

4.75 À 1130 °C, la constante d'équilibre (K_c) pour la réaction

$$2H_2S(g) \rightleftharpoons 2H_2(g) + S_2(g)$$

vaut $2,25 \times 10^{-4}$. Si, à l'équilibre, [H₂S] = $4,84 \times 10^{-3}$ M et [H₂] = $1,50 \times 10^{-3}$ M, calculez [S₂].

4.76 On place 6,75 g de SO₂Cl₂ dans un ballon de 2,00 L. À 648 K, il y a 0,0345 mole de SO₂. Calculez K_c pour la réaction

$$SO_2Cl_2(g) \rightleftharpoons SO_2(g) + Cl_2(g)$$

4.77 La formation de SO₃ à partir de SO₂ et de O₂ est une étape intermédiaire dans la fabrication de l'acide sulfurique; c'est également une réaction à l'origine des pluies acides. La constante d'équilibre K_p pour la réaction

$$2SO_2(g) + O_2(g) \rightleftharpoons 2SO_3(g)$$

vaut 0,13 à 830 °C. On met dans un récipient fermé 2,00 moles de SO₂ et 2,00 moles de O₂. Quelle devrait être la pression totale à l'équilibre pour que le pourcentage de rendement de SO₃ soit de 80,0 %?

4.78 Soit la dissociation de l'iode :

$$I_2(g) \rightleftharpoons 2I(g)$$

On chauffe à 1200 °C 1,00 g de I_2 dans un récipient scellé de 500 mL. À l'équilibre, la pression totale est de 1,51 atm. Calculez la valeur de K_p pour la réaction. [*Indice* : utilisez le résultat obtenu au problème 4.73 a). Le degré de dissociation α se calcule à l'aide du rapport entre la pression observée et la pression calculée, cette dernière étant calculée en supposant qu'il n'y a aucune dissociation.]

4.79 Les coquilles d'œufs sont principalement constituées de carbonate de calcium ($CaCO_3$) dont la formation est représentée par l'équation suivante :

$$Ca^{2+}(aq) + CO_3^{2-}(aq) \rightleftharpoons CaCO_3(s)$$

Les ions carbonate sont fournis par le dioxyde de carbone produit par le métabolisme. Dites pourquoi les coquilles d'œufs sont plus minces en été, quand la respiration de la poule est plus rapide (halètement). Comment pourrait-on remédier à cette situation ?

4.80 La constante d'équilibre K_p pour la réaction suivante est $4,31 \times 10^{-4}$ à 397 °C :

$$N_2(g) + 3H_2(g) \rightleftharpoons 2NH_3(g)$$

Un étudiant place du N_2 à 0,862 atm et du H_2 à 0,373 atm dans un récipient scellé à 200 °C, à volume constant. Calculez les pressions partielles de toutes les espèces une fois l'équilibre atteint.

4.81 On chauffe 0,20 mole de dioxyde de carbone en présence d'un excès de graphite, dans un récipient fermé, jusqu'à ce que l'équilibre suivant soit atteint :

$$C(s) + CO_2(g) \rightleftharpoons 2CO(g)$$

La masse molaire moyenne des gaz est de 35 g/mol. a) Calculez les fractions molaires de CO et de CO_2. (*Indice* : la masse molaire moyenne est la somme des produits de la fraction molaire par la masse molaire de chaque gaz.) b) Quelle serait la valeur de K_p à l'équilibre si la pression totale était de 11 atm ?

4.82 Lorsqu'ils sont dissous dans l'eau, le glucose (sucre du maïs) et le fructose (sucre des fruits) sont en équilibre :

$$fructose \rightleftharpoons glucose$$

Un chimiste prépare une solution de fructose à 0,244 *M* à 25 °C. À l'équilibre, cette concentration a diminué à 0,113 *M*. a) Calculez la constante d'équilibre pour la réaction. b) À l'équilibre, quel pourcentage de fructose a été converti en glucose ?

4.83 À la température ambiante, l'iode solide est en équilibre avec sa vapeur grâce à la sublimation et à la déposition (*figure 6.18, volume 1*). Décrivez comment vous utiliseriez de l'iode radioactif, sous forme solide ou de vapeur, pour démontrer qu'il y a équilibre dynamique entre ces deux phases.

4.84 À 1024 °C, la pression de l'oxygène gazeux provenant de la décomposition de l'oxyde de cuivre(II) (CuO) est de 0,49 atm.

$$4CuO(s) \rightleftharpoons 2Cu_2O(s) + O_2(g)$$

a) Quelle est la valeur de K_p pour cette réaction ? b) Calculez la fraction de CuO décomposé si l'on en place 0,16 mole dans un récipient scellé de 2,0 L, à 1024 °C. c) Quelle serait cette fraction si on utilisait 1,0 mole de CuO ? d) Quelle est la plus petite quantité de CuO (en moles) qui permettrait d'atteindre l'équilibre ?

4.85 Dans un récipient scellé, on fait réagir, à une certaine température, 3,9 moles de NO et 0,88 mole de CO_2 selon l'équation suivante :

$$NO(g) + CO_2(g) \rightleftharpoons NO_2(g) + CO(g)$$

À l'équilibre, il y a 0,11 mole de CO_2. Calculez la constante d'équilibre K_c pour la réaction.

4.86 La constante d'équilibre K_c pour la réaction

$$H_2(g) + I_2(g) \rightleftharpoons 2HI(g)$$

vaut 54,3 à 430 °C. Au début, il y a 0,714 mole de H_2, 0,984 mole de I_2 et 0,886 mole de HI dans une chambre de réaction de 2,40 L. Calculez les concentrations des gaz à l'équilibre.

4.87 Sous l'effet de la chaleur, un composé gazeux A se dissocie de la manière suivante :

$$A(g) \rightleftharpoons B(g) + C(g)$$

On chauffe A à une certaine température jusqu'à ce que sa pression à l'équilibre soit de $0,14\ P_T$, ou P_T est la pression totale. Calculez la constante d'équilibre K_p en fonction de P_T pour cette réaction.

4.88 À la pression atmosphérique, si l'on chauffe un certain gaz à 25 °C, sa couleur s'intensifie ; si on le chauffe au-dessus de 150 °C, sa couleur pâlit ; à 550 °C, elle est difficile à percevoir. Cependant, à 550 °C, si l'on augmente la pression du système, sa couleur revient partiellement. Lequel des systèmes suivants correspond le mieux à ces observations ? Justifiez votre choix. a) Un mélange d'hydrogène et de brome, b) du brome pur, c) un mélange de dioxyde d'azote et de tétroxyde de diazote. (*Indice* : le brome est rougeâtre ; le dioxyde d'azote est un gaz brun. Les autres gaz sont incolores.)

4.89 La constante d'équilibre K_c pour la réaction

$$N_2(g) + 3H_2(g) \rightleftharpoons 2NH_3(g)$$

vaut 0,65, à 375 °C.

a) Quelle est la valeur de K_p pour cette réaction?

b) Quelle est la valeur de la constante d'équilibre K_c pour $2NH_3(g) \rightleftharpoons N_2(g) + 3H_2(g)$?

c) Quelle est la valeur de K_c pour $\frac{1}{2}N_2(g) + \frac{3}{2}H_2(g) \rightleftharpoons NH_3(g)$?

d) Quelles sont les valeurs de K_p pour les réactions décrites en b) et en c)?

4.90 Un ballon en verre scellé contient un mélange de NO_2 et de N_2O_4 gazeux. Si l'on augmente la température du ballon de 20 °C à 40 °C, qu'arrive-t-il aux propriétés suivantes des gaz? (Considérez que le volume reste constant. *Indice*: NO_2 est un gaz brun; N_2O_4 est incolore.) a) La couleur, b) la pression, c) la masse molaire moyenne, d) le degré de dissociation (de N_2O_4 en NO_2), e) la masse volumique.

4.91 À 20 °C, la pression de vapeur de l'eau est de 0,0231 atm. Calculez les valeurs de K_p et de K_c pour le changement de phase suivant:

$$H_2O(l) \rightleftharpoons H_2O(g)$$

4.92 Dans l'industrie, le sodium est obtenu par l'électrolyse du chlorure de sodium fondu. La réaction à la cathode est $Na^+ + e^- \rightarrow Na$. On pourrait alors penser que le potassium s'obtient également par électrolyse du chlorure de potassium fondu. Cependant, comme le potassium est soluble dans le chlorure de potassium fondu, il est difficile à récupérer; de plus, le potassium s'évapore facilement à la température d'opération de ce procédé, créant ainsi des conditions dangereuses. On prépare donc plutôt le potassium par distillation du chlorure de potassium fondu en présence de vapeur de sodium, à 892 °C:

$$Na(g) + KCl(l) \rightleftharpoons NaCl(l) + K(g)$$

Étant donné que le potassium est un agent réducteur plus fort que le sodium, expliquez pourquoi cette méthode fonctionne. (Les points d'ébullition du sodium et du potassium sont respectivement 892 °C et 770 °C.)

4.93 En phase gazeuse, le dioxyde d'azote est en réalité un mélange de dioxyde d'azote (NO_2) et de tétroxyde de diazote (N_2O_4). Si la masse volumique d'un tel mélange à 74 °C et à 1,3 atm est de 2,9 g/L, calculez les pressions partielles des gaz et la valeur de K_p.

4.94 On peut représenter la photosynthèse par l'équation globale suivante:

$$6CO_2(g) + 6H_2O(l) \rightleftharpoons C_6H_{12}O_6(s) + 6O_2(g)$$
$$\Delta H° = 2801 \text{ kJ}$$

Expliquez comment l'équilibre pourrait être modifié par les changements suivants: a) La pression partielle de CO_2 est augmentée. b) On retire de l'oxygène du mélange. c) On extrait du glucose, $C_6H_{12}O_6$, du mélange. d) On ajoute de l'eau. e) On ajoute un catalyseur. f) On diminue la température. g) Les plantes sont plus exposées à la lumière du jour.

4.95 Soit la décomposition du chlorure d'ammonium à une certaine température selon:

$$NH_4Cl(s) \rightleftharpoons NH_3(g) + HCl(g)$$

Calculez la constante d'équilibre K_P si la pression totale est de 2,2 atm à cette température.

4.96 Pour résoudre ce problème, utilisez l'équation mentionnée au problème 4.21. On place 2,50 g de PCl_5 dans un ballon de 0,500 L préalablement vidé et chauffé à 250 °C. a) Calculez la pression du PCl_5 lorsqu'il n'a pas commencé à se dissocier. b) Calculez la pression partielle de PCl_5 à l'équilibre. c) Quelle est la pression totale à l'équilibre? d) Quel est le degré de dissociation de PCl_5? (Le degré de dissociation correspond à la fraction de PCl_5 dissocié.)

4.97 La pression de vapeur du mercure est de 0,0020 mm de Hg à 26 °C. a) Calculez K_c et K_p pour le processus $Hg(l) \rightleftharpoons Hg(g)$. b) Un chimiste brise un thermomètre, et le mercure se répand sur le plancher du laboratoire. Les dimensions du laboratoire sont: longueur, 6,1 m; largeur, 5,3 m; hauteur, 3,1 m. Calculez la masse de mercure (en grammes) vaporisée à l'équilibre ainsi que la concentration de la vapeur de mercure en mg/m³. Est-ce que cette concentration excède le seuil de sécurité de 0,050 mg/m³? (Ne tenez pas compte dans vos calculs du volume des meubles ou des autres objets du laboratoire.)

Problème spécial

4.98 Dans ce chapitre, nous avons appris qu'un catalyseur n'a aucune influence sur la position d'équilibre, car il accélère autant la réaction directe que la réaction inverse. Pour vérifier cette affirmation, imaginons un équilibre du type:

$$2A(g) \rightleftharpoons B(g)$$

Cet équilibre est atteint dans un cylindre muni d'un piston sans poids. Le piston est relié par une corde au couvercle d'une boîte contenant un catalyseur. Quand le piston se soulève (l'expansion des gaz se fait contre la pression atmosphérique), il soulève également le couvercle, exposant ainsi le catalyseur aux gaz. Quand le piston descend, la boîte se referme. Supposons que le catalyseur accélère la réaction directe (2A → B), mais qu'il n'a aucun effet sur la réaction inverse (B → 2A). Supposons que le catalyseur est exposé au système au moment où l'équilibre est atteint, comme l'illustre la figure. Décrivez ce qui devrait arriver par la suite. Comment cette expérience « imaginaire » peut-elle vous convaincre qu'un tel catalyseur ne peut exister ?

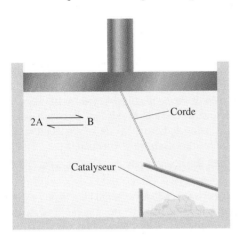

Réponses aux exercices :

4.1 $K_c = \dfrac{[NO_2]^4[O_2]}{[N_2O_5]^2}$; $K_P = \dfrac{P_{NO_2}^4 P_{O_2}}{P_{N_2O_5}^2}$; **4.2** 347 atm ; **4.3** 0,113 ; **4.4** $K_p = 0,0702$; $K_c = 1,20 \times 10^{-4}$; **4.5** de droite à gauche ; **4.6** [HI] = 0,031 M ; [H$_2$] = 4,3 $\times$ 10^{-3} M ; [I$_2$] = 4,3 $\times$ 10^{-3} M ; **4.7** [Br$_2$] = 0,065 M ; [Br] = 8,4 $\times$ 10^{-3} M ; **4.8** $Q_p = 4,0 \times 10^5$, et la réaction nette ira de droite à gauche ; **4.9** de gauche à droite ; **4.10** 52,9 kJ/mol ; **4.11** L'équilibre se déplacera a) de gauche à droite, b) de gauche à droite, c) de droite à gauche. d) Un catalyseur n'a aucun effet sur l'équilibre.

CHAPITRE 5

Les acides et les bases

Les points essentiels

Les acides et les bases de Brønsted
Un acide de Brønsted peut donner un proton, alors qu'une base de Brønsted peut recevoir un proton. Pour chaque acide de Brønsted, il y a une base conjuguée de Brønsted, et inversement.

Les propriétés acido-basiques de l'eau et l'échelle de pH
L'eau se comporte à la fois comme un acide de Brønsted et comme une base de Brønsted. À 25 °C, les concentrations de H^+ et de OH^- dans l'eau pure sont toutes les deux égales à 10^{-7} M. L'échelle de pH sert à indiquer l'acidité d'une solution. Plus la valeur de pH est petite, plus grande est la concentration de H^+ et plus la solution est acide.

Les constantes d'ionisation des acides et des bases
Les acides forts et les bases fortes s'ionisent complètement. La plupart des acides et des bases faibles s'ionisent peu. Les concentrations à l'équilibre de l'acide et de sa base conjuguée ainsi que la concentration de l'ion H^+ peuvent être calculées à l'aide de la constante d'ionisation de l'acide qui est, en fait, la constante d'équilibre de la réaction.

Les propriétés acido-basiques des sels et des oxydes
Plusieurs sels réagissent avec l'eau selon un processus appelé hydrolyse. À partir de la connaissance de la nature du cation et de l'anion constitutifs d'un sel, on peut prédire le pH de la solution résultante. La plupart des oxydes réagissent eux aussi avec l'eau pour donner des solutions acides ou basiques.

Les acides et les bases de Lewis
Une définition encore plus générale des acides et des bases caractérise un acide comme une substance pouvant accepter une paire d'électrons et une base comme une substance pouvant donner une paire d'électrons. Tous les acides et toutes les bases de Brønsted sont des acides et des bases de Lewis.

D'où vient le surnom anglais *limeys* qu'on donne aux marins britanniques ? Ce surnom est apparu à la fin du XVIᵉ siècle quand la marine ajouta la lime (*lime* en anglais) et d'autres agrumes au menu des marins. Jusqu'à cette époque, les biscuits et la viande salée avaient constitué la seule nourriture des marins partis en mer durant des mois. Le scorbut (une maladie caractérisée par des douleurs aux articulations, des lésions cutanées, des saignements aux gencives et la perte des dents) était courant sur les navires. En 1753, on découvrit qu'on pouvait guérir de cette maladie en buvant du jus d'agrumes, qui contient une grande quantité d'acide ascorbique ou vitamine C ($C_6H_8O_6$).

L'acide ascorbique peut également agir comme antioxydant en réagissant avec les agents oxydants, tel le radical OH, qui peuvent endommager l'ADN de l'organisme. La plupart des mammifères produisent leur propre vitamine C, mais les humains et les autres primates, ainsi que les chauves-souris et les cochons d'Inde, doivent l'obtenir à partir de leur nourriture. Presque tous les régimes qui comprennent des fruits et des légumes frais fournissent suffisamment de vitamine C, dans la mesure où ces aliments ne sont pas trop cuits, car la chaleur détruit facilement ce solide blanc hydrosoluble et inodore.

Avant le début du XXᵉ siècle, même si on savait que la vitamine C était essentielle à une bonne santé, on ne connaissait pas son comportement chimique. En effet, quand le biochimiste d'origine hongroise Albert von Szent-Gyorgi isola pour la première fois, en 1928, ce composé à partir d'un extrait de chou, il crut d'abord que c'était un sucre, comme le saccharose ou le fructose. Plus tard, Szent-Gyorgi et W. Norman Haworth, un chimiste britannique qui établit une méthode pour synthétiser la vitamine C, baptisèrent cette substance « acide ascorbique ». Ils remportèrent tous deux un prix Nobel en 1937 pour leur travail sur cette vitamine.

La biochimie de la vitamine C est complexe ; on ne connaît d'ailleurs toujours pas encore la quantité quotidienne de vitamine C nécessaire au corps humain. Néanmoins, Szent-Gyorgi, Linus Pauling et d'autres scientifics affirmèrent que la consommation massive de comprimés de vitamine C aidait à maintenir une bonne santé. Ils croyaient qu'un taux élevé de vitamine C dans l'organisme prévenait le rhume et protégeait de certains cancers. Ces affirmations restent controversées, mais Szent-Gyorgi et Pauling vécurent quand même tous deux jusqu'à l'âge de 93 ans...

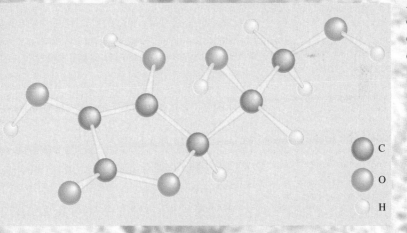

C

O

H

5.1   LES ACIDES ET LES BASES DE BRØNSTED

Au chapitre 1, nous avons vu qu'un acide de Brønsted est une substance (ion ou molécule) susceptible de donner un proton (un ion H^+), et qu'une base de Brønsted est une substance (ion ou molécule) susceptible de recevoir un proton. Ces définitions conviennent généralement quand il s'agit des propriétés et des réactions des acides et des bases.

Les couples acide-base conjugués

Le concept de **couple acide-base conjugué** est un prolongement de la définition des acides et des bases de Brønsted; on peut le définir comme *un acide et sa base conjuguée, ou une base et son acide conjugué*. La base conjuguée d'un acide de Brønsted, c'est ce qui reste de l'acide une fois qu'il a cédé un proton. Inversement, un acide conjugué est le résultat de l'addition d'un proton à une base de Brønsted.

Tous les acides de Brønsted ont une base conjuguée, et toutes les bases de Brønsted ont un acide conjugué. Par exemple, l'ion chlorure (Cl^-) est la base conjuguée formée à partir de l'acide HCl, et H_2O est la base conjuguée de l'acide H_3O^+. De même, l'ionisation de l'acide acétique peut être représentée ainsi :

$$CH_3COOH(aq) + H_2O(l) \rightleftharpoons CH_3COO^-(aq) + H_3O^+(aq)$$
$$\text{acide}_1 \qquad \text{base}_2 \qquad \text{base}_1 \qquad \text{acide}_2$$

Les indices 1 et 2 désignent les deux couples acide-base conjugués. L'ion acétate (CH_3COO^-) est donc la base conjuguée de CH_3COOH. L'ionisation de HCl (section 1.3) et l'ionisation de CH_3COOH sont des exemples de réactions acido-basiques de Brønsted.

La définition de Brønsted permet de considérer l'ammoniac comme une base à cause de sa capacité de recevoir un proton :

$$NH_3(aq) + H_2O(l) \rightleftharpoons NH_4^+(aq) + OH^-(aq)$$
$$\text{base}_1 \qquad \text{acide}_2 \qquad \text{acide}_1 \qquad \text{base}_2$$

Dans ce cas, NH_4^+ est l'acide conjugué de la base NH_3, et OH^- est la base conjuguée de l'acide H_2O.

Il y a cependant des cas moins évidents, comme celui de NaOH, qui n'est pas à strictement parler une base de Brønsted parce qu'il ne peut recevoir un proton. Cependant, NaOH est un électrolyte fort qui s'ionise complètement en solution. L'ion hydroxyde (OH^-) formé par cette ionisation est, lui, une base de Brønsted, car il peut recevoir un proton :

$$H_3O^+(aq) + OH^-(aq) \rightleftharpoons 2H_2O(l)$$

Donc, quand on dit que NaOH ou tout autre hydroxyde métallique est une base, on fait référence à l'espèce OH^- provenant de l'hydroxyde.

EXEMPLE 5.1 **L'identification des couples acide-base conjugués**

Quels sont les couples acide-base coujugués dans la réaction suivante ?

$$NH_3(aq) + HF(aq) \rightleftharpoons NH_4^+(aq) + F^-(aq)$$

Réponse : Les couples acide-base conjugués sont 1) HF (acide) et F^- (base) ; 2) NH_4^+ (acide) et NH_3 (base).

Problème semblable : 5.5

EXERCICE

Quels sont les couples acide-base conjugués dans la réaction suivante ?

$$CN^- + H_2O \rightleftharpoons HCN + OH^-$$

Finalement, notons que H^+ et H_3O^+ sont deux formules acceptables pour représenter le proton en solution aqueuse. La formule H^+ est moins encombrante dans les calculs mettant en jeu des concentrations d'ions hydrogène et dans les calculs comprenant des constantes d'équilibre ; de son côté, la formule H_3O^+ est plus utile quand il est question des propriétés des acides et des bases de Brønsted.

5.2 LES PROPRIÉTÉS ACIDO-BASIQUES DE L'EAU

Comme on le sait, l'eau est un solvant particulier. L'une de ses particularités est sa capacité d'agir soit comme un acide soit comme une base. L'eau se comporte comme une base quand elle réagit avec un acide, comme HCl et CH_3COOH, et elle se comporte comme un acide quand elle réagit avec une base, comme NH_3. Étant un électrolyte très faible, l'eau conduit très mal l'électricité ; elle subit quand même une faible ionisation :

$$H_2O(l) \rightleftharpoons H^+(aq) + OH^-(aq) \tag{5.1}$$

On appelle parfois cette réaction *auto-ionisation* de l'eau. Pour décrire les propriétés acido-basiques de l'eau selon la théorie de Brønsted, on exprime son auto-ionisation de la manière suivante :

NOTE

L'eau du robinet et l'eau de source conduisent l'électricité parce qu'elles contiennent des ions (sels dissous).

$$H-\overset{..}{O}: + H-\overset{..}{O}: \rightleftharpoons \left[H-\overset{..}{O}-H\right]^+ + H-\overset{..}{O}:^-$$

ou

$$\underset{\text{acide}_1}{H_2O} + \underset{\text{base}_2}{H_2O} \rightleftharpoons \underset{\text{acide}_2}{H_3O^+} + \underset{\text{base}_1}{OH^-}$$

Les couples acide-base conjugués sont 1) H_2O (acide) et OH^- (base), et 2) H_3O^+ (acide) et H_2O (base).

Le produit ionique de l'eau

Dans l'étude des réactions acido-basiques en solution aqueuse, la grandeur importante est la concentration en ions hydrogène. On utilise la formule H^+ plutôt que H_3O^+ dans l'expression de la constante d'équilibre pour l'auto-ionisation de l'eau. Selon l'équation (5.1), on a

$$K_c = \frac{[H^+][OH^-]}{[H_2O]}$$

Puisqu'il n'y a qu'une très petite fraction de l'eau qui s'ionise, la concentration de l'eau, soit $[H_2O]$, reste pratiquement inchangée. Ainsi

$$K_c[H_2O] = K_{eau} = [H^+][OH^-] \qquad (5.2)$$

La constante d'équilibre K_{eau} est appelée **constante du produit ionique de l'eau**; il s'agit du *produit des concentrations molaires des ions H^+ et OH^- à une température donnée*.

Dans l'eau pure à 25 °C, les concentrations d'ions H^+ et OH^- sont égales et ont pour valeurs: $[H^+] = 1,0 \times 10^{-7}\,M$ et $[OH^-] = 1,0 \times 10^{-7}\,M$. Donc, selon l'équation (5.2), à 25 °C

$$K_{eau} = (1,0 \times 10^{-7})(1,0 \times 10^{-7}) = 1,0 \times 10^{-14}$$

Notez que, dans l'eau pure ou dans une solution aqueuse, la relation suivante est *toujours* vraie à 25 °C :

$$K_{eau} = [H^+][OH^-]$$
$$= 1,0 \times 10^{-14}$$

Si $[H^+] = [OH^-]$, la solution aqueuse est dite neutre. Dans une solution acide, il y a un excès d'ions H^+ et $[H^+] > [OH^-]$; dans une solution basique, il y a un excès d'ions hydroxyde et $[H^+] < [OH^-]$. En pratique, on peut changer la concentration des ions H^+ ou celle des ions OH^- en solution, mais on ne peut le faire indépendamment l'une de l'autre. Si l'on ajuste la solution de sorte que $[H^+] = 1,0 \times 10^{-6}\,M$, la concentration de OH^- *doit* alors changer et se calcule ainsi :

$$[OH^-] = \frac{K_{eau}}{[H^+]}$$

$$= \frac{1,0 \times 10^{-14}}{1,0 \times 10^{-6}} = 1,0 \times 10^{-8}\,M$$

Beaucoup de nettoyants domestiques contiennent de l'ammoniac.

Problèmes semblables :
5.15 et 5.16

EXEMPLE 5.2   Le calcul de [H⁺] d'après [OH⁻]

La concentration des ions OH^- dans une solution de nettoyant domestique contenant de l'ammoniac est de 0,0025 M. Calculez la concentration des ions H^+.

Réponse: En réarrangeant l'équation (5.2), nous obtenons

$$[H^+] = \frac{K_{eau}}{[OH^-]}$$

$$= \frac{1,0 \times 10^{-14}}{0,0025} = 4,0 \times 10^{-12}\,M$$

Puisque $[H^+] < [OH^-]$, la solution est basique, comme on pouvait s'y attendre d'après ce qu'on sait sur la réaction de l'ammoniac avec l'eau.

EXERCICE

Calculez la concentration d'ions OH⁻ dans une solution de HCl dont la concentration d'ions hydrogène est de 1,3 M.

5.3 LE pH: UNE MESURE DU DEGRÉ D'ACIDITÉ

Puisque les concentrations d'ions H^+ et OH^- en solutions aqueuses sont habituellement des valeurs très petites et peu commodes dans les calculs, le biochimiste danois Søren Sørensen proposa, en 1909, une grandeur plus pratique appelée pH. Le **pH** d'une solution est le *logarithme négatif de la concentration d'ions hydrogène (en moles par litre)*:

$$pH = -\log[H^+] \tag{5.3}$$

N'oubliez pas que l'équation (5.3) n'est qu'une définition conçue dans le but de fournir des nombres commodes pour le calcul. Le signe négatif du logarithme donne une valeur positive au pH, qui autrement serait négative à cause de la petite valeur de $[H^+]$. (*Voir* l'annexe 2 pour un exposé sur les logarithmes.) De plus, le terme $[H^+]$ dans l'équation (5.3) ne se rapporte qu'à la *partie numérique* de l'expression de la concentration d'ions hydrogène, car on ne peut pas prendre le logarithme des unités. Ainsi, tout comme la constante d'équilibre, le pH d'une solution est une grandeur sans dimension.

Puisque le pH est simplement une manière d'exprimer la concentration d'ions hydrogène, on peut alors déterminer si les solutions sont acides ou basiques, à 25 °C, par la valeur de leur pH:

solutions acides: $\quad[H^+] > 1,0 \times 10^{-7}\ M$, pH $< 7,00$

solutions basiques: $\quad[H^+] < 1,0 \times 10^{-7}\ M$, pH $> 7,00$

solutions neutres: $\quad[H^+] = 1,0 \times 10^{-7}\ M$, pH $= 7,00$

Notez que le pH augmente quand $[H^+]$ diminue.

En laboratoire, on mesure le pH d'une solution à l'aide d'un pH-mètre (*figure 5.1*). Le tableau 5.1 donne le pH de certains liquides courants.

On peut également établir une échelle de pOH, analogue à l'échelle de pH, en utilisant le logarithme négatif de la concentration d'ions hydroxyde. Donc, le pOH est

$$pOH = -\log[OH^-] \tag{5.4}$$

Revoyons maintenant la constante du produit ionique de l'eau:

$$[H^+][OH^-] = K_{eau} = 1,0 \times 10^{-14}$$

Si l'on prend le logarithme négatif de chaque côté, on obtient

$$-(\log[H^+] + \log[OH^-]) = -\log(1,0 \times 10^{-14})$$

$$-\log[H^+] - \log[OH^-] = 14,00$$

D'après les définitions de pH et de pOH, on obtient

$$pH + pOH = 14,00 \tag{5.5}$$

L'équation (5.5) fournit une autre façon d'exprimer la relation entre la concentration des ions H^+ et celle des ions OH^-.

TABLEAU 5.1
LE pH DE CERTAINS LIQUIDES COURANTS

Échantillon	Valeur du pH
Liquide gastrique dans l'estomac	1,0-2,0
Jus de citron	2,4
Vinaigre	3,0
Jus de pamplemousse	3,2
Jus d'orange	3,5
Urine	4,8-7,5
Eau exposée à l'air*	5,5
Salive	6,4-6,9
Lait	6,5
Eau pure	7,0
Sang	7,35-7,45
Larmes	7,4
Lait de magnésie	10,6
Ammoniac domestique	11,5

* L'eau exposée à l'air durant une longue période absorbe le CO_2 atmosphérique pour former de l'acide carbonique (H_2CO_3).

Figure 5.1 *On utilise*
couramment des pH-mètres
dans les laboratoires pour
déterminer le pH des
solutions. Bien que de nombreux
pH-mètres aient une échelle
d'affichage analogique
graduée de 1 à 14, le pH peut
avoir une valeur inférieure
à 1 ou supérieure à 14. Ici,
il s'agit d'un modèle à
affichage numérique.

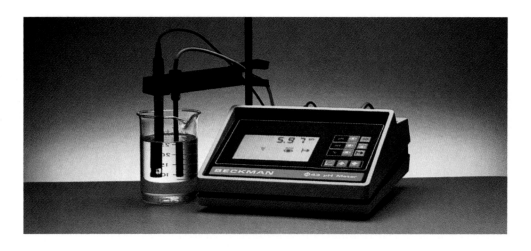

Figure 5.1 *On utilise*
couramment des pH-mètres
dans les laboratoires pour
déterminer le pH des
solutions. Bien que de nombreux
pH-mètres aient une échelle
d'affichage analogique
graduée de 1 à 14, le pH peut
avoir une valeur inférieure
à 1 ou supérieure à 14. Ici,
il s'agit d'un modèle à
affichage numérique.

NOTE

Dans les deux réponses, le pH a
seulement deux chiffres significatifs, soit les deux chiffres à la
droite de la virgule décimale.
Le pH 3,49 nous indique qu'il y
a deux chiffres significatifs
dans la mesure de la concentration de départ (*voir* l'annexe 2).

Problème semblable : 4.17

EXEMPLE 5.3   Le calcul du pH d'après [H⁺]

La concentration d'ions H^+ était de $3,2 \times 10^{-4}$ M dans une bouteille de vin de table juste après l'avoir débouchée. On n'a bu que la moitié du vin. L'autre moitié, après avoir été exposée à l'air durant un mois, avait une concentration d'ions hydrogène de $1,0 \times 10^{-3}$ M. Calculez le pH du vin à ces deux moments.

Réponse: À l'ouverture de la bouteille, $[H^+] = 3,2 \times 10^{-4}$ M. Par substitution, dans l'équation (5.3), nous obtenons

$$pH = -\log [H^+]$$

$$= -\log (3,2 \times 10^{-4}) = 3,49$$

Un mois plus tard, $[H^+] = 1,0 \times 10^{-3}$ M, alors

$$pH = -\log (1,0 \times 10^{-3}) = 3,00$$

Notez que l'augmentation de la concentration d'ions hydrogène (ou la diminution du pH) est due principalement à la conversion partielle de l'alcool (éthanol) en acide acé-tique, une réaction qui se produit en présence de dioxygène.

EXERCICE

Calculez le pH d'une solution de HNO_3 dont la concentration d'ions hydrogène est de $0,76$ M.

EXEMPLE 5.4   Le calcul de [H⁺] à partir du pH

Le pH de l'eau de pluie recueillie dans une certaine région du Québec à une date don-née était 4,82. Calculez la concentration d'ions H^+ de cette eau.

Réponse: D'après l'équation (5.3)

$$4,82 = -\log [H^+]$$

L'antilogarithme de chaque côté de l'équation (*voir* l'annexe 2) est

$$1,5 \times 10^{-5} M = [H^+]$$

Puisque le pH est entre 4 et 5, on peut s'attendre à ce que $[H^+]$ soit entre 1×10^{-4} M et 1×10^{-5} M. La réponse est donc plausible.

EXERCICE

Le pH d'un certain jus de fruits est 3,33. Calculez sa concentration en ions H^+.

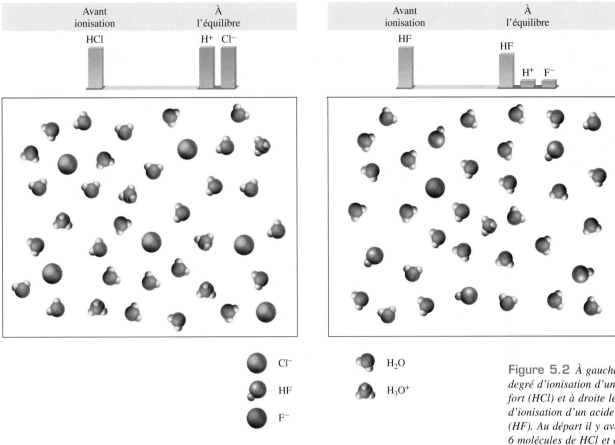

Cl⁻		H₂O	
HF		H₃O⁺	
F⁻			

Figure 5.2 *À gauche, le degré d'ionisation d'un acide fort (HCl) et à droite le degré d'ionisation d'un acide faible (HF). Au départ il y avait 6 molécules de HCl et de HF. On peut dire que l'acide fort est complètement ionisé en solution. Le proton existe en solution sous la forme hydratée appelée ion hydronium (H_3O^+).*

5.4 LA FORCE DES ACIDES ET DES BASES

Les **acides forts** sont des *électrolytes forts qui s'ionisent complètement ou presque dans l'eau* (*figure 5.2*). La plupart des acides forts sont des acides inorganiques, par exemple l'acide chlorhydrique (HCl), l'acide nitrique (HNO_3), l'acide perchlorique ($HClO_4$) et l'acide sulfurique (H_2SO_4) :

$$HCl(aq) + H_2O(l) \longrightarrow H_3O^+(aq) + Cl^-(aq)$$

$$HNO_3(aq) + H_2O(l) \longrightarrow H_3O^+(aq) + NO_3^-(aq)$$

$$HClO_4(aq) + H_2O(l) \longrightarrow H_3O^+(aq) + ClO_4^-(aq)$$

$$H_2SO_4(aq) + H_2O(l) \longrightarrow H_3O^+(aq) + HSO_4^-(aq)$$

Notez que H_2SO_4 est un diacide ; seule sa première étape d'ionisation est indiquée ci-dessus. En pratique, on peut dire qu'une solution d'acide fort à l'équilibre ne contient aucune molécule d'acide non ionisée.

La plupart des *acides ne s'ionisent que partiellement dans l'eau* ; on les appelle **acides faibles.** À l'équilibre, une solution aqueuse d'acide faible contient un mélange de molécules d'acide non ionisées, d'ions H_3O^+ et de molécules de la base conjuguée de l'acide. L'acide fluorhydrique (HF), l'acide acétique (CH_3COOH) et l'ion ammonium (NH_4^+) sont des exemples d'acides faibles. Les forces des acides faibles sont très différentes selon leur degré d'ionisation. Cette ionisation limitée est reliée à la constante d'équilibre pour l'ionisation, que nous verrons à la prochaine section.

Ce que nous avons vu sur les acides forts s'applique également aux bases fortes, qui comprennent les hydroxydes de métaux alcalins et de certains métaux alcalino-terreux, comme NaOH, KOH et $Ba(OH)_2$. Les **bases fortes** sont des *électrolytes forts qui s'ionisent complètement dans l'eau* :

$$NaOH(s) \xrightarrow{H_2O} Na^+(aq) + OH^-(aq)$$

$$KOH(s) \xrightarrow{H_2O} K^+(aq) + OH^-(aq)$$

$$Ba(OH)_2(s) \xrightarrow{H_2O} Ba^{2+}(aq) + 2OH^-(aq)$$

Les **bases faibles,** comme les acides faibles, sont des *électrolytes faibles.* Par exemple, l'ammoniac est une base faible qui s'ionise très peu dans l'eau :

$$NH_3(aq) + H_2O(l) \rightleftharpoons NH_4^+(aq) + OH^-(aq)$$

Le tableau 5.2 énumère quelques couples acide-base conjugués importants, par ordre de leurs forces relatives. Il est utile de se rappeler les points suivants :

- Dans un couple, si un acide est fort, sa base conjuguée est très faible, et vice versa.
- L'ion H_3O^+ est l'acide le plus fort pouvant exister en solution aqueuse. Si un acide est plus fort que H_3O^+, il réagit avec l'eau pour produire des ions H_3O^+ et sa base conjuguée. Ainsi, HCl, qui est un acide plus fort que H_3O^+, réagit complètement avec l'eau pour former H_3O^+ et Cl^- :

$$HCl(aq) + H_2O(l) \longrightarrow H_3O^+(aq) + Cl^-(aq)$$

C'est pourquoi il est impossible de distinguer dans l'eau la différence de force entre deux acides forts. Ils se comportent tous comme s'ils étaient des solutions d'ions H_3O^+ ; on dit qu'ils sont *nivelés* à la même force dans l'eau.

NOTE

Seulement six acides forts se rencontrent fréquemment en solution aqueuse.

TABLEAU 5.2   LES FORCES RELATIVES DES COUPLES ACIDE-BASE CONJUGUÉS

	Acide	Base conjuguée	
Acides forts	$HClO_4$ (acide perchlorique)	ClO_4^- (ion perchlorate)	
	HI (acide iodhydrique)	I^- (ion iodure)	
	HBr (acide bromhydrique)	Br^- (ion bromure)	
	HCl (acide chlorhydrique)	Cl^- (ion chlorure)	
	H_2SO_4 (acide sulfurique)	HSO_4^- (ion hydrogénosulfate)	
	HNO_3 (acide nitrique)	NO_3^- (ion nitrate)	
	H_3O^+ (ion hydronium)	H_2O (eau)	
Acides faibles	HSO_4^- (ion hydrogénosulfate)	SO_4^{2-} (ion sulfate)	
	HF (acide fluorhydrique)	F^- (ion fluorure)	
	HNO_2 (acide nitreux)	NO_2^- (ion nitrite)	
	HCOOH (acide formique)	$HCOO^-$ (ion formate)	
	CH_3COOH (acide acétique)	CH_3COO^- (ion acétate)	
	NH_4^+ (ion ammonium)	NH_3 (ammoniac)	
	HCN (acide cyanhydrique)	CN^- (ion cyanure)	
	H_2O (eau)	OH^- (ion hydroxyde)	
	NH_3 (ammoniac)	NH_2^- (ion amidure)	

Colonne de gauche : Force croissante des acides (flèche vers le haut). Colonne de droite : Force croissante des bases (flèche vers le bas).

Les acides plus faibles que H_3O^+ réagissent avec l'eau de façon plus limitée, produisant H_3O^+ et leur base conjuguée. Par exemple, l'équilibre suivant est fortement favorisé du côté gauche :

$$HF(aq) + H_2O(l) \rightleftharpoons H_3O^+(aq) + F^-(aq)$$

- L'ion OH^- est la base la plus forte pouvant exister en solution aqueuse. Si une base est plus forte que OH^-, elle réagit complètement avec l'eau pour produire des ions OH^- et son acide conjugué. Les bases fortes sont donc elles aussi « nivelées » à la même force dans l'eau. Par exemple, l'ion oxyde (O^{2-}) est une base plus forte que OH^-, il réagit donc complètement avec l'eau de la manière suivante :

$$O^{2-}(aq) + H_2O(l) \longrightarrow 2OH^-(aq)$$

Puisque l'ionisation d'un acide faible n'est jamais complète, toutes les espèces (l'acide non ionisé, les ions H^+ et les ions A^-) sont présentes à l'équilibre. Le tableau 5.3 énumère un certain nombre d'acides faibles et donne les valeurs de K_a correspondantes, dans l'ordre décroissant de leur force. Notez que, à l'équilibre, l'espèce prédominante en solution (à part le solvant) est l'acide non ionisé. Même si les composés nommés au tableau 5.3 sont tous des acides faibles, on remarque que, à l'intérieur de ce groupe, la force des acides varie beaucoup. Par exemple, la valeur de K_a pour HF $(7,1 \times 10^{-4})$ est d'environ 1,5 million de fois plus élevée que pour HCN $(4,9 \times 10^{-10})$.

Habituellement, on peut calculer la concentration en ions hydrogène ou le pH d'une solution acide à l'équilibre à partir de la connaissance de la concentration initiale de l'acide et de sa valeur de K_a. Ces calculs sont basés sur la même méthode que celle qui a déjà été expliquée au chapitre 4 (*section 4.3*). Cependant, étant donné l'importance de l'ionisation des acides et des bases comme catégorie de systèmes à l'équilibre en solution aqueuse, il importe d'expliquer une procédure détaillée permettant de résoudre ce type de problèmes. Cette procédure permettra aussi de mieux comprendre les principes chimiques à la base de ces calculs.

Supposons qu'on vous demande de calculer le pH d'une solution de HF 0,50 M à 25 °C. L'ionisation de HF se décrit ainsi:

$$HF(aq) \rightleftharpoons H^+(aq) + F^-(aq)$$

TABLEAU 5.3 LES CONSTANTES D'IONISATION DE QUELQUES ACIDES FAIBLES À 25 °C

Nom de l'acide	Formule	Structure	K_a	Base conjuguée	K_b
Acide fluorhydrique	HF	H—F	$7,1 \times 10^{-4}$	F^-	$1,4 \times 10^{-11}$
Acide nitreux	HNO_2	O=N—O—H	$4,5 \times 10^{-4}$	NO_2^-	$2,2 \times 10^{-11}$
Acide acétylsalicylique (aspirine)	$C_9H_8O_4$		$3,0 \times 10^{-4}$	$C_9H_7O_4^-$	$3,3 \times 10^{-11}$
Acide formique	HCOOH	H—C—O—H	$1,7 \times 10^{-4}$	$HCOO^-$	$5,9 \times 10^{-11}$
Acide ascorbique* (vitamine C)	$C_6H_8O_6$		$8,0 \times 10^{-5}$	$C_6H_7O_6^-$	$1,3 \times 10^{-10}$
Acide benzoïque	C_6H_5COOH		$6,5 \times 10^{-5}$	$C_6H_5COO^-$	$1,5 \times 10^{-10}$
Acide acétique	CH_3COOH	CH_3—C—O—H	$1,8 \times 10^{-5}$	CH_3COO^-	$5,6 \times 10^{-10}$
Acide cyanhydrique	HCN	H—C≡N	$4,9 \times 10^{-10}$	CN^-	$2,0 \times 10^{-5}$
Phénol	C_6H_5OH		$1,3 \times 10^{-10}$	$C_6H_5O^-$	$7,7 \times 10^{-5}$

* Dans le cas de l'acide ascorbique, c'est le groupe hydroxyle supérieur gauche qui est associé à cette constante d'ionisation.

D'après le tableau 5.3, nous pouvons écrire

$$K_a = \frac{[H^+][F^-]}{[HF]} = 7,1 \times 10^{-4}$$

La première étape consiste à déterminer toutes les espèces présentes qui peuvent influer sur le pH. Du fait que les acides s'ionisent peu, les espèces les plus abondantes à l'équilibre seront le HF non ionisé et un peu d'ions H^+ et F^-. Une autre espèce présente en abondance est l'eau, H_2O, mais sa très faible valeur de constante d'ionisation, $K_{eau} = 1,0 \times 10^{-14}$, signifie que l'eau ne contribue pas de manière significative à la concentration de l'ion H^+. Dorénavant, à moins d'avis contraire, nous allons toujours ignorer la contribution des ions H^+ due à l'ionisation de l'eau. Remarquons aussi qu'on ne se préoccupe pas des ions OH^- qui sont aussi présents en solution. La concentration des OH^- sera évaluée à l'aide de l'équation (5.2) après avoir calculé $[H^+]$.

On peut résumer ainsi les changements de concentration de HF, de H^+ et de F^- selon les étapes de la page 142 :

	HF(aq) $\rightleftharpoons$	H$^+$(aq) +	F$^-$(aq)
Concentration initiale (M) :	0,50	0,00	0,00
Variation (M) :	$-x$	$+x$	$+x$
Concentration à l'équilibre (M) :	$(0,50 - x)$	x	x

Dans l'expression de la constante d'équilibre, remplaçons les concentrations de HF, de H^+ et de F^- en fonction de l'inconnue x :

$$K_a = \frac{(x)(x)}{0,50 - x} = 7,1 \times 10^{-4}$$

En faisant le produit croisé et en réarrangeant les termes, nous obtenons l'équation suivante :

$$x^2 + 7,1 \times 10^{-4}x - 3,6 \times 10^{-4} = 0$$

Il s'agit d'une équation quadratique qui peut se résoudre avec la méthode expliquée à l'annexe 2. Toutefois, on peut aussi essayer de prendre un raccourci pour résoudre cette équation. Étant donné que HF est un acide faible, donc peu ionisé, il est raisonnable de penser que x est petite comparativement à 0,50. Alors, on obtient l'approximation suivante :

$$0,50 - x \simeq 0,50$$

NOTE

Le signe $\simeq$ veut dire «approximativement égal à ».

L'expression de la constante d'ionisation devient donc

$$\frac{x^2}{0,50 - x} \simeq \frac{x^2}{0,50} = 7,1 \times 10^{-4}$$

En réarrangeant l'équation, nous obtenons

$$x^2 = (0,50)(7,1 \times 10^{-4}) = 3,55 \times 10^{-4}$$
$$x = \sqrt{3,55 \times 10^{-4}} = 0,019 \, M$$

On a donc résolu l'équation sans avoir recouru à l'équation quadratique. À l'équilibre, on a

$$[HF] = (0,50 - 0,019) \, M = 0,48 \, M$$
$$[H^+] = 0,019 \, M$$
$$[F^-] = 0,019 \, M$$

et le pH de la solution est

$$pH = -\log (0,019) = 1,72$$

Que vaut cette approximation ? Étant donné que les valeurs de K_a pour les acides faibles sont habituellement connues avec seulement une précision de $\pm$ 5 %, il est raisonnable d'exiger que x vaille moins de 5 % de 0,50, la valeur dont il est soustrait. En d'autres mots, l'approximation est valable si l'expression suivante est égale ou inférieure à 5 % :

$$\frac{0,019\,M}{0,50\,M} \times 100\,\% = 3,8\,\%$$

L'approximation que nous avions faite était donc acceptable.

Voyons maintenant une situation différente. Si la concentration initiale de HF vaut cette fois 0,050 M au lieu de 0,50 M, et que nous utilisons la même procédure pour trouver la valeur de x, nous obtenons $x = 6,0 \times 10^{-3}\,M$. Cette valeur est supérieure à 5 % de la concentration initiale, car

$$\frac{6,0 \times 10^{-3}\,M}{0,050\,M} \times 100\,\% = 12\,\%$$

L'approximation n'est donc pas valable. Il existe alors deux façons d'obtenir la bonne réponse : par la résolution de l'équation quadratique et avec la méthode des approximations successives.

L'équation quadratique

Écrivons d'abord l'expression de la constante d'ionisation en fonction de x, l'inconnue :

$$\frac{x^2}{0,050 - x} = 7,1 \times 10^{-4}$$

$$x^2 + 7,1 \times 10^{-4}x - 3,6 \times 10^{-5} = 0$$

Cette expression correspond à la forme générale de l'équation quadratique $ax^2 + bx + c = 0$. Pour la résoudre, on utilise la relation

$$
\begin{aligned}
x &= \frac{-b \pm \sqrt{b^2 - 4ac}}{2a} \\
&= \frac{-7,1 \times 10^{-4} \pm \sqrt{(7,1 \times 10^{-4})^2 - 4(1)(-3,6 \times 10^{-5})}}{2(1)} \\
&= \frac{-7,1 \times 10^{-4} \pm 0,012}{2} \\
&= 5,6 \times 10^{-3}\,M \text{ ou } -6,4 \times 10^{-3}\,M
\end{aligned}
$$

La deuxième solution ($-6,4 \times 10^{-3}\,M$) est physiquement impossible, car la concentration des ions produits ne peut être une valeur négative. En choisissant $x = 5,6 \times 10^{-3}\,M$, nous pouvons résoudre pour trouver [HF], [H$^+$] et [F$^-$] :

$$[HF] = (0,050 - 5,6 \times 10^{-3})\,M = 0,044\,M$$
$$[H^+] = 5,6 \times 10^{-3}\,M$$
$$[F^-] = 5,6 \times 10^{-3}\,M$$

Le pH de la solution est

$$pH = -\log 5,6 \times 10^{-3}\,M = 2,25$$

La méthode des approximations successives

Selon cette méthode, nous trouvons d'abord x en supposant que $0,050 - x \approx 0,050$, comme on l'a vu précédemment. Ensuite, nous utilisons la valeur approximative de x, $(6,0 \times 10^{-3}\ M)$ pour trouver une valeur plus exacte de la concentration de HF :

$$[HF] = (0,050 - 6,0 \times 10^{-3})\ M = 0,044\ M$$

En substituant cette valeur à [HF] dans l'expression de K_a, on obtient

$$\frac{x^2}{0,044} = 7,1 \times 10^{-4}$$
$$x = 5,6 \times 10^{-3}\ M$$

En utilisant $5,6 \times 10^{-3}\ M$ pour x, on peut recalculer [HF] et résoudre encore pour x. Cette fois, on trouve que la réponse est encore $5,6 \times 10^{-3}\ M$, de sorte qu'il n'est plus nécessaire de continuer. En général, on applique la méthode des approximations successives jusqu'à ce que la dernière valeur de x obtenue soit identique à celle qu'on a trouvée à l'étape précédente. Dans la plupart des cas vous n'aurez qu'à suivre deux étapes successives d'approximation pour obtenir la bonne réponse.

Voici un résumé des principales étapes menant à la résolution d'un problème concernant l'ionisation d'un acide faible :

1. Déterminer toutes les espèces qui peuvent influer sur le pH de la solution. Dans la majorité des cas on peut ignorer la contribution de l'eau en se rappelant qu'elle s'ionise très peu. On omet aussi l'ion hydroxyde parce que sa concentration est déterminée à partir de celle de l'ion H^+.

2. Exprimer les concentrations à l'équilibre des différentes espèces en fonction de la concentration initiale de l'acide et d'une seule inconnue x qui représente le changement de concentration.

3. Écrire l'expression de la constante d'ionisation de l'acide (K_a) en fonction des concentrations à l'équilibre. Résoudre d'abord à l'aide de la méthode de l'approximation. Si celle-ci n'est pas valable, résoudre avec l'équation quadratique ou la méthode des approximations successives.

4. Ayant résolu pour x, calculer les concentrations à l'équilibre de toutes les espèces ainsi que le pH de la solution.

L'exemple 5.7 illustre cette procédure.

EXEMPLE 5.7   Calcul du pH d'une solution d'un acide faible

Calculez le pH d'une solution d'acide nitreux (HNO_2) à 0,036 M.

$$HNO_2(aq) \rightleftharpoons H^+(aq) + NO_2^-(aq)$$

Réponse : Suivons la procédure décrite plus haut.

Étape 1 : Les espèces susceptibles d'influer sur le pH de la solution sont HNO_2, H^+ et la base conjuguée NO_2^-. Nous pouvons ignorer la contribution de l'eau à la concentration de H^+.

Étape 2 : Étant donné x la concentration à l'équilibre de H^+ et de NO_2^- en mol/L, on peut construire le tableau suivant :

	$HNO_2(aq)$ $\rightleftharpoons$ $H^+(aq)$ + $NO_2^-(aq)$		
Concentration initiale (M) :	0,036	0,00	0,00
Variation (M) :	$-x$	x	x
Concentration à l'équilibre (M) :	$(0,036 - x)$	x	x

Étape 3: D'après le tableau 5.3, on peut écrire

$$K_a = \frac{[H^+][NO_2^-]}{[HNO_2]} = 4,5 \times 10^{-4}$$

$$= \frac{x^2}{0,036 - x} = 4,5 \times 10^{-4}$$

En faisant l'approximation $0,036 - x \simeq 0,036$, nous obtenons

$$= \frac{x^2}{0,036 - x} \simeq \frac{x^2}{0,036} = 4,5 \times 10^{-4}$$

$$x^2 = 1,62 \times 10^{-5}$$

$$x = 4,0 \times 10^{-3} \; M$$

Vérifions la validité de l'approximation:

$$\frac{4,0 \times 10^{-3} \; M}{0,036 \; M} \times 100\% = 11\%$$

Puisque la valeur obtenue est supérieure à 5%, l'approximation n'est pas valable, et nous devons résoudre l'équation quadratique ainsi:

$$x^2 + 4,5 \times 10^{-4} x - 1,62 \times 10^{-5} = 0$$

$$x = \frac{-4,5 \times 10^{-4} \pm \sqrt{(4,5 \times 10^{-4})^2 - 4(1)(-1,62 \times 10^{-5})}}{2(1)}$$

$$= 3,8 \times 10^{-3} \; M \quad \text{ou} \quad -4,3 \times 10^{-3} \; M$$

La deuxième solution est impossible physiquement, puisque la concentration des ions produits lors de l'ionisation ne peut être négative. La solution correspond donc à la racine positive. Elle est donc donnée par $x = 3,8 \times 10^{-3} \; M$.

Étape 4: À l'équilibre,

$$[H^+] = 3,8 \times 10^{-3} \; M$$

$$pH = -\log (3,8 \times 10^{-3})$$

$$= 2,42$$

Suggestion: vérifiez votre réponse en utilisant la méthode des approximations successives.

EXERCICE

Quel est le pH d'une solution d'un monoacide à 0,122 M pour lequel K_a vaut $5,7 \times 10^{-4}$?

NOTE

La validité de l'approximation à 5% repose aussi sur le fait que les valeurs de K_a ne sont connues qu'avec une précision de $\pm$ 5%.

Problème semblable: 5.43

L'une des méthodes de détermination d'un K_a d'un acide consiste à mesurer le pH d'une solution de cet acide à une concentration connue. L'exemple 5.8 montre comment évaluer une constante K_a à partir d'une mesure de pH.

EXEMPLE 5.8   **La détermination d'une constante K_a à partir de la mesure du pH.**

Le pH d'une solution d'acide formique (HCOOH) 0,10 M est de 2,39. Quelle est la valeur de K_a de cet acide?

Réponse: Remarquez d'abord que la concentration de 0,10 M est la concentration initiale de l'acide, alors que la mesure du pH correspond à la concentration de H^+ à l'équilibre. On ne tient pas compte des ions H^+ en provenance de l'eau, et on procède comme suit.

Étape 1: Les principales espèces en solution sont $HCOOH$, H^+ et la base conjuguée $HCOO^-$.

Étape 2: Il faut d'abord calculer la concentration de l'ion hydrogène à partir de la valeur du pH.

$$pH = -\log [H^+]$$

$$2,39 = -\log [H^+]$$

L'antilogarithme de chaque membre de l'équation donne

$$[H^+] = 10^{-2,39} = 4,1 \times 10^{-3} M$$

Résumons ensuite les modifications:

	$HCOOH(aq)$	$\rightleftharpoons$	$H^+(aq)$	$+$	$HCOO^-(aq)$
Concentration initiale (M):	0,10		0,00		0,00
Variation (M):	$-4,1 \times 10^{-3}$		$+4,1 \times 10^{-3}$		$+4,1 \times 10^{-3}$
Concentration à l'équilibre (M):	$(0,10 - 4,1 \times 10^{-3})$		$4,1 \times 10^{-3}$		$4,1 \times 10^{-3}$

Notez que puisque le pH est connu, la concentration de l'ion H^+ est connue. Ainsi, nous connaissons maintenant les concentrations de $HCOOH$ et de $HCOO^-$ à l'équilibre.

Étape 3: La constante d'ionisation de l'acide formique est donnée par

$$K_a = \frac{[H^+][HCOO^-]}{[HCOOH]}$$

$$= \frac{(4,1 \times 10^{-3})(4,1 \times 10^{-3})}{(0,10 - 4,1 \times 10^{-3})}$$

$$= 1,8 \times 10^{-4}$$

Note: la valeur de K_a trouvée diffère un peu de celle qui a été donnée dans le tableau 5.3 à cause du processus d'arrondissement utilisé dans les calculs.

EXERCICE

Le pH d'un acide faible monoprotique à 0,060 M vaut 3,44. Calculez le K_a de cet acide.

Problème semblable: 5.45

Le pourcentage d'ionisation

Nous avons vu que la valeur de K_a indique la force d'un acide. Il existe toutefois une autre grandeur qui indique la force d'un acide, le ***pourcentage d'ionisation,*** défini ainsi:

$$\text{pourcentage d'ionisation} = \frac{\text{concentration d'acide ionisé à l'équilibre}}{\text{concentration initiale d'acide}} \times 100\%$$

NOTE

On peut comparer les forces des acides à l'aide du pourcentage d'ionisation à la condition que les acides soient de la même concentration. On appelle aussi ce pourcentage d'ionisation «pourcentage de dissociation».

Plus l'acide est fort, plus ce pourcentage est élevé. Dans le cas d'un monoacide HA, la concentration d'acide ionisé est égale à la concentration des ions H^+ ou à la concentration des ions A^- à l'équilibre. On peut alors exprimer le pourcentage d'ionisation ainsi :

$$\text{pourcentage d'ionisation} = \frac{[H^+]}{[HA]_0} \times 100\% \qquad (5.6)$$

où $[H^+]$ est la concentration à l'équilibre et $[HA]_0$ est la concentration initiale. Se référant à l'exemple 5.7, calculons le pourcentage d'ionisation d'une solution $0,036\ M$ de HNO_2 :

$$\text{pourcentage d'ionisation} = \frac{3,8 \times 10^{-3}\ M}{0,036\ M} \times 100\% = 11\%$$

Il y a donc environ 10 molécules de HNO_2 qui sont ionisées sur un total de 100 molécules, ce qui est en accord avec le fait que HNO_2 est un acide faible. Remarquez que ce calcul est le même que celui qui a été utilisé pour vérifier la justesse de l'approximation dans l'exemple 5.7.

Le degré d'ionisation d'un acide faible dépend de la concentration initiale de l'acide. Plus l'acide est dilué, plus le pourcentage d'ionisation est élevé (*figure 5.3*). En d'autres termes, quand un acide est dilué, initialement le nombre de particules (molécules d'acide non ionisées et ions) par unité de volume est réduit. Selon le principe de Le Chatelier (*section 4.5*), pour s'opposer à cette contrainte (qui est la dilution), l'équilibre se déplace de l'acide non ionisé vers H^+ et la base conjuguée afin de produire plus de particules (ions).

Illustrons comment le pourcentage d'ionisation dépend de la concentration initiale à l'aide du cas relatif au HF expliqué à la page 178.

Pour la concentration initiale de $0,50\ M$ en HF,

$$\text{pourcentage d'ionisation} = \frac{0,019\ M}{0,50\ M} \times 100\% = 3,8\%$$

Pour la concentration initiale de $0,050\ M$ en HF,

$$\text{pourcentage d'ionisation} = \frac{5,6 \times 10^{-3}\ M}{0,050\ M} \times 100\% = 11\%$$

Tel que prédit, on peut constater qu'une solution de HF plus diluée a un plus grand pourcentage d'ionisation.

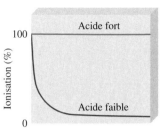

Figure 5.3 *Le pourcentage d'ionisation en fonction de la concentration initiale d'acide. Notez que, à des concentrations très basses, tous les acides (faibles ou forts) sont presque complètement ionisés.*

5.6 LES BASES FAIBLES ET LES CONSTANTES D'IONISATION DES BASES

On aborde les bases faibles de la même manière que les acides faibles. Quand l'ammoniac se dissout dans l'eau, il se produit la réaction suivante :

$$NH_3(aq) + H_2O(l) \rightleftharpoons NH_4^+(aq) + OH^-(aq)$$

La production d'ions hydroxyde dans cette *ionisation basique* signifie que, dans la solution à 25 °C, $[OH^-] > [H^+]$, et qu'ainsi pH > 7.

En comparaison avec la concentration totale d'eau, il n'y a que très peu de molécules d'eau utilisées comme réactif au cours de cette réaction ; on peut donc considérer $[H_2O]$ comme une constante. On peut alors exprimer la constante d'équilibre ainsi :

$$K[H_2O] = K_b = \frac{[NH_4^+][OH^-]}{[NH_3]}$$

$$= 1,8 \times 10^{-5}$$

où K_b, *la constante d'équilibre relative à l'ionisation d'une base,* est appelée **constante d'ionisation de la base.** Le tableau 5.4 donne quelques bases faibles courantes et leurs constantes d'ionisation. Notez que la basicité de chacun de ces composés est attribuable au doublet d'électrons libres de l'atome d'azote.

TABLEAU 5.4   LES CONSTANTES D'IONISATION DE QUELQUES BASES FAIBLES COURANTES ET DE LEURS ACIDES CONJUGUÉS À 25 °C

Nom de la base	Formule	Structure	K_b*	Acide conjugué	K_a*
Éthylamine	$C_2H_5NH_2$	$CH_3-CH_2-\ddot{N}-H$ (H)	$5,6 \times 10^{-4}$	$C_2H_5\overset{+}{N}H_3$	$1,8 \times 10^{-11}$
Méthylamine	CH_3NH_2	$CH_3-\ddot{N}-H$ (H)	$4,4 \times 10^{-4}$	$CH_3\overset{+}{N}H_3$	$2,3 \times 10^{-11}$
Caféine	$C_8H_{10}N_4O_2$	(structure)	$4,1 \times 10^{-4}$	$C_8H_{11}\overset{+}{N}_4O_2$	$2,4 \times 10^{-11}$
Ammoniac	NH_3	$H-\ddot{N}-H$ (H)	$1,8 \times 10^{-5}$	NH_4^+	$5,6 \times 10^{-10}$
Pyridine	C_5H_5N	(structure) $N:$	$1,7 \times 10^{-9}$	$C_5H_5\overset{+}{N}H$	$5,9 \times 10^{-6}$
Aniline	$C_6H_5NH_2$	(structure) $\ddot{N}-H$ (H)	$3,8 \times 10^{-10}$	$C_6H_5\overset{+}{N}H_3$	$2,6 \times 10^{-5}$
Urée	N_2H_4CO	$H-\ddot{N}-C-\ddot{N}-H$	$1,5 \times 10^{-14}$	$H_2NCO\overset{+}{N}H_3$	0,67

* Pour chacun de ces composés, c'est l'atome d'azote qui a le doublet libre qui cause la basicité. Dans le cas de l'urée, K_b peut être associée à l'un ou l'autre des atomes d'azote.

La résolution des problèmes comprenant des bases faibles se fait selon la même procédure que celle qui a été expliquée dans le cas des acides faibles. La principale différence réside dans le fait qu'il faut plutôt commencer par calculer $[OH^-]$ au lieu de $[H^+]$. L'exemple suivant illustre cette démarche.

EXEMPLE 5.9   **Le calcul du pH d'une solution d'une base faible**

Quel est le pH d'une solution d'ammoniac à 0,400 M?

Réponse: La méthode est essentiellement la même que celle utilisée pour les acides faibles.

Étape 1: Soit x la concentration en moles par litre des ions NH_4^+ et OH^- à l'équilibre. Résumons les données dans le tableau suivant:

	$NH_3(aq) + H_2O(l) \rightleftharpoons NH_4^+(aq) + OH^-(aq)$		
Concentration initiale (M):	0,400	0,000	0,000
Variation (M):	$-x$	$+x$	$+x$
Concentration à l'équilibre (M):	$(0,400 - x)$	x	x

Étape 2: En utilisant la constante d'ionisation de la base donnée au tableau 5.4, nous écrivons

$$K_b = \frac{[NH_4^+][OH^-]}{[NH_3]} = 1,8 \times 10^{-5}$$

$$\frac{x^2}{0,400 - x} = 1,8 \times 10^{-5}$$

En faisant l'approximation $0,400 - x \simeq 0,400$, nous obtenons

$$\frac{x^2}{0,400 - x} \simeq \frac{x^2}{0,400} = 1,8 \times 10^{-5}$$

$$x^2 = 7,2 \times 10^{-6}$$

$$x = 2,7 \times 10^{-3} \, M$$

Étape 3: À l'équilibre, $[OH^-] = 2,7 \times 10^{-3} \, M$.

Alors,

$$pOH = -\log (2,7 \times 10^{-3})$$

$$= 2,57$$

$$pH = 14,00 - 2,57$$

$$= 11,43$$

Notez que nous avons négligé la contribution des ions OH^- provenant de l'eau, pour les mêmes raisons qui nous permettaient d'ignorer la contribution des ions de H^+ provenant de l'eau.

Problème semblable: 5.57

EXERCICE

Calculez le pH d'une solution de méthylamine à $0,26 \, M$ (*tableau 5.4*).

5.7 LA RELATION ENTRE LES CONSTANTES D'IONISATION DES COUPLES ACIDE-BASE CONJUGUÉS

On peut déduire une importante relation entre la constante d'ionisation d'un acide et la constante d'ionisation de sa base conjuguée de la manière suivante, en prenant l'acide acétique comme exemple:

$$CH_3COOH(aq) \rightleftharpoons H^+(aq) + CH_3COO^-(aq)$$

$$K_a = \frac{[H^+][CH_3COO^-]}{[CH_3COOH]}$$

La base conjuguée (CH_3COO^-) réagit avec l'eau selon l'équation suivante:

$$CH_3COO^-(aq) + H_2O(l) \rightleftharpoons CH_3COOH(aq) + OH^-(aq)$$

et on peut exprimer la constante d'ionisation de la base ainsi:

$$K_b = \frac{[CH_3COOH][OH^-]}{[CH_3COO^-]}$$

Le produit de ces deux constantes d'ionisation est donné par

$$K_a K_b = \frac{[H^+][CH_3COO^-]}{[CH_3COOH]} \times \frac{[CH_3COOH][OH^-]}{[CH_3COO^-]}$$

$$= [H^+][OH^-]$$

$$= K_{eau}$$

Ce résultat peut sembler étrange à première vue, mais il s'explique par le fait que la somme des réactions (1) et (2) ci-dessous correspond simplement à l'auto-ionisation de l'eau.

(1) $\quad\quad\quad CH_3COOH(aq) \rightleftharpoons H^+(aq) + CH_3COO^-(aq) \quad\quad K_a$
(2) $\quad CH_3COO^-(aq) + H_2O(l) \rightleftharpoons CH_3COOH(aq) + OH^-(aq) \quad\quad K_b$
(3) $\quad\quad\quad\quad\quad H_2O(l) \rightleftharpoons H^+(aq) + OH^-(aq) \quad\quad K_{eau}$

Cet exemple illustre l'une des règles de l'équilibre chimique : quand deux réactions s'additionnent pour donner une troisième réaction, la constante d'équilibre pour cette dernière est le produit des constantes d'équilibre pour les deux premières (*voir* section 4.2). Ainsi, pour tout couple acide-base conjugué, il est toujours vrai que

$$K_a K_b = K_{eau} \tag{5.7}$$

En exprimant l'équation (5.7) de la manière suivante :

$$K_a = \frac{K_{eau}}{K_b} \quad\quad\quad\quad K_b = \frac{K_{eau}}{K_a}$$

on peut en tirer une importante conclusion : plus l'acide est fort (plus K_a est grand), plus sa base conjuguée est faible (plus K_b est petit), et vice versa (*tableaux 5.3 et 5.4*).

On peut utiliser l'équation (5.7) pour calculer la valeur de K_b de la base conjuguée (CH_3COO^-) de CH_3COOH. On trouve d'abord la valeur de K_a de CH_3COOH dans le tableau 5.3 et on écrit

$$K_b = \frac{K_{eau}}{K_a}$$

$$= \frac{1,0 \times 10^{-14}}{1,8 \times 10^{-5}}$$

$$= 5,6 \times 10^{-10}$$

5.8   LES DIACIDES ET LES POLYACIDES

Les calculs comprenant des diacides et des polyacides sont plus compliqués que ceux qu'on a vus jusqu'ici, car ces substances peuvent céder plus de un ion hydrogène par molécule. Ces acides s'ionisent par étapes, c'est-à-dire qu'ils cèdent un proton à la fois. Chacune de ces étapes est reliée à une constante d'ionisation. Par conséquent, il faut souvent utiliser deux ou plusieurs expressions de constantes d'équilibre pour calculer les concentrations des espèces présentes dans la solution acide. Par exemple, dans le cas de H_2CO_3, on écrit

$$H_2CO_3(aq) \rightleftharpoons H^+(aq) + HCO_3^-(aq) \quad\quad K_{a_1} = \frac{[H^+][HCO_3^-]}{[H_2CO_3]}$$

$$HCO_3^-(aq) \rightleftharpoons H^+(aq) + CO_3^{2-}(aq) \quad\quad K_{a_2} = \frac{[H^+][CO_3^{2-}]}{[HCO_3^-]}$$

Notez que la base conjuguée de la première étape d'ionisation devient l'acide dans la deuxième étape.

Le tableau 5.5 donne les constantes d'ionisation de plusieurs diacides et polyacides. Pour un acide donné, la première constante d'ionisation est plus élevée que la deuxième et ainsi de suite. C'est logique, car il est plus facile de retirer un ion H^+ d'une molécule neutre que de retirer un autre ion H^+ d'un ion négatif dérivé de cette molécule.

L'exemple suivant montre comment calculer les concentrations à l'équilibre de toutes les espèces dans le cas d'un diacide.

TABLEAU 5.5 LES CONSTANTES D'IONISATION DE QUELQUES DIACIDES ET POLYACIDES COURANTS ET DE LEURS BASES CONJUGUÉES À 25 °C

Nom de l'acide	Formule	Structure	K_a	Base conjuguée	K_b
Acide sulfurique	H_2SO_4		très grande	HSO_4^-	très petite
Ion hydrogénosulfate	HSO_4^-		$1,3 \times 10^{-2}$	SO_4^{2-}	$7,7 \times 10^{-13}$
Acide oxalique	$C_2H_2O_4$		$6,5 \times 10^{-2}$	$C_2HO_4^-$	$1,5 \times 10^{-13}$
Ion hydrogénoxalate	$C_2HO_4^-$		$6,1 \times 10^{-5}$	$C_2O_4^{2-}$	$1,6 \times 10^{-10}$
Acide sulfureux*	H_2SO_3		$1,3 \times 10^{-2}$	HSO_3^-	$7,7 \times 10^{-13}$
Ion hydrogénosulfite	HSO_3^-		$6,3 \times 10^{-8}$	SO_3^{2-}	$1,6 \times 10^{-7}$
Acide carbonique	H_2CO_3		$4,2 \times 10^{-7}$	HCO_3^-	$2,4 \times 10^{-8}$
Ion hydrogénocarbonate	HCO_3^-		$4,8 \times 10^{-11}$	CO_3^{2-}	$2,1 \times 10^{-4}$
Acide sulfhydrique	H_2S	$H-S-H$	$9,5 \times 10^{-8}$	HS^-	$1,1 \times 10^{-7}$
Ion hydrogénosulfure**	HS^-	$H-S^-$	1×10^{-19}	S^{2-}	1×10^5
Acide phosphorique	H_3PO_4		$7,5 \times 10^{-3}$	$H_2PO_4^-$	$1,3 \times 10^{-12}$
Ion dihydrogénophosphate	$H_2PO_4^-$		$6,2 \times 10^{-8}$	HPO_4^{2-}	$1,6 \times 10^{-7}$
Ion hydrogénophosphate	HPO_4^{2-}		$4,8 \times 10^{-13}$	PO_4^{3-}	$2,1 \times 10^{-2}$

* On n'a jamais isolé H_2SO_3; ce composé n'existe qu'en concentration faible en solution aqueuse de SO_2. La valeur de K_a correspond à la réaction $SO_2(g) + H_2O(l) \rightleftharpoons H^+(aq) + HSO_3^-(aq)$.
** La constante d'ionisation de HS^- est très petite et très difficile à mesurer. La valeur indiquée ici n'est qu'une estimation.

EXEMPLE 5.10 Le calcul des concentrations de toutes les espèces — cas d'un diacide

L'acide oxalique est une substance toxique utilisée principalement comme agent de blanchiment et de nettoyage (par exemple, pour nettoyer les cernes dans la baignoire). Calculez les concentrations de toutes les espèces présentes dans une solution à $0,10\ M$.

Réponse: L'acide oxalique est un diacide (*tableau 5.5*). Commençons par la première étape d'ionisation.

Étape 1: Au cours de la première ionisation, les principales espèces en solution sont l'acide non ionisé, les ions H^+ et la base conjuguée $C_2HO_4^-$.

Étape 2: Soit x la concentration molaire à l'équilibre des ions H^+ et $C_2HO_4^-$. Les variations de concentration sont données dans le tableau suivant:

	$C_2H_2O_4(aq) \rightleftharpoons$	$H^+(aq)$ +	$C_2HO_4^-(aq)$
Concentration initiale (M):	0,10	0,00	0,00
Variation (M):	$-x$	$+x$	$+x$
Concentration à l'équilibre (M):	$(0,10-x)$	x	x

Étape 3: Selon la constante d'ionisation du tableau 5.5, nous avons

$$K_{a_1} = \frac{[H^+][C_2HO_4^-]}{[C_2H_2O_4]} = 6,5 \times 10^{-2}$$

$$\frac{x^2}{0,10-x} = 6,5 \times 10^{-2}$$

En appliquant l'approximation $0,10 - x \approx 0,10$, nous obtenons

$$\frac{x^2}{0,10-x} \simeq \frac{x^2}{0,10} = 6,5 \times 10^{-3}$$

$$x = 8,1 \times 10^{-2}\ M$$

Vérifions la validité de l'approximation,

$$\frac{8,1 \times 10^{-2}\ M}{0,10\ M} \times 100\% = 81\%$$

L'approximation n'étant pas valable, résolvons à l'aide de l'équation quadratique sous la forme

$$x^2 + 6,5 \times 10^{-2}\, x - 6,5 \times 10^{-3} = 0$$

La solution est $x = 0,054\ M$.

Étape 4: Une fois l'équilibre de la première étape d'ionisation atteint, les concentrations sont

$$[H^+] = 0,054\ M$$

$$[C_2HO_4^-] = 0,054\ M$$

$$[C_2H_2O_4] = (0,10 - 0,054)\ M = 0,046\ M$$

Voyons maintenant la seconde étape d'ionisation.

Étape 1: À cette étape, les principales espèces dont il faut tenir compte sont $C_2HO_4^-$, ion qui agit comme un acide au cours de la deuxième ionisation, H^+ et la base conjuguée $C_2O_4^{2-}$.

Étape 2: Soit y la concentration à l'équilibre de $C_2O_4^{2-}$ en moles par litre. La concentration à l'équilibre de $C_2HO_4^-$ doit donc être $(0,054 - y)$ M.

Nous avons: (Attention! $[H^+]_0$ n'est pas égal à zéro ici.)

$$C_2HO_4^-(aq) \rightleftharpoons H^+(aq) + C_2O_4^{2-}(aq)$$

	$C_2HO_4^-(aq)$	$H^+(aq)$	$C_2O_4^{2-}(aq)$
Concentration initiale (M):	0,054	0,054	0,00
Variation (M):	$-y$	$+y$	$+y$
Concenration à l'équilibre (M):	$(0,054 - y)$	$(0,054 + y)$	y

Étape 3: En utilisant la constante d'ionisation du tableau 5.5, nous avons

$$K_{a_2} = \frac{[H^+][C_2O_4^{2-}]}{[C_2HO_4^-]} = 6,1 \times 10^{-5}$$

$$\frac{(0,054 + y)y}{(0,054 - y)} = 6,1 \times 10^{-5}$$

Puisque la constante d'ionisation est petite, nous pouvons faire les approximations suivantes:

$$0,054 + y \simeq 0,054$$

$$0,054 - y \simeq 0,054$$

En appliquant ces approximations, nous obtenons

$$\frac{(0,054)(y)}{(0,054)} = y = 6,1 \times 10^{-5} \, M$$

Vérifions la validité de l'approximation

$$\frac{6,1 \times 10^{-5} \, M}{0,054 \, M} \times 100\% = 0,11\%$$

L'approximation est valable.

Problème semblable: 5.54

Étape 4: Ainsi, les concentrations de toutes les espèces présentes à l'équilibre sont

$$[C_2H_2O_4] = 0,046 \, M$$

$$[C_2HO_4^-] = (0,054 - 6,1 \times 10^{-5}) \, M \simeq 0,054 \, M$$

$$[H^+] = (0,054 + 6,1 \times 10^{-5}) \, M \simeq 0,054 \, M$$

$$[C_2O_4^{2-}] = 6,1 \times 10^{-5} \, M$$

$$[OH^-] = 1,0 \times 10^{-14}/0,054 = 1,9 \times 10^{-13} \, M$$

EXERCICE

Calculez les concentrations de $C_2H_2O_4$, de $C_2HO_4^-$, de $C_2O_4^{2-}$ et de H^+ dans une solution d'acide oxalique à 0,20 M.

L'exemple 5.10 montre que, pour les diacides, si $K_{a_1} \gg K_{a_2}$, la concentralion des ions H^+ à l'équilibre peut être considérée comme le résultat de la première étape d'ionisation seulement. De plus, la concentration de la base conjuguée de 1a deuxième étape d'ionisation est numériquement égale à K_{a_2}.

Dans un tel cas, le pH peut donc se calculer en suivant seulement les trois premières étapes au cours de la première ionisation de l'exemple, puisque $[H^+]$ a la même valeur à la fin de la deuxième ionisation.

L'acide phosphorique (H_3PO_4) est un important polyacide qui possède trois atomes d'hydrogène ionisables :

H_3PO_4

$$H_3PO_4(aq) \rightleftharpoons H^+(aq) + H_2PO_4^-(aq) \qquad K_{a_1} = \frac{[H^+][H_2PO_4^-]}{[H_3PO_4]} = 7,5 \times 10^{-3}$$

$$H_2PO_4^-(aq) \rightleftharpoons H^+(aq) + HPO_4^{2-}(aq) \qquad K_{a_2} = \frac{[H^+][HPO_4^{2-}]}{[H_2PO_4^-]} = 6,2 \times 10^{-8}$$

$$HPO_4^{2-}(aq) \rightleftharpoons H^+(aq) + PO_4^{3-}(aq) \qquad K_{a_3} = \frac{[H^+][PO_4^{3-}]}{[HPO_4^{2-}]} = 4,8 \times 10^{-13}$$

On peut voir que l'acide phosphorique est un polyacide faible et que ses constantes d'ionisation décroissent radicalement aux deuxième et troisième étapes. On peut alors prédire que, dans une solution d'acide phosphorique, la concentration d'acide non ionisé est la plus élevée et que les seules autres espèces présentes en concentrations importantes sont les ions H^+ et H_2PO_4.

5.9 LES PROPRIÉTÉS ACIDO-BASIQUES DES SELS

NOTE

Le mot «hydrolyse» vient de la langue grecque, *hydro,* qui signifie «eau» et *lyse* qui veut dire «se briser, se couper».

Comme nous l'avons vu à la section 1.3, un sel est un composé ionique qui a été formé par la réaction entre un acide et une base. Les sels sont des électrolytes forts qui se dissocient complètement dans l'eau et qui, dans certains cas, réagissent avec l'eau. On appelle **hydrolyse d'un sel** la *réaction entre un anion et/ou un cation dérivé(s) d'un sel, et l'eau.* Cette réaction influence habituellement le pH d'une solution. En fait il s'agit d'une réaction acido-basique comme les autres à part le fait que ce sont des ions provenant de sels qui réagissent avec l'eau.

Les sels qui produisent des solutions neutres

Quand le composé $NaNO_3$, formé par la réaction entre $NaOH$ et HNO_3, se dissout dans l'eau, il se dissocie complètement :

$$NaNO_3(s) \xrightarrow{H_2O} Na^+(aq) + NO_3^-(aq)$$

L'ion Na^+ hydraté ne donne ni ne reçoit d'ions H^+. Par ailleurs, l'ion NO_3^-, étant la base conjuguée de l'acide fort HNO_3, n'a pas d'affinité pour les ions H^+. Par conséquent, une solution contenant des ions Na^+ et NO_3^- est neutre ; son pH est 7. Généralement, les sels constitués d'un ion de métal alcalin ou d'un ion de métal alcalino-terreux (excepté l'ion Be^{2+}) et d'une base conjuguée d'un acide fort (par exemple, Cl^-, Br^- et NO_3^-) ne subissent pas d'hydrolyse et leurs solutions sont neutres. Par extension on appelle souvent de tels sels, «sels neutres». Il faut porter attention au mot «neutre» ici ; il est employé dans le sens qu'il n'influence pas le pH (le pH est dit «neutre» pour une valeur de 7,0. Il ne faut pas confondre avec la neutralité électrique. De ce point de vue tous les sels sont «neutres».

Les sels qui produisent des solutions basiques

La solution d'un sel qui est le produit d'une réaction entre une base forte et un acide faible est basique. Par exemple la dissociation de l'acétate de sodium (CH_3COONa) dans l'eau est donnée par

$$CH_3COONa(s) \xrightarrow{H_2O} Na^+(aq) + CH_3COO^-(aq)$$

L'ion Na^+ hydraté n'a aucune propriété basique ni acide. Cependant, l'ion acétate (CH_3COO^-), étant la base conjuguée de l'acide faible CH_3COOH, a une affinité pour les ions H^+. La réaction d'hydrolyse est donnée par

$$CH_3COO^-(aq) + H_2O(l) \rightleftharpoons CH_3COOH(aq) + OH^-(aq)$$

Puisque cette réaction produit des ions OH^-, la solution d'acétate de sodium sera basique. La constante d'équilibre pour cette réaction d'hydrolyse est la constante d'ionisation de la base pour CH_3COO^-, on écrit donc (*page 185*)

$$K_b = \frac{[CH_3COOH][OH^-]}{[CH_3COO^-]} = 5{,}6 \times 10^{-10}$$

On peut donc dire que l'acétate de sodium est un sel basique.

Puisque pour chaque ion CH_3COO^- qui s'hydrolyse, il y a production d'un ion OH^-, la concentration de OH^- à l'équilibre est la même que celle de la concentration de CH_3COO^- qui s'est hydrolysée.

On définit ainsi le pourcentage d'hydrolyse :

$$\text{pourcentage d'hydrolyse} = \frac{[CH_3COO^-]_{\text{hydrolysée}}}{[CH_3COO^-]_{\text{initiale}}} \times 100\%$$

$$= \frac{[OH^-]_{\text{équilibre}}}{[CH_3COO^-]_{\text{initiale}}} \times 100\%$$

L'exemple 5.11 illustre un calcul de pH basé sur l'hydrolyse de CH_3COONa. La procédure de calcul utilisée pour résoudre des problèmes concernant l'hydrolyse est la même que celle qui a été utilisée dans les cas des acides faibles et des bases faibles.

EXEMPLE 5.11   Le calcul du pH d'une solution d'un sel basique

Calculez le pH d'une solution d'acétate de sodium, CH_3COONa, à 0,15 *M*. Quel est le pourcentage d'hydrolyse ?

Réponse : Remarquons d'abord qu'en solution, le sel se dissocie en cations et en anions. Il faut ensuite examiner séparément les possibilités de réactions avec l'eau pour chacune des deux espèces d'ions.

Étape 1 : Les espèces prédominantes dans la solution d'acétate de sodium sont les ions CH_3COO^- et Na^+. Comme on a débuté avec une solution d'acétate de sodium à 0,15 *M*, les concentrations initiales des ions sont aussi égales à 0,15 *M* :

$$CH_3COONa(s) \xrightarrow{H_2O} Na^+(aq) + CH_3COO^-(aq)$$
$$0{,}15\,M \qquad\qquad 0{,}15\,M$$

Ici seulement l'ion acétate va s'hydrolyser. On ne tient pas compte des ions H^+ ou OH^- provenant de l'auto-ionisation de l'eau.

Étape 2 : Soit *x* la concentration à l'équilibre des ions CH_3COO^- et OH^- en moles par litre. Résumons :

	CH$_3$COO$^-$(aq) + H$_2$O(l) $\rightleftharpoons$ CH$_3$COOH(aq) + OH$^-$(aq)		
Concentration initiale (M):	0,15	0,00	0,00
Variation (M):	$-x$	$+x$	$+x$
Concentration à l'équilibre (M):	0,15 $- x$	x	x

Étape 3: Comme nous l'avons expliqué, on écrit l'expression de la constante d'équilibre de l'hydrolyse. C'est la même que celle de la constante d'équilibre.

$$K_b = \frac{[CH_3COOH][OH^-]}{[CH_3COO^-]} = 5,6 \times 10^{-10}$$

$$= \frac{x^2}{0,15 - x} = 5,6 \times 10^{-10}$$

Du fait que la valeur de K_b est très petite et que la concentration de la base est grande, on peut appliquer l'approximation 0,15 $- x \simeq$ 0,15:

$$\frac{x^2}{0,15 - x} \simeq \frac{x^2}{0,15} = 5,6 \times 10^{-10}$$

$$x = 9,2 \times 10^{-6} \, M$$

Étape 4: À l'équilibre,

$$[OH^-] = 9,2 \times 10^{-6} \, M$$

$$pOH = -\log (9,2 \times 10^{-6})$$

$$= 5,04$$

$$pH = 14,00 - 5,04$$

$$= 8,96$$

La solution est donc basique, comme nous l'avions prévu. Calculons le pourcentage d'hydrolyse.

$$\text{pourcentage d'hydrolyse} = \frac{9,2 \times 10^{-6} \, M}{0,15 \, M} \times 100\% = 0,0061\%$$

Note: ce résultat permet de réaliser qu'il n'y a qu'une très faible quantité de l'anion qui s'hydrolyse. Remarquez aussi que ce calcul du pourcentage d'hydrolyse correspond au même calcul que celui du test de la validité de l'approximation qui est valable dans ce cas-ci.

Problème semblable: 5.69

EXERCICE

Calculez le pH d'une solution de formiate de sodium, HCOONa, à 0,24 M.

Les sels qui produisent des solutions acides

Quand un sel dérivé d'un acide fort tel HCl et d'une base faible comme NH$_3$ se dissout dans l'eau, la solution résultante est acide. Prenons, par exemple, la réaction suivante:

$$NH_4Cl(s) \xrightarrow{H_2O} NH_4^+(aq) + Cl^-(aq)$$

Puisque l'ion Cl$^-$ est la base conjuguée d'un acide fort, il n'a aucune affinité pour H$^+$ et n'a pas tendance à s'hydrolyser. L'ion ammonium (NH$_4^+$), pour sa part, est l'acide conjugué faible de la base faible NH$_3$ et s'ionise de la manière suivante:

$$NH_4^+(aq) + H_2O(l) \rightleftharpoons NH_3(aq) + H_3O^+(aq)$$

ou

$$NH_4^+(aq) \rightleftharpoons NH_3(aq) + H^+(aq)$$

Puisque cette réaction produit des ions H^+ le pH de la solution diminue et on dira que le chlorure d'ammonium est un sel acide. Comme on peut le constater, l'hydrolyse de l'ion NH_4^+ est équivalente à l'ionisation de l'acide NH_4^+. La constante d'équilibre (ou la constante d'ionisation) pour cette réaction est donnée par

$$K_a = \frac{[NH_3][H^+]}{[NH_4^+]} = \frac{K_{eau}}{K_b} = \frac{1,0 \times 10^{-14}}{1,8 \times 10^{-5}} = 5,6 \times 10^{-10}$$

NOTE

Le K_a de NH_4^+ a la même valeur que le K_b de CH_3COO^-. C'est une pure coïncidence.

L'hydrolyse de certains ions métalliques

Les sels qui contiennent de petits cations métalliques de charge élevée (par exemple, Al^{3+}, Cr^{3+}, Fe^{3+}, Bi^{3+} et Be^{2+}) et les bases conjuguées d'acides forts produisent également des solutions acides. Par exemple, quand le chlorure d'aluminium ($AlCl_3$) se dissout dans l'eau, les ions Al^{3+} prennent la forme hydratée $Al(H_2O)_6^{3+}$ (*figure 5.4*). Examinons une liaison entre l'ion métallique et l'atome d'oxygène de l'une des six molécules d'eau formant $Al(H_2O)_6^{3+}$:

L'ion positif Al^{3+} attire vers lui le nuage électronique, polarisant davantage la liaison O—H. Par conséquent, ces atomes H ont une plus grande tendance à s'ioniser que ceux des molécules d'eau qui ne participent pas à l'hydratation. L'ionisation qui en résulte peut être décrite ainsi :

$$Al(H_2O)_6^{3+}(aq) + H_2O(l) \rightleftharpoons Al(OH)(H_2O)_5^{2+}(aq) + H_3O^+(aq)$$

ou

$$Al(H_2O)_6^{3+}(aq) \rightleftharpoons Al(OH)(H_2O)_5^{2+}(aq) + H^+(aq)$$

NOTE

L'ion d'aluminium hydraté agit ici comme un donneur de proton ; il se comporte donc comme un acide de Brønsted dans cette réaction.

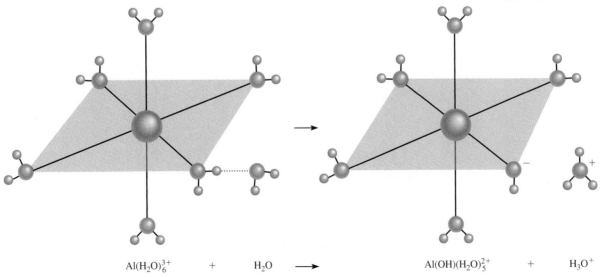

$$Al(H_2O)_6^{3+} \qquad + \qquad H_2O \longrightarrow \qquad Al(OH)(H_2O)_5^{2+} \qquad + \qquad H_3O^+$$

Figure 5.4 *Les six molécules H_2O entourent l'ion Al^{3+} de manière octaédrique. L'attraction du petit ion Al^{3+} pour les doublets libres des atomes d'oxygène est si grande que les liaisons O—H des molécules H_2O attachées au cation métallique en sont affaiblies, ce qui permet la perte d'un proton (H^+) à l'avantage d'une molécule H_2O environnante. Cette hydrolyse du cation métallique rend la solution acide.*

NOTE

$Al(H_2O)_6^{3+}$ est un acide presque aussi fort que CH_3COOH.

La constante d'équilibre pour l'hydrolyse du cation métallique est donnée par

$$K_a = \frac{[Al(OH)(H_2O)_5^{2+}][H^+]}{[Al(H_2O)_6^{3+}]} = 1,3 \times 10^{-5}$$

Notez que $Al(OH)(H_2O)_5^{2+}$ peut subir une ionisation ultérieure :

$$Al(OH)(H_2O)_5^{2+}(aq) \rightleftharpoons Al(OH)_2(H_2O)_4^+(aq) + H^+(aq)$$

et ainsi de suite. Cependant, on peut s'en tenir habituellement qu'à la première étape de l'hydrolyse.

L'hydrolyse se fait plus abondamment dans le cas de petits ions très chargés, car un ion ayant une densité de charge plus grande est plus efficace pour polariser la liaison O—H ; il facilite ainsi l'ionisation. C'est pourquoi les ions relativement gros et peu chargés, comme Na^+ et K^+, ne s'hydrolysent pas.

EXEMPLE 5.12 Le calcul du pH d'une solution d'un ion métallique

Calculez le pH d'une solution de $Al(NO_3)_3$ à 0,020 M. La constante d'hydrolyse du cation métallique vaut $1,3 \times 10^{-5}\,M$.

Réponse : La procédure permettant de résoudre ce problème d'hydrolyse d'un ion métallique ressemble beaucoup à celle qui a été utilisée dans le cas de l'hydrolyse d'un sel.

Étape 1 : $Al(NO_3)_3$ étant un électrolyte fort, il faut d'abord considérer sa dissociation selon

$$Al(NO_3)_3(s) \xrightarrow{\text{H}_2\text{O}} Al^{3+}(aq) + 3NO_3^-(aq)$$
$$\quad\quad\quad\quad\quad 0,020\ M \quad\ 0,060\ M$$

Seulement l'ion Al^{3+} s'hydrolyse. Comme dans le cas de NH_4^+, nous pouvons traiter l'hydrolyse de Al^{3+} comme l'ionisation de son ion hydraté.

Étape 2 : Soit x les concentrations molaires à l'équilibre de $Al(OH)(H_2O)_5^{2+}$ et de H^+.

	$Al(H_2O)_6^{3+}(aq) \rightleftharpoons$	$Al(OH)(H_2O)_5^{2+}(aq) +$	$H^+(aq)$
Concentration initiale (M) :	0,020	0,00	0,00
Variation (M) :	$-x$	$+x$	$+x$
Concentration à l'équilibre (M) :	$0,020 - x$	x	x

Étape 3 : La constante d'équilibre pour l'ionisation est

$$K_a = \frac{[Al(OH)(H_2O)_5^{2+}][H^+]}{[Al(H_2O)_6^{3+}]} = 1,3 \times 10^{-5}$$

$$\frac{x^2}{0,020 - x} \simeq \frac{x^2}{0,020} = 1,3 \times 10^{-5}$$

$$x = 5,1 \times 10^{-4}\ M$$

Le pH de la solution est

$$pH = -\log(5,1 \times 10^{-4}) = 3,29$$

EXERCICE

Quel est le pH d'une solution de $AlCl_3$ à 0,050 M ?

Les sels dont le cation et l'anion s'hydrolysent

Jusqu'ici, nous n'avons vu que des sels dont seul un des deux ions s'hydrolyse. Toutefois, dans le cas d'un sel dérivé d'un acide faible et d'une base faible, le cation et l'anion s'hydrolysent tous les deux. Ce sont les forces relatives de la base et de l'acide du sel qui feront que la solution sera basique, acide ou neutre. Les calculs associés à ce type de système étant assez complexes, nous nous contenterons de faire des prédictions qualitatives. Considérons trois situations :

- $K_b > K_a$. Si la valeur de K_b pour l'anion est supérieure à celle de K_a pour le cation, la solution doit être basique, car l'anion s'hydrolysera en plus grande quantité que le cation. À l'équilibre, il y aura plus d'ions OH^- que d'ions H^+.

- $K_b < K_a$. Si la valeur de K_b pour l'anion est inférieure à celle de K_a pour le cation, la solution sera acide, car le cation s'hydrolysera en plus grande quantité que l'anion.

- $K_b \simeq K_a$. Si la valeur de K_b est presque égale à celle de K_a, la solution sera presque neutre.

Le tableau 5.6 résume le comportement en solution aqueuse des sels nommés dans cette section.

TABLEAU 5.6   LES PROPRIÉTÉS ACIDO-BASIQUES DES SELS

Type de sel	Exemples	Ions qui s'hydrolysent	pH de la solution
Cation d'une base forte ; anion d'un acide fort	$NaCl$, KI, KNO_3, $RbBr$, $BaCl_2$	Aucun	$\simeq 7$
Cation d'une base forte ; anion d'un acide faible	CH_3COONa, KNO_2	Anion	> 7
Cation d'une base faible ; anion d'un acide fort	NH_4Cl, NH_4NO_3	Cation	< 7
Cation d'une base faible ; anion d'un acide faible	NH_4NO_2, CH_3COONH_4, NH_4CN	Anion et cation	< 7 si $K_b < K_a$ $\simeq 7$ si $K_b \simeq K_a$ > 7 si $K_b > K_a$
Cation petit et de charge élevée ; anion d'un acide fort	$AlCl_3$, $Fe(NO_3)_3$	Cation hydraté	< 7

EXEMPLE 5.13   **La prédiction des propriétés acido-basiques de solutions salines**

Prédisez si les solutions suivantes seront acides, basiques ou presque neutres : a) NH_4I, b) $CaCl_2$, c) KCN, d) $Fe(NO_3)_3$.

Réponse : Il faut d'abord considérer que le sel s'ionise en anions et en cations pour ensuite examiner la réaction de chacune des espèces d'ions avec l'eau.

a) Le cation est NH_4^+ ; il s'hydrolysera pour produire NH_3 et H^+. L'anion I^- est la base conjuguée de l'acide fort HI. Alors, I^- ne s'hydrolysera pas. La solution sera acide.

b) Le cation Ca^{2+} ne s'hydrolyse pas. L'anion Cl^- ne s'hydrolyse pas. La solution sera presque neutre.

c) Le cation K^+ ne s'hydrolyse pas. L'anion CN^- est la base conjuguée de l'acide faible HCN ; il s'hydrolysera pour produire OH^- et HCN. La solution sera basique.

d) L'ion Fe^{3+} est un petit ion métallique de charge élevée ; il s'hydrolysera pour produire des ions H^+. L'ion NO_3^- ne s'hydrolyse pas. La solution sera acide.

EXERCICE

Prédisez le pH (pH > 7, < 7 ou $\simeq 7$) des solutions salines suivantes : a) $LiClO_4$, b) Na_3PO_4, c) $Al_2(SO_4)_3$, d) NH_4CN.

Problème semblable : 5.65

Finalement, notez que certains anions ont un comportement amphotère, c'est-à-dire qu'ils peuvent agir soit comme un acide soit comme une base. Par exemple, l'ion bicarbonate (HCO_3^-) peut s'ioniser ou s'hydrolyser :

$$HCO_3^-(aq) + H_2O(l) \rightleftharpoons H_3O^+(aq) + CO_3^{2-}(aq) \qquad K_a = 4{,}8 \times 10^{-11}$$

$$HCO_3^-(aq) + H_2O(l) \rightleftharpoons H_2CO_3(aq) + OH^-(aq) \qquad K_b = 2{,}4 \times 10^{-8}$$

Puisque $K_b > K_a$, on prédit que l'hydrolyse l'emportera sur l'ionisation. Ainsi, une solution de bicarbonate de sodium, par exemple, sera basique.

5.10 LES OXYDES ACIDES, BASIQUES ET AMPHOTÈRES

Comme nous l'avons vu au chapitre 6 du volume 1, on peut classer les oxydes comme acides, basiques ou amphotères. Dans le cadre d'une étude des réactions acido-basiques, il est essentiel de parler des propriétés de ces composés.

La figure 5.5 donne les formules de certains oxydes d'éléments représentatifs (groupes 1A à 7A) à leur degré d'oxydation le plus élevé. Notez que tous les oxydes de métaux alcalins et tous les oxydes de métaux alcalino-terreux (sauf BeO) sont basiques. L'oxyde de béryllium et plusieurs oxydes de métaux des groupes 3A et 4A sont amphotères. Les oxydes non métalliques dont l'élément représentatif a un degré d'oxydation élevé sont acides (par exemple N_2O_5, SO_3 et Cl_2O_7). Ceux dont l'élément représentatif a un degré d'oxydation bas (par exemple CO et NO) ne présentent aucune propriété acide mesurable. On ne connaît aucun oxyde non métallique ayant des propriétés basiques.

Les oxydes métalliques basiques réagissent avec l'eau pour former des hydroxydes métalliques :

$$Na_2O(s) + H_2O(l) \longrightarrow 2NaOH(aq)$$

$$BaO(s) + H_2O(l) \longrightarrow Ba(OH)_2(aq)$$

Voici quelques exemples de réactions entre les oxydes acides et l'eau :

Figure 5.5 *Les oxydes d'éléments représentatifs à leur degré d'oxydation le plus élevé.*

$$CO_2(g) + H_2O(l) \rightleftharpoons H_2CO_3(aq)$$

$$SO_3(g) + H_2O(l) \longrightarrow H_2SO_4(aq)$$

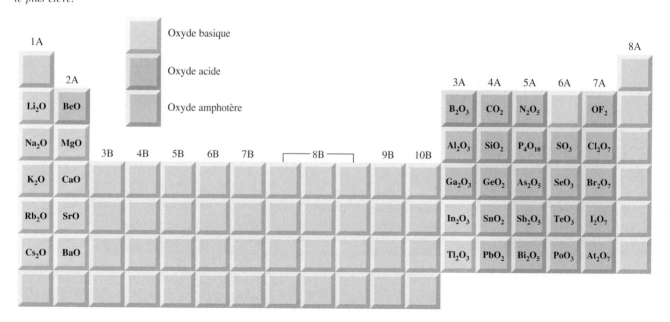

$$N_2O_5(s) + H_2O(l) \longrightarrow 2HNO_3(aq)$$

$$P_4O_{10}(s) + 6H_2O(l) \longrightarrow 4H_3PO_4(aq)$$

$$Cl_2O_7(g) + H_2O(l) \longrightarrow 2HClO_4(aq)$$

Une forêt endommagée par les pluies acides.

La réaction entre CO_2 et H_2O explique le fait que l'eau pure exposée à l'air (qui contient du CO_2) prend graduellement un pH d'environ 5,5 (*figure 5.6*). La réaction entre SO_3 et H_2O est principalement responsable des pluies acides.

Les réactions entre les oxydes acides et les bases, et celles entre les oxydes basiques et les acides ressemblent aux réactions acido-basiques normales par le fait qu'elles produisent un sel et de l'eau.

$$\underset{\text{oxyde acide}}{CO_2(g)} + \underset{\text{base}}{2NaOH(aq)} \longrightarrow \underset{\text{sel}}{Na_2CO_3(aq)} + \underset{\text{eau}}{H_2O(l)}$$

$$\underset{\text{oxyde basique}}{BaO(s)} + \underset{\text{acide}}{2HNO_3(aq)} \longrightarrow \underset{\text{sel}}{Ba(NO_3)_2(aq)} + \underset{\text{eau}}{H_2O(l)}$$

Comme le montre la figure 5.5, l'oxyde d'aluminium (Al_2O_3) est amphotère. Selon les conditions de la réaction, il peut agir soit comme un oxyde acide soit comme un oxyde basique. Par exemple, Al_2O_3 agit comme une base en présence d'acide chlorhydrique pour produire un sel ($AlCl_3$) et de l'eau :

$$Al_2O_3(s) + 6HCl(aq) \longrightarrow 2AlCl_3(aq) + 3H_2O(l)$$

et il agit comme un acide en présence d'hydroxyde de sodium :

$$Al_2O_3(s) + 2NaOH(aq) + 3H_2O(l) \longrightarrow 2NaAl(OH)_4(aq)$$

Notez que cette dernière réaction ne forme qu'un sel, $NaAl(OH)_4$ [contenant les ions Na^+ et $Al(OH)_4^-$] ; elle ne produit pas d'eau. Néanmoins, on peut tout de même la qualifier d'acido-basique, car Al_2O_3 neutralise $NaOH$.

Certains oxydes de métaux de transition dont le nombre d'oxydation est élevé agissent comme les oxydes acides. Par exemple, l'oxyde de manganèse(VII) (Mn_2O_7) et l'oxyde de chrome(VI) (CrO_3) réagissent tous les deux avec l'eau pour produire des acides :

$$\underset{\text{acide permanganique}}{Mn_2O_7(l) + H_2O(l) \longrightarrow \quad 2HMnO_4(aq)}$$

$$\underset{\text{acide chromique}}{CrO_3(s) + H_2O(l) \longrightarrow \quad H_2CrO_4(aq)}$$

Figure 5.6 *(À gauche) Un bécher d'eau dans lequel on a ajouté quelques gouttes de bleu de bromothymol, un indicateur. (À droite) Quand on ajoute de la glace sèche à l'eau, le CO_2 réagit pour former de l'acide carbonique, ce qui rend la solution acide et la fait passer du bleu au jaune.*

5.11   LES ACIDES ET LES BASES DE LEWIS

Jusqu'à maintenant, nous avons parlé des propriétés acido-basiques selon la théorie de Brønsted. Pour agir comme une base de Brønsted, par exemple, une substance doit pouvoir recevoir un proton. Selon cette définition, l'ion hydroxyde et l'ammoniac sont tous deux des bases:

$$H^+ + {}^-\ddot{O}\!-\!H \longrightarrow H\!-\!\ddot{O}\!-\!H$$

$$H^+ + :\underset{\underset{H}{|}}{\overset{H}{|}}N\!-\!H \longrightarrow \left[H\!-\!\underset{\underset{H}{|}}{\overset{H}{|}}N\!-\!H \right]^+$$

Figure 5.7 *Une réaction acido-basique de Lewis mettant en jeu BF₃ et NH₃.*

Dans chaque cas, l'atome auquel le proton se lie possède au moins un doublet (ou paire) d'électrons libres. Cette caractéristique de l'ion OH⁻, de NH₃ et de bien d'autres bases de Brønsted suggère une définition plus générale pour les acides et les bases.

Le chimiste américain G. N. Lewis formula une telle définition. Selon lui, une ***base de Lewis*** est *une substance qui peut donner un doublet d'électrons*, et un ***acide de Lewis*** est *une substance qui peut recevoir un doublet d'électrons*. Par exemple, dans la protonation de l'ammoniac, NH₃ agit comme une base de Lewis, car il donne un doublet d'électrons au proton H⁺, qui, lui, agit comme un acide de Lewis en acceptant ce doublet. Une réaction acido-basique de Lewis est donc une réaction dans laquelle il y a transfert d'un doublet d'électrons d'une espèce à une autre. Une telle réaction ne produit pas de sel ni d'eau.

Ce qui rend la définition de Lewis importante, c'est qu'elle est beaucoup plus générale que celles données par ses prédécesseurs; elle inclut dans les réactions acido-basiques beaucoup de réactions dont l'acide n'est pas un acide de Brønsted. Prenons, par exemple, la réaction entre le trifluorure de Bore (BF₃) et l'ammoniac (*figure 5.7*):

$$\underset{\text{acide}}{F\!-\!\underset{\underset{F}{|}}{\overset{F}{|}}B} + \underset{\text{base}}{:\underset{\underset{H}{|}}{\overset{H}{|}}N\!-\!H} \longrightarrow F\!-\!\underset{\underset{F}{|}}{\overset{F}{|}}B\!-\!\underset{\underset{H}{|}}{\overset{H}{|}}N\!-\!H$$

À la section 8.4 du volume 1, nous avons vu que l'atome B dans BF₃ est à l'état d'hybridation sp^2. L'orbitale $2p$ non hybridée et inoccupée reçoit le doublet d'électrons de NH₃. Ainsi, BF₃ agit comme un acide selon la définition de Lewis, même s'il ne contient aucun proton ionisable. Notez qu'une liaison covalente de coordinence s'est formée entre les atomes B et N.

L'acide borique (un acide faible utilisé dans les gouttes pour les yeux) est un autre acide de Lewis qui contient du bore; c'est un oxacide dont la structure est la suivante:

$$H\!-\!\ddot{O}\!-\!\underset{\underset{:\ddot{O}:}{\overset{|}{|}}}{\overset{\overset{H}{|}}{}}B\!-\!\ddot{O}\!-\!H$$
$$\text{acide borique}$$

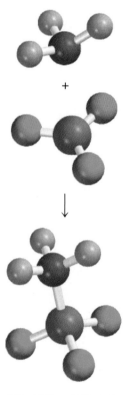

$NH_3 + BF_3 \rightarrow H_3N\!-\!BF_3$

L'acide borique ne s'ionise pas dans l'eau pour produire l'ion H⁺. Sa réaction avec l'eau est plutôt

$$B(OH)_3(aq) + H_2O(l) \rightleftharpoons B(OH)_4^-(aq) + H^+(aq)$$

Dans cette réaction acido-basique de Lewis, l'acide borique reçoit un doublet d'électrons de l'ion hydroxyde provenant de la molécule H₂O.

L'hydratation du dioxyde de carbone pour produire de l'acide carbonique

$$CO_2(g) + H_2O(l) \rightleftharpoons H_2CO_3(aq)$$

peut être comprise dans le concept de Lewis : la première étape comprend le transfert d'un doublet libre de l'atome d'oxygène de H_2O à l'atome de carbone de CO_2. Le retrait du doublet liant de la liaison pi C—O libère une orbitale de l'atome C, qui peut alors recevoir le doublet libre. Ce déplacement d'électrons est indiqué par les flèches courbes.

Ainsi, H_2O est une base de Lewis et CO_2 est un acide de Lewis. À la seconde étape, un proton est transféré à l'atome O ayant une charge négative pour former H_2CO_3.

Voici d'autres exemples de réactions acide-base de Lewis.

$$Ag^+(aq) + 2NH_3(aq) \rightleftharpoons Ag(NH_3)_2^+(aq)$$
$$\text{acide} \qquad \text{base}$$

$$Cd^{2+}(aq) + 4I^-(aq) \rightleftharpoons CdI_4^{2-}(aq)$$
$$\text{acide} \qquad \text{base}$$

$$Ni(s) + 4CO(aq) \rightleftharpoons Ni(CO)_4(aq)$$
$$\text{acide} \qquad \text{base}$$

Il est important de remarquer que l'hydratation des ions métalliques en solution est en fait une réaction acide-base de Lewis. Ainsi, lorsque le sulfate de cuivre(II), $CuSO_4$, se dissout dans l'eau, chaque ion Cu^{2+} s'associe avec six molécules d'eau pour donner l'ion $Cu(H_2O)_6^{2+}$. Dans ce cas les ions Cu^{2+} agissent comme l'acide et l'eau comme la base.

Bien que la définition de Lewis des acides et des bases revêt une grande importance à cause de sa généralité, habituellement on parle davantage d'un acide ou d'une base par rapport à la définition de Brønsted. Le terme « acide de Lewis » est habituellement réservé pour les substances qui peuvent accepter une paire d'électrons, mais qui ne contiennent pas d'atomes d'hydrogène ionisables.

EXEMPLE 5.14   La classification des acides et des bases de Lewis

Identifiez les acides et les bases de Lewis dans les réactions suivantes.
a) $SnCl_4(s) + 2Cl^-(aq) \rightleftharpoons SnCl_6^{2-}(aq)$
b) $Hg^{2+}(aq) + 4CN^-(aq) \rightleftharpoons Hg(CN)_4^{2-}(aq)$

Réponse : D'après les définitions, on observe que les cations se comportent en général comme des acides de Lewis et les anions comme des bases de Lewis.

a) Ici $SnCl_4$ accepte deux paires d'électrons des ions Cl^-. Par conséquent, $SnCl_4$ est l'acide de Lewis et Cl^- la base.

b) Cette fois l'ion Hg^{2+} accepte quatre paires d'électrons des ions CN^-. Par conséquent, Hg^{2+} est un acide de Lewis et CN^- une base de Lewis.

EXERCICE

Identifiez les acides de Lewis et les bases de Lewis dans la réaction suivante :

Problème semblable : 5.54

$$Co^{3+}(aq) + 6NH_3(aq) \rightleftharpoons Co(NH_3)_6^{3+}(aq)$$

LA CHIMIE EN ACTION

LES ANTIACIDES ET LA RÉGULATION DU pH DANS L'ESTOMAC

Un adulte produit chaque jour entre 2 L et 3 L de liquide gastrique, un liquide clair et acide sécrété par des glandes qui se trouvent dans la muqueuse de l'estomac. Le liquide gastrique contient, entre autres, de l'acide chlorhydrique. Son pH est d'environ 1,5, ce qui correspond à une concentration d'acide chlorhydrique de 0,03 M, une concentration assez forte pour dissoudre du zinc! Pourquoi ce liquide est-il tellement acide? D'où viennent les ions H^+? Qu'arrive-t-il quand il y a un excès d'ions H^+ dans l'estomac?

La paroi interne de l'estomac est formée de cellules épithéliales serrées les unes contre les autres. L'intérieur de chaque cellule est protégé du milieu extérieur par une membrane cellulaire. Cette membrane permet le passage de l'eau et des molécules neutres, mais elle bloque habituellement le passage aux ions tels que H^+, Na^+, K^+ et Cl^-. Les ions H^+ proviennent de l'acide carbonique (H_2CO_3), lequel est produit par l'hydratation du CO_2, un produit final du métabolisme:

$$CO_2(g) + H_2O(l) \rightleftharpoons H_2CO_3(aq)$$

$$H_2CO_3(aq) \rightleftharpoons H^+(aq) + HCO_3^-(aq)$$

Ces réactions se produisent dans le plasma sanguin entourant les cellules de la muqueuse. Grâce à un processus appelé *transport actif,* les ions H^+ traversent la membrane pour se retrouver dans l'estomac. (On sait que le transport actif est possible grâce à des enzymes, mais on ne connaît pas encore très bien les détails de ce phénomène.) Pour maintenir la neutralité, il y a également transfert d'ions Cl^- dans l'estomac. Une fois dans l'estomac, la plupart de ces ions ne peuvent retourner dans le plasma, les membranes cellulaires leur en bloquant l'accès.

Le rôle du liquide gastrique est de digérer la nourriture et d'activer certaines enzymes digestives. Le fait de manger stimule la sécrétion d'ions H^+. Une petite fraction de ces ions est réabsorbée par la muqueuse, ce qui crée de nombreuses hémorragies minuscules, un phénomène normal. Chaque minute, environ un demi-million de cellules se détachent de la paroi; un estomac sain renouvelle sa paroi tous les trois jours. Cependant, si l'acidité du liquide est trop élevée, le reflux constant des ions H^+ à travers la membrane vers le plasma sanguin peut provoquer des contractions musculaires, des douleurs, de l'enflure, de l'inflammation et des saignements.

La prise d'antiacide réduit temporairement la concentration d'ions H^+ dans l'estomac. La principale fonction de ce type de substance est de neutraliser le HCl en excès dans le liquide gastrique. Le tableau ci-contre donne les ingrédients actifs de quelques antiacides populaires.

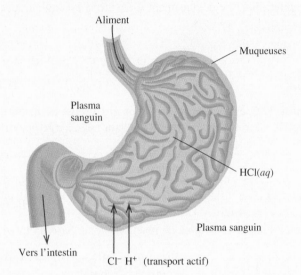

Un schéma simplifié de l'estomac.

QUELQUES PRÉPARATIONS ANTIACIDES COMMERCIALES*

Nom commercial	Ingrédients actifs
Alka-2	Carbonate de calcium
Alka-Seltzer	Aspirine, bicarbonate de sodium, acide citrique
Bufferin	Aspirine, carbonate de magnésium, glycinate d'aluminium
Buffered aspirin	Aspirine, carbonate de magnésium, glycine d'hydroxyde d'aluminium
Lait de magnésie	Hydroxyde de magnésium
Rolaids	Carbonate de calcium, hydroxyde d'aluminium
Tums	Carbonate de calcium

* Ces produits ne sont pas tous disponibles au Canada. Les ingrédients actifs ne sont pas nécessairement les mêmes au Canada pour une même marque de commerce.

Les réactions de neutralisation de l'acidité gastrique par ces antiacides sont les suivantes:

$$NaHCO_3(aq) + HCl(aq) \longrightarrow$$
$$NaCl(aq) + H_2O(l) + CO_2(g)$$

$$CaCO_3(s) + 2HCl(aq) \longrightarrow$$
$$CaCl_2(aq) + H_2O(l) + CO_2(g)$$

$$MgCO_3(s) + 2HCl(aq) \longrightarrow$$
$$MgCl_2(aq) + H_2O(l) + CO_2(g)$$

$$Mg(OH)_2(s) + 2HCl(aq) \longrightarrow MgCl_2(aq) + 2H_2O(l)$$

$$Al(OH)_2NaCO_3(s) + 4HCl(aq) \longrightarrow$$
$$AlCl_3(aq) + NaCl(aq) + 3H_2O(l) + CO_2(g)$$

Le CO_2 libéré par la plupart de ces réactions augmente la pression gazeuse dans l'estomac, ce qui fait éructer (aérophagie). L'effervescence qui se produit quand une pastille d'Alka-Seltzer se dissout dans de l'eau est causée par la libération du dioxyde de carbone résultant de la réaction entre l'acide citrique et le bicarbonate de sodium.

$$C_4H_7O_5COOH(aq) + NaHCO_3(aq) \longrightarrow$$
   acide citrique

$$\qquad C_4H_7O_5COONa(aq) + H_2O(l) + CO_2(g)$$
   citrate de sodium

La muqueuse de l'estomac peut aussi être endommagée par l'action de l'aspirine. L'aspirine, ou acide acétylsalicylique, est elle-même un acide modérément faible.

Acide acétylsalicylique   Ion acétylsalicylate

Quand la concentration d'ions H^+ dans l'estomac est élevée, cet acide reste largement non ionisé. La molécule d'acide acétylsalicylique est peu polaire, de sorte qu'elle peut pénétrer les barrières des membranes qui sont aussi constituées de molécules non polaires. Cependant, ces membranes contiennent de nombreuses petites poches d'eau et, quand une molécule d'acide acétylsalicylique entre dans l'une de ces poches, elle s'ionise en ions H^+ et en ions acétylsalicylate. Ces ions sont alors emprisonnés à l'intérieur des membranes. Si cette production d'ions persiste, la structure de la membrane s'affaiblit et des saignements s'ensuivent. On perd environ 2 mL de sang pour chaque comprimé d'aspirine absorbé, perte qui n'est généralement pas dangereuse. Cependant, l'aspirine peut provoquer des saignements abondants chez certaines personnes. Il est intéressant de noter que la présence d'alcool rend l'acide acétylsalicylique encore plus soluble dans la membrane et favorise ainsi le saignement.

Résumé

1. Les acides de Brønsted donnent des protons et les bases de Brønsted en reçoivent. Chaque acide de Brønsted a sa base conjuguée et vice versa.

2. L'acidité d'une solution aqueuse est exprimée par son pH; le pH est le logarithme négatif de la concentration d'ions hydrogène en solution (en moles par litre).

3. À 25 °C, pour une solution acide, pH < 7; pour une solution basique, pH > 7; et pour une solution neutre, pH = 7.

4. En solution aqueuse, les substances suivantes sont des acides forts, car elles s'ionisent complètement: $HClO_4$, HI, HBr, HCl, H_2SO_4 (première étape d'ionisation) et HNO_3. La plupart des acides sont faibles; ils sont donc des électrolytes faibles. Les hydroxydes de métaux alcalins et de métaux alcalino-terreux (excepté du béryllium) sont des bases fortes, car ils s'ionisent complètement en solution aqueuse.

5. La constante d'ionisation des acides K_a augmente avec la force de l'acide. De même, K_b exprime la force des bases.

6. Le pourcentage d'ionisation est une autre façon d'exprimer la force des acides. Plus un acide faible est dilué, plus son pourcentage d'ionisation est élevé.

7. Les diacides et les polyacides cèdent plus de un proton par molécule au cours de l'ionisation.

8. Le produit de la constante d'ionisation d'un acide et de la constante d'ionisation de sa base conjuguée est égal à la constante du produit ionique de l'eau, autrement dit, $K_aK_b = K_{eau}$.

9. La plupart des sels sont des électrolytes forts; en solution, ils se dissocient complètement en ions. Plusieurs sels donnent dans l'eau des ions qui réagissent avec l'eau, phénomène appelé hydrolyse, pour former des solutions acides ou basiques. Quand un sel s'hydrolyse, la base conjuguée d'un acide faible produit une solution basique, et l'acide conjugué d'une base faible produit une solution acide.

10. Les petits ions métalliques de charge élevée, comme Al^{3+} et Fe^{3+}, s'hydrolysent pour former des solutions acides.

11. On peut classer la plupart des oxydes comme étant acides, basiques ou amphotères.

12. Les acides de Lewis reçoivent des doublets d'électrons ; les bases de Lewis donnent des doublets d'électrons. L'expression « acide de Lewis » désigne généralement une substance qui peut recevoir un doublet d'électrons, mais qui n'a pas d'atomes d'hydrogène ionisables.

Équations clés

- $K_{eau} = [H^+][OH^-]$ Constante du produit ionique de l'eau   (5.2)

- $pH = -\log [H^+]$ Définition du pH d'une solution   (5.3)

- $pOH = -\log[OH^-]$ Définition du pOH d'une solution   (5.4)

- $pH + pOH = 14,00$ Autre forme de l'équation (5.2)   (5.5)

- Pourcentage d'ionisation $= \dfrac{\text{concentration d'acide ionisé à l'équilibre}}{\text{concentration initiale d'acide}} \times 100\,\%$ (5.6)

- $K_a K_b = K_{eau}$ Relation entre les constantes d'ionisation d'un acide et de sa base conjuguée   (5.7)

Mots clés

Acide de Lewis, p. 198
Acide faible, p. 173
Acide fort, p. 173
Base de Lewis, p. 198
Base faible, p. 174
Base forte, p. 173

Constante d'ionisation de l'acide (K_a), p. 176
Constante d'ionisation de la base (K_b), p. 184
Constante du produit ionique de l'eau, p. 170

Couple acide-base conjugué, p. 168
Hydrolyse d'un sel, p. 190
pH, p. 171
Pourcentage d'ionisation, p. 182

Questions et problèmes

LES ACIDES ET LES BASES DE BRØNSTED
Questions de révision

5.1 Dites ce que sont un acide et une base de Brønsted. En quoi la définition de Brønsted diffère-t-elle de la définition d'Arrhenius ?

5.2 Pour qu'une espèce agisse comme une base de Brønsted, un de ses atomes doit posséder un doublet libre, pourquoi ?

Problèmes

5.3 Dites si chacune des espèces suivantes est un acide ou une base de Brønsted, ou les deux : a) H_2O, b) OH^-, c) H_3O^+, d) NH_3, e) NH_4^+, f) NH_2^-, g) NO_3^-, h) CO_3^{2-}, i) HBr, j) HCN.

5.4 Quels sont les noms et les formules des bases conjuguées des acides suivants ? a) HNO_2, b) H_2SO_4, c) H_2S, d) HCN, e) $HCOOH$ (acide formique).

5.5 Quels sont les couples acide-base conjugués dans chacune des réactions suivantes ?
a) $CH_3COO^- + HCN \rightleftharpoons CH_3COOH + CN^-$
b) $HCO_3^- + HCO_3^- \rightleftharpoons H_2CO_3 + CO_3^{2-}$
c) $H_2PO_4^- + NH_3 \rightleftharpoons HPO_4^{2-} + NH_4^+$
d) $HClO + CH_3NH_2 \rightleftharpoons CH_3NH_3^+ + ClO^-$
e) $CO_3^{2-} + H_2O \rightleftharpoons HCO_3^- + OH^-$
f) $CH_3COO^- + H_2O \rightleftharpoons CH_3COOH + OH^-$

5.6 Donnez l'acide conjugué de chacune des bases suivantes : a) HS^-, b) HCO_3^-, c) CO_3^{2-}, d) $H_2PO_4^-$, e) HPO_4^{2-}, f) PO_4^{3-}, g) HSO_4^-, h) SO_4^{2-}, i) HSO_3^-, j) SO_3^{2-}.

5.7 Donnez la base conjuguée de chacun des acides suivants : a) $CH_2ClCOOH$, b) HIO_4, c) H_3PO_4, d) $H_2PO_4^-$, e) HPO_4^{2-}, f) H_2SO_4, g) HSO_4^-, h) H_2SO_3, i) HSO_3^-, j) NH_4^+, k) H_2S, l) HS^-, m) $HClO$.

5.8 La structure de l'acide oxalique ($C_2H_2O_4$) est la suivante :

$$O=C-OH$$
$$|$$
$$O=C-OH$$

Une solution d'acide oxalique contient les espèces suivantes en concentrations variées : $C_2H_2O_4$, $C_2HO_4^-$, $C_2O_4^{2-}$ et H^+. a) Donnez les structures de Lewis de $C_2HO_4^-$ et de $C_2O_4^{2-}$. b) Pour chacune de ces espèces, dites si elle peut se comporter seulement comme un acide, seulement comme une base ou comme les deux ?

LE CALCUL DU pH ET DU pOH
Questions de révision

5.9 Qu'est-ce que la constante du produit ionique de l'eau ?

5.10 Écrivez une équation qui met en relation $[H^+]$ et $[OH^-]$ en solution, à 25 °C.

5.11 La valeur de la constante du produit ionique de l'eau est $1,0 \times 10^{-14}$, à 25 °C, et $3,8 \times 10^{-14}$, à 40 °C. La réaction suivante est-elle endothermique ou exothermique ?

$$H_2O(l) \rightleftharpoons H^+(aq) + OH^-(aq)$$

5.12 Définissez le pH. Pourquoi les chimistes préfèrent-ils le pH à la concentration d'ions hydrogène, $[H^+]$, pour exprimer l'acidité d'une solution ?

5.13 Le pH d'une solution est 6,7. D'après cette seule donnée, pouvez-vous dire que la solution est acide ? Sinon, de quel renseignement additionnel avez-vous besoin ? Le pH d'une solution peut-il être nul ou négatif ? Si oui, donnez des exemples qui illustrent ces valeurs.

5.14 Définissez le pOH. Écrivez une équation qui met en relation pH et pOH.

Problèmes

5.15 Calculez la concentration des ions OH^- dans une solution de HCl dont la concentration est $1,4 \times 10^{-3}$ M.

5.16 Calculez la concentration des ions H^+ dans une solution de NaOH dont la concentration est de 0,62 M.

5.17 Calculez les concentrations d'ions hydrogène dans les solutions dont les pH sont les suivants : a) 2,42, b) 11,21, c) 6,96, d) 15,00.

5.18 Calculez la concentration d'ions hydrogène en moles par litre de chacune des solutions suivantes : a) une solution dont le pH est 5,20, b) une solution dont le pH est 16,00, c) une solution dont la concentration d'hydroxyde est de $3,7 \times 10^{-9}$ M.

5.19 Calculez le pH de chacune des solutions suivantes : a) HCl à 0,0010 M, b) KOH à 0,76 M, c) $Ba(OH)_2$ à $2,8 \times 10^{-4}$ M, d) HNO_3 à $5,2 \times 10^{-4}$ M.

5.20 Calculez le pH de l'eau pure à 40 °C, sachant que la valeur de K_{eau} est $3,8 \times 10^{-4}$ à cette température.

5.21 Complétez le tableau suivant :

pH	$[H^+]$	La solution est
< 7		
	$< 1,0 \times 10^{-7}$ M	
		neutre

5.22 Pour chacune des solutions suivantes, utilisez un des qualificatifs suivants pour la décrire : « acide », « basique » ou « neutre ».

a) pOH > 7 ; la solution est _____

b) pOH $= 7$; la solution est _____

c) pOH < 7 ; la solution est _____

5.23 Le pOH d'une solution est 9,40. Calculez la concentration d'ions hydrogène de cette solution.

5.24 Calculez le nombre de moles de KOH contenues dans 5,50 mL d'une solution de KOH à 0,360 M. Quel est le pOH de cette solution ?

5.25 On prépare une solution en dissolvant 18,4 g de HCl dans 662 mL d'eau. Calculez le pH de la solution. (Considérez que le volume de la solution est également de 662 mL.)

5.26 Quelle quantité de NaOH (en grammes) faut-il pour préparer 546 mL d'une solution dont le pH est 10,00 ?

LA FORCE DES ACIDES ET DES BASES
Questions de révision

5.27 Dites ce que l'on entend par force d'un acide.

5.28 Sans consulter le manuel, écrivez les formules de quatre acides forts et de quatre acides faibles.

5.29 Quel est l'acide le plus fort et quelle est la base la plus forte pouvant exister dans l'eau ?

5.30 H_2SO_4 est un acide fort, mais HSO_4^- est un acide faible. Expliquez la différence de force entre ces deux espèces apparentées.

Problèmes

5.31 Dites si chacune des espèces suivantes est un acide fort ou un acide faible : a) HNO_3, b) HF, c) H_2SO_4, d) HSO_4^-, e) H_2CO_3, f) HCO_3^-, g) HCl, h) HCN, i) HNO_2.

5.32 Dites si chacune des espèces suivantes est une base forte ou une base faible : a) LiOH, b) CN^-, c) H_2O, d) ClO_4^-, e) NH_2^-.

5.33 Pour chacune des affirmations suivantes, dites si elle peut ou non s'appliquer à une solution d'un acide faible HA à 0,10 M.

a) Le pH est 1,00.

b) $[H^+] \gg [A^-]$

c) $[H^+] = [A^-]$

d) Le pH est inférieur à 1.

5.34 Pour chacune des affirmations suivantes, dites si elle peut ou non s'appliquer à une solution d'un acide fort HA à 1,0 M.

a) $[A^-] > [H^+]$

b) Le pH est 0,00.

c) $[H^+] = 1,0 \ M$

d) $[HA] = 1,0 \ M$

5.35 Dites dans quel sens la réaction suivante se fait surtout :

$$F^-(aq) + H_2O(l) \rightleftharpoons HF(aq) + OH^-(aq)$$

5.36 Prédisez si la réaction suivante se produira de gauche à droite de façon mesurable :

$$CH_3COOH(aq) + Cl^-(aq) \longrightarrow$$

5.37 Lequel des acides suivants est le plus fort : CH_3COOH ou $CH_2ClCOOH$? Justifiez votre choix. (*Indice* : le chlore est plus électronégatif que l'hydrogène. Comment sa présence influence-t-elle l'ionisation du groupe carboxyle ?)

5.38 Soit les composés suivants :

Phénol   Méthanol

On sait, par expérience, que le phénol est un acide plus fort que le méthanol. Expliquez cette différence à l'aide des structures de leurs bases conjuguées. (*Indice* : une base conjuguée stable favorise l'ionisation. Une seule des deux bases conjuguées peut être stabilisée par résonance.)

LES CONSTANTES D'IONISATION DES ACIDES FAIBLES
Questions de révision

5.39 Que révèle la constante d'ionisation sur la force d'un acide ?

5.40 Énumérez les facteurs dont dépend la valeur de K_a pour un acide faible.

5.41 Pourquoi ne spécifie-t-on généralement pas la valeur de K_a pour les acides forts comme HCl et HNO_3 ? Pourquoi faut-il préciser la température quand on donne la valeur de K_a ?

5.42 Laquelle des solutions suivantes a le pH le plus élevé ? a) HCOOH à 0,40 M ; b) $HClO_4$ à 0,40 M ; c) CH_3COOH à 0,40 M.

Problèmes

5.43 La valeur de K_a pour l'acide benzoïque est $6,5 \times 10^{-5}$. Calculez les concentrations de toutes les espèces (C_6H_5COOH, $C_6H_5COO^-$, H^+ et OH^-) contenues dans une solution d'acide benzoïque à 0,10 M.

5.44 On dissout 0,0560 g d'acide acétique dans assez d'eau pour préparer 50,0 mL de solution. Calculez les concentrations de H^+, de CH_3COO^- et de CH_3COOH à l'équilibre. (K_a pour l'acide acétique = $1,8 \times 10^{-5}$.)

5.45 Une solution acide a un pH de 6,20. Calculez le K_a de cet acide dont la concentration molaire est 0,010 M.

5.46 Quelle est la concentration molaire initiale d'une solution d'acide formique (HCOOH) dont le pH est 3,26 à l'équilibre ?

5.47 Calculez le pourcentage d'ionisation de l'acide benzoïque lorsque les concentrations sont : a) 0,20 M, b) 0,00020 M.

5.48 Calculez le pourcentage d'ionisation de l'acide fluorhydrique lorsque les concentrations sont : a) 0,60 M, b) 0,080 M, c) 0,0046 M, d) 0,00028 M. Commentez la tendance que vous observez.

5.49 Une solution d'un monoacide à 0,040 M est ionisée à 14 %. Calculez la constante d'ionisation de cet acide.

5.50 a) Calculez le pourcentage d'ionisation d'une solution d'acide acétylsalicylique (aspirine) à 0,20 M ($K_a = 3,0 \times 10^{-4}$). b) Le pH du liquide gastrique dans l'estomac d'une certaine personne est 1,00. Après absorption de quelques cachets d'aspirine, la concentration d'acide acétylsalicylique dans l'estomac est de 0,20 M. Calculez le pourcentage d'ionisation de l'acide dans ces conditions.

LES DIACIDES ET LES POLYACIDES
Questions de révision

5.51 L'acide malonique est un diacide. Expliquez ce que cela signifie.

5.52 Nommez toutes les espèces (sauf l'eau) présentes dans une solution d'acide phosphorique. Indiquez les espèces qui peuvent agir comme un acide de Brønsted, celles qui peuvent agir comme une base de Brønsted et celles qui peuvent agir comme les deux.

Problèmes

5.53 Quelles sont les concentrations de HSO_4^-, de SO_4^{2-} et de H^+ dans une solution de $KHSO_4$ à 0,20 M ?

(*Indice*: H_2SO_4 est un acide fort; K_a pour HSO_4^- = $1,3 \times 10^{-2}$.)

5.54 Calculez les concentrations de H^+, de HCO_3^- et de CO_3^{2-} dans une solution de H_2CO_3 à 0,025 *M*.

LES CONSTANTES D'IONISATION DES BASES FAIBLES: LA RELATION $K_A - K_B$
Questions de révision

5.55 Utilisez NH_3 comme exemple pour illustrer ce que l'on veut dire par la force d'une base.

5.56 Écrivez l'équation qui met en relation K_a pour un acide faible et K_b pour sa base conjuguée. Utilisez NH_3 et son acide conjugué NH_4^+ pour démontrer la relation entre K_a et K_b.

Problèmes

5.57 Calculez le pH de chacune des solutions suivantes: a) NH_3 à 0,10 *M*; b) la pyridine à 0,050 *M*.

5.58 Le pH d'une solution d'une base faible à 0,30 *M* est 10,66. Quelle est la valeur de K_b pour cette base?

5.59 Quelle est la concentration molaire initiale d'une solution d'ammoniac dont le pH est 11,22?

5.60 Dans une solution de NH_3 à 0,080 *M*, quel pourcentage de NH_3 est présent sous forme de NH_4^+?

LES PROPRIÉTÉS ACIDO-BASIQUES DES SOLUTIONS SALINES
Questions de révision

5.61 Définissez l'expression «hydrolyse des sels». Classez les sels selon la manière dont ils influencent le pH d'une solution.

5.62 Dites pourquoi les petits ions métalliques de charge élevée peuvent s'hydrolyser.

5.63 Al^{3+} n'est pas un acide de Brønsted, mais $Al(H_2O)_6^{3+}$ en est un. Pourquoi?

5.64 Dites lesquels des sels suivants seront portés à s'hydrolyser: KF, $NaNO_3$, NH_4NO_2, $MgSO_4$, KCN, C_6H_5COONa, RbI, Na_2CO_3, $CaCl_2$, HCOOK.

5.65 Prédisez le pH (>7, <7 ou $\simeq$ 7) des solutions aqueuses contenant les sels suivants: a) KBr, b) $Al(NO_3)_3$, c) $BaCl_2$, d) $Bi(NO_3)_3$.

5.66 Quel ion des métaux alcalino-terreux est le plus susceptible de s'hydrolyser?

Problèmes

5.67 On dissout un certain sel, MX (formé des ions M^+ et X^-), dans l'eau; le pH de la solution finale est 7,0. Que peut-on dire sur la force de l'acide et la force de la base à partir desquels le sel a été obtenu?

5.68 Au cours d'une expérience, un étudiant constate que les pH de trois solutions de sels de potassium KX, KY et KZ sont respectivement 7,0, 9,0 et 11,0 à une concentration de 0,10 *M*. Classez les acides HX, HY et HZ par ordre croissant de leur force.

5.69 Calculez le pH d'une solution de CH_3COONa à 0,36 *M*.

5.70 Calculez le pH d'une solution de NH_4Cl à 0,42 *M*.

5.71 Dites si une solution saline de K_2HPO_4 sera acide, basique ou neutre. (*Indice*: il faut tenir compte de l'ionisation et de l'hydrolyse de HPO_4^{2-}.)

5.72 Comparez le pH d'une solution de HCl à 0,040 *M* au pH d'une solution de H_2SO_4 à 0,040 *M*.

5.73 Les constantes de première et de deuxième ionisations du diacide H_2A sont K_{a_1} et K_{a_2}, à une certaine température. Dans quelles conditions $[A^{2-}] = K_{a_2}$?

5.74 La valeur de K_a pour l'acide formique est $1,7 \times 10^{-4}$, à 25 °C. L'acide deviendra-t-il plus fort ou plus faible à 40 °C? Expliquez votre réponse.

LES ACIDES ET LES BASES DE LEWIS
Questions de révision

5.75 Comment Lewis a-t-il défini un acide et une base? En quoi ces définitions sont-elles plus générales que celles de Brønsted?

5.76 En fonction des orbitales et de la disposition des électrons, quelles conditions doivent être présentes pour qu'une molécule ou qu'un ion agisse comme un acide de Lewis (prenez H^+ et BF_3 comme exemples)? pour qu'il agisse comme une base de Lewis (prenez OH^- et NH_3 comme exemples)?

Problèmes

5.77 Dites si chacune des espèces suivantes est un acide ou une base de Lewis: a) CO_2, b) H_2O, c) I^-, d) SO_2, e) NH_3, f) OH^-, g) H^+, h) BCl_3.

5.78 Décrivez la réaction suivante selon le concept de Lewis des acides et des bases:

$$AlCl_3(s) + Cl^-(aq) \longrightarrow AlCl_4^-(aq)$$

5.79 Pour chacune des paires d'acides suivantes, dites quel acide est le plus fort: a) BF_3 et BCl_3; b) Fe^{2+} et Fe^{3+}. Justifiez vos choix.

5.80 Tous les acides de Brønsted sont des acides de Lewis, mais l'inverse n'est pas vrai. Donnez deux exemples d'acides de Lewis qui ne sont pas des acides de Brønsted.

Problèmes variés

5.81 Les oxydes suivants sont-ils acides, basiques, amphotères ou neutres? a) CO_2, b) K_2O, c) CaO, d) N_2O_5, e) CO, f) NO, g) SnO_2, h) SO_3, i) Al_2O_3, j) BaO.

5.82 Une réaction typique entre un antiacide et l'acide chlorhydrique dans le liquide gastrique est

$$NaHCO_3(aq) + HCl(aq) \longrightarrow$$
$$NaCl(aq) + H_2O(l) + CO_2(g)$$

Calculez le volume (en litres) de CO_2 généré par 0,350 g de $NaHCO_3$ et un excès de liquide gastrique à 1,00 atm et à 37,0 °C.

5.83 Dans laquelle des solutions suivantes l'addition d'un volume égal de NaOH à 0,60 *M* abaisserait-elle le pH? a) Eau; b) HCl à 0,30 *M*; c) KOH à 0,70 *M*; d) $NaNO_3$ à 0,40 *M*.

5.84 Le pH d'une solution d'un monoacide à 0,0642 *M* est 3,86. S'agit-il d'un acide fort?

5.85 Dans l'ammoniac liquide, l'ammoniac s'auto-ionise (comme l'eau):

$$NH_3 + NH_3 \rightleftharpoons NH_4^+ + NH_2^-$$

a) Indiquez les bases et les acides de Brønsted dans cette réaction. b) Quelles espèces correspondent à H^+ et à OH^-, et quelle est la condition pour qu'une solution soit neutre?

5.86 HA et HB sont deux acides faibles, bien que HB soit plus fort que HA. Faudrait-il un volume plus grand de solution de NaOH à 0,10 *M* pour neutraliser 50,0 mL d'une solution de HB à 0,10 *M* que pour neutraliser 50,0 mL d'une solution de HA à 0,l0 *M*?

5.87 Un échantillon de 1,87 g de Mg réagit avec 80,0 mL d'une solution de HCl dont le pH est −0,544. Quel est le pH de la solution une fois que tout le Mg a réagi? Considérez que le volume de la solution est constant.

5.88 Les trois oxydes de chrome courants sont CrO, Cr_2O_3 et CrO_3. Si Cr_2O_3 est amphotère, que peut-on dire à propos des propriétés acido-basiques de CrO et de CrO_3?

5.89 La plupart des hydrures des métaux des groupes 1A et 2A sont ioniques (sauf BeH_2 et MgH_2, qui sont des composés covalents). a) Décrivez la réaction entre l'ion hydrure (H^-) et l'eau selon une réaction acido-basique de Brønsted. b) Cette réaction peut également être une oxydoréduction. Indiquez les oxydants et les réducteurs.

5.90 À l'aide du tableau 5.3, calculez la constante d'équilibre pour la réaction suivante:

$$CH_3COOH(aq) + NO_2^-(aq) \rightleftharpoons CH_3COO^-(aq) + HNO_2(aq)$$

5.91 Calculez le pH d'une solution d'acétate d'ammonium (CH_3COONH_4) à 0,20 *M*.

5.92 La novocaïne, utilisée comme anesthésique local par les dentistes, est une base faible ($K_b = 8,91 \times$ 10^{-6}). Quel est le rapport entre la concentration de cette base et celle de son acide conjugué dans le plasma sanguin (pH = 7,40) d'un patient?

5.93 Calculez les concentrations molaires de toutes les espèces dans une solution de Na_2CO_3 0,100 *M*.

5.94 La constante de la loi de Henry pour le CO_2 à 38 °C vaut $2,28 \times 10^{-3}$ mol/L • atm. Calculez le pH d'une solution de CO_2 à 38 °C en équilibre avec ce gaz à une pression partielle de 3,20 atm.

5.95 L'acide cyanhydrique, HCN, un acide faible, est un poison mortel qui a été utilisé à l'état gazeux (cyanure d'hydrogène) dans les chambres à gaz. Pourquoi est-il dangereux de traiter le cyanure de sodium, NaCN, avec des acides comme HCl en l'absence de ventilation adéquate?

5.96 Le pH d'une solution d'acide formique, HCOOH, vaut 2,53. Combien de grammes d'acide formique y a-t-il dans 100,00 mL de cette solution?

5.97 Calculez le pH de 1 L d'une solution contenant 0,150 mol de CH_3COOH et 0,100 mol de HCl.

5.98 Une solution d'acide formique à 0,400 *M* gèle à −0,758 °C. Calculez le K_a de cet acide à cette température. (*Note*: supposez que la molarité est égale à la molalité dans ce cas. Exécutez vos calculs avec trois chiffres significatifs, puis arrondissez à deux chiffres pour la valeur de K_a.)

5.99 Les ions amidures, NH_2^-, et nitrures, N^{3-}, sont tous deux des bases plus fortes que l'ion hydroxyde, ce qui explique qu'ils n'existent pas en solution aqueuse. a) Écrivez les équations montrant les réactions de ces ions avec l'eau et identifiez dans chaque cas l'acide et la base de Brønsted. b) Lequel de ces ions est la base la plus forte?

5.100 La concentration de dioxyde de soufre est de 0,12 ppm par volume dans l'air ambiant d'une certaine région. Calculez le pH de l'eau de pluie dans cette région. Supposez que la dissolution du SO_2 n'influe pas sur sa pression et que le pH de l'eau de pluie est déterminé par cette seule substance.

Problèmes spéciaux

5.101 Plus de la moitié de l'acide chlorhydrique produit dans le monde sert à traiter les métaux afin d'enlever les couches d'oxyde métallique avant d'appliquer un apprêt. a) Écrivez l'équation ionique globale entre l'oxyde de fer(III), constituant de la couche d'oxyde sur le fer, et le HCl. Identifiez l'acide et la base de Brønsted. b) L'acide chlorhydrique sert aussi à enlever les dépôts dans les tuyaux, dépôts principalement constitués de $CaCO_3$. L'acide chlorhydrique réagit avec le carbonate de calcium en deux étapes; durant la première étape, il se forme des ions bicarbonates qui réagissent en- suite pour donner du dioxyde de carbone. Écrivez les équations des réactions décrivant ces deux étapes ainsi que l'équation globale. c) L'acide chlorhydrique est aussi utilisé pour récupérer le pétrole dans les puits. Il dissout des roches (sou- vent il s'agit de $CaCO_3$), ce qui facilite le pompage du pétrole. Dans l'un de ces procédés une solution de HCl à 15 % (pourcentage massique) est injectée dans le puits de pétrole afin de dissoudre les roches. Si la masse volumique de la solution acide vaut 1,073 g/mL, quel est le pH de cette solution ?

5.102 L'hémoglobine du sang est une protéine de trans- port de l'oxygène dans le sang. Elle peut exister sous la forme protonée HbH^+. L'équation simpli- fiée suivante décrit la fixation de l'oxygène par l'hémoglobine.

$$HbH^+ + O_2 \rightleftharpoons HbO_2 + H^+$$

a) Quelle forme d'hémoglobine est favorisée dans les poumons lorsque la concentration d'oxygène est à son maximum ? b) Dans les tissus, là où du gaz carbonique est relâché comme produit du méta- bolisme, le milieu est plus acide à cause de cette formation de gaz carbonique. Quelle est la forme d'hémoglobine qui est la plus favorisée dans ces conditions ? c) Lorsqu'une personne souffre d'hyper- ventilation, la concentration de CO_2 dans son sang décroît. Comment cette condition influe-t-elle sur l'équilibre décrit précédemment ? Souvent, on recommande à une personne qui souffre d'hyper- ventilation de respirer dans un sac en papier. Quel est le bien-fondé de cette recommandation ?

Réponses aux exercices : 5.1 1) H_2O (acide) et OH^- (base), 2) HCN (acide) et CN^- (base) ; **5.2** $7,7 \times 10^{-15}$ M ; **5.3** 0,12 ; **5.4** $4,7 \times 10^{-4}$ M ; **5.5** 12,48 ; **5.6** In- férieure à 1 ; **5.7** 2,09 ; **5.8** $2,2 \times 10^{-6}$; **5.9** 12,03 ; **5.10** $[C_2H_2O_4] = 0,11$ M, $[C_2HO_4^-] = 0,086$ M, $[C_2O_4^{2-}] = 6,1 \times 10^{-5} M$, $[H^+] = 0,086 M$; **5.11** 8.58 ; **5.12** 3,09 ; **5.13** a) $\simeq 7$, b) > 7, c) < 7, d) > 7 ; **5.14** Acide de Lewis : Co^{3+} ; base de Lewis : NH_3.

CHAPITRE 6

L'équilibre acido-basique et l'équilibre de solubilité

Les points essentiels

L'effet d'ion commun
Dans une solution, lorsqu'il y a deux solutés qui ont un ion en commun, la présence de cet ion influe grandement sur le déplacement de l'équilibre autant dans les systèmes acide-base en milieu homogène que dans les équilibres de solubilité en milieu hétérogène. Cet effet s'explique facilement à l'aide du principe de Le Chatelier.

Les solutions tampons
Une solution tampon contient un acide faible et un sel dérivé de cet acide. Pour maintenir un pH relativement constant, les constituants acides et basiques d'une solution tampon réagissent avec l'acide ou la base ajoutée. Les solutions tampons jouent un rôle important dans plusieurs systèmes chimiques et biologiques.

Les titrages acido-basiques
Les caractéristiques d'un titrage acido-basique dépendent des forces des acides et des bases en jeu. Ces titrages permettent le dosage de certaines substances acides ou basiques à l'aide de mesures volumétriques. Par exemple, il s'agit de trouver la quantité exacte d'acide qui a complètement et exactement réagi avec un volume déterminé d'une base de concentration connue, ce qui correspond au point d'équivalence. Ce point d'équivalence peut être reconstitué par après à l'aide d'une courbe de titrage ou être simplement déterminé au moment où une goutte en excès du titrant fait changer subitement de couleur un colorant approprié. C'est le point de virage. Selon le type de titrage, il faut savoir choisir le bon indicateur. Quant aux calculs de titrage, il s'agit de calculs stœchiométriques basés sur les équations équilibrées.

L'équilibre de solubilité
Une autre application du concept de l'équilibre est la solubilité de sels peu solubles, qui s'exprime par le produit ionique. La solubilité d'un sel subit l'effet de la présence d'un anion ou d'un cation commun, ou du pH. La formation d'ion complexe, sorte de réaction acide-base de Lewis, fait accroître la solubilité d'un sel très peu soluble.

Des œufs de poule.

omment se forme la coquille d'un œuf de poule ? Cette coquille est principalement composée de calcite, une forme cristalline de carbonate de calcium ($CaCO_3$). Les coquilles d'œufs, qui pèsent en moyenne 5 g, sont constituées à 40 % de calcium. Il faut 16 heures à ce calcium pour se fixer sur la coquille. Le calcium se dépose donc à une vitesse de 125 mg/h. Aucune poule ne peut consommer autant de calcium en si peu de temps pour être en mesure de suffire à cette demande. Les poules utilisent plutôt le calcium contenu dans des masses osseuses spéciales localisées dans leurs os longs, qui accumulent de grandes réserves de calcium destinées à la formation des coquilles. (Le calcium y est présent sous forme de phosphate de calcium, $Ca_3(PO_4)_2$, un autre composé insoluble et un constituant de l'os.) Si le régime d'une poule est faible en calcium, la coquille de ses œufs s'amincit progressivement. La poule peut alors employer 10 % de la quantité totale de calcium contenu dans ses os pour seulement pondre un œuf ! Si cette carence continue, la poule cesse de pondre.

Normalement, le sang véhicule les substances de base nécessaires à la formation des coquilles (les ions Ca^{2+} et CO_3^{2-}) jusqu'à la glande coquillière. Dans cette glande, la calcification se fait par une réaction de précipitation :

$$Ca^{2+}(aq) + CO_3^{2-}(aq) \rightleftharpoons CaCO_3(s)$$

Dans le sang, les ions Ca^{2+} libres sont en équilibre avec les ions calcium liés à des protéines. À mesure que les ions libres sont utilisés par la glande coquillière, ceux qui sont liés aux protéines se libèrent.

De leur côté, les ions carbonate sont un dérivé métabolique. Le dioxyde de carbone produit durant le métabolisme est converti en acide carbonique (H_2CO_3) par l'enzyme appelée *anhydrase carbonique* :

$$CO_2(g) + H_2O(l) \overset{\text{anhydrase}}{\underset{\text{carbonique}}{\rightleftharpoons}} H_2CO_3(aq)$$

L'acide carbonique s'ionise par étapes pour produire des ions carbonate :

$$H_2CO_3(aq) \rightleftharpoons H^+(aq) + HCO_3^-(aq)$$

$$HCO_3^-(aq) \rightleftharpoons H^+(aq) + CO_3^{2-}(aq)$$

Les poules ne transpirent pas ; pour se rafraîchir, elles doivent haleter. Cependant, le halètement élimine plus de CO_2 de leur organisme que la respiration normale. Selon le principe de Le Chatelier le halètement déplace l'équilibre $CO_2 — H_2CO_3$, montré ci-dessus, vers la gauche, ce qui diminue la concentration d'ions CO_3^{2-} en solution et donne, par conséquent, des coquilles d'œufs plus minces. Durant les journées chaudes, il est donc bon de faire boire de l'eau gazeuse aux poules pour remédier à cette situation. Le CO_2 dissous dans l'eau s'ajoute alors aux liquides corporels de la poule, ce qui déplace l'équilibre $CO_2 — H_2CO_3$ vers la droite.

Photographie microscopique d'une coquille d'œuf prise aux rayons X ; on peut y voir les colonnes de calcite.

6.1 L'ÉQUILIBRE DES SOLUTIONS EN MILIEUX HOMOGÈNE ET HÉTÉROGÈNE

Au chapitre 5, nous avons vu que les acides faibles et les bases faibles ne s'ionisent jamais complètement dans l'eau. Ainsi, à l'équilibre, une solution d'acide faible, par exemple, contient aussi bien de l'acide non ionisé que de sa base conjuguée et des ions H^+. Néanmoins, toutes ces espèces sont dissoutes, faisant du système un exemple d'équilibre homogène (*chapitre 4*).

Dans la deuxième partie de ce chapitre, nous verrons un autre type important d'équilibre qui met en jeu la dissolution et la précipitation de substances légèrement solubles. Ces systèmes sont des exemples d'équilibre hétérogène, c'est-à-dire des systèmes où les réactions qui se produisent mettent en jeu des composantes qui sont dans des phases différentes.

6.2 L'EFFET D'ION COMMUN

Notre étude de l'ionisation des acides et des bases ainsi que l'hydrolyse des sels au chapitre 5 s'est limitée aux solutions contenant un seul ion. Dans cette section nous allons considérer les propriétés acido-basiques de solutions de deux solutés dissous qui sont constitués d'un même ion (un cation ou un anion), appelé *ion commun*.

La présence d'un ion commun réprime l'ionisation d'un acide faible ou d'une base faible. Si, par exemple, de l'acétate de sodium et de l'acide acétique sont dissous dans la même solution, les deux se dissocient et s'ionisent pour produire des ions CH_3COO^- :

$$CH_3COONa(s) \xrightarrow{H_2O} CH_3COO^-(aq) + Na^+(aq)$$

$$CH_3COOH(aq) \rightleftharpoons CH_3COO^-(aq) + H^+(aq)$$

CH_3COONa est un électrolyte fort et se dissocie donc complètement en solution. Par contre, CH_3COOH, un acide faible, s'ionise un peu. Selon le principe de Le Chatelier, l'addition d'ions CH_3COO^- provenant de CH_3COONa à une solution de CH_3COOH va réprimer l'ionisation de CH_3COOH (l'équilibre se déplace de la droite vers la gauche), ce qui provoque du même coup une diminution de la concentration des ions hydrogène. Une solution contenant à la fois CH_3COOH et CH_3COONa sera *moins* acide qu'une solution ne contenant que du CH_3COOH à la même concentration. Le déplacement du système à l'équilibre de l'ionisation de l'acide acétique est provoqué par les ions acétate du sel. CH_3COO^- est l'ion commun parce qu'il est à la fois fourni par CH_3COOH et CH_3COONa.

L'***effet d'ion commun*** est *le déplacement d'un équilibre, causé par l'addition d'un composé ayant un ion en commun avec une substance dissoute*. L'effet d'ion commun a un effet marquant sur le pH des solutions ainsi que sur la solubilité des sels peu solubles (nous les aborderons plus loin dans ce chapitre). Pour le moment, étudions l'effet d'ion commun en rapport avec le pH d'une solution, mais rappelez-vous que l'effet d'ion commun est seulement un cas particulier de l'application du principe de Le Chatelier.

Étudions le pH d'une solution constituée d'un acide faible, HA, mélangée à une solution d'un sel d'un acide faible, comme NaA. La solution résultante est décrite par l'équilibre suivant :

$$HA(aq) + H_2O \rightleftharpoons H_3O^+(aq) + A^-(aq)$$

ou simplement

$$HA(aq) \rightleftharpoons H^+(aq) + A^-(aq)$$

La constante d'ionisation K_a est donnée par

$$K_a = \frac{[H^+][A^-]}{[HA]} \tag{6.1}$$

En réarrangeant l'équation (6.1),

$$[H]^+ = \frac{[K_a][HA]}{[A^-]}$$

En extrayant le logarithme négatif de chaque membre de l'équation, on obtient

$$-\log[H^+] = -\log K_a - \log \frac{[HA]}{[A^-]}$$

$$-\log[H^+] = -\log K_a + \log \frac{[A^-]}{[HA]} \tag{6.2}$$

Si on définit

$$pK_a = -\log K_a \tag{6.3}$$

On peut réécrire l'équation (6.2) ainsi :

$$pH = pK_a + \log \frac{[A^-]}{[HA]} \tag{6.4}$$

Cette dernière équation s'appelle l'*équation de Henderson-Hasselbalch*. Cette expression peut s'écrire ainsi sous une forme encore plus générale :

$$pH = pK_a + \log \frac{[\text{base conjuguée}]}{[\text{acide}]} \tag{6.5}$$

Dans notre exemple, HA est l'acide et A^- est la base conjuguée. Ainsi, si on connaît la valeur de K_a et les valeurs des concentrations de l'acide et du sel de l'acide, on peut calculer le pH de la solution.

Il est important de se souvenir que l'équation de Henderson-Hasselbalch s'obtient à partir de l'expression de la constante d'équilibre. Elle est valable, peu importe la source de la base conjuguée (qu'elle provienne de l'acide seul ou à la fois de l'acide et de son sel).

Dans les problèmes qui portent sur l'effet d'ion commun, on donne habituellement les concentrations initiales d'un acide faible HA et de son sel, comme NaA. En autant que les concentrations de ces espèces sont assez fortes ($\geq 0,1\ M$), nous pouvons négliger l'ionisation de l'acide et l'hydrolyse du sel. Il s'agit d'une approximation valable, car HA est un acide faible et l'hydrolyse de A^- se fait généralement en très petite quantité. Cette approximation est encore plus justifiée du fait que la présence de A^- (provenant de NaA) réprime l'ionisation de HA et que la présence de HA réprime l'hydrolyse de A^-. Nous pouvons donc remplacer les concentrations à l'équilibre dans les équations (6.1) et (6.4) par les concentrations *initiales*.

NOTE
Le pK_a est relié à K_a de la même manière que le pH est relié à $[H^+]$. Souvenez-vous que plus l'acide est fort (plus élevée est la valeur de K_a), plus la valeur de pK_a est basse.

EXEMPLE 6.1   Le calcul du pH d'une solution contenant un ion commun

a) Calculez le pH d'une solution contenant CH_3COOH 0,20 M et CH_3COONa 0,30 M.

b) Quel serait le pH d'une solution CH_3COOH 0,20 M s'il n'y avait pas de sel ajouté ?

Réponse : a) L'acétate de sodium est un électrolyte fort, il se dissocie donc complètement en solution :

$$CH_3COONa(s) \xrightarrow{H_2O} CH_3COO^-(aq) + Na^+(aq)$$
$$0,30\ M \qquad\qquad 0,30\ M$$

Comme nous l'avons déjà expliqué, nous pouvons utiliser les concentrations initiales comme étant les concentrations à l'équilibre. On a donc l'équilibre

$$CH_3COOH\ (aq) \rightleftharpoons CH_3COO^-(aq) + H^+(aq)$$

Concentrations à l'équilibre (M) :   0,20 M 0,30 M x

où $x = [H^+]$

NOTE
Il faut bien porter attention ici au fait que les concentrations à droite ne sont pas toutes les deux égales à x. De plus, étant donné que la variable x représente $[H^+]$, dans ce genre de calcul on préfère écrire $[H^+]$ au lieu de x.

Selon l'expression de la constante d'équilibre, on a

$$K_a = \frac{[H^+][CH_3COO^-]}{[CH_3COOH]}$$

ou

$$[H^+] = \frac{K_a[CH_3COOH]}{[CH_3COO^-]}$$

$$= \frac{(1,8 \times 10^{-5})(0,20)}{0,30} = 1,2 \times 10^{-5} \, M$$

Donc,

$$pH = -\log [H^+]$$

$$= -\log (1,2 \times 10^{-5})$$

$$= 4,92$$

On peut aussi calculer le pH de cette solution à l'aide de l'équation Henderson-Hasselbalch. Il faut d'abord calculer le pK_a de l'acide (*équation 6.3*) :

$$pK_a = -\log K_a$$

$$= -\log (1,8 \times 10^{-5})$$

$$= 4,74$$

Le pH de la solution se calcule ensuite en substituant la valeur de pK_a et des concentrations de l'acide et de sa base conjuguée dans l'équation (6.5).

$$pH = pK_a + \log \frac{[CH_3COO^-]}{[CH_3COOH]}$$

$$= 4,74 + \log \frac{0,30 \, M}{0,20 \, M}$$

$$= 4,74 + 0,18 = 4,92$$

b) En suivant la même procédure qu'à l'exemple 5.7, on trouve que le pH d'une solution CH_3COOH 0,30 M est

$$[H^+] = 1,9 \times 10^{-3} \, M$$

$$pH = -\log (1,9 \times 10^{-3})$$

$$= 2,72$$

Problème semblable : 6.3

Commentaire : ainsi, sans l'effet d'ion commun, le pH d'une solution CH_3COOH 0,20 M est de 2,72, valeur bien inférieure à 4,92, le pH calculé en présence de CH_3COONa en a). La présence de l'ion commun CH_3COO^- réduit considérablement l'ionisation de l'acide CH_3COOH.

EXERCICE

Quel est le pH d'une solution contenant HCOOH 0,30 M et HCOOK 0,52 M ?

L'effet d'ion commun peut également se produire dans une solution contenant une base faible, comme NH_3, et un sel de cette base, NH_4Cl par exemple. À l'équilibre, on a

$$NH_4^+(aq) \rightleftharpoons NH_3(aq) + H^+(aq)$$

$$K_a = \frac{[NH_3][H^+]}{[NH_4^+]}$$

On peut trouver l'équation d'Henderson-Hasselbalch pour ce système en réarrangeant ainsi l'équation plus haut :

$$[H^+] = \frac{K_a[NH_4^+]}{[NH_3]}$$

En extrayant le logarithme négatif de chaque membre de l'équation, on obtient

$$-\log[H^+] = -\log K_a - \log \frac{[NH_4^+]}{[NH_3]}$$

$$-\log[H^+] = -\log K_a + \log \frac{[NH_3]}{[NH_4^+]}$$

ou

$$pH = pK_a + \log \frac{[NH_3]}{[NH_4^+]}$$

Une solution contenant à la fois NH_3 et son sel NH_4Cl est *moins* basique qu'une solution contenant seulement NH_3 à la même concentration. La présence de l'ion commun NH_4^+ réprime l'ionisation de NH_3 dans la solution contenant à la fois la base et son sel.

6.3   LES SOLUTIONS TAMPONS

La composition d'un tampon et le pouvoir tampon

Une **solution tampon** est une *solution constituée 1) d'un acide faible ou d'une base faible et 2) du sel de cet acide ou de cette base ; ces deux composantes doivent être présentes. La solution a la capacité de maintenir son pH presque constant, malgré l'ajout de petites quantités d'acide ou de base.* Ce type de solution est très important pour les systèmes chimiques et biologiques. Dans l'organisme humain, le pH varie beaucoup d'un liquide à l'autre ; par exemple, le pH du sang est environ 7,4, tandis que celui du liquide gastrique est environ 1,5. Dans la plupart des cas, ces pH sont maintenus constants grâce aux systèmes tampons, ce qui est essentiel à l'efficacité des enzymes et à l'équilibre de la pression osmotique.

Une solution tampon doit avoir une concentration relativement élevée d'acide pour pouvoir réagir avec les ions OH^- qui peuvent y être ajoutés ; elle doit également avoir une concentration semblable de base pour pouvoir réagir avec les ions H^+ ajoutés. De plus, l'acide et la base faisant partie d'un système tampon ne doivent pas se neutraliser mutuellement. On retrouve ces caractéristiques dans un couple acide-base conjugués (un acide faible et sa base conjuguée ou une base faible et son acide conjugué).

On peut préparer une solution tampon simple en ajoutant à de l'eau des quantités égales d'acide acétique (CH_3COOH) et d'acétate de sodium (CH_3COONa). On considère alors que les concentrations à l'équilibre de l'acide et de sa base conjuguée (provenant de CH_3COONa) sont les mêmes que les concentrations initiales. C'est parce que 1. CH_3COOH est un acide faible et que l'hydrolyse des ions CH_3COO est très faible ; et que 2. la présence d'ions CH_3COO^- réprime l'ionisation de CH_3COOH, et la présence de CH_3COOH réprime, de son côté, l'hydrolyse des ions CH_3COO^-.

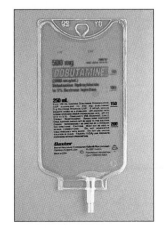

Les liquides destinés aux injections intraveineuses doivent contenir des systèmes tampons pour que le pH sanguin ne soit pas perturbé.

Figure 6.1 *On utilise le bleu de bromophénol, un indicateur coloré acido-basique (ajouté à toutes ces solutions), pour illustrer l'effet tampon. Quand le pH est supérieur à 4,6, cet indicateur est bleu-mauve ; quand le pH est inférieur à 3,0, l'indicateur est jaune. a) Solution tampon constituée de 50 mL de CH₃COOH 0,1 M et de 50 mL de CH₃COONa 0,1 M. Le pH de la solution est 4,7, l'indicateur est bleu-mauve. b) Après l'ajout de 40 mL d'une solution de HCl 0,1 M à la solution a), la couleur reste bleu-mauve. c) Solution de CH₃COOH (100 mL) dont le pH est 4,7. d) Après l'ajout de six gouttes (environ 0,3 mL) d'une solution de HCl 0,1 M, la solution devient jaune. Sans l'effet tampon, l'ajout de quelques gouttes de HCl 0,1 M fait rapidement diminuer le pH de la solution à une valeur inférieure à 3,0.*

a)   b)   c)   d)

Une solution qui contient ces deux substances peut neutraliser tout aussi bien de petites quantités d'un acide ou d'une base ajoutés. L'acétate de sodium, qui est un électrolyte fort, se dissocie complètement dans l'eau :

$$CH_3COONa(s) \xrightarrow{H_2O} CH_3COO^-(aq) + Na^+(aq)$$

Si l'on ajoute un acide, la base conjuguée contenue dans le système tampon (CH_3COO^-) captera les ions H^+, selon l'équation suivante :

$$CH_3COO^-(aq) + H^+(aq) \longrightarrow CH_3COOH(aq)$$

Si l'on ajoute une base au système tampon, l'acide qui y est déjà neutralisera les ions OH^- :

$$CH_3COOH(aq) + OH^-(aq) \longrightarrow CH_3COO^-(aq) + H_2O(l)$$

Comme vous pouvez le constater, les deux réactions qui caractérisent ce système tampon sont identiques à celles qui sont décrites pour expliquer l'effet d'ion commun à l'exemple 6.1.

Le **pouvoir tampon,** ou *cette capacité de la solution tampon de neutraliser de l'acide ou de la base,* dépend des quantités de l'acide et de sa base conjuguée qui forment le système tampon. Plus cette quantité est élevée, plus le pouvoir tampon est grand.

En général, on peut représenter un système tampon comme un système sel/acide ou base conjuguée/acide. Alors, le système tampon acétate de sodium/acide acétique peut être exprimé de l'une des façons suivantes : CH_3COONa/CH_3COOH ou CH_3COO^-/CH_3COOH. La figure 6.1 montre ce système en action.

EXEMPLE 6.2   La distinction entre un système tampon et un mélange d'acides et de bases qui ne sont pas un système tampon

Lesquelles des solutions suivantes sont des systèmes tampons ? a) KH_2PO_4/H_3PO_4, b) $NaClO_4/HClO_4$, c) C_5H_5N/C_5H_5NHCl (C_5H_5N est de la pyridine ; la valeur de K_b est donnée au tableau 5.4). Justifiez vos réponses.

Réponse : Pour obtenir un tampon, il faut à la fois la présence d'un acide faible et de son sel (qui contient sa base conjuguée, une base faible) ou d'une base faible et de son sel (qui contient son acide conjugué, un acide faible).

a) H_3PO_4 est un acide faible ; sa base conjuguée ($H_2PO_4^-$) est une base faible (*tableau 5.5*). Il s'agit donc d'un système tampon.

b) Puisque $HClO_4$ est un acide fort, sa base conjuguée (ClO_4^-) est une base extrêmement faible. Cela signifie que l'ion ClO_4^- ne se combinera pas à l'ion H^+ en solution pour former $HClO_4$. Alors, ce système ne peut agir comme un système tampon.

c) Comme l'indique le tableau 5.4, C_5H_5N est une base faible et son acide conjugué ($C_5H_5NH^+$, cation du sel C_5H_5NHCl) est un acide faible. Il s'agit donc d'un système tampon.

EXERCICE

Lesquelles des solutions suivantes sont des systèmes tampons ? a) KF/HF, b) KBr/HBr, c) Na_2CO_3/$NaHCO_3$.

Problèmes semblables :
6.9 et 6.10

EXEMPLE 6.3   Le calcul du pH d'un système tampon

a) Calculez le pH d'un système tampon contenant du CH_3COOH à 1,0 M et du CH_3COONa à 1,0 M. b) Quel est le pH du système tampon après addition de 0,10 mole de HCl gazeux à 1 L de la solution ? Considérez que le volume de la solution ne change pas quand on ajoute HCl.

Réponse : a) Si l'on considère que l'ionisation de l'acide acétique et que l'hydrolyse des ions acétate sont négligeables, les concentrations à l'équilibre sont pratiquement les mêmes que les concentrations initiales. Nous avons donc, à l'équilibre,

$$CH_3COOH \ (aq) \rightleftharpoons CH_3COO^-(aq) + H^+(aq)$$

Concentrations à l'équilibre (M) :   1,0 M 1,0 M [H^+]

D'après l'équation (6.5), on peut écrire

$$pH = pK_a + \log \frac{[CH_3COO^-]}{[CH_3COOH]}$$

$$= -\log 1,8 \times 10^{-5} + \log \frac{1,0}{1,0}$$

$$= 4,74$$

b) Le HCl additionné est complètement ionisé :

$$HCl(aq) \longrightarrow H^+(aq) + Cl^-(aq)$$
$$0,10 \ mol \qquad 0,10 \ mol \quad 0,10 \ mol$$

Au départ, il y avait 1,0 mol de CH_3COOH et 1,0 mol de CH_3COO^- contenues dans 1 L de solution. Il y a neutralisation de l'acide HCl ajouté par du CH_3COO^- du tampon selon l'équation suivante :

$$CH_3COO^-(aq) + H^+(aq) \longrightarrow CH_3COOH(aq)$$
$$0,10 \ mol \qquad 0,10 \ mol \qquad\qquad 0,10 \ mol$$

Problèmes semblables :
6.13 et 6.14

et on obtient l'équilibre suivant :

$$CH_3COOH(aq) \rightleftharpoons CH_3COO^-(aq) + H^+(aq)$$

Concentrations à l'équilibre (M) :   (1,0 + 0,1)   (1,0 − 0,1)   [H^+]

Appliquons ensuite l'équation d'Henderson-Hasselbalch à ces données :

$$pH = -\log 1,8 \times 10^{-5} + \log \frac{0,9}{1,1}$$

$$= 4,66$$

EXERCICE

Calculez le pH du système tampon suivant : NH_3 à 0,30 M/NH_4Cl à 0,36 M. Que devient le pH si l'on verse 20,0 mL de NaOH à 0,050 M dans 80,0 mL de la solution tampon ?

On constate que, dans la solution tampon présentée à l'exemple 6.3, le pH diminue de 0,08 unité (la solution devient plus acide) après l'ajout de HCl. On peut également comparer les concentrations d'ions H$^+$:

avant l'ajout de HCl : $[H^+] = 1{,}8 \times 10^{-5}\ M$ et pH = 4,74

après l'ajout de HCl : $[H^+] = 2{,}2 \times 10^{-5}\ M$ et pH = 4,66

Alors, la concentration d'ions H$^+$ augmente par un facteur de

$$\frac{2{,}2 \times 10^{-5}\ M}{1{,}8 \times 10^{-5}\ M} = 1{,}2$$

Pour évaluer l'efficacité du système tampon CH$_3$COONa/CH$_3$COOH, voyons ce qui serait arrivé si l'on avait ajouté 0,10 mole de HCl à 1 L d'eau et comparons l'accroissement des concentrations :

avant l'ajout de HCl : $[H^+] = 1{,}0 \times 10^{-7}\ M$ et pH = 7,00

après l'ajout de HCl : $[H^+] = 0{,}10\ M$ et pH = 1,00

Alors, après l'ajout de HCl, la concentration d'ions H$^+$ augmente par un facteur de

$$\frac{0{,}10\ M}{1{,}0 \times 10^{-7}\ M} = 1{,}0 \times 10^6$$

Cela représente une augmentation de un million de fois ! Cette comparaison démontre qu'une solution tampon adéquate peut maintenir presque constante une concentration d'ions H$^+$ (ou un pH).

La visualisation de la composition idéale d'un tampon

La relation entre le pH et la quantité d'acide faible ou de sa base conjuguée se comprend plus facilement en examinant la *courbe de répartition* de la *figure 6.2*. Dans le cas étudié ici, on peut voir la courbe de distribution des fractions d'acide acétique et d'ions acétate présentes dans une solution en fonction du pH. À faible pH, la concentration de CH$_3$COOH est beaucoup plus grande que celle de l'ion CH$_3$COO$^-$, parce que la forte concentration des ions H$^+$ fait déplacer l'équilibre de la droite vers la gauche (effet d'ion commun, principe de Le Chatelier) :

$$CH_3COOH(aq) \rightleftharpoons CH_3COO^-(aq) + H^+(aq)$$

Il y a donc prédominance de molécules d'acide acétique non ionisées. À pH élevé le contraire se produit, les ions OH$^-$ faisant diminuer cette fois le nombre de molécules d'acide acétique tout en faisant augmenter le nombre d'ions acétate :

$$CH_3COOH(aq) + OH^-(aq) \rightleftharpoons CH_3COO^-(aq) + H_2O(l)$$

Il y a maintenant prédominance d'ions acétate. Pour que l'effet tampon soit possible, la solution tampon doit contenir des quantités comparables d'acide et de base conjuguée. Cette situation existe seulement dans une certaine zone de pH. On appelle **zone tampon** *la zone de pH dans laquelle un tampon est efficace,* soit la zone définie par l'expression suivante :

$$\text{zone de pH} = pK_a \pm 1 \tag{6.6}$$

Le pK_a de l'acide acétique valant 4,74, la zone tampon du système CH$_3$COO$^-$/CH$_3$COOH se situe donc entre pH = 3,74 et pH = 5,74.

Remarquez que l'action tampon optimale est à pH = 4,74, c'est-à-dire lorsque [CH$_3$COOH] = [CH$_3$COOH]. Toutefois, une autre condition doit être remplie pour que le tampon soit efficace : les concentrations de l'acide faible et de sa base conjuguée doivent

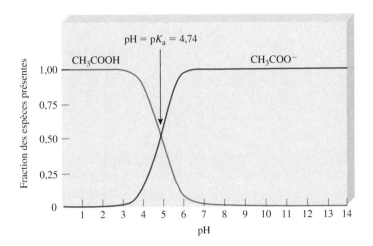

Figure 6.2 *Courbes de répartition de l'acide acétique et de l'ion acétate en fonction du pH. La fraction d'une espèce présente est donnée par le rapport de sa concentration sur la concentration totale des deux espèces. Ainsi, à très bas pH (milieu très acide), il y a beaucoup de molécules d'acide acétique et très peu d'ions acétate. C'est le contraire à un pH très élevé (milieu très basique). C'est entre pH 3,74 et 5,74 (la zone tampon) que le système tampon CH_3COO^-/CH_3COOH est le plus efficace. Lorsque $[CH_3COOH] = [CH_3COO^-]$ ou lorsque la fraction vaut 0,5, le pH de la solution est égal au pK_a de l'acide (4,74).*

être assez fortes pour constituer de bonnes réserves pouvant éventuellement neutraliser de fortes quantités de H^+ ou de OH^- sans grandes variations de pH.

Le système tampon CH_3COO^-/CH_3COOH n'a pas d'importance sur le plan biologique. Par contre, le système tampon bicarbonate-acide carbonique (HCO_3^-/H_2CO_3) joue un rôle important chez les êtres vivants (voir *La chimie en action* un peu plus loin). H_2CO_3 pouvant donner deux protons, on peut donc avoir deux systèmes tampons différents, HCO_3^-/H_2CO_3 et CO_3^{2-}/HCO_3^-. L'ion bicarbonate HCO_3^- est un amphotère, il agit comme la base conjuguée du premier système et comme l'acide du second. À l'aide des données du tableau 5.5, nous pouvons calculer ainsi les zones tampons :

HCO_3^-/H_2CO_3	pH = $pK_a \pm 1,00$ = 6,38 $\pm$ 1,00
Zone tampon	5,38 $\leq$ pH $\leq$ 7,38

CO_3^{2-}/HCO_3^-	pH = $pK_a \pm 1,00$ = 10,32 $\pm$ 1,00
Zone tampon	9,32 $\leq$ pH $\leq$ 11,32

La figure 6.3 nous montre les courbes de répartition obtenues pour ces deux systèmes tampons. On constate qu'ils opèrent dans des zones de pH bien différentes.

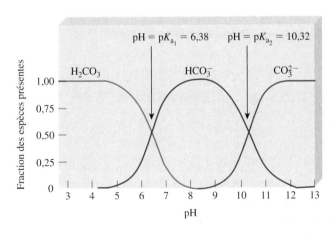

Figure 6.3 *Courbes de répartition de l'acide carbonique et de l'ion bicarbonate en fonction du pH. Pour toute valeur de pH, il y a toujours seulement deux espèces prédominantes en solution (H_2CO_3 et HCO_3^- ou HCO_3^- et CO_3^{2-}). Lorsque $[H_2CO_3] = [HCO_3^-]$, on a pH = pK_a = 6,38. Lorsque $[HCO_3^-] = [CO_3^{2-}]$, on a pH = pK_a = 10,32.*

La préparation d'une solution tampon à un pH déterminé

Maintenant, supposons que vous voulez préparer une solution tampon à un pH déterminé. Comment peut-on y arriver ?

L'équation (6.4) nous indique que si les concentrations molaires de l'acide et de sa base conjuguée sont approximativement égales, c'est-à-dire si [acide] $\simeq$ [base conjuguée], alors

$$\log \frac{[\text{base conjuguée}]}{[\text{acide}]} \simeq \log 1 = 0$$

et l'équation d'Henderson-Hasselbalch s'écrit

$$\text{pH} = \text{p}K_\text{a} + \log 1$$

$$\text{pH} = \text{p}K_\text{a}$$

Ainsi, pour préparer une solution tampon, on recommande de choisir un acide faible dont la valeur de $\text{p}K_\text{a}$ est près du pH désiré. Ce choix non seulement donne le pH désiré, mais il fait également en sorte que les quantités de l'acide et de sa base conjuguée soient comparables ; ces deux quantités sont essentielles au bon fonctionnement du système tampon.

EXEMPLE 6.4   La préparation d'une solution tampon à un pH déterminé

Dites comment vous prépareriez un « tampon phosphate » dont le pH serait environ 7,40.

Réponse : La condition pour avoir un tampon efficace est de choisir un acide dont la valeur de $\text{p}K_\text{a}$ est une valeur rapprochée de la valeur du pH désiré. L'acide phosphorique étant un triacide, écrivons les trois étapes d'ionisation. Les valeurs de K_a sont données au tableau 5.5 ; les valeurs de $\text{p}K_\text{a}$ sont établies grâce à l'équation (6.3) :

$$\text{H}_3\text{PO}_4(aq) \rightleftharpoons \text{H}^+(aq) + \text{H}_2\text{PO}_4^-(aq) \qquad K_{\text{a}_1} = 7,5 \times 10^{-3} ; \text{p}K_{\text{a}_1} = 2,12$$

$$\text{H}_2\text{PO}_4^-(aq) \rightleftharpoons \text{H}^+(aq) + \text{HPO}_4^{2-}(aq) \qquad K_{\text{a}_2} = 6,2 \times 10^{-8} ; \text{p}K_{\text{a}_2} = 7,21$$

$$\text{HPO}_4^{2-}(aq) \rightleftharpoons \text{H}^+(aq) + \text{PO}_4^{3-}(aq) \qquad K_{\text{a}_3} = 4,8 \times 10^{-13} ; \text{p}K_{\text{a}_3} = 12,32$$

Problèmes semblables :
6.19 et 6.20

Le plus approprié de ces trois systèmes tampons est $\text{HPO}_4^{2-}/\text{H}_2\text{PO}_4^-$, parce que la valeur du $\text{p}K_\text{a}$ de l'acide H_2PO_4^- est celle qui est la plus près du pH désiré. Selon la relation d'Henderson-Hasselbalch, nous écrivons

$$\text{pH} = \text{p}K_\text{a} + \log \frac{[\text{base conjuguée}]}{[\text{acide}]}$$

$$7,40 = 7,21 + \log \frac{[\text{HPO}_4^{2-}]}{[\text{H}_2\text{PO}_4^-]}$$

$$\log \frac{[\text{HPO}_4^{2-}]}{[\text{H}_2\text{PO}_4^-]} = 0,19$$

En opérant l'antilogarithme, on obtient

$$\frac{[\text{HPO}_4^{2-}]}{[\text{H}_2\text{PO}_4^-]} = 1,5$$

Ainsi, on peut préparer un tampon phosphate dont le pH est 7,40 en dissolvant dans l'eau de l'hydrogénophosphate de disodium (Na_2HPO_4) et du dihydrogénophosphate de sodium (NaH_2PO_4) dans un rapport molaire de 1,5 : 1,0. Par exemple, on pourrait dissoudre 1,5 mole de Na_2HPO_4 et 1,0 mole de NaH_2PO_4 dans assez d'eau pour préparer une solution de 1 L.

EXERCICE

Comment prépareriez-vous un litre de « tampon carbonate » à pH l0,10 ? On vous fournit de l'acide carbonique (H_2CO_3), de l'hydrogénocarbonate de sodium (NaHCO_3) et du carbonate de sodium (Na_2CO_3).

LA CHIMIE EN ACTION

LE CONTRÔLE DU pH SANGUIN ET LES ÉCHANGES GAZEUX

Tous les animaux ont besoin d'un système circulatoire pour se maintenir en vie. Dans le corps humain, le système circulatoire permet des échanges vitaux grâce à un liquide versatile, le sang. Le volume sanguin chez un adulte est d'environ 5 L. Le sang pénètre profondément dans les tissus pour apporter l'oxygène et les nutriments nécessaires à la survie, ainsi que pour éliminer les déchets. C'est en utilisant plusieurs systèmes tampons que la nature a mis au point un mécanisme très efficace pour fournir l'oxygène et retirer le dioxyde de carbone.

Le sang est un liquide très complexe, mais pour expliquer le contrôle du pH sanguin nous allons nous limiter à considérer seulement deux composantes essentielles du sang : le plasma et les globules rouges appelés aussi *érythrocytes*. Le plasma sanguin contient plusieurs substances, y compris des protéines, des ions métalliques et des phosphates inorganiques. Les érythrocytes contiennent des molécules d'hémoglobine ainsi qu'une enzyme appelée *anhydrase carbonique*, qui catalyse autant la réaction de formation que la décomposition de l'acide carbonique (H_2CO_3) :

$$CO_2(aq) + H_2O(l) \rightleftharpoons H_2CO_3(aq)$$

Les érythrocytes possèdent une membrane servant de compartiment pour certaines substances qui s'y retrouvent alors isolées du liquide extracellulaire (le plasma sanguin). La membrane joue aussi un rôle de barrière sélective ne laissant diffuser à travers elle que certaines substances.

Le pH du plasma sanguin se maintient autour de 7,40 grâce à plusieurs systèmes tampons dont le plus important est le système HCO_3^-/H_2CO_3. Dans les érythrocytes, où le pH est de 7,25, les principaux systèmes tampons sont HCO_3^-/H_2CO_3 et l'hémoglobine. La molécule d'hémoglobine est une protéine complexe (masse molaire de 65 000 g) qui possède plusieurs protons ionisables. De manière très simplifiée, on peut considérer l'hémoglobine comme un monoacide de la forme HHb :

$$HHb(aq) \rightleftharpoons H^+(aq) + Hb^-(aq)$$

où HHb représente la molécule d'hémoglobine et Hb$^-$ la base conjuguée de HHb. L'oxyhémoglobine (HHbO$_2$), résultat de la combinaison de l'oxygène avec l'hémoglobine, est un acide plus fort que HHb :

$$HHbO_2(aq) \rightleftharpoons H^+(aq) + HbO_2^-(aq)$$

Comme le montrent les illustrations, le dioxyde de carbone produit par le métabolisme diffuse dans les érythrocytes, où il est rapidement converti en H_2CO_3 par l'anhydrase carbonique :

$$CO_2(aq) + H_2O(l) \rightleftharpoons H_2CO_3(aq)$$

L'ionisation de l'acide carbonique

$$H_2CO_3(aq) \rightleftharpoons H^+(aq) + HCO_3^-(aq)$$

a deux conséquences importantes. Premièrement, l'ion bicarbonate diffuse à l'extérieur de l'érythrocyte et il est transporté par le plasma sanguin vers les poumons. C'est le principal mécanisme de rejet du dioxyde de carbone. Deuxièmement, les ions H$^+$ font déplacer l'équilibre en faveur de la forme non ionisée de la molécule d'hémoglobine :

$$H^+(aq) + HbO_2^-(aq) \rightleftharpoons HHbO_2(aq)$$

Puisque HHbO$_2$ relâche l'oxygène plus facilement que sa base conjuguée HbO$_2^-$, la formation de l'acide favorise la réaction suivante vers la droite :

$$HHbO_2(aq) \rightleftharpoons HHb(aq) + O_2(aq)$$

Les molécules d'oxygène diffusent en dehors des érythrocytes vers les cellules des tissus pour les alimenter en oxygène.

Lors du retour du sang veineux vers les poumons ce mécanisme se renverse. Cette fois les ions bicarbonates diffusent vers les érythrocytes où ils réagissent avec l'hémoglobine pour former de l'acide carbonique :

$$HHb(aq) + HCO_3^-(aq) \rightleftharpoons Hb^-(aq) + H_2CO_3(aq)$$

Presque tout l'acide est alors converti en CO_2 par l'anhydrase carbonique (AC) :

$$H_2CO_3(aq) \rightleftharpoons H_2O(l) + CO_2(aq)$$

Le dioxyde de carbone diffuse vers les poumons pour ensuite être exhalé. La formation des ions Hb$^-$ (due à la réaction entre HHb et HCO$_3^-$ déjà mentionnée) favorise en même temps la fixation d'oxygène dans les poumons

$$Hb^-(aq) + O_2(aq) \rightleftharpoons HbO_2^-(aq)$$

parce que l'affinité de Hb$^-$ pour l'oxygène est plus grande que celle de HHb.

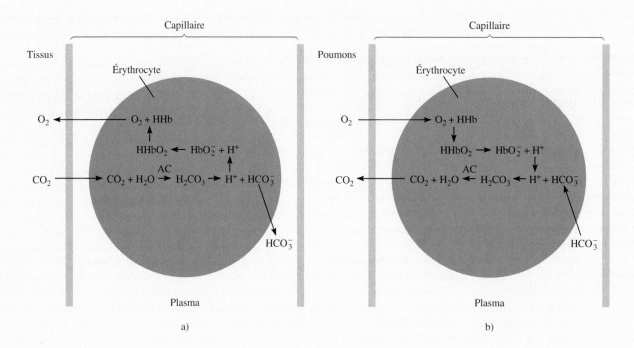

a)

b)

Le transport et les transferts de l'oxygène et du bioxyde de carbone dans le sang. a) La pression partielle de CO_2 est plus grande dans les tissus actifs que dans le plasma sanguin. Le CO_2 va donc diffuser spontanément vers les capillaires sanguins, puis vers les érythrocytes où il est transformé en acide carbonique par l'enzyme anhydrase carbonique (AC). Ensuite, les protons fournis par l'acide carbonique se combinent avec les anions HbO_2^- pour former $HHbO_2$, qui va par la suite se dissocier en HHb et en O_2. Quant à la pression partielle de O_2, elle se trouve plus élevée dans les érythrocytes que dans les tissus, d'où sa tendance spontanée à diffuser en dehors des érythrocytes vers les tissus. Les ions bicarbonates diffusent eux aussi en dehors des érythrocytes et sont transportés dans le plasma sanguin vers les poumons.

b) Dans les poumons, c'est exactement le phénomène inverse qui se produit. Les molécules d'oxygène diffusent de l'intérieur des poumons, où la pression partielle de O_2 est plus élevée, vers les érythrocytes. Là, elles se combinent avec HHb formant $HHbO_2$. Les protons fournis par $HHbO_2$ se combinent avec les ions bicarbonates qui ont diffusé vers les érythrocytes pour former de l'acide carbonique. En présence de l'anhydrase carbonique, l'acide carbonique est transformé en H_2O et en CO_2. Le CO_2 diffuse alors en dehors des érythrocytes vers les poumons où il est exhalé.

Lorsque le sang artériel retourne vers les différents tissus du corps, le cycle est complété et il se répète.

Ainsi, selon la plus ou moins grande activité métabolique, plusieurs réactions chimiques rapides faisant partie de systèmes à l'équilibre peuvent répondre rapidement aux différents besoins de l'organisme. Le maintien dans certaines limites de différents paramètres, l'homéostasie, constitue sans doute l'une des caractéristiques fondamentales des êtres vivants. Notre vie dépend de tous ces équilibres chimiques mettant en jeu plusieurs systèmes tampons qui contribuent à maintenir le pH du sang entre 7,35 et 7,45. Par exemple, si le gaz carbonique produit dans notre sang était relâché sans la présence de sels carbonatés (bases conjuguées) dans le sang, le pH sanguin serait à 5,5. À cette valeur de pH, la plupart des enzymes deviennent inactifs et tous les muscles paralysent !

6.4 LES TITRAGES ACIDO-BASIQUES

Connaissant les solutions tampons, nous pouvons examiner plus en détail les aspects quantitatifs du titrage acido-basique (*section 1.6*). Il faut se rappeler que le titrage est une technique permettant de déterminer la concentration d'une solution à partir d'une autre solution de concentration connue appelée *solution standard*. Nous examinerons trois types de réactions : 1. le titrage mettant en jeu un acide fort et une base forte ; 2. le titrage mettant en jeu un acide faible et une base forte ; et 3. le titrage mettant en jeu un acide fort et une base faible. Le titrage mettant en jeu un acide faible et une base faible est compliqué à cause de l'hydrolyse des cations et des anions du sel formé. Nous n'aborderons donc pas ce type de titrage ici. La figure 6.4 montre le dispositif qui permet de suivre la variation du pH durant le titrage.

Le titrage acide fort – base forte

On peut représenter la réaction entre un acide fort (par exemple, HCl) et une base forte (par exemple, NaOH) de la manière suivante :

$$NaOH(aq) + HCl(aq) \longrightarrow NaCl(aq) + H_2O(l)$$

ou selon l'équation ionique correspondante :

$$H^+(aq) + OH^-(aq) \longrightarrow H_2O(l)$$

Supposons qu'on ajoute une solution de NaOH 0,100 M (à l'aide d'une burette) à 25,0 mL d'une solution de HCl 0,100 M contenue dans un erlenmeyer. Pour plus de commodité, n'utilisons que trois chiffres significatifs pour le volume et la concentration, et deux chiffres significatifs pour le pH. La figure 6.5 montre la variation du pH durant le titrage ; cette variation du pH en fonction du volume ajouté est appelée *courbe de titrage*. Avant toute addition de NaOH, le pH de l'acide est donné par $-\log(0{,}100)$, ou 1,00. Quand on ajoute du NaOH, le pH de la solution commence par augmenter lentement. Près du point d'équivalence, il commence à monter en flèche ; puis, au point d'équivalence (qui est le point où des quantités équimolaires d'acide et de base ont réagi), la courbe est presque à la verticale. Dans un titrage acide fort – base forte, les concentrations d'ions hydrogène et d'ions hydroxyde sont toutes deux très basses au point d'équivalence (environ $1 \times 10^{-7} M$) ; par conséquent, l'ajout d'une seule goutte de base en excès peut provoquer une forte augmentation de $[OH^-]$ et du pH de la solution. Au delà du point d'équivalence, le pH augmente lentement avec l'ajout de NaOH.

Il est possible de calculer le pH de la solution à chaque étape du titrage ; voici trois exemples de calculs.

NOTE

Le point d'équivalence a déjà été vu à la page 27.

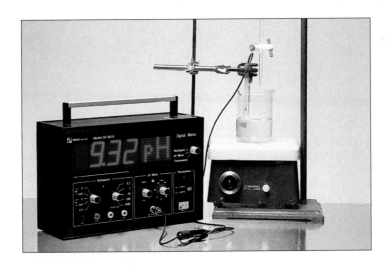

Figure 6.4 *On utilise un pH-mètre pour effectuer un titrage acido-basique.*

1. **Après addition de 10,0 mL de NaOH 0,100 *M* à 25,0 mL de HCl 0,100 *M*.**
Le volume total de la solution est de 35,0 mL. Le nombre de moles de NaOH dans 10,0 mL est

$$10,0 \text{ mL} \times \frac{0,100 \text{ mol NaOH}}{1 \text{ L NaOH}} \times \frac{1 \text{ L}}{1000 \text{ mL}} = 1,00 \times 10^{-3} \text{ mol}$$

Au départ, le nombre de moles de HCl contenues dans 25,0 mL de solution est

$$25,0 \text{ mL} \times \frac{0,100 \text{ mol HCl}}{1 \text{ L HCl}} \times \frac{1 \text{ L}}{1000 \text{ mL}} = 2,50 \times 10^{-3} \text{ mol}$$

Ainsi, la quantité résiduelle de HCl après neutralisation partielle est $(2,50 \times 10^{-3})$ − $(1,00 \times 10^{-3})$ ou $1,50 \times 10^{-3}$ mol. Finalement, on trouve la concentration d'ions H^+ à l'aide du volume total de la solution, soit 35,0 mL :

$$\frac{1,50 \times 10^{-3} \text{ mol HCl}}{35,0 \text{ mL}} \times \frac{1000 \text{ mL}}{1 \text{ L}} = 0,0429 \text{ mol HCl/L}$$

Ainsi, $[H^+] = 0,0429$ *M* ; le pH de la solution est donc

$$pH = -\log 0,0429 = 1,37$$

2. **Après addition de 25,0 mL de NaOH 0,100 *M* à 25,0 mL de HCl 0,100 *M*.**
Il s'agit d'un calcul simple parce que cela met en jeu une neutralisation complète et que le sel (NaCl) ne s'hydrolyse pas. Au point d'équivalence, $[H^+] = [OH^-]$; le pH de la solution est donc 7,00.

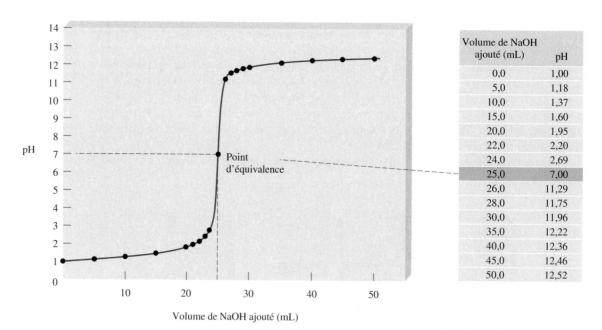

Figure 6.5 *Variation de pH au cours d'un titrage acide fort – base forte. On déverse lentement d'une burette une solution de NaOH 0,100 M dans un erlenmeyer contenant 25,00 mL d'une solution de HCl 0,100 M (figure 1,18, page 27). Après avoir pris en note plusieurs mesures correspondantes de volumes et de pH, on trace la courbe appelée* courbe de titrage. *Le point d'équivalence est ensuite déterminé graphiquement ou à l'aide de différentes méthodes de calcul. Il correspond à la mi-hauteur de la partie abrupte de la courbe et constitue un point d'inflexion (la dérivée deuxième d²pH/ dV en ce point est égale à zéro).*

3. **Après addition de 35,0 mL de NaOH 0,100 *M* à 25,0 mL de HCl 0,100 *M*.** Le volume total de la solution est alors 60,0 mL. Le nombre de moles de NaOH ajoutées est

$$35,0 \text{ mL} \times \frac{0,100 \text{ mol NaOH}}{1 \text{ L NaOH}} \times \frac{1 \text{ L}}{1000 \text{ mL}} = 3,50 \times 10^{-3} \text{ mol}$$

Le nombre de moles de HCl contenues dans 25,0 mL de solution est $2,50 \times 10^{-3}$. Après neutralisation complète de HCl, le nombre de moles de NaOH résiduelles est $(3,50 \times 10^{-3}) - (2,50 \times 10^{-3})$ ou $1,00 \times 10^{-3}$ mol. La concentration de NaOH dans la solution de 60,0 mL est

$$\frac{1,00 \times 10^{-3} \text{ mol NaOH}}{60,0 \text{ mL}} \times \frac{1000 \text{ mL}}{1 \text{ L}} = 0,0167 \text{ mol NaOH/L}$$

Alors, $[OH^-] = 0,0167$ *M* et pOH = $-\log 0,0167 = 1,78$. Donc, le pH de la solution est

$$pH = 14,00 - pOH$$

$$= 14,00 - 1,78$$

$$= 12,22$$

Le tableau 6.1 donne un ensemble plus complet des données recueillies au cours de ce titrage.

TABLEAU 6.1   DONNÉES DU TITRAGE DE HCl – NaOH*

Volume de NaOH ajouté (mL)	Volume total (mL)	Excès d'acide ou de base (moles)	pH de la solution
0,0	25,0	$2,50 \times 10^{-3}$ H$^+$	1,00
10,0	35,0	$1,50 \times 10^{-3}$	1,37
20,0	45,0	$5,00 \times 10^{-4}$	1,95
24,0	49,0	$1,00 \times 10^{-4}$	2,69
24,5	49,5	$5,00 \times 10^{-5}$	3,00
25,0	50,0	0,00	7,00
25,5	50,5	$5,00 \times 10^{-5}$ OH$^-$	11,00
26,0	51,0	$1,00 \times 10^{-4}$	11,29
30,0	55,0	$5,00 \times 10^{-4}$	11,96
40,0	65,0	$1,50 \times 10^{-3}$	12,36
50,0	75,0	$2,50 \times 10^{-3}$	12,52

* On effectue le titrage en versant lentement une solution de NaOH 0,100 *M* d'une burette dans 25,0 mL d'une solution de HCl 0,100 *M* contenue dans un erlenmeyer.

Le titrage acide faible – base forte

Voyons comme exemple la neutralisation entre l'acide acétique (un acide faible) et l'hydroxyde de sodium (une base forte):

$$CH_3COOH(aq) + NaOH(aq) \longrightarrow CH_3COONa(aq) + H_2O(l)$$

On peut simplifier cette équation ainsi:

$$CH_3COOH(aq) + OH^-(aq) \longrightarrow CH_3COO^-(aq) + H_2O(l)$$

L'ion acétate s'hydrolyse:

$$CH_3COO^-(aq) + H_2O(l) \rightleftharpoons CH_3COOH(aq) + OH^-(aq)$$

Donc, au point d'équivalence, le pH sera *supérieur* à 7, car il y aura des ions OH$^-$ formés en excès (*figure 6.6*). Cette situation est semblable à celle de l'hydrolyse de l'acétate de sodium, CH$_3$COOH (*voir* p. 191). L'exemple suivant montre que vous avez déjà toutes les connaissances nécessaires pour effectuer les calculs de pH dans le cas d'un titrage d'un acide faible par une base forte.

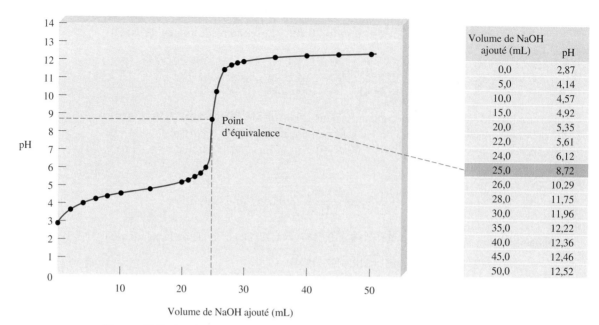

Volume de NaOH ajouté (mL)	pH
0,0	2,87
5,0	4,14
10,0	4,57
15,0	4,92
20,0	5,35
22,0	5,61
24,0	6,12
25,0	8,72
26,0	10,29
28,0	11,75
30,0	11,96
35,0	12,22
40,0	12,36
45,0	12,46
50,0	12,52

Volume de NaOH ajouté (mL)

Figure 6.6 *Courbe de titrage d'un acide faible par une base forte. Une solution de NaOH 0,100 M contenue dans une burette est déversée lentement dans un erlenmeyer contenant 25,00 mL d'une solution de CH₃COOH 0,100 M. Le pH obtenu au point d'équivalence est supérieur à 7 parce qu'il y a hydrolyse du sel produit en cours de neutralisation.*

EXEMPLE 6.5   Les calculs de pH dans le cas d'un titrage acide faible – base forte

Calculez le pH au cours du titrage de 25,0 mL d'une solution 0,100 M d'acide acétique par de l'hydroxyde de sodium 0,100 M après chacune des étapes ci-après. a) Après l'addition de 10,0 mL de NaOH. b) Après l'addition de 25,0 mL de NaOH. c) Après l'addition de 35,0 mL de NaOH.

Réponse : La réaction de neutralisation est

$$CH_3COOH(aq) + NaOH(aq) \longrightarrow CH_3COONa(aq) + H_2O(l)$$

Pour chacune des étapes du titrage, il faut d'abord calculer le nombre de moles de NaOH ajouté à la solution d'acide acétique. Ensuite, il faut calculer le nombre de moles d'acide (ou de base) en excès après la neutralisation. Ensuite, on détermine le pH de la solution résultante en tenant compte de toutes les espèces pouvant influer sur le pH.

a) Le nombre de moles de NaOH dans 10,0 mL est

$$10,0 \text{ mL} \times \frac{0,100 \text{ mol NaOH}}{1 \text{ L soln NaOH}} \times \frac{1 \text{ L}}{1000 \text{ mL}} = 1,00 \times 10^{-3} \text{ mol}$$

Le nombre de moles initial de CH₃COOH dans 25,0 mL de solution est

$$25,0 \text{ mL} \times \frac{0,100 \text{ mol CH}_3\text{COOH}}{1 \text{ L soln CH}_3\text{COOH}} \times \frac{1 \text{ L}}{1000 \text{ mL}} = 2,50 \times 10^{-3} \text{ mol}$$

La quantité de CH₃COOH en excès après la réaction complète avec toute la base ajoutée est donc

$$(2,50 \times 10^{-3} \text{ mol}) - (1,00 \times 10^{-3} \text{ mol}) = 1,50 \times 10^{-3} \text{ mol}$$

La quantité de CH$_3$COONa formée est $1,00 \times 10^{-3}$ mol selon

$$CH_3COOH(aq) \quad + \quad NaOH(aq) \quad \longrightarrow \quad CH_3COONa(aq) \; + \; H_2O(l)$$
$$1,00 \times 10^{-3} \text{ mol} \qquad 1,00 \times 10^{-3} \text{ mol} \qquad 1,00 \times 10^{-3} \text{ mol}$$

À cette étape, nous sommes en présence d'un système tampon constitué de CH$_3$COONa et de CH$_3$COOH. Il faut d'ailleurs remarquer sur la courbe de la figure 6.6 que le pH varie très peu dans la portion de la courbe qui correspond à la région de la zone tampon située autour de pH $=$ p$K_a \pm 1$. Le calcul du pH d'une telle solution s'exécute de la manière décrite à la section 6.3.

$$[H^+] = \frac{K_a[CH_3COOH]}{[CH_3COO^-]}$$
$$= \frac{(1,8 \times 10^{-5})(1,50 \times 10^{-3})}{1,00 \times 10^{-3}}$$
$$= 2,7 \times 10^{-5} \; M$$
$$pH = -\log(2,7 \times 10^{-5})$$
$$= 4,57$$

NOTE

Étant donné que le volume de solution est le même pour CH$_3$COOH et CH$_3$COO$^-$, le rapport entre les nombres de moles présentes est le même que celui de leurs concentrations molaires. Il faut aussi remarquer que ce calcul de pH aurait pu se faire en utilisant l'équation de Henderson-Hasselbalch.

b) Ces quantités (soit 25,0 mL de NaOH 0,100 M ayant réagi avec 25,0 mL de CH$_3$COOH 0,100 M) correspondent au point d'équivalence. Le nombre de moles de NaOH et de CH$_3$COOH dans 25,0 mL est alors le même, soit $2,50 \times 10^{-3}$ mol, et le nombre de moles du sel formé est

$$CH_3COOH(aq) \quad + \quad NaOH(aq) \quad \longrightarrow \quad CH_3COONa(aq) \; + \; H_2O(l)$$
$$2,50 \times 10^{-3} \text{ mol} \qquad 2,50 \times 10^{-3} \text{ mol} \qquad 2,50 \times 10^{-3} \text{ mol}$$

Le volume total étant de 50,0 mL, la concentration du sel est

$$[CH_3COONa] = \frac{2,50 \times 10^{-3} \text{ mol}}{50,0 \text{ mL}} \times \frac{1000 \text{ mL}}{1 \text{ L}}$$
$$= 0,0500 \text{ mol/L} = 0,0500 \; M$$

Il reste ensuite à calculer le pH d'une solution qui résulte de l'hydrolyse des ions CH$_3$COO$^-$. En suivant la procédure déjà décrite à l'exemple 5.11, on trouve un pH de 8,72 au point d'équivalence.

c) Après l'addition de 35,00 mL de NaOH, la solution obtenue se situe bien au-delà du point équivalent. À cette étape, les deux espèces qui sont importantes pour déterminer le pH et rendre la solution basique sont CH$_3$COO$^-$ et OH$^-$. Cependant, puisque OH$^-$ est une base beaucoup plus forte que CH$_3$COO$^-$, on peut correctement négliger la contribution des ions CH$_3$COO$^-$ dans la détermination du pH et calculer ce dernier en utilisant seulement les ions OH$^-$.

Il a fallu seulement 25,0 mL de NaOH pour obtenir la neutralisation complète, donc le nombre de moles de NaOH en surplus après la neutralisation est

$$(35,0 - 25,0) \text{ mL} \; \frac{0,100 \text{ mol NaOH}}{1 \text{ L soln NaOH}} \times \frac{1 \text{ L}}{1000 \text{ mL}} = 1,00 \times 10^{-3} \text{ mol}$$

Problème semblable : 6.78

Le volume total des deux solutions mélangées est maintenant de 60,0 mL, et la concentration de OH⁻ est

$$[OH^-] = \frac{1,00 \times 10^{-3} \text{ mol}}{60,0 \text{ mL}} \times \frac{1000 \text{ mL}}{1 \text{ L}}$$

$$= 0,0167 \text{ mol /L} = 0,0167 \ M$$

$$pOH = -\log 0,0167$$

$$= 1,78$$

$$pH = 14,00 - pOH$$

$$= 14,00 - 1,78$$

$$= 12,22$$

EXERCICE

Exactement 100 mL d'acide nitreux sont titrés avec une solution de NaOH 0,10 M. Calculez le pH dans les cas suivants. a) Au point de départ (0 mL de base ajoutée). b) Après l'addition de 80 mL de base. c) Au point d'équivalence. d) Après l'addition de 105 mL de base.

Le titrage acide fort – base faible

Comme exemple de ce type de titrage, examinons le titrage de l'acide chlorhydrique (un acide fort) par l'ammoniac (une base faible) :

$$HCl(aq) + NH_3 \longrightarrow NH_4Cl(aq)$$

ou plus simplement

$$H^+(aq) + NH_3(aq) \longrightarrow NH_4^+(aq)$$

Le pH au point d'équivalence est inférieur à 7, résultat de l'hydrolyse de l'ion NH₄⁺ du sel (*figure* 6.7) :

$$NH_4^+(aq) + H_2O(l) \rightleftharpoons NH_3(aq) + H_3O^+(aq)$$

ou plus simplement

$$NH_4^+(aq) \rightleftharpoons NH_3(aq) + H^+(aq)$$

Étant donné la grande volatilité des solutions d'ammoniac, c'est la solution de l'acide qui sera placée cette fois dans la burette pour être déversée dans une solution d'ammoniac. La figure 6.7 décrit la courbe de titrage obtenue au cours de ce titrage (NH₃ 0,10 M par du HCl 0,10 M).

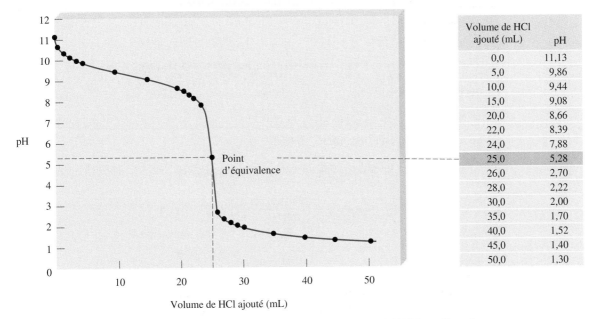

Volume de HCl ajouté (mL)	pH
0,0	11,13
5,0	9,86
10,0	9,44
15,0	9,08
20,0	8,66
22,0	8,39
24,0	7,88
25,0	5,28
26,0	2,70
28,0	2,22
30,0	2,00
35,0	1,70
40,0	1,52
45,0	1,40
50,0	1,30

Figure 6.7 *Courbe de titrage acide fort – base faible. Une solution de HCl 0,100 M est déversée lentement d'une burette à 25,0 mL d'une solution de NH₃ 0,100 M dans un erlenmeyer. Le pH obtenu au point d'équivalence est inférieur à 7 parce qu'il y a hydrolyse du sel produit en cours de neutralisation.*

EXEMPLE 6.6   Le calcul du pH au point d'équivalence

Calculez le pH obtenu au point d'équivalence au cours du titrage de 25 mL de NH_3 0,10 M par une solution de HCl 0,10 M.

Réponse : L'équation de cette réaction de neutralisation a été donnée précédemment. Au point équivalent, le nombre de moles de NH_3 qui a réagi est égal au nombre de moles de HCl qui a réagi. Le nombre de moles de NH_3 contenu dans 25 mL de solution 0,10 M est

$$25 \text{ mL} \times \frac{0,10 \text{ mol } NH_3}{1 \text{ L}} \times \frac{1 \text{ L}}{1000 \text{ mL}} = 2,5 \times 10^{-3} \text{ mol}$$

Étant donné que 1 mol de NH_3 équivaut exactement à 1 mol de HCl, au point d'équivalence le nombre de moles de HCl qui a réagi est aussi $2,5 \times 10^{-3}$ mol. Le nombre de moles du sel (NH_4Cl) formé est

$$\begin{array}{ccccc}
HCl \ (aq) & + & NH_3 (aq) & \longrightarrow & NH_4Cl \ (aq) \\
2,5 \times 10^{-3} \text{ mol} & & 2,5 \times 10^{-3} \text{ mol} & & 2,5 \times 10^{-3} \text{ mol}
\end{array}$$

Le volume total étant de 50 mL, la concentration de NH_4Cl est

$$[NH_4Cl] = \frac{2,5 \times 10^{-3} \text{ mol}}{50 \text{ mL}} \times \frac{1000 \text{ mL}}{1 \text{ L}}$$

$$= 0,050 \text{ mol/L} = 0,050 \ M$$

Le pH de la solution au point d'équivalence est déterminé par l'hydrolyse des ions NH_4^+. Il faut suivre la même procédure que celle qui a déjà été expliquée à la page 178.

Étape 1: Écrivons l'équation décrivant l'hydrolyse du cation NH_4^+, où x symbolise la concentration à l'équilibre des ions NH_3 et H^+ en moles par litre:

	$NH_4^+ (aq)$	$\rightleftharpoons$	$NH_3(aq)$	$+$	$H^+(aq)$
Concentration initiale (*M*):	0,050		0,00		0,00
Variation (*M*):	$-x$		$+x$		$+x$
Concentration à l'équilibre (*M*):	$(0,050 - x)$		x		x

Étape 2: D'après le tableau 5.4, la valeur de K_a pour NH_4^+ est $5,6 \times 10^{-10}$ et on peut écrire

$$K_a = \frac{[NH_3][H^+]}{[NH_4^+]} = 5,6 \times 10^{-10}$$

$$\frac{x^2}{0,050 - x} = 5,6 \times 10^{-10}$$

En faisant l'approximation $0,500 - x \simeq 0,050$, nous obtenons

$$\frac{x^2}{0,050 - x} \simeq \frac{x^2}{0,050} = 5,6 \times 10^{-10}$$

$$x = 5,3 \times 10^{-6}\ M$$

et le pH est

$$pH = -\log (5,3 \times 10^{-6})$$

$$= 5,28$$

Problème semblable: 6.25

EXERCICE

Calculez le pH au point d'équivalence au cours du titrage de 50 mL de méthylamine 0,10 *M* (*tableau 5.4*) avec une solution de HCl 0,20 *M*.

NOTE

Vérifiez la validité de l'approximation.

6.5 LES INDICATEURS ACIDO-BASIQUES

Le point d'équivalence d'un titrage acido-basique (*section 1.6*) correspond au point où le nombre de moles de OH^- ajouté à une solution est égal au nombre de moles d'acide H^+ qui étaient présentes initialement. Pour déterminer le point d'équivalence d'un titrage à l'aide d'une autre méthode que celle de l'analyse d'une courbe de titrage, il faudrait recourir à une technique de détection du volume exact de base déversée de la burette qui correspondrait à la réaction totale avec la solution de l'acide contenue dans l'erlenmeyer. L'une de ces techniques courantes de détection du point d'équivalence consiste à ajouter quelques gouttes d'un indicateur acido-basique à la solution d'acide avant de commencer le titrage.

Les propriétés des indicateurs acido-basiques

L'indicateur est en général un acide ou une base organique faible dont la couleur varie selon sa forme ionisée ou non ionisée. La prédominance d'une forme ou d'une autre dépend du pH de la solution dans laquelle il est dissous, comme nous le verrons plus loin. C'est ce changement de couleur de l'indicateur en fonction du pH qui est mis à profit pour pouvoir suivre le déroulement d'un titrage.

Les indicateurs ne changent pas tous de couleur au même pH; il faut donc choisir l'indicateur approprié à un titrage particulier selon la nature de l'acide et de la base (s'ils sont forts ou faibles). Prenons comme exemple d'indicateur un monoacide faible, HIn, qui s'ionise ainsi en solution:

$$HIn(aq) \rightleftharpoons H^+(aq) + In^-(aq)$$

Si cet indicateur est dans un milieu suffisamment acide, selon le principe de Le Chatelier, l'équilibre se déplace vers la gauche; la couleur prédominante de l'indicateur est donc celle de sa forme non ionisée (HIn). Par contre, dans un milieu basique, l'équilibre se déplace vers la droite de sorte que la couleur de la base conjuguée (In$^-$) prédomine. En gros, on peut utiliser les rapports suivants entre les concentrations pour prédire la couleur de l'indicateur:

NOTE

Voici un autre bel exemple de l'effet d'ion commun. Quel est l'ion commun ici?

$$\frac{[HIn]}{[In^-]} \geq 10 \qquad \text{la couleur de l'acide HIn prédomine}$$

$$\frac{[In^-]}{[HIn]} \geq 10 \qquad \text{la couleur de la base conjuguée In}^- \text{ prédomine}$$

Si $[HIn] \simeq [In^-]$, la couleur de l'indicateur est une combinaison des couleurs de HIn et de In$^-$.

Si l'on considère que le colorant est lui-même un acide faible et qu'il a sa propre valeur de K_a, on peut donc lui appliquer l'équation de Henderson-Hasselbalch.

$$pH = pK_a + \log \frac{[In^-]}{[HIn]}$$

On peut constater que lorsque les concentrations des deux formes ionisées et non ionisées sont égales,

$$pH = pK_a + \log 1$$

$$pH = pK_a$$

Aussi, on peut voir que les rapports des concentrations 10/1 et 1/10 mentionnés plus haut correspondent à une variation de une unité de pH de plus ou de moins par rapport au pK_a. Cette *zone de pH qui s'étend de* pK_a *− 1 à* pK_a *+ 1* constitue la **zone de virage** d'un indicateur. Lorsque l'indicateur change de couleur, même dans un intervalle de pH, étant donné qu'une seule goutte déversée en trop suffit pour produire ce changement, on dit qu'on est au **point de virage,** soit le *changement de couleur qui correspond au point d'équivalence.*

Le choix d'un indicateur

À la section 1,6, nous avons mentionné que la phénolphtaléine est un indicateur approprié pour le titrage entre NaOH et HCl. Cet indicateur est incolore en milieu acide ou neutre, et d'un rose rouge en milieu basique. Les mesures expérimentales démontrent que si le pH < 8,3, cet indicateur est incolore; il commence à prendre une teinte rose rouge quand le pH dépasse 8,3. Près du point d'équivalence, la pente très abrupte de la courbe montre que l'ajout d'une très petite quantité de NaOH (par exemple, 0,05 mL, environ le volume d'une goutte d'une burette) provoque une forte augmentation du pH de la solution (*figure 6.8*). Ce qui est important, c'est que la partie très abrupte de la courbe du pH comprenne la zone où la phénolphtaléine passe d'incolore à rose rouge. Si tel est le cas, l'indicateur peut servir à déterminer le point d'équivalence du titrage.

Figure 6.8 *Courbe de titrage d'un acide fort par une base forte. La phénolphtaléine et le rouge de méthyle sont tous deux un bon choix d'indicateur pour déterminer le point d'équivalence de ce titrage, parce que leurs zones de virage correspondent à un intervalle de pH de ±1, intervalle compris dans la partie abrupte de la courbe. Par contre, le bleu de thymol ne serait pas un bon choix dans ce cas-ci* (tableau 6.2).

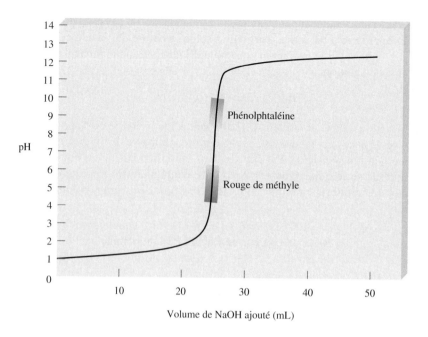

De nombreux indicateurs acido-basiques sont des pigments végétaux. Par exemple, en faisant bouillir du chou rouge haché dans l'eau, on peut extraire des pigments qui présentent différentes couleurs selon le pH (*figure 6.9*). Le tableau 6.2 énumère certains indicateurs couramment utilisés dans les titrages acido-basiques. Le critère qui guide le *choix de l'indicateur* approprié pour un titrage donné est le suivant : il faut que la zone de virage (où l'indicateur change de couleur) corresponde à la partie abrupte de la courbe de titrage (*figure 6.8*). Si ce n'est pas le cas, l'indicateur utilisé n'indiquera pas le point d'équivalence de façon exacte. Le point d'équivalence doit donc être compris à l'intérieur de cette zone de virage de l'indicateur.

Figure 6.9 *Les solutions contenant des extraits de chou rouge (obtenus en faisant bouillir du chou dans de l'eau) prennent des couleurs différentes lorsqu'elles sont acides ou basiques. Le pH des solutions augmente de gauche à droite.*

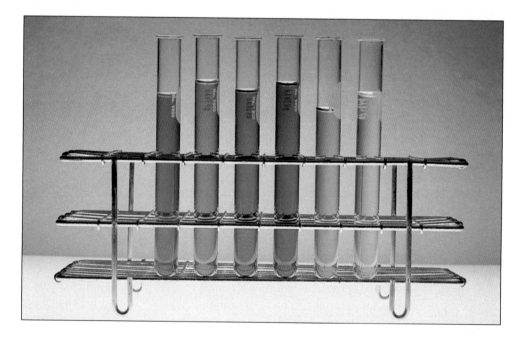

TABLEAU 6.2   CERTAINS INDICATEURS ACIDO-BASIQUES COURANTS

| | Couleur | | |
Indicateur	En milieu acide	En milieu basique	Zone de virage*
Bleu de thymol	Rouge	Jaune	1,2–2,8
Bleu de bromophénol	Jaune	Mauve bleuâtre	3,0–4,6
Méthylorange	Orange	Jaune	3,1–4,4
Rouge de méthyle	Rouge	Jaune	4,2–6,3
Bleu de chlorophénol	Jaune	Rouge	4,8–6,4
Bleu de bromothymol	Jaune	Bleu	6,0–7,6
Rouge de crésol	Jaune	Rouge	7,2–8,8
Phénolphtaléine	Incolore	Rose-rouge	8,3–10,0

* La zone de virage est la zone de pH dans laquelle l'indicateur passe de sa couleur acide à sa couleur basique. Cette zone se situe en général autour de $pK_a \pm 1$.

EXEMPLE 6.7   Le choix d'indicateurs acido-basiques appropriés

Lequel ou lesquels des indicateurs présentés au tableau 6.2 choisiriez-vous pour le titrage acide-base illustré : a) à la figure 6.5 ; b) à la figure 6.6 ; c) à la figure 6.7 ?

Réponse : a) Au voisinage du point d'équivalence, le pH de la solution passe brusquement de 4 à 10. Donc, tous les indicateurs, sauf le bleu de thymol, le bleu de bromophénol et le méthylorange, sont appropriés pour ce titrage.

b) Ici, la partie abrupte va du pH 7 au pH 10 ; les indicateurs appropriés sont donc le rouge de crésol et la phénolphtaléine.

Problème semblable : 6.3

c) Ici, la partie abrupte va du pH 3 au pH 7 ; les indicateurs appropriés sont donc le bleu de bromophénol, le méthylorange, le rouge de méthyle et le bleu de chlorophénol.

EXERCICE

À l'aide du tableau 6.2, dites quels indicateurs vous utiliseriez pour les titrages suivants : a) entre HBr et NH_3, b) entre HNO_3 et NaOH, c) entre HNO_2 et KOH.

6.6 L'ÉQUILIBRE DE SOLUBILITÉ

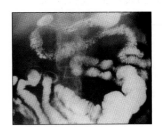

On utilise une suspension aqueuse de $BaSO_4$ pour examiner le tube digestif.

Les réactions de précipitation jouent un rôle important dans l'industrie, en médecine et dans la vie de tous les jours. Par exemple, la préparation de nombreux produits chimiques industriels essentiels, comme le carbonate de sodium (Na_2CO_3), fait appel aux réactions de précipitation. La dissolution de l'émail des dents, principalement constitué d'hydroxyapatite [$Ca_5(PO_4)_3OH$], cause dans un milieu acide la carie dentaire. Le sulfate de baryum ($BaSO_4$), un composé insoluble opaque aux rayons X, est utilisé pour diagnostiquer certaines maladies du tube digestif. De même, les stalactites et les stalagmites, constituées de carbonate de calcium ($CaCO_3$), sont la conséquence d'une réaction de précipitation ; ce type de réaction est également nécessaire dans les procédés de préparation de nombreux aliments.

À la section 1.2, nous avons vu les règles générales qui servent à prédire la solubilité des composés ioniques dans l'eau. Bien qu'elles soient utiles, ces règles ne permettent pas de prédire quantitativement cette solubilité. Pour pouvoir faire des prédictions quantitatives, il faut d'abord tenir compte des connaissances déjà acquises concernant l'équilibre chimique.

Des stalactites, qui croissent vers le bas, et des stalagmites, qui croissent vers le haut.

Le produit de solubilité

Prenons une solution saturée de chlorure d'argent qui entre en contact avec du chlorure d'argent solide. On peut représenter l'équilibre de solubilité ainsi :

$$AgCl(s) \rightleftharpoons Ag^+(aq) + Cl^-(aq)$$

Puisqu'un sel comme AgCl est considéré comme un électrolyte fort, tout le AgCl dissous dans l'eau se dissocie complètement en ions Ag^+ et Cl^-. Nous avons vu au chapitre 4 que, dans le cas d'un équilibre hétérogène, la concentration d'un solide est une constante. Ainsi, on peut écrire la constante d'équilibre pour la dissolution de AgCl de la manière suivante :

$$K_{ps} = [Ag^+][Cl^-]$$

où K_{ps} est la constante du produit de solubilité ou simplement le produit de solubilité. En général, le **produit de solubilité** d'un composé est le *produit des concentrations molaires des ions qui le constituent, chacune de ces concentrations étant élevée à l'exposant équivalant à son coefficient stœchiométrique dans l'équation équilibrée.*

Puisque chaque unité de AgCl ne contient qu'un seul ion Ag^+ et un seul ion Cl^-, l'expression de son produit de solubilité est simple. Les cas suivants sont plus compliqués :

- MgF_2

$$MgF_2(s) \rightleftharpoons Mg^{2+}(aq) + 2F^-(aq) \qquad K_{ps} = [Mg^{2+}][F^-]^2$$

- Ag_2CO_3

$$Ag_2CO_3(s) \rightleftharpoons 2Ag^+(aq) + CO_3^{2-}(aq) \qquad K_{ps} = [Ag^+]^2[CO_3^{2-}]$$

- $Ca_3(PO_4)_2$

$$Ca_3(PO_4)_2(s) \rightleftharpoons 3Ca^{2+}(aq) + 2PO_4^{3-}(aq) \qquad K_{ps} = [Ca^{2+}]^3[PO_4^{3-}]^2$$

Le tableau 6.3 donne les produits de solubilité de certains sels légèrement solubles. Les sels solubles, comme NaCl et KNO_3, dont les valeurs de K_{ps} sont très élevées, n'apparaissent pas dans ce tableau.

Dans le cas de réactions incomplètes mettant en jeu un solide ionique en solution aqueuse, le système peut se trouver dans l'une des situations suivantes : 1. la solution est insaturée ; 2. la solution est saturée ; ou 3. la solution est sursaturée. En s'inspirant de la méthode expliquée à la section 4.4, on utilise Q, le **produit ionique,** pour représenter *le produit des concentrations molaires des ions, chacune de ces concentrations étant élevée à la puissance équivalant à son coefficient stœchiométrique.* Alors, dans le cas d'une solution aqueuse contenant des ions Ag^+ et Cl^-, à 25 °C :

$$Q = [Ag^+]_0[Cl^-]_0$$

L'indice 0 indique qu'il s'agit de concentrations initiales qui ne sont pas nécessairement égales aux concentrations à l'équilibre. Les relations possibles entre Q et K_{ps} sont

$$Q < K_{ps}$$
$$[Ag^+]_0[Cl^-]_0 < 1,6 \times 10^{-10}$$
solution insaturée

$$Q = K_{ps}$$
$$[Ag^+][Cl^-] = 1,6 \times 10^{-10}$$
solution saturée

$$Q > K_{ps}$$
$$[Ag^+]_0[Cl^-]_0 > 1,6 \times 10^{-10}$$
solution sursaturée : il y aura précipitation de AgCl jusqu'à ce que le produit ionique soit égal à $1,6 \times 10^{-10}$

TABLEAU 6.3   LES PRODUITS DE SOLUBILITÉ DE CERTAINS COMPOSÉS IONIQUES LÉGÈREMENT SOLUBLES À 25 °C

Composé	K_{ps}	Composé	K_{ps}
Bromure d'argent (AgBr)	$7,7 \times 10^{-13}$	Hydroxyde de magnésium [Mg(OH)$_2$]	$1,2 \times 10^{-11}$
Bromure de cuivre(I) (CuBr)	$4,2 \times 10^{-8}$	Hydroxyde de zinc [Zn(OH)$_2$]	$1,8 \times 10^{-14}$
Carbonate d'argent (Ag$_2$CO$_3$)	$8,1 \times 10^{-12}$	Iodure d'argent (AgI)	$8,3 \times 10^{-17}$
Carbonate de baryum (BaCO$_3$)	$8,1 \times 10^{-9}$	Iodure de cuivre(I) (CuI)	$5,1 \times 10^{-12}$
Carbonate de calcium (CaCO$_3$)	$8,7 \times 10^{-9}$	Iodure de plomb(II) (PbI$_2$)	$1,4 \times 10^{-8}$
Carbonate de magnésium (MgCO$_3$)	$4,0 \times 10^{-5}$	Phosphate de calcium [Ca$_3$(PO$_4$)$_2$]	$1,2 \times 10^{-26}$
Carbonate de plomb(II) (PbCO$_3$)	$3,3 \times 10^{-14}$	Sulfate d'argent (Ag$_2$SO$_4$)	$1,4 \times 10^{-5}$
Carbonate de strontium (SrCO$_3$)	$1,6 \times 10^{-9}$	Sulfate de baryum (BaSO$_4$)	$1,1 \times 10^{-10}$
Chlorure d'argent (AgCl)	$1,6 \times 10^{-10}$	Sulfate de strontium (SrSO$_4$)	$3,8 \times 10^{-7}$
Chlorure de mercure(I) (Hg$_2$Cl$_2$)	$3,5 \times 10^{-18}$	Sulfure d'argent (Ag$_2$S)	$6,0 \times 10^{-51}$
Chlorure de plomb(II) (PbCl$_2$)	$2,4 \times 10^{-4}$	Sulfure d'étain(II) (SnS)	$1,0 \times 10^{-26}$
Chromate de plomb(II) (PbCrO$_4$)	$2,0 \times 10^{-14}$	Sulfure de bismuth (Bi$_2$S$_3$)	$1,6 \times 10^{-72}$
Fluorure de baryum (BaF$_2$)	$1,7 \times 10^{-6}$	Sulfure de cadmium (CdS)	$8,0 \times 10^{-28}$
Fluorure de calcium (CaF$_2$)	$4,0 \times 10^{-11}$	Sulfure de cobalt(II) (CoS)	$4,0 \times 10^{-21}$
Fluorure de plomb(II) (PbF$_2$)	$4,1 \times 10^{-8}$	Sulfure de cuivre(II) (CuS)	$6,0 \times 10^{-37}$
Hydroxyde d'aluminium [Al(OH)$_3$]	$1,8 \times 10^{-33}$	Sulfure de fer(II) (FeS)	$6,0 \times 10^{-19}$
Hydroxyde de calcium [Ca(OH)$_2$]	$8,0 \times 10^{-6}$	Sulfure de manganèse(II) (MnS)	$3,0 \times 10^{-14}$
Hydroxyde de chrome(III) [Cr(OH)$_3$]	$3,0 \times 10^{-29}$	Sulfure de mercure(II) (HgS)	$4,0 \times 10^{-54}$
Hydroxyde de cuivre(II) [Cu(OH)$_2$]	$2,2 \times 10^{-20}$	Sulfure de nickel(II) (NiS)	$1,4 \times 10^{-24}$
Hydroxyde de fer(II) [Fe(OH)$_2$]	$1,6 \times 10^{-14}$	Sulfure de plomb(II) (PbS)	$3,4 \times 10^{-28}$
Hydroxyde de fer(III) [Fe(OH)$_3$]	$1,1 \times 10^{-36}$	Sulfure de zinc (ZnS)	$3,0 \times 10^{-23}$

La solubilité molaire et la solubilité

La valeur de K_{ps} est une mesure de la solubilité d'un composé ionique ; plus cette valeur est petite, moins le composé est soluble dans l'eau. Cependant, quand on utilise les valeurs de K_{ps} pour comparer entre elles les solubilités des substances, il faut que ces substances aient des formules similaires, comme AgCl et ZnS, ou CaF$_2$ et Fe(OH)$_2$. On peut aussi exprimer la solubilité de deux autres façons : la ***solubilité molaire,*** qui est le *nombre de moles de soluté par litre de solution saturée (moles par litre)*, et la ***solubilité,*** qui est le *nombre de grammes de soluté par litre de solution saturée*. Notez que ces grandeurs expriment la concentration des solutions saturées à une température donnée (habituellement 25 °C). La figure 6.10 montre les relations entre la solubilité, la solubilité molaire et K_{ps}.

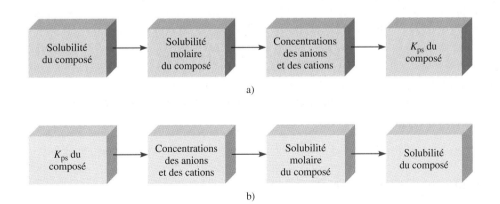

a)

b)

Figure 6.10 *Les étapes du calcul a) de la valeur de* K_{ps} *à partir de la solubilité ; et b) de la solubilité à partir de la valeur de* K_{ps}.

Du sulfate d'argent.

Problème semblable : 6.41

EXEMPLE 6.8   Le calcul de K_{ps} à partir de la solubilité molaire

La solubilité molaire du sulfate d'argent est de $1,5 \times 10^{-2}\ M$. Calculez le produit de solubilité de ce sel.

Réponse : Il faut d'abord écrire l'équation de l'équilibre de solubilité :

$$Ag_2SO_4(s) \rightleftharpoons 2Ag^+(aq) + SO_4^{2-}(aq)$$

La stœchiométrie indique qu'une mole de Ag_2SO_4 produit deux moles de Ag^+ et une mole de SO_4^{2-} en solution. Alors, quand $1,5 \times 10^{-2}$ mole de Ag_2SO_4 se dissout dans 1 L de solution, les concentrations sont

$$[Ag^+] = 2(1,5 \times 10^{-2}\ M) = 3,0 \times 10^{-2}\ M$$

$$[SO_4^{2-}] = 1,5 \times 10^{-2}\ M$$

Maintenant, nous pouvons calculer le produit de solubilité :

$$K_{ps} = [Ag^+]^2[SO_4^{2-}]$$

$$= (3,0 \times 10^{-2})^2(1,5 \times 10^{-2})$$

$$= 1,4 \times 10^{-5}$$

EXERCICE

La solubilité molaire du fluorure de baryum (BaF_2) est de $7,5 \times 10^{-3}\ M$. Quel est le produit de solubilité de ce composé ?

De l'iodure de cuivre(I).

EXEMPLE 6.9   Le calcul de la solubilité molaire à partir de K_{ps}

À l'aide des données du tableau 6.3, calculez la solubilité molaire de l'iodure de cuivre(I) ; autrement dit, calculez le nombre de moles de CuI dissoutes par litre de solution saturée.

Réponse : Pour convertir K_{ps} en concentrations d'anions et de cations, utilisons la méthode expliquée à la section 4.4 concernant le calcul des concentrations à l'équilibre à partir de la constante d'équilibre.

Étape 1 : Soit s la solubilité molaire (en moles par litre) de CuI. Puisqu'une unité de CuI donne un ion Cu^+ et un ion I^-, à l'équilibre, $[Cu^+]$ et $[I^-]$ sont égales à s. Les variations de concentrations se résument ainsi :

	$CuI(s) \rightleftharpoons$	$Cu^+(aq) +$	$I^-(aq)$
Concentration initiale (M) :		0,00	0,00
Variation (M) :		$+s$	$+s$
Concentration à l'équilibre (M) :		s	s

Étape 2 :

$$K_{ps} = [Cu^+][I^-]$$

$$5,1 \times 10^{-12} = (s)(s) = s^2$$

$$s = (5,1 \times 10^{-12})^{1/2} = 2,3 \times 10^{-6}\ M$$

Étape 3 : Donc, à l'équilibre :

$$[Cu^+] = 2,3 \times 10^{-6} \, M$$

$$[I^-] = 2,3 \times 10^{-6} \, M$$

Problème semblable : 6.44

Puisque une mole de CuI donne une mole de Cu^+ et une mole de I^-, la concentration de Cu^+ et celle de I^- sont égales à celle du CuI dissocié. Donc, la solubilité molaire de CuI vaut aussi $2,3 \times 10^{-6} \, M$.

EXERCICE

Calculez la solubilité molaire du carbonate de plomb ($PbCO_3$).

EXEMPLE 6.10   Le calcul de la solubilité à partir de K_{ps}

À l'aide des données du tableau 6.3, calculez la solubilité de l'hydroxyde de cuivre [$Cu(OH)_2$] en grammes par litre.

Réponse :

Étape 1 : Soit s la solubilité molaire de $Cu(OH)_2$. Puisque une unité de $Cu(OH)_2$ donne un ion Cu^{2+} et deux ions OH^-, à l'équilibre, [Cu^{2+}] est égale à s, et [OH^-] à $2s$. Les variations de concentrations se résument ainsi :

	$Cu(OH)_2(s) \rightleftharpoons$	$Cu^{2+}(aq) +$	$2OH^-(aq)$
Concentration initiale (M) :		0,00	0,00
Variation (M) :		$+s$	$+2s$
Concentration à l'équilibre (M) :		s	$2s$

De l'hydroxyde de cuivre(II).

Étape 2 :

$$K_{ps} = [Cu^{2+}][OH^-]^2$$

$$2,2 \times 10^{-20} = (s)(2s)^2 = 4s^3$$

$$s^3 = \frac{2,2 \times 10^{-20}}{4} = 5,5 \times 10^{-21}$$

$$s = (5,5 \times 10^{-21})^{1/3} = 1,8 \times 10^{-7} \, M$$

Sachant que la masse molaire de $Cu(OH)_2$ est de 97,57 g/mol et connaissant sa solubilité molaire, nous pouvons calculer sa solubilité en grammes par litre :

$$\text{solubilité de } Cu(OH)_2 = \frac{1,8 \times 10^{-7} \text{ mol } Cu(OH)_2}{1 \text{ L solution}} \times \frac{97,57 \text{ g } Cu(OH)_2}{1 \text{ mol } Cu(OH)_2}$$

$$= 1,8 \times 10^{-5} \text{ g/L}$$

Problème semblable : 6.91

EXERCICE

Calculez la solubilité du chlorure d'argent (AgCl) en grammes par litre.

Comme le montrent les exemples 6.8, 6.9 et 6.10, la solubilité et le produit de solubilité sont reliés. Si l'on connaît l'une de ces grandeurs, on peut calculer l'autre ; chacune d'elles fournit toutefois des renseignements différents. Le tableau 6.4 montre la relation entre solubilité molaire et produit de solubilité pour un certain nombre de composés ioniques.

En calculant la solubilité ou le produit de solubilité, n'oubliez pas les points suivants :

- La solubilité est la quantité d'une substance qui peut se dissoudre dans une certaine quantité d'eau. Elle est habituellement exprimée en grammes de soluté par litre de solution. La solubilité molaire, elle, est le nombre de moles de soluté par litre de solution.

- Le produit de solubilité est une constante d'équilibre.

- La solubilité molaire, la solubilité et le produit de solubilité se rapportent tous à des solutions saturées.

TABLEAU 6.4   RELATION ENTRE K_{ps} ET SOLUBILITÉ MOLAIRE (s)

| Composé | Expression K_{ps} | Concentration à l'équilibre (M) | | Relation entre K_{ps} et s |
		Cation	Anion	
$AgCl$	$[Ag^+][Cl^-]$	s	s	$K_{ps} = s^2$; $s = (K_{ps})^{1/2}$
$BaSO_4$	$[Ba^{2+}][SO_4^{2-}]$	s	s	$K_{ps} = s^2$; $s = (K_{ps})^{1/2}$
Ag_2CO_3	$[Ag^+]^2[CO_3^{2-}]$	$2s$	s	$K_{ps} = 4s^3$; $s = \left(\dfrac{K_{ps}}{4}\right)^{1/3}$
PbF_2	$[Pb^{2+}][F^-]^2$	s	$2s$	$K_{ps} = 4s^3$; $s = \left(\dfrac{K_{ps}}{4}\right)^{1/3}$
$Al(OH)_3$	$[Al^{3+}][OH^-]^3$	s	$3s$	$K_{ps} = 27s^4$; $s = \left(\dfrac{K_{ps}}{27}\right)^{1/4}$
$Ca_3(PO_4)_2$	$[Ca^{2+}]^3[PO_4^{3-}]^2$	$3s$	$2s$	$K_{ps} = 108s^5$; $s = \left(\dfrac{K_{ps}}{108}\right)^{1/5}$

La prédiction des réactions de précipitation

À partir des règles de solubilité (*section 1.2*) et des produits de solubilité donnés au tableau 6.3, on peut prédire s'il y aura ou non formation d'un précipité quand on mélange deux solutions.

EXEMPLE 6.11   La prédiction d'une réaction de précipitation

On ajoute exactement 200 mL de $BaCl_2$ 0,0040 M à exactement 600 mL de K_2SO_4 0,0080 M. Y aura-t-il formation d'un précipité ?

Réponse : Selon les règles de solubilité 5 et 7, données à la page 7, le seul précipité qui pourrait se former est $BaSO_4$:

$$Ba^{2+}(aq) + SO_4^{2-}(aq) \longrightarrow BaSO_4(s)$$

Le nombre de moles de Ba^{2+} présentes dans le volume de 200 mL de la solution de $BaCl_2$ est

$$200 \text{ mL} \times \frac{0,0040 \text{ mol } Ba^{2+}}{1 \text{ L solution}} \times \frac{1 \text{ L}}{1000 \text{ mL}} = 8,0 \times 10^{-4} \text{ mol } Ba^{2+}$$

Le volume total est de 800 mL après le mélange des deux solutions. La concentration de Ba^{2+} est

$$[Ba^{2+}] = \frac{8,0 \times 10^{-4} \text{ mol}}{800 \text{ mL}} \times \frac{1000 \text{ mL}}{1 \text{ L solution}}$$

$$= 1,0 \times 10^{-3} \text{ } M$$

Le nombre de moles de SO_4^{2-} dans la solution originale de 600 mL est

$$600 \text{ mL} \times \frac{0,0080 \text{ mol } SO_4^{2-}}{1 \text{ L solution}} \times \frac{1 \text{ L}}{1000 \text{ mL}} = 4,8 \times 10^{-3} \text{ mol } SO_4^{2-}$$

La concentration de SO_4^{2-} dans cette solution d'un volume total de 800 mL est

$$[SO_4^{2-}] = \frac{4,8 \times 10^{-3} \text{ mol}}{800 \text{ mL}} \times \frac{1000 \text{ mL}}{1 \text{ L solution}}$$

$$= 6,0 \times 10^{-3} \text{ } M$$

Maintenant, nous pouvons comparer Q et K_{ps}. Selon le tableau 6.3, la valeur de K_{ps} pour $BaSO_4$ est de $1,1 \times 10^{-10}$. La valeur de Q est

$$Q = [Ba^{2+}]_0[SO_4^{2-}]_0$$

$$= (1,0 \times 10^{-3})(6,0 \times 10^{-3})$$

$$= 6,0 \times 10^{-6}$$

Alors,

$$Q > K_{ps}$$

Problème semblable : 6.47

La solution est sursaturée, car la valeur de Q indique que les concentrations des ions sont trop élevées. Il y aura donc précipitation de $BaSO_4$ jusqu'à ce que

$$[Ba^{2+}][SO_4^{2-}] = 1,1 \times 10^{-10}$$

EXERCICE

Si l'on verse 2,00 mL de NaOH 0,200 M dans 1,00 L de $CaCl_2$ 0,100 M, y aura-t-il précipitation ?

6.7 LA SÉPARATION DES IONS PAR PRÉCIPITATION SÉLECTIVE

Pour détecter la présence de certains cations métalliques en solution, les méthodes d'analyse chimique suivent souvent un protocole appelé *précipitation sélective* qui *met en évidence la présence d'une seule espèce à la fois en se basant sur la différence de solubilité de composés distincts, par une ou plusieurs réactions de précipitation successives.* Par exemple, l'addition d'ions sulfate à une solution contenant à la fois des ions potassium et baryum cause la précipitation de $BaSO_4$, ce qui a pour effet d'enlever presque tous les ions Ba^{2+} de la solution. L'autre possibilité de formation d'un composé était celle de produire du K_2SO_4, mais ce composé est soluble, donc les ions potassium resteront en solution. Le précipité de $BaSO_4$ peut donc être séparé de la solution par filtration.

Toutefois, même lorsqu'il y a formation de *deux* produits insolubles, il est encore possible de les séparer presque complètement par le choix du réactif approprié pour produire la précipitation. Par exemple, étudions le cas d'une solution qui contient des ions Cl^-, Br^- et I^-. Une façon de les séparer consiste à les transformer en halogénures d'argent insolubles. Comme l'indiquent les valeurs de K_{ps} dans le tableau en marge (*page 238*), la solubilité des halogénures décroît de AgCl à AgI. Ainsi, en ajoutant *lentement* une solution d'un composé soluble comme le nitrate d'argent, AgI commence à précipiter le premier, suivi de AgBr et de AgCl.

Composé	K_{ps}
AgCl	$1,6 \times 10^{-10}$
AgBr	$7,7 \times 10^{-13}$
AgI	$8,3 \times 10^{-17}$

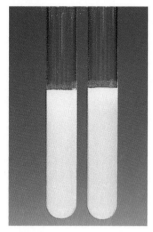

AgCl (à gauche) et AgBr (à droite).

NOTE

Si l'on compare les K_{ps} de deux composés de stœchiométries différentes, par exemple $BaCO_3$ et Ag_2CO_3, on ne peut pas se fier seulement aux valeurs de K_{ps} pour savoir lequel des deux est le moins soluble. Pourquoi?

Problèmes semblables:
6.49 et 6.50

Les exemples suivants décrivent la séparation de seulement deux ions (Cl^- et Br^-), mais la même procédure peut être appliquée à une solution contenant plus de deux espèces d'ions si les précipités formés ont des solubilités différentes.

EXEMPLE 6.12   Le calcul de la concentration nécessaire d'un réactif pour pouvoir amorcer une précipitation sélective

On ajoute goutte à goutte du nitrate d'argent à une solution contenant des ions Cl^- 0,020 M et des ions Br^- 0,020 M. Calculez la concentration minimale requise en ions Ag^+ (en mol/L) pour amorcer la précipitation de AgBr sans provoquer celle de AgCl.

Réponse: La valeur du K_{ps} de AgBr étant plus petite que celle de AgCl (*tableau 6.3*), AgBr précipitera en premier.

Pour AgBr, on écrit

$$K_{ps} = [Ag^+][Br^-]$$

La concentration de Br^- étant déjà fixée à 0,020 M, la concentration minimale de Ag^+ qui pourrait faire que le produit ionique soit égal au K_{ps} est

$$[Ag^+] = \frac{K_{ps}}{[Br^-]} = \frac{7,7 \times 10^{-13}}{0,020}$$

$$= 3,9 \times 10^{-11}$$

Il faudra donc $[Ag^+] > 3,9 \times 10^{-11}$ pour amorcer la précipitation de AgBr.

Pour AgCl,

$$K_{ps} = [Ag^+][Cl^-]$$

$$[Ag^+] = \frac{K_{ps}}{[Cl^-]} = \frac{1,6 \times 10^{-10}}{0,020}$$

$$= 8,0 \times 10^{-9} \, M$$

Il faut donc $[Ag^+] > 8,0 \times 10^{-9}$ pour amorcer la précipitation de AgCl.
La précipitation de AgBr sans la précipitation des ions Cl^- sera donc possible si $[Ag^+]$ est supérieure à $3,9 \times 10^{-11}$ M et inférieure à $8,0 \times 10^{-9}$ M.

EXERCICE

Les produits de solubilité de AgCl et de Ag_3PO_4 sont respectivement $1,6 \times 10^{-10}$ et $1,8 \times 10^{-18}$. Supposons qu'on ajoute des ions Ag^+ (sans changer le volume) à 1,00 L d'une solution contenant 0,10 mol de Cl^- et 0,10 mol de PO_4^{3-}. Calculez la concentration requise en ions Ag^+ (en moles par litre) pour que la précipitation s'amorce dans chacun des cas suivants: a) précipitation de AgCl, b) précipitation de Ag_3PO_4.

À la suite de l'exemple 6.12, on est porté à se poser la question suivante. Quelle est la concentration résiduelle des ions Br^- en solution au moment où AgCl commence à précipiter? Sachant que $[Ag^+] = 8,0 \times 10^{-9}$ M, on a

$$[Br^-] = \frac{K_{ps}}{[Ag^+]}$$

$$= \frac{7,7 \times 10^{-13}}{8,0 \times 10^{-9}}$$

$$= 9,6 \times 10^{-5} \, M$$

Le pourcentage de Br⁻ restant en solution (le Br⁻ *non* précipité) à cette concentration critique de Ag⁺ est

$$\text{pourcentage de Br}^- = \frac{[\text{Br}^-]_{\text{non précipité}}}{[\text{Br}^-]_{\text{initiale}}} \times 100\%$$

$$= \frac{9,6 \times 10^{-5}\,M}{0,020\,M} \times 100\%$$

$$= 0,48\% \text{ de Br}^- \text{ non précipité}$$

Ainsi, $(100 - 0,48)\%$, ou $99,52\%$, du Br⁻ aura précipité sous forme de AgBr juste avant que AgCl ne commence à précipiter. Ce processus permet donc de séparer quantitativement les ions Cl⁻.

6.8 L'EFFET D'ION COMMUN ET LA SOLUBILITÉ

À la section 6.2, nous avons discuté l'effet de l'ion commun sur l'ionisation des bases et des acides. Cet effet d'ion commun s'applique tout aussi bien aux équilibres de solubilité. La solubilité d'un composé peut être modifiée par la présence d'un ion commun. Voyons comment.

La précipitation d'un composé ionique se produit dès que la valeur du produit ionique dépasse la valeur de la constante du produit de solubilité K_{ps} de cette substance. Dans une solution saturée de AgCl, par exemple, le produit ionique $[\text{Ag}^+][\text{Cl}^-]$ est évidemment égal à K_{ps} et, de plus, on peut déduire par la stœchiométrie que $[\text{Ag}^+] = [\text{Cl}^-]$. Toutefois cette égalité ne s'applique pas dans tous les cas.

Supposons que nous sommes en présence d'une solution de deux substances qui ont un ion en commun, disons AgCl et AgNO₃. En plus de la faible dissociation possible de AgCl qui constitue une première source de Ag⁺, il y en a une deuxième qui contribue à la concentration totale des ions argent en solution :

$$\text{AgNO}_3(s) \xrightarrow{\text{H}_2\text{O}} \text{Ag}^+(aq) + \text{NO}_3^-(aq)$$

Si l'on ajoute du AgNO₃ à une solution saturée en AgCl, l'accroissement de $[\text{Ag}^+]$ va rendre le produit ionique supérieur au produit de solubilité (K_{ps}) :

$$Q = [\text{Ag}^+]_0[\text{Cl}^-]_0 > K_{\text{ps}}$$

Un nouvel équilibre va s'établir par la formation d'une certaine quantité d'un précipité de AgCl, en accord avec le principe de Le Chatelier, jusqu'à ce que la valeur du produit ionique soit de nouveau égale à celle de K_{ps}. L'ajout d'un ion déjà présent dans la solution (ion commun) se solde donc par une *diminution* de la solubilité du composé ionique (AgCl) en solution. Notez que, dans ce cas, $[\text{Ag}^+]$ n'est plus égale à $[\text{Cl}^-]$. On a plutôt la relation $[\text{Ag}^+] > [\text{Cl}^-]$.

NOTE

À une température constante, pour un composé donné, c'est seulement sa solubilité qui est modifiée (elle diminue) par l'effet d'ion commun. Quant à son produit de solubilité, une constante d'équilibre, il demeure le même en présence ou non d'autres substances en solution.

EXEMPLE 6.13 **L'effet d'ion commun sur la solubilité**

Calculez la solubilité du chlorure d'argent (en grammes par litre) dans une solution de nitrate d'argent à $6,5 \times 10^{-3}$ M.

Réponse: Rappelons que dans un tel problème portant sur l'effet d'ion commun, la présence de l'ion commun Ag^+ n'influe pas sur la valeur du K_{ps} de AgCl. Voici les étapes à suivre.

Étape 1: Les espèces importantes en solution qu'il faut considérer ici sont les ions Ag^+ (provenant à la fois de AgCl et de $AgNO_3$) ainsi que les ions Cl^-. Les ions NO_3^- sont des ions spectateurs.

Étape 2: Puisque $AgNO_3$ est à la fois soluble et un électrolyte fort, il se dissocie complètement:

$$AgNO_3(s) \xrightarrow{\text{H}_2\text{O}} \quad Ag^+(aq) \quad + \quad NO_3^-(aq)$$
$$6,5 \times 10^{-3}\ M \quad 6,5 \times 10^{-3}\ M$$

Soit s la solubilité molaire de AgCl dans une solution de $AgNO_3$. Les variations de concentrations se résument ainsi:

	AgCl(s) $\rightleftharpoons$	$Ag^+(aq)$	$+ Cl^-(aq)$
Concentration initiale (M):		$6,5 \times 10^{-3}$	0,0
Variation (M):		$+s$	$+s$
Concentration à l'équilibre (M):		$(6,5 \times 10^{-3} + s)$	s

Étape 3:

$$K_{ps} = [Ag^+][Cl^-]$$

$$1,6 \times 10^{-10} = (6,5 \times 10^{-3} + s)(s)$$

Puisque AgCl est très peu soluble et que la présence d'ions Ag^+ provenant de $AgNO_3$ en réduit encore plus la solubilité, la valeur de s doit être très petite par rapport à $6,5 \times 10^{-3}$. C'est pourquoi, en appliquant l'approximation $6,5 \times 10^{-3} + s \simeq 6,5 \times 10^{-3}$, nous obtenons

$$1,6 \times 10^{-10} = 6,5 \times 10^{-3}\ s$$

$$s = 2,5 \times 10^{-8}\ M$$

Étape 4: À l'équilibre:

$$[Ag^+] = (6,5 \times 10^{-3} + 2,5 \times 10^{-8})\ M \simeq 6,5 \times 10^{-3}\ M$$

$$[Cl^-] = 2,5 \times 10^{-8}\ M$$

L'approximation $6,5 \times 10^{-3} + 2,5 \times 10^{-8} \simeq 6,5 \times 10^{-3}$ était donc tout à fait justifiée à l'étape 3. Puisque tous les ions Cl^- doivent provenir de AgCl, s est donc la solubilité molaire de AgCl dissoute dans la solution de $AgNO_3$ et vaut donc $2,5 \times 10^{-8}\ M$. En connaissant la masse molaire de AgCl (143,4 g/mol), nous pouvons dès lors calculer sa solubilité:

$$\text{solubilité de AgCl dans une solution de } AgNO_3 = \frac{2,5 \times 10^{-8}\ \text{mol AgCl}}{1\ \text{L solution}} \times \frac{143,3\ \text{g AgCl}}{1\ \text{mol AgCl}}$$

$$= 3,6 \times 10^{-6}\ \text{g/L}$$

Commentaire: la solubilité de AgCl dans l'eau pure est de $1,9 \times 10^{-3}$ g/L (*voir* l'exercice de l'exemple 6.10). La plus faible solubilité de AgCl en présence de $AgNO_3$ est donc plausible.

EXERCICE

Calculez la solubilité (en grammes par litre) de AgBr: a) dans l'eau pure; et b) dans NaBr 0,0010 *M*.

6.9   LE pH ET LA SOLUBILITÉ

Le pH peut faire varier la solubilité d'un grand nombre de composés. Par exemple, voyons le cas de l'hydroxyde de magnésium:

$$Mg(OH)_2(s) \rightleftharpoons Mg^{2+}(aq) + 2OH^-(aq)$$

En ajoutant des ions OH^-, le pH augmente et l'équilibre se déplace vers la gauche (c'est encore un effet d'ion commun), ce qui rend le $Mg(OH)_2$ moins soluble. Par contre, en ajoutant des ions H^+, le pH diminue et l'équilibre se déplace cette fois vers la droite, ce qui correspond à une augmentation de la solubilité du $Mg(OH)_2$. On peut donc parvenir ainsi à dissoudre des bases ou des acides normalement insolubles en ajustant correctement le pH. Les bases insolubles ont tendance à se dissoudre en milieu acide, et les acides insolubles ont tendance à se dissoudre en milieu basique.

Voyons de plus près, de manière quantitative, comment le pH influe sur la solubilté du $Mg(OH)_2$. Commençons par calculer le pH d'une solution saturée de $Mg(OH)_2$:

$$K_{ps} = [Mg^{+2}][OH^-]^2 = 1,2 \times 10^{-11}$$

Soit *s* la solubilité molaire de $Mg(OH)_2$. Procédons comme dans l'exemple 6.10,

$$K_{ps} = (s)(2s)^2 = 4$$

$$4s^3 = 1,2 \times 10^{-11}$$

$$s^3 = 3,0 \times 10^{-12}$$

$$s = 1,4 \times 10^{-4} \ M$$

On a donc, à l'équilibre,

$$[OH^-] = 2 \times 1,4 \times 10^{-4} \ M = 2,28 \times 10^{-4} \ M$$

$$pOH = -\log(2,8 \times 10^{-4}) = 3,55$$

$$pH = 14,00 - 3,55 = 10,45$$

Dans un milieu dont le pH est inférieur à 10,45, la solubilité de $Mg(OH)_2$ augmente. Un pH plus bas veut dire que $[H^+]$ augmente, donc que $[OH^-]$ diminue comme on peut le prédire d'après $K_{eau} = [H^+][OH^-]$. En conséquence, $[Mg^{+2}]$ augmente pour établir un nouvel état d'équilibre, ce qui correspond à une augmentation de solubilité. On peut résumer ainsi le phénomène de la dissolution en présence d'une augmentation d'ions H^+:

$$Mg(OH)_2(s) \rightleftharpoons Mg^{2+}(aq) + 2OH^-(aq)$$

$$2H^+(aq) + 2OH^-(aq) \rightleftharpoons 2H_2O(l)$$

Équation globale: $Mg(OH)_2(s) + 2\ H^+(aq) \rightleftharpoons Mg^{2+}(aq) + 2H_2O(l)$

Si le pH du milieu était supérieur à 10,45, [OH$^-$] serait plus grande et la solubilité de Mg(OH)$_2$ diminuerait par l'effet de l'ion commun [OH$^-$].

Le pH influe aussi sur la solubilité de sels constitués d'un anion basique. Par exemple, l'équilibre de solubilité pour BaF$_2$ est

$$BaF_2 \ (s) \rightleftharpoons Ba^{2+}(aq) + 2F^-(aq)$$

et

$$K_{ps} = [Ba^{+2}][F^-]^2$$

NOTE

Rappelez-vous que HF est un acide faible.

En milieu acide, la forte concentration de H$^+$ va faire en sorte de déplacer l'équilibre suivant de la gauche vers la droite :

$$H^+(aq) + F^-(aq) \rightleftharpoons HF(aq)$$

Quand [F$^-$] diminue, [Ba^{+2}] doit augmenter pour revenir à un équilibre, ce qui fait augmenter la quantité de BaF$_2$ dissoute. On peut résumer ainsi le phénomène de la dissolution et de l'influence du pH sur la solubilté du BaF$_2$:

$$BaF_2(s) \rightleftharpoons Ba^{2+}(aq) + 2F^-(aq)$$

$$\underline{2H^+(aq) + 2F^-(aq) \rightleftharpoons 2HF(aq)}$$

Équation globale : $BaF_2(s) + 2H^+(aq) \rightleftharpoons Ba^{2+}(aq) + 2HF(aq)$

Le pH n'a pas d'effet sur la solubilité des sels dont les anions ne s'hydrolysent pas. C'est le cas, par exemple, des anions Cl$^-$, Br$^-$ et I$^-$.

EXEMPLE 6.14   L'effet du pH sur la solubilité

Pour chacun des composés suivants, prévoyez s'il sera plus soluble en milieu acide que dans l'eau : a) CuS, b) AgCl, c) PbSO$_4$.

Réponse : a) Le CuS sera plus soluble en milieu acide parce que l'anion S^{2-} est une base. L'équilibre de solubilité et celui de l'acide-base se résument ainsi :

$$CuS(s) \rightleftharpoons Cu^{2+}(aq) + S^{2-}(aq)$$

$$S^{2-}(aq) + H^+(aq) \rightleftharpoons HS^-(aq)$$

$$\underline{HS^-(aq) + H^+(aq) \rightleftharpoons H_2S(aq)}$$

Équation globale : $CuS(s) + 2H^+(aq) \rightleftharpoons Cu^{2+}(aq) + H_2S(aq)$

HS$^-$ et H$_2$S étant tous deux des acides faibles, l'équilibre ci-dessus se fera surtout en faveur des produits, donc CuS sera plus soluble.

b) L'équilibre de solubilité est

$$AgCl(s) \rightleftharpoons Ag^+(aq) + Cl^-(aq)$$

Du fait que Cl$^-$ est la base conjuguée d'un acide fort (HCl), la solubilité de AgCl n'est pas touchée par le milieu acide.

c) PbSO$_4$ sera plus soluble en milieu acide car SO$_4^{2-}$ est basique. L'équilibre suivant résume ce qui se produit :

$$PbSO_4(s) \rightleftharpoons Pb^{2+}(aq) + SO_4^{2-}(aq)$$

$$\underline{SO_4^{2-}(aq) + H^+(aq) \rightleftharpoons HSO_4^-(aq)}$$

Équation globale : $PbSO_4(s) + H^+(aq) \rightleftharpoons Pb^{2+}(aq) + HSO_4^-(aq)$

Problème semblable : 6.58

Cependant, comme HSO_4^- est un acide dont la constante d'ionisation est assez grande (*tableau 5.5*), l'équilibre ci-dessus n'est que légèrement déplacé vers la droite. La solubilité du $PbSO_4$ ne fait donc qu'augmenter un peu en milieu acide.

EXERCICE

Les composés suivants sont-ils plus solubles dans une solution acide que dans l'eau ?
a) $Ca(OH)_2$, b) $Mg_3(PO_4)_2$, c) $PbBr_2$.

EXEMPLE 6.15   L'effet du pH sur la solubilité

Calculez quelle devrait être la concentration d'une solution aqueuse d'ammoniac nécessaire pour amorcer la précipitation de l'hydroxyde de fer(II) dans une solution de $FeCl_2$ 0,0030 *M*.

Réponse: L'ammoniac réagit avec l'eau pour produire des ions OH^-, lesquels réagissent ensuite avec Fe^{2+} pour former $Fe(OH)_2$. Les équilibres en jeu sont les suivants:

$$NH_3(aq) + H_2O(l) \rightleftharpoons NH_4^+(aq) + OH^-(aq)$$

$$Fe^{2+}(aq) + 2OH^-(aq) \rightleftharpoons Fe(OH)_2(s)$$

Calculons d'abord la concentration de OH^- minimale qui est nécessaire à un commencement de formation du précipité $Fe(OH)_2$. Écrivons:

$$K_{ps} = [Fe^{2+}][OH^-]^2 = 1,6 \times 10^{-14}$$

Du fait que $FeCl_2$ est un électrolyte fort, $[Fe^{2+}] = 0,0030$ *M* et

$$[OH^-]^2 = \frac{1,6 \times 10^{-14}}{0,0030} = 5,3 \times 10^{-12}$$

$$[OH^-] = 2,3 \times 10^{-6} \, M$$

Ensuite, calculons la concentration de NH_3 qui peut fournir $2,3 \times 10^{-6} \, M$ en ions OH^-. Soit x la concentration initiale de NH_3 en moles par litre. Résumons les changements provoqués par l'ionisation de NH_3:

	$NH_3(aq)$ + $H_2O(l)$ $\rightleftharpoons$	$NH_4^+(aq)$	+ $OH^-(aq)$
Concentration initiale (*M*):	x	0,00	0,00
Variation (*M*):	$-2,3 \times 10^{-6}$	$+2,3 \times 10^{-6}$	$+2,3 \times 10^{-6}$
Concentration à l'équilibre (*M*):	$(x - 2,3 \times 10^{-6})$	$2,3 \times 10^{-6}$	$2,3 \times 10^{-6}$

Remplaçons les concentrations dans l'expression de la constante d'équilibre par leurs valeurs à l'équilibre:

$$K_b = \frac{[NH_4^+][OH^-]}{[NH_3]} = 1,8 \times 10^{-5}$$

$$\frac{(2,3 \times 10^{-6})(2,3 \times 10^{-6})}{(x - 2,3 \times 10^{-6})} = 1,8 \times 10^{-5}$$

En résolvant pour déterminer x, on obtient

Problème semblable: 6.62

$$x = 2,6 \times 10^{-6} \, M$$

LA CHIMIE EN ACTION

LE pH, LA SOLUBILITÉ ET LA CARIE DENTAIRE

La carie dentaire a ennuyé les humains durant des siècles. Encore aujourd'hui, même si on en connaît bien les causes, on ne peut la prévenir totalement.

Les dents sont protégées par une couche d'émail dur d'une épaisseur d'environ 2 mm ; cet émail est composé d'une substance minérale appelée hydroxyapatite [$Ca_5(PO_4)_3OH$]. Quand l'émail se dissout (un processus appelé déminéralisation), les ions se retrouvent en solution dans la salive :

$$Ca_5(PO_4)_3OH(s) \longrightarrow 5Ca^{2+}(aq) + 3PO_4^{3-}(aq) + OH^-(aq)$$

Puisque les phosphates de métaux alcalino-terreux (comme le calcium) sont insolubles, cette réaction se produit d'une façon limitée. Le processus inverse, appelé reminéralisation, constitue la défense naturelle de l'organisme contre la carie dentaire :

$$5Ca^{2+}(aq) + 3PO_4^{3-}(aq) + OH^-(aq) \longrightarrow Ca_5(PO_4)_3OH(s)$$

Chez les enfants, la minéralisation (fabrication de la couche d'émail) se fait plus rapidement que la déminéralisation ; chez les adultes, la déminéralisation et la reminéralisation se font presque à la même vitesse.

Après un repas, les bactéries de la bouche dégradent une certaine quantité de nourriture, ce qui produit des acides organiques comme l'acide acétique et l'acide lactique ($CH_3CH(OH)COOH$). Cette production d'acide est plus importante quand la nourriture contient beaucoup de sucre, comme c'est le cas pour les friandises, la crème glacée et les boissons sucrées. La diminution du pH qui accompagne ce phénomène provoque le retrait d'ions OH^- :

$$H^+(aq) + OH^-(aq) \longrightarrow H_2O(l)$$

La meilleure façon de combattre la carie est de manger peu de nourriture sucrée et de se brosser les dents immédiatement après chaque repas. La plupart des dentifrices contiennent du fluorure, comme NaF ou SnF_2, qui aide à prévenir la carie. Les ions F^- de ces composés remplacent certains des ions OH^- durant le processus de reminéralisation :

$$5Ca^{2+}(aq) + 3PO_4^{3-}(aq) + F^-(aq) \longrightarrow Ca_5(PO_4)_3F(s)$$

Puisque F^- est une base plus faible que OH^-, l'émail modifié obtenu, appelé fluorapatite, résiste mieux à l'acide.

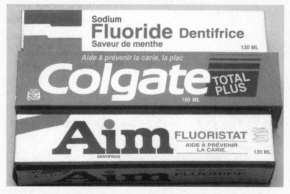

Les dentifrices commerciaux contiennent des composés fluorés pour combattre la carie dentaire.

Il faudra donc une concentration légèrement supérieure à $2,6 \times 10^{-6}$ M pour avoir un début de formation du précipité $Fe(OH)_2$.

EXERCICE

Prouvez s'il y aura formation ou non d'un précipité lorsqu'on ajoute 2,0 mL de NH_3 0,60 M à 1,0 mL de $FeSO_4$ $1,0 \times 10^{-3}$ M.

6.10 L'ÉQUILIBRE DES IONS COMPLEXES ET LA SOLUBILITÉ

Les réactions acido-basiques de Lewis dans lesquelles un cation métallique (receveur d'un doublet d'électrons) se combine à une base de Lewis (donneur d'un doublet d'électrons) se soldent par la formation d'un ion complexe:

$$Ag^+(aq) + 2NH_3(aq) \rightleftharpoons Ag(NH_3)_2^+(aq)$$
$$\text{Acide} \qquad \text{Base}$$

NOTE

On a déjà étudié les acides et les bases de Lewis à la section 5.11.

On peut définir un **ion complexe** comme un *ion contenant un cation métallique central lié à un ou à plusieurs ions ou molécules*. Ce type d'ion est impliqué dans de nombreux phénomènes chimiques et biologiques. Dans la présente section, nous verrons l'effet de la formation d'ions complexes sur la solubilité.

Les métaux de transition ont particulièrement tendance à former des ions complexes. Par exemple, une solution de chlorure de cobalt(II) est rose à cause de la présence d'ions $Co(H_2O)_6^{2+}$ (*figure 6.11*). Quand on y ajoute du HCl, la solution devient bleue à cause de la formation de l'ion complexe $CoCl_4^{2-}$:

$$Co^{2+}(aq) + 4Cl^-(aq) \rightleftharpoons CoCl_4^{2-}(aq)$$

Le sulfate de cuivre(II) ($CuSO_4$) se dissout dans l'eau pour former une solution bleue. Ce sont les ions cuivre(II) hydratés qui sont responsables de cette couleur; beaucoup d'autres sulfates (Na_2SO_4, par exemple) sont incolores. L'ajout de *quelques gouttes* d'une solution d'ammoniac concentrée à une solution de $CuSO_4$ provoque la formation d'un précipité bleu clair [l'hydroxyde de cuivre(II)]:

$$Cu^{2+}(aq) + 2OH^-(aq) \longrightarrow Cu(OH)_2(s)$$

où les ions OH^- sont fournis par la solution d'ammoniac. S'il y a ajout d'un *excès* de NH_3, le précipité bleu se dissout à nouveau pour former une solution bleu foncé: la couleur est due, cette fois, à la formation de l'ion complexe $Cu(NH_3)_4^{2+}$ (*figure 6.12*):

$$Cu(OH)_2(s) + 4NH_3(aq) \rightleftharpoons Cu(NH_3)_4^{2+}(aq) + 2OH^-(aq)$$

Figure 6.11 (*À gauche*) *Une solution aqueuse de chlorure de cobalt(II). La couleur rose est due à la présence d'ions $Co(H_2O)_6^{2+}$. (À droite) Après ajout d'une solution de HCl, la solution devient bleue à cause de la formation des ions complexes $CoCl_4^{2-}$.*

Figure 6.12 *(À gauche) Un bécher contenant une solution aqueuse de sulfate de cuivre(II). (Au centre) Après addition de quelques gouttes d'une solution d'ammoniac concentrée, il y a formation d'un précipité bleu clair de Cu(OH)₂. (À droite) Quand on ajoute un excès d'une solution d'ammoniac concentrée, le précipité de Cu(OH)₂ se dissout pour former les ions complexes Cu(NH₃)₄²⁺, responsables de la couleur bleu foncé.*

Donc, la formation de l'ion complexe $Cu(NH_3)_4^{2+}$ augmente la solubilité de $Cu(OH)_2$.

La ***constante de formation*** $\mathbf{K_f}$ (aussi appelée constante de stabilité ou de complexation) exprime la tendance d'un ion métallique à former un ion complexe particulier ; cette constante est la *constante d'équilibre pour la formation d'un ion complexe*. Plus la valeur de K_f est grande, plus l'ion complexe est stable. Le tableau 6.5 donne les constantes de formation de certains ions complexes.

On peut exprimer la formation de l'ion $Cu(NH_3)_4^{2+}$ de la manière suivante :

$$Cu^{2+}(aq) + 4NH_3(aq) \rightleftharpoons Cu(NH_3)_4^{2+}(aq)$$

pour laquelle la constante de formation est

$$K_f = \frac{[Cu(NH_3)_4^{2+}]}{[Cu^{2+}][NH_3]^4}$$

$$= 5{,}0 \times 10^{13}$$

Dans ce cas, la très grande valeur de K_f traduit la grande stabilité de l'ion complexe en solution et explique la très faible concentration d'ions cuivre(II).

TABLEAU 6.5 LES CONSTANTES DE FORMATION DE CERTAINS IONS COMPLEXES DANS L'EAU À 25 °C

Ion complexe	Expression de l'équilibre			Constante de formation (K_f)
$Ag(NH_3)_2^+$	$Ag^+ + 2NH_3$	$\rightleftharpoons$	$Ag(NH_3)_2^+$	$1{,}5 \times 10^7$
$Ag(CN)_2^-$	$Ag^+ + 2CN^-$	$\rightleftharpoons$	$Ag(CN)_2^-$	$1{,}0 \times 10^{21}$
$Cu(CN)_4^{2-}$	$Cu^{2+} + 4CN^-$	$\rightleftharpoons$	$Cu(CN)_4^{2-}$	$1{,}0 \times 10^{25}$
$Cu(NH_3)_4^{2+}$	$Cu^{2+} + 4NH_3$	$\rightleftharpoons$	$Cu(NH_3)_4^{2+}$	$5{,}0 \times 10^{13}$
$Cd(CN)_4^{2-}$	$Cd^{2+} + 4CN^-$	$\rightleftharpoons$	$Cd(CN)_4^{2-}$	$7{,}1 \times 10^{16}$
CdI_4^{2-}	$Cd^{2+} + 4I^-$	$\rightleftharpoons$	CdI_4^{2-}	$2{,}0 \times 10^6$
$HgCl_4^{2-}$	$Hg^{2+} + 4Cl^-$	$\rightleftharpoons$	$HgCl_4^{2-}$	$1{,}7 \times 10^{16}$
HgI_4^{2-}	$Hg^{2+} + 4I^-$	$\rightleftharpoons$	HgI_4^{2-}	$2{,}0 \times 10^{30}$
$Hg(CN)_4^{2-}$	$Hg^{2+} + 4CN^-$	$\rightleftharpoons$	$Hg(CN)_4^{2-}$	$2{,}5 \times 10^{41}$
$Co(NH_3)_6^{3+}$	$Co^{3+} + 6NH_3$	$\rightleftharpoons$	$Co(NH_3)_6^{3+}$	$5{,}0 \times 10^{31}$
$Zn(NH_3)_4^{2+}$	$Zn^{2+} + 4NH_3$	$\rightleftharpoons$	$Zn(NH_3)_4^{2+}$	$2{,}9 \times 10^9$

EXEMPLE 6.16 **Calcul de la concentration à l'équilibre d'un ion, par suite de la formation d'un complexe**

On ajoute 0,20 mol de $CuSO_4$ à 1 L de solution NH_3 1,20 M. Quelle est la concentration des ions Cu^{+2} à l'équilibre?

Réponse: Il y aura formation d'un complexe qui sera par après en équilibre avec les ions Cu^{+2}.

L'équation de la formation du complexe est

$$Cu^{+2}(aq) + 4NH_3(aq) \rightleftharpoons Cu(NH_3)_4^{2+}(aq)$$

Étape 1: Puisque la valeur de la constante de formation (*tableau 6.5*) est très élevée ($5,0 \times 10^{13}$), considérons d'abord cette réaction comme étant une réaction totale (complète) et calculons les concentrations des espèces à la fin de cette réaction. En examinant la stœchiométrie et les quantités en jeu, on constate que l'ion Cu^{+2} est le réactif limitant.

	$Cu^{+2}(aq)$	+	$4NH_3(aq)$	$\longrightarrow$	$Cu(NH_3)_4^{2+}(aq)$
Concentration initiale (M):	0,20		1,20		0
Variation (M):	$-0,20$		$-0,80$		$+0,20$
Concentration finale (M):	0		0,40		0,20

Étape 2: Supposons maintenant qu'à la suite de cette réaction totale, il s'établit un équilibre (une réaction inverse très peu favorable mais qui a tout de même lieu). Calculons la concentration de Cu^{+2} à l'équilibre. Soit x le nombre de moles par litre du complexe qui se dissocie.

	$Cu^{+2}(aq)$	+	$4\,NH_3(aq)$	$\rightleftharpoons$	$Cu(NH_3)_4^{2+}(aq)$
Concentration initiale (M):	0		0,40		0,20
Variation (M):	$+x$		$+4x$		$-x$
Concentration à l'équilibre (M):	x		$0,40 + x$		$0,20 - x$

Comme on sait que la réaction aura très peu tendance à se produire vers la gauche, on peut faire les deux approximations suivantes: $0,40 + x \simeq 0,40$ et $0,20 - x \simeq 0,20$.

L'expression de la constante d'équilibre avec les valeurs des concentrations à l'équilibre est

$$K_f = 5,0 \times 10^{13} = \frac{[Cu(NH_3)_4^{2+}]}{[Cu^{+2}][NH_3]^4} = \frac{0,20}{x(0,40)^4}$$

En résolvant pour déterminer x, on obtient

$$x = 1,6 \times 10^{-13}\ M = [Cu^{2+}]$$

Cette concentration très faible de $[Cu^{2+}]$ à l'équilibre par rapport à la concentration initiale confirme la validité des approximations.

Problème semblable: 6.67

EXERCICE

Si on dissout 2,50 g de $CuSO_4$ dans $9,0 \times 10^2$ mL de NH_3 0,30 M, quelles sont les concentrations de Cu^{+2}, de $Cu(NH_3)_4^{2+}$ et de NH_3 à l'équilibre?

EXEMPLE 6.17   **L'influence de la formation d'un complexe sur la solubilité d'une substance**

Calculez la solubilité molaire de AgCl dans une solution de NH_3 1,0 M.

Réponse: On peut constater au tableau 6.5 que Ag^+ forme un ion complexe avec NH_3. Il faudra donc déterminer la concentration de cet ion complexe pour pouvoir déterminer la solubilité de AgCl dans la solution d'ammoniac.

Étape 1: Au début, les espèces en solution sont les ions Ag^+, Cl^- et NH_3. C'est la réaction entre Ag^+ et NH_3 qui produit l'ion complexe $Ag(NH_3)_2^+$.

Étape 2: Les systèmes à l'équilibre sont les suivants:

$$AgCl(s) \rightleftharpoons Ag^+(aq) + Cl^-(aq)$$

$$K_{ps} = [Ag^+][Cl^-] = 1,6 \times 10^{-10}$$

$$Ag^+(aq) + 2NH_3(aq) \rightleftharpoons Ag(NH_3)_2^+(aq)$$

$$K_f = \frac{[Ag(NH_3)_2^+]}{[Ag^+][NH_3]^2} = 1,5 \times 10^7$$

Équation globale: $AgCl(s) + 2NH_3(aq) \rightleftharpoons Ag(NH_3)_2^+(aq) + Cl^-(aq)$

La constante d'équilibre K de la réaction globale est le produit des constantes d'équilibre des réactions individuelles (*section 4.2*):

$$K = K_{ps}K_f = \frac{[Ag(NH_3)_2^+][Cl^-]}{[NH_3]^2}$$

$$= (1,6 \times 10^{-10})(1,5 \times 10^7)$$

$$= 2,4 \times 10^{-3}$$

Soit s la solubilité molaire de AgCl (en moles par litre). Résumons ainsi les changements des concentrations à la suite de la formation de l'ion complexe:

	$AgCl(s) + 2NH_3(aq) \rightleftharpoons$	$Ag(NH_3)_2^+(aq)$	$+ Cl^-(aq)$
Concentration initiale (M):	1,0	0,0	0,0
Variation (M):	$-2s$	$+s$	$+s$
Concentration à l'équilibre (M):	$(1,0 - 2s)$	s	s

La constante de formation de $Ag(NH_3)_2^+$ est suffisamment grande pour permettre la complexation de la majorité des ions argent. En l'absence d'ammoniac, à l'équilibre, $[Ag^+] = [Cl^-]$, mais en sa présence nous avons plutôt $[Ag(NH_3)_2^+] = [Cl^-]$.

Étape 3:

$$K = \frac{(s)(s)}{(1,0 - 2s)^2}$$

$$2,4 \times 10^{-3} = \frac{s^2}{(1,0 - 2s)^2}$$

En extrayant la racine carrée des deux côtés, on obtient

$$0,049 = \frac{s}{1,0 - 2s}$$

$$s = 0,045 \; M$$

Problème semblable : 6.70

La solubilité de AgCl dans 1 L de NH_3 1,0 M est donc de 0,045 mol/L.

Commentaire : la solubilité molaire de AgCl dans l'eau pure est $1,3 \times 10^{-5}\,M$. La formation de l'ion complexe $[Ag(NH_3)_2^+]$ fait donc augmenter la solubilité de AgCl (*figure 6.13*).

EXERCICE

Calculez la solubilité molaire de AgBr dans une solution de NH_3 1,0 M.

Figure 6.13 *(De gauche à droite) Formation d'un précipité de AgCl au cours de l'addition d'une solution de AgNO₃ dans une solution de NaCl. Ensuite, en ajoutant une solution de NH₃, le précipité se dissout en formant les ions Ag(NH₃)₂⁺, un ion complexe soluble.*

Finalement, notons qu'il y a une classe d'hydroxydes, appelés *hydroxydes amphotères* qui peuvent réagir avec les acides comme avec les bases. On y trouve $Al(OH)_3$, $Pb(OH)_2$, $Cr(OH)_3$, $Zn(OH)_2$ et $Cd(OH)_2$. Par exemple, l'hydroxyde d'aluminium réagit avec les acides et avec les bases de la manière suivante :

NOTE

Tous les hydroxydes amphotères sont des composés insolubles.

$$Al(OH)_3(s) + 3H^+(aq) \longrightarrow Al^{3+}(aq) + 3H_2O(l)$$

$$Al(OH)_3(s) + OH^-(aq) \rightleftharpoons Al(OH)_4^-(aq)$$

L'augmentation de la solubilité de $Al(OH)_3$ en milieu basique est le résultat de la formation de l'ion complexe $Al(OH)_4^-$, dans lequel $Al(OH)_3$ agit comme un acide de Lewis et OH^- comme une base de Lewis (*figure 6.14*). Les autres hydroxydes amphotères agissent de façon semblable.

Figure 6.14 *(À gauche) Il y a formation d'un précipité de Al(OH)₃ quand on ajoute une solution de NaOH à une solution de Al(NO₃)₃. (À droite) On ajoute encore de la solution de NaOH, ce qui provoque la dissolution du précipité Al(OH)₃, à cause de la formation de l'ion complexe [Al(OH)₄⁻].*

6.11 L'APPLICATION DU PRINCIPE DE L'ÉQUILIBRE DE SOLUBILITÉ À L'ANALYSE QUALITATIVE

À la section 1.6, nous avons parlé du principe de l'analyse gravimétrique, grâce à laquelle on peut mesurer la quantité d'un ion donné dans un échantillon d'une substance inconnue. Ici, nous parlerons brièvement de l'**analyse qualitative,** c'est-à-*dire d'une méthode d'identification des ions présents dans une solution.* Nous limiterons notre exposé à l'identification des cations.

On peut facilement analyser 20 cations courants en solution aqueuse. On divise d'abord ces cations en cinq groupes selon les produits de solubilité de leurs sels insolubles (*tableau 6.6*). Puisqu'une solution inconnue peut contenir un ou plusieurs de ces 20 ions, il faut effectuer l'analyse de manière systématique en partant du groupe 1 jusqu'au groupe 5. Utilisons le procédé général de séparation des ions par l'ajout de réactifs qui vont permettre la formation de précipités.

- *Les cations du groupe 1.* Quand on ajoute du HCl dilué dans la solution inconnue, seuls les ions Ag^+, Hg_2^{2+} et Pb^{2+} forment des précipités : des chlorures insolubles. Les autres ions, dont les chlorures sont solubles, restent en solution.

- *Les cations du groupe 2.* Une fois les précipités de chlorure retirés par filtration, on fait réagir du sulfure d'hydrogène avec la solution acide inconnue. En milieu acide, la concentration d'ions S^{2-} en solution est négligeable. Alors, la précipitation des sulfures de métaux s'exprime ainsi :

$$M^{2+}(aq) + H_2S(aq) \rightleftharpoons MS(s) + 2H^+(aq)$$

L'ajout d'acide à la solution déplace l'équilibre vers la gauche de sorte que seuls les sulfures de métaux les moins solubles (ceux pour lesquels les valeurs de K_{ps} sont les plus petites) précipiteront. Ce sont Bi_2S_3, CdS, CuS et SnS.

NOTE

On applique ici le principe de la précipitation sélective déjà vu à la section 6.7.

- *Les cations du groupe 3.* À ce stade, on ajoute de l'hydroxyde de sodium à la solution pour la rendre basique. En solution basique, l'équilibre ci-dessus se déplace vers la droite. Alors, les sulfures plus solubles (CoS, FeS, MnS, NiS ZnS) précipitent. Notez que les ions Al^{3+} et Cr^{3+} forment des précipités qui sont des hydroxydes [$Al(OH)_3$ et $Cr(OH)_3$] plutôt que des sulfures, car les hydroxydes sont moins solubles. On retire alors les sulfures et les hydroxydes insolubles par filtration.

- *Les cations du groupe 4.* Une fois tous les cations des groupes 1, 2 et 3 retirés de la solution, on ajoute du carbonate de sodium à la solution basique pour que les ions Ba^{2+}, Ca^{2+} et Sr^{2+} forment les précipités $BaCO_3$, $CaCO_3$ et $SrCO_3$. On retire ces précipités également par filtration.

- *Les cations du groupe 5.* À ce stade, les seuls cations qui peuvent rester en solution sont Na^+, K^+ et NH_4^+. On peut déceler la présence d'ions NH_4^+ par l'ajout d'hydroxyde de sodium :

$$NaOH(aq) + NH_4^+(aq) \longrightarrow Na^+(aq) + H_2O(l) + NH_3(g)$$

On peut déceler l'ammoniac gazeux par son odeur caractéristique ou en plaçant un papier tournesol rouge humide au-dessus de la solution, en présence d'ammoniac, ce papier devient bleu. Pour confirmer la présence d'ions Na^+ et K^+, on utilise habituellement un *test d'émission à la flamme* : on plonge un fil de platine (choisi parce que le platine est inerte) dans la solution et on le place ensuite dans la flamme d'un bec Bunsen. La flamme change alors de couleur selon le type d'ion métallique présent. Par exemple, la couleur émise par l'ion Na^+ est jaune, celle de l'ion K^+ est violette et celle de l'ion Cu^{2+} est verte (*figure 6.15*).

NOTE

Il ne faut pas confondre les groupes du tableau 6.6, qui sont basés sur les valeurs du K_{ps}, avec les groupes du tableau périodique.

TABLEAU 6.6   LA SÉPARATION DES CATIONS EN GROUPES SELON LEURS RÉACTIONS DE PRÉCIPITATION AVEC DIFFÉRENTS RÉACTIFS

Groupe	Cation	Réactifs de précipitation	Composé insoluble	K_{ps}
1	Ag^+	HCl	AgCl	$1,6 \times 10^{-10}$
	Hg_2^{2+}		Hg_2Cl_2	$3,5 \times 10^{-18}$
	Pb^{2+}	↓	$PbCl_2$	$2,4 \times 10^{-4}$
2	Bi^{3+}	H_2S	Bi_2S_3	$1,6 \times 10^{-72}$
	Cd^{2+}	en solution	CdS	$8,0 \times 10^{-28}$
	Cu^{2+}	acide	CuS	$6,0 \times 10^{-37}$
	Sn^{2+}	↓	SnS	$1,0 \times 10^{-26}$
3	Al^{3+}	H_2S	$Al(OH)_3$	$1,8 \times 10^{-33}$
	Co^{2+}	en solution	CoS	$4,0 \times 10^{-21}$
	Cr^{3+}	basique	$Cr(OH)_3$	$3,0 \times 10^{-29}$
	Fe^{2+}		FeS	$6,0 \times 10^{-19}$
	Mn^{2+}		MnS	$3,0 \times 10^{-14}$
	Ni^{2+}		NiS	$1,4 \times 10^{-24}$
	Zn^{2+}	↓	ZnS	$3,0 \times 10^{-23}$
4	Ba^{2+}	Na_2CO_3	$BaCO_3$	$8,1 \times 10^{-9}$
	Ca^{2+}		$CaCO_3$	$8,7 \times 10^{-9}$
	Sr^{2+}	↓	$SrCO_3$	$1,6 \times 10^{-9}$
5	K^+	Aucun	Aucun	
	Na^+	réactif	Aucun	
	NH_4^+	de précipitation	Aucun	

La figure 6.16 résume le protocole de cette méthode de séparation des ions métalliques.

Deux aspects concernant l'analyse qualitative doivent être mentionnés. Premièrement, la séparation des cations en groupes est faite de la manière la plus sélective possible ; c'est-à-dire que les anions choisis comme réactifs doivent limiter la formation de précipités au plus petit nombre de types de cations possible. Par exemple, tous les cations du groupe 1 forment des sulfures insolubles. Ainsi, si dès la première étape on faisait réagir H_2S avec la solution, sept sulfures différents (les sulfures des groupes 1 et 2) formeraient des précipités, ce qui n'est pas souhaité. Deuxièmement, la séparation des cations doit être effectuée de façon complète à chaque étape. Par exemple, si l'on n'ajoute pas assez de HCl à la solution inconnue pour retirer tous les cations du groupe 1, ceux-ci formeront avec les cations du groupe 2 des sulfures insolubles ; ce phénomène pourrait fausser les analyses chimiques ultérieures et mener à des conclusions erronées.

Figure 6.15 *Test d'émission à la flamme. De gauche à droite : lithium, sodium, potassium et cuivre.*

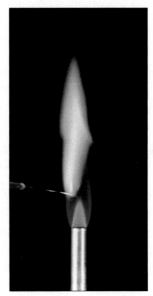

Figure 6.16 *Schéma opératoire de la séparation des cations dans l'analyse qualitative.*

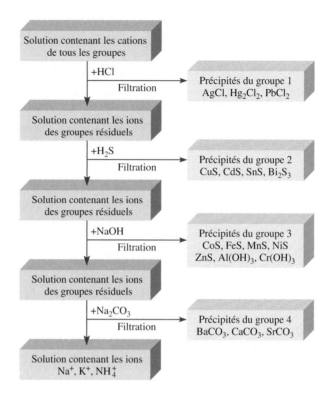

Résumé

1. Les équilibres qui mettent en jeu des acides faibles ou des bases faibles en solution aqueuse sont des équilibres homogènes. Les équilibres de solubilité sont des exemples d'équilibres hétérogènes. L'effet d'ion commun cause la diminution de l'ionisation d'un acide faible ou d'une base faible, ce qui est en accord avec le principe de Le Chatelier.

2. Une solution tampon est un mélange soit d'un acide faible et de sa base conjuguée faible (fournie par un sel), soit d'une base faible et de son acide conjugué faible (fourni par un sel). Ce type de solution réagit avec de petites quantités d'acide ou de base ajoutées de manière à garder le pH de la solution presque constant. La zone tampon se situe à ± 1 unité de pH autour du pK_a. Le pouvoir tampon dépend non seulement des bonnes proportions du mélange, mais aussi des quantités absolues des ingrédients. Les systèmes tampons jouent un rôle vital dans la régulation du pH des liquides de l'organisme.

3. Le pH au point d'équivalence d'un titrage acido-basique dépend de l'hydrolyse du sel formé pendant la neutralisation. Dans le cas d'un titrage acide fort – base forte, le pH au point d'équivalence est de 7; pour un titrage acide faible – base forte, le pH au point d'équivalence est supérieur à 7; pour un titrage acide fort – base faible, le pH au point d'équivalence est inférieur à 7.

4. Les indicateurs colorés acido-basiques sont des acides ou des bases organiques faibles qui doivent être choisis de manière à ce que le changement de couleur à leur point de virage coïncide avec le point d'équivalence au cours d'une neutralisation.

5. Le produit de solubilité (K_{ps}) exprime l'équilibre entre un solide et ses ions en solution. On peut déterminer la solubilité à partir de K et inversement.

6. La présence d'un ion commun diminue la solubilité d'un sel.

7. La précipitation sélective permet de séparer des substances qui ont un ion en commun en les faisant précipiter successivement par l'addition lente d'un réactif.

8. La solubilité de sels peu solubles constitués d'anions basiques s'accroît en milieu acide. La solubilité des sels dont les anions proviennent d'acides forts n'est pas modifiée par le pH.

9. Les ions complexes sont formés en solution par la combinaison d'un cation métallique et d'une base de Lewis. La constante de formation (K_f) exprime la tendance à la formation d'un ion complexe donné. La formation d'un ion complexe peut faire augmenter la solubilité d'une substance insoluble.

10. L'analyse qualitative est un processus permettant de détecter la présence des cations et des anions dans une solution inconnue. Elle est principalement fondée sur les principes de l'équilibre de solubilité et de la précipitation sélective.

Équation clé

$$\bullet\ \mathrm{pH} = \mathrm{p}K_a + \log \frac{[\text{base conjuguée}]}{[\text{acide}]} \qquad \text{Équation d'Henderson-Hasselbalch} \qquad (6.5)$$

Mots clés

Analyse qualitative, p. 250
Constante de formation (K_f), p. 246
Ion commun (effet d'), p. 210
Ion complexe, p. 245
Point de virage, p. 229

Pouvoir tampon, p. 214
Précipitation sélective, p. 237
Produit de solubilité (K_{ps}), p. 232
Produit ionique, p. 232
Solubilité, p. 233

Solubilité molaire, p. 233
Solution tampon, p. 213
Zone de virage, p. 229
Zone tampon, p. 216

Questions et problèmes

L'EFFET D'ION COMMUN
Questions de révision

6.1 Appliquez le principe de Le Chatelier pour montrer comment l'effet d'ion commun influe sur le pH d'une solution.

6.2 Dans chacun des cas suivants, on ajoute une substance à la solution initiale. Quel sera l'effet de cet ajout sur le pH (augmentation, diminution ou aucun effet)? a) acétate de potassium dans une solution d'acide acétique; b) nitrate d'ammonium à une solution d'ammoniac; c) formate de sodium (HCOONa) à une solution d'acide formique ((HCOOH); d) chlorure de potassium à une solution d'acide chlorhydrique; e) iodure de baryum à une solution d'acide iodhydrique.

Problèmes

6.3 Calculez le pH des solutions suivantes: a) solution de CH_3COOH 0,400 M; b) solution contenant à la fois 0,40 M CH_3COOH et CH_3COONa 0,20 M.

6.4 Calculez le pH des solutions suivantes: a) solution de NH_3 0,20 M; b) solution contenant à la fois NH_3 0,20 M et NH_4Cl 0,30 M.

LES SOLUTIONS TAMPONS
Questions de révision

6.5 Définissez l'expression «solution tampon».

6.6 Définissez le pK_a d'un acide faible et expliquez la relation entre la valeur de pK_a et la force d'un acide. Faites de même pour pK_b et une base faible.

6.7 Les pK_a de deux monoacides HA et HB sont respectivement 5,9 et 8,1. Lequel des deux acides est le plus fort?

6.8 Les valeurs de pK_b des bases X^-, Y^- et Z^- sont respectivement 2,72, 8,66 et 4,57. Classez les acides suivants par ordre croissant de leur force: HX, HY et HZ.

Problèmes

6.9 Dites lesquels des systèmes suivants peuvent être qualifiés de tampons: a) KCl/HCl; b) NH_3/NH_4NO_3; c) Na_2HPO_4/NaH_2PO_4.

6.10 Dites lesquels des systèmes suivants peuvent être qualifiés de tampons: a) KNO_2/HNO_2; b) $KHSO_4$/H_2SO_4; c) HCOOK/HCOOH.

6.11 Le pH d'un système tampon bicarbonate/acide carbonique est 8,00. Calculez le rapport entre la concentration d'acide carbonique et celle des ions bicarbonate.

6.12 Calculez le pH des deux solutions tampons suivantes: a) CH_3COONa 2,0 M/CH_3COOH 2,0 M; b) CH_3COONa 0,20 M/CH_3COOH 0,20 M. Laquelle de ces solutions a le meilleur pouvoir tampon? Pourquoi?

6.13 Calculez le pH du système tampon suivant: NH_3 0,15 M/NH_4Cl 0,35 M.

6.14 Calculez le pH du système tampon suivant: Na_2HPO_4 0,10 M/KH_2PO_4 0,15 M.

6.15 Le pH d'un système tampon acétate de sodium/acide acétique est 4,50. Calculez le rapport $[CH_3COO^-]/[CH_3COOH]$.

6.16 Le pH du plasma sanguin est 7,40. En considérant que son principal système tampon est HCO_3^-/H_2CO_3, calculez le rapport $[HCO_3^-]/[H_2CO_3]$. Ce tampon est-il plus efficace contre l'ajout d'un acide ou d'une base?

6.17 Calculez le pH d'une solution tampon préparée par l'addition de 20,5 g de CH_3COOH et de 17,8 g de CH_3COONa à assez d'eau pour former $5,00 \times 10^2$ mL de solution.

6.18 Calculez le pH de 1,00 L du système tampon CH_3COONa 1,00 M/CH_3COOH 1,00 M avant et après addition: a) de 0,080 mole de NaOH, et b) de 0,12 mole de HCl. Considérez qu'il n'y a aucune variation de volume.

6.19 Les constantes d'ionisation d'un diacide (H_2A) sont les suivantes: $K_{a_1} = 1,1 \times 10^{-3}$ et $K_{a_2} = 2,5 \times 10^{-6}$. Pour former une solution tampon dont le pH est 5,80, quelle combinaison choisiriez-vous: $NaHA/H_2A$ ou $Na_2A/NaHA$?

6.20 Une étudiante veut préparer une solution tampon à pH 8,60. Lequel des acides faibles suivants devrait-elle choisir et pourquoi: HA ($K_a = 2,7 \times 10^{-3}$), HB ($K_a = 4,4 \times 10^{-6}$) ou HC ($K_a = 2,6 \times 10^{-9}$)?

LES TITRAGES ACIDO-BASIQUES
Problèmes

6.21 Un échantillon de 0,2688 g d'un monoacide neutralise 16,4 mL d'une solution de KOH 0,08133 M. Calculez la masse molaire de l'acide.

6.22 On dissout 5,00 g d'un diacide dans assez d'eau pour obtenir une solution de 250 mL. Calculez la masse molaire de l'acide s'il faut 11,1 mL de KOH 1,00 M pour neutraliser 25,0 mL de cette solution. Supposez que les deux protons de l'acide sont titrés.

6.23 Au cours d'un titrage, il a fallu 12,5 mL de H_2SO_4 0,500 M pour neutraliser 50,0 mL de NaOH. Quelle était la concentration de la solution de NaOH?

6.24 Au cours d'un titrage, il a fallu 20,4 mL de HCOOH 0,883 M pour neutraliser 19,3 mL de $Ba(OH)_2$. Quelle était la concentration de la solution de $Ba(OH)_2$?

6.25 Calculez le pH au point d'équivalence pour les titrages suivants: a) HCl 0,10 M par NH_3 0,10 M; b) CH_3COOH 0,10 M par NaOH 0,10 M.

6.26 On a dissout 0,1276 g d'un monoacide inconnu dans 25,0 mL d'eau et on l'a titré avec une solution de NaOH 0,0633 M. Il a fallu 18,4 mL de cette base pour atteindre le point d'équivalence. a) Calculez la masse molaire de l'acide. b) Après avoir ajouté 10,0 mL de la base pendant le titrage, le pH était 5,87. Quelle est la valeur de K_a pour l'acide inconnu?

LES INDICATEURS ACIDO-BASIQUES
Questions de révision

6.27 Expliquez le fonctionnement d'un indicateur acido-basique au cours d'un titrage.

6.28 Selon quels critères faut-il choisir un indicateur acido-basique pour pouvoir effectuer correctement un certain titrage acido-basique?

6.29 Pourquoi la quantité d'indicateur utilisée dans un titrage acido-basique doit-elle être petite?

6.30 Un étudiant effectue un titrage acide-base en ajoutant une solution de NaOH à l'aide d'une burette à une solution de HCl contenue dans un erlenmeyer; il utilise la phénolphtaléine comme indicateur. Au point d'équivalence, il observe une légère couleur rose-rouge. Cependant, après quelques minutes, la solution devient graduellement incolore. Selon vous, qu'est-il arrivé?

Problèmes

6.31 À l'aide du tableau 6.2, dites quel(s) indicateur(s) vous utiliseriez pour les titrages suivants: a) HCOOH par NaOH, b) HCl par KOH, c) HNO_3 par NH_3.

6.32 La valeur de la constante d'ionisation K_a pour HIn est $1,0 \times 10^{-6}$. La forme non ionisée de cet indicateur est rouge, et sa forme ionisée est jaune. Quelle est sa couleur dans une solution dont le pH est 4,00? (*Indice*: on peut estimer la couleur d'un indicateur grâce au rapport $[HIn]/[In^-]$. Si le rapport est égal ou supérieur à 10, la couleur sera celle de la forme non ionisée. Si le rapport est égal ou inférieur à 0,1, la couleur sera celle de la forme ionisée.)

LA SOLUBILITÉ ET LE PRODUIT DE SOLUBILITÉ
Questions de révision

6.33 Définissez les termes suivants: solubilité, solubilité molaire et produit de solubilité. Expliquez la différence entre la solubilité et le produit de solubilité d'une substance légèrement soluble comme $BaSO_4$.

6.34 Pourquoi ne spécifie-t-on généralement pas les valeurs de K_{ps} pour les composés ioniques solubles?

6.35 Écrivez l'équation équilibrée et l'expression du produit de solubilité pour les équilibres de solubilité des composés suivants: a) CuBr, b) ZnC_2O_4, c) Ag_2CrO_4, d) Hg_2Cl_2, e) $AuCl_3$, f) $Mn_3(PO_4)_2$.

6.36 Écrivez l'expression du produit de solubilité du composé ionique $A_x B_y$.

6.37 Comment peut-on prédire si oui ou non il y aura formation d'un précipité quand on mélange deux solutions ?

6.38 La valeur de K_{ps} pour le chlorure d'argent est supérieure à celle de K_{ps} pour le carbonate d'argent (*tableau 6.3*). Cela signifie-t-il que la solubilité molaire du premier est supérieure à celle du second ?

Problèmes

6.39 Calculez la concentration des ions dans chacune des solutions saturées suivantes : a) $[I^-]$ dans une solution de AgI dont $[Ag^+] = 9,1 \times 10^{-9}\ M$; b) $[Al^{3+}]$ dans une solution de $Al(OH)_3$ dont $[OH^-] = 2,9 \times 10^{-9}\ M$.

6.40 À l'aide des solubilités fournies, calculez le produit de solubilité de chacun des composés suivants : a) SrF_2, $7,3 \times 10^{-2}$ g/L ; b) Ag_3PO_4, $6,7 \times 10^{-3}$ g/L.

6.41 La solubilité molaire de $MnCO_3$ est de $4,2 \times 10^{-6}\ M$. Quelle est la valeur de K_{ps} pour ce composé ?

6.42 La solubilité d'un composé ionique MX (masse molaire = 346 g/mol) est de $4,63 \times 10^{-3}$ g/L. Quelle est la valeur de K_{ps} pour ce composé ?

6.43 La solubilité d'un composé ionique M_2X_3 (masse molaire = 288 g/mol) est de $3,6 \times 10^{-17}$ g/L. Quelle est la valeur de K_{ps} pour ce composé ?

6.44 À l'aide du tableau 6.3, calculez la solubilité molaire de CaF_2.

6.45 Quel est le pH d'une solution saturée d'hydroxyde de zinc ?

6.46 Le pH d'une solution saturée d'un hydroxyde métallique MOH est 9,68. Calculez la valeur de K_{ps} pour ce composé.

6.47 On verse 20,0 mL de $Ba(NO_3)_2$ 0,10 M dans 50,0 mL de Na_2CO_3 0,10 M. Y aura-t-il précipitation de $BaCO_3$?

6.48 On mélange 75 mL de NaF 0,060 M à 25 mL de $Sr(NO_3)_2$ 0,15 M. Calculez les concentrations de NO_3^-, de Na^+, de Sr^{2+} et de F^- dans la solution finale (K_{ps} de $SrF_2 = 2,0 \times 10^{-10}$).

6.49 On ajoute lentement du NaI solide à une solution qui contient du Cu^+ 0,010 M et du Ag^+ 0,010 M.

a) Quel composé commencera à précipiter en premier ?

b) Quelle est la concentration molaire de l'argent $[Ag^+]$ lorsque CuI commence à peine à précipiter ?

c) Quel est le pourcentage de Ag^+ restant en solution lorsque CuI commence à précipiter ?

6.50 Une solution contient des ions Fe^{+3} et Zn^{+2}, tous deux à 0,010 M. Quelle est la zone approximative de pH qui permettrait la séparation des ions Fe^{+3} des ions Zn^{+2} par réaction de précipitation du Fe^{+3} produisant du $Fe(OH)_3(s)$?

L'EFFET D'ION COMMUN ET LA SOLUBILITÉ
Questions de révision

6.51 Comment un ion commun influence-t-il la solubilité ? Utilisez le principe de Le Chatelier pour expliquer la diminution de solubilité de $CaCO_3$ dans une solution de Na_2CO_3.

6.52 Dans une solution de $AgNO_3$ $2,5 \times 10^{-8}\ M$, la solubilité molaire de AgCl est de $6,5 \times 10^{-3}\ M$. Si l'on calcule la valeur de K_{ps} à partir de ces données, lesquelles des affirmations suivantes sont plausibles ?

a) La valeur de K_{ps} est la même que celle de la solubilité.

b) La valeur de K_{ps} pour AgCl est la même dans une solution de $AgNO_3$ $6,5 \times 10^{-3}\ M$ que dans l'eau pure.

c) La solubilité de AgCl est indépendante de la concentration de $AgNO_3$.

d) $[Ag^+]$ dans une solution de $AgNO_3$ $6,5 \times 10^{-3}\ M$ ne change pas de façon importante après l'ajout de AgCl.

e) La valeur de $[Ag^+]$ en solution après ajout de AgCl à une solution de $AgNO_3$ $6,5 \times 10^{-3}\ M$ est la même que si l'on ajoutait AgCl à l'eau pure.

Problèmes

6.53 Combien de grammes de $CaCO_3$ se dissoudront dans $3,0 \times 10^2$ mL de $Ca(NO_3)_2$ 0,050 M ?

6.54 Le produit de solubilité de $PbBr_2$ est $8,9 \times 10^{-6}$ Calculez sa solubilité molaire : a) dans l'eau pure, b) dans une solution de KBr 0,20 M, c) dans une solution de $Pb(NO_3)_2$ 0,20 M.

6.55 Calculez la solubilité molaire de AgCl dans 1,00 L de solution contenant 10,0 g de $CaCl_2$.

6.56 Calculez la solubilité molaire de $BaSO_4$: a) dans l'eau, et b) dans une solution contenant des ions SO_4^{2-} 1,0 M.

LE pH ET LA SOLUBILITÉ
Problèmes

6.57 Parmi les composés ioniques suivants, lesquels seront plus solubles dans un milieu acide que dans l'eau ?

a) $BaSO_4$, b) $PbCl_2$, c) $Fe(OH)_3$, d) $CaCO_3$.

6.58 Parmi les composés suivants, lesquels seront plus solubles dans un milieu acide que dans l'eau ?

a) CuI, b) Ag_2SO_4, c) $Zn(OH)_2$, d) BaC_2O_4, e) $Ca_3(PO_4)_2$.

6.59 Comparez la solubilité molaire de $Mg(OH)_2$ dans l'eau à celle dans un milieu tampon à pH 9,0.

6.60 Calculez la solubilité molaire de $Fe(OH)_2$ aux valeurs suivantes de pH. a) à pH 8,00 ; b) à pH 10,00.

6.61 Le produit de solubilité de $Mg(OH)_2$ vaut $1,2 \times 10^{-11}$. Quelle concentration minimale en OH^- faudrait-il atteindre (en ajoutant, par exemple, du NaOH) pour que la concentration des ions Mg^{+2} soit inférieure à $1,0 \times 10^{-10}\ M$?

6.62 Prouvez s'il y aura ou non formation d'un précipité au cours de l'addition de 2,00 mL de NH_3 0,60 M à 1,0 L d'une solution de $FeSO_4$ $1,0 \times 10^{-3}\ M$.

LES IONS COMPLEXES
Questions de révision

6.63 Expliquez la formation des ions complexes du tableau 6.5 selon la théorie des acides-bases de Lewis.

6.64 Donnez un exemple qui illustre l'effet général qu'a la formation d'un ion complexe sur la solubilité.

Problèmes

6.65 Écrivez l'expression de la constante de formation pour chacun des ions complexes suivants : a) $Zn(OH)_4^{2-}$, b) $Co(NH_3)_6^{3+}$, c) HgI_4^{2-}.

6.66 Dites pourquoi, à l'aide d'équations ioniques équilibrées : a) CuI_2 se dissout dans une solution d'ammoniac, b) AgBr se dissout dans une solution de NaCN, c) Hg_2Cl_2 se dissout dans une solution de KCl.

6.67 Si l'on dissout 2,50 g de $CuSO_4$ dans $9,0 \times 10^2$ mL d'une solution de NH_3 0,30 M, quelles sont les concentrations de Cu^{2+}, de $Cu(NH_3)_4^{2+}$ et de NH_3 à l'équilibre ?

6.68 Calculez les concentrations de Cd^{2+}, de $Cd(CN)_4^{2-}$ et de CN^- à l'équilibre si l'on dissout 0,50 g de $Cd(NO_3)_2$ dans $5,0 \times 10^2$ mL d'une solution de NaCN 0,50 M.

6.69 Si l'on ajoute du NaOH à une solution de Al^{3+} 0,010 M, quelle sera l'espèce prédominante à l'équilibre : $Al(OH)_3$ ou $Al(OH)_4^-$? Le pH de la solution est 14,00. [K_f pour $Al(OH)_4^- = 2,0 \times 10^{33}$.]

6.70 Calculez la solubilité molaire de AgI dans une solution de NH_3 1,0 M.

L'ANALYSE QUALITATIVE
Questions de révision

6.71 Résumez le principe général de l'analyse qualitative.

6.72 Donnez deux exemples d'ions métalliques appartenant à chaque groupe (de 1 à 5) de l'analyse qualitative.

Problèmes

6.73 Au cours de l'analyse du groupe 1, une étudiante obtient un précipité contenant les composés AgCl et $PbCl_2$. Suggérez un réactif qui permettrait de séparer AgCl(s) de $PbCl_2(s)$.

6.74 Au cours de l'analyse du groupe 1, un étudiant ajoute de l'acide chlorhydrique à la solution inconnue pour que $[Cl^-]$ atteigne 0,15 M. Un précipité de $PbCl_2$ se forme. Calculez la concentration de Pb^{2+} restant en solution.

6.75 Les composés KCl et NH_4Cl sont tous deux des solides blancs. Suggérez un réactif qui permettrait de les différencier.

6.76 Décrivez un test simple qui permettrait de différencier $AgNO_3(s)$ et $Cu(NO_3)_2(s)$.

Problèmes variés

6.77 On ajoute 0,560 g de KOH à 25,0 mL de HCl 1,00 M. On ajoute ensuite un excès de Na_2CO_3 à la solution. Quelle est la masse (en grammes) de CO_2 formé ?

6.78 On titre 25,0 mL de HCl 0,100 M en faisant déverser d'une burette du NH_3 0,100 M. Calculez les valeurs du pH de la solution : a) après addition de 10,0 mL de la solution de NH_3, b) après addition de 25,0 mL de la solution de NH_3, c) après addition de 35,0 mL de la solution de NH_3.

6.79 La zone de virage est définie par l'équation pH = $pK_a \pm 1$. Calculez la zone du rapport [base conjuguée]/[acide] qui correspond à cette équation.

6.80 Le pK_a de l'indicateur méthylorange est 3,46. Dans quel intervalle de pH cet indicateur passe-t-il de 90 % de HIn à 90 % de In^- ?

6.81 Tracez la courbe de titrage d'un acide faible par une base forte, comme le montre la figure 6.6. Sur votre graphique, indiquez le volume de la base utilisée au point d'équivalence, ainsi qu'au point de demi-équivalence, le point où la moitié de la base nécessaire à la neutralisation a été ajoutée. Illustrez comment vous pouvez mesurer le pH de la solution au point de demi-équivalence (ou de demi-neutralisation). À l'aide de l'équation (6.3), dites comment cette méthode vous permet de déterminer la valeur du pK_a de l'acide.

6.82 On a ajouté 200 mL d'une solution de NaOH à 400 mL d'une solution de HNO_2 2,00 M. Le pH de la solution finale est de 1,50 unité plus élevé que celui de la solution acide de départ. Calculez la concentration molaire de la solution de NaOH.

6.83 Le pK_a de l'acide butyrique est 4,7. Calculez la valeur de K_b pour l'ion butyrate.

6.84 On prépare une solution en mélangeant exactement 500 mL de NaOH 0,167 M avec exactement 500 mL de CH_3COOH 0,100 M. Calculez les concentrations à l'équilibre de H^+, de CH_3COOH, de CH_3COO^-, de OH^- et de Na^+.

6.85 Le composé $Cd(OH)_2$ est pratiquement insoluble. Il se dissout toutefois dans un excès de NaOH en solution. Écrivez l'équation ionique équilibrée de cette réaction. De quel type de réaction s'agit-il ?

6.86 Calculez le pH du système tampon NH_3 0,20 M/NH_4Cl 0,20 M. Quel est le pH après addition de 10,0 mL de HCl 0,10 M à 65,0 mL de ce tampon ?

6.87 Pour laquelle des réactions suivantes la constante d'équilibre est-elle égale au produit de solubilité ?

a) $Zn(OH)_2(s) + 2OH^-(aq) \rightleftharpoons Zn(OH)_4^{2-}(aq)$

b) $3Ca^{2+}(aq) + 2PO_4^{3-}(aq) \rightleftharpoons Ca_3(PO_4)_2(s)$

c) $CaCO_3(s) + 2H^+(aq) \rightleftharpoons$
$\qquad Ca^{2+}(aq) + H_2O(l) + CO_2(g)$

d) $PbI_2(s) \rightleftharpoons Pb^{2+}(aq) + 2I^-(aq)$

6.88 Un étudiant mélange 50,0 mL de $Ba(OH)_2$ 1,00 M avec 86,4 mL de H_2SO_4 0,494 M. Calculez la masse de $BaSO_4$ formée et le pH de la solution finale.

6.89 Une bouilloire de 2,0 L contient un dépôt de 116 g de carbonate de calcium. Combien de fois devra-t-on remplir complètement la bouilloire d'eau distillée pour enlever tout ce dépôt, à 25 °C ?

6.90 On mélange des volumes égaux de $AgNO_3$ 0,12 M et de $ZnCl_2$ 0,14 M. Calculez les concentrations à l'équilibre de Ag^+, de Cl^-, de Zn^{2+} et de NO_3^-.

6.91 Calculez la solubilité (en grammes par litre) de Ag_2CO_3.

6.92 Soit une solution de Fe^{3+} et de Zn^{2+} à 0,010 M. Déterminez la zone de pH approximative appropriée pour la séparation des ions Fe^{3+} et Zn^{2+} par précipitation de $Fe(OH)_3$.

6.93 Quel est le pH d'une solution saturée d'hydroxyde d'aluminium ?

6.94 La solubilité molaire de $Pb(IO_3)_2$ dans une solution de $NaIO_3$ 0,10 M est de $2,4 \times 10^{-11}$ M. Quelle est la valeur de K_{ps} pour $Pb(IO_3)_2$?

6.95 Les ions Ag^+ et Zn^{2+} forment tous deux des ions complexes avec NH_3. Écrivez les équations équilibrées de ces réactions. Par contre, $Zn(OH)_2$ est soluble dans NaOH 6 M, tandis que AgOH ne l'est pas. Pourquoi ?

6.96 Quand on a ajouté une solution de KI à une solution de chlorure de mercure(II), il y a eu formation d'un précipité [iodure de mercure(II)]. Une étudiante a fait une courbe de la masse du précipité formé en fonction du volume de la solution de KI ajoutée, elle a obtenu le graphique suivant. Expliquez cette courbe.

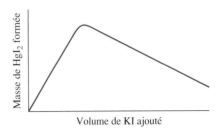

6.97 Le baryum est une substance toxique qui peut provoquer une détérioration grave des fonctions cardiaques. Au cours d'un lavement baryté (pour diagnostiquer certaines maladies du tube digestif), un patient boit une suspension aqueuse de 20 g de $BaSO_4$. À l'équilibre, combien de grammes de $BaSO_4$ seraient dissous dans les 5,0 L de sang du patient ? Pour une bonne approximation, on peut considérer que la température est de 25 °C. Pourquoi ne choisit-on pas $Ba(NO_3)_2$ pour ce diagnostic ?

6.98 Le pK_a de la phénolphtaléine est 9,10. Dans quel intervalle de pH cet indicateur passe-t-il de 95 % de HIn à 95 % de In^- ?

6.99 À l'aide des valeurs de K_{ps} pour $BaSO_4$ et $SrSO_4$ données au tableau 6.3, calculez les valeurs de $[Ba^{2+}]$, de $[Sr^{2+}]$ et de $[SO_4^{2-}]$ dans une solution saturée de ces deux composés.

6.100 Afin de déterminer la masse molaire d'un certain carbonate métallique, MCO_3, on fait d'abord réagir complètement le carbonate avec du HCl en excès, puis on fait un titrage « de retour en arrière » pour connaître la quantité de HCl qui était en excès. a) Écrivez les équations de ces réactions. b) Après avoir fait réagir 20,00 mL de HCl 0,0800 M avec un échantillon de 0,1022 g du carbonate métallique inconnu, MCO_3, il a fallu 5,64 mL de NaOH pour neutraliser l'excès d'acide HCl. Calculez la masse molaire de ce carbonate et déterminez le métal M.

6.101 En règle générale, les réactions acido-basiques sont des réactions complètes. Prouvez-le en calculant les constantes d'équilibre dans chacun des cas suivants : a) réaction entre un acide fort et une base forte, b) un acide fort réagit avec la base faible NH_3, c) un acide faible, CH_3COOH, réagit avec une base forte, d) un acide faible, CH_3COOH, réagit avec une base forte, d) un acide faible, CH_3COOH, réagit avec une base faible (NH_3). (*Indice* : les acides forts existent sous forme d'ions H^+ et les bases fortes sous forme d'ions OH^-. Il faut penser à mettre en relation K_a, K_b et K_{eau}.)

6.102 Calculez x, le nombre de molécules d'eau présentes dans un hydrate d'acide oxalique de formule $H_2C_2O_4 \cdot x\, H_2O$. Voici les données : on dissout 5,00 g du composé dans exactement 250 mL d'eau et un échantillon de 25,00 mL de cette solution nécessite 15,9 mL d'une solution de NaOH 0,500 M pour être neutralisé.

6.103 Décrivez comment vous procéderiez pour préparer 1,0 L d'une solution tampon CH_3COONa 0,20 M/ CH_3COOH 0,20 M a) en mélangeant une solution de CH_3COOH avec une solution de CH_3COONa, b) en faisant réagir une solution de CH_3COOH avec une solution de NaOH, c) en faisant réagir une solution de CH_3COONa avec une solution de HCl.

6.104 Quels réactifs faudrait-il utiliser pour séparer les paires d'ions suivantes : a) Na^+ et Ba^{+2}, b) K^+ et Pb^{+2}, c) Zn^{+2} et Hg^{2+} ?

6.105 $CaSO_4$ a une valeur de K_{ps} (2,4 × 10⁻⁵) plus grande que celle de Ag_2SO_4 (1,4 × 10⁻⁵). Cela signifie-t-il que $CaSO_4$ a une plus grande solubilité en grammes par litre ?

6.106 Combien de millilitres de NaOH 1,0 M doit-on ajouter à 200 mL de NaH_2PO_4 0,10 M pour préparer une solution tampon à pH 7,50 ?

6.107 Parmi les solutions suivantes, laquelle a la plus forte concentration en ions H^+ : a) HF 0,10 M, b) HF 0,10 M dans NaF 0,10 M, c) HF 0,10 M avec SbF_5 0,10 M (*Indice* : SbF_5 réagit avec F^- pour former l'ion complexe SbF_6^-.)

6.108 L'*eau dure* est une eau qui contient des ions Ca^{+2} et Mg^{+2} en concentrations élevées, ce qui la rend impropre à certains usages industriels et domestiques. Ces ions réagissent avec le savon, le transformant en sels insolubles, et ils forment aussi des dépôts dans les bouilloires. Il est possible d'adoucir une eau dure en enlevant les ions Ca^{+2} par l'addition de soda à laver ($Na_2CO_3 \cdot 10\, H_2O$). a) La solubilité molaire du $CaCO_3$ vaut 9,3 × 10⁻⁵ M. Quelle est sa solubilité dans une solution de Na_2CaCO_3 0,050 M ? b) Pourquoi cette procédure n'enlève-t-elle pas les ions Mg^{2+} ? c) Les ions Mg^{+2} sont retirés de l'eau dure par formation du précipité $Mg(OH)_2$, à la suite de l'addition de chaux éteinte, $Ca(OH)_2$, jusqu'à l'obtention d'une solution saturée. Calculez le pH d'une solution saturée en $Ca(OH)_2$. d) Quelle est la concentration des ions Mg^{+2} à ce pH ? e) En général, lequel de ces ions (le Ca^{+2} ou le Mg^{2+}) faut-il enlever en premier ? Pourquoi ?

Problème spécial

6.109 La pénicilline G (l'acide de benzylpénicilline) est un des antibiotiques les plus utilisés en médecine. Voici sa structure :

Il s'agit d'un monoacide faible dont on peut représenter l'ionisation ainsi :

$$HP \rightleftharpoons H^+ + P^- \qquad K_a = 1,64 \times 10^{-3}$$

HP représente la forme acide et P^- sa base conjuguée. La pénicilline G est produite dans un milieu de culture de moisissures (champignons microscopiques) dans des bassins de fermentation maintenus à une température de 25 °C et à un pH pouvant se situer entre 4,5 et 5,0. La forme brute de cet antibiotique s'obtient par extraction du liquide fermenté avec un solvant organique dans lequel l'acide est soluble. a) Quel est l'hydrogène qui a des propriétés acides dans la molécule de pénicilline ? b) Dans l'une des étapes de purification, l'extrait de la pénicilline G brute est traité avec une solution tampon à pH 6,50. À ce pH, quel est le rapport entre la base conjuguée de la pénicilline et l'acide ? Prévoyez-vous que la base conjuguée sera plus soluble dans l'eau que dans l'acide ? c) La pénicilline G ne peut pas s'administrer par voie orale, mais son sel de sodium, NaP, oui, parce qu'il est soluble dans l'eau. Calculez le pH d'une solution NaP 0,12 M qui est obtenue par la dissolution d'un comprimé de ce sel dans un verre d'eau.

Réponses aux exercices : 6.1 4.01 ; **6.2** a) et c) ; **6.3** 9,17, 9,20 ; **6.4** Peser Na_2CO_3 et le $NaHCO_3$ dans un rapport de moles de 0,60 pour 1,0 ; dissoudre dans assez d'eau pour obtenir 1 L de solution ; **6.5** a) 2,19, b) 3,95, c) 8,02, d) 11,39 ; **6.6** 5,92 ; **6.7** a) bleu de bromophénol, méthylorange, rouge de méthyle et bleu de chlorophénol, b) tous sauf le bleu de thymol, le bleu de bromophénol et le méthylorange, c) le rouge de crésol et la phénolphtaléine ; **6.8** $1,7 \times 10^{-6}$; **6.9** $1,8 \times 10^{-7}$ M ; **6.10** $1,9 \times 10^{-3}$ g/L ; **6.11** non ; **6.12** a) $> 1,6 \times 10^{-9}$ M, b) $> 2,6 \times 10^{-6}$ M ; **6.13** a) $1,7 \times 10^{-4}$ g/L, b) $1,4 \times 10^{-7}$ g/L ; **6.14** a) plus soluble en milieu acide b) plus soluble en milieu acide c) pas de différence ; **6.15** il y aura formation du précipité $Fe(OH)_2$ (s) ; **6.16** $[Cu^{2+}] = 1,2 \times 10^{-13}$ M, $[Cu(NH_3)_4^{2+}] = 0,017$ M, $[NH_3] = 0,23$ M ; **6.17** $3,5 \times 10^{-3}$ mol/L.

CHAPITRE 7

Les réactions d'oxydoréduction et l'électrochimie

Les points essentiels

Les réactions d'oxydoréduction et les cellules électrochimiques
Au cours d'une réaction d'oxydoréduction, il y a transfert d'électrons d'un agent réducteur vers un agent oxydant. En compartimentant les réactifs, on obtient des cellules galvaniques (ou piles électrochimiques) dans lesquelles les électrons doivent s'échanger par un circuit externe.

La thermodynamique et les cellules galvaniques
La tension électrique mesurée en volts dans le cas d'une cellule galvanique peut être scindée en deux potentiels d'électrode, celui de l'anode (où l'oxydation a lieu) et celui de la cathode (où la réduction a lieu). Ce voltage peut être relié à la variation d'enthalpie libre, ΔG, ainsi qu'à la constante d'équilibre de la réaction d'oxydoréduction de la cellule. La variation d'enthalpie libre résulte de deux termes : le changement d'enthalpie (ΔH) et le changement de température multiplié par le changement d'entropie ($T\Delta S$). Une diminution de l'enthalpie libre constitue le critère de spontanéité d'une réaction donnée. L'équation de Nernst relie le voltage d'une cellule à son voltage dans les conditions standard et aux concentrations des réactifs et des produits.

Les piles et les batteries
Les piles sont des cellules électrochimiques qui peuvent fournir du courant à voltage constant. Plusieurs sortes de batteries (assemblages de piles) sont utilisées pour les automobiles, les lampes de poche ou les régulateurs cardiaques. Les piles à combustible sont des types spéciaux de cellules électrochimiques qui produisent de l'électricité par l'oxydation de l'hydrogène ou d'hydrocarbures.

La corrosion
La corrosion est une réaction d'oxydoréduction spontanée lors de la formation de la rouille à partir du fer, de la formation du sulfure d'argent à partir de l'argent et de la patine (carbonate de cuivre) à partir du cuivre.
La corrosion cause d'énormes dommages aux bâtiments et à diverses structures, aux bateaux et aux automobiles. Il existe plusieurs méthodes permettant de prévenir ou de ralentir la corrosion.

« Prométhée livra le feu à l'humanité ; mais c'est à Faraday que nous devons l'électricité*. »

Michael Faraday est considéré comme l'un des plus grands expérimentateurs du XIXᵉ siècle et l'un des plus grands scientifiques de tous les temps, ce qui est d'autant plus remarquable qu'il dut laisser l'école après le primaire. Né en Angleterre en 1791, il faisait partie d'une famille de 10 enfants dont le père était simple forgeron. À 14 ans, il devint apprenti chez un relieur. C'est la lecture d'un livre de chimie qui l'amena à s'intéresser aux sciences. Faraday assista à une série de conférences données par le renommé chimiste sir Humphry Davy, durant lesquelles il prit de nombreuses notes. Plus tard, lorsqu'il postula un emploi auprès de Davy à la Royal Institution, il soumit ses notes comme preuve de son sérieux. Davy l'engagea sur-le-champ comme assistant. Durant une série de conférences en Europe, Faraday et Davy utilisèrent une lentille pour concentrer les rayons du soleil sur un diamant afin de le transformer en dioxyde de carbone, prouvant ainsi que le diamant, comme le graphite — plus commun —, était formé d'atomes de carbone.

Pendant sa carrière, Faraday contribua de manière importante à l'avancement des sciences. Il découvrit le benzène et détermina sa composition. Il fut le premier à liquéfier de nombreux gaz et à produire de l'acier inoxydable. Il découvrit la rotation de la lumière polarisée dans

Michael Faraday dans son laboratoire.

un champ magnétique (un phénomène maintenant connu sous le nom d'« effet Faraday »), et il démontra l'existence de l'induction électromagnétique en utilisant un aimant mobile pour produire de l'électricité dans un fil. Il énonça également les lois de l'électrolyse et inventa les termes « anion », « cation », « électrode » et « électrolyte ».

En 1822, Faraday remplaça Davy au poste de directeur de la Royal Institution. Il fut admis à la Royal Society en 1824. Faraday aurait pu faire fortune avec certaines de ses découvertes, mais il abandonnait tout projet dès que celui-ci prenait une valeur commerciale. Né dans la pauvreté, il mourut dans la pauvreté en 1867. Son travail acharné constituait, pour lui, une gratification suffisante.

* Traduction d'une citation attribuée à sir Lawrence Bragg, physicien britannique.

7.1 LES RÉACTIONS D'OXYDORÉDUCTION

L'***électrochimie*** est la *branche de la chimie qui étudie l'interconversion entre l'énergie électrique et l'énergie chimique*. Les processus électrochimiques sont des réactions d'oxydoréduction au cours desquelles l'énergie libérée par une réaction spontanée est convertie en électricité, ou au cours desquelles l'énergie électrique est utilisée pour déclencher une réaction non spontanée. Bien que nous ayons traité des réactions d'oxydoréduction au chapitre 1, il serait utile de revoir quelques notions de base qui reviendront dans ce chapitre.

Les réactions d'oxydoréduction impliquent le transfert d'électrons d'une substance à une autre. La réaction entre le magnésium et l'acide chlorhydrique en est un exemple :

$$\overset{0}{\text{Mg}}(s) + 2\overset{+1}{\text{H}}\text{Cl}(aq) \longrightarrow \overset{+2}{\text{Mg}}\text{Cl}_2(aq) + \overset{0}{\text{H}}_2(g)$$

Souvenez-vous que les chiffres inscrits au-dessus des éléments sont les nombres d'oxydation. La perte d'électrons subie durant l'oxydation se traduit par l'augmentation du nombre d'oxydation de l'élément. Dans la réduction, il y a gain d'électrons, indiqué par une diminution du nombre d'oxydation de l'élément. Dans la réaction présentée ci-dessus, Mg est oxydé et les ions H^+ sont réduits ; quant aux ions Cl^-, ce sont des ions spectateurs.

L'équilibrage des équations d'oxydoréduction

Les équations d'oxydoréduction abordées au chapitre 1 et ici sont relativement faciles à équilibrer. Cependant, en laboratoire, on rencontre souvent des réactions d'oxydoréduction plus compliquées, qui souvent mettent en jeu des oxoanions comme les ions chromate (CrO_4^{2-}), dichromate ($Cr_2O_7^{2-}$), permanganate (MnO_4^-), nitrate (NO_3^-) et sulfate (SO_4^{2-}). En principe, on peut équilibrer toute équation d'oxydoréduction grâce à la méthode valable pour tous les types d'équations expliquée à la section 3.7 du volume 1, mais il y a des techniques spéciales dans le cas des réactions d'oxydoréduction, et qui permettent de suivre le transfert d'électrons. Nous verrons ici l'une de ces méthodes, appelée *méthode des demi-réactions* appelée aussi *ions-électrons*. Dans cette méthode, on divise la réaction globale en deux demi-réactions : une d'oxydation et une de réduction. On équilibre séparément les deux demi-réactions qu'on additionne ensuite pour obtenir l'équation globale équilibrée.

Supposons qu'on nous demande d'équilibrer l'équation de l'oxydation de Fe^{2+} en Fe^{3+} par l'ion dichromate ($Cr_2O_7^{2-}$) en milieu acide. L'ion $Cr_2O_7^{2-}$ est réduit en ion Cr^{3+}. En suivant les étapes suivantes, nous pourrons résoudre ce problème.

Étape 1 : Écrire l'équation non équilibrée de la réaction sous forme ionique.

$$Fe^{2+} + Cr_2O_7^{2-} \longrightarrow Fe^{3+} + Cr^{3+}$$

Étape 2 : Séparer l'équation en deux demi-réactions.

$$\text{Oxydation :} \quad \overset{+2}{Fe^{2+}} \longrightarrow \overset{+3}{Fe^{3+}}$$

$$\text{Réduction :} \quad \overset{+6}{Cr_2O_7^{2-}} \longrightarrow \overset{+3}{Cr^{3+}}$$

Étape 3 : Équilibrer le nombre d'atomes autres que O et H dans chacune des demi-réactions.

La demi-réaction d'oxydation est déjà équilibrée dans le cas des atomes Fe. Pour ce qui est de la demi-réaction de réduction, il faut multiplier par 2 l'ion Cr^{3+}.

$$Cr_2O_7^{2-} \longrightarrow 2Cr^{3+}$$

Étape 4 : Dans le cas des réactions en milieu acide, ajouter H_2O pour équilibrer le nombre d'atomes O et ajouter H^+ pour équilibrer le nombre d'atomes H.

Puisque la réaction a lieu en milieu acide, il faut ajouter 7 molécules H_2O du côté droit de la demi-réaction de réduction pour équilibrer le nombre d'atomes O.

$$Cr_2O_7^{2-} \longrightarrow 2Cr^{3+} + 7H_2O$$

Pour équilibrer le nombre d'atomes H, il faut 14 ions H^+ du côté gauche.

$$14H^+ + Cr_2O_7^{2-} \longrightarrow 2Cr^{3+} + 7H_2O$$

Étape 5 : Ajouter des électrons à un côté de chaque demi-réaction pour équilibrer les charges. Au besoin, égaliser le nombre d'électrons dans les deux demi-réactions en multipliant une ou les deux demi-réactions par des coefficients appropriés.

Pour la demi-réaction d'oxydation, nous écrivons

$$Fe^{2+} \longrightarrow Fe^{3+} + e^-$$

Nous avons ajouté un électron du côté droit pour que la charge soit de 2+ de chaque côté.

Dans la demi-réaction de réduction, il y a 12 charges positives nettes du côté gauche et seulement 6 du côté droit. Il faut donc ajouter 6 électrons à gauche.

$$14H^+ + Cr_2O_7^{2-} + 6e^- \longrightarrow 2Cr^{3+} + 7H_2O$$

Pour égaliser le nombre d'électrons dans les deux demi-réactions, on multiplie par 6 la demi-réaction d'oxydation :

$$6Fe^{2+} \longrightarrow 6Fe^{3+} + 6e^-$$

Étape 6 : Additionner les deux demi-réactions et équilibrer l'équation finale par simplification. Les électrons des deux côtés doivent s'éliminer.

L'addition des deux demi-réactions donne

$$14H^+ + Cr_2O_7^{2-} + 6Fe^{2+} + \cancel{6e^-} \longrightarrow 2Cr^{3+} + 6Fe^{3+} + 7H_2O + \cancel{6e^-}$$

Les électrons éliminés, il reste l'équation ionique nette équilibrée :

$$14H^+ + Cr_2O_7^{2-} + 6Fe^{2+} \longrightarrow 2Cr^{3+} + 6Fe^{3+} + 7H_2O$$

Étape 7 : Vérifier que, de chaque côté de l'équation, il y a le même type et le même nombre d'atomes, ainsi que la même charge.

Cette dernière vérification indique que l'équation finale est équilibrée des points de vue atomique et électrique. Dans le cas d'une réaction en milieu basique, il faut d'abord équilibrer le nombre d'atomes — comme on le fait dans le cas d'un milieu acide (étape 4) —, puis, pour chaque ion H^+, ajouter un ion OH^- des *deux côtés* de l'équation. Ensuite, si d'un côté de l'équation il y a des H^+ et des OH^- qui apparaissent ensemble, on les combine pour obtenir des H_2O. L'exemple suivant illustre cette méthode.

EXEMPLE 7.1   L'équilibrage d'une équation d'oxydoréduction

Écrivez l'équation ionique équilibrée qui représente l'oxydation de l'ion iodure (I^-) par l'ion permanganate (MnO_4^-), en milieu basique, pour donner de l'iode moléculaire (I_2) et de l'oxyde de manganèse(IV) (MnO_2).

Réponse:

Étape 1: L'équation non équilibrée est

$$MnO_4^- + I^- \longrightarrow MnO_2 + I_2$$

Étape 2: Les deux demi-réactions sont

$$\text{Oxydation:}\ \overset{-1}{I^-} \longrightarrow \overset{0}{I_2}$$

$$\text{Réduction:}\ \overset{+7}{MnO_4^-} \longrightarrow \overset{+4}{MnO_2}$$

Étape 3: Pour équilibrer le nombre d'atomes I dans la demi-réaction d'oxydation, nous écrivons

$$2I^- \longrightarrow I_2$$

Étape 4: Dans la demi-réaction de réduction, il faut, pour équilibrer le nombre d'atomes O, ajouter deux molécules H_2O à droite:

$$MnO_4^- \longrightarrow MnO_2 + 2H_2O$$

Pour équilibrer le nombre d'atomes H, il faut ajouter quatre ions H^+ à gauche:

$$MnO_4^- + 4H^+ \longrightarrow MnO_2 + 2H_2O$$

Puisque la réaction se produit en milieu basique et qu'il y a quatre ions H^+, il faut ajouter quatre ions OH^- des deux côtés de l'équation:

$$MnO_4^- + 4H^+ + 4OH^- \longrightarrow MnO_2 + 2H_2O + 4OH^-$$

En combinant les ions H^+ et OH^- pour former des molécules H_2O et en soustrayant $2H_2O$ de chaque côté, nous obtenons

$$MnO_4^- + 2H_2O \longrightarrow MnO_2 + 4OH^-$$

Étape 5: Il faut équilibrer les charges des deux demi-réactions:

$$2I^- \longrightarrow I_2 + 2e^-$$

$$MnO_4^- + 2H_2O + 3e^- \longrightarrow MnO_2 + 4OH^-$$

Pour égaliser le nombre d'électrons, il faut multiplier par 3 la demi-réaction d'oxydation et par 2 la demi-réaction de réduction:

$$6I^- \longrightarrow 3I_2 + 6e^-$$

$$2MnO_4^- + 4H_2O + 6e^- \longrightarrow 2MnO_2 + 8OH^-$$

Étape 6: On additionne les deux demi-réactions pour obtenir

$$6I^- + 2MnO_4^- + 4H_2O + 6e^- \longrightarrow 3I_2 + 2MnO_2 + 8OH^- + 6e^-$$

Après élimination des électrons, nous obtenons

$$6I^- + 2MnO_4^- + 4H_2O \longrightarrow 3I_2 + 2MnO_2 + 8OH^-$$

Problèmes semblables:
7.1 et 7.2

Étape 7 : Une vérification finale révèle que l'équation est équilibrée du point de vue autant atomique qu'électrique.

EXERCICE

Équilibrez, par la méthode ions-électrons, l'équation suivante ; la réaction se produit en milieu acide :

$$Fe^{2+} + MnO_4^- \longrightarrow Fe^{3+} + Mn^{2+}$$

7.2 LES CELLULES GALVANIQUES

À la section 1.4, nous avons vu que, si un morceau de zinc est placé dans une solution de $CuSO_4$, l'atome Zn est oxydé en ion Zn^{2+}, et l'ion Cu^{2+} réduit en atome Cu (*figure 1.12*) :

$$Zn(s) + Cu^{2+}(aq) \longrightarrow Zn^{2+}(aq) + Cu(s)$$

Les électrons passent directement du réducteur (Zn) à l'oxydant (Cu^{2+}) dans la solution. Cependant, si le réducteur et l'oxydant sont physiquement séparés dans deux compartiments, le transfert des électrons peut se faire en empruntant un milieu conducteur extérieur. À mesure que la réaction se produit, il s'établit un courant continu d'électrons, donc il y a génération d'électricité (autrement dit il y a production de travail électrique).

Le dispositif expérimental permettant de générer de l'électricité est appelé *cellule électrochimique*. La figure 7.1 montre les composantes essentielles d'un type de ces cellules, la **cellule galvanique,** *appelée aussi cellule voltaïque, dans laquelle il y a production d'électricité par réaction d'oxydoréduction spontanée.* Cette cellule est constituée d'une tige de zinc plongée dans une solution de $ZnSO_4$ et d'une tige de cuivre plongée dans une solution de $CuSO_4$. La cellule galvanique fonctionne selon le principe que l'oxydation de Zn en Zn^{2+} et la réduction de Cu^{2+} en Cu peuvent se produire simultanément dans des compartiments séparés, le transfert des électrons se faisant par le circuit extérieur. Les tiges de zinc et de cuivre sont appelées *électrodes*. Par définition, l'*électrode où a lieu l'oxydation* s'appelle l'**anode** ; l'*électrode où se produit la réduction*, la **cathode.**

Dans le cas du système illustré à la figure 7.1, *les réactions d'oxydation et de réduction qui se produisent aux électrodes*, appelées **réactions des demi-cellules,** sont

NOTE

Les demi-cellules ou demi-piles sont similaires aux demi-réactions vues précédemment.

$$\text{électrode de Zn (anode)} : Zn(s) \longrightarrow Zn^{2+}(aq) + 2e^-$$

$$\text{électrode de Cu (cathode)} : Cu^{2+}(aq) + 2e^- \longrightarrow Cu(s)$$

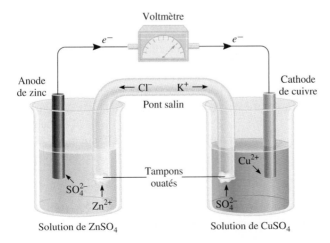

Voltmètre

Anode de zinc

Cl^- K^+

Pont salin

Cathode de cuivre

Tampons ouatés

Cu^{2+}

SO_4^{2-}

Zn^{2+}

SO_4^{2-}

Solution de $ZnSO_4$ Solution de $CuSO_4$

Figure 7.1 *Une cellule galvanique. Le pont salin (un tube en U renversé) contenant une solution de KCl fournit un milieu conducteur entre les deux solutions. Les ouvertures du tube sont partiellement bouchées par des tampons ouatés afin de prévenir l'écoulement de la solution de KCl dans les béchers tout en permettant le passage des anions et des cations. Les électrons empruntent un circuit extérieur pour circuler de l'électrode de Zn (anode) à l'électrode de Cu (cathode).*

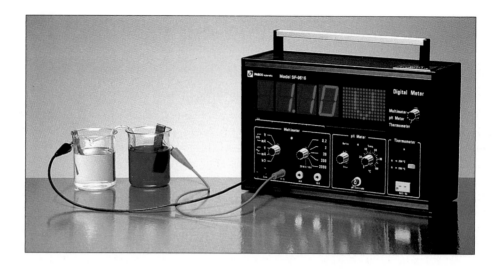

Notez que, à moins que les deux solutions ne soient séparées l'une de l'autre, les ions Cu^{2+} réagissent directement avec la tige de zinc :

$$Cu^{2+}(aq) + Zn(s) \longrightarrow Cu(s) + Zn^{2+}(aq)$$

et, par conséquent, aucun travail électrique utile ne peut être obtenu.

Pour que le circuit électrique soit complet, les solutions doivent être reliées par un milieu conducteur dans lequel les anions et les cations peuvent se déplacer. Un *pont salin* remplit très bien ce rôle ; il s'agit, dans sa forme la plus simple, d'un tube en U renversé contenant un électrolyte inerte, comme KCl ou NH_4NO_3, dont les ions ne réagiront ni avec les autres ions en solution ni avec les électrodes (*figure 7.1*). Durant la réaction globale d'oxydoréduction, les électrons circulent de l'anode (électrode de Zn) à la cathode (électrode de Cu) en empruntant le fil extérieur et en passant par le voltmètre.

En solution, les cations (Zn^{2+}, Cu^{2+} et K^+) se déplacent vers la cathode, tandis que les anions (SO_4^{2-} et Cl^-) vont dans la direction opposée, vers l'anode.

La migration des électrons d'une électrode à l'autre est due à une différence de potentiel, appelée aussi tension électrique, entre les deux électrodes. Cette *différence de potentiel mesurée à très faible courant* s'appelle **force électromotrice,** ou **fem (ε),** et peut se mesurer grâce à un voltmètre branché aux deux électrodes (*figure 7.2*). Habituellement, on exprime la fem d'une cellule galvanique en volts (V). Nous verrons que la fem d'une cellule dépend non seulement de la nature des électrodes et des ions, mais aussi de la concentration des ions et de la température de fonctionnement de la cellule.

La représentation d'*une cellule galvanique par un diagramme conventionnel* s'appelle **diagramme de cellule.** Par exemple, dans le cas de la cellule que nous venons de décrire (celle dont le pont salin contient du KCl comme électrolyte, en supposant que les concentrations sont de 1 *M*), le diagramme de cette cellule est

$$Zn(s)|Zn^{2+}(aq,\ 1\ M)|KCl(saturé)|Cu^{2+}(aq,\ 1\ M)|Cu(s)$$

où les lignes verticales indiquent une démarcation entre deux phases. Par exemple, l'électrode de zinc est un solide et les ions Zn^{2+} (de $ZnSO_4$) sont en solution ; pour indiquer cette différence de phases, on inscrit un trait vertical entre Zn et Zn^{2+}. Notez qu'il y a également un trait vertical entre la solution de $ZnSO_4$ et la solution de KCl dans le pont salin parce que, ces deux solutions n'étant pas mélangées, elles constituent ainsi deux phases différentes.

Plus simplement, la cellule peut être représentée par le diagramme suivant :

$$Zn(s)|Zn^{2+}(1\ M)||Cu^{2+}(1\ M)|Cu(s)$$

Le double trait vertical représente le pont salin. Par convention, l'anode est toujours à gauche, puis les autres composantes suivent dans l'ordre du montage vers la cathode.

7.3 LES POTENTIELS STANDARD D'ÉLECTRODE

Quand les concentrations des ions Cu^{2+} et Zn^{2+} sont toutes deux de 1,0 M, on constate que la fem de la cellule illustrée à la figure 7.1 est de 1,10 V, à 25 °C (*figure 7.2*). Quelle est la relation entre cette tension et la réaction d'oxydoréduction ? De même qu'il est possible d'imaginer la réaction globale comme la somme de deux demi-réactions, on peut considérer la tension mesurée de la cellule comme la somme des potentiels électriques aux électrodes de Zn et de Cu. Ainsi, connaissant l'un de ces potentiels, on peut obtenir l'autre par soustraction (de 1,10 V). Cependant, il est impossible de mesurer le potentiel d'une seule électrode. Par contre, si on définit comme étant zéro la valeur du potentiel d'une électrode standard on pourra ensuite l'utiliser pour déterminer les potentiels relatifs de d'autres électrodes. C'est l'électrode à hydrogène, illustrée à la figure 7.3, qui a été choisie comme standard. On fait barboter de l'hydrogène gazeux dans une solution d'acide chlorhydrique à 25 °C et à 1 atm. L'électrode de platine qui s'y trouve a deux fonctions. La première est de fournir une surface qui permet la dissociation des molécules d'hydrogène :

$$H_2 \longrightarrow 2H^+ + 2e^-$$

La seconde est de servir de conducteur électrique vers le circuit extérieur.

Les conditions standard sont que les gaz doivent tous être à une pression de 1 atm et les solutés à une concentration de 1 M. Quand l'électrode à hydrogène fonctionne dans des conditions standard, c'est-à-dire quand la pression de H_2 est de 1 atm et la concentration de la solution de HCl, ou [H^+], est de 1 M, on considère que le potentiel de réduction de H^+, à 25 °C, a la valeur *exacte* de zéro :

$$2H^+(aq,\ 1\ M) + 2e^- \longrightarrow H_2(g,\ 1\ atm) \qquad \varepsilon° = 0\ V$$

L'exposant « o » indique qu'il s'agit de conditions standard. *Si, au cours d'une réaction de réduction à une électrode, tous les solutés sont à une concentration de 1 M et que tous les gaz sont à une pression de 1 atm*, le potentiel est appelé **potentiel standard de réduction.** Donc, le potentiel standard de réduction d'une électrode à hydrogène est fixé à zéro. Cette électrode est alors appelée **électrode standard à hydrogène (ESH).**

On peut utiliser l'ESH pour mesurer les potentiels des autres types d'électrodes. La figure 7.4 a) montre une cellule galvanique munie d'une électrode de zinc et d'une ESH. L'électrode de zinc est l'anode, et l'ESH la cathode, car on observe que la masse de l'électrode de zinc diminue durant le fonctionnement de la cellule ; le zinc passe en solution à cause de la réaction d'oxydation :

$$Zn(s) \longrightarrow Zn^{2+}(aq) + 2e^-$$

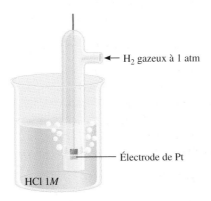

Figure 7.3 *Une électrode à hydrogène fonctionnant dans des conditions standard. L'hydrogène gazeux à 1 atm passe dans une solution de HCl à 1 M. L'électrode de platine fait partie de l'électrode à hydrogène.*

H₂ gazeux à 1 atm

Électrode de Pt

HCl 1M

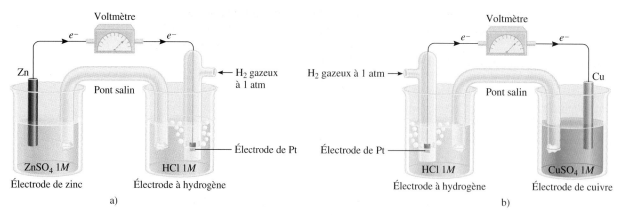

Figure 7.4 *a) Une cellule constituée d'une électrode de zinc et d'une électrode à hydrogène. b) Une cellule constituée d'une électrode de cuivre et d'une électrode à hydrogène. Les deux cellules fonctionnent dans des conditions standard. Notez que l'ESH agit en a) comme la cathode, et en b) comme l'anode.*

Le diagramme de cette cellule est le suivant:

$$Zn(s)|Zn^{2+}(1\ M)\|H^+(1\ M)|H_2(1\ atm)|Pt(s)$$

Quand tous les réactifs sont à l'état standard (H_2 à 1 atm, H^+ et Zn^{2+} à 1 M), la fem de la cellule est de 0,76 V. On peut exprimer les demi-réactions de la cellule de la manière suivante:

Anode:	$Zn(s) \longrightarrow Zn^{2+}(aq,\ 1\ M) + 2e^-$	$\varepsilon^\circ_{Zn/Zn^{2+}}$
Cathode:	$2H^+(aq,\ 1\ M) + 2e^- \longrightarrow H_2(g,\ 1\ atm)$	$\varepsilon^\circ_{H^+/H_2}$
Globale:	$Zn(s) + 2H^+(aq,\ 1\ M) \longrightarrow Zn^{2+}(aq,\ 1\ M) + H_2(g,\ 1\ atm)$	ε°_{cell}

où $\varepsilon^\circ_{Zn/Zn^{2+}}$ est le ***potentiel standard d'oxydation,*** ou *potentiel de la réaction d'oxydation dans des conditions standard*:

$$Zn(s) \longrightarrow Zn^{2+}(aq,\ 1\ M) + 2e^-$$

et $\varepsilon^\circ_{H^+/H_2}$ est le potentiel standard de réduction, déjà défini pour l'ESH (Zn/Zn^{2+} signifie Zn $\longrightarrow Zn^{2+} + 2e^-$; H^+/H_2 signifie $2H^+ + 2e^- \longrightarrow H_2$). La ***fem standard*** de la cellule, ε°_{cell} est la *somme du potentiel standard d'oxydation et du potentiel standard de réduction*:

$$\varepsilon^\circ_{cell} = \varepsilon^\circ_{ox} + \varepsilon^\circ_{réd} \qquad (7.1)$$

où les indices «ox» et «réd» désignent respectivement l'oxydation et la réduction. Dans le cas de notre cellule galvanique,

$$\varepsilon^\circ_{cell} = \varepsilon^\circ_{Zn/Zn^{2+}} + \varepsilon^\circ_{H^+/H_2}$$

$$0,76\ V = \varepsilon^\circ_{Zn/Zn^{2+}} + 0$$

Donc, le potentiel standard d'oxydation du zinc est 0,76 V.

On peut évaluer le potentiel standard de réduction du zinc ($\varepsilon^\circ_{Zn^{2+}/Zn}$) en inversant la demi-réaction d'oxydation:

$$Zn^{2+}(aq,\ 1\ M) + 2e^- \longrightarrow Zn(s) \qquad \varepsilon^\circ_{Zn^{2+}/Zn} = -0,76\ V$$

À ne pas oublier: quand on inverse la demi-réaction d'une cellule, la valeur de ε° change de signe.

On peut de la même manière obtenir le potentiel standard d'électrode du cuivre en utilisant une cellule galvanique munie d'une électrode de cuivre et d'une ESH [*figure 7.4 b)*]. Dans ce cas, l'électrode de cuivre est la cathode, car sa masse augmente durant le fonctionnement de la cellule, résultat de la réaction de réduction:

$$Cu^{2+}(aq) + 2e^- \longrightarrow Cu(s)$$

Le diagramme de cette cellule est le suivant:

$$Pt(s)|H_2(1\ atm)|H^+(1\ M)\|Cu^{2+}(1\ M)|Cu(s)$$

et les demi-réactions sont

Anode: $\quad\quad\quad\quad\quad$ $H_2(g,\ 1\ atm) \longrightarrow 2H^+(aq,\ 1\ M) + 2e^-$ $\quad\quad$ $\varepsilon^{\circ}_{H_2/H^+}$

Cathode: $\quad\quad\quad$ $\underline{Cu^{2+}(aq,\ 1\ M) + 2e^- \longrightarrow Cu(s)}$ $\quad\quad\quad\quad$ $\varepsilon^{\circ}_{Cu^{2+}/Cu}$

Globale: $\quad$ $H_2(g,\ 1\ atm) + Cu^{2+}(aq,\ 1\ M) \longrightarrow 2H^+(aq,\ 1\ M) + Cu(s)$ $\quad$ $\varepsilon^{\circ}_{cell}$

Dans des conditions standard et à 25 °C, la fem de la cellule est de 0,34 V. On écrit donc

$$\varepsilon^{\circ}_{cell} = \varepsilon^{\circ}_{H_2/H^+} + \varepsilon^{\circ}_{Cu^{2+}/Cu}$$

$$0,34\ V = 0 + \varepsilon^{\circ}_{Cu^{2+}/Cu}$$

Le potentiel standard de réduction du cuivre est donc de 0,34 V et son potentiel standard d'oxydation ($\varepsilon^{\circ}_{Cu/Cu^{2+}}$) est de $-0,34$ V.

Dans le cas de la cellule illustrée à la figure 7.1, on peut maintenant écrire

Anode: $\quad\quad\quad\quad\quad$ $Zn(s) \longrightarrow Zn^{2+}(aq,\ 1\ M) + 2e^-$ $\quad\quad\quad$ $\varepsilon^{\circ}_{Zn/Zn^{2+}}$

Cathode: $\quad\quad\quad$ $\underline{Cu^{2+}(aq,\ 1\ M) + 2e^- \longrightarrow Cu(s)}$ $\quad\quad\quad\quad$ $\varepsilon^{\circ}_{Cu^{2+}/Cu}$

Globale: $\quad$ $Zn(s) + Cu^{2+}(aq,\ 1\ M) \longrightarrow Zn^{2+}(aq,\ 1\ M) + Cu(s)$ $\quad$ $\varepsilon^{\circ}_{cell}$

La fem de la cellule est

$$\varepsilon^{\circ}_{cell} = \varepsilon^{\circ}_{Zn/Zn^{2+}} + \varepsilon^{\circ}_{Cu^{2+}/Cu}$$

$$= 0,76\ V + 0,34\ V$$

$$= 1,10\ V$$

Cet exemple illustre comment le *signe* de la fem de la cellule permet de prédire la spontanéité d'une réaction d'oxydoréduction. Dans des conditions standard pour les réactifs et les produits, une réaction d'oxydoréduction est spontanée dans le sens indiqué si la fem standard de la cellule est positive. Si celle-ci est négative, la réaction est spontanée dans le sens opposé. Il est important de se rappeler qu'une valeur négative de $\varepsilon^{\circ}_{cell}$ *ne signifie pas* que la réaction ne se produira pas si les réactifs sont mélangés à une concentration de 1 *M*. Cela signifie plutôt que l'équilibre de la réaction, une fois atteint, favorisera les réactifs. Nous verrons les relations entre $\varepsilon^{\circ}_{cell}$, K et une autre quantité appelée ΔG° que nous présenterons plus loin dans ce chapitre.

TABLEAU 7.1 LES POTENTIELS STANDARD DE RÉDUCTION, À 25 °C*

Demi-réaction	$\varepsilon°(V)$
$Li^+(aq) + e^- \longrightarrow Li(s)$	$-3,05$
$K^+(aq) + e^- \longrightarrow K(s)$	$-2,93$
$Ba^{2+}(aq) + 2e^- \longrightarrow Ba(s)$	$-2,90$
$Sr^{2+}(aq) + 2e^- \longrightarrow Sr(s)$	$-2,89$
$Ca^{2+}(aq) + 2e^- \longrightarrow Ca(s)$	$-2,87$
$Na^+(aq) + e^- \longrightarrow Na(s)$	$-2,71$
$Mg^{2+}(aq) + 2e^- \longrightarrow Mg(s)$	$-2,37$
$Be^{2+}(aq) + 2e^- \longrightarrow Be(s)$	$-1,85$
$Al^{3+}(aq) + 3e^- \longrightarrow Al(s)$	$-1,66$
$Mn^{2+}(aq) + 2e^- \longrightarrow Mn(s)$	$-1,18$
$2H_2O + 2e^- \longrightarrow H_2(g) + 2OH^-(aq)$	$-0,83$
$Zn^{2+}(aq) + 2e^- \longrightarrow Zn(s)$	$-0,76$
$Cr^{3+}(aq) + 3e^- \longrightarrow Cr(s)$	$-0,74$
$Fe^{2+}(aq) + 2e^- \longrightarrow Fe(s)$	$-0,44$
$Cd^{2+}(aq) + 2e^- \longrightarrow Cd(s)$	$-0,40$
$PbSO_4(s) + 2e^- \longrightarrow Pb(s) + SO_4^{2-}(aq)$	$-0,31$
$Co^{2+}(aq) + 2e^- \longrightarrow Co(s)$	$-0,28$
$Ni^{2+}(aq) + 2e^- \longrightarrow Ni(s)$	$-0,25$
$Sn^{2+}(aq) + 2e^- \longrightarrow Sn(s)$	$-0,14$
$Pb^{2+}(aq) + 2e^- \longrightarrow Pb(s)$	$-0,13$
$2H^+(aq) + 2e^- \longrightarrow H_2(g)$	$0,00$
$Sn^{4+}(aq) + 2e^- \longrightarrow Sn^{2+}(aq)$	$+0,13$
$Cu^{2+}(aq) + e^- \longrightarrow Cu^+(aq)$	$+0,15$
$SO_4^{2-}(aq) + 4H^+(aq) + 2e^- \longrightarrow SO_2(g) + 2H_2O$	$+0,20$
$AgCl(s) + e^- \longrightarrow Ag(s) + Cl^-(aq)$	$+0,22$
$Cu^{2+}(aq) + 2e^- \longrightarrow Cu(s)$	$+0,34$
$O_2(g) + 2H_2O + 4e^- \longrightarrow 4OH^-(aq)$	$+0,40$
$I_2(s) + 2e^- \longrightarrow 2I^-(aq)$	$+0,53$
$MnO_4^-(aq) + 2H_2O + 3e^- \longrightarrow MnO_2(s) + 4OH^-(aq)$	$+0,59$
$O_2(g) + 2H^+(aq) + 2e^- \longrightarrow H_2O_2(aq)$	$+0,68$
$Fe^{3+}(aq) + e^- \longrightarrow Fe^{2+}(aq)$	$+0,77$
$Ag^+(aq) + e^- \longrightarrow Ag(s)$	$+0,80$
$Hg_2^{2+}(aq) + 2e^- \longrightarrow 2Hg(l)$	$+0,85$
$2Hg^{2+}(aq) + 2e^- \longrightarrow Hg_2^{2+}(aq)$	$+0,92$
$NO_3^-(aq) + 4H^+(aq) + 3e^- \longrightarrow NO(g) + 2H_2O$	$+0,96$
$Br_2(l) + 2e^- \longrightarrow 2Br^-(aq)$	$+1,07$
$O_2(g) + 4H^+(aq) + 4e^- \longrightarrow 2H_2O$	$+1,23$
$MnO_2(s) + 4H^+(aq) + 2e^- \longrightarrow Mn^{2+}(aq) + 2H_2O$	$+1,23$
$Cr_2O_7^{2-}(aq) + 14H^+(aq) + 6e^- \longrightarrow 2Cr^{3+}(aq) + 7H_2O$	$+1,33$
$Cl_2(g) + 2e^- \longrightarrow 2Cl^-(aq)$	$+1,36$
$Au^{3+}(aq) + 3e^- \longrightarrow Au(s)$	$+1,50$
$MnO_4^-(aq) + 8H^+(aq) + 5e^- \longrightarrow Mn^{2+}(aq) + 4H_2O$	$+1,51$
$Ce^{4+}(aq) + e^- \longrightarrow Ce^{3+}(aq)$	$+1,61$
$PbO_2(s) + 4H^+(aq) + SO_4^{2-}(aq) + 2e^- \longrightarrow PbSO_4(s) + 2H_2O$	$+1,70$
$H_2O_2(aq) + 2H^+(aq) + 2e^- \longrightarrow 2H_2O$	$+1,77$
$Co^{3+}(aq) + e^- \longrightarrow Co^{2+}(aq)$	$+1,82$
$O_3(g) + 2H^+(aq) + 2e^- \longrightarrow O_2(g) + H_2O(l)$	$+2,07$
$F_2(g) + 2e^- \longrightarrow 2F^-(aq)$	$+2,87$

Augmentation du pouvoir oxydant (flèche gauche) — *Augmentation du pouvoir réducteur* (flèche droite)

* Dans chaque demi-réaction, la concentration des espèces dissoutes est 1 *M* et la pression des gaz est de 1 atm. Ce sont les valeurs dans les conditions standard.

Le tableau 7.1 énumère les potentiels standard de réduction des demi-réactions. Par définition, la valeur de $\varepsilon°$ pour l'ESH est de 0,00 V. Les potentiels standard de réduction sont de plus en plus négatifs au-dessus de cette valeur, et de plus en plus positifs sous cette valeur. Autrement dit, plus la valeur de $\varepsilon°$ est positive, plus la substance a tendance à être réduite et, par conséquent, plus elle a tendance à agir comme un oxydant. Au tableau 7.1, on constate que F_2 est l'oxydant le plus fort, et Li^+ le plus faible. On retrouve ici de façon plus complète la série d'activité des métaux déjà vue au chapitre 1 (*section 1.4*).

EXEMPLE 7.2   La comparaison des pouvoirs oxydants

Classez les espèces suivantes par ordre croissant de leur pouvoir oxydant dans des conditions standard: Sn^{2+}, $Cr_2O_7^{2-}$ (en solution acide) et $Br_2(l)$.

Réponse: Selon le tableau 7.1, nous écrivons les demi-réactions par ordre croissant de leur valeur de $\varepsilon°$:

$$Sn^{2+}(aq, 1\ M) + 2e^- \longrightarrow Sn(s) \qquad\qquad \varepsilon° = -0,14\ V$$

$$Br_2(l) + 2e^- \longrightarrow 2Br^-(aq, 1\ M) \qquad\qquad \varepsilon° = +1,07\ V$$

$$Cr_2O_7^{2-}(aq, 1\ M) + 14H^+(aq, 1\ M) + 6e^- \longrightarrow 2Cr^{3+}(aq, 1\ M) + 7H_2O \quad \varepsilon° = +1,33\ V$$

Puisque le potentiel de réduction de $Cr_2O_7^{2-}$ est le plus élevé et que celui de Br_2 est le deuxième, l'ordre croissant des pouvoirs oxydants est

$$Sn^{2+} < Br_2 < Cr_2O_7^{2-}$$

Problèmes semblables:
7.9 et 7.10

EXERCICE

Laquelle des espèces suivantes est le réducteur le plus fort dans les conditions standard: Cl^-, I^- ou Pb?

EXEMPLE 7.3   Le calcul de $\varepsilon°$ d'une cellule galvanique

Une pile galvanique est constituée d'une électrode de Mg plongée dans une solution de $Mg(NO_3)_2$ 1,0 M et d'une électrode de Ag dans une solution de $AgNO_3$ 1,0 M. Calculez la fem standard de cette cellule électrochimique, à 25 °C.

Réponse: Le tableau 7.1 donne les potentiels standard de réduction des deux électrodes:

$$Mg^{2+}(aq, 1\ M) + 2e^- \longrightarrow Mg(s) \qquad \varepsilon° = -2,37\ V$$

$$Ag^+(aq, 1\ M) + e^- \longrightarrow Ag(s) \qquad \varepsilon° = 0,80\ V$$

Mg étant un réducteur plus fort que Ag, on peut écrire les demi-réactions de la manière suivante:

Anode: $Mg(s) \longrightarrow Mg^{2+}(aq, 1\ M) + 2e^-$
Cathode: $\underline{2Ag^+(aq, 1\ M) + 2e^- \longrightarrow 2Ag(s)}$
Globale: $Mg(s) + 2Ag^+(aq, 1\ M) \longrightarrow Mg^{2+}(aq, 1\ M) + 2Ag(s)$

Problèmes semblables:
7.7 et 7.8

Notez que, pour équilibrer l'équation globale, nous avons multiplié par 2 la réduction de Ag^+. On peut le faire parce que $\varepsilon°$ est une propriété intensive et n'est pas influencée par ce procédé. On trouve la fem de la cellule grâce à l'équation (7.1) et au tableau 7.1:

$$\varepsilon°_{cell} = \varepsilon°_{Mg/Mg^{2+}} + \varepsilon°_{Ag^+/Ag}$$

$$= 2,37\ V + 0,80\ V$$

$$= 3,17\ V$$

NOTE

On voit ici que le tableau de potentiel (7.1) peut servir à balancer des équations s'il est possible d'y trouver les deux demi-piles en jeu. De fait, c'est comme si on passait directement à l'étape 5 de la méthode déjà expliquée à la page 263.

EXERCICE

Quelle est la fem standard d'une cellule galvanique constituée d'une électrode de Cd dans une solution de $Cd(NO_3)_2$ 1,0 M et d'une électrode de Cr dans une solution de $Cr(NO_3)_3$ 1,0 M?

7.4 LA SPONTANÉITÉ DES RÉACTIONS EN GÉNÉRAL

NOTE

Une réaction spontanée ne veut pas dire nécessairement qu'elle est instantanée. Il faut aussi tenir compte des contraintes cinétiques.

Afin de pouvoir mieux comprendre la spontanéité des réactions d'oxydoréduction, nous allons maintenant aborder les critères de spontanéité des réactions. Dans plusieurs chapitres étudiés précédemment, il a été très souvent question de systèmes à l'équilibre et il est normal de se demander pourquoi certaines réactions sont incomplètes alors que d'autres sont soit incomplètes, soit tout simplement impossibles à réaliser dans certaines conditions. Les réponses à ces questions sont données par une science physique appelée *thermodynamique*. Cette discipline fait appel à des concepts assez abstraits et nécessite l'utilisation d'outils mathématiques comme le calcul des probabilités (statistique) et le calcul intégral. Ici notre exposé se limitera à décrire les résultats de la thermodynamique pour les appliquer et à réaliser quelles en sont les conséquences en chimie, principalement en relation avec l'équilibre, la spontanéité des réactions et la force électromotrice en oxydoréduction.

La variation d'enthalpie, ΔH

Commençons par une quantité thermodynamique que vous connaissez déjà, la ***variation d'enthalpie*** ΔH. Celle-ci est la *différence entre l'enthalpie finale et l'enthalpie initiale*, appelée précédemment *chaleur de réaction* lors de l'étude de la thermochimie. Par exemple, lorsqu'on a étudié les forces de liaison et les changements de phase, on a utilisé la notation ΔH^o, où le « o » en exposant indique qu'il s'agit d'une mesure faite dans des conditions standard (à 25 °C et 1 atm). Rappelons aussi que, comme dans le cas des autres quantités thermodynamiques que nous verrons plus loin, le ΔH est exprimé par mole pour nous rappeler qu'il s'agit d'une grandeur macroscopique rattachée à des quantités de matière exprimées en moles (en kilojoules par mole). La valeur du ΔH est nécessairement liée à la nature des réactifs et des produits, à l'équation équilibrée (en moles) et dépend aussi des différents états physiques [(s), (l) et (g)]. La « standardisation » des définitions permet de rendre compatibles les différents calculs thermodynamiques. Ainsi, ΔH^o concerne obligatoirement une réaction à une pression de 1 atm et une température de 25 °C. Voyons un exemple.

$$N_2(g) + 3H_2(g) \rightleftharpoons 2\,NH_3(g) \qquad \Delta H^o = -92 \text{ kJ/mol}$$

Rappelons que la valeur négative du ΔH signifie que l'enthalpie des produits est inférieure à celle des réactifs, $\Delta H = H_f - H_i$, et que c'est le cas d'une réaction exothermique. On doit aussi supposer ici que le ΔH est donné pour 2 mol de NH_3, même s'il s'agit d'une réaction incomplète. À l'annexe 3, vous trouverez une table des données thermodynamiques. Toutes ces données sont des ***fonctions d'état,*** c'est-à-dire qu'elles ne *dépendent* pas du « chemin suivi » par lequel se produit le phénomène, mais *seulement de l'état initial et de l'état final*. Ainsi, pour $NH_3(g)$, on peut lire $\Delta H_f^o = -46,3$ kJ/mol, ce qui est en accord avec l'équation ci-dessus qui est écrite pour 2 mol.

Comment pourrait-on trouver la variation d'enthalpie dans le cas d'une réaction plus complexe comme celle-ci ?

$$CH_4(g) + 2O_2(g) \longrightarrow CO_2(g) + 2H_2O(l) \qquad \Delta H^o = ?$$

Rappelons qu'il faut simplement trouver les chaleurs de formation des produits (à partir des éléments) dans les tables, et d'en faire la somme qui, elle, sera soustraite de la somme des chaleurs de formation des réactifs (application de la loi de Hess).

$$\Delta H^o_{\text{réaction}} = [2 \times \Delta H_f^o\, H_2O(l) + \Delta H_f^o\, CO_2(g)] - [\Delta H_f^o\, CH_4(g) - \Delta H_f^o\, O_2(g)]$$

$$= [2 \times (-285,8) + (-395,5)] - [-74,85 - 0]$$

$$= -967,1 - (-74,85)$$

$$= -892,3 \text{ kJ/mol}$$

Le ΔH_f^o du CH_4 apparaît dans les tables des composés organiques. Le ΔH_f^o de O_2 est égal à zéro, comme c'est le cas pour tout élément dans sa forme la plus stable.

Vous avez sans doute remarqué qu'en règle générale, les réactions qui produisent beaucoup de chaleur sont des réactions complètes, donc sans possibilités d'obtenir un système à l'équilibre ou de pouvoir revenir en arrière. La valeur du ΔH_r est donc l'une des caractéristiques thermodynamiques très importantes à considérer. C'est un critère important quand on veut savoir *si une réaction peut avoir lieu par elle-même*, sans aucune intervention extérieure, donc si elle est une **réaction spontanée.** Cela s'explique par une loi de la thermodynamique qui revient à dire que *tous les systèmes tendent vers un minimum d'énergie.* Par analogie, on peut penser à une bille placée en haut d'un plan incliné. Si on ne la retient pas elle va spontanément descendre la pente et atteindra le plus bas niveau d'énergie possible, niveau comparé ici à sa position finale par rapport à son point de départ. Il en est de même lorsque l'on compare les contenus énergétiques (enthalpies) des produits et des réactifs. Le plus ou moins grand déplacement de la réaction vers les produits dépendra des possibilités d'atteinte d'un plus bas niveau d'énergie pour l'ensemble du système. Dans le cas d'une dénivellation très grande, le retour en arrière est impossible. En effet, la réaction est complète, sinon il faudrait admettre que la bille peut remonter par elle-même la pente, comme dans un film visionné en marche arrière. Le ΔH_r^o nous semble donc, pour le moment, constituer un bon critère de prévision de la spontanéité d'une réaction.

La variation d'entropie, ΔS

Cependant, la nature n'est pas aussi simple qu'on le voudrait ! En fait, vous connaissez probablement des phénomènes qui ont lieu spontanément tout en ayant une valeur de $\Delta H > 0$. Rappelons-nous par exemple le cas de certains sels qui, lorsqu'ils sont dissous dans l'eau, causent un refroidissement, ou encore le cas de l'eau qui bout spontanément à 100 °C malgré un $\Delta H > 0$. Il nous faudrait donc au moins un deuxième critère pour pouvoir prédire correctement la spontanéité des réactions. Les chimistes « thermodynamiciens » l'ont trouvé au XIXe siècle. Il s'agit du ΔS, ou **variation d'entropie,** une *mesure de la variation du désordre entre un état final et un état initial,* qui peut être rapportée elle aussi dans l'état standard (à 1 atm et 25 °C) et qui s'évalue pour une réaction donnée de la même manière que pour les ΔH_r^o à l'aide des valeurs des tables données à l'annexe 3.

Par exemple, évaluons le ΔS^o de la réaction

$$N_2(g) + 3H_2(g) \rightleftharpoons 2NH_3(g) \qquad \Delta S^0 = ? \text{ J/K} \cdot \text{mol}$$

$$\Delta S^0 = (2 \times 193,0) - [(191,5) + (3 \times 131,0)]$$

$$= 386,0 - 584,5 = -198,5 \text{ J/mol} \cdot \text{K}$$

Un phénomène spontané et un phénomène non spontané.

La réponse indique que le désordre a diminué (l'ordre a augmenté). Remarquons aussi que les unités comportent des joules, car les valeurs des ΔS sont petites comparativement à celles des ΔH. Aussi, les éléments ont des valeurs d'entropie différentes de zéro dans ce cas-ci. On peut maintenant se demander quelle est la signification de cette grandeur thermodynamique et comment on peut concevoir cette notion d'entropie ou de désordre. La réponse est donnée en bonne partie par un autre grand principe de la thermodynamique qui précise que *tous les systèmes tendent vers le maximum de désordre.* Donc, comme on prétend que ΔS est la différence entre l'état du désordre contenu dans les produits par rapport à celui des réactifs, selon ce deuxième critère de spontanéité, les réactions dont le ΔS est positif auraient tendance à se produire spontanément.

On est maintenant en mesure d'expliquer les deux exemples de phénomènes endothermiques mentionnés précédemment. Certains sels se dissolvent dans l'eau parce qu'il y a une grande augmentation du désordre, si on compare le mélange obtenu à l'état cristallin du solide avant la dissolution. Aussi, l'eau bout à 100 °C grâce au facteur entropique. Comment peut-on expliquer cette idée d'entropie ? Procédons encore par analogie ou intuitivement comme nous l'avons fait dans le cas du ΔH. Considérons un gaz confiné dans un ballon séparé d'un autre ballon par une valve fermée (*figure 7.5*). Si on ouvre la valve, les molécules vont spontanément traverser dans l'autre ballon, et l'état le plus probable obtenu à la fin sera celui qui correspond au maximum de désordre, c'est-à-dire que les concentrations gazeuses seront égales dans les deux ballons. Pensez-vous qu'ici encore il serait possible de faire marche arrière, que les molécules pourraient revenir spontanément dans un seul ballon ? Plusieurs réactions chimiques ressemblent à cette situation où les produits sont dans un état qui correspond à un désordre beaucoup plus grand que celui de l'état initial. C'est le cas notamment des réactions comprenant des solides ou des liquides qui produisent des gaz ou encore des réactifs gazeux qui produisent d'autres gaz en nombre de molécules beaucoup plus grand qu'initialement. Il est logique de penser qu'il y a plus de désordre dans des molécules à l'état gazeux.

Figure 7.5 *a) La détente d'un gaz dans le vide est spontanée. b) La contraction d'un gaz dans une enceinte est non spontanée.*

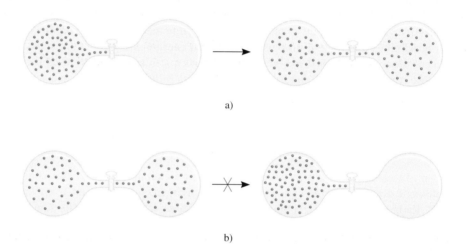

a)

b)

Ces deux tendances, tendance vers l'énergie minimale, $\Delta H < 0$, et tendance vers le maximum de désordre, $\Delta S > 0$, peuvent agir en sens contraire ou dans le même sens. C'est ce qui explique que certaines réactions sont complètes, car les deux critères de spontanéité étant favorables, la réaction sera totale. Par contre, si $\Delta S < 0$ et $\Delta H > 0$, les deux critères de spontanéité étant défavorables, l'opposition est totale et la réaction est impossible. Il y a aussi toutes les situations où les deux tendances s'opposent, ($\Delta H < 0$ et $\Delta S < 0$) ou ($\Delta H > 0$ et $\Delta S > 0$), l'un des critères de spontanéité étant favorable alors que l'autre ne l'est pas. La réaction aura alors tendance à se produire dans le sens correspondant à la résultante des deux tendances opposées, de la même manière que se composent vectoriellement tous les systèmes de forces. La réaction se fera dans le sens qui l'emporte, mais elle sera incomplète, c'est-à-dire qu'elle évoluera de manière à obtenir un système à l'équilibre. Il y a enfin le cas où dès le moment de la mise en contact des réactifs, les deux tendances s'opposent également. Le système n'évoluera ni dans un sens ni dans l'autre, car le système était déjà en état d'équilibre. Bien que l'équilibre soit un phénomène dynamique (*section 4.1*), il n'y a pas de tendance nette pour que la réaction se produise plus dans un sens que dans l'autre.

La variation d'enthalpie libre (ou fonction de Gibbs)

Nous venons de voir que la spontanéité d'une réaction dépend de la résultante d'une combinaison de tendances plus ou moins favorables. En thermodynamique, cette réalité s'exprime par une relation (ou équation) appelée ***fonction de Gibbs*** ou *enthalpie libre* ou *énergie libre*, qui s'énonce ainsi :

$$G = H - TS \qquad (7.2)$$

et qui, réécrite sous forme de variation d'enthalpie libre, s'écrit

$$\Delta G = \Delta H - T\Delta S \qquad (7.3)$$

où T est la température (en kelvins). Ce qui rend possible une réaction, c'est sa capacité à produire de l'énergie (= énergie libre) qui peut éventuellement faire un travail sur le monde extérieur (environnement). Cette énergie disponible dépend du jeu des deux grandes tendances.

L'examen minutieux de cette fonction permet d'apporter une nuance importante aux affirmations précédentes. On voit que le facteur entropique de cette fonction inclut le facteur température. Il est en effet facile de concevoir, par exemple, que le désordre dans un échantillon de gaz augmente avec la température si on se souvient que la température est une mesure de l'énergie cinétique moyenne des molécules. Une élévation de la température augmente l'agitation des molécules et la dispersion de leurs vitesses (ou de leurs énergies), et les molécules se retrouvent dans un plus grand désordre. Le facteur température peut être déterminant, car le produit $T\Delta S$ peut devenir prédominant si la température est élevée. *Une réaction non spontanée à une température donnée peut le devenir à une température plus élevée.*

Nos deux critères de spontanéité basés sur les deux grandes tendances, énergie minimale et désordre maximal, se ramènent à un seul véritable critère de spontanéité, celui qui est donné par le signe algébrique de la valeur de ΔG:

$\Delta G < 0$ réaction spontanée dans le sens indiqué

$\Delta G > 0$ réaction non spontanée ; la réaction est spontanée dans le sens opposé

$\Delta G = 0$ système en équilibre ; il n'a pas tendance à évoluer ni dans un sens ni dans l'autre, car $\Delta H = T\Delta S$

Comme dans les cas de ΔH et de ΔS, la fonction de Gibbs peut s'écrire en termes d'énergie standard. La *variation d'enthalpie libre standard* vaut pour *les réactifs et les produits à l'état standard.*

$$\Delta G^\circ = \Delta H^\circ - T\Delta S^\circ \qquad (7.4)$$

et les valeurs de ΔG° sont elles aussi données dans les tables de l'annexe 3. Nous montrerons plus loin un exemple de calcul de ΔG°.

L'enthalpie libre et l'équilibre chimique

Supposons le démarrage d'une réaction en solution avec tous les réactifs à leur état standard (c'est-à-dire qu'ils sont tous à une concentration de 1 M). Dès que la réaction s'amorce, on ne peut plus parler d'état standard : les réactifs et les produits ne sont plus à une concentration de 1 M. Quand les conditions ne sont pas standard, il faut utiliser ΔG plutôt que ΔG° pour prédire le sens de la réaction. La relation entre ΔG et ΔG° est

$$\Delta G = \Delta G^\circ + RT \ln Q \qquad (7.5)$$

où R est la constante des gaz (8,314 J/K • mol) ; T, la température absolue ; ln, le logarithme naturel (*voir* l'annexe 2) ; et Q, le quotient réactionnel, défini à la page 140. On constate que ΔG dépend de deux valeurs : ΔG° et $RT \ln Q$. À une température T, pour une réaction donnée, la valeur de ΔG° ne varie pas, ce qui n'est pas le cas pour $RT \ln Q$, car Q varie selon la composition du mélange en réaction. Voyons deux cas particuliers.

Cas 1 Si la valeur de ΔG° est grande négative, la valeur positive du terme $RT \ln Q$ ne sera pas suffisamment grande pour l'emporter sur celle de ΔG° tant qu'il n'y aura pas formation significative de produits.

Cas 2 Si la valeur de ΔG° est très grande positive, la valeur négative du terme $RT \ln Q$ l'emportera sur celle de ΔG° tant que la quantité de produits formés sera très faible et que la concentration des réactifs sera élevée par rapport à celle des produits.

À l'équilibre, $\Delta G = 0$ et $Q = K$, où K est la constante d'équilibre. Donc, en remplaçant ΔG par 0 et Q par K dans (7.5), on obtient :

$$0 = \Delta G° + RT \ln K$$

ou

$$\Delta G° = -RT \ln K \qquad (7.6)$$

Dans cette équation, on utilise K_p pour les réactions en phase gazeuse et K_c pour les réactifs en solution. Notez que, plus la valeur de K est élevée, plus celle de $\Delta G°$ est grande négative.

Pour le chimiste, l'équation (7.6) est l'une des équations les plus importantes en thermodynamique, car elle met en relation la constante d'équilibre d'une réaction et la variation de l'enthalpie libre standard. Donc, à partir de la valeur de K, on peut calculer celle de $\Delta G°$ et vice versa. La figure 7.6 montre les variations d'enthalpie libre de deux systèmes en réaction (deux types de réaction) en fonction de leur composition : cela correspond à la progression de la réaction. Comme on peut le constater, si $\Delta G° < 0$, les produits sont favorisés à l'équilibre. Inversement, si $\Delta G° > 0$, les réactifs sont favorisés à l'équilibre. Le tableau 7.2 résume les trois relations possibles entre $\Delta G°$ et K que décrit l'équation (7.6).

TABLEAU 7.2	LA RELATION ENTRE $\Delta G°$ ET K SELON L'ÉQUATION $\Delta G° = -RT \ln K$		
K	**$\ln K$**	**$\Delta G°$**	**Commentaires**
> 1	Positif	Négative	À l'équilibre, les produits seront favorisés.
= 1	0	0	À l'équilibre, les produits et les réactifs seront également favorisés.
< 1	Négatif	Positive	À l'équilibre, les réactifs seront favorisés.

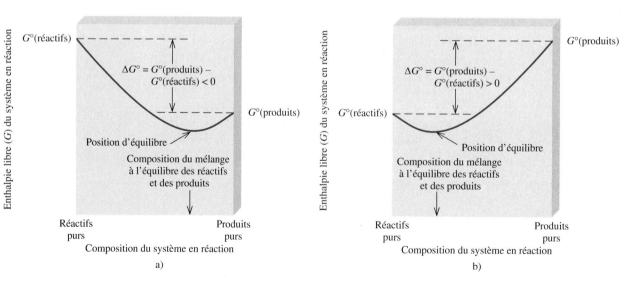

Figure 7.6 *Variation de l'enthalpie libre en fonction de la composition du système en réaction a)* $G°_{produits} < G°_{réactifs}$, *donc* $\Delta G° < 0$. *À l'équilibre, il y a une transformation importante de réactifs en produits. b)* $G°_{produits} > G°_{réactifs}$, *donc* $\Delta G° > 0$. *À l'équilibre, les réactifs sont favorisés par rapport aux produits.*
À l'une ou l'autre extrémité des courbes, les concentrations sont de 1 M. À l'équilibre, la pente $\Delta G = 0$ correspond au creux des courbes.

L'utilisation de $\Delta G°$ pour calculer la constante d'équilibre

À l'aide des données de l'annexe 3, calculons la valeur de $\Delta G°$ pour la réaction suivante :

$$2H_2O(l) \rightleftharpoons 2H_2(g) + O_2(g)$$

$$\Delta G°_{\text{réaction}} = [2\Delta G°_f(H_2) + \Delta G°_f(O_2)] - [2\Delta G°_f(H_2O)]$$

$$= [(2 \text{ mol})(0 \text{ kJ/mol}) + (1 \text{ mol})(0 \text{ kJ/mol})] - [(2 \text{ mol})(-237,2 \text{ kJ/mol})]$$

$$= 474,4 \text{ kJ}$$

En utilisant l'équation (7.6) :

$$\Delta G°_{\text{réaction}} = -RT \ln K_p$$

$$474,4 \text{ kJ} \times \frac{1000 \text{ J}}{1 \text{ kJ}} = -(8,314 \text{ J/K} \cdot \text{mol})(298 \text{ K}) \ln K_p$$

$$\ln K_p = -191,5$$

$$K_p = e^{-191,5}$$

$$= 7 \times 10^{-84}$$

Avec ce dernier calcul, on constate que les valeurs de ΔG ont permis de trouver la valeur d'une constante d'équilibre très petite, ce qui serait impossible ici par simple analyse directe des concentrations molaires. Avant de présenter notre deuxième exemple de l'utilisation de $\Delta G°$, rappelons que dans l'équation (7.5), le quotient réactionnel (Q) a la même forme que la constante d'équilibre (K), mais que les concentrations dans Q ne sont pas celles qui sont observées à l'équilibre *(voir* page 140). Notre deuxième exemple montre comment le calcul de ΔG permet de prédire le sens de l'évolution d'une réaction.

L'utilisation de $\Delta G°$ pour prédire le sens de l'évolution d'une réaction

La variation d'enthalpie libre standard de la réaction

$$N_2(g) + 3H_2(g) \rightleftharpoons 2NH_3(g)$$

est de $-33,2$ kJ à 25 °C. Au cours d'une expérience, les pressions initiales sont $P_{H_2} = 0,250$ atm, $P_{N_2} = 0,870$ atm et $P_{NH_3} = 12,9$ atm. Calculons la valeur de ΔG de cette réaction qui a lieu à ces pressions afin de prédire le sens de la réaction.

Nous pouvons écrire l'équation (7.5) ainsi :

$$\Delta G = \Delta G° + RT \ln Q_p$$

$$= \Delta G° + RT \ln \frac{P_{NH_3}^2}{P_{H_2}^3 P_{N_2}}$$

$$\Delta G = -33,2 \times 1000 \text{ J} + (8,314 \text{ J/K} \cdot \text{mol})(298 \text{ K}) \times \ln \frac{(12,9)^2}{(0,250)^3(0,870)}$$

$$= -33,2 \times 10^3 \text{ J} + 23,3 \times 10^3 \text{ J}$$

$$= -9,9 \times 10^3 \text{ J} = -9,9 \text{ kJ}$$

Puisque ΔG est négative, la réaction nette se produira vers la droite.

LA CHIMIE EN ACTION

LA THERMODYNAMIQUE D'UN ÉLASTIQUE

Tous connaissent l'utilité de ces petites bandes de caoutchouc que sont les élastiques. Mais il est intéressant de découvrir que certaines propriétés thermodynamiques de l'élastique sont dues à la structure du caoutchouc.

Vous pouvez facilement tenter l'expérience suivante. Trouvez un élastique propre d'une largeur d'au moins 0,5 cm. Étirez-le rapidement et appuyez-le sur vos lèvres. Vous sentirez un léger réchauffement. Vous pouvez également effectuer le processus inverse. D'abord, étirez l'élastique et maintenez-le ainsi pendant quelques secondes. Relâchez soudainement la tension et appuyez l'élastique sur vos lèvres. Cette fois, vous sentirez un léger refroidissement. Une analyse thermodynamique de ces deux expériences peut nous aider à comprendre la structure du caoutchouc :

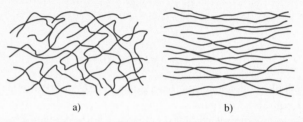

a) Les molécules de caoutchouc dans leur état normal. Notez le degré élevé de désordre (entropie élevée). b) Sous tension, les molécules s'alignent et leur arrangement devient beaucoup plus ordonné (faible entropie).

À partir de $\Delta G = \Delta H - T\Delta S$, on peut écrire $T\Delta S = \Delta H - \Delta G$. Le réchauffement (processus exothermique) causé par l'étirement signifie que $\Delta H < 0$; et puisque l'étirement n'est pas spontané (c'est-à-dire que $\Delta G > 0$ et $-\Delta G < 0$), la valeur de $T\Delta S$ doit être négative. Puisque T (température absolue) est toujours positive, on conclut que la valeur de ΔS observée au moment de l'étirement est négative. Cette observation révèle que le caoutchouc est plus désordonné à l'état naturel que sous tension.

Quand la tension est supprimée, l'élastique reprend spontanément sa forme initiale ; cela signifie que la valeur de ΔG est négative et que celle de $-\Delta G$ est positive. Le refroidissement signifie qu'il s'agit d'un processus endothermique ($\Delta H > 0$) et que la valeur de $T\Delta S$ est positive. Donc, l'entropie de l'élastique augmente quand celui-ci passe de sa forme étirée à sa forme naturelle.

7.5 LA SPONTANÉITÉ DES RÉACTIONS D'OXYDORÉDUCTION

Le tableau 7.1 permet de prédire les réactions d'oxydoréduction dans des conditions standard, qu'elles aient lieu soit dans une cellule électrochimique, où le réducteur et l'oxydant sont dans deux compartiments distincts, soit dans un bécher, où les réactifs sont mélangés, donc en contact les uns avec les autres. Abordons maintenant la relation entre $\varepsilon°_{cell}$ des grandeurs thermodynamiques comme $\Delta G°$ et K.

À la section précédente, nous avons vu que la variation d'enthalpie libre (diminution) au cours d'un processus spontané correspond à l'énergie utilisable pour faire un travail. En fait, si un processus a lieu à température et à pression constantes

$$\Delta G = w_{max}$$

où w_{max} est la quantité maximale de travail pouvant être produite.

Dans une cellule galvanique, l'énergie chimique est convertie en énergie électrique. Dans ce cas, l'énergie électrique est le produit de la fem de la cellule par la charge électrique totale (en coulombs) qui passe dans la cellule :

$$\text{énergie électrique} = \text{coulombs} \times \text{volts}$$

$$= \text{joules}$$

La charge totale est déterminée par le nombre de moles d'électrons (n) transférés du réducteur à l'oxydant dans l'équation globale d'oxydoréduction. Par définition

$$\text{charge totale} = nF$$

où F, constante de Faraday, est la charge électrique de une mole d'électrons. On a établi expérimentalement la valeur de un **faraday** à *96 487 coulombs*, ou $9,65 \times 10^4$ coulombs, arrondi à trois chiffres significatifs. Donc

$$1\ F = 9,65 \times 10^4\ \text{C/mol}$$

Puisque

$$1\ \text{J} = 1\ \text{C} \times 1\ \text{V}$$

les unités du faraday peuvent également s'exprimer ainsi :

$$1\ F = 9,65 \times 10^4\ \text{J/V} \cdot \text{mol}$$

Pour mesurer la fem d'une cellule, on utilise couramment un *potentiomètre,* un appareil qui peut mesurer la tension exacte de la cellule tout en drainant très peu de courant. La valeur de fem ainsi obtenue correspond à la tension *maximale* que la cellule peut atteindre. On utilise cette valeur pour calculer la quantité maximale d'énergie électrique pouvant être obtenue d'une réaction chimique. Cette énergie sert à faire un travail électrique ($w_{él}$), alors

$$w_{max} = w_{él}$$

$$= -nF\varepsilon_{cell}$$

Le signe négatif du côté droit de l'équation indique que le travail électrique est effectué par le système sur le milieu extérieur. Maintenant, puisque

$$\Delta G = w_{max}$$

on obtient

$$\Delta G = -nF\varepsilon°_{cell} \tag{7.7}$$

Les valeurs de n et de F sont toujours toutes les deux positives, et dans le cas d'un processus spontané, ΔG est négative ; donc ε_{cell} doit alors être positive. Si les réactifs et les produits sont à l'état standard, l'équation (7.7) devient

$$\Delta G° = -nF\varepsilon°_{cell} \qquad (7.8)$$

TABLEAU 7.3 LES RELATIONS ENTRE $\Delta G°$, K ET $\varepsilon°_{CELL}$

$\Delta G°$	K	$\varepsilon°_{cell}$	Réaction dans les conditions standard
Négative	> 1	Positive	Spontanée
0	= 1	0	À l'équilibre
Positive	< 1	Négative	Non spontanée. La réaction est spontanée dans le sens opposé.

Ici encore, la valeur de $\varepsilon°_{cell}$ est positive pour un processus spontané.

La relation entre la variation d'enthalpie libre standard ($\Delta G°$) et la constante d'équilibre d'une réaction est la suivante [équation (7.6)] :

$$\Delta G° = -RT \ln K$$

On obtient donc à partir des équations (7.8) et (7.6) :

$$-nF\varepsilon°_{cell} = -RT \ln K$$

La valeur de $\varepsilon°_{cell}$ devient donc

$$\varepsilon°_{cell} = \frac{RT}{nF} \ln K \qquad (7.10)$$

Quand $T = 298$ K, on peut simplifier l'équation (7.10) en remplaçant R et F par leurs valeurs et en convertissant le logarithme naturel en logarithme de base 10 :

$$\varepsilon°_{cell} = \frac{2,303(8,314 \text{ J/K} \cdot \text{mol})(298 \text{ K})}{n(9,65 \times 10^4 \text{ J/V} \cdot \text{mol})} \log K$$

$$= \frac{0,0591 \text{ V}}{n} \log K \qquad (7.11)$$

Alors, si l'on connaît l'une des trois grandeurs $\Delta G°$, K ou $\varepsilon°_{cell}$, on peut calculer les deux autres grâce à l'équation (7.6), (7.8) ou (7.10) (*figure 7.7*). Le tableau 7.3 résume les relations entre $\Delta G°$, K et $\varepsilon°_{cell}$ et indique si la réaction d'oxydoréduction est spontanée.

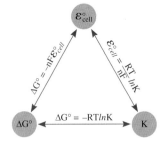

Figure 7.7 *Relations entre $\varepsilon°_{cell}$, K et $\Delta G°$.*

HNO₃ (à gauche) peut oxyder Hg, mais HCl (à droite) ne le peut pas.

EXEMPLE 7.4 **La comparaison des pouvoirs oxydants relatifs de HCl et de HNO₃**

À l'aide des données du tableau 7.1, calculez $\varepsilon°$ pour les réactions du mercure avec a) HCl 1 M et b) HNO₃ 1 M. Lequel de ces acides oxydera Hg en Hg_2^{2+} dans les conditions standard ?

Réponse : a) Écrivons d'abord les demi-réactions :

Oxydation :	$2Hg(l) \longrightarrow Hg_2^{2+}(aq, 1\,M) + 2e^-$
Réduction :	$2H^+(aq, 1\,M) + 2e^- \longrightarrow H_2(g, 1\text{ atm})$
Globale :	$2Hg(l) + 2H^+(aq, 1\,M) \longrightarrow Hg_2^{2+}(aq, 1\,M) + H_2(g, 1\text{ atm})$

La fem standard ($\varepsilon°$) est donnée par

$$\varepsilon° = \varepsilon°_{Hg/Hg_2^{2+}} + \varepsilon°_{H^+/H_2}$$

$$= -0,85 \text{ V} + 0$$

$$= -0,85 \text{ V}$$

(Nous n'avons pas utilisé l'indice « cell » parce que cette réaction ne se produit pas dans une cellule électrochimique.) La valeur négative de $\varepsilon°$ indique que le mercure n'est pas oxydé par l'acide chlorhydrique dans les conditions standard.

b) Les réactions sont les suivantes :

Oxydation : $3[2Hg(l) \longrightarrow Hg_2^{2+}(aq, 1\ M) + 2e^-]$

Réduction : $\underline{2[NO_3^-(aq, 1\ M) + 4H^+(aq, 1\ M) + 3e^- \longrightarrow NO(g, 1\text{ atm}) + 2H_2O(l)]}$

Globale : $6Hg(l) + 2NO_3^-(aq, 1\ M) + 8H^+(aq, 1\ M) \longrightarrow$
$$3Hg_2^{2+}(aq, 1\ M) + 2NO(g, 1\text{ atm}) + 4H_2O(l)$$

Alors

$$\varepsilon° = \varepsilon°_{Hg/Hg_2^{2+}} + \varepsilon°_{NO_3^-/NO}$$

$$= -0,85 \text{ V} + 0,96 \text{ V}$$

$$= 0,11 \text{ V}$$

Problèmes semblables :
7.9 et 7.10

Puisque la valeur de $\varepsilon°$ est positive, la réaction est spontanée dans les conditions standard.

EXERCICE

Est-ce que H_2O_2 (en solution acide) oxydera Mn^{2+} en MnO_4^- dans les conditions standard ?

EXEMPLE 7.5   Le calcul de $\Delta G°$ et de K à partir de $\varepsilon°$

Calculez la variation d'enthalpie libre standard et la constante d'équilibre de la réaction suivante, à 25 °C :

$$Sn(s) + 2Cu^{2+}(aq) \rightleftharpoons Sn^{2+}(aq) + 2Cu^+(aq)$$

Réponse : Les deux demi-réactions du processus global sont

Oxydation : $Sn(s) \longrightarrow Sn^{2+}(aq) + 2e^-$

Réduction : $2Cu^{2+}(aq) + 2e^- \longrightarrow 2Cu^+(aq)$

Le tableau 7.1 indique que $\varepsilon°_{Sn^{2+}/Sn} = -0,14$ V et $\varepsilon°_{Cu^{2+}/Cu^+} = 0,15$ V. Donc

$$\varepsilon° = \varepsilon°_{Sn/Sn^{2+}} + \varepsilon°_{Cu^{2+}/Cu^+}$$

$$= 0,14 \text{ V} + 0,15 \text{ V}$$

$$= 0,29 \text{ V}$$

Nous utilisons ensuite l'équation (7.8) :

$$\Delta G° = -nF\varepsilon°$$

Problème semblable : 7.18

NOTE

Les mesures électrochimiques fournissent les évaluations les plus directes des $\Delta G°$ et, par conséquent, des valeurs de K.

La réaction globale indique que $n = 2$, alors

$$\Delta G° = -(2 \text{ mol})(9,65 \times 10^4 \text{ J/V} \cdot \text{mol})(0,29 \text{ V})$$

$$= -5,6 \times 10^4 \text{ J}$$

$$= -56 \text{ kJ}$$

Pour calculer la constante d'équilibre, il faut réarranger ainsi l'équation (7.11) :

$$\log K = \frac{n\varepsilon°}{0,0591 \text{ V}}$$

Puisque $n = 2$, nous écrivons

$$\log K = \frac{(2)(0,29 \text{ V})}{0,0591 \text{ V}} = 9,8$$

$$K = 6 \times 10^9$$

EXERCICE

Calculez $\Delta G°$ et K pour la réaction suivante, à 25 °C :

$$2Al^{3+}(aq) + 3Mg(s) \rightleftharpoons 2Al(s) + 3Mg^{2+}(aq)$$

7.6 L'EFFET DE LA CONCENTRATION SUR LA FEM D'UNE CELLULE

Jusqu'à présent, nous avons vu des réactions d'oxydoréduction dans lesquelles les réactifs et les produits étaient à l'état standard, c'est-à-dire des gaz à 1 atm et des solutés à 1 M, mais il est souvent difficile, voire impossible, de maintenir les conditions de l'état standard.

L'équation de Nernst

Cependant, dans le cas d'une réaction d'oxydoréduction du type

$$aA + bB \longrightarrow cC + dD$$

on peut obtenir la relation entre la fem de la cellule et les concentrations des réactifs et des produits dans des conditions non standard : à partir de l'équation (7.5), on écrit

$$\Delta G = \Delta G° + RT \ln Q$$

où Q est le quotient réactionnel (*section 4.4*). Puisque $\Delta G = -nF\varepsilon$ et $\Delta G° = -nF\varepsilon°$, on peut écrire l'équation différemment :

$$-nF\varepsilon = -nF\varepsilon° + RT \ln Q$$

En divisant l'équation par $-nF$ et en convertissant le logarithme naturel en logarithme de base 10, on obtient :

$$\varepsilon = \varepsilon° - \frac{2,303 \, RT}{nF} \log Q \qquad (7.12)$$

L'équation (7.12) est appelée **équation de Nernst,** d'après le nom du chimiste allemand Walter Hermann Nernst, qui fut le premier à l'obtenir et qui travailla beaucoup en thermodynamique et en électrochimie. Quand $T = 298$ K, l'équation (7.12) devient

$$\varepsilon = \varepsilon° - \frac{0,0591 \text{ V}}{n} \log Q \qquad (7.13)$$

À l'équilibre, il n'y a pas de transfert net d'électrons, donc $\varepsilon = 0$ et $Q = K$, où K est la constante d'équilibre de la réaction d'oxydoréduction.

L'équation de Nernst permet de calculer ε en fonction des concentrations des réactifs et des produits d'une réaction d'oxydoréduction. En se rapportant à la cellule galvanique de la figure 7.1, on a

$$Zn(s) + Cu^{2+}(aq) \longrightarrow Zn^{2+}(aq) + Cu(s)$$

L'équation de Nernst correspondant à cette cellule à $T = 298$ K est

$$\varepsilon = 1,10 \text{ V} - \frac{0,0591 \text{ V}}{2} \log \frac{[Zn^{2+}]}{[Cu^{2+}]}$$

Si le rapport $[Zn^{2+}]/[Cu^{2+}]$ est inférieur à 1, la valeur de $\log[Zn^{2+}]/[Cu^{2+}]$ est négative ; le second terme du côté droit de l'équation ci-dessus est alors positif. Dans ce cas, la valeur de ε est supérieure à celle de la fem standard ($\varepsilon°$). Par contre, si ce rapport est supérieur à 1, ε est inférieure à $\varepsilon°$.

NOTE

Rappelez-vous que les concentrations des solides et des liquides purs n'apparaissent pas dans l'expression de Q.

EXEMPLE 7.6   **L'utilisation de l'équation de Nernst pour prédire la spontanéité d'une réaction d'oxydoréduction**

Prédisez si la réaction suivante se produira spontanément dans le sens indiqué, à 298 K :

$$Co(s) + Fe^{2+}(aq) \longrightarrow Co^{2+}(aq) + Fe(s)$$

sachant que $[Co^{2+}] = 0,15$ M et $[Fe^{2+}] = 0,68$ M.

Réponse : Les demi-réactions sont

$$\text{Oxydation :} \qquad Co(s) \longrightarrow Co^{2+}(aq) + 2e^-$$
$$\text{Réduction :} \qquad Fe^{2+}(aq) + 2e^- \longrightarrow Fe(s)$$

Au tableau 7.1, nous voyons que $\varepsilon°_{Co^{2+}/Co} = -0,28$ V et $\varepsilon°_{Fe^{2+}/Fe} = -0,44$ V. Alors, la fem standard est

$$\varepsilon° = \varepsilon°_{Co/Co^{2+}} + \varepsilon°_{Fe^{2+}/Fe}$$
$$= 0,28 \text{ V} + (-0,44 \text{ V})$$
$$= -0,16 \text{ V}$$

Selon l'équation (7.13) :

$$\varepsilon = \varepsilon° - \frac{0,0591 \text{ V}}{n} \log \frac{[Co^{2+}]}{[Fe^{2+}]}$$
$$= -0,16 \text{ V} - \frac{0,0591 \text{ V}}{2} \log \frac{0,15}{0,68}$$
$$= -0,16 \text{ V} + 0,019 \text{ V}$$
$$= -0,14 \text{ V}$$

Puisque la valeur de ε est négative (ce qui correspond à une valeur positive de ΔG), la réaction *n'est pas* spontanée dans le sens indiqué.

Problèmes semblables :
7.25 et 7.26

EXERCICE

La réaction suivante se produira-t-elle spontanément à 25 °C, si $[Fe^{2+}] = 0,60\ M$ et $[Cd^{2+}] = 0,010\ M$?

$$Cd(s) + Fe^{2+}(aq) \longrightarrow Cd^{2+}(aq) + Fe(s)$$

Il serait intéressant de déterminer à partir de quel rapport $[Co^{2+}]/[Fe^{2+}]$ la réaction de l'exemple 7.6 devient spontanée. Pour ce faire, il faut d'abord utiliser l'équation de Nernst pour une température de 298 K [*équation (7.13)*] :

$$\varepsilon = \varepsilon° - \frac{0,0591\ V}{n} \log Q$$

NOTE

Lorsque $\varepsilon = 0$, $Q = K$.

On donne à $\varepsilon°$ la valeur zéro, ce qui correspond à l'état d'équilibre.

$$0 = -0,16\ V - \frac{0,0591\ V}{2} \log \frac{[Co^{2+}]}{[Fe^{2+}]}$$

$$\log \frac{[Co^{2+}]}{[Fe^{2+}]} = -5,4$$

En calculant l'antilogarithme de chaque membre de l'équation, on obtient

$$\frac{[Co^{2+}]}{[Fe^{2+}]} = 4 \times 10^{-6} = K$$

Donc, pour que la réaction soit spontanée, le rapport $[Co^{2+}]/[Fe^{2+}]$ doit être inférieur à 4×10^{-6}.

EXEMPLE 7.7   L'utilisation de l'équation de Nernst pour calculer une concentration

Soit la cellule galvanique illustrée à la figure 7.4 a). Dans une expérience effectuée à 25 °C, on constate que la fem (ε) de la cellule est de 0,54 V. Supposons que $[Zn^{2+}] = 1,0\ M$ et $P_{H_2} = 1,0$ atm. Calculez la concentration molaire de H^+.

Réponse : La réaction globale de la cellule est la suivante :

$$Zn(s) + 2H^+(aq, ?\ M) \longrightarrow Zn^{2+}(aq, 1\ M) + H_2(g, 1\ \text{atm})$$

Comme nous l'avons déjà vu (*page 268*), la fem standard de la cellule est 0,76 V. D'après l'équation (7.13) :

Problème semblable : 7.66

$$\varepsilon = \varepsilon° - \frac{0,0591\ V}{n} \log \frac{[Zn^{2+}]P_{H_2}}{[H^+]^2}$$

$$0,54\ V = 0,76\ V - \frac{0,0591\ V}{2} \log \frac{(1,0)(1,0)}{[H^+]^2}$$

$$-0,22\ V = -\frac{0,0591\ V}{2} \log \frac{1}{[H^+]^2}$$

$$7,4 = \log \frac{1}{[H^+]^2}$$

$$7,4 = -2 \log [H^+]$$

$$\log [H^+] = -3,7$$

$$[H^+] = 2 \times 10^{-4}\ M$$

Figure 7.8 *Une électrode de verre utilisée avec une électrode de référence dans un pH-mètre.*

L'exemple 7.7 démontre qu'une cellule galvanique dont la réaction met en jeu des ions H$^+$ peut servir à mesurer [H$^+$] ou le pH. Le pH-mètre décrit à la section 5.3 est basé sur ce principe, mais, pour des raisons pratiques, les électrodes utilisées dans un pH-mètre sont très différentes de l'ESH et de l'électrode de zinc de la pile galvanique (*figure 7.8*).

Les piles à concentration

Du fait que le potentiel d'une électrode dépend des concentrations ioniques, il est possible de construire une cellule à partir de *deux demi-piles composées des mêmes substances, mais en concentrations ioniques différentes*. Une telle pile s'appelle ***pile à concentration.***

Considérons une situation où des électrodes de zinc sont placées dans des solutions de sulfate de zinc de concentrations différentes, l'une à 0,10 M et l'autre à 1,0 M. Les deux solutions sont mises en contact par un pont salin, et les électrodes sont reliées par un fil conducteur comme l'indique le montage de la figure 7.7.

En accord avec le principe de Le Chatelier, la tendance de la réaction de réduction

$$Zn^{2+}(aq) + 2é \longrightarrow Zn(s)$$

s'accroît avec l'augmentation de la concentration des ions Zn^{2+}. La réduction devrait donc se produire dans le compartiment le plus concentré et l'oxydation dans le plus dilué. Le diagramme de la pile s'écrit ainsi :

$$Zn(s)|Zn^{2+}(0,10\ M)||Zn^{2+}(1,0\ M\ )|Zn(s)$$

et les demi-réactions sont

Oxydation : $Zn(s) \longrightarrow Zn^{2+}\ (0,10\ M) + 2e^-$

Réduction : $Zn^{2+}(1,0\ M) + 2e^- \longrightarrow Zn(s)$
_____

Réaction globale : $Zn^{2+}\ (1,0\ M) \longrightarrow Zn^{2+}\ (0,10\ M)$

La force électromotrice de la pile est

$$\varepsilon = \varepsilon° - \frac{0,0591\ V}{2}\ \log\ \frac{[Zn^{2+}]_{dil}}{[Zn^{2+}]_{conc}}$$

où les indices « dil » et « conc » font respectivement référence aux concentrations 0,10 M et 1,0 M.

Le $\varepsilon°$ de cette cellule étant zéro (les mêmes électrodes et les mêmes ions en concentrations égales), on a

$$\varepsilon = 0 - \frac{0,0591\ V}{2}\ \log\ \frac{0,10}{1,0}$$

$$= 0,0296\ V$$

En règle générale, la fem des piles à concentration est faible et diminue continuellement à mesure que les concentrations se rapprochent l'une de l'autre dans les deux compartiments. Lorsqu'elles sont les mêmes, ε est alors égal à zéro et il ne s'y produit plus aucun changement.

Une cellule vivante peut être considérée comme une pile à concentration, ce qui permet l'évaluation du *potentiel membranaire* aussi appelé potentiel d'action. Le potentiel d'action est la différence de potentiel électrique qui existe de part et d'autre des membranes cellulaires d'une grande variété de cellules dont les cellules musculaires et les cellules nerveuses. On dit alors que les membranes sont polarisées car, d'un côté, elles sont chargées négativement et de l'autre positivement. C'est précisément de cette différence de potentiel que dépendent l'influx nerveux (propagation des impulsions nerveuses) et les battements de cœur (contractions musculaires). Une différence de potentiel se produit dès qu'il y a rétablissement de concentrations inégales d'une même espèce d'ions de part et d'autre de la membrane. Par exemple, les concentrations des ions K^+ sont de 400 mM à l'intérieur de la cellule et 15 mM de à l'extérieur. En considérant cette situation comme une pile à concentration où s'applique l'équation de Nernst, on peut écrire

> NOTE
>
> $1mM = 1 \times 10^{-3} M.$

$$\varepsilon = \varepsilon° - \frac{0,0591 \text{ V}}{1} \log \frac{[K^+]_{\text{ext}}}{[K^+]_{\text{int}}}$$

$$= 0 - (0,0591 \text{ V}) \log \frac{15}{400}$$

$$= 0,084 \text{ V ou } 84 \text{ mV}$$

où « ext » signifie extérieur et « int » intérieur. Il y a donc un potentiel d'action de 84 mV dû à la différence de concentration des ions K^+ de part et d'autre des membranes cellulaires.

7.7 LES PILES ET LES ACCUMULATEURS

Les **piles** et les **accumulateurs** sont des *cellules électrochimiques pouvant servir de source de courant électrique continu à tension constante.* Bien qu'en principe le fonctionnement d'une pile ou d'un accumulateur soit semblable à celui des cellules galvaniques décrites à la section 7.2, ces appareils ont l'avantage d'être confinés dans des boîtiers et ne nécessitent pas de composantes auxiliaires comme un pont salin. Voyons maintenant quelques types de piles et d'accumulateurs largement utilisés.

La pile sèche

La pile sèche est une pile sans composante liquide ; la plus courante est la *pile Leclanché*, qu'on utilise dans les lampes de poche et les baladeurs. Son anode est constituée d'un boîtier de zinc en contact avec du dioxyde de manganèse (MnO_2) et un électrolyte. Ce dernier est constitué de chlorure d'ammonium et de chlorure de zinc dans de l'eau, à laquelle on a ajouté de l'amidon pour former une pâte moins susceptible de fuir qu'une solution liquide (*figure 7.9*). La cathode est formée d'une tige de carbone plongée dans l'électrolyte au centre de la pile. Les réactions dans cette pile sont les suivantes :

Anode :	$Zn(s) \longrightarrow Zn^{2+}(aq) + 2e^-$
Cathode :	$2NH_4^+(aq) + 2MnO_2(s) + 2e^- \longrightarrow Mn_2O_3(s) + 2NH_3(aq) + H_2O(l)$
Globale :	$Zn(s) + 2NH_4^+(aq) + 2MnO_2(s) \longrightarrow$
	$\qquad\qquad Zn^{2+}(aq) + 2NH_3(aq) + H_2O(l) + Mn_2O_3(s)$

En fait, les réactions qui se produisent dans la pile sont beaucoup plus complexes que le font voir les équations. La tension produite par une pile sèche est d'environ 1,5 V.

La pile au mercure

On utilise fréquemment la pile au mercure, plus chère que la pile sèche, en médecine et en électronique. Contenue dans un cylindre en acier inoxydable, la pile au mercure est constituée d'une anode de zinc (amalgamé à du mercure) en contact avec un électrolyte très

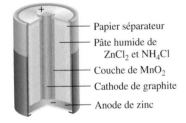

Papier séparateur

Pâte humide de $ZnCl_2$ et NH_4Cl

Couche de MnO_2

Cathode de graphite

Anode de zinc

Figure 7.9 *Section d'une pile sèche du type utilisé dans les lampes de poche et les baladeurs. En fait, la pile n'est pas complètement sèche, elle contient des électrolytes en pâte humide.*

basique contenant de l'oxyde de zinc et de l'oxyde de mercure(II) (*figure 7.10*). Les réactions dans cette pile sont les suivantes :

Anode : $\quad Zn(Hg) + 2OH^-(aq) \longrightarrow ZnO(s) + H_2O(l) + 2e^-$

Cathode : $\quad HgO(s) + H_2O(l) + 2e^- \longrightarrow Hg(l) + 2OH^-(aq)$

Globale : $\quad Zn(Hg) + HgO(s) \longrightarrow ZnO(s) + Hg(l)$

Puisque la composition de l'électrolyte ne change pas durant le fonctionnement de la pile (la réaction globale de la pile ne met en jeu que des substances solides), la pile au mercure fournit une tension plus constante (1,35 V) que la pile Leclanché ; elle a également une puissance plus élevée et une durée de vie plus longue. Ces qualités en font le type de pile idéal pour les régulateurs cardiaques, les prothèses auditives, les montres électriques et les posemètres.

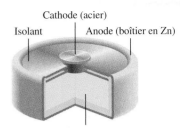

Solution d'électrolyte contenant du KOH et une pâte de $Zn(OH)_2$ et de HgO

Figure 7.10 *Section d'une pile au mercure.*

L'accumulateur au plomb

Une *batterie* est *constituée d'un assemblage de plusieurs piles raccordées en série*. La batterie couramment utilisée dans les automobiles comporte six piles au plomb identiques raccordées en série. Chacune d'elles a une anode de plomb et une cathode métallique imprégnée de dioxyde de plomb (PbO_2) (figure 7.11). L'anode et la cathode trempent toutes deux dans une solution aqueuse d'acide sulfurique qui sert d'électrolyte. Les réactions dans la batterie sont les suivantes :

Anode : $\quad Pb(s) + SO_4^{2-}(aq) \longrightarrow PbSO_4(s) + 2e^-$

Cathode : $\quad PbO_2(s) + 4H^+(aq) + SO_4^{2-}(aq) + 2e^- \longrightarrow PbSO_4(s) + 2H_2O(l)$

Globale : $\quad Pb(s) + PbO_2(s) + 4H^+(aq) + 2SO_4^{2-}(aq) \longrightarrow 2PbSO_4(s) + 2H_2O(l)$

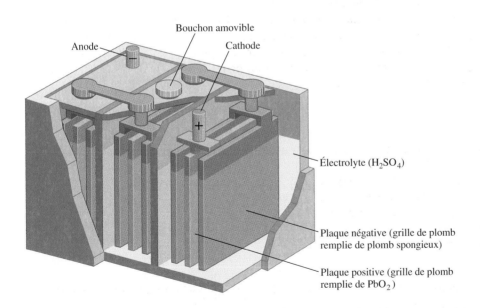

Anode — Bouchon amovible — Cathode

Électrolyte (H_2SO_4)

Plaque négative (grille de plomb remplie de plomb spongieux)

Plaque positive (grille de plomb remplie de PbO_2)

Figure 7.11 *Écorché d'une batterie d'accumulateurs au plomb. Dans des conditions normales, la concentration de la solution d'acide sulfurique est d'environ 38 % en pourcentage massique.*

Normalement chaque cellule produit 2 V ; au total, les six cellules fournissent 12 V pour alimenter le circuit de démarrage et le système électrique de la voiture. Ce type de batterie est capable de fournir beaucoup de courant sur une courte période, ce qui est normalement suffisant pour faire démarrer un moteur.

Contrairement à la pile Leclanché et à la pile au mercure, l'accumulateur au plomb est rechargeable. Pour le recharger, on inverse la réaction électrochimique normale en appliquant une tension extérieure à l'anode et à la cathode : on appelle ce procédé *électrolyse* (*page 294*). Les réactions qui restaurent les espèces initiales sont les suivantes :

$$\text{Anode :} \quad PbSO_4(s) + 2e^- \longrightarrow Pb(s) + SO_4^{2-}(aq)$$
$$\text{Cathode :} \quad \underline{PbSO_4(s) + 2H_2O(l) \longrightarrow PbO_2(s) + 4H^+(aq) + SO_4^{2-}(aq) + 2e^-}$$
$$\text{Globale :} \quad 2PbSO_4(s) + 2H_2O(l) \longrightarrow Pb(s) + PbO_2(s) + 4H^+(aq) + 2SO_4^{2-}(aq)$$

La réaction globale est exactement l'inverse de la réaction normale de l'accumulateur quand il débite du courant.

Deux aspects du fonctionnement de l'accumulateur au plomb sont particulièrement intéressants. Premièrement, puisque la réaction électrochimique consomme de l'acide sulfurique, on peut vérifier l'état de charge d'une batterie en mesurant la masse volumique de l'électrolyte à l'aide d'un hydromètre, comme on le fait couramment dans les stations-service. La masse volumique du liquide dans une batterie en ordre et totalement chargée devrait être égale ou supérieure à 1,2 g/mL. Deuxièmement, les gens qui vivent dans les climats froids ont quelquefois de la difficulté à faire démarrer leur voiture : la batterie est « à plat ». Des calculs thermodynamiques révèlent que la tension de nombreux accumulateurs électrochimiques diminue quand la température baisse. Cependant, dans le cas d'une batterie de voiture, le coefficient de température est d'environ $1,5 \times 10^{-4}$ V/°C ; autrement dit, la tension de la batterie diminue de $1,5 \times 10^{-4}$ V chaque fois que la température baisse de un degré. Donc, même si l'on suppose une baisse de 40 °C, la diminution de la tension ne serait que de 6×10^{-3} V, soit environ

$$\frac{6 \times 10^{-3} \text{ V}}{12 \text{ V}} = 0,05 \%$$

de la tension de fonctionnement, donc une diminution non significative. Ce type de panne de batterie est dû à l'augmentation de la viscosité de l'électrolyte causée par une baisse de température. Pour que la batterie fonctionne adéquatement, il faut que l'électrolyte soit le meilleur conducteur possible. Or, dans un liquide visqueux, les ions se déplacent très lentement, car la résistance du liquide est grande, d'où une perte de puissance de la batterie. Donc si une batterie « à plat » est réchauffée, elle devrait retrouver sa puissancé normale. Sinon elle doit être rechargée, et si c'est impossible, c'est qu'elle a définitivement rendu l'âme !

Les piles à combustible

Les combustibles fossiles constituent une importante source d'énergie, mais leur conversion en énergie électrique a un rendement très faible. Voyons la combustion du méthane :

$$CH_4(g) + 2O_2(g) \longrightarrow CO_2(g) + 2H_2O(l) + \text{énergie}$$

Pour générer de l'électricité, on utilise d'abord la chaleur produite par cette réaction pour convertir l'eau en vapeur qui fait tourner une turbine qui, à son tour, entraîne une génératrice. À chaque étape, une grande quantité de l'énergie libérée sous forme de chaleur se perd dans l'environnement, la centrale thermique la plus efficace actuellement ne transforme que 40 % de l'énergie chimique originale en électricité. Puisque les combustions sont des réactions d'oxydoréduction, il est préférable de les faire directement par des moyens électrochimiques, ce qui augmente grandement le rendement. Il est possible de le faire grâce à des appareils appelés ***piles à combustible :*** *des cellules électrochimiques qui nécessitent un apport continuel de réactifs pour pouvoir fonctionner.*

Dans sa forme la plus simple, une pile à combustible hydrogène/oxygène est constituée d'une solution d'électrolyte (par exemple une solution d'hydroxyde de potassium) et de deux électrodes inertes. On fait barboter l'hydrogène et l'oxygène gazeux à travers les compartiments de l'anode et de la cathode (*figure 7.12*), où les réactions suivantes ont lieu :

Anode :	$2H_2(g) + 4OH^-(aq) \longrightarrow 4H_2O(l) + 4e^-$
Cathode :	$O_2(g) + 2H_2O(l) + 4e^- \longrightarrow 4OH^-(aq)$
Globale :	$2H_2(g) + O_2(g) \longrightarrow 2H_2O(l)$

On peut calculer la fem standard de la pile de la manière suivante, à partir des données du tableau 7.1 :

$$\varepsilon° = \varepsilon°_{ox} + \varepsilon°_{réd}$$

$$= 0,83 \text{ V} + 0,40 \text{ V}$$

$$= 1,23 \text{ V}$$

La réaction de la pile est donc spontanée dans les conditions standard. Notez que la réaction est identique à la combustion de l'hydrogène, mais l'oxydation et la réduction se produisent ici séparément à l'anode et à la cathode. Comme le platine dans l'électrode à hydrogène standard, ces électrodes ont deux fonctions : elles servent de conducteurs électriques et elles fournissent les surfaces nécessaires à la décomposition initiale des molécules en espèces atomiques, une condition préalable aux transferts d'électrons. Ce sont des *électrocatalyseurs*. Les métaux comme le platine, le nickel et le rhodium sont de bons électrocatalyseurs.

En plus du système H_2—O_2, on a développé un certain nombre d'autres piles à combustible, notamment la pile à combustible propane/oxygène, dont les demi-réactions sont les suivantes :

Anode :	$C_3H_8(g) + 6H_2O(l) \longrightarrow 3CO_2(g) + 20H^+(aq) + 20e^-$
Cathode :	$5O_2(g) + 20H^+(aq) + 20e^- \longrightarrow 10H_2O(l)$
Globale :	$C_3H_8(g) + 5O_2(g) \longrightarrow 3CO_2(g) + 4H_2O(l)$

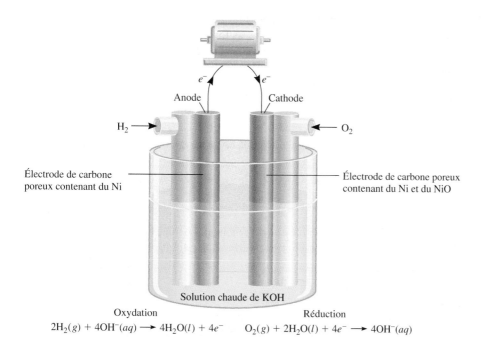

Figure 7.12 *Une pile à combustible hydrogène/oxygène. Le Ni et le NiO contenus dans les électrodes de carbone poreux sont des électrocatalyseurs.*

La réaction globale est identique à celle de la combustion du propane dans l'oxygène.

Contrairement aux autres piles et aux accumulateurs, les piles à combustible n'emmagasinent pas l'énergie chimique. Il doit y avoir un apport constant de réactifs et un retrait constant des produits. De ce point de vue, une pile à combustible ressemble plus à un moteur qu'à une pile. Une pile à combustible bien conçue peut avoir un rendement de 70 %, environ deux fois celui d'un moteur à combustion interne. De plus, ce type de générateur ne produit pas de bruit, de vibration, de transfert de chaleur, de pollution thermique ni d'autres problèmes normalement associés aux centrales thermiques traditionnelles. Néanmoins, les piles à combustible sont peu répandues. C'est dans les véhicules spatiaux qu'on en a fait l'utilisation la plus intéressante jusqu'à maintenant (*figure 7.13*).

Figure 7.13 *Une pile à combustible hydrogène/ oxygène utilisée dans les véhicules spatiaux. Les astronautes boivent l'eau pure produite par cette pile.*

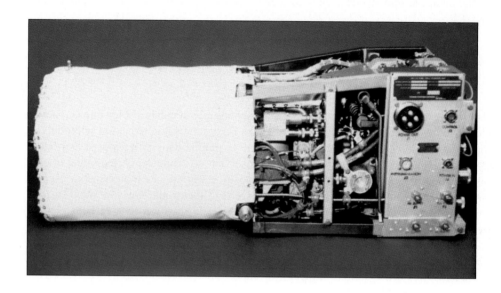

7.8   LA CORROSION

Le terme ***corrosion*** désigne la *détérioration d'un métal par un processus électrochimique*. Autour de nous, il y en a beaucoup d'exemples : la rouille, la ternissure de l'argent et la couche de patine verte qui se forme sur le cuivre ou le bronze (*figure 7.14*). La corrosion cause d'importants dommages aux édifices, aux ponts, aux bateaux et aux autos. Elle entraîne des dépenses annuelles de 100 milliards de dollars aux États-Unis seulement ! Nous verrons, dans cette section, certains des processus fondamentaux responsables de la corrosion et les méthodes utilisées pour la prévenir.

La formation de rouille sur le fer est de loin l'exemple de corrosion le plus courant. Pour que le fer rouille, il faut la présence d'oxygène et d'eau. Bien que l'on ne comprenne pas tout à fait les réactions complexes responsables de la formation de la rouille, on croit que les étapes principales sont les suivantes. Une région de la surface métallique sert d'anode, où l'oxydation se produit :

$$\text{Fe}(s) \longrightarrow \text{Fe}^{2+}(aq) + 2e^-$$

Les électrons libérés par le fer réduisent l'oxygène atmosphérique en eau à la cathode, qui se situe dans une autre région de la même surface métallique :

$$\text{O}_2(g) + 4\text{H}^+(aq) + 4e^- \longrightarrow 2\text{H}_2\text{O}(l)$$

La réaction d'oxydoréduction globale est

$$2\text{Fe}(s) + \text{O}_2(g) + 4\text{H}^+(aq) \longrightarrow 2\text{Fe}^{2+}(aq) + 2\text{H}_2\text{O}(l)$$

a)

Figure 7.14 *Des exemples de corrosion : a) un navire rouillé ; b) un plat en argent à moitié terni ; et c) la statue de la Liberté couverte de patine avant sa restauration en 1986.*

b)

c)

À l'aide des données du tableau 7.1, on trouve la fem standard de cette réaction :

$$\varepsilon^\circ = \varepsilon^\circ_{ox} + \varepsilon^\circ_{réd}$$

$$= 0,44 \text{ V} + 1,23 \text{ V}$$

$$= 1,67 \text{ V}$$

Figure 7.15 *Le processus électrochimique responsable de la formation de la rouille. Les ions H⁺ sont fournis par le H₂CO₃ formé au cours de la dissolution du CO₂ dans l'eau.*

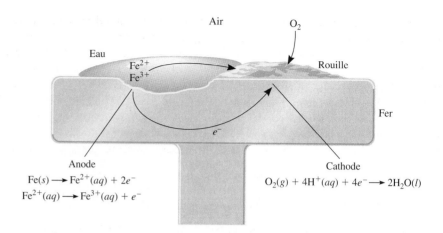

Anode
$$Fe(s) \longrightarrow Fe^{2+}(aq) + 2e^-$$
$$Fe^{2+}(aq) \longrightarrow Fe^{3+}(aq) + e^-$$

Cathode
$$O_2(g) + 4H^+(aq) + 4e^- \longrightarrow 2H_2O(l)$$

Notez que cette réaction se produit en milieu acide ; les ions H⁺ sont en partie fournis par H₂CO₃, qui est produit par la réaction entre le dioxyde de carbone atmosphérique et l'eau. Les ions Fe²⁺ formés à l'anode sont à leur tour oxydés par l'oxygène :

$$4Fe^{2+}(aq) + O_2(g) + (4 + 2x)\, H_2O(l) \longrightarrow 2Fe_2O_3 \bullet xH_2O(s) + 8H^+(aq)$$

Cette forme hydratée d'oxyde de fer(III) est appelée rouille. La quantité d'eau associée à l'oxyde de fer varie, c'est pourquoi on utilise la formule $Fe_2O_3 \bullet xH_2O$.

La figure 7.15 illustre le mécanisme de la formation de la rouille. Le circuit électrique est complété par la migration des électrons et des ions ; c'est pourquoi la rouille se forme plus rapidement dans l'eau salée. Dans les pays froids, les sels (NaCl ou CaCl₂) utilisés pour faire fondre la glace sur les routes sont une cause importante de la formation de rouille sur les automobiles.

La corrosion métallique ne se limite pas au fer. L'aluminium se corrode également ; ce métal entre dans la composition de nombreux objets, dont les avions et les cannettes de boissons gazeuses. Il a plus tendance à s'oxyder que le fer ; au tableau 7.1, on constate que le potentiel standard de réduction de Al est plus négatif que celui de Fe. En ne se basant que sur ce fait, on pourrait s'attendre à voir les avions se détériorer lentement et les cannettes de soda former des amas d'aluminium corrodé. Ce n'est pourtant pas le cas, car la couche d'oxyde d'aluminium (Al₂O₃) insoluble qui se forme à la surface du métal exposé à l'air protège l'aluminium sous-jacent de la corrosion ultérieure. La rouille à la surface du fer, elle, est trop poreuse pour jouer un tel rôle.

La monnaie en métal (en cuivre ou en argent) se corrode aussi, mais beaucoup plus lentement.

$$Cu(s) \longrightarrow Cu^{2+}(aq) + 2e^-$$

$$Ag(s) \longrightarrow Ag^+(aq) + e^-$$

Exposé normalement à l'air, le cuivre forme une couche de carbonate de cuivre (CuCO₃), une substance verte également appelée patine, qui le protège de la corrosion ultérieure. De même, les services en argent qui sont en contact avec la nourriture forment une couche de sulfure d'argent (Ag₂S).

On a développé un certain nombre de méthodes pour protéger les métaux de la corrosion ; la plupart visent à prévenir la formation de la rouille. La méthode la plus simple est de couvrir le métal d'une couche de peinture. Cependant, si la peinture est rayée, trouée ou soulevée de sorte qu'une surface métallique, même très petite, est exposée à l'air, il y aura formation de rouille sous la couche de peinture. Une autre méthode consiste à rendre la surface du fer inactive par un procédé appelé *passivation* ; celui-ci consiste à traiter le métal avec un oxydant fort, comme l'acide nitrique concentré, pour produire une mince couche d'oxyde. De plus, pour prévenir la formation de rouille dans les systèmes de refroidissement et les radiateurs, on y ajoute souvent une solution de chromate de sodium.

La tendance du fer à s'oxyder est grandement réduite quand il forme un alliage avec certains autres métaux. Par exemple, l'acier inoxydable, un alliage de fer, de chrome et de nickel, est protégé de la corrosion par une couche superficielle d'oxyde de chrome(III).

On peut couvrir un contenant en fer d'une couche d'un autre métal comme de l'étain ou du zinc. Par exemple, un contenant en fer-blanc est fabriqué par application d'une mince couche d'étain sur du fer. Tant que cette couche d'étain (étamage) restera intacte, il n'y aura aucune formation de rouille. Cependant, si la surface est rayée, la rouille apparaît rapidement. En effet, si l'on examine les potentiels standard de réduction, on constate que le fer agit comme l'anode et l'étain comme la cathode dans le processus de corrosion :

$$Fe(s) \longrightarrow Fe^{2+}(aq) + 2e^- \qquad \varepsilon° = +0,44 \text{ V}$$

$$Sn^{2+}(aq) + 2e^- \longrightarrow Sn(s) \qquad \varepsilon° = -0,14 \text{ V}$$

Le processus de protection est différent dans le cas du fer plaqué zinc, ou galvanisé. Le zinc s'oxyde plus facilement que le fer (tableau 7.1) :

$$Zn(s) \longrightarrow Zn^{2+}(aq) + 2e^- \qquad \varepsilon° = +0,76 \text{ V}$$

Donc, même si une rayure expose le fer, la corrosion continue d'attaquer le zinc. Dans ce cas, le zinc sert d'anode, et le fer de cathode.

La *protection cathodique* est un procédé dans lequel le métal à protéger de la corrosion fait office de cathode comme dans une cellule électrochimique. La figure 7.16 montre comment on peut protéger un clou de fer en le mettant en contact avec un morceau de zinc. Sans une telle protection, un clou de fer rouille rapidement dans l'eau. On peut, de ce fait, prévenir ou réduire grandement la formation de rouille sur les poteaux de fer ou les réservoirs de fer enfouis en les raccordant à des métaux (comme le zinc ou le magnésium) qui s'oxydent plus facilement que le fer et qui servent d'*anodes sacrificielles* (*figure 7.17*).

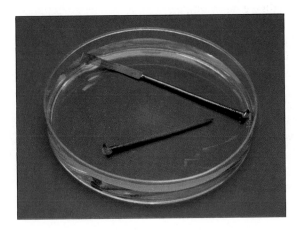

Figure 7.16 *Un clou en fer en contact avec un ruban de zinc (protection cathodique) ne rouille pas dans l'eau ; un clou non protégé rouille facilement.*

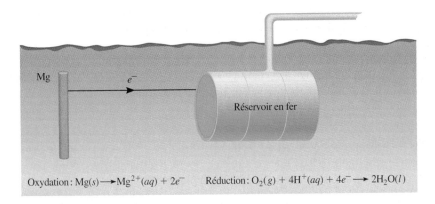

Oxydation : $Mg(s) \longrightarrow Mg^{2+}(aq) + 2e^-$ Réduction : $O_2(g) + 4H^+(aq) + 4e^- \longrightarrow 2H_2O(l)$

Figure 7.17 *Protection cathodique d'un réservoir en fer (cathode) par un métal plus électropositif, le magnésium (anode). Puisque seul le magnésium est dégradé dans ce processus, on l'appelle quelquefois anode sacrificielle.*

7.9   L'ÉLECTROLYSE

Contrairement aux réactions d'oxydoréduction spontanées, au cours desquelles il y a conversion de l'énergie chimique en énergie électrique, l'***électrolyse*** est un *processus dans lequel on utilise l'énergie électrique pour provoquer une réaction chimique non spontanée.* Ce sont les mêmes principes qui gouvernent l'électrolyse et ce qui se produit dans une cellule galvanique. Dans cette section, nous verrons trois exemples d'électrolyse basés sur ces principes. Puis nous verrons les aspects quantitatifs de l'électrolyse.

L'électrolyse du chlorure de sodium fondu

À l'état liquide, le chlorure de sodium, un composé ionique, peut subir une électrolyse pour former du sodium et du chlore. La figure 7.18 a) représente une *cellule de Downs,* utilisée pour l'électrolyse à grande échelle du NaCl. Dans le NaCl fondu, les cations et les anions sont respectivement les ions Na^+ et Cl^-. La figure 7.18 b) est un schéma simplifié illustrant les réactions qui se produisent aux électrodes. La *cellule électrolytique* contient une paire d'électrodes connectées à une pile. Celle-ci sert de «pompe à électrons», retirant les électrons de l'anode, où l'oxydation se produit, et les poussant vers la cathode, où la réduction se produit. Les réactions aux électrodes sont les suivantes :

$$
\begin{array}{ll}
\text{Anode (oxydation):} & 2Cl^- \longrightarrow Cl_2(g) + 2e^- \\
\text{Cathode (réduction):} & \underline{2Na^+ + 2e^- \longrightarrow 2Na(l)} \\
\text{Globale:} & 2Na^+ + 2Cl^- \longrightarrow 2Na(l) + Cl_2(g)
\end{array}
$$

Ce procédé constitue une source importante de sodium métallique pur et de chlore.

Figure 7.18 *a) Installation, appelée cellule de Downs, servant à l'électrolyse du NaCl fondu (point de fusion : 801 °C). Le sodium formé aux cathodes est liquide. Puisque le sodium liquide est plus léger que le NaCl fondu, il monte à la surface où il est recueilli. Le chlore gazeux, formé à l'anode, est recueilli par le haut. b) Schéma simplifié des réactions aux électrodes durant l'électrolyse du NaCl fondu. La batterie est nécessaire, car ce sont des réactions non spontanées.*

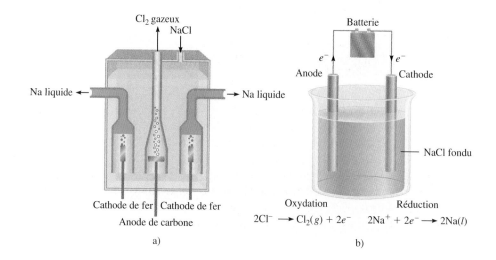

L'électrolyse de l'eau

Dans des conditions atmosphériques (1 atm et 25 °C), l'eau contenue dans un bécher ne se décomposera pas spontanément en hydrogène et en oxygène, car la variation d'enthalpie libre standard de la réaction est une valeur positive très grande :

$$ 2H_2O(l) \longrightarrow 2H_2(g) + O_2(g) \qquad \Delta G^\circ = 474,4 \text{ kJ} $$

Cependant, on peut provoquer cette réaction par électrolyse dans une cellule semblable à celle illustrée à la figure 7.19. Cette cellule électrolytique est constituée d'une paire d'électrodes formées d'un métal non réactif, comme le platine, immergées dans de l'eau. Quand on branche les électrodes à cette pile, il ne se passe rien, car il n'y a pas assez d'ions dans l'eau pure pour former un courant électrique. (Souvenez-vous que dans l'eau pure à 25 °C, $[H^+] = 1 \times 10^{-7}$ M et $[OH^-] = 1 \times 10^{-7}$ M.)

Par ailleurs, la réaction se produit facilement dans une solution de H_2SO_4 0,1 M parce qu'il y a alors assez d'ions pour permettre au courant de passer. Il se forme immédiatement des bulles de gaz aux deux électrodes. Ce processus est illustré à la figure 7.20. La réaction à l'anode est la suivante:

$$2H_2O(l) \longrightarrow O_2(g) + 4H^+(aq) + 4e^-$$

À la cathode:

$$H^+(aq) + e^- \longrightarrow \tfrac{1}{2}H_2(g)$$

La réaction globale est donnée par:

Anode (oxydation):	$2H_2O(l) \longrightarrow O_2(g) + 4H^+(aq) + 4e^-$
Cathode (réduction):	$4[H^+(aq) + e^- \longrightarrow \tfrac{1}{2}H_2(g)]$
Globale:	$2H_2O(l) \longrightarrow 2H_2(g) + O_2(g)$

L'électrolyse d'une solution aqueuse de chlorure de sodium

Des trois exemples d'électrolyse abordés ici, c'est celui qui est le plus complexe, car une solution aqueuse de chlorure de sodium contient plusieurs espèces pouvant être oxydées ou réduites. Les réactions d'oxydation pouvant se produire à l'anode sont

$$1) \qquad 2H_2O(l) \longrightarrow O_2(g) + 4H^+(aq) + 4e^-$$

$$2) \qquad 2Cl^-(aq) \longrightarrow Cl_2(g) + 2e^-$$

Au tableau 7.1, on trouve:

$$O_2(g) + 4H^+(aq) + 4e^- \longrightarrow 2H_2O(l) \qquad \varepsilon° = 1,23 \text{ V}$$

$$Cl_2(g) + 2e^- \longrightarrow 2Cl^-(aq) \qquad \varepsilon° = 1,36 \text{ V}$$

Les potentiels standard de réduction des demi-réactions 1) et 2) ne sont pas très différents, mais leurs valeurs suggèrent que c'est H_2O qui devrait s'oxyder à l'anode. Cependant, l'expérience révèle que c'est Cl_2 et non pas O_2 qui est libéré à l'anode ! En étudiant les processus électrolytiques, on découvre quelquefois que la tension requise pour une réaction est beaucoup plus élevée que celle indiquée par les valeurs standard. La *tension supplémentaire requise pour provoquer l'électrolyse* est appelée **surtension.** La surtension requise pour la formation de O_2 est élevée. C'est pourquoi, dans des conditions normales de fonctionnement, c'est Cl_2 qui est formé à l'anode plutôt que O_2.

Figure 7.19 *Un appareil servant à l'électrolyse de petites quantités d'eau. Le volume d'hydrogène gazeux formé (colonne de gauche) est deux fois plus important que celui de l'oxygène gazeux (colonne de droite).*

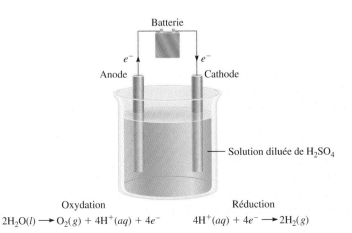

Oxydation
$$2H_2O(l) \longrightarrow O_2(g) + 4H^+(aq) + 4e^-$$

Réduction
$$4H^+(aq) + 4e^- \longrightarrow 2H_2(g)$$

Figure 7.20 *Schéma illustrant les réactions aux électrodes durant l'électrolyse de l'eau.*

Les réductions pouvant se produire à la cathode sont les suivantes :

$$3) \qquad Na^+(aq) + e^- \longrightarrow Na(s) \qquad\qquad \varepsilon° = -2,71 \text{ V}$$

$$4) \qquad 2H_2O(l) + 2e^- \longrightarrow H_2(g) + 2OH^-(aq) \qquad \varepsilon° = -0,83 \text{ V}$$

$$5) \qquad 2H^+(aq) + 2e^- \longrightarrow H_2(g) \qquad\qquad \varepsilon° = 0,00 \text{ V}$$

La réaction 3) est éliminée à cause de son potentiel standard de réduction très négatif. La réaction 5) est favorisée par rapport à la réaction 4) dans des conditions standard. Cependant, à un pH de 7 (comme dans le cas d'une solution de NaCl), elles sont toutes deux également probables. On utilise généralement 4) pour décrire la réaction à la cathode parce que la concentration d'ions H^+ est trop faible (environ 1×10^{-7} M) pour que 5) soit un choix raisonnable.

Ainsi, les réactions qui se produisent dans l'électrolyse du chlorure de sodium aqueux sont

Anode (oxydation) :	$2Cl^-(aq) \longrightarrow Cl_2(g) + 2e^-$
Cathode (réduction) :	$2H_2O(l) + 2e^- \longrightarrow H_2(g) + 2OH^-(aq)$
Globale :	$2H_2O(l) + 2Cl^-(aq) \longrightarrow H_2(g) + Cl_2(g) + 2OH^-(aq)$

Comme l'indique la réaction globale, la concentration des ions Cl^- diminue durant l'électrolyse et celle des ions OH^- augmente. On peut alors, en plus de H_2 et de Cl_2, obtenir, comme sous-produit utile, du NaOH par évaporation de l'eau après l'électrolyse.

EXEMPLE 7.8   La prédiction des produits d'une électrolyse

Au moyen de l'appareil illustré à la figure 7.19, on fait subir une électrolyse à une solution aqueuse de Na_2SO_4. Si les produits formés à l'anode et à la cathode sont respectivement l'oxygène et l'hydrogène, décrivez les réactions qui ont lieu aux électrodes.

Réponse : Avant d'aborder les réactions à la cathode, il faudrait tenir compte des faits suivants : 1) puisque Na_2SO_4 ne s'hydrolyse pas dans l'eau, le pH de la solution est près de 7 ; 2) les ions Na^+ ne sont pas réduits à la cathode, et les ions SO_4^{2-} ne sont pas oxydés à l'anode. Ces conclusions sont celles déjà obtenues à partir de l'électrolyse de l'eau en présence d'acide sulfurique et de l'électrolyse d'une solution aqueuse de chlorure de sodium. Donc, les réactions aux électrodes sont les suivantes :

Anode : $\qquad 2H_2O(l) \longrightarrow O_2(g) + 4H^+(aq) + 4e^-$

Cathode : $\qquad 2H_2O(l) + 2e^- \longrightarrow H_2(g) + 2OH^-(aq)$

La réaction globale, que l'on obtient en doublant les coefficients de la réaction à la cathode et en additionnant le résultat à la réaction à l'anode, est la suivante :

$$6H_2O(l) \longrightarrow 2H_2(g) + O_2(g) + 4H^+(aq) + 4OH^-(aq)$$

Si les ions H^+ et OH^- peuvent venir en contact (se mélanger), alors

$$4H^+(aq) + 4OH^-(aq) \longrightarrow 4H_2O(l)$$

et la réaction globale devient

$$2H_2O(l) \longrightarrow 2H_2(g) + O_2(g)$$

EXERCICE

On fait l'électrolyse d'une solution aqueuse de $Mg(NO_3)_2$. Quels sont les produits gazeux à l'anode et à la cathode ?

NOTE

L'ion SO_4^{2-} est la base conjuguée de l'acide faible HSO_4^- ($K_a = 1,3 \times 10^{-2}$). Cependant, on peut considérer l'hydrolyse de SO_4^{2-} comme négligeable.

Problème semblable : 7.42

L'électrolyse a beaucoup d'applications importantes dans l'industrie, notamment dans celle de l'extraction et de l'affinage des métaux. Nous en verrons quelques-unes à la section 7.10.

Les aspects quantitatifs de l'électrolyse

L'approche quantitative de l'électrolyse fut d'abord élaborée par Faraday. Celui-ci observa que la masse de produit formé (ou de réactif consommé) à une électrode est proportionnelle à la quantité d'électricité transférée à l'électrode et à la masse molaire de la substance en question. Par exemple, dans l'électrolyse de NaCl fondu, la réaction à la cathode indique qu'il y a production de un atome Na quand un ion Na^+ reçoit un électron de l'électrode. Donc, pour réduire une mole d'ions Na^+, il faut fournir le nombre d'Avogadro ($6,02 \times 10^{23}$) d'électrons à la cathode. Par contre, la stœchiométrie de la réaction à l'anode indique que l'oxydation de deux ions Cl^- forme une molécule de chlore. Donc, la formation de une mole de Cl_2 exige le transfert de deux moles d'électrons des ions Cl^- à l'anode. De même, il faut deux moles d'électrons pour réduire une mole d'ions Mg^{2+}, et trois moles d'électrons pour réduire une mole d'ions Al^{3+} :

$$Mg^{2+} + 2e^- \longrightarrow Mg$$

$$Al^{3+} + 3e^- \longrightarrow Al$$

Donc

$$2\ F \approx 1 \text{ mol } Mg^{2+}$$

$$3\ F \approx 1 \text{ mol } Al^{3+}$$

où F est le faraday.

Au cours d'une électrolyse, on mesure généralement le courant (en ampères, A) qui passe dans une cellule durant un certain temps. La relation entre la charge (en coulombs, C) et le courant est

$$\text{charge (C)} = \text{courant (A)} \times \text{temps (s)}$$

$$1\ C = 1\ A \times 1\ s$$

autrement dit, un coulomb correspond à la charge électrique qui passe en un point donné du circuit en une seconde quand le courant est de un ampère.

La figure 7.21 indique les étapes du calcul des quantités de substances produites pendant une électrolyse.

Figure 7.21 *Les étapes du calcul des quantités de substances réduites ou oxydées durant une électrolyse.*

EXEMPLE 7.9   Le calcul de la quantité de produits pendant une électrolyse

Un courant de 0,452 A passe durant 1,50 heure dans une cellule électrolytique contenant du $CaCl_2$ fondu. Écrivez les réactions aux électrodes et calculez la quantité de produits (en grammes) qui s'y sont formés.

Réponse: Puisque les seuls ions présents dans $CaCl_2$ fondu sont Ca^{2+} et Cl^-, les réactions sont les suivantes:

$$\begin{aligned}
\text{Anode:} \quad & 2Cl^- \longrightarrow Cl_2(g) + 2e^- \\
\text{Cathode:} \quad & Ca^{2+} + 2e^- \longrightarrow Ca(l) \\
\hline
\text{Globale:} \quad & Ca^{2+} + 2Cl^- \longrightarrow Ca(l) + Cl_2(g)
\end{aligned}$$

Les quantités de Ca et de Cl_2 formées dépendent du nombre d'électrons qui passent dans la cellule; ce nombre dépend, à son tour, du courant et du temps écoulé, ou de la charge:

$$? \, C = 0,452 \, A \times 1,50 \, h \times \frac{3600 \, s}{1 \, h} \times \frac{1 \, C}{1 \, A \cdot s} = 2,44 \times 10^3 \, C$$

Puisque $1 \, F = 9,65 \times 10^4 \, C$ et qu'il faut $2 \, F$ pour réduire 1 mol d'ions Ca^{2+}, la masse de Ca formée à la cathode se calcule de la façon suivante:

$$? \, g \, Ca = 2,44 \times 10^3 \, C \times \frac{1 \, F}{9,65 \times 10^4 \, C} \times \frac{1 \, mol \, Ca}{2 \, F} \times \frac{40,08 \, g \, Ca}{1 \, mol \, Ca} = 0,507 \, g \, Ca$$

La réaction à l'anode indique que $2 \, F$ d'électricité produisent 1 mol de chlore. Alors, la masse de chlore formée est la suivante:

$$? \, g \, Cl_2 = 2,44 \times 10^3 \, C \times \frac{1 \, F}{9,65 \times 10^4 \, C} \times \frac{1 \, mol \, Cl_2}{2 \, F} \times \frac{70,90 \, g \, Cl_2}{1 \, mol \, Cl_2} = 0,896 \, g \, Cl_2$$

EXERCICE

Un courant constant passe pendant 18 heures dans une cellule électrolytique contenant du $MgCl_2$ fondu. Si l'on obtient $4,8 \times 10^5$ g de Cl_2, quel est le courant en ampères?

Problème semblable: 7.83

Charles Hall (1863-1914). Encore étudiant à Oberlin College, Hall cherchait un moyen économique d'extraire de l'aluminium. Peu après l'obtention de son diplôme, à 22 ans, installé dans un hangar, il réussit à produire de l'aluminium à partir d'oxyde d'aluminium.

7.10   L'ÉLECTROMÉTALLURGIE

Différentes méthodes d'électrolyse permettent d'obtenir un métal pur à partir d'un minerai, ou encore d'affiner (purifier davantage) un métal. L'ensemble de ces procédés constitue l'*électrométallurgie*. À la section précédente, nous avons vu comment un métal actif, par exemple le sodium, peut être obtenu par réduction électrolytique de son cation contenu dans le NaCl fondu (*page 294*). Voyons deux autres applications.

La production de l'aluminium

On extrait habituellement l'aluminium de la bauxite ($Al_2O_3 \cdot 2H_2O$). On retire d'abord les impuretés du minerai, puis on chauffe celui-ci pour obtenir du Al_2O_3 anhydre. Cet oxyde est ensuite dissous dans de la cryolithe (Na_3AlF_6) fondue dans une cellule électrolytique de Hall (*figure 7.22*). Cette cellule est une cuve contenant une série d'anodes de carbone; la cathode est également en carbone et forme le recouvrement intérieur de la cuve. On procède à l'électrolyse et on obtient de l'aluminium et de l'oxygène:

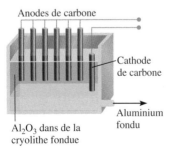

Anodes de carbone

Cathode de carbone

Aluminium fondu

Al_2O_3 dans de la cryolithe fondue

Figure 7.22 *Production électrolytique d'aluminium basée sur le procédé Hall.*

$$\begin{aligned}
\text{Anode:} \quad & 3[2O^{2-} \longrightarrow O_2(g) + 4e^-] \\
\text{Cathode:} \quad & 4[Al^{3+} + 3e^- \longrightarrow Al(l)] \\
\hline
\text{Globale:} \quad & 2Al_2O_3 \longrightarrow 4Al(l) + 3O_2(g)
\end{aligned}$$

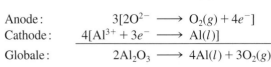

L'oxygène réagit avec les anodes de carbone à 1000 °C (point de fusion de la cryolithe) pour former du monoxyde de carbone, qui s'échappe sous forme gazeuse. L'aluminium liquide (point de fusion : 660 °C) coule au fond du récipient, d'où il est drainé.

L'affinage du cuivre

Le cuivre obtenu de son minerai contient habituellement beaucoup d'impuretés comme du zinc, du fer, de l'argent et de l'or. Les métaux les plus électropositifs sont retirés par électrolyse ; durant ce processus, le cuivre impur agit comme une anode et le cuivre pur agit comme une cathode, le tout dans une solution d'acide sulfurique contenant des ions Cu^{2+} (*figure 7.23*). Les réactions sont les suivantes :

$$\text{Anode :} \qquad Cu(s) \longrightarrow Cu^{2+}(aq) + 2e^-$$

$$\text{Cathode :} \qquad Cu^{2+}(aq) + 2e^- \longrightarrow Cu(s)$$

Les métaux réactifs contenus dans l'anode de cuivre, comme le fer et le zinc, sont oxydés et entrent en solution sous forme d'ions Fe^{2+} et Zn^{2+}. Cependant, ils ne sont pas réduits à la cathode. Les métaux moins électropositifs, comme l'or et l'argent, ne sont pas oxydés à l'anode. Ils finissent par tomber au fond de la cellule à mesure que l'anode de cuivre se dissout. Donc, le résultat net de cette électrolyse est le transfert du cuivre de l'anode à la cathode. Le cuivre ainsi préparé est pur à au moins 99,5 %. Il est intéressant de noter que les impuretés métalliques (surtout de l'argent et de l'or) provenant de l'anode de cuivre sont des sous-produits ayant une valeur commerciale ; leur vente sert souvent à payer l'électricité utilisée pour l'électrolyse.

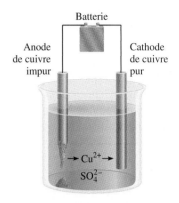

Figure 7.23 *Affinage électrolytique du cuivre.*

LA CHIMIE EN ACTION

LE RECYCLAGE DE L'ALUMINIUM

Les cannettes d'aluminium pour les boissons gazeuses et la bière ont fait leur apparition sur le marché au début des années 1960. Elles ont vite supplanté les cannettes d'acier : déjà en 1977 la moitié des cannettes étaient en aluminium, puis en 1994 cette proportion est passée à plus de 96 %. En 1999 plus de 115 milliards de cannettes ont été produites en Amérique du Nord, soit environ 300 cannettes par personne. Cette popularité de l'aluminium dans l'industrie de l'embouteillage s'explique facilement. D'abord, ce contenant est non toxique, sans odeur et ne modifie pas le goût des liquides. Il constitue aussi une excellente barrière contre la lumière, l'oxygène et l'humidité. Il est un très bon conducteur de chaleur, ce qui est un avantage pour un refroidissement rapide, tout en étant un mauvais conducteur de chaleur par radiation, car l'aluminium est réfléchissant, ce qui est un avantage pour rester froid plus longtemps au soleil. Quant aux procédés techniques de fabrication des cannettes, ils ne nécessitent pas de soudures et sont très efficaces : plus de 2 000 cannettes peuvent être fabriquées à la minute. Le produit ainsi obtenu est à la fois très mince, très résistant et surtout très léger. Cette légèreté permet des économies d'énergie en ce qui concerne le transport, et elle facilite la manutention et l'entreposage. Avec toutes ces qualités, la cannette d'aluminium frôle la perfection, sauf que nous avons oublié de parler de deux aspects très importants : l'aspect énergétique et l'aspect environnemental.

Comme de nombreuses grandes vedettes, l'aluminium est devenu en quelque sorte la victime de sa grande popularité. Les cannettes se sont vite retrouvées dans la nature et les sites d'enfouissement, ce qui est déjà un gros problème. Il fallait aussi s'interroger sur la disponibilité des minerais d'aluminium (bauxites), les coûts énergétiques des procédés d'extraction et de purification et finalement les coûts environnementaux de toutes ces opérations. Vous avez sans doute à l'esprit la réponse à ce grand défi : le recyclage. En effet, aujourd'hui le recyclage de la cannette d'aluminium est devenu une pratique courante, qu'une consigne soit exigée ou non à l'achat. En 1988, au Québec, il s'est vendu 341 millions de cannettes avec un taux de récupération de 57 % alors qu'en 1999, il s'en est vendu 650 millions avec 79 % de récupération. En fait, ce qui était un problème pour la cannette d'aluminium est devenu sa plus grande qualité : elle est recyclable. Voyons pourquoi et comment.

Pour comprendre les avantages économiques du recyclage de l'aluminium, il faut comparer les besoins énergétiques de sa production à partir de la bauxite à ceux de son recyclage. La réaction globale du procédé électrolytique (voir figure 7.22), appelé procédé Hall, est

$$Al_2O_3 \text{ (dans de la cryolithe fondue)} + 3\ C(s) \longrightarrow$$
$$2\ Al(l) + 3\ CO(g)$$
$$\Delta H^\circ = 1340 \text{ kJ/mol} \quad \Delta S^\circ = 586 \text{ J/mol} \cdot \text{K}$$

À 1000 K, température d'opération du procédé, l'enthalpie libre standard de la réaction est donnée par

$$\begin{aligned} \Delta G^\circ &= \Delta H^\circ - T\Delta S^\circ \\ &= 1340 \text{ kJ/mol} - (1273 \text{ K})\left(\frac{586 \text{ J}}{\text{K} \cdot \text{mol}}\right)\left(\frac{1 \text{ kJ}}{1000 \text{ J}}\right) \\ &= 594 \text{ kJ} \end{aligned}$$

Selon l'équation (7.8), $\Delta G^\circ = -nF\ \varepsilon^\circ$; la quantité d'énergie électrique nécessaire pour produire l'aluminium à partir de la bauxite est donc de 594 kJ/2 mol ou 297 kJ/mol.

Dans le cas du recyclage de l'aluminium, il suffit de fournir l'énergie nécessaire pour atteindre son point de fusion (660 °C) et ensuite celle qui est nécessaire pour le faire fondre (chaleur de fusion = 10,7 kJ/mol). L'énergie à fournir pour 1 mol d'aluminium chauffée de 25 °C à 660 °C est

$$\begin{aligned} Q &= m \cdot s \cdot \Delta t \\ &= (27,0 \text{ g})(0,900 \text{ J/g} \cdot °\text{C})(660 - 25) °\text{C} \\ &= 15,4 \text{ kJ} \end{aligned}$$

L'énergie totale pour recycler 1 mol d'aluminium est donc

$$\begin{aligned} Q_t &= 15,4 \text{ kJ} + 10,7 \text{ kJ} \\ &= 26,1 \text{ kJ} \end{aligned}$$

(À gauche) Collecte de cannettes pour le recyclage. (À droite) Fusion et purification de l'aluminium recyclé.

Pour comparer les besoins énergétiques des deux procédés, calculons le rapport suivant:

$$\frac{\text{énergie requise pour recycler 1 mol Al}}{\text{énergie requise pour produire 1 mol Al}} \times 100\%$$

$$= \frac{26,1 \text{ kJ}}{297 \text{ kJ}} \times 100\%$$

$$= 8,8\%$$

Donc, en recyclant les cannettes d'aluminium, on peut épargner environ 91% de l'énergie requise pour les produire une première fois à partir de la bauxite. En 1999, environ 69 milliards de cannettes ont été recyclées. Une cannette d'aluminium est facilement recyclable et peut l'être indéfiniment. Si vous voulez contribuer à la protection de l'environnement, n'oubliez pas de toujours récupérer vos cannettes pour qu'elles soient recyclées.

Résumé

1. Les réactions d'oxydoréduction se caractérisent par un transfert d'électrons. La méthode des demi-piles peut servir à équilibrer les équations représentant les réactions d'oxydoréduction.

2. Dans une cellule galvanique, l'électricité est produite par une réaction chimique spontanée. L'oxydation à l'anode et la réduction à la cathode se produisent séparément ; les électrons circulent dans un circuit extérieur.

3. Les deux parties d'une cellule galvanique sont appelées demi-cellules et les réactions aux électrodes sont appelées réactions des demi-cellules. Un pont salin permet aux ions de circuler entre les deux demi-cellules.

4. La fem d'une cellule est la différence de potentiel entre les deux électrodes. Dans le cas d'une pile galvanique, les électrons empruntent un circuit extérieur pour migrer de l'anode à la cathode. En solution, les anions circulent vers l'anode et les cations vers la cathode.

5. La quantité d'électricité transportée par 1 mol d'électrons est appelée faraday (1 F = 9,65 $\times$ 10^4 coulombs).

6. L'entropie est une grandeur qui mesure le désordre d'un système. La variation d'entropie standard d'une réaction, $\Delta S^{\circ}_{\text{réaction}}$, peut être calculée à partir des entropies standard des réactifs et des produits.

7. On peut utiliser l'équation $\Delta G = \Delta H - T\Delta S$ pour prédire la spontanéité d'un processus. À température et à pression constantes, la variation d'enthalpie libre, ΔG, est inférieure à zéro dans le cas d'un processus spontané, et supérieure à zéro dans le cas d'un processus non spontané. Dans le cas d'un processus à l'équilibre, $\Delta G = 0$.

8. On peut trouver la variation d'enthalpie libre standard, ΔG°, d'une réaction à partir des enthalpies libres standard de formation des réactifs et des produits. La relation entre la constante d'équilibre d'une réaction et la variation d'enthalpie libre standard de cette réaction est $\Delta G^{\circ} = -RT \ln K$.

9. Les potentiels standard de réduction indiquent les tendances relatives des réactions des demi-cellules à se produire et peuvent servir à prédire les produits, le sens et la spontanéité des réactions d'oxydoréduction entre différentes substances.

10. La diminution d'enthalpie libre du système dans une réaction d'oxydoréduction spontanée est égale au travail électrique effectué par le système sur le milieu extérieur : $\Delta G = -nF\varepsilon$.

11. La constante d'équilibre d'une réaction d'oxydoréduction peut être calculée à partir de la fem standard d'une cellule.

12. L'équation de Nernst établit la relation entre la fem d'une cellule et les concentrations des réactifs et des produits de cette cellule dans des conditions non standard.

13. Les piles et les accumulateurs, souvent connectés en série (on parle alors de batteries), sont largement utilisés comme sources de courant autonomes. Les plus connus sont la pile sèche (comme la pile Leclanché), la pile au mercure et l'accumulateur au plomb utilisé dans les automobiles. Les piles à combustible produisent de l'énergie électrique à cause d'un apport continu de réactifs.

14. La corrosion des métaux, dont le produit le plus connu est la rouille, est une réaction électrochimique.

15. Dans une électrolyse, on utilise un courant électrique d'une source extérieure pour provoquer une réaction chimique non spontanée. La quantité de produits formés ou de réactifs utilisés dans une cellule électrolytique dépend de la quantité d'électricité transférée à l'électrode.

16. L'électrolyse joue un rôle important dans l'extraction et l'affinage des métaux.

Équations clés

- $\varepsilon^{\circ}_{\text{cell}} = \varepsilon^{\circ}_{\text{ox}} + \varepsilon^{\circ}_{\text{réd}}$ Relation permettant de calculer la fem standard d'une cellule électrochimique   (7.1)

- $\Delta G = \Delta H - T\Delta S$ Variation de l'enthalpie libre à température constante   (7.3)

- $\Delta G = \Delta G^{\circ} + RT \ln Q$ Relation entre la variation de l'enthalpie libre, la variation d'enthalpie libre standard et le quotient réactionnel   (7.5)

- $\Delta G^{\circ} = -RT \ln K$ Relation entre la variation de l'enthalpie libre standard et la constante d'équilibre   (7.6)

- $\Delta G = -nF\varepsilon^{\circ}_{cell}$ Relation entre la variation d'enthalpie libre d'une cellule et sa fem   (7.7)

- $\Delta G^{\circ} = -nF\varepsilon^{\circ}_{cell}$ Relation entre la variation d'enthalpie libre standard d'une cellule et sa fem standard   (7.8)

- $\varepsilon^{\circ}_{cell} = \dfrac{RT}{nF} \ln K$ Relation entre la fem standard de la cellule et la constante d'équilibre   (7.10)

- $\varepsilon = \varepsilon^{\circ} - \dfrac{2{,}303\, RT}{nF} \log Q$ Équation de Nernst permettant de calculer la fem d'une cellule dans des conditions non standard   (7.12)

Mots clés

Accumulateur, p. 286	Électrolyse, p. 294	Potentiel standard de réduction, p. 267
Anode, p. 265	Équation de Nernst, p. 283	
Batterie, p. 287	Faraday (F), p. 279	Potentiel standard d'oxydation, p. 268
Cathode, p. 265	Fem standard, p. 268	
Cellule galvanique, p. 265	Fonction d'état, p. 272	Réaction de demi-cellule, p. 265
Corrosion, p. 290	Fonction de Gibbs, p. 274	Réaction spontanée, p. 273
Demi-cellule, p. 265	Force électromotrice (fem) (ε), p. 266	Surtension, p. 295
Diagramme de cellule, p. 266		Variation d'enthalpie, ΔH, p. 272
Électrochimie, p. 262	Pile, p. 286	Variation d'enthalpie libre standard (ΔG°_f), p. 275
Électrode standard à hydrogène (ESH), p. 267	Pile à combustible, p. 288	
	Pile à concentration, p. 285	Variation d'entropie (ΔS), p. 273

Questions et problèmes

L'ÉQUILIBRAGE DES ÉQUATIONS D'OXYDORÉDUCTION

Problèmes

7.1 Équilibrez les équations d'oxydoréduction suivantes à l'aide de la méthode ions-électrons :

a) $H_2O_2 + Fe^{2+} \longrightarrow Fe^{3+} + H_2O$ (en solution acide)

b) $Cu + HNO_3 \longrightarrow Cu^{2+} + NO + H_2O$ (en solution acide)

c) $CN^- + MnO_4^- \longrightarrow CNO^- + MnO_2$ (en solution basique)

d) $Br_2 \longrightarrow BrO_3^- + Br^-$ (en solution basique)

e) $S_2O_3^{2-} + I_2 \longrightarrow I^- + S_4O_6^{2-}$ (en solution acide)

7.2 Équilibrez les équations d'oxydoréduction suivantes à l'aide de la méthode ions-électrons :

a) $Mn^{2+} + H_2O_2 \longrightarrow MnO_2 + H_2O$ (en solution basique)

b) $Bi(OH)_3 + SnO_2^{2-} \longrightarrow SnO_3^{2-} + Bi$ (en solution basique)

c) $Cr_2O_7^{2-} + C_2O_4^{2-} \longrightarrow Cr^{3+} + CO_2$ (en solution acide)

d) $ClO_3^- + Cl^- \longrightarrow Cl_2 + ClO_2$ (en solution acide)

LES CELLULES GALVANIQUES

Questions de révision

7.3 Définissez les termes suivants : anode, cathode, fem, potentiel standard d'oxydation, potentiel standard de réduction.

7.4 Décrivez les composantes de base d'une cellule galvanique. Pourquoi les deux composantes sont-elles séparées l'une de l'autre ? Quelle est la fonction du pont salin ?

7.5 Quelle est la différence entre les demi-réactions qui caractérisent les réactions d'oxydoréduction décrites à la section 1.4 et les réactions des demi-cellules abordées à la section 7.2 ?

7.6 Après quelques minutes de fonctionnement d'une cellule galvanique semblable à celle illustrée à la figure 7.1, un étudiant constate que la fem de la cellule commence à diminuer. Pourquoi ?

Problèmes

7.7 Calculez la fem standard d'une cellule qui utilise les réactions des demi-cellules Mg/Mg^{2+} et Cu/Cu^{2+}, à 25 °C. Écrivez l'équation de la réaction de la cellule, qui se produit dans les conditions standard.

7.8 Calculez la fem standard d'une cellule qui utilise les réactions des demi-cellules Ag/Ag^+ et Al/Al^{3+}. Écrivez l'équation de la réaction de la cellule, qui se produit dans les conditions standard.

LA SPONTANÉITÉ DES RÉACTIONS D'OXYDORÉDUCTION

Problèmes

7.9 Dites si Fe^{3+} peut oxyder I^- en I_2 dans les conditions standard.

7.10 Lesquels des réactifs suivants peuvent oxyder H_2O en $O_2(g)$ dans les conditions standard ? $H^+(aq)$, $Cl^-(aq)$, $Cl_2(g)$, $Cu^{2+}(aq)$, $Pb^{2+}(aq)$, $MnO_4^-(aq)$ (en milieu acide).

7.11 Soit les demi-réactions suivantes :

$$MnO_4^-(aq) + 8H^+(aq) + 5e^- \longrightarrow$$
$$Mn^{2+}(aq) + 4H_2O(l)$$

$$NO_3^-(aq) + 4H^+(aq) + 3e^- \longrightarrow NO(g) + 2H_2O(l)$$

Dites si les ions NO_3^- oxyderont Mn^{2+} en MnO_4^- dans les conditions standard.

7.12 Dites si les réactions suivantes se produiront spontanément en solution aqueuse, à 25 °C. Supposez que toutes les concentrations initiales des espèces dissoutes sont 1 M.

a) $Ca(s) + Cd^{2+}(aq) \longrightarrow Ca^{2+}(aq) + Cd(s)$

b) $2Br^-(aq) + Sn^{2+}(aq) \longrightarrow Br_2(l) + Sn(s)$

c) $2Ag(s) + Ni^{2+} \longrightarrow 2Ag^+(aq) + Ni(s)$

d) $Cu^+(aq) + Fe^{3+}(aq) \longrightarrow Cu^{2+}(aq) + Fe^{2+}(aq)$

7.13 Dans chacune des paires suivantes, quelle espèce est le meilleur oxydant dans les conditions standard ? a) Br_2 et Au^{3+}, b) H_2 et Ag^+, c) Cd^{2+} et Cr^{3+}, d) O_2 en milieu acide et O_2 en milieu basique.

7.14 Dans chacune des paires suivantes, quelle espèce est le meilleur réducteur dans les conditions standard ? a) Na et Li, b) H_2 et I_2, c) Fe^{2+} et Ag, d) Br^- et Co^{2+}.

LA RELATION ENTRE $\varepsilon°$, $\Delta G°$ ET K

Questions de révision

7.15 Écrivez les équations qui mettent en relation $\Delta G°$ et K à la fem standard d'une pile. Définissez tous les termes.

7.16 Est-il plus facile de déterminer la constante d'équilibre à l'aide de moyens électrochimiques ou à l'aide de moyens chimiques [*voir* équation (7.6)] ?

Problèmes

7.17 Quelle est la constante d'équilibre de la réaction suivante, à 25 °C ?

$$Mg(s) + Zn^{2+}(aq) \Longrightarrow Mg^{2+}(aq) + Zn(s)$$

7.18 La constante d'équilibre de la réaction suivante

$$Sr(s) + Mg^{2+}(aq) \Longrightarrow Sr^{2+}(aq) + Mg(s)$$

est $2,69 \times 10^{12}$, à 25 °C. Calculez la valeur de $\varepsilon°$ pour une cellule faite des deux demi-cellules Sr/Sr^{2+} et Mg/Mg^{2+}.

7.19 À l'aide des potentiels standard de réduction, trouvez la constante d'équilibre de chacune des réactions suivantes, à 25 °C :

a) $Br_2(l) + 2I^-(aq) \Longrightarrow 2Br^-(aq) + I_2(s)$

b) $2Ce^{4+}(aq) + 2Cl^-(aq) \Longrightarrow Cl_2(g) + 2Ce^{3+}(aq)$

c) $5Fe^{2+}(aq) + MnO_4^-(aq) + 8H^+(aq) \Longrightarrow$
$$Mn^{2+}(aq) + 4H_2O(l) + 5Fe^{3+}(aq)$$

7.20 Calculez les valeurs de $\Delta G°$ et de K_c pour les réactions suivantes, à 25 °C :

a) $Mg(s) + Pb^{2+}(aq) \Longrightarrow Mg^{2+}(aq) + Pb(s)$

b) $Br_2(l) + 2I^-(aq) \Longrightarrow 2Br^-(aq) + I_2(s)$

c) $O_2(g) + 4H^+(aq) + 4Fe^{2+}(aq) \Longrightarrow$
$$2H_2O(l) + 4Fe^{3+}(aq)$$

d) $2Al(s) + 3I_2(s) \Longrightarrow 2Al^{3+}(aq) + 6I^-(aq)$

7.21 Quelle réaction spontanée se produira dans des conditions standard si une solution aqueuse contient les ions Ce^{4+}, Ce^{3+}, Fe^{3+} et Fe^{2+} ? Calculez les valeurs de $\Delta G°$ et de K_c pour cette réaction.

7.22 Sachant que $\varepsilon° = 0,52$ V pour la réduction $Cu^+(aq) + e^- \longrightarrow Cu(s)$, calculez les valeurs de $\varepsilon°$, de $\Delta G°$ et de K pour la réaction suivante, à 25 °C :

$$2Cu^+(aq) \longrightarrow Cu^{2+}(aq) + Cu(s)$$

L'ÉQUATION DE NERNST

Questions de révision

7.23 Écrivez l'équation de Nernst et expliquez tous ses termes.

7.24 Écrivez l'équation de Nernst pour les processus suivants à une température T :

a) $Mg(s) + Sn^{2+}(aq) \longrightarrow Mg^{2+}(aq) + Sn(s)$

b) $2Cr(s) + 3Pb^{2+}(aq) \longrightarrow 2Cr^{3+}(aq) + 3Pb(s)$

Problèmes

7.25 Quelle est la fem d'une cellule faite des demi-cellules Zn/Zn^{2+} et Cu/Cu^{2+}, à 25 °C, si $[Zn^{2+}] = 0,25$ M et $[Cu^{2+}] = 0,15$ M ?

7.26 Calculez les valeurs de $\varepsilon°$, de ε et de ΔG pour les réactions des cellules suivantes :

a) $Mg(s) + Sn^{2+}(aq) \longrightarrow Mg^{2+}(aq) + Sn(s)$
$[Mg^{2+}] = 0,045\ M$; $[Sn^{2+}] = 0,035\ M$

b) $3Zn(s) + 2Cr^{3+}(aq) \longrightarrow 3Zn^{2+}(aq) + 2Cr(s)$
$[Cr^{3+}] = 0,010\ M$; $[Zn^{2+}] = 0,0085\ M$

7.27 Calculez la fem standard d'une cellule constituée de la demi-cellule Zn/Zn^{2+} et de l'ESH. Quelle sera la fem de la cellule si $[Zn^{2+}] = 0,45\ M$, $P_{H_2} = 2,0$ atm et $[H^+] = 1,8\ M$?

7.28 Quelle est la fem d'une cellule constituée des demi-cellules Pb/Pb^{2+} et $Pt/H_2/H^+$ si $[Pb^{2+}] = 0,10\ M$, $[H^+] = 0,050\ M$ et $P_{H_2} = 1,0$ atm ?

7.29 En vous référant à la figure 7.1, calculez pour quel rapport $[Cu^{2+}]/[Zn^{2+}]$ la réaction suivante devient spontanée, à 25 °C :

$$Cu(s) + Zn^{2+}(aq) \longrightarrow Cu^{2+}(aq) + Zn(s)$$

7.30 Calculez la fem de la cellule suivante appelée pile à concentration (*voir* section 7.6) :

$$Mg(s)|Mg^{2+}(0,24\ M)||Mg^{2+}(0,53\ M)|Mg(s)$$

PILES, ACCUMULATEURS ET PILES À COMBUSTIBLE
Questions de révision

7.31 Expliquez clairement la différence entre une pile primaire (qui n'est pas rechargeable) et une pile secondaire, par exemple, un accumulateur au plomb (qui est rechargeable).

7.32 Donnez les avantages et les inconvénients des piles à combustible par rapport aux centrales thermiques dans la production d'électricité.

Problèmes

7.33 La pile à combustible hydrogène/oxygène est décrite à la section 7.7 a) Quel volume de $H_2(g)$, stocké à 25 °C et à une pression de 155 atm, serait nécessaire pour qu'un moteur utilisant un courant de 8,5 A fonctionne pendant 3,0 heures ? b) Quel volume (en litres) d'air, à 25 °C et à 1,00 atm, devrait passer dans la pile par minute pour que le moteur tourne ? Supposez que l'air contient 20 % de O_2 par volume et que le O_2 est consommé par la pile. Les autres composantes de l'air n'influencent pas les réactions de la pile à combustible. Supposez que les gaz ont un comportement idéal.

7.34 Calculez la fem standard, à 25 °C, de la pile à combustible propane/oxygène que nous avons décrite à la page 289, sachant que la valeur de $\Delta G_f°$ pour le propane est $-23,5$ kJ/mol.

LA CORROSION
Questions de révision

7.35 Les objets de quincaillerie en acier, comme les vis et les écrous, sont souvent plaqués d'une mince couche de cadmium. Expliquez le rôle de cette couche.

7.36 Le « fer galvanisé » est une feuille d'acier recouverte de zinc ; les contenants en fer-blanc sont faits d'une feuille d'acier recouverte d'étain. Expliquez la fonction de ces recouvrements et, d'un point de vue électrochimique, les réactions de corrosion qui se produisent si un électrolyte entre en contact avec la surface rayée d'une feuille de fer galvanisé ou d'un contenant en fer-blanc.

7.37 L'argent terni contient du Ag_2S. On peut redonner son éclat original à l'argent en le plaçant dans un récipient en aluminium contenant une solution d'électrolyte inerte, comme NaCl. Expliquez le principe électrochimique de ce procédé. [Le potentiel standard de réduction de la réaction de la demi-cellule $Ag_2S(s) + 2e^- \longrightarrow 2Ag(s) + S^{2-}(aq)$ est de $-0,71$ V.]

7.38 Quel effet a le pH d'une solution sur la formation de la rouille ?

L'ÉLECTROLYSE
Questions de révision

7.39 Quelle est la différence entre une cellule électrochimique (comme une cellule galvanique) et une cellule électrolytique ?

7.40 Quelle fut la contribution de Faraday à l'étude quantitative de l'électrolyse ?

Problèmes

7.41 La demi-réaction qui se produit à une électrode est la suivante :

$$Mg^{2+}\ (fondu) + 2e^- \longrightarrow Mg(s)$$

Calculez le nombre de grammes de magnésium pouvant être produit si l'on fait passer $1,00\ F$ dans l'électrode.

7.42 Soit l'électrolyse du chlorure de calcium fondu, $CaCl_2$. a) Écrivez les réactions qui se produisent aux électrodes. b) Combien de grammes de calcium peut-on produire en y faisant passer un courant de 0,50 A durant 30 minutes ?

7.43 En ne tenant compte que du coût de l'électricité, est-il moins économique de produire une tonne de sodium qu'une tonne d'aluminium par électrolyse ?

7.44 Si le coût de l'électricité nécessaire à la production du magnésium par l'électrolyse du chlorure de magnésium fondu est de 155 $ par tonne de métal, quel est le coût (en dollars) de l'électricité nécessaire pour produire : a) 10,0 tonnes d'aluminium, b) 30,0 tonnes de sodium, c) 50,0 tonnes de calcium ?

7.45 Dans l'électrolyse de l'eau, l'une des demi-réactions est

$$2H_2O(l) \longrightarrow O_2(g) + 4H^+(aq) + 4e^-$$

Supposons que l'on recueille 0,076 L de O_2 à 25 °C et à 755 mm Hg : combien de faradays sont passés dans la solution ?

7.46 Quelle quantité d'électricité en faradays est nécessaire pour produire : a) 0,84 L de O_2, à exactement 1 atm et à 25 °C, à partir d'une solution aqueuse de H_2SO_4, b) 1,50 L de Cl_2, à 750 mm Hg et à 20 °C, à partir de NaCl fondu, c) 6,0 g de Sn à partir de $SnCl_2$ fondu ?

7.47 Calculez les quantités de Cu et de Br_2 produites aux électrodes inertes si l'on fait passer un courant de 4,50 A dans une solution de $CuBr_2$ durant 1,0 heure.

7.48 Au cours de l'électrolyse d'une solution aqueuse de $AgNO_3$, après un certain temps, il y a un dépôt de 0,67 g de Ag. a) Écrivez la demi-réaction de la réduction de Ag^+. b) Quelle est la demi-réaction d'oxydation probable ? c) Calculez la quantité d'électricité utilisée (en coulombs).

7.49 On a fait passer un courant constant dans du $CoSO_4$ fondu jusqu'à ce qu'il y ait 2,35 g de cobalt produits. Calculez la quantité d'électricité utilisée en coulombs.

7.50 Un courant électrique constant passe durant 3,75 heures dans deux cellules électrolytiques connectées en série. L'une des cellules contient une solution de $AgNO_3$; l'autre, une solution de $CuCl_2$. Durant ce temps, 2,00 g d'argent se sont déposés dans la première cellule. a) Combien de grammes de cuivre se seront déposés dans la seconde cellule ? b) Quel est le courant, en ampères ?

7.51 Quelle est la production horaire de chlore (en kilogrammes) dans une cellule électrolytique utilisant une solution aqueuse de NaCl comme électrolyte et dans laquelle circule un courant de $1,500 \times 10^3$ A ? Le rendement de l'oxydation de Cl^- à l'anode est de 93,0 %.

7.52 On plaque du chrome par électrolyse sur des objets en les immergeant dans une solution de dichromate, où se produit la demi-réaction (non équilibrée) suivante :

$$Cr_2O_7^{2-}(aq) + e^- + H^+ \longrightarrow Cr(s) + H_2O(l)$$

Combien de temps (en heures) faut-il pour appliquer une couche de chrome de $1,0 \times 10^{-2}$ mm sur un pare-chocs d'automobile dont la surface est de 0,25 m² dans une cellule électrolytique où circule un courant de 25,0 A ? (La masse volumique du chrome est de 7,19 g/cm³.)

7.53 Le passage d'un courant de 0,750 A durant 25,0 minutes provoque le dépôt de 0,369 g de cuivre dans une solution de $CuSO_4$. À partir de cette donnée, calculez la masse molaire du cuivre.

7.54 Le passage d'un courant de 3,00 A durant 304 secondes provoque le dépôt de 0,300 g de cuivre dans une solution de $CuSO_4$. Calculez la valeur de la constante de Faraday.

7.55 Dans une expérience d'électrolyse, 1,44 g de Ag se dépose dans une cellule (contenant une solution aqueuse de $AgNO_3$), alors que 0,120 g d'un métal inconnu X se dépose dans une autre cellule (contenant une solution aqueuse de XCl_3) ; les deux cellules sont branchées en série. Calculez la masse molaire de X.

7.56 Dans l'électrolyse de l'eau, une des demi-réactions est la suivante :

$$2H^+(aq) + 2e^- \longrightarrow H_2(g)$$

Supposons que l'on produise 0,845 L de H_2, à 25 °C et à 782 mm Hg. Combien de faradays a-t-il fallu ?

Problèmes variés

7.57 Pour chacune des réactions d'oxydoréduction suivantes : i) écrivez les demi-réactions ; ii) écrivez l'équation équilibrée de la réaction globale ; iii) dites dans quel sens la réaction sera spontanée dans des conditions standard.

a) $H_2(g) + Ni^{2+}(aq) \longrightarrow H^+(aq) + Ni(s)$

b) $MnO_4^-(aq) + Cl^-(aq) \longrightarrow Mn^{2+}(aq) + Cl_2(g)$ (en solution acide)

c) $Cr(s) + Zn^{2+}(aq) \longrightarrow Cr^{3+}(aq) + Zn(s)$

7.58 L'oxydation de 25,0 mL d'une solution contenant du Fe^{2+} nécessite 26,0 mL de $K_2Cr_2O_7$ 0,0250 M en solution acide. Équilibrez l'équation suivante et calculez la concentration molaire de Fe^{2+} :

$$Cr_2O_7^{2-} + Fe^{2+} + H^+ \longrightarrow Cr^{3+} + Fe^{3+}$$

7.59 Les pluies acides résultent surtout de la présence de SO_2 dans l'air. On peut établir la concentration du SO_2 de l'air par titrage avec une solution standard de permanganate :

$$5SO_2 + 2MnO_4^- + 2H_2O \longrightarrow 5SO_4^{2-} + 2Mn^{2+} + 4H^+$$

Calculez le nombre de grammes de SO_2 contenus dans un échantillon d'air si le titrage a nécessité 7,37 mL d'une solution de $KMnO_4$ 0,00800 M.

7.60 On dissout 0,2792 g d'un minerai de fer dans une solution d'un acide dilué ; tout le Fe(II) est alors converti en ions Fe(III) par un titrage nécessitant 23,30 mL de $KMnO_4$ 0,0194 M. Calculez le pourcentage massique du fer dans le minerai.

7.61 On peut facilement déterminer la concentration d'une solution de peroxyde d'hydrogène par titrage avec une solution standard de permanganate de potassium en milieu acide. Ce titrage répond à l'équation non équilibrée suivante :

$$MnO_4^- + H_2O_2 \longrightarrow O_2 + Mn^{2+}$$

a) Équilibrez l'équation ci-dessus. b) S'il faut 36,44 mL d'une solution de $KMnO_4$ 0,01652 M pour oxyder complètement 25,00 mL d'une solution de H_2O_2, calculez la molarité (concentration molaire) de cette dernière.

7.62 On trouve l'acide oxalique ($H_2C_2O_4$) dans de nombreux végétaux. a) Équilibrez la réaction suivante qui se produit en milieu acide :

$$MnO_4^- + C_2O_4^{2-} \longrightarrow Mn^{2+} + CO_2$$

b) S'il faut 24,0 mL d'une solution de $KMnO_4$ 0,0100 M pour que 1,00 g de $H_2C_2O_4$ atteigne le point d'équivalence, quel est le pourcentage massique de $H_2C_2O_4$ dans l'échantillon ?

7.63 Complétez le tableau suivant. (Dans la troisième colonne il faut indiquer si la réaction de la cellule est spontanée, non spontanée ou à l'équilibre.)

ε	ΔG	réaction de la cellule
> 0		
	> 0	
$= 0$		

7.64 L'oxalate de calcium (CaC_2O_4) est insoluble dans l'eau. On utilise cette propriété pour déterminer la quantité d'ions Ca^{2+} dans des liquides, comme le sang. L'oxalate de calcium extrait du sang est dissous dans de l'acide et titré avec une solution standard de $KMnO_4$ comme celle décrite au problème 7.62. Au cours d'une analyse, le titrage de l'oxalate de calcium provenant d'un échantillon de 10,0 mL de sang nécessite 24,2 mL de $KMnO_4$ 9,56 $\times$ 10^{-4} M. Calculez le nombre de milligrammes de calcium par millilitre de sang.

7.65 D'après les données suivantes, calculez le produit de solubilité de AgBr.

$$AgBr(s) + e^- \longrightarrow Ag(s) + Br^-(aq) \quad \varepsilon° = 0,07 \text{ V}$$
$$Ag^+(aq) + e^- \longrightarrow Ag(s) \quad\quad\quad \varepsilon° = 0,80 \text{ V}$$

7.66 Soit une cellule constituée d'une ESH et d'une demi-cellule utilisant la réaction $Ag^+(aq) + e^- \longrightarrow Ag(s)$.

a) Calculez le potentiel standard de la cellule.
b) Quelle est la réaction spontanée de la cellule

dans des conditions standard ? c) Calculez le potentiel de la cellule quand $[H^+]$ dans l'électrode à hydrogène devient i) 1,0 $\times$ 10^{-2} M et ii) 1,0 $\times$ 10^{-5} M, tous les autres réactifs étant maintenus dans des conditions standard. d) En vous inspirant de cette cellule, suggérez comment vous pourriez construire un pH-mètre.

7.67 Une cellule galvanique est constituée d'une électrode d'argent en contact avec 346 mL d'une solution de $AgNO_3$ 0,100 M, et d'une électrode de magnésium en contact avec 288 mL d'une solution de $Mg(NO_3)_2$ 0,100 M. a) Calculez la valeur de ε pour la cellule, à 25 °C. b) On tire un courant électrique de la cellule jusqu'à ce qu'il y ait un dépôt de 1,20 g d'argent à l'électrode d'argent. Calculez la valeur de ε pour cette cellule à ce stade d'utilisation.

7.68 Dites pourquoi on peut préparer du chlore gazeux grâce à l'électrolyse d'une solution aqueuse de NaCl, alors qu'on ne peut préparer du fluor gazeux par électrolyse d'une solution aqueuse de NaF.

7.69 Calculez la fem à 25 °C de la cellule suivante appelée cellule de concentration (une cellule dont les deux compartiments contiennent les mêmes substances, mais à des concentrations différentes) :

$$Cu(s)|Cu^{2+}(0,080 \ M)\|Cu^{2+}(1,2 \ M)|Cu(s)$$

7.70 Dans une pile Leclanché, la réaction à la cathode est la suivante :

$$2MnO_2(s) + Zn^{2+}(aq) + 2e^- \longrightarrow ZnMn_2O_4(s)$$

Si une pile Leclanché produit un courant de 0,0050 A, calculez le nombre d'heures que durera ce courant s'il y a initialement 4,0 g de MnO_2 dans la pile. Supposez qu'il y a un excès d'ions Zn^{2+}.

7.71 On vous demande de vérifier expérimentalement les réactions qui se produisent aux électrodes illustrées à l'exemple 7.8. En plus de l'appareil et de la solution, on vous donne deux papiers tournesol, l'un bleu, l'autre rouge. Décrivez les étapes de votre expérience.

7.72 Durant de nombreuses années, on ne savait pas très bien si les ions mercure(I) en solution existaient sous la forme Hg^+ ou Hg_2^{2+}. Pour déterminer laquelle de ces deux possibilités est la bonne, on pourrait faire le montage suivant :

$$Hg(l)|\text{solution A}\|\text{solution B}|Hg(l)$$

où la solution A contient 0,263 g de nitrate de mercure(I) par litre de solution, et la solution B contient 2,63 g de nitrate de mercure(I) par litre de solution. Si la fem d'une telle cellule est 0,0289 V à 18 °C, que peut-on déduire concernant la nature des ions mercure ?

7.73 Une solution aqueuse de KI, à laquelle on a ajouté quelques gouttes de phénolphtaléine, subit une électrolyse; le montage utilisé est semblable à celui de la figure 7.20. Décrivez ce que l'on peut observer à l'anode et à la cathode. (*Indice*: l'iode moléculaire n'est que légèrement soluble dans l'eau, mais en présence d'ions I^- il forme des ions I_3^- ayant une couleur brune caractéristique, selon l'équation $I^- + I_2 \longrightarrow I_3^-$.)

7.74 On place un morceau de magnésium pesant 1,56 g dans 100,0 mL d'une solution de $AgNO_3$ 0,100 *M*, à 25 °C. Calculez $[Mg^{2+}]$ et $[Ag^+]$ en solution à l'équilibre. Quelle est la masse du magnésium résiduel? Le volume reste constant.

7.75 Décrivez une expérience qui permettrait de distinguer l'anode et la cathode dans une cellule galvanique utilisant des électrodes de cuivre et de zinc.

7.76 On a fait l'électrolyse, à l'aide d'électrodes de cuivre, d'une solution acidifiée. Après le passage d'un courant constant de 1,18 A durant $1,52 \times 10^3$ s, on constate que l'anode a perdu 0,584 g. a) Quel gaz est produit à la cathode et quel est son volume à TPN? b) Sachant que la charge d'un électron est de $1,6022 \times 10^{-19}$ C, calculez le nombre d'Avogadro. Supposez que le cuivre s'oxyde en ions Cu^{2+}.

7.77 Au cours d'une expérience d'électrolyse mettant en jeu des ions Al^{3+}, on récupère 60,2 g de Al après le passage d'un courant de 0,352 A. Combien de minutes l'électrolyse a-t-elle duré?

7.78 Soit l'oxydation de l'ammoniac:

$$4NH_3(g) + 3O_2(g) \longrightarrow 2N_2(g) + 6H_2O(l)$$

a) Calculez la valeur de $\Delta G°$ pour la réaction. b) Si cette réaction avait été utilisée dans une pile à combustible, quelle aurait été la fem standard de la pile?

7.79 On fabrique une cellule galvanique en plongeant une tige de cuivre dans 25,0 mL d'une solution de $CuSO_4$ 0,20 *M* et une tige de zinc dans 25,0 mL d'une solution de $ZnSO_4$ 0,20 *M*. a) Calculez la fem de la cellule, à 25 °C, et prédisez ce qui se produirait si l'on ajoutait une petite quantité de solution de NH_3 concentrée i) à la solution de $CuSO_4$ et ii) à la solution de $ZnSO_4$. Supposez que le volume dans chaque compartiment est constant à 25,00 mL. b) Dans une autre expérience, on ajoute 25,0 mL de NH_3 3,00 *M* à la solution de $CuSO_4$. Si la fem de la pile est 0,68 V, calculez la constante de formation (K_f) pour $Cu(NH_3)_4^{2+}$.

7.80 Au cours d'une expérience d'électrolyse, une étudiante fait passer la même quantité d'électricité dans deux cellules électrolytiques contenant respectivement des sels d'argent et d'or. Après un certain temps, elle constate que 2,64 g de Ag et 1,61 g de Au se sont déposés aux cathodes. Quel est le degré d'oxydation de l'or dans le sel d'or?

7.81 Les gens qui vivent dans les pays où il y a beaucoup de neige en hiver ne devraient pas chauffer leurs garages en hiver. Sur quel principe électrochimique se base cette recommandation?

7.82 Soit

$2Hg^{2+}(aq) + 2e^- \longrightarrow Hg_2^{2+}(aq) \qquad \varepsilon° = 0,92$ V

$Hg_2^{2+}(aq) + 2e^- \longrightarrow 2Hg(l) \qquad \varepsilon° = 0,85$ V

Calculez les valeurs de $\Delta G°$ et de K pour le processus suivant, à 25 °C:

$$Hg_2^{2+}(aq) \longrightarrow Hg^{2+}(aq) + Hg(l)$$

(Cette réaction est un exemple de *réaction de dismutation*, dans laquelle un élément à un certain degré d'oxydation est à la fois oxydé et réduit.)

7.83 On obtient le fluor (F_2) grâce à l'électrolyse du fluorure d'hydrogène liquide (HF) contenant du fluorure de potassium (KF). a) Écrivez les réactions des demi-cellules et la réaction globale du processus. b) Quel est le rôle de KF? c) Calculez le volume (en litres) de F_2 recueilli à 24,0 °C et à 1,2 atm après électrolyse de la solution durant 15 heures avec un courant de 502 A.

7.84 On a fait subir une électrolyse de 6,00 minutes à 300 mL d'une solution de NaCl. Si le pH de la solution finale est 12,24, calculez le courant moyen utilisé.

7.85 Dans l'industrie, on affine le cuivre par électrolyse. Le cuivre impur constitue l'anode; la cathode est faite de cuivre pur. Les électrodes sont plongées dans une solution de $CuSO_4$. Durant l'électrolyse, le cuivre à l'anode se dissout sous forme de Cu^{2+}, tandis que les ions Cu^{2+} sont réduits à la cathode. a) Écrivez les réactions des demi-cellules et la réaction globale de ce processus électrolytique. b) Supposons que l'anode est contaminée par Zn et Ag. Dites ce qui arrive à ces impuretés durant l'électrolyse. c) Combien de temps (en heures) faudra-t-il pour obtenir 1,00 kg de Cu avec un courant de 18,9 A?

7.86 On fait l'électrolyse d'une solution aqueuse d'un sel de platine en y faisant passer un courant de 2,50 A durant 2,00 heures. Il se forme alors 9,09 g de Pt à la cathode. Calculez la charge des ions Pt dans cette solution.

7.87 Soit une cellule galvanique constituée d'une électrode de magnésium en contact avec une solution de $Mg(NO_3)_2$ 1 *M*, et d'une électrode de cadmium en contact avec une solution de $Cd(NO_3)_2$ 1 *M*. Calculez la valeur de $\varepsilon°$ pour la cellule et faites un schéma illustrant la cathode, l'anode et indiquant le sens du courant.

7.88 On fait passer durant 3,40 heures un courant de 6,00 A dans une cellule électrolytique contenant de l'acide sulfurique dilué. Si le volume de O_2 gazeux produit à l'anode est de 4,26 L (à TPN), calculez la charge (en coulombs) de un électron.

7.89 a) L'or ne se dissout ni dans l'acide nitrique concentré ni dans l'acide chlorhydrique concentré. Cependant, il se dissout dans un mélange de ces deux acides (mélange constitué d'un volume de HNO_3 pour trois volumes de HCl), appelé eau régale. Écrivez l'équation équilibrée de cette réaction (*Indice* : parmi les produits, on trouve $HAuCl_4$ et NO_2.) b) À l'aide du principe de Le Chatelier, dites pourquoi le pouvoir oxydant de l'ion NO_3^- est augmenté dans une solution très acide.

Problèmes spéciaux

7.90 Un morceau de ruban de magnésium et un fil de cuivre sont partiellement immergés dans une solution de HCl 0,1 *M* dans un bécher. Lorsque ces métaux sont reliés extérieurement par un fil conducteur on peut observer un dégagement de bulles de gaz à la surface des deux métaux, Mg et Cu.

a) Écrivez les équations représentant les réactions des deux métaux.

b) Quelle observation visuelle vous permettrait de démontrer que le Cu n'est pas oxydé en Cu^{2+} ?

c) Après un certain temps, on ajoute une solution de NaOH pour neutraliser le HCl. Puis, après en avoir ajouté encore plus, il y a formation d'un précipité blanc. Quel est ce précipité ?

7.91 La batterie zinc-air semble avoir un avenir prometteur comme source d'énergie pour les automobiles électriques, car elle est à la fois puissante, légère et rechargeable.

La réaction globale est

$$Zn(s) + \tfrac{1}{2}O_2(g) \longrightarrow ZnO(s)$$

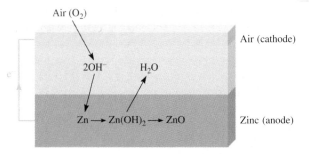

a) Écrivez les demi-réactions aux électrodes et calculez la fem standard de cette batterie à 25 °C.

b) Calculez la fem dans les conditions habituelles d'opération, lorsque la pression partielle de l'oxygène est 0,21 atm.

c) Quelle est la densité énergétique (énergie en kilojoules qui peut être obtenue à partir de 1 kg de zinc) ?

d) Si l'on veut obtenir de cette batterie air-zinc un courant de $2,1 \times 10^5$ A, quel volume d'air par seconde cette batterie consommera-t-elle ? Supposez que la température est 25 °C et que la pression partielle de l'oxygène est 0,21 atm.

Réponses aux exercices : 7.1 $5Fe^{2+} + MnO_4^- + 8H^+ \longrightarrow$ $5Fe^{3+} + Mn^{2+} + 4H_2O$; **7.2** Pb ; **7.3** 0,34 V ; **7.4** oui ; **7.5** $\Delta G° = -4,1 \times 10^2$ kJ, $K = 1 \times 10^{72}$; **7.6** oui ; **7.7** 0,38 V ; **7.8** anode : O_2, cathode : H_2 ; **7.9** $2,0 \times 10^4$ A.

ANNEXE 1

LE CODE DE COULEUR
DES MODÈLES MOLÉCULAIRES

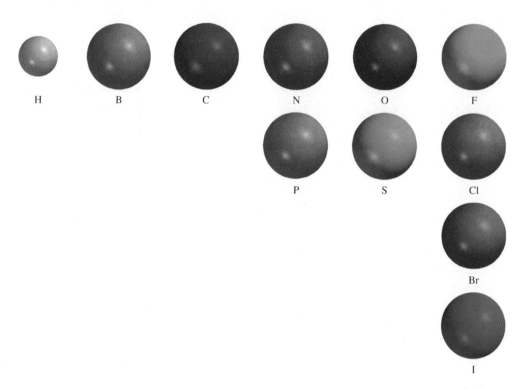

H   B   C   N   O   F

P   S   Cl

Br

I

ANNEXE 2

OPÉRATIONS MATHÉMATIQUES

Les logarithmes

Les logarithmes de base 10. La notion de logarithme est une extension de la notion d'exposant, dont on parle au chapitre 1 (volume 1). Le logarithme de base 10 d'un nombre correspond à la puissance à laquelle le nombre 10 doit être élevé pour égaler ce nombre. Les exemples suivants illustrent cette relation:

Logarithme	Exposant
$\log 1 = 0$	$10^0 = 1$
$\log 10 = 1$	$10^1 = 10$
$\log 100 = 2$	$10^2 = 100$
$\log 10^{-1} = -1$	$10^{-1} = 0,1$
$\log 10^{-2} = -2$	$10^{-2} = 0,01$

Dans chacun de ces cas, on peut obtenir le logarithme du nombre par tâtonnement.

Puisque les logarithmes des nombres sont des exposants, ils en ont les mêmes propriétés. On a donc:

Logarithme	Exposant
$\log AB = \log A + \log B$	$10^A \times 10^B = 10^{A+B}$
$\log \dfrac{A}{B} = \log A - \log B$	$\dfrac{10^A}{10^B} = 10^{A-B}$

De plus, $\log A^n = n \log A$.

Maintenant, supposons qu'il faille trouver le logarithme de base 10 de $6,7 \times 10^{-4}$. Sur la plupart des calculettes, on entre d'abord le nombre, puis on appuie sur la touche «log». Cette opération donne

$$\log 6,7 \times 10^{-4} = -3,17$$

Notez qu'il y a autant de chiffres *après* la virgule qu'il y a de chiffres significatifs dans le nombre original. Le nombre original a deux chiffres significatifs; le nombre 17 dans $-3,17$ indique que le logarithme a deux chiffres significatifs. Voici d'autres exemples:

Nombre	Logarithme de base 10
62	1,79
0,872	$-0,0595$
$1,0 \times 10^{-7}$	$-7,00$

Parfois (comme dans le cas du calcul du pH), il faut trouver le nombre correspondant au logarithme connu. On extrait alors l'antilogarithme; il s'agit simplement du contraire de l'extraction du logarithme. Supposons que, dans un calcul donné, on ait pH = 1,46 et que l'on doive calculer la valeur de $[H^+]$. Selon la définition du pH (pH = $-\log [H^+]$), on peut écrire

$$[H^+] = 10^{-1,46}$$

Beaucoup de calculettes ont une touche «$\log^{-1}$» ou «INV log», qui permet d'obtenir l'antilog. D'autres calculettes ont la touche «10^x» ou «y^x» (où x correspond à $-1,46$ dans le présent exemple, et y est 10, car il s'agit d'un logarithme de base 10). On trouve donc $[H^+] = 0,035\ M$.

Les logarithmes naturels. Les logarithmes extraits de la base e au lieu de la base 10 sont dits logarithmes naturels (l'abréviation est ln ou $\log_e$); e est égal à 2,7183. La relation entre les logarithmes de base 10 et les logarithmes naturels est la suivante:

$$\log 10 = 1 \qquad 10^1 = 10$$
$$\ln 10 = 2,303 \qquad e^{2,303} = 10$$

Donc

$$\ln x = 2,303 \log x$$

Par exemple, pour trouver le logarithme naturel de 2,27, il faut entrer le nombre dans la calculette et puis appuyer sur la touche «ln», ce qui donne

$$\ln 2,27 = 0,820$$

Si la calculette ne comporte pas la touche appropriée, on peut effectuer l'opération de la façon suivante:

$$2,303 \log 2,27 = 2,303 \times 0,356$$
$$= 0,820$$

Parfois, on connaît le logarithme naturel et il faut trouver le nombre correspondant. Par exemple:

$$\ln x = 59,7$$

Sur de nombreuses calculettes, on ne fait qu'entrer le nombre et appuyer sur la touche «e»:

$$e^{59,7} = 8,46 \times 10^{25}$$

...ion quadratique

L'équation quadratique prend la forme suivante :

$$ax^2 + bx + c = 0$$

Si l'on connaît les coefficients a, b et c, la valeur de x est donnée par

$$x = \frac{-b \pm \sqrt{b^2 - 4ac}}{2a}$$

Supposons l'équation quadratique suivante :

$$2x^2 + 5x - 12 = 0$$

Si l'on résout l'équation :

$$x = \frac{-5 \pm \sqrt{(5)^2 - 4(2)(-12)}}{2(2)}$$

$$= \frac{-5 \pm \sqrt{25 + 96}}{4}$$

Donc

$$x = \frac{-5 + 11}{4} = \frac{3}{2}$$

et

$$x = \frac{-5 - 11}{4} = -4$$

ANNEXE 3

QUELQUES DONNÉES THERMODYNAMIQUES À 1 ATM ET À 25 °C

Substances inorganiques

Substance	ΔH_f^o (kJ/mol)	ΔG_f^o (kJ/mol)	S^o (J/K • mol)
Ag(s)	0	0	42,7
$Ag^+(aq)$	105,9	77,1	73,9
AgCl(s)	−127,0	−109,7	96,1
AgBr(s)	−99,5	−95,9	107,1
AgI(s)	−62,4	−66,3	114,2
$AgNO_3(s)$	−123,1	−32,2	140,9
Al(s)	0	0	28,3
$Al^{3+}(aq)$	−524,7	−481,2	−313,38
$Al_2O_3(s)$	−1669,8	−1576,4	50,99
As(s)	0	0	35,15
$AsO_4^{3-}(aq)$	−870,3	−635,97	−144,77
$AsH_3(g)$	171,5		
$H_3AsO_4(s)$	−900,4		
Au(s)	0	0	47,7
$Au_2O_3(s)$	80,8	163,2	125,5
AuCl(s)	−35,2		
$AuCl_3(s)$	−118,4		
B(s)	0	0	6,5
$B_2O_3(s)$	−1263,6	−1184,1	54,0
$H_3BO_3(s)$	−1087,9	−963,16	89,58
$H_3BO_3(aq)$	−1067,8	−963,3	159,8
Ba(s)	0	0	66,9
$Ba^{2+}(aq)$	−538,4	−560,66	12,55
BaO(s)	−558,2	−528,4	70,3
$BaCl_2(s)$	−860,1	−810,86	125,5
$BaSO_4(s)$	−1464,4	−1353,1	132,2
$BaCO_3(s)$	−1218,8	−1138,9	112,1
Be(s)	0	0	9,5
BeO(s)	−610,9	−581,58	14,1
$Br_2(l)$	0	0	152,3
$Br^-(aq)$	−120,9	−102,8	80,7
HBr(g)	−36,2	−53,2	198,48
C(graphite)	0	0	5,69
C(diamant)	1,90	2,87	2,4
CO(g)	−110,5	−137,3	197,9
$CO_2(g)$	−393,5	−394,4	213,6
$CO_2(aq)$	−412,9	−386,2	121,3

(page suivante)

	ΔH_f^o (kJ/mol)	ΔG_f^o (kJ/mol)	S^o (J/K · mol)
$\smile_3^-(aq)$	−676,3	−528,1	−53,1
$HCO_3^-(aq)$	−691,1	−587,1	94,98
$H_2CO_3(aq)$	−699,7	−623,2	187,4
$CS_2(g)$	115,3	65,1	237,8
$CS_2(l)$	87,9	63,6	151,0
$HCN(aq)$	105,4	112,1	128,9
$CN^-(aq)$	151,0	165,69	117,99
$(NH_2)_2CO(s)$	−333,19	−197,15	104,6
$(NH_2)_2CO(aq)$	−319,2	−203,84	173,85
$Ca(s)$	0	0	41,6
$Ca^{2+}(aq)$	−542,96	−553,0	−55,2
$CaO(s)$	−635,6	−604,2	39,8
$Ca(OH)_2(s)$	−986,6	−896,8	76,2
$CaF_2(s)$	−1214,6	−1161,9	68,87
$CaCl_2(s)$	−794,96	−750,19	113,8
$CaSO_4(s)$	−1432,69	−1320,3	106,69
$CaCO_3(s)$	−1206,9	−1128,8	92,9
$Cd(s)$	0	0	51,46
$Cd^{2+}(aq)$	−72,38	−77,7	−61,09
$CdO(s)$	−254,6	−225,06	54,8
$CdCl_2(s)$	−389,1	−342,59	118,4
$CdSO_4(s)$	−926,17	−820,2	137,2
$Cl_2(g)$	0	0	223,0
$Cl^-(aq)$	−167,2	−131,2	56,5
$HCl(g)$	−92,3	−95,27	187,0
$Co(s)$	0	0	28,45
$Co^{2+}(aq)$	−67,36	−51,46	155,2
$CoO(s)$	−239,3	−213,38	43,9
$Cr(s)$	0	0	23,77
$Cr^{2+}(aq)$	−138,9		
$Cr_2O_3(s)$	−1128,4	−1046,8	81,17
$CrO_4^{2-}(aq)$	−863,16	−706,26	38,49
$CrO_7^{2-}(aq)$	−1460,6	−1257,29	213,8
$Cs(s)$	0	0	82,8
$Cs^+(aq)$	−247,69	−282,0	133,05
$Cu(s)$	0	0	33,3
$Cu^+(aq)$	51,88	50,2	−26,36
$Cu^{2+}(aq)$	64,39	64,98	98,7
$CuO(s)$	−155,2	−127,2	43,5
$Cu_2O(s)$	−166,69	−146,36	100,8
$CuCl(s)$	−134,7	−118,8	91,6
$CuCl_2(s)$	−205,85		
$CuS(s)$	−48,5	−49,0	66,5
$CuSO_4(s)$	−769,86	−661,9	113,39

(page suivante)

Substance	ΔH_f^o (kJ/mol)	ΔG_f^o (kJ/mol)	S^o (J/K • mol)
$F_2(g)$	0	0	203,34
$F^-(aq)$	−329,1	−276,48	−9,6
$HF(g)$	−271,6	−270,7	173,5
$Fe(s)$	0	0	27,2
$Fe^{2+}(aq)$	−87,86	−84,9	−113,39
$Fe^{3+}(aq)$	−47,7	−10,5	−293,3
$Fe_2O_3(s)$	−822,2	−741,0	90,0
$Fe(OH)_2(s)$	−568,19	−483,55	79,5
$Fe(OH)_3(s)$	−824,25		
$H(g)$	218,2	203,2	114,6
$H_2(g)$	0	0	131,0
$H^+(aq)$	0	0	0
$OH^-(aq)$	−229,94	−157,30	−10,5
$H_2O(g)$	−241,8	−228,6	188,7
$H_2O(l)$	−285,8	−237,2	69,9
$H_2O_2(l)$	−187,6	−118,1	109,6
$Hg(l)$	0	0	77,4
$Hg^{2+}(aq)$		−164,38	
$HgO(s)$	−90,7	−58,5	72,0
$HgCl_2(s)$	−230,1		
$Hg_2Cl_2(s)$	−264,9	−210,66	196,2
$HgS(s)$	−58,16	−48,8	77,8
$HgSO_4(s)$	−704,17		
$Hg_2SO_4(s)$	−741,99	−623,92	200,75
$I_2(s)$	0	0	116,7
$I^-(aq)$	55,9	51,67	109,37
$HI(g)$	25,9	1,30	206,3
$K(s)$	0	0	63,6
$K^+(aq)$	−251,2	−282,28	102,5
$KOH(s)$	−425,85		
$KCl(s)$	−435,87	−408,3	82,68
$KClO_3(s)$	−391,20	−289,9	142,97
$KClO_4(s)$	−433,46	−304,18	151,0
$KBr(s)$	−392,17	−379,2	96,4
$KI(s)$	−327,65	−322,29	104,35
$KNO_3(s)$	−492,7	−393,1	132,9
$Li(s)$	0	0	28,0
$Li^+(aq)$	−278,46	−293,8	14,2
$Li_2O(s)$	−595,8	?	?
$LiOH(s)$	−487,2	−443,9	50,2
$Mg(s)$	0	0	32,5
$Mg^{2+}(aq)$	−461,96	−456,0	−117,99
$MgO(s)$	−601,8	−569,6	26,78
$Mg(OH)_2(s)$	−924,66	−833,75	63,1
$MgCl_2(s)$	−641,8	−592,3	89,5

(page suivante)

Substance	ΔH_f^o (kJ/mol)	ΔG_f^o (kJ/mol)	S^o (J/K $\cdot$ mol)
$MgSO_4(s)$	$-1278,2$	$-1173,6$	$91,6$
$MgCO_3(s)$	$-1112,9$	$-1029,3$	$65,69$
$Mn(s)$	0	0	$31,76$
$Mn^{2+}(aq)$	$-218,8$	$-223,4$	$-83,68$
$MnO_2(s)$	$-520,9$	$-466,1$	$53,1$
$N_2(g)$	0	0	$191,5$
$N_3^-(aq)$	$245,18$	$?$	$?$
$NH_3(g)$	$-46,3$	$-16,6$	$193,0$
$NH_4^+(aq)$	$-132,80$	$-79,5$	$112,8$
$NH_4Cl(s)$	$-315,39$	$-203,89$	$94,56$
$NH_3(aq)$	$-366,1$	$-263,76$	$181,17$
$N_2H_4(l)$	$50,4$		
$NO(g)$	$90,4$	$86,7$	$210,6$
$NO_2(g)$	$33,85$	$51,8$	$240,46$
$N_2O_4(g)$	$9,66$	$98,29$	$304,3$
$N_2O(g)$	$81,56$	$103,6$	$219,99$
$HNO_2(aq)$	$-118,8$	$-53,6$	
$HNO_3(l)$	$-173,2$	$-79,9$	$155,6$
$NO_3^-(aq)$	$-206,57$	$-110,5$	$146,4$
$Na(s)$	0	0	$51,05$
$Na^+(aq)$	$-239,66$	$-261,87$	$60,25$
$Na_2O(s)$	$-415,89$	$-376,56$	$72,8$
$NaCl(s)$	$-411,0$	$-384,0$	$72,38$
$NaI(s)$	$-288,0$		
$Na_2SO_4(s)$	$-1384,49$	$-1266,8$	$149,49$
$NaNO_3(s)$	$-466,68$	$-365,89$	$116,3$
$Na_2CO_3(s)$	$-1130,9$	$-1047,67$	$135,98$
$NaHCO_3(s)$	$-947,68$	$-851,86$	$102,09$
$Ni(s)$	0	0	$30,1$
$Ni^{2+}(aq)$	$-64,0$	$-46,4$	$159,4$
$NiO(s)$	$-244,35$	$-216,3$	$38,58$
$Ni(OH)_2(s)$	$-538,06$	$-453,1$	$79,5$
$O(g)$	$249,4$	$230,1$	$160,95$
$O_2(g)$	0	0	$205,0$
$O_3(aq)$	$-12,09$	$16,3$	$110,88$
$O_3(g)$	$142,2$	$163,4$	$237,6$
$P(blanc)$	0	0	$44,0$
$P(rouge)$	$-18,4$	$13,8$	$29,3$
$PO_4^{3-}(aq)$	$-1284,07$	$-1025,59$	$-217,57$
$P_4O_{10}(s)$	$-3012,48$		
$PH_3(g)$	$9,25$	$18,2$	$210,0$
$HPO_4^{2-}(aq)$	$-1298,7$	$-1094,1$	$-35,98$
$H_2PO_4^-(aq)$	$-1302,48$	$-1135,1$	$89,1$
$Pb(s)$	0	0	$64,89$
$Pb^{2+}(aq)$	$1,6$	$24,3$	$21,3$
$PbO(s)$	$-217,86$	$-188,49$	$69,45$
$PbO_2(s)$	$-276,65$	$-218,99$	$76,57$

(page suivante)

Substance	ΔH_f^o (kJ/mol)	ΔG_f^o (kJ/mol)	S^o (J/K $\cdot$ mol)
$PbCl_2(s)$	$-359{,}2$	$-313{,}97$	$136{,}4$
$PbS(s)$	$-94{,}3$	$-92{,}68$	$91{,}2$
$PbSO_4(s)$	$-918{,}4$	$-811{,}2$	$147{,}28$
$Pt(s)$	0	0	$41{,}84$
$PtCl_4^{2-}(aq)$	$-516{,}3$	$-384{,}5$	$175{,}7$
$Rb(s)$	0	0	$69{,}45$
$Rb^+(aq)$	$-246{,}4$	$-282{,}2$	$124{,}27$
S(orthorhombique)	0	0	$31{,}88$
S(monoclinique)	$0{,}30$	$0{,}10$	$32{,}55$
$SO_2(g)$	$-296{,}1$	$-300{,}4$	$248{,}5$
$SO_3(g)$	$-395{,}2$	$-370{,}4$	$256{,}2$
$SO_3^{2-}(aq)$	$-624{,}25$	$-497{,}06$	$43{,}5$
$SO_4^{2-}(aq)$	$-907{,}5$	$-741{,}99$	$17{,}15$
$H_2S(g)$	$-20{,}15$	$-33{,}0$	$205{,}64$
$HSO_3^-(aq)$	$-627{,}98$	$-527{,}3$	$132{,}38$
$HSO_4^-(aq)$	$-885{,}75$	$-752{,}87$	$126{,}86$
$H_2SO_4(l)$	$-811{,}3$	?	?
$SF_6(g)$	$-1096{,}2$	?	?
$Se(s)$	0	0	$42{,}44$
$SeO_2(s)$	$-225{,}35$		
$H_2Se(g)$	$29{,}7$	$15{,}90$	$218{,}9$
$Si(s)$	0	0	$18{,}70$
$SiO_2(s)$	$-859{,}3$	$-805{,}0$	$41{,}84$
$Sr(s)$	0	0	$54{,}39$
$Sr^{2+}(aq)$	$-545{,}5$	$-557{,}3$	$39{,}33$
$SrCl_2(s)$	$-828{,}4$	$-781{,}15$	$117{,}15$
$SrSO_4(s)$	$-1444{,}74$	$-1334{,}28$	$121{,}75$
$SrCO_3(s)$	$-1218{,}38$	$-1137{,}6$	$97{,}07$
$W(s)$	0	0	$33{,}47$
$WO_3(s)$	$-840{,}3$	$-763{,}45$	$83{,}26$
$WO_4^-(aq)$	$-1115{,}45$		
$Zn(s)$	0	0	$41{,}6$
$Zn^{2+}(aq)$	$-152{,}4$	$-147{,}2$	$106{,}48$
$ZnO(s)$	$-348{,}0$	$-318{,}2$	$43{,}9$
$ZnCl_2(s)$	$-415{,}89$	$-369{,}26$	$108{,}37$
$ZnS(s)$	$-202{,}9$	$-198{,}3$	$57{,}7$
$ZnSO_4(s)$	$-978{,}6$	$-871{,}6$	$124{,}7$

(*page suivante*)

Substances organiques

Substance	Formule	ΔH_f^o (kJ/mol)	ΔG_f^o (kJ/mol)	S^o (J/K · mol)
Acétaldéhyde(g)	CH_3CHO	−166,35	−139,08	264,2
Acétone(l)	CH_3COCH_3	−246,8	−153,55	198,74
Acétylène(g)	C_2H_2	226,6	209,2	200,8
Acide acétique(l)	CH_3COOH	−484,2	−389,45	159,83
Acide formique(l)	$HCOOH$	−409,2	−346,0	128,95
Benzène(l)	C_6H_6	49,04	124,5	124,5
Éthane(g)	C_2H_6	−84,7	−32,89	229,49
Éthanol(l)	C_2H_5OH	−276,98	−174,18	161,04
Éthylène(g)	C_2H_4	52,3	68,1	219,45
Glucose(s)	$C_6H_{12}O_6$	−1274,5	−910,56	212,1
Méthane(g)	CH_4	−74,85	−50,8	186,19
Méthanol(l)	CH_3OH	−238,7	−166,3	126,78
Saccharose(s)	$C_{12}H_{22}O_{11}$	−2221,7	−1544,3	360,24

GLOSSAIRE

A

Abaissement du point de congélation, (ΔT_{con}). m. Différence entre le point de congélation du solvant pur (T°_{cong}) et le point de congélation de la solution (T_{cong}). (2.6)

Accumulateur. n. m. Cellule électrochimique rechargeable (pile secondaire) pouvant servir de source de courant électrique continu à tension constante. (7.6)

Acide de Brønsted. m. Substance susceptible de libérer un proton dans une réaction. (1.3)

Acide de Lewis. m. Substance qui peut recevoir un doublet d'électrons. (5.10)

Acide faible. m. Acide qui est un électrolyte faible. (5.4)

Acide fort. m. Acide qui est un électrolyte fort. (5.4)

Analyse gravimétrique. f. Procédé expérimental basé sur des mesures de masses et qui peut être utilisé pour déterminer la nature ou la quantité d'une substance. (1.6)

Analyse qualitative. f. Détermination des types d'ions présents dans une solution. (6.8)

Anode. n. f. Électrode où se produit l'oxydation. (7.2)

B

Base de Brønsted. f. Substance susceptible d'accepter un proton dans une réaction. (1.3)

Base de Lewis. f. Substance qui peut donner un doublet d'électrons. (5.10)

Base faible. f. Base qui est un électrolyte faible. (5.4)

Base forte. f. Base qui est un électrolyte fort. (5.4)

C

Catalyseur. n. m. Substance qui augmente la vitesse d'une réaction chimique sans y être consommée. (3.6)

Cathode. n. f. Électrode où se produit la réduction. (7.2)

Cellule galvanique. f. Cellule électrochimique qui génère de l'électricité par réaction d'oxydoréduction spontanée. (7.2)

Cinétique chimique. f. Domaine de la chimie qui s'intéresse à la vitesse des réactions chimiques. (3.1)

Colloïde. n.m. Dispersion des particules d'une substance (phase dispersée) dans un milieu de dispersion (phase dispersante) constitué d'une autre substance. (2.8)

Complexe activé. m. Espèce instable formée à la suite de collisions entre les molécules des réactifs, juste avant que se forme le produit. (3.4)

Concentration d'une solution. f. Grandeur indiquant la quantité de soluté présente dans une quantité de solution donnée. (1.5)

Concentration molaire volumique (C). f. Nombre de moles de soluté contenues par litre de solution. (1.5)

Constante de formation (K_f). f. Constante d'équilibre pour la formation d'un ion complexe. (6.10)

Constante de vitesse (k). f. Constante de proportionnalité qui relie la vitesse d'une réaction et les concentrations des réactifs en jeu. (3.1)

Constante d'équilibre (K). f. Grandeur qui exprime le rapport entre les concentrations à l'équilibre des produits et les concentrations à l'équilibre des réactifs, chacune de ces concentrations élevée à une puissance égale au coefficient stœchiométrique de la substance. (4.2)

Constante d'ionisation d'un acide (K_a). f. Constante d'équilibre relative à l'ionisation de cet acide. (5.5)

Constante d'ionisation d'une base (K_b). f. Constante d'équilibre relative à l'ionisation de cette base. (5.6)

Constante du produit ionique de l'eau (K_{eau}). f. Produit des concentrations molaires des ions H^+ et OH^- à une température donnée. (5.2)

Corrosion. n. f. Détérioration d'un métal par un processus électrochimique. (7.8)

Couple acide-base conjugués. f. Couple constitué d'un acide et de sa base conjuguée ou d'une base et de son acide conjugué. (1.5)

Cristallisation. n. f. Processus par lequel un soluté dissous se sépare de la solution et forme des cristaux. (2.1)

Cristallisation fractionnée. f. Technique de séparation basée sur les différences de solubilité qui permet de séparer les constituants d'un mélange en des substances pures. (2.4)

D

Degré d'oxydation. m. *Voir* Nombre d'oxydation. (1.4)

Demi-cellule. f. *Voir* Réactions des demi-cellules. (7.2)

Demi-réaction. n. f. Réaction qui indique explicitement les électrons qui participent à une oxydation ou à une réduction. (1.4 et 7.1)

Demi-vie. n. f. Temps requis pour que la concentration d'un réactif diminue de moitié au cours d'une réaction. (3.3)

Diacide. n. m. Acide dont chaque unité libère deux ions hydrogène. (1.3)

Dilution. n. f. Procédé qui consiste à faire diminuer la concentration d'une solution. Le plus souvent, une dilution se fait par ajout de solvant. (1.5)

Distillation fractionnée. f. Technique de séparation des constituants liquides d'une solution : technique fondée sur les différences de points d'ébullition. (2.6)

E

Effet d'ion commun. m. Déplacement d'un équilibre causé par l'addition d'un composé ayant un ion en commun avec une substance dissoute. (6.2 et 6.7)

Électrochimie. n. f. Branche de la chimie qui étudie l'interconversion entre l'énergie électrique et l'énergie chimique. (7.1)

Électrode standard à hydrogène (ESH). f. Électrode de platine en présence d'hydrogène gazeux à 1 atm et de HCl 1 M à 25 °C dont le potentiel est fixé conventionnellement à zéro. (7.3)

Électrolyse. n. f. Processus au cours duquel on utilise l'énergie électrique pour provoquer une réaction chimique non spontanée. (7.9)

Électrolyte. n. m. Substance qui, une fois dissoute dans l'eau, forme une solution qui permet de conduire l'électricité. (1.1)

Élévation du point d'ébullition ($\Delta T_{éb}$). f. Différence entre le point d'ébullition d'une solution ($T_{éb}$) et le point d'ébullition du solvant ($T^{\circ}_{éb}$). (2.6)

Énergie d'activation. f. Énergie minimale requise pour déclencher une réaction chimique. (3.4)

Enthalpie libre. f. *Voir* Fonction de Gibbs. (7.4)

Enzyme. n. f. Catalyseur biologique. (3.6)

Équation d'Arrhenius. f. Relation exprimant comment la constante de vitesse dépend de la température. (3.4).

Équation de Nernst. f. Relation entre la fem d'une cellule et les concentrations des réactifs et des produits. (7.6)

Équation de van't Hoff. f. *Voir* Loi de van't Hoff. (4.5)

Équation de vitesse. f. *Voir* Loi de vitesse. (3.2)

Équation ionique. f. Équation qui représente les composés ioniques dissous sous forme d'ions libres. (1.2)

Équation ionique nette. f. Équation dans laquelle sont écrites seulement les espèces ioniques qui participent directement à la réaction. (1.2)

Équation moléculaire. f. Équation dans laquelle les formules des composés en jeu sont écrites comme si toutes les espèces existaient sous forme de molécules ou d'unités complètes. (1.2)

Équilibre. n. m. État d'un système dans lequel il n'y a pas de changements observables en fonction du temps. (1.1 et 4.1).

Équilibre chimique. m. Atteinte pour un système d'un état où les vitesses de réaction directe et inverse sont égales, et où les concentrations des réactifs et des produits ne changent plus dans le temps. (1.1 et 4.1).

Équilibre hétérogène. m. État d'équilibre dans lequel les espèces en jeu ne sont pas toutes dans la même phase. (4.2)

Équilibre homogène. m. État d'équilibre dans lequel toutes les espèces en jeu sont dans la même phase. (4.2)

Équilibre physique. m. Équilibre dans lequel seules des propriétés physiques sont en jeu. (4.1)

Équilibres multiples. m. *Voir* Loi des équilibres multiples. (4.2)

Étape déterminante. f. Étape qui est la plus lente parmi toutes les étapes menant à la formation des produits. Aussi appelée « étape limitante ». (3.5)

État d'oxydation. m. *Voir* Nombre d'oxydation. (1.4)

F

Facteur de van't Hoff. m. Rapport entre le nombre de particules en solution après la dissociation et le nombre d'unités initialement dissoutes. (2.7)

Faraday. n. m. Charge d'une mole d'électrons et qui équivaut à 96 487 coulombs. (7.5)

Fonction de Gibbs. f. Fonction exprimant la différence entre l'enthalpie et le produit de l'entropie par la température Kelvin, TS, et qui équivaut à une mesure de l'énergie disponible qui pourrait servir à effectuer un travail. (7.4)

Fonctions d'état. f. Propriétés qui dépendent seulement de l'état initial et de l'état final d'un système. (7.4)

Force électromotrice (fem) standard ($\varepsilon°$). f. Somme du potentiel standard d'oxydation et du potentiel standard de réduction dans une réaction d'oxydo-réduction. (7.3)

Force électromotrice (fem). f. Tension (différence de potentiel) mesurée à très faible courant entre les électrodes d'une cellule. (7.2)

Fraction molaire. f. Rapport entre le nombre de moles d'un constituant d'un mélange et le nombre total de moles contenues dans le mélange. (2.3)

H

Hydratation. n. f. Processus par lequel des molécules d'eau s'associent à un soluté en s'orientant d'une manière particulière autour d'un ion ou d'une molécule. (1.1)*Voir* aussi Solvatation. (2.2)

Hydrolyse d'un sel. f. Réaction d'un anion ou d'un cation (ou des deux) d'un sel avec l'eau. (5.8)

Hydrophile. adj. Qui a de l'affinité pour l'eau. (2.8)

Hydrophobe. adj. Qui n'a pas d'affinité pour l'eau. (2.8)

I

Indicateur acido-basique. n. m. Substance qui présente des couleurs différentes dans un milieu acide et dans un milieu basique. (1.6 et 6.4)

Insaturé. adj. *Voir* Solution insaturée. (2.1)

Intermédiaire. n. m. Espèce qui apparaît dans le mécanisme réactionnel (dans les réactions élémentaires), mais non dans l'équation globale équilibrée. (3.5)

Ion commun (effet d'). m. *Voir* Effet d'ion commun. (6.2 et 6.7)

Ion complexe. m. Ion contenant un cation métallique central lié à un ou à plusieurs ions ou molécules. C'est une combinaison d'une base de Lewis et d'un acide de Lewis. (6.10)

Ion hydronium. m. Proton hydraté, H_3O^+. (1.3)

Ion spectateur. m. Ion qui ne participe pas à une réaction. (1.2)

L

Loi d'action de masse. f. Pour une réaction réversible à l'équilibre et à une température constante, un certain rapport entre les concentrations des réactifs et des produits a une valeur constante K (la constante d'équilibre). (4.1)

Loi de Henry. f. Loi qui affirme que la solubilité d'un gaz dans un liquide est directement proportionnelle à la pression qu'exerce le gaz au-dessus de la solution. (2.5)

Loi de Raoult. f. Loi qui affirme que la pression partielle exercée par la vapeur du solvant au-dessus d'une solution est donnée par la pression de vapeur du solvant pur multiplié par la fraction molaire du solvant dans la solution. (2.6)

Loi de van't Hoff. f. Relation décrivant la dépendance de la constante d'équilibre en fonction de la température Kelvin. (4.5).

Loi de vitesse. f. Expression qui relie la vitesse d'une réaction aux concentrations des réactifs. (3.2)

Loi de vitesse intégrée. f. Expression obtenue à partir de la loi de vitesse, qui relie la concentration d'un réactif ou d'un produit au temps de réaction. (3.3)

Loi des équilibres multiples. f. Si une réaction peut être exprimée comme la somme de plusieurs réactions, la constante d'équilibre de la réaction globale est égale au produit des constantes d'équilibre de chacune des réactions individuelles. (4.2)

M

Mécanisme réactionnel. m. Séquence des réactions élémentaires qui conduisent à la formation des produits à partir des réactifs. (3.5)

Membrane semi-perméable. f. Membrane qui permet le passage des molécules du solvant, mais qui stoppe les molécules du soluté. (2.6)

Miscible. adj. Se dit d'un liquide qui est complètement soluble dans un autre, dans toutes les proportions. (2.2)

Molalité. n. f. Nombre de moles de soluté dissous dans 1 kg de solvant. (2.3)

Molarité. n. f. Concentration molaire volumique, c'est-à-dire le nombre de moles de soluté par litre de solution. (1.5) *Voir* aussi Concentration molaire volumique.

Molécularité. n. f. Nombre de molécules de réactifs réagissant dans une réaction élémentaire. (3.5)

Monoacide. n. m. Acide dont chaque unité libère un ion hydrogène. (1.3)

N

Neutralisation. n. f. *Voir* Réaction de neutralisation. (1.3)

Nombre d'oxydation. m. Nombre de charges qu'aurait un atome dans une molécule (ou dans un composé ionique) si les électrons étaient complètement transférés dans la direction indiquée par la différence d'électronégativité entre les éléments impliqués. (1.4)

Non-électrolyte. n. m. Substance qui, une fois dissoute dans l'eau, forme une solution qui n'est pas conductrice d'électricité. (1.1)

Non volatil. adj. Se dit d'une substance qui n'a pas de pression de vapeur mesurable. (2.6)

O

Ordre de réaction. m. Exposant qui affecte la concentration d'un réactif dans une loi de vitesse. (3.2)

Ordre global de réaction (ou ordre total). m. Somme des exposants qui affectent toutes les concentrations en jeu dans l'expression de la loi de vitesse. (3.2)

Osmose. n. f. Mouvement net des molécules d'un solvant à travers une membrane semi-perméable ; ce mouvement se fait d'un solvant pur (ou d'une solution diluée) vers une solution concentrée. (2.6)

Oxydant. n. m. Substance susceptible de capter des électrons d'une autre substance ou d'en augmenter le nombre d'oxydations. (1.4)

Oxydation. n. f. *Voir* Réaction d'oxydation. (1.4)

Oxydoréduction. n. f. *Voir* Réaction d'oxydoréduction. (1.4)

P

Paire d'ions. f. Association en solution d'un cation et d'un anion maintenus ensemble par des forces électrostatiques. (2.7)

pH. m. Grandeur exprimée par le logarithme négatif de la concentration d'ions hydrogène dans une solution aqueuse. (5.3)

Pile. n. f. Cellule électrochimique souvent non rechargeable (pile primaire) pouvant servir de source de courant électrique continu à tension constante. (7.6)

Pile à combustible. f. Cellule électrochimique qui nécessite un apport continuel de réactif pour pouvoir fonctionner. (7.7)

Pile à concentration. f. Pile dont les demi-piles sont constituées des mêmes substances, mais en concentrations ioniques différentes. (7.10)

Point d'équivalence. m. Dans un titrage, moment où l'acide a complètement réagi avec la base ; ou celui où il a été complètement neutralisé. (1.6 et 6.4)

Point de virage. m. Dans un titrage, changement de couleur qui correspond au point d'équivalence. (6.5)

Pollution thermique. f. Réchauffement de l'environnement à des températures trop élevées et nuisibles pour les êtres qui y habitent. (2.4)

Potentiel standard d'oxydation. m. Tension mesurée par rapport à l'ESH quand une réaction d'oxydation se produit à une électrode et que tous les solutés sont à une concentration 1 M et tous les gaz à une pression de 1 atm. (7.3)

Potentiel standard de réduction. m. Tension mesurée par rapport à l'ESH quand une réaction de réduction se produit à une électrode et que tous les solutés sont à une concentration 1 M et tous les gaz à une pression de 1 atm. (7.3)

Pourcentage d'ionisation. m. Rapport, multiplié par 100 %, entre la concentration d'acide ionisé à l'équilibre et la concentration initiale d'acide. (5.5)

Pourcentage massique. m. Rapport entre la masse d'un soluté et celle de la solution, multiplié par 100 %. (2.3)

Précipitation. n. f. Voir Réaction de précipitation. (1.2)

Précipitation sélective. f. Méthode de séparation par réactions de précipitations successives mettant en évidence la présence d'une seule espèce à la fois. (6.7)

Précipité. n. m. Solide insoluble qui se sépare d'une solution. (1.2)

Pression osmotique. f. Pression nécessaire pour arrêter l'osmose. (2.6)

Principe de Le Chatelier. m. Principe qui affirme que, si une contrainte (facteur extérieur) agit sur un système à l'équilibre, le système réagit de manière à s'opposer partiellement à cette contrainte. (4.5)

Produit de solubilité (K_{ps}). m. Constante d'équilibre égale au produit des concentrations molaires des ions en solution en équilibre avec leur solide ionique, chacune des concentrations ioniques étant élevée à l'exposant équivalant à son coefficient stœchiométrique dans l'équation équilibrée. (6.6)

Produit ionique. m. Produit des concentrations ioniques ayant la même forme que celle du produit ionique, mais avec une ou plusieurs concentrations qui ne sont pas des concentrations à l'équilibre. (6.6)

Propriété colligative. f. Propriété importante des solutions qui dépend seulement du nombre de particules de soluté présentes et non de leur nature. (2.6)

Q

Quotient réactionnel. m. Grandeur obtenue quand on utilise au moins une des concentrations non à l'équilibre dans l'expression de la constante d'équilibre. (4.4)

R

Réaction bimoléculaire. f. Réaction élémentaire qui met en jeu deux molécules. (3.5)

Réaction de déplacement. f. Réaction pendant laquelle un atome ou un ion dans un composé est remplacé par un atome d'un autre élément. (1.4)

Réaction de neutralisation. f. Réaction entre un acide et une base utilisée soit pour modifier l'acidité d'un milieu, soit pour doser un acide à l'aide d'une base ou l'inverse. (1.3)

Réaction de précipitation. f. Réaction caractérisée par la formation d'un précipité. (1.2)

Réaction de réduction. f. Demi-réaction qui représente le gain d'électrons dans une réaction d'oxydoréduction. (1.4)

Réaction d'ordre deux. f. Réaction dont la vitesse dépend soit de la concentration d'un réactif élevée à la puissance deux, soit des concentrations de deux réactifs différents, chacune étant élevée à la puissance un. (3.3)

Réaction d'ordre un. f. Réaction dont la vitesse dépend de la concentration du réactif élevée à la puissance un. (3.3)

Réaction d'ordre zéro. f. Réaction dont la vitesse est constante, c'est-à-dire indépendante de la concentration du réactif. (3.3)

Réaction d'oxydation. f. Demi-réaction qui représente la perte d'électrons dans une réaction d'oxydoréduction. (1.4)

Réaction d'oxydoréduction. f. Réaction dans laquelle il y a soit un transfert d'électrons soit une modification des nombres d'oxydation des substances qui participent à la réaction appelée aussi réaction redox. (1.4)

Réaction élémentaire. f. Réaction simple (étape) qui participe au déroulement de la réaction globale au niveau moléculaire. (3.5)

Réaction réversible. f. Se dit d'une réaction qui peut s'effectuer dans le sens direct et dans le sens inverse. (1.1)

Réaction spontanée. f. Réaction qui se produit par elle-même sans aucune intervention de l'extérieur et sans apport d'énergie. (7.4 et 7.5)

Réaction trimoléculaire. f. Réaction élémentaire qui met en jeu trois molécules. (3.5)

Réaction unimoléculaire. f. Réaction élémentaire qui met en jeu une seule molécule. (3.5)

Réactions des demi-cellules. f. pl. Réactions d'oxydation et de réduction qui se produisent aux électrodes. (7.2)

Réducteur. n. m. Substance susceptible de donner des électrons à une autre substance ou d'en réduire le nombre d'oxydation. (1.4)

Réduction. n. f. *Voir* Réaction de réduction. (1.4)

Réversible. adj. *Voir* Réaction réversible. (1.1)

S

Saturé. adj. *Voir* Solution saturée. (2.1)

Sel. n. m. Composé ionique formé d'un cation autre que H^+ et d'un anion autre que OH^- ou O^{2-}. (1.3)

Série d'activité. f. Liste ordonnée qui permet de prévoir les résultats possibles d'un grand nombre de réactions de déplacement. (1.4)

Solubilité. n. f. Quantité maximale d'un soluté qui peut être dissoute dans une certaine quantité de solvant à une température donnée. (1.2)

Solubilité molaire. f. Nombre de moles de soluté par litre de solution saturée (mol/L). (6.6)

Soluté. n. m. Substance présente en moins grande quantité dans une solution. (1.1)

Solution. n. f. Mélange homogène de deux substances ou plus. (1.1)

Solution aqueuse. f. Solution dont le solvant est l'eau. (1.1)

Solution de titrage. f. Solution étalon, c'est-à-dire dont la concentration est connue avec une très grande précision et qui sert au dosage. (1.6)

Solution idéale. f. Solution qui obéit à la loi de Raoult. (2.6)

Solution insaturée. f. Solution qui contient moins de soluté qu'elle peut en dissoudre. (2.1)

Solution saturée. f. Solution qui contient la quantité maximale de soluté dans une quantité donnée de solvant à une température donnée. (2.1)

Solution standard. f. *Voir* Solution de titrage. (1.6)

Solution sursaturée. f. Solution qui contient plus de soluté que la solution saturée. (2.1)

Solution tampon. f. Solution constituée d'une part d'un acide faible ou d'une base faible, et d'autre part du sel de l'acide ou de la base ; les deux composantes doivent être présentes. Le pH d'une solution tampon est presque constant, malgré l'ajout de petites quantités d'acide ou de base. (6.2)

Solvant. n. m. Substance présente en plus grande quantité dans une solution. (1.1)

Solvatation. n. f. Processus par lequel un ion ou une molécule s'entoure de molécules du solvant qui sont disposées de manière spécifique. Dans le cas où le solvant est l'eau, ce processus s'appelle « hydratation ». (2.2)

Sursaturé. adj. *Voir* Solution sursaturée. (2.1)

Surtension. n. f. Tension supplémentaire requise pour provoquer une électrolyse. (7.8)

T

Titrage. n. m. Opération consistant à ajouter graduellement une solution dont la concentration est connue avec grande précision à une solution de concentration inconnue, jusqu'à ce que la réaction entre les deux solutions soit complétée. (1.6)

Triacide. n. m. Acide dont chaque unité libère trois ions hydrogène. (1.3)

V

Variation d'enthalpie, (ΔH). f. Différence entre l'enthalpie finale et l'enthalpie initiale ou chaleur de réaction. (7.4)

Variation d'enthalpie libre standard $(\Delta G°)$. f. Variation d'enthalpie libre quand les réactifs à l'état standard sont transformés en produits à l'état standard. (7.4)

Variation d'entropie (ΔS). f. Mesure de la variation du désordre entre un état final et un état initial. (7.4)

Vitesse de réaction. f. Variation de la concentration d'un réactif ou d'un produit par unité de temps au cours d'une réaction. (3.1)

Vitesse instantanée. f. Vitesse à un moment donné. (3.1)

Vitesse moyenne. f. Moyenne de vitesses qui sont obtenues à partir de données prises durant un certain intervalle de temps Δt. (3.1)

Volatil. adj. Se dit d'une substance qui a une pression de vapeur mesurable. (2.6)

Z

Zone de virage d'un indicateur. f. Zone de pH qui s'étend de $pK_a − 1$ à $pK_a + 1$; zone qui correspond en général au changement de couleur de l'indicateur. (6.5)

Zone tampon. f. Zone de pH dans laquelle un tampon est efficace, autour de $pH = pK_a ±1$. (6.3)

RÉPONSES AUX PROBLÈMES

CHAPITRE 1

1.5
a) Électrolyte très faible
b) Électrolyte fort
c) Électrolyte fort
d) Électrolyte faible
e) Non-électrolyte

1.6
a) Électrolyte fort
b) Non-électrolyte
c) Électrolyte faible
d) Électrolyte fort

1.7 d)

1.8
a) NaCl solide n'est pas conducteur d'électricité.
b) NaCl fondu est un conducteur.
c) Une solution aqueuse de NaCl est conductrice.

1.9 En mesurant la conductibilité électrique et en la comparant avec celle d'un électrolyte fort connu de même concentration.

1.10 Dans l'eau, HCl est ionisé en H^+ et en Cl^- ; dans le benzène, il reste sous forme moléculaire.

1.13
a) Insoluble   b) Insoluble
c) Soluble   d) Soluble

1.14
a) Insoluble   b) Soluble
c) Soluble   d) Insoluble
e) Soluble

1.15
a) Ionique : $2Ag^+(aq) + 2NO_3^-(aq) + 2Na^+(aq) + SO_4^{2-}(aq) \rightarrow Ag_2SO_4(s) + 2Na^+(aq) + 2NO_3^-(aq)$;
ionique nette : $2Ag^+(aq) + SO_4^{2-}(aq) \rightarrow Ag_2SO_4(s)$.
b) Ionique : $Ba^{2+}(aq) + 2Cl^-(aq) + Zn^{2+}(aq) + SO_4^{2-}(aq) \rightarrow BaSO_4(s) + Zn^{2+}(aq) + 2Cl^-(aq)$
ionique nette : $Ba^{2+}(aq) + SO_4^{2-}(aq) \rightarrow BaSO_4(s)$
c) Ionique : $2NH_4^+(aq) + CO_3^{2-}(aq) + Ca^{2+}(aq) + 2Cl^-(aq) \rightarrow CaCO_3(s) + NH_4^+(aq) + 2Cl^-(aq)$
ionique nette : $Ca^{2+}(aq) + CO_3^{2-}(aq) \rightarrow CaCO_3(s)$

1.16
a) Ionique : $2Na^+(aq) + S^{2-}(aq) + Zn^{2+}(aq) + 2Cl^-(aq) \rightarrow ZnS(s) + 2Na^+(aq) + 2Cl^-(aq)$
ionique nette : $Zn^{2+}(aq) + S^{2-}(aq) \rightarrow ZnS(s)$

b) Ionique : $6K^+(aq) + 2PO_4^{3-}(aq) + 3Sr^{2+}(aq) + 6NO_3^-(aq) \rightarrow Sr_3(PO_4)_2(s) + 6K^+(aq) + 6NO_3^-(aq)$
ionique nette : $3Sr^{2+}(aq) + 2PO_4^{3-}(aq) \rightarrow Sr_3(PO_4)_2(s)$
c) Ionique : $Mg^{2+}(aq) + 2NO_3^-(aq) + 2Na^+(aq) + 2OH^-(aq) \rightarrow Mg(OH)_2(s) + 2Na^+(aq) + 2NO_3^-(aq)$
ionique nette : $Mg^{2+}(aq) + 2OH^-(aq) \rightarrow Mg(OH)_2(s)$

1.17
a) Les deux réactifs sont des composés ioniques solubles.
b) Équation ionique nette : $Ba^{2+}(aq) + SO_4^{2-}(aq) \rightarrow BaSO_4(s)$

1.18
a) L'ajout d'ions chlorure. KCl est soluble ; AgCl ne l'est pas.
b) L'ajout d'ions sulfate. Ag_2SO_4 est modérément soluble ; $PbSO_4$ est insoluble.
c) L'ajout d'ions carbonate. $(NH_4)_2CO_3$ est soluble ; $CaCO_3$ est insoluble.
d) L'ajout d'ions sulfate. $CuSO_4$ est soluble ; $BaSO_4$ est insoluble.

1.25
a) Un acide de Brønsted
b) Une base de Brønsted
c) Une base de Brønsted ; un acide de Brønsted

1.26
a) Une base de Brønsted
b) Une base de Brønsted
c) Un acide de Brønsted
d) Un acide et une base de Brønsted

1.27 Les équations sont les suivantes :
a) Ionique : $H^+(aq) + Br^-(aq) + NH_3(aq) \rightarrow NH_4^+(aq) + Br^-(aq)$;
ionique nette : $H^+(aq) + NH_3(aq) \rightarrow NH_4^+(aq)$.
b) Ionique : $3Ba^{2+}(aq) + 6OH^-(aq) + 2H_3PO_4(aq) \rightarrow Ba_3(PO_4)_2(s) + 6H_2O(l)$;
ionique nette : $3Ba^{2+}(aq) + 6OH^-(aq) + 2H_3PO_4(aq) \rightarrow Ba_3(PO_4)_2(s) + 6H_2O(l)$.
c) Ionique : $2H^+(aq) + 2ClO_4^-(aq) + Mg^{2+}(aq) + 2OH^-(aq) \rightarrow Mg^{2+}(aq) + 2ClO_4^-(aq) + 2H_2O(l)$;
ionique nette : $2H^+(aq) + 2OH^-(aq) \rightarrow 2H_2O(l)$.

1.28
a) Ionique : $CH_3COOH(aq) + K^+(aq) + OH^-(aq) \rightarrow CH_3COO^-(aq) + K^+(aq) + H_2O(l)$;
ionique nette : $CH_3COOH(aq) + OH^-(aq) \rightarrow CH_3COO^-(aq) + H_2O(l)$.
b) Ionique : $H_2CO_3(aq) + 2Na^+(aq) + 2OH^-(aq) \rightarrow 2Na^+(aq) + CO_3^{2-}(aq) + 2H_2O(l)$;
ionique nette : $H_2CO_3(aq) + 2OH^-(aq) \rightarrow CO_3^{2-}(aq) + 2H_2O(l)$.
c) Ionique : $2H^+(aq) + 2NO_3^-(aq) + Ba^{2+}(aq) + 2OH^-(aq) \rightarrow Ba^{2+}(aq) + 2NO_3^-(aq) + 2H_2O(l)$;
ionique nette : $2H^+(aq) + 2OH^-(aq) \rightarrow 2H_2O(l)$.

1.31

	i) demi-réactions	ii) Oxydant	iii) Réducteur
a)	$Sr \rightarrow Sr^{2+} + 2e^-$ $O_2 + 4e^- \rightarrow 2O^{2-}$	O_2	Sr
b)	$Li \rightarrow Li^+ + e^-$ $H_2 + 2e^- \rightarrow 2H^-$	H_2	Li
c)	$Cs \rightarrow Cs^+ + e^-$ $Br_2 + 2e^- \rightarrow 2Br^-$	Br_2	Cs
d)	$Mg \rightarrow Mg^{2+} + 2e^-$ $N_2 + 6e^- \rightarrow 2N^{3-}$	N_2	Mg

1.32
a) Réducteur : $Fe \rightarrow Fe^{3+} + 3e^-$; oxydant : $O_2 + 4e^- \rightarrow 2O^{2-}$
b) Réducteur : $2Br^- \rightarrow Br_2 + 2e^-$; oxydant : $Cl_2 + 2e^- \rightarrow 2Cl^-$
c) Réducteur : $Si \rightarrow Si^{4+} + 4e^-$; oxydant : $F_2 + 2e^- \rightarrow 2F^-$
d) Réducteur : $H_2 \rightarrow 2H^+ + 2e^-$; oxydant : $Cl_2 + 2e^- \rightarrow 2Cl^-$

1.35 $H_2S\ (-2)$, $S^{2-}\ (-2)$, $HS^-\ (-2) < S_8\ (0) < SO_2\ (+4) < SO_3\ (+6)$, $H_2SO_4\ (+6)$
Les chiffres entre parenthèses indiquent le nombre d'oxydation du soufre.

1.36
a) $+5$ b) $+1$
c) $+3$ d) $+5$
e) $+5$ f) $+5$

1.37
a) $+1$ b) $+7$
c) -4 d) -1
e) -2 f) $+6$
g) $+6$ h) $+7$

i) + 4   **j)** 0

k) + 5   **l)** + 1

m) + 5   **n)** + 3

1.38 **a)** +1   **b)** −1

c) +3   **d)** +3

e) +4   **f)** +6

g) +2   **h)** +4

i) +2   **j)** +3

k) +5

1.39 Tous zéro

1.40 **a)** −3   **b)** $-\frac{1}{2}$

c) −1   **d)** +4

e) +3   **f)** −2

g) +3   **h)** +6

1.41 Le nombre d'oxydation de l'azote dans l'acide nitrique est de +5 (vérifiez !), celui qui est contenu dans les produits doit être plus petit. Le seul pas inférieur à +5 est N_2O_5, donc il n'est jamais un produit de la réduction de l'acide nitrique.

1.42 SO_3 (S est à son degré d'oxydation maximal : +6)

1.43 **a)** Aucune réaction
b) Aucune réaction
c) $Mg(s) + CuSO_4(aq) \rightarrow MgSO_4(aq) + Cu(s)$
Équation ionique nette : $Mg(s) + Cu^{2+}(aq) \rightarrow Mg^{2+}(aq) + Cu(s)$
d) $Cl_2(g) + 2KBr(aq) \rightarrow Br_2(l) + 2KCl(aq)$
Équation ionique nette : $Cl_2(g) + 2Br^-(aq) \rightarrow 2Cl^-(aq) + Br_2(l)$

1.44 Li et Ca

1.47 56,0 g

1.48 0,131 mol/L

1.49 $6,00 \times 10^{-3}$ mol $MgCl_2$

1.50 10,8 g

1.51 **a)** 1,16 mol/L   **b)** 0,608 mol/L
c) 1,78 mol/L

1.52 **a)** 1,37 mol/L   **b)** 0,426 mol/L
c) 0,716 mol/L

1.53 **a)** 136 mL   **b)** 62,2 mL
c) 47 mL

1.54 **a)** 6,50 g   **b)** 2,45 g
c) 2,65 g   **d)** 7,36 g
e) 3,95 g

1.57 Diluer 0,323 L (323 mL) de la solution de HCl à 2,00 mol/L jusqu'à un volume final de 1,00 L

1.58 0,0433 mol/L

1.59 Diluer 3,00 mL de la solution de HNO_3 jusqu'à un volume final de 60,0 mL

1.60 126 mL

1.61 1,41 mol/L

1.62 1,09 mol/L

1.65 0,215 g

1.66 35,72 %

1.67 $Ag^+(aq) + Cl^-(aq) \rightarrow AgCl(s)$
0,165 g NaCl

1.68 $2,31 \times 10^{-4}$ mol/L

1.71 **a)** 42,78 mL
b) 158,5 mL solution
c) 79,23 mL solution

1.72 **a)** 6,0 mL   **b)** 8,0 mL
c) 23 mL

1.73 **a)** Oxydoréduction
b) Précipitation
c) Acido-basique
d) Aucune catégorie précise ; on peut la considérer comme une réaction d'addition (combinaison)
e) Oxydoréduction
f) Oxydoréduction
g) Précipitation
h) Oxydoréduction
i) Oxydoréduction
j) Oxydoréduction

1.74 Les ions Ba^{2+} se combinent aux ions SO_4^{2-} pour former un précipité de $BaSO_4$.

1.75 On recourt à l'électrolyse pour s'assurer qu'il y a production d'hydrogène et d'oxygène, à la réaction avec un métal alcalin pour voir s'il y a production d'une base et d'hydrogène, à la dissolution d'un oxyde métallique pour voir s'il y a production d'une base (ou à la dissolution d'un oxyde non métallique pour voir s'il y a production d'un acide).

1.76 Test physique : seule la solution de NaCl conduira l'électricité. Test chimique : ajout d'une solution de $AgNO_3$; seule la solution de NaCl donnera un précipité de AgCl.

1.77 $Cl_2 + SO_2 + 2H_2O \rightarrow 2Cl^- + SO_4^{2-} + 4H^+$

1.78 Mg, Na, Ca, Ba, K ou Li

1.79 Test de combustion. Si on fait barboter du dioxyde de carbone dans une solution d'hydroxyde de calcium, un précipité de carbonate blanc se formera. Aucune réaction ne se produira avec l'oxygène.

1.80 Les nombres d'oxydation de C sont +2 dans CO et +4 (maximum) dans CO_2.

1.81 $Mg(NO_3)_2$ est un électrolyte fort, car il a la plus forte concentration en ions et son cation a la charge la plus élevée.

1.82 1,3 mol/L

1.83 0,773 L

1.84 0,171 mol/L

1.85 1145 g/mol

1.86 0,115 mol/L

1.87 43,4 g $BaSO_4$

1.88 0,80 L

1.89 24,0 g/mol, Mg

1.90 1,73 M

1.91 **a)** Sel soluble dans l'eau et électrolyte fort. L'addition de $AgNO_3$ devrait donner le précipité AgCl. **b)** Sucre soluble dans l'eau et non-électrolyte. **c)** Est un électrolyte faible et montre toutes les propriétés des acides. **d)** Soluble dans l'eau et électrolyte fort, en réagissant avec un acide il dégage du $CO_2(g)$; avec l'addition de $Ca(OH)_2$, il donne le précipité $CaCO_3$. **e)** Soluble dans l'eau et électrolyte fort ; dégagment de CO_2 en présence d'acide. L'addition d'un sel soluble d'un métal alcalino-terreux donne un précipité qui est le carbonate de l'alcalino-terreux. **f)** Électrolyte faible et acide faible. **g)** Soluble dans l'eau et électrolyte fort. L'addition de $Ba(NO_3)_2$ donne le précipité $BaSO_4$, et l'addition d'un hydroxyde donne le précipité $Mg(OH)_2$. **h)** Électrolyte fort et base forte. L'addition de $Ca(NO_3)_2$ donne le précipité $Ca(OH)_2$. **i)** Dégage une odeur caractéristique lorsque dissous dans l'eau, électrolyte faible et base faible. L'ammoniac gazeux réagit avec HCl en formant du $NH_4Cl(s)$. **j)** Insoluble, base forte et réagit avec les acides. **k)** Sel insoluble, réagit avec de l'acide en donnant CO_2.

1.92 Procédé du *four électrique* : $P_4(s) + 5O_2(g) \rightarrow P_4O_{10}(s)$, oxydoréduction et $P_4O_{10}(s) + 6H_2O(l) \rightarrow 4H_3PO_4(aq)$, acido-basique
Procédé *humide* : $Ca_5(PO_4)_3F(s) + 5H_2SO_4(aq) \rightarrow 3H_3PO_4(aq) + HF(aq) + 5CaSO_4(s)$, précipitation et acido-basique

1.93 **a)** Le précipité $CaSO_4$ déposé sur le Ca empêche celui-ci de réagir avec l'acide sulfurique.
b) L'aluminium est protégé par une couche tenace d'oxyde (Al_2O_3).
c) Ces métaux réagissent plus facilement dans l'eau.
d) Le métal devrait être placé au-dessous de Fe et au-dessus de H.

1.94 Seuls les métaux dont les ions ont plus que *un* état d'oxydation participent aux réactions biochimiques : Mn, Fe, Co et Cu.

1.95 **a)** Réaction de précipitation :
$Mg^{+2}(aq) + 2OH^-(aq) \rightarrow Mg(OH)_2(s)$
Réaction acido-basique :
$Mg(OH)_2(s) + 2HCl(aq) \rightarrow$
$MgCl_2(aq) + 2H_2O(l)$
Réaction d'oxydoréduction :
$Mg^{2+} + 2e^- \rightarrow Mg(s)$
$2Cl^- \rightarrow Cl_2(g) + 2e^-$
b) Le NaOH coûte beaucoup plus cher.
c) La dolomite constitue en même temps une source additionnelle de magnésium.
d) Est moins coûteux et moins dommageable pour l'environnement.

CHAPITRE 2

2.7 CsF est un composé ionique ; les attractions ion-ion y sont trop fortes pour être rompues au cours du processus de dissolution dans le benzène ; l'interaction ion-dipôle induit y est trop faible pour stabiliser les ions. Par contre, les molécules non polaires de naphtalène forment un solide moléculaire où les seules forces intermoléculaires en jeu sont les faibles forces de dispersion. Ce sont les mêmes forces qui s'exercent dans le benzène liquide, de sorte que le naphtalène s'y dissout relativement facilement.

2.8 Le cyclohexane ne peut former de liaisons hydrogène avec l'éthanol.

2.9 $O_2 < Br_2 < LiCl < CH_3OH$

2.10 Plus la chaîne est longue, moins elle devient polaire. Le groupe $-OH$ peut former des liaisons hydrogène avec l'eau, mais non le reste de la molécule.

2.13 **a)** 7,03 % **b)** 16,9 %
c) 13 %

2.14 **a)** 25,9 g **b)** $1,72 \times 10^3$ g

2.15 **a)** 0,0618 mol/kg **b)** 2,03 mol/kg

2.16 **a)** 2,68 mol/kg **b)** 7,82 mol/kg

2.17 **a)** 1,74 mol/kg **b)** 0,87 mol/kg
c) 6,99 mol/kg

2.18 0,010 mol/kg

2.19 $3,0 \times 10^2$ g

2.20 $5,0 \times 10^2$ mol/kg ; 18,3 M

2.21 17,3 M 25,2 mol/kg

2.22 **a)** 2,41 mol/kg **b)** 2,13 M
c) 58,7 mL

2.25 35,2 g/100 g de H_2O

2.26 45,9 g

2.33 Quand l'air environnant est remplacé par de l'hélium, la vitesse de sortie des molécules d'air est supérieure à la vitesse d'entrée.

Avec le temps, la concentration d'air dissout devient nulle ou presque, et la concentration d'hélium dissout atteint son maximum.

2.34 Comme la pression du dioxyde de carbone est plus élevée au fond de la mine qu'à la surface, le gaz ne s'échappe pas de la solution contenue dans la bouteille. Quand le mineur remonte à la surface, la pression diminue ; le dioxyde de carbone peut donc s'échapper de la solution... qui est maintenant dans son estomac.

2.35 $1,0 \times 10^{-5}$ mol/L

2.36 0,28 L

2.49 30,8 mm Hg

2.50 $1,3 \times 10^3$ g

2.51 88,6 mm Hg

2.52 Éthanol : 30,0 mm Hg
propanol : 26,3 mm Hg

2.53 **a)** $P_{méthanol} = 46$ mm Hg
$P_{éthanol} = 22$ mm Hg
b) $X_{méthanol} = 0,68$
$X_{éthanol} = 0,32$

2.54 128 g

2.55 Point d'ébullition = 86,4 °C
point de congélation = $-7,1$ °C

2.56 0,59 mol/kg

2.57 $C_{19}H_{38}O$

2.58 120 g/mol ; $C_4H_8O_4$

2.59 3,93 L 105,6 °C

2.60 $-8,6$ °C

2.61 Les molécules d'acide benzoïque forment des paires en solution. On les appelle, des dimères

2.62 $4,3 \times 10^2$ g/mol ; $C_{24}H_{20}P_4$

2.63 32,9 atm

2.64 $1,75 \times 10^4$ g/mol

2.65 $C_{15}H_{20}O_{10}N_5$

2.66 342 g/mol

2.71 **a)** $CaCl_2$
b) Urée
c) $CaCl_2$

2.72 L'élévation du point d'ébullition, la diminution de la pression de vapeur et la pression osmotique

2.73 d) > e) > a) > c) > d)

2.74 Glucose à 0,50 mol/kg > acide acétique à 0,50 mol/kg > HCl à 0,50 mol/kg

2.75 **a)** Le point d'ébullition est de 102,8 °C ; le point de congélation est de $-10,0$ °C.
b) Le point d'ébullition est de 102,0 °C ; le point de congélation est de $-7,15$ °C.

2.76 0,9420 mol/kg

2.77 Deux électrolytes forts qui libéreront plus de particules par mole de solide dissout

2.78 7,6 atm

2.79 2,47

2.80 1,6 atm

2.81 $\Delta P = 2,05 \times 10^{-5}$ mm Hg
$\Delta T_{cong} = 8,90 \times 10^{-5}$ °C
$\Delta T_{éb} = 2,5 \times 10^{-5}$ °C
$\pi = 0,889$ mm Hg

2.82 3,5 atm

2.83 L'eau que contient le concombre sort à travers la paroi semi-perméable que constitue sa pelure pour se retrouver dans la solution.

2.84 **a)** 104 mm Hg
b) 116 mm Hg

2.85 3,8

2.86 $2,95 \times 10^3$ g/mol

2.87 X : eau
Y : NaCl
Z : urée

2.88 Non. On considère que le composé est pur et qu'il s'agit d'un non-électrolyte sous forme de monomère.

2.89 Le comprimé est dans un milieu hypotonique. Par conséquent, l'eau y pénètre, par osmose, à travers la membrane semi-perméable. L'augmentation de la pression pousse la membrane élastique vers la droite, ce qui fait sortir le médicament par de petits trous à une vitesse constante.

2.90 12,3 M

2.91 $4,50 \times 10^4$ g/mol

2.92 248 g/mol. Les molécules ont formé des dimères.

2.93 33,3 mL et 66,7 mL

2.94 17,3 M ; 25,1 mol/kg ; 0,312

2.95 C_6H_{12} : 36 % ; $C_{10}H_8$: 64 %

2.96 0,815

2.97 L'éthanol et l'eau ont une interaction moléculaire causant une contraction du volume.

2.98 2,8 %

2.99 $1,2 \times 10^2$ g/mol, ce qui est le double de la masse molaire de l'acide acétique. Il y a formation d'un dimère.

2.100 Voici le tableau rempli :

Forces d'attraction	Déviation à la loi de Raoult	$\Delta H_{dissolution}$
A↔A, B↔B > A↔B	Positive	> 0
A↔A, B↔B < A↔B	Négative	< 0
A↔A, B↔B = A↔B	Aucune	0

2.101 **a)** *Voir* figure 2.12 **b)** Dans le compartiment de droite, il faudra appliquer une pression supérieure à la pression osmotique pour que le solvant pur (eau) soit forcé à se déplacer vers le compartiment de gauche. **b)** Plus économique que la distillation et difficultés techniques moindres que la congélation ; l'osmose inverse se fait *sans* changement de phase. **c)** Plus de 33 atm.

2.102 a) 1,1 mol/kg, la concentration physiologique est impossible.
b) La protéine empêche la formation des cristaux de glace.

CHAPITRE 3

3.5 a) vitesse $= -\dfrac{\Delta[H_2]}{\Delta t} = -\dfrac{\Delta[I_2]}{\Delta t} = \dfrac{1}{2}\dfrac{\Delta[HI]}{\Delta t}$

b) vitesse $= -\dfrac{1}{2}\dfrac{\Delta[H_2]}{\Delta t} = -\dfrac{\Delta[O_2]}{\Delta t} = \dfrac{1}{2}\dfrac{\Delta[H_2O]}{\Delta t}$

c) vitesse $= -\dfrac{1}{5}\dfrac{\Delta[Br^-]}{\Delta t} = -\dfrac{\Delta[BrO_3^-]}{\Delta t} = -\dfrac{1}{6}\dfrac{\Delta[H^+]}{\Delta t} = \dfrac{1}{3}\dfrac{\Delta[Br_2]}{\Delta t}$

3.6 a) 0,049 M/s   b) 0,025 M/s

3.15 vitesse $= k[NH_4^+][NO_2^-] = 6,2 \times 10^{-6}$ M/s

3.16 a) vitesse $= k[F_2][ClO_2]$
b) 1,2/$M \cdot$ s
c) 2,4 $\times$ 10^{-4} M/s

3.17 En comparant les premier et deuxième ensembles de données, on constate qu'une variation de [B] n'influence pas la vitesse de la réaction. Donc, la réaction est d'ordre zéro en B. En comparant les premier et troisième ensembles de données, on constate que si [A] double, la vitesse double également. Cela indique que la réaction est d'ordre un en A.
$v = k[A]$
D'après le premier ensemble de données : $3,20 \times 10^{-1}$ M/s $= k(1,50\ M)$; donc $k = 0,213$ s^{-1}

3.18 a) $v = k[X]^2[Y]^3$ b) 0,69 M/s
3.19 a) 2   b) 0
c) 1,5   d) 3
3.20 a) 0,046 s^{-1}
b) 0,13 $(M^{-1} \cdot s^{-1})$
3.21 Seul le graphe de ln P en fonction du temps donne une droite, donc la réaction est d'ordre un. La constante $k = 1,19 \times 10^{-4} s^{-1}$.
3.22 Ici, comme les données sont en pression totale, il faut les convertir

en pressions partielles pour le réactif en tenant compte de la stœchiométrie. On obtient les coordonnées (pression partielle, temps) suivantes : (0, 15,76), (181, 12,64), (513, 8,73), (1164, 4,44). Ensuite, il faut voir quelle mise en graphe va donner une droite. Seule le graphe de ln $P_{ClCO_2CCl_3}$ en fonction du temps donne une droite. Cette réaction est donc d'ordre un.

3.27 $t_{1/2} = 30$ min
3.28 a) 0,0198 s^{-1}
b) $= 151$ s
3.29 a) 0,034 M
b) $t_{1/2} = 1/K[A]_0$, faites le calcul.
3.30 3,6 s
3.37 La pente de la droite est de $-1,25 \times 10^4$ K, qui équivaut à $-E_a/R$. L'énergie d'activation est $-E_a = $ pente $\times R = (-1,25 \times 10^4$ K$) \times (8,314$ J/K $\cdot$ mol$)$
$E_a = 104$ kJ/mol
3.38 135 kJ/mol
3.39 3,0 $\times$ 10^3 s^{-1}
3.40 371 °C
3.41 a) $E_a = 51,9$ kJ/mol b) oui
3.42 51,0 kJ/mol
3.51 a) deux
b) Cette loi de vitesse implique que l'étape déterminante met en jeu une molécule NO avec une molécule Cl_2. La première réaction décrite doit être la réaction limitante.
3.52 a) $v = k[X_2][Y]$
b) L'atome Z n'apparaît pas dans la loi de vitesse.
c) $X_2 + Y \longrightarrow XY + X$ (lente) ;
$X + Z \longrightarrow XZ$ (rapide)
3.53 La première étape est plus rapide. Vitesse $= k[O_3]^2/[O_2]$. Cette loi prédit que si $[O_2]$ augmente la vitesse diminue. C'est à cause de la réaction inverse (indirecte) de la première étape.
3.54 Mécanismes II et III sont possibles car pour le II, $v = k[H_2][NO]^2$ et pour le III : $v = k[H_2[NO]^2$.
3.61 Les températures élevées peuvent altérer la structure tridimensionnelle de l'enzyme, réduisant ainsi partiellement ou totalement son pouvoir catalytique.
3.62 $v = (k_1 k_2/k_{-1})[E][S]$
3.63 Dans chaque cas, la pression gazeuse augmentera ou diminuera. On peut la relier au déroulement de la réaction grâce à l'équation équilibrée.

3.64 La température, l'énergie d'activation, la concentration des réactifs, un catalyseur.
3.65 On devrait toujours donner la température quand on indique la vitesse ou la constante de vitesse d'une réaction.
3.66 Surface de la grosse sphère : 22,6 cm²; surface des huit petites sphères : 44,9 cm². Les petites sphères offrent la plus grande surface de contact et correspondent au catalyseur le plus efficace.
3.67 Puisque le méthanol ne contient pas d'oxygène 18, l'atome d'oxygène doit provenir du groupement phosphate et non de l'eau. Le mécanisme doit mettre en jeu une rupture de liaison comme celle-ci :

$$CH_3-O\text{---}\overset{\displaystyle O}{\underset{\displaystyle O-H}{\overset{\|}{P}}}-O-H$$

3.68 On peut considérer $[H_2O]$ comme une constante.
3.69 Ils ont plusieurs degrés d'oxydation stables. Cela permet aux métaux de transition d'agir comme sources ou comme récepteurs d'électrons dans un large éventail de réactions.
3.70 a) $v = k[H^+][CH_3COCH_3]$
b) 3,8 $\times$ 10^{-3}/$M \cdot$ s
3.71 $k = 10,7$ $M^{-1}s^{-1}$
3.72 2,63 atm
3.73 L'ion Fe^{3+} subit un cycle d'oxydoréduction.
$Fe^{3+} \longrightarrow Fe^{2+} \longrightarrow Fe^{3+}$
$2Fe^{3+} + 2I^- \longrightarrow 2Fe^{2+} + I_2$
$\underline{2Fe^{2+} + S_2O_8^{2-} \longrightarrow 2Fe^{3+} + 2SO_4^{2-}}$
$2I^- + S_2O_8^{2-} \longrightarrow I_2 + 2SO_4^{2-}$
La réaction non catalysée est lente parce que I^- et $S_2O_8^{2-}$ sont tous deux négatifs, ce qui rend leur rapprochement difficile.
3.74 $\dfrac{M}{s} = kM^3$, et en isolant k, on obtient : $k = M^{-2} \cdot s^{-1}$
3.75 a) La loi de vitesse devrait être $v = k[A]^0 = k$

b) La variation de concentration de A par unité de temps est égale à la constante de vitesse (k).

$$-\frac{\Delta[A]}{\Delta t} = k \qquad \Delta[A] = -\Delta t k$$

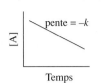

3.76 56,4 min

3.77 On est en présence de trois gaz et on ne peut mesurer que la pression totale des gaz. Pour mesurer la pression partielle de l'azométhane à un moment précis, il faut retirer un échantillon du mélange, l'analyser et déterminer les fractions molaires. Alors,

$$P_{\text{azométhane}} = P_\text{T} X_{\text{azométhane}}$$

3.78 b) d) et e).

3.79

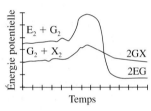

3.80 0,098 %

3.81 a) Un catalyseur change le mécanisme réactionnel en abaissant l'énergie d'activation.
b) Un catalyseur modifie le mécanisme réactionnel.
c) Un catalyseur ne modifie pas l'enthalpie d'une réaction.
d) Un catalyseur augmente la vitesse de la réaction directe.
e) Un catalyseur augmente la vitesse de la réaction inverse.

3.82 a) Elle augmente.
b) Elle diminue.
c) Elle diminue.
d) Elle augmente.

3.83 a) La loi de vitesse globale est $v = k[H_2][NO]^2$, ordre global = 3
b) $k = 0,38/M^2 \cdot s$
c)
$$H_2 + 2NO \longrightarrow N_2 + H_2O + O \qquad \text{réaction lente}$$
$$O + H_2 \longrightarrow H_2O \qquad \text{réaction rapide}$$
$$\overline{2H_2 + 2NO \longrightarrow N_2 + 2H_2O}$$

3.84 0,0896 min^{-1}

3.85

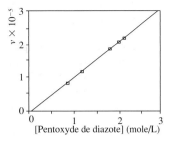

$v = k[N_2O_5]$
$k = 1,0 \times 10^{-5} \text{ s}^{-1}$

3.86 $1,12 \times 10^3$ min

3.87 En absorbant les photons de la lumière bleue, la vapeur rouge du brome moléculaire se dissocie pour former des atomes de brome :
$$Br_2 \longrightarrow 2Br\bullet$$
Les atomes de brome heurtent les molécules de méthane et se lient aux atomes d'hydrogène :
$$Br\bullet + CH_4 \longrightarrow HBr + \bullet CH_3$$
Le radical méthyle réagit alors avec Br_2, donnant le produit observé et régénérant un atome de brome qui redémarre le processus :
$$\bullet CH_3 + Br_2 \longrightarrow CH_3Br + Br\bullet$$
$$Br\bullet + CH_4 \longrightarrow HBr + \bullet CH_3$$
et ainsi de suite.

3.88 a) $v = k[X][Y]^2$
b) $k = 1,9 \times 10^{-2}/M^2 \cdot s$

3.89 Aucun des réactifs n'est un électrolyte ; au départ, la solution sera donc un conducteur faible. Durant la réaction, il y aura apparition d'ions hydrogène et iodure (HI est un électrolyte fort), de sorte que la conductivité augmentera. On peut faire une relation entre la variation de conductivité et le fait que deux moles d'ions se forment par mole de C_2H_5I consommée, et ainsi suivre le déroulement de la réaction.

3.90 3,1

3.91 a) $O + O_3 \longrightarrow 2O_2$
b) Cl est un catalyseur ; ClO est un intermédiaire.
c) La liaison C—F est plus forte que la liaison C—Cl.
d) L'éthane retirera les atomes Cl :
$$Cl + C_2H_6 \longrightarrow HCl + C_2H_5$$

3.92 Durant les 10 premières minutes, le moteur est relativement froid ; les réactions seront donc lentes.

3.93 $k = 10,7 \ M^{-1} \cdot s^{-1}$

3.94 $v = \dfrac{k_1 k_2}{k_{-1}}[CH_3COCH_3][H_3O^+]$, ce qui est la même loi que celle déjà trouvée au problème 3.70.

3.95 a) Ea a une grande valeur. b) Ea est pratiquement égal à zéro. Le facteur orientation n'est pas important.

3.96 $NO_2 + NO_2 \longrightarrow NO_3 + NO$ lente
$NO_3 + CO \longrightarrow NO_2 + CO_2$ rapide
$\overline{CO + NO_2 \longrightarrow CO_2 + NO}$

3.97 $3,9 \times 10^5$ années.

3.98 À une grande pression de PH_3, tous les sites du W sont occupés, la vitesse est donc indépendante de $[PH_3]$.

3.99 a) Le catalyseur : Mn^{2+} ; l'intermédiaire : Mn^{3+}. La première étape est déterminante.
b) La réaction impliquerait la collision simultanée de trois cations, elle serait donc lente.
c) Homogène.

3.100 a) $k = 0,0350$ min.$^{-1}$
b) $E_a = 110$ kJ/mol
c) initiation : $v = k_i[R_2]$
propagation : $v = k_p[M][M_1]$
terminaison : $v = k_t[M'][M'']$
d) une faible concentration de R_2, l'initiateur.

3.101 a) Tous les sites de l'enzyme sont occupés et l'excès d'alcool cause les dommages. b) Les deux alcools vont compétitionner pour le site de l'enzyme. Un excès d'éthanol va favoriser le remplacement du méthanol sur le site actif, ce qui peut permettre entre-temps de l'éliminer par les systèmes excréteurs du corps.

CHAPITRE 4

4.7 a) $K_p = P_{CO_2} P_{H_2O}$
b) $K_p = P^2_{SO_2} P_{O_2}$

4.8 a) $K_c = \dfrac{[CO]^2[O_2]}{[CO_2]^2}$ $\quad K_p = \dfrac{P^2_{CO} \bullet P_{O_2}}{P^2_{CO_2}}$

b) $K_c = \dfrac{[O_3]^2}{[O_2]^3}$ $\quad K_p = \dfrac{P^2_{O_3}}{P^3_{O_2}}$

c) $K_c = \dfrac{[COCl_2]}{[CO][Cl_2]}$ $\quad K_p = \dfrac{P_{COCl_2}}{P_{CO} \bullet P_{Cl_2}}$

d) $K_c = \dfrac{[CO][H_2]}{[H_2O]}$ $\quad K_p = \dfrac{P_{CO} \bullet P_{H_2}}{P_{H_2O}}$

e) $K_c = \dfrac{[H^+][HCOO^-]}{[HCOOH]}$

f) $K_c = [O_2]$ $\quad K_p = P_{O_2}$

4.9 a) $K_c = \dfrac{[NH_3]^2}{[NO_2]^2[H_2]^7}$

$$K_p = \frac{P^2_{NH3}}{P^2_{NO_2} P^7_{H_2}}$$

b) $K_c = \dfrac{[SO_2]^2}{[O_2]^3}$ $K_p = \dfrac{P^2_{SO_2}}{P^3_{O_2}}$

c) $K_c = \dfrac{[CO]^2}{[CO_2]}$ $K_p = \dfrac{P^2_{CO}}{P_{CO_2}}$

d) $K_c = \dfrac{[C_6H_5COO^-][H^+]}{[C_6H_5COOH]}$

4.13 $2,40 \times 10^{33}$

4.14 $1,08 \times 10^7$

4.15 $1,76 \times 10^{20}$

4.16 $1,1 \times 10^{-5}$

4.17 $0,051$

4.18 a) $0,082$ b) $0,29$

4.19 $K'_c = 2,6 \times 10^4$
$K_p = 3,2 \times 10^2$

4.20 $0,105 ; 2,05 \times 10^{-3}$

4.21 Les pressions de PCl_3 et de Cl_2 doivent augmenter, et la pression de PCl_5 doit diminuer.

4.22 $7,09 \times 10^{-3}$

4.23 $6,2 \times 10^{-4}$

4.24 $3,3$

4.25 $K_p = 9,3 \times 10^{-3}$
$K_c = 3,8 \times 10^{-4}$

4.26 $3,56 \times 10^{-2}$

4.27 $9,5 \times 10^{-27}$

4.28 $4,0 \times 10^{-6}$

4.29 $K_p = \dfrac{P^2_{COCl_2}}{P_{CO_2} P^2_{Cl_2}} = K'_p (K''_p)^2 =$
$(1,3 \times 10^{14})(6,0 \times 10^{-3})^2 =$
$4,7 \times 10^9$

4.30 $5,6 \times 10^{23}$

4.33 a) $K = \dfrac{k_d}{k_i} = \dfrac{k_1}{k_{-1}} = \dfrac{2,4 \times 10^{-5}}{1,3 \times 10^{11}}$
$= 1,8 \times 10^{-16}$
b) $[H^+][OH^-] = (1,8 \times 10^{-16})\,(55,5)$
$= 1,0 \times 10^{-14}$
$[H^+] = [OH^-] = (1,0 \times 10^{-14})^{1/2}$
$= 1,0 \times 10^{-7}\,M$

4.34 $k_d = 0,64/M^2 \cdot s$

4.37 Inférieure

4.38 Pour atteindre l'équilibre, la réaction nette doit se produire de droite à gauche. Ainsi, à l'équilibre, $[NH_3]$ aura diminué ; $[N_2]$ et $[H_2]$ augmenteront.

4.39 $0,173$ mol

4.40 $0,020$ atm

4.41 $[H_2] = [Br_2] = 1,80 \times 10^{-4}\,M$
$[HBr] = 0,267\,M$

4.42 $[I] = 8,58 \times 10^{-4}\,M$
$[I_2] = 0,0194\,M$

4.43 $P_{COCl_2} = 0,408$ atm
$P_{CO} = 0,352$ atm
$P_{Cl_2} = 0,352$ atm

4.44 a) $K_c = 0,52$
b) $[CO_2] = 0,48\,M$
$[H_2] = 0,020\,M$
$[CO] = 0,075\,M$
$[H_2O] = 0,065\,M$

4.45 $P_{CO} = 1,96$ atm
$P_{CO_2} = 2,54$ atm

4.46 $[H_2] = [CO_2] = 0,05\,M ; [H_2O] = [CO] = 0,11\,M$

4.51 a) Vers la droite b) Vers la droite
c) Vers la gauche

4.52 a) Vers la droite b) Aucun effet
c) Aucun effet

4.53 a) Augmente   b) Diminue
c) Aucun effet

4.54 a) Aucun effet   b) Aucun effet
c) Déplacement vers la gauche
d) Aucun changement
e) Déplacement vers la gauche

4.55 a) Vers la droite b) Vers la gauche
c) Vers la droite

4.56 a) Vers la droite b) Vers la gauche
c) Vers la droite d) Vers la gauche
e) Aucun effet

4.57 a) SO_2 et O_2 augmenteraient, SO_3 diminuerait.
b) SO_3 augmentera, SO_2 et O_2 diminueront.
c) Augmentation de SO_3, diminution de O_2
d) Aucun effet   e) Aucun effet

4.58 Aucun effet

4.59 a) Vers la gauche
b) Aucun changement

4.60 a) Vers la droite b) Aucun effet
c) Aucun effet   d) Vers la gauche
e) Vers la droite f) Vers la gauche
g) Vers la droite

4.61 i) Température
ii) Constante d'équilibre : K_p ou K_c
iii) Équation équilibrée non fournie

4.62 a) NO : $0,24$ atm ; Cl_2 : $0,12$ atm
b) $0,017$

4.63 La formation de NO est favorisée par une augmentation de température. La réaction est endothermique.

4.64 a) Non   b) Oui

4.65 exothermique

t (°C)	K_c	K_p
200	56,9	$2,21 \times 10^3$
300	3,41	$1,60 \times 10^2$
400	2,10	$1,16 \times 10^2$

4.66 a) 8×10^{-44}
b) La réaction a besoin d'un apport d'énergie pour s'amorcer.

4.67 Basse température et pression élevée

4.68 a) $1,7$
b) $P_A = 0,69$ atm ; $P_B = 0,81$ atm

4.69 a) $0,126$ b) $48,3\,\%$
c) Il restera $0,0041$ mol.

4.70 $1,5 \times 10^5$

4.71 $4,76 \times 10^{-3}$

4.72 $P_{H_2} = 0,28$ atm ; $P_{Cl_2} = 0,049$ atm
$P_{HCl} = 1,67$ atm

4.73 a) $\dfrac{4\alpha^2}{1 - \alpha^2} P_T$
b) Quand P augmente, α doit diminuer.

4.74 $49,8$ atm

4.75 $2,34 \times 10^{-3}\,M$

4.76 $3,84 \times 10^{-2}$

4.77 328 atm

4.78 $3,13$

4.79 Le fait de haleter cause une diminution de la concentration de CO_2, car celui-ci est évacué durant l'expiration. Il y a deux solutions possibles : rafraîchir l'environnement des poules ou leur donner de l'eau gazeuse carbonatée.

4.80 $P_{N_2} = 0,860$ atm
$P_{H_2} = 0,366$ atm
$P_{NH_3} = 4,40 \times 10^{-3}$ atm

4.81 a) $X_{CO} = 0,56$ et $X_{CO_2} = 0,44$
b) $8,0$

4.82 a) $1,16$ b) $53,7\,\%$

4.83 Si vous utilisez de l'iode radioactif en phase solide, vous devriez en trouver en phase vapeur à l'équilibre. L'inverse est aussi vrai ; si vous utilisez de l'iode radioactif en phase vapeur, vous devriez en trouver en phase solide à l'équilibre. Ces deux observations indiquent qu'il existe un équilibre dynamique entre les phases solide et de vapeur.

4.84 a) $0,49$ atm   b) $0,23$
c) $0,037$ d) $0,0368$ mol

4.85 $1,7$

4.86 $[H_2] = 0,070\,M$
$[I_2] = 0,182\,M$
$[HI] = 0,825\,M$

4.87 $1,3\,P_T$

4.88 c)

4.89 a) $2,3 \times 10^{-4}$ b) $1,5$
c) $0,81$
d) $4,2 \times 10^3 ; 0,015$

4.90 a) S'accentue   b) Augmente
c) Diminue   d) Augmente
e) Reste constante

4.91 $0,0231 ; 9,60 \times 10^{-4}$

4.92 Le potassium est plus volatil que le sodium, son retrait déplace l'équilibre vers la droite.

4.93 $P_{NO_2} = 0,80$ atm
$P_{N_2O_4} = 0,50$ atm

4.94 a) Déplacement vers la droite
b) Déplacement vers la droite
c) Aucun changement
d) Aucun changement
e) Aucun changement
f) Déplacement vers la gauche
g) Déplacement vers la droite

4.95 1,2

4.96 a) 1,03 atm   b) 0,39 atm
c) 1,67 atm   d) 0,620

4.97 a) $K_p = 2,6 \times 10^{-6}$ atm
$K_c = 1,1 \times 10^{-7}$
b) 2,2 g; 22 mg/m³, dépasse le seuil

Problème spécial

4.98 Diminution du nombre de molécules de gaz; la pression gazeuse diminue. Quand le couvercle ferme la boîte, le catalyseur ne peut plus favoriser la réaction directe. Pour rétablir l'équilibre, il faut que l'étape $B \longrightarrow 2A$ domine. La pression gazeuse augmente alors, soulevant le piston et ainsi de suite.
Conclusion: un tel catalyseur créerait un mouvement perpétuel. Il ne peut exister.

CHAPITRE 5

5.3 a) les deux; b) base; c) acide; d) base; e) acide; f) base; g) base; h) base; i) acide; j) acide

5.4 a) Ion nitrite: NO_2^-
b) Ion hydrogénosulfate: HSO_4^-
c) Ion hydrogénosulfure: HS^-
d) Ion cyanure: CN^-
e) Ion formate: $HCOO^-$

5.5 a) 1) HCN (acide) et CN^- (base); 2) CH_3COO^- (base) et CH_3COOH (acide)
b) 1) HCO_3^- (acide) et CO_3^{2-} (base); 2) HCO_3^- (base) et H_2CO_3 (acide)
c) 1) $H_2PO_4^-$ (acide) et HPO_4^{2-} (base); 2) NH_3 (base) et NH_4^+ (acide)
d) 1) HClO (acide) et ClO^- (base); 2) CH_3NH_2 (base) et $CH_3NH_3^+$ (acide)
e) 1) H_2O (acide) et OH^- (base); 2) CO_3^{2-} (base) et HCO_3^- (acide).
f) 1) H_2O (acide) et OH^- (base); 2) CH_3COO^- (base) et CH_3COOH (acide)

5.6 a) H_2S b) H_2CO_3
c) HCO_3^- d) H_3PO_4
e) $H_2PO_4^-$ f) HPO_4^{2-}
g) H_2SO_4 h) HSO_4^-
i) H_2SO_3 j) HSO_3^-

5.7 a) CH_2ClCOO^- b) IO_4^- c) $H_2PO_4^-$
d) HPO_4^{2-} e) PO_4^{3-} f) HSO_4^- g) SO_4^{2-}
h) HSO_3^- i) SO_3^{2-} j) NH_3 k) HS^-
l) S^{2-} m) OCl^-

5.8 a)

b) Acides: H^+ et $C_2H_2O_4$; base: $C_2O_4^{2-}$; acide et base: $C_2HO_4^-$

5.15 $[H^+] = 1,4 \times 10^{-3}\ M$ et $[OH^-] = 7,1 \times 10^{-12}\ M$

5.16 $[OH^-] = 0,62\ M$ et $[H^+] = 1,6 \times 10^{-14}\ M$

5.17 a) $3,8 \times 10^{-3}\ M$
b) $6,2 \times 10^{-12}\ M$
c) $1,1 \times 10^{-7}\ M$
d) $1,0 \times 10^{-15}\ M$

5.18 a) $6,3 \times 10^{-6}\ M$
b) $1,0 \times 10^{-16}\ M$
c) $2,7 \times 10^{-6}\ M$

5.19 a) 3,00
b) $1,3 \times 10^{-14}\ M$
c) 10,74
d) 3,28

5.20 6,72

5.21

pH	$[H^+]$	La solution est
< 7	$> 1,0 \times 10^{-7}\ M$	acide
> 7	$< 1,0 \times 10^{-7}\ M$	basique
$= 7$	$= 1,0 \times 10^{-7}\ M$	neutre

5.22 a) Acide   b) Neutre
c) Basique

5.23 $2,5 \times 10^{-5}\ M$

5.24 $1,98 \times 10^{-3}$ mol KOH; 0,444

5.25 0,118

5.26 $2,2 \times 10^{-3}$ g NaOH

5.31 a) acide fort; b) acide faible; c) acide fort (première étape d'ionisation); d) acide faible; e) acide faible; f) acide faible; g) acide fort; h) acide faible; i) acide faible

5.32 a) base forte; b) base faible; c) base faible; d) base faible; e) base forte

5.33 a) Non, le pH est supérieur à 1,00.
b) Non, elles sont égales.
c) Oui   d) Non

5.34 a) Non   b) Oui
c) Oui   d) Non

5.35 La réaction devrait se faire dans le sens qui favorise la formation de $F^-(aq)$ et de $H_2O(l)$. L'ion hydroxyde est une base plus forte que l'ion fluorure; l'acide fluorhydrique est un acide plus fort que l'eau.

5.36 La réaction s'effectue plutôt de droite à gauche.

5.37 $CH_2ClCOOH$ est un acide plus fort que CH_3COOH. Le chlore est plus électronégatif que l'hydrogène; il attire donc les électrons vers lui, augmentant la polarité de la liaison $O-H$. L'atome d'hydrogène dans le groupe COOH s'ionise alors plus facilement.

5.38 Seul l'anion du phénol peut être stabilisé par résonance.

5.43 $[H^+] = [C_6H_5COO^-] = 2,5 \times 10^{-3}\ M$
$[C_6H_5COOH] = 0,10\ M$
$[OH^-] = 4,0 \times 10^{-12}\ M$

5.44 $[H^+] = [CH_3COO^-] = 5,8 \times 10^{-4}\ M$;
$[CH_3COOH] = 0,0181\ M$

5.45 $K_a = 4,0 \times 10^{-11}$

5.46 $2,3 \times 10^{-3}\ M$

5.47 a) 1,8 %   b) 43 %

5.48 a) 3,5 %   b) 9,0 %
c) 33 %   d) 79 %

5.49 $K_a = 9,2 \times 10^{-4}$

5.50 a) 3,9 %   b) 0,30 %

5.53 $[HSO_4^-] = 0,16\ M$

5.54 $[H^+] = [HCO_3^-] = 1,0 \times 10^{-4}\ M$ et $[CO_3^{2-}] = 4,8 \times 10^{-11}\ M$

5.57 a) pH = 11,11
b) pH = 8,96

5.58 $7,1 \times 10^{-7}$

5.59 0,15 M

5.60 1,5 %

5.67 Il y a deux possibilités: 1) MX est un sel dérivé d'un acide fort et d'une base forte, alors ni le cation ni l'anion ne réagissent avec l'eau pour modifier le pH; 2) MX est un sel dérivé d'un acide faible et d'une base faible, et la valeur de K_a pour l'acide est égale à celle de K_b pour la base. L'hydrolyse de l'un serait exactement compensée par l'hydrolyse de l'autre.

5.68 HZ < HY < HX

5.69 pH = 9,15

5.70 4,82

5.71 En comparant les deux valeurs de K, on s'aperçoit que l'ion hydrogénophosphate est plus un receveur (base) qu'un donneur (acide) de proton. La solution sera basique.

5.72 HCl: 1,40; H_2SO_4: 1,31

5.73 Si $K_{a_1} \gg K_{a_2}$, on peut considérer que la concentration à l'équilibre d'ions hydrogène est le résultat de la première étape d'ionisation. Dans la deuxième étape, cela conduit toujours à une expression du type

$$\frac{(x + y)(y)}{(x - y)} = K_{a_2}$$

où x représente la concentration à l'équilibre d'ions hydrogène présents à la première étape. Si $x \gg K_{a_2}$, on peut considérer que $(x \pm y) \simeq x$; par conséquent, $y = K_{a_2}$.

5.74 Plus fort

5.77 a) Acide de Lewis
b) Base de Lewis
c) Base de Lewis
d) Acide de Lewis
e) Base de Lewis
f) Base de Lewis
g) Acide de Lewis
h) Acide de Lewis

5.78 $AlCl_3$ est un acide de Lewis;
Cl^- est une base de Lewis.

5.79 a) Les deux molécules ont le même atome récepteur (bore) et elles ont toutes deux exactement la même structure trigonale plane. Le fluor est plus électronégatif que le chlore; on pourrait donc prédire, en se basant sur l'électronégativité, que le trifluorure de bore a une plus grande affinité que le trichlorure de bore pour les doublets d'électrons libres.
b) Puisque sa charge positive est plus élevée, le fer(III) est un acide de Lewis plus fort que le fer(II).

5.80 CO_2 et BF_3

5.81 a) acide; b) basique; c) basique; d) acide; e) neutre; f) neutre; g) amphotère; h) acide; i) amphotère; j) basique

5.82 0,106 L

5.83 c), parce que le pH de KOH à 0,70 M est plus élevé que celui de NaOH à 0,60 M.

5.84 Non

5.85 a) Pour la réaction directe, NH_4^+ et NH_3 sont respectivement l'acide conjugué et la base.
Pour la réaction inverse, NH_3 et NH_2^- sont respectivement l'acide conjugué et la base.
b) NH_4^+ correspond à H^+; NH_2^- correspond à OH^-. Pour que la solution soit neutre, $[NH_4^+] = [NH_2^-]$.

5.86 Non

5.87 pH = −0,20

5.88 CrO est ionique et basique; CrO_3 est covalent et acide.

5.89 a) $H^- + H_2O \longrightarrow OH^- + H_2$
   base₁ acide₂   base₂ acide₁
b) H^- est le réducteur, et H_2O est l'oxydant.

5.90 $4,0 \times 10^{-2}$

5.91 7,00

5.92 0,028

5.93 $[Na^+] = 0,200\ M$; $[HCO_3^-] = 4,6 \times 10^{-3}\ M$; $[H_2CO_3] = 2,4 \times 10^{-8}$; $[OH^-] = 4,6 \times 10^{-3}\ M$; $[H^+] = 2,2 \times 10^{-12}\ M$
$[CO_3^{2-}] = 0,10\ M$

5.94 pH = 4,26

5.95 Lorsque NaCN réagit avec HCl il se transforme ainsi:
$NaCN + HCl \longrightarrow NaCl + HCN$
HCN est un acide très faible qui s'ionise très peu en solution.
$HCN(aq) \rightleftharpoons H^+(aq) + CN^-(aq)$
HCN est la principale espèce en solution et elle a tendance à s'échapper en phase gazeuse.
$HCN(aq) \rightleftharpoons HCN(g)$
Puisque le HCN(g) est un poison mortel, il est très dangereux de faire réagir NaCN avec des acides si la ventilation n'est pas adéquate.

5.96 0,25 g

5.97 pH = 1,000

5.98 $K_a = 1,6 \times 10^{-4}$

5.99 a) $NH_2^- + H_2O \longrightarrow NH_3 + OH^-$
$N^{3-} + 3H_2O \longrightarrow NH_3 + 3OH^-$
NH_2^- et N^{3-} sont des bases de Brønsted et l'eau est un acide de Brønsted.
b) N^{3-} est la base la plus forte puisque chaque ion produit trois ions OH^-.

5.100 pH = 4,40

5.101 a) L'équation globale est
$Fe_2O_3(s) + 6HCl(aq) \longrightarrow$
   $2FeCl_3(aq) + 3H_2O(l)$
et l'équation ionique nette est
$Fe_2O_3(s) + 6H^+(aq) \longrightarrow$
   $2Fe^{3+}(aq) + 3H_2O(l)$
Puisque c'est HCl qui donne l'ion H^+, il est l'acide de Brønsted. Chaque unité de Fe_2O_3 accepte six ions H^+; Fe_2O_3 est donc la base de Brønsted.
b) La première étape est
$CaCO_3(s) + HCl(aq) \longrightarrow$
$Ca^{2+}(aq) + HCO_3^-(aq) + Cl^-(aq)$
et la seconde étape est
$HCl(aq) + HCO_3^-(aq) \longrightarrow$
$CO_2(g) + Cl^-(aq) + H_2O(l)$
L'équation globale est
$CaCO_3(s) + 2HCl(aq) \longrightarrow$
$CaCl_2(aq) + H_2O(l) + CO_2(g)$
c) pH = −0,64

5.102 a) HbO_2
b) HbH^+
c) La diminution de CO_2 fait diminuer H^+ (sous forme d'acide carbonique), faisant ainsi déplacer l'équilibre vers la droite. Il se formera plus de HbO_2. La respiration dans un sac en papier fait accroître la concentration de CO_2 (en inhalant à nouveau le CO_2 expiré) causant ainsi un plus grand relâchement d'oxygène.

CHAPITRE 6

6.3 a) 2,57 b) 4,44
6.4 a) 11,28 b) 9,07
6.9 Tous sauf a)
6.10 Tous sauf b)
6.11 0,024
6.12 Le pH des deux solutions est 4,74. La solution tampon présentée en a) est la plus efficace parce que les concentrations des composantes acide et base en réserve y sont dix fois plus élevées qu'en b).
6.13 8,8
6.14 7,03
6.15 0,58
6.16 10; le tampon devrait être plus efficace contre l'ajout d'un acide car il contient plus de base.
6.17 4,54
6.18 a) 4,81 b) 4,64
6.19 Na_2A/ NaHA, car sa valeur de pK_a est la plus rapprochée du pH désiré.
6.20 HC, car sa valeur de pK_a est la plus rapprochée du pH désiré.
6.21 202 g/mol
6.22 89 g/mol
6.23 0,25 M
6.24 0,466 M
6.25 a) 5,28 b) 8,72
6.26 a) 110 g/mol b) $K_a = 1,6 \times 10^{-6}$
6.31 a) rouge de crésol et phénol-phtaléine; b) tous ceux du tableau sauf le bleu de thymol, le bleu de bromophénol et le méthylorange; c) le bleu de bromophénol, le méthylorange, le rouge de méthyle et le bleu de chlorophénol.
6.32 Couleur de la forme non ionisée, rouge
6.39 a) $[I^-] = 9,1 \times 10^{-9}\ M$
b) $[Al^{3+}] = 7,4 \times 10^{-8}\ M$
6.40 a) $7,8 \times 10^{-10}$ b) $1,8 \times 10^{-18}$
6.41 $1,8 \times 10^{-11}$
6.42 $1,8 \times 10^{-10}$
6.43 $K_{ps} = 108\ s^5 = 4,0 \times 10^{-93}$
6.44 $2,2 \times 10^{-4}\ M$
6.45 9,53
6.46 $K_{ps} = 2,3 \times 10^{-9}$
6.47 Puisque $2,1 \times 10^{-3} > 8,1 \times 10^{-9}$ ou $Q > K_{ps}$, il y aura précipitation de $BaCO_3$.
6.48 $[Na^+] = 0,045\ M$, $[NO_3^-] = 0,076\ M$, $[Sr^{2+}] = 1,5 \times 10^{-2}\ M$ et $[F^-] = 1,2 \times 10^{-4}\ M$
6.49 a) AgI; b) $[Ag^+] = 1,6 \times 10^{-7}\ M$; c) $1,6 \times 10^{-3}\ \%$
6.50 $2,68 < pH < 8,11$
6.53 $5,1 \times 10^{-6}$ g $CaCO_3$

6.54 a) $0,013\ M$; b) $[Pb^{2+}] = s = 2,2 \times 10^{-4}\ M$; c) $[Br^-] = 6,7 \times 10^{-3}\ M$ et $s = 3,4 \times 10^{-3}\ M$

6.55 $8,9 \times 10^{-10}\ M$

6.56 a) $1,0 \times 10^{-5}\ M$
b) $1,1 \times 10^{-10}\ M$

6.57 a), c) et d)

6.58 b), c), d) et e)

6.59 Dans l'eau, $s = 1,4 \times 10^{-4}\ M$ et à pH $= 9,0\ s = 0,12\ M$

6.60 a) $0,016\ M$ b) $1,6 \times 10^{-6}\ M$

6.61 $0,35\ M$

6.62 Il y aura formation d'un précipité car $Q > K_{ps}$ ($Q = 2,0 \times 10^{-11}$ et $K_{ps}\ 1,6 \times 10^{-14}$)

6.65 a) $K_f = \dfrac{[Zn(OH)_4^{2-}]}{[Zn^{2+}][OH^-]^4}$

b) $K_f = \dfrac{[Co(NH_3)_6^{3+}]}{[Co^{3+}][NH_3]^6}$

c) $K_f = \dfrac{[HgI_4^{2-}]}{[Hg^{2+}][I^-]^4}$

6.66 À cause de la formation d'ions complexes :
a) $Cu(NH_3)_4^{2+}$
b) $Ag(CN)_2^-$
c) $HgCl_4^{2-}$
Pour les équations, *voir* le tableau 6.5.

6.67 $[Cu^{2+}] = 1,2 \times 10^{-13}\ M$, $[Cu(NH_3)_4^{2+}] = 0,0174\ M$ et $[NH_3] = 0,23\ M$

6.68 $[Cd(CN)_4^{2-}] = 4,2 \times 10^{-3}\ M$; $[CN^-] = 0,48\ M$; $[Cd^{2+}] = 1,1 \times 10^{-18}\ M$

6.69 L'ion complexe est l'espèce prédominante.

6.70 $3,5 \times 10^{-5}\ M$

6.73 Ammoniac

6.74 $0,011\ M$

6.75 Ajouter une base forte comme NaOH qui fera dégager du NH_3, odeur caractéristique.

6.76 L'ion chlorure n'entraînera que la précipitation de Ag^+. On peut aussi utiliser le test d'émission à la flamme pour Cu^{2+}.

6.77 $0,330\ g\ CO_2$

6.78 a) $1,37$; b) $5,28$; c) $8,85$

6.79 Entre $0,1$ et 10

6.80 $2,51$ à $4,41$

6.81 *Voir* figure 6.6; à la demi-neutralisation pH$=$pK_a

6.82 $1,27\ M$

6.83 $K_b = 5 \times 10^{-10}$

6.84 $[Na^+] = 0,0835\ M$; $[OH^-] = 0,0335\ M$; $[H^+] = 3,0 \times 10^{-13}\ M$; $[CH_3COO^-] = 0,0500\ M$; $[CH_3COOH] = 8,3 \times 10^{-10}\ M$

6.85 Formation d'un ion complexe ; $Cd(OH)_2(s) + 2OH^-(aq) \rightleftharpoons Cd(OH)_4^{2-}(aq)$

6.86 $9,25$; $9,18$

6.87 d)

6.88 $9,97\ g$; $13,03$

6.89 $6,0 \times 10^3$ remplissages et donner à chaque fois le temps de devenir saturé.

6.90 $[Ag^+] = 2,0 \times 10^{-9}\ M$
$[Cl^-] = 0,080\ M$
$[Zn^{2+}] = 0,070\ M$
$[NO_3^-] = 0,060\ M$

6.91 $0,036\ g/L$

6.92 $2,68 < $ pH $< 8,11$

6.93 $7,0$

6.94 $2,4 \times 10^{-13}$

6.95 Les équations équilibrées sont
$Ag^+(aq) + 2NH_3(aq) \rightleftharpoons Ag(NH_3)_2^+(aq)$
$Zn^{2+}(aq) + 4NH_3(aq) \rightleftharpoons Zn(NH_3)_4^{2+}(aq)$
L'hydroxyde de zinc forme un ion complexe avec l'ion OH^- en excès, ce qui n'est pas le cas de l'hydroxyde d'argent.

6.96 Avec un excès de I^- il s'est formé le complexe soluble $HgI_4^{2-}(aq)$

6.97 $0,012\ g\ BaSO_4$

6.98 $7,82$ à $10,38$

6.99 $[Sr^{2+}] = [SO_4^{2-}] = 6,2 \times 10^{-4}\ M$ et $[Ba^{2+}] = 1,8 \times 10^{-7}\ M$

6.100 a) $MCO_3 + 2HCl \longrightarrow MCl_2 + H_2O + CO_2$
$HCl + NaOH \longrightarrow NaCl + H_2O$
b) $137\ g/mol$, Ba

6.101 a) $K = 1,0 \times 10^{14}$
b) $K = 1,8 \times 10^9$
c) $K = 1,8 \times 10^9$
d) $K = 3,2 \times 10^4$

6.102 $x = 2$

6.103 a) En mélangeant 500 mL de chacune des solutions
b) En mélangeant 500 mL de CH_3COOH $0,80\ M$ avec 500 mL de NaOH $0,40\ M$
c) En mélangeant 500 mL de CH_3COONa $0,80\ M$ avec 500 mL de HCl $0,400\ M$

6.104 a) Ajouter des ions sulfates
b) Ajouter des ions sulfures
c) Ajouter des ions iodures

6.105 Pour $CuSO_4$, $s = 0,67\ g/L$; pour Ag_2SO_4, $s = 4,7\ g/L$, il a la plus grande solubilité.

6.106 $13\ mL$

6.107 c)

6.108 a) $s = 1,7 \times 10^{-7}\ M$
b) Parce que $MgCO_3$ est assez soluble
c) pH $= 12,40$
d) $[Mg^{2+}] = 1,9 \times 10^{-8}\ M$
e) Le Ca^{2+} parce qu'il est plus abondant

6.109 a) Celui du groupement carboxylique

$$-C=O$$
$$\quad\ |$$
$$\ \ OH$$

b) $5,5 \times 10^3$, oui plus soluble car sous sa forme ionisée il est porteur d'une charge, alors que la pénicilline G est non polaire, donc peu soluble dans l'eau.
c) pH $= 7,93$

CHAPITRE 7

7.1 a) $H_2O + 2Fe^{2+} + 2H^+ \longrightarrow 2Fe^{3+} + 2H_2O$
b) $3Cu + 2HNO_3 + 6H^+ \longrightarrow 3Cu^{2+} + 2NO + 4H_2O$
c) $3CN^- + 2MnO_4^- + H_2O \longrightarrow 3CNO^- + 2MnO_2 + 2OH^-$
d) $3Br_2 + 6OH^- \longrightarrow BrO_3^- + 5Br^- + 3H_2O$
e) $2S_2O_3^{2-} + I_2 \longrightarrow S_4O_6^{2-} + 2I^-$

7.2 a) $Mn^{2+} + H_2O_2 + 2OH^- \longrightarrow MnO_2 + 2H_2O$
b) $2Bi(OH)_3 + 3SnO_2^{2-} \longrightarrow 2Bi + 3H_2O + 3SnO_3^{2-}$
c) $Cr_2O_7^{2-} + 14H^+ + 3C_2O_4^{2-} \longrightarrow 2Cr^{3+} + 6CO_2 + 7H_2O$
d) $2Cl^- + 2ClO_3^- + 4H^+ \longrightarrow Cl_2 + 2ClO_2 + 2H_2O$

7.7 $2,71\ V$; $Mg(s) + Cu^{2+}(aq) \longrightarrow Mg^{2+}(aq) + Cu(s)$

7.8 $2,46\ V$; $3Ag^+(aq) + Al(s) \longrightarrow 3Ag(s) + Al^{3+}(aq)$

7.9 D'après le tableau 7.1, le Fe^{3+} est placé à gauche au-dessous de I^- placé à droite; la fem sera donc certainement positive, Fe^{3+} peut oxyder I^-.

7.10 $Cl_2(g)$ et $MnO_4^-(aq)$

7.11 $\varepsilon°_{cell} = -0,55\ V$. La réaction n'est pas spontanée.

7.12 a) Spontanée b) Non spontanée
c) Non spontanée d) Spontanée

7.13 a) Au^{3+} b) Ag^+
c) Cd^{2+} d) O_2 en milieu acide

7.14 a) Li b) H_2
c) Fe^{2+} d) Br^-

7.17 $K = 3 \times 10^{54}$

7.18 $0,367\ V$

7.19 a) $K = 2 \times 10^{18}$; b) $K = 3 \times 10^8$;
c) $K = 4 \times 10^{62}$

7.20 a) $-432\ kJ$; 6×10^{75}
b) $-1,0 \times 10^2\ kJ$; 2×10^{18}
c) $-1,8 \times 10^2\ kJ$; 1×10^{31}
d) $-1,27 \times 10^3\ kJ$; 1×10^{222}

7.21 Ce^{4+} oxydera Fe^{2+} en Fe^{3+}, $\varepsilon°_{cell} = 0,84\ V$, $\Delta G° = -81\ kJ$, $K_c = 2 \times 10^{14}$

7.22 $0,37\ V$; $-36\ kJ$; 2×10^6

7.25 $1,09\ V$

7.26 a) $-24,6$ kJ   b) $-1,3$ kJ

7.27 $\varepsilon° = 0,76$ V ; $\varepsilon = 0,78$ V

7.28 $\varepsilon° = 0,13$ V ; $\varepsilon = 0,083$ V

7.29 $[Cu^{2+}]/[Zn^{2+}] < 6,0 \times 10^{-38}$

7.30 $0,010$ V

7.33 a) $0,076$ L   b) $0,16$ L air/min

7.34 $1,09$ V

7.41 $12,2$ g Mg

7.42 a) à l'anode : $2Cl^-(aq) \longrightarrow$
$Cl_2(g) + 2e^-$
à la cathode : $Ca^{2+}(aq) + 2e^-$
$\longrightarrow Ca(s)$
b) $0,19$ g Ca

7.43 Le rapport tonne Na/tonne Al est le même que le rapport g Na/g Al = $0,043$ mol $e^-/0,11$ mol e^-. La préparation de 1 t de Na est plus économique.

7.44 a) $2,09 \times 10^3$ \$
b) $2,46 \times 10^3$ \$
c) $4,70 \times 10^3$ \$

7.45 $0,012$ F

7.46 a) $0,14$ F b) $0,123$ F
c) $0,10$ F

7.47 $5,33$ g Cu et $13,4$ g Br_2

7.48 a) $Ag^+(aq) + 1e^- \longrightarrow Ag(s)$
b) $2H_2O(l) \longrightarrow O_2(g) + 4H^+(aq) + 4e^-$
c) $6,0 \times 10^2$ C

7.49 $7,70 \times 10^3$ C

7.50 a) $0,589$ g Cu   b) $0,133$ A

7.51 $1,84$ kg Cl_2/h

7.52 $2,2$ h

7.53 $63,1$ g/mol

7.54 $9,66 \times 10^4$ C

7.55 $27,1$ g/mol

7.56 $0,0710$ F

7.57 a) $H_2(g) \longrightarrow 2H^+(aq) + 2e^-$
$Ni^{2+}(aq) + 2e^- \longrightarrow Ni(s)$
$\overline{Ni^{2+}(aq) + H_2(g) \longrightarrow}$
$Ni(s) + 2H^+(aq)$
L'inverse de cette réaction est spontanée car d'après le tableau 7.1, le $Ni(s)$ est situé au-dessous de H^+ et du côté droit du tableau (*voir* les demi-réactions à $0,25$ V et à $0,00$ V).
b) $MnO_4^-(aq) + 8H^+(aq) + 5e^-$
$\longrightarrow Mn^{2+}(aq) + 4H_2O$
$2Cl^-(aq) \longrightarrow Cl_2(g) + 2e^-$
$\overline{2MnO_4^-(aq) + 16H^+(aq) +}$
$10Cl^-(aq) \longrightarrow 2Mn^{2+}(aq) +$
$8H_2O + 5Cl_2(g)$ réaction spontanée
c) $Cr(s) \longrightarrow Cr^{3+}(aq) + 3e^-$
$Zn^{2+}(aq) + 2e^- \longrightarrow Zn(s)$
$\overline{2Cr(s) + 3Zn^{2+}(aq) \longrightarrow}$
$2Cr^{3+}(aq) + 3Zn(s)$
La réaction inverse est spontanée.

7.58 $Cr_2O_7^{2-} + 6Fe^{2+} + 14H^+ \longrightarrow$
$2Cr^{3+} + 6Fe^{3+} + 7H_2O$
$[Fe^{2+}] = 0,156$ M

7.59 $9,44 \times 10^{-3}$ g SO_2

7.60 $45,1\%$

7.61 a) $5H_2O_2 + 2MnO_4^- + 6H^+ \longrightarrow$
$2Mn^{2+} + 5O_2 + 8H_2O$
b) $0,062$ M

7.62 a) $2MnO_4^-(aq) + 16H^+(aq) +$
$5C_2O_4^{2-}(aq) \longrightarrow 2Mn^{2+}(aq) +$
$10CO_2(g) + 8H_2O(l)$
b) $5,4\%$

7.63

ε	ΔG	Réaction de la cellule
>0	<0	spontanée
<0	>0	non spontanée
$= 0$	$= 0$	à l'équilibre

7.64 $0,231$ mg/mL de sang

7.65 $K_{ps} = 4 \times 10^{-13}$

7.66 a) $0,80$ V
b) $2Ag^+(aq) + H_2(g) \longrightarrow 2Ag(s) + 2H^+(aq)$
c) i) $0,92$ V   ii) $1,10$ V
d) La cellule fonctionne comme un pH-mètre ; son potentiel varie sensiblement avec la concentration d'ions hydrogène.

7.67 a) $3,14$ V   b) $3,13$ V

7.68 L'eau s'oxyderait avant l'ion F^-.

7.69 $0,035$ V

7.70 $2,5 \times 10^2$ h

7.71 Il y a deux fois plus d'hydrogène formé que d'oxygène. La solution deviendra acide à l'anode et basique à la cathode, ce qui se vérifiera avec du papier tournesol.

7.72 Les ions Hg(I) existent sous la forme Hg_2^{2+}.

7.73 La solution entourant l'anode deviendra brune à cause de la formation de I_3^-.
À la cathode, c'est comme pour l'électrolyse de NaCl où OH^- est un produit. La solution entourant la cathode est basique, ce qui fait virer au rouge la phénolphtaléine.

7.74 $[Mg^{2+}] = 0,0500$ M ; $[Ag^+] = 7 \times 10^{-55}$ M ; $1,44$ g Mg

7.75 Peser les électrodes avant et après le fonctionnement de la cellule. L'anode (Zn) devrait perdre de sa masse et la cathode (Cu) en gagner.

7.76 a) H_2 ; $0,206$ L
b) $6,09 \times 10^{23}$ e^-/mol e^-

7.77 $3,06 \times 10^4$ min

7.78 a) $-1356,8$ kJ ;   b) $1,17$ V

7.79 a) $1,10$ V i) $[Cu^{2+}]$ diminue et ε diminue ii) $[Zn^{2+}]$ diminue et ε augmente.
b) $K_f = 5,7 \times 10^{13}$

7.80 $+3$

7.81 La neige salée fond sur la voiture et le sel dissous cause la corrosion ; la vitesse de corrosion est plus grande dans un garage chauffé.

7.82 7 kJ/mol ; $0,06$

7.83 a) Anode : $2F^- \longrightarrow F_2(g) + 2e^-$
Cathode : $2H^+ + 2e^- \longrightarrow H_2(g)$
$\overline{Globale : 2H^+ + 2F^- \longrightarrow H_2(g)}$
$+ F_2(g)$
b) KF fait augmenter la conductivité électrique. L'ion K^+ n'est pas réduit.
c) $2,8 \times 10^3$ L

7.84 $1,40$ A

7.85 a) Anode : $Cu(s) \longrightarrow$
$Cu^{2+}(aq) + 2e^-$ $\varepsilon° = -0,34$ V
Cathode : $Cu^{2+}(aq) + 2e^- \longrightarrow$
$Cu(s)$ $\varepsilon° = 0,34$ V
$\overline{Globale : Cu(s) \longrightarrow Cu(s)}$
Cu est transféré de l'anode à la cathode.
b) Zn s'oxydera mais Zn^{2+} ne sera pas réduit à la cathode.
c) $44,4$ h

7.86 $+4$

7.87 $\varepsilon°_{ox} = 1,97$ V.

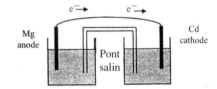

7.88 $1,60 \times 10^{-19}$ C/e^-

7.89 a) $Au(s) + 3HNO_3(aq) +$
$4HCl(aq) \longrightarrow HAuCl_4(aq) +$
$3H_2O(l) + 3NO_2(g)$
b) En milieu acide, la demi-réaction suivante se produit de gauche à droite (*tableau 7.1*) :
$NO_3^-(aq) + 4H^+(aq) + 3e^- \longrightarrow$
$NO(g) + 2H_2O$

7.90 a) À l'anode (Mg) : $Mg \longrightarrow$
$Mg^{2+} + 2e^-$ et $Mg + 2HCl$
$\longrightarrow MgCl_2 + H_2(g)$
À la cathode (Cu) : $2H^+ + 2e^-$
$\longrightarrow H_2(g)$
b) La solution ne devient pas bleue.
c) $Mg(OH)_2(s)$

7.91 a) Anode : $Zn \longrightarrow Zn^{2+} + 2e^-$
Cathode : $\frac{1}{2}O_2 + 2e^- \longrightarrow O^{2-}$
Globale : $Zn + \frac{1}{2}O_2 \longrightarrow ZnO$
À l'aide de l'appendice 3, $\Delta G° = -318,2$ kJ
$\varepsilon° = 1,65$ V
b) À l'aide de l'équation de Nernst $1,63$ V
c) $4,87 \times 10^3$ kJ/kg Zn
d) 62 L d'air

SOURCE DES PHOTOS

Chapitre 1

Page 3 : Dirck Halstead/Gamma-Liaison. Figure 1.3 : photo de Ken Karp pour McGraw-Hill. Figure 1.4 : photo de Ken Karp pour McGraw-Hill. Figure 1.5 : photo de Ken Karp pour McGraw-Hill. Figure 1.6 : photo de Ken Karp pour McGraw-Hill. Figure 1.9 : photos de Ken Karp pour McGraw-Hill. Figure 1.11 : photo de Ken Karp pour McGraw-Hill. Figure 1.12 : Joel Gordon. Figure 1.14 : photos de Ken Karp pour McGraw-Hill. Figure 1.17 : photos de Ken Karp pour McGraw-Hill. Figure 1.18 : photos de Ken Karp pour McGraw-Hill. Page 9 : photo de Ken Karp pour McGraw-Hill. Page 10 : Gracieuseté de Betz Corp. Page 11 en bas : Chemical Heritage Foundation. Page 12 : photo de Ken Karp pour McGraw-Hill. Page 13 : photo de Ken Karp pour McGraw-Hill. Page 16 en bas : photo de Ken Karp pour McGraw-Hill. Page 22 : photo de Ken Karp pour McGraw-Hill. Page 23 : photo de Ken Karp pour McGraw-Hill. Page 26 : photo de Ken Karp pour McGraw-Hill.

Chapitre 2

Page 37 : Les archives Bettmann. Figure 2.1 : photos de Ken Karp pour McGraw-Hill. Figure 2.7 : photo de Ken Karp pour McGraw-Hill. Figure 2.16 : Paul Wellers. Figure 2.17 : Anna E. Zuckermann/Tom Stack & Associates. Page 50 : T. Orban/ Corbis/Sygma. Page 56 : Frank A. Cezus/FPG International. Page 57 : photo de Ken Karp pour McGraw-Hill. Page 60 : John Mead/Science Photo Library/Photo Researchers. Page 73 : George Holton/Photo Researchers, Inc.

Chapitre 3

Figure 3.3 : photo de Ken Karp pour McGraw-Hill. Figure 3.7 : photo de Ken Karp pour McGraw-Hill. Figure 3.19 : photo de Ken Karp pour McGraw-Hill. Figure 3.22 : Gracieuseté de Johnson Matthey. Figure 3.24 : Gracieuseté de GM. Page 88 : photo de Ken Karp pour McGraw-Hill. Page 108 : Professeur Ahmed H. Zewail de Cal Tech département de chimie. Page 109 : photo de Ken Karp pour McGraw-Hill.

Chapitre 4

Page 75 : (gauche) German Information Center ; (droite) Grant Heilman. Figure 4.6 : photo de Ken Karp pour McGraw-Hill. Figure 4.8 : photos de Ken Karp pour McGraw-Hill. Figure 4.10 : photo de Ken Karp pour McGraw-Hill. Page 76 : photo de Ken Karp pour McGraw-Hill. Page 82 : Collection Varin-Visage Jacana/Photo Researchers. Page 93 : Chemical Heritage Foundation. Page 101 : J.M. Boivin Liaison Agency.

Chapitre 5

Figure 5.1 : photo de Ken Karp pour McGraw-Hill. Figure 5.6 : photos de Ken Karp pour McGraw-Hill. Figure 5.7 : photo de Ken Karp pour McGraw-Hill. Page 171 : Maurice Lafontaine. Page 197 : Michael Melford Wheeler Pictures.

Chapitre 6

Page 210 : (gauche) Dole/The Image Bank ; (droite) photo de A. R. Terepka, (c) Scientific American, mars 1970, Vol. 222, N° 3, p. 88. Figure 6.1 : photo de Ken Karp pour McGraw-Hill. Figure 6.4 : photo de Ken Karp pour McGraw-Hill. Figure 6.9 : photo de Ken Karp pour McGraw-Hill. Figure 6.11 : photo de Ken Karp pour McGraw-Hill. Figure 6.12 : photo de Ken Karp pour McGraw-Hill. Figure 6.13 : photo de Ken Karp pour McGraw-Hill. Figure 6.14 : photo de Ken Karp pour McGraw-Hill. Figure 6.15 : Fujimoto/Kodansha. Page 213 : photo de Ken Karp pour McGraw-Hill. Page 231 : Dr E. R. Degginger, FPSA. Page 232 : Bjorn Bolstad/Peter Arnold. Page 234 : photos de Ken Karp pour McGraw-Hill. Page 235 : photo de Ken Karp pour McGraw-Hill. Page 238 : photo de Ken Karp pour McGraw-Hill.

Chapitre 7

Page 261 : Les archives Bettmann. Figure 7.2 photo de Ken Karp pour McGraw-Hill. Figure 7.8 : photo de Ken Karp pour McGraw-Hill. Figure 7.13 : NASA. Figure 7.14 a, Dr E. R. Degginger, FPSA ; b, photo de Ken Karp pour McGraw-Hill ; c, Donald Dietz/Stock, Boston. Figure 7.16 : photo de Ken Karp pour McGraw-Hill. Figure 7.19 : photo de Ken Karp pour McGraw-Hill. Page 280 : photo de Ken Karp pour McGraw-Hill. Page 298 : collection spéciale, bibliothèque Van Pelt, université de Pennsylvanie. Page 299 : les deux photos : Gracieuseté de Aluminum Company of America.

INDEX

Tableau périodique des éléments

1 1A	2 2A	3 3B	4 4B	5 5B	6 6B	7 7B	8	9 8B	10	11 1B	12 2B	13 3A	14 4A	15 5A	16 6A	17 7A	18 8A
1 **H**																	2 **He**
3 **Li**	4 **Be**											5 **B**	6 **C**	7 **N**	8 **O**	9 **F**	10 **Ne**
11 **Na**	12 **Mg**											13 **Al**	14 **Si**	15 **P**	16 **S**	17 **Cl**	18 **Ar**
19 **K**	20 **Ca**	21 **Sc**	22 **Ti**	23 **V**	24 **Cr**	25 **Mn**	26 **Fe**	27 **Co**	28 **Ni**	29 **Cu**	30 **Zn**	31 **Ga**	32 **Ge**	33 **As**	34 **Se**	35 **Br**	36 **Kr**
37 **Rb**	38 **Sr**	39 **Y**	40 **Zr**	41 **Nb**	42 **Mo**	43 **Tc**	44 **Ru**	45 **Rh**	46 **Pd**	47 **Ag**	48 **Cd**	49 **In**	50 **Sn**	51 **Sb**	52 **Te**	53 **I**	54 **Xe**
55 **Cs**	56 **Ba**	57 **La**	72 **Hf**	73 **Ta**	74 **W**	75 **Re**	76 **Os**	77 **Ir**	78 **Pt**	79 **Au**	80 **Hg**	81 **Tl**	82 **Pb**	83 **Bi**	84 **Po**	85 **At**	86 **Rn**
87 **Fr**	88 **Ra**	89 **Ac**	104 **Rf**	105 **Db**	106 **Sg**	107 **Bh**	108 **Hs**	109 **Mt**	110	111	112	(113)	114	(115)	116	(117)	118

58 **Ce**	59 **Pr**	60 **Nd**	61 **Pm**	62 **Sm**	63 **Eu**	64 **Gd**	65 **Tb**	66 **Dy**	67 **Ho**	68 **Er**	69 **Tm**	70 **Yb**	71 **Lu**
90 **Th**	91 **Pa**	92 **U**	93 **Np**	94 **Pu**	95 **Am**	96 **Cm**	97 **Bk**	98 **Cf**	99 **Es**	100 **Fm**	101 **Md**	102 **No**	103 **Lr**

Métaux

Métalloïdes

Non-métaux

La notation 1 à 18 des groupes est recommandée par l'Union internationale de chimie pure et appliquée (UICPA), mais elle n'est pas encore très utilisée. Dans ce manuel, nous utilisons la notation standard américaine (1A – 8A et 1B – 8B).